자격증 한 번에 따기

비서 1·2급 (3급 동시대비)

자격증 한 번에 따기

비서 1·2급

초판 인쇄 2022년 1월 12일
초판 발행 2022년 1월 14일

편 저 자 | 자격시험연구소
발 행 처 | ㈜서원각
등록번호 | 1999-1A-107호
주   소 | 경기도 고양시 일산서구 덕산로 88-45(가좌동)
교재주문 | 031-923-2051
팩   스 | 031-923-3815
교재문의 | 카카오톡 플러스 친구[서원각]
영상문의 | 070-4233-2505
홈페이지 | www.goseowon.com
책임편집 | 정유진
디 자 인 | 이규희

PREFACE

과거의 비서가 상사로 하여금 본연의 업무를 효율적으로 수행할 수 있도록 보좌하는 역할에 그쳤다면 현재의 비서는 최고경영자는 물론 조직 내의 다른 사람들이 업무를 원활하게 수행할 수 있도록 전반적인 관리를 하는 전문가(office professional)의 역할을 담당하고 있다. 이러한 비서의 역할을 충실히 수행하기 위해서는 어학능력, 경영이론, 사무실무, 대인관계 등 다방면의 전문지식과 보좌능력에 더하여 조직의 운영과 관리에 관여할 수 있는 실제적인 관리 능력이 필요하다.

우리 기업의 세계화 및 외국 기업의 한국 진출로 인하여 실력 있는 전문비서에 대한 수요가 늘고 있다. 이럴 때 일수록 비서의 역할과 비서 고용에 대해 새롭게 인식하고 전문비서만의 영역을 구축해야 한다. 대학 비서학과를 중심으로 비서학에 대한 지식과 이론이 체계화 되어 가고 있으며, 기업에서도 비서학 전공자인 전문비서를 선호하는 추세에 있다. 비서과에 진학하려는 학생들과 비서 자격증에 응시하는 수험생들이 증가하는 것은 이러한 사회적 요구를 반영한 것이라고 할 수 있다.

본서는 비서실무, 경영일반, 사무영어, 사무정보관리 등 핵심이론을 체계적으로 정리하여 수록하고 출제예상문제를 실어 한 권으로 비서 자격증 취득에 대비할 수 있도록 구성하였습니다.

신념을 가지고 도전하는 사람은 반드시 그 꿈을 이룰 수 있습니다. 서원각이 수험생 여러분의 꿈을 응원합니다.

▌ 소개

최고경영자가 경영능력을 발휘하기 위해서는 어학능력, 경영이론, 사무실무, 대인관계 등 다방면의 전문지식과 보좌능력을 갖춘 비서가 필수적이다. 비서 검정은 최고경영자에 대한 보좌능력을 평가하는 국가기술자격시험이다.

▌ 응시자격

제한 없음

▌ 시험과목

등급	시험방법	시험과목	출제형태	시험시간
1급	필기시험	비서실무, 경영일반, 사무영어, 사무정보관리	객관식 80문항	80분
	실기시험	워드프로세서, 컴퓨터활용능력, 한글속기, 전산회계운용사 종목 중 택일	선택종목 기준 따름	
2급	필기시험	비서실무, 경영일반, 사무영어, 사무정보관리	객관식 80문항	80분
	실기시험	워드프로세서, 컴퓨터활용능력, 한글속기, 전산회계운용사 종목 중 택일	선택종목 기준 따름	
3급	필기시험	비서실무, 사무정보관리, 사무영어	객관식 60문항	60분
	실기시험	워드프로세서, 컴퓨터활용능력, 한글속기, 전산회계운용사 종목 중 택일	선택종목 기준 따름	

▌ 합격결정기준

① 필기 : 매 과목 100점 만점에 과목당 40점 이상이고 평균 60점 이상

② 실기 : 선택 종목(워드, 컴활, 전산회계, 속기)의 합격 결정기준에 따름

▌ 출제기준(2021.1.1. ~ 2025.12.31.)

필기 과목명	주요항목	세부항목	세세항목
비서 실무 (20문항)	1. 비서개요	1. 비서역할과 자질	• 비서직무 특성 • 직업윤리 및 비서윤리 • 비서의 자질 • 비서의 역량(지식, 기능, 태도)
		2. 비서의 자기개발	• 시간관리 • 스트레스 관리 • 경력관리
	2. 대인관계업무	1. 전화응대	• 전화 수 · 발신 원칙 및 예절 • 전화선별 • 직급/상황별 전화연결 • 국제전화 사용방법 • 전화부가서비스 종류 및 활용 • 전화메모 및 기록부 작성 및 관리
		2. 내방객 응대	• 내방객 응대 원칙 • 내방객 응대 준비 • 내방객 맞이 및 선별 • 내방객 면담 중 업무 • 내방객 배웅 및 종료 업무 • 내방객 기록 관리 • 내방객 응대 예절(명함, 소개, 안내, 상석, 다과 예절 등)
		3. 인간관계	• 상사 및 조직구성원과의 관계 • 고객 및 이해관계자와의 관계 • 직장예절 • 갈등 및 스트레스 관리
	3. 일정 및 출장 관리	1. 일정	• 일정관리 원칙 • 비서업무일지 작성법 • 일정표 작성법(일일/주간/월간) • 일정관리절차(계획/정보수집/조율/보고) • 다양한 일정관리 방법의 활용
		2. 예약	• 예약 종류별 예약필요지식 • 예약 종류별 예약방법 및 절차 • 예약 이력정보
		3. 출장	• 출장 일정표작성 • 교통 · 숙소 예약방법 및 용어 • 국내/해외 출장준비물 • 기타 출장 전 업무 • 출장 중 업무 • 출장 후 사후처리 업무

	4. 회의 및 의전관리	1. 회의관리업무	• 회의의 종류 및 좌석배치 • 회의 전 업무 • 회의 중 업무 • 회의 사후 업무 • 원격통신회의 지원 업무 • 회의관련 지식(회의 용어, 회의록 구성요소 등) • 회의록 작성 및 관리
		2. 의전 지원업무	• 의전원칙과 절차(서열 기준, 좌석 배치 등) • 의전 관련 지식(용어, 복장 지식, 국기게양, 비즈니스 매너 등) • 식사예절 및 선물예절 • 행사 의전계획(1급) • 국가별 문화 이해(국가별 응대 금기사항 등)
	5. 상사 지원업무	1. 보고와 지시	• 보고의 일반원칙 • 보고 방법(구두, 문서, 문자 등) • 지시받기와 전달 • 직장 화법 • 실용한자
		2. 상사 정보 관리	• 상사신상카드 작성 • 상사의 네트워크 관리 • 상사의 개인정보 관리 • 상사의 대외업무 관리(홍보 업무, 기사 작성 방법 등)
		3. 총무	• 회사 총무업무 이해 • 경비처리 • 경조사 업무
		4. 사무환경 및 비품관리	• 사무용품 및 비품 용어 • 사무환경 관리(상사실, 회의실, 비서실, 탕비실 등) • 사무비품 관리 • 간행물 관리
경영 일반 (20문항)	1. 경영환경 및 기업형태	1. 경영환경	• 경영환경의 개념 • 경영환경의 이해관계자 특성 • 경영현황 지식 • 기업윤리 • 글로벌 경영의 이해(1급)
		2. 기업형태	• 기업형태 • 중소기업과 대기업 • 기업의 인수 · 합병

	2. 경영관리	1. 경영조직관리	• 경영자 역할의 이해 • 경영관리의 기능 • 경영조직과 유형변화 • 경영전략(1급) • 조직문화의 개념
		2. 조직행동관리	• 동기부여 • 리더십 • 의사소통
	3. 경영활동	1. 기능별 경영 활동	• 마케팅 일반 • 인적자원관리 일반 • 경영정보 일반 • 회계 일반 • 재무 기초(1급)
		2. 시사경제	• 실생활 중심 경제 • 시사 · 경제 · 금융용어
사무 영어 (20문항)	1. 비즈니스 용어 및 문법	1. 비즈니스 용어	• 비즈니스 기본 단어 및 약어 • 거래, 회계, 인사 · 조직 용어 • 영문 부서명과 직함명 • 사무기기 및 사무용품 용어
		2. 영문법	• 영문법의 정확성
	2. 영문서 지원업무	1. 영문서 구성 내용 및 형식	• 비즈니스 레터 구성요소 및 스타일 • 봉투 수 · 발신 및 우편 처리 방법 • 이메일 • 사내연락문 • 팩스 • 기타 비즈니스 영문서(이력서, 커버레터, 회의통지문, 구매주문서 (Purchase Order), 출장일정표(Itinerary), 일정표(Schedule), 전 화메모, 초청장, 감사장 등)
		2. 영문서 내용 이해	• 상황별 영문서 내용 파악(알림, 약속, 취소, 불만, 조의, 축하, 문 의, 주문, 요청, 예약, 감사, 초청 등)
		3. 영문서 수 · 발신 처리	• 영문서 수신 및 전달
		4. 영문서 작성	• 상황별 영문서 작성(회신 문서, 회의 통지문, 출장 일정표 작성 등) • 상황별 표현의 적절성

3. 비서 영어회화 업무	1. 전화응대		• 응대 인사(수·발신) • 용건 파악 • 메시지 전달 • 전화 연결 • 상황별 응대(상사 부재 시 응대, 상사 통화 중 응대, 상사 회의 중 응대 등)
	2. 내방객 응대		• 내방객 맞이 • 약속확인 또는 용건파악 • 안내 • 접대 • 배웅 • 상황별 응대(상사 부재 시 응대, 상사 통화 중 응대, 상사 회의 중 응대 등)
	3. 일정에 따른 예약		• 교통수단 예약(항공, 철도, 버스 등) • 식당·호텔 예약 • 예약 관련 지식 • 일정 계획 및 조율
	4. 지시와 보고		• 지시받기 • 보고하기
사무 정보 관리 (20문항)	1. 문서작성	1. 문서작성의 기본	• 문서의 이해(2급) • 문서의 작성목적(2급) • 문서의 형식·구성요소 • 문서의 종류 • 공문서의 작성 • 문서의 결재 • 문장부호의 기능과 사용법 • 한글 맞춤법
		2. 각종문서 작성	• 의례문서 작성 • 업무문서 및 거래문서의 작성 • 이메일 작성 • 기타 문서 작성(편지병합, 라벨작성 등)
	2. 문서관리	1. 문서관리	• 문서관리 원칙 • 목적·수신대장·처리단계에 따른 문서의 분류 • 명함관리방법 • 문서 수·발신 처리방법 • 우편관련 업무 • 문서 정리 방법

3. 정보관리	1. 정보분석 및 활용	• 정보수집 및 검색방법 • 인터넷 활용 일반 • 정보 선별 능력 • 그래프와 도표 이해 및 활용 • 프레젠테이션 활용 • 각종 검색 매체의 특성과 활용 • 데이터베이스 활용 • 정보 분석 및 이해
	2. 보안관리	• 정보보안 관리 • 기밀문서에 대한 보안원칙 • 컴퓨터 정보보안 지식
	3. 사무정보기기	• 사무정보기기 활용 • 어플리케이션 활용 • 컴퓨터와 스마트 모바일기기 특성과 활용

STRUCTURE

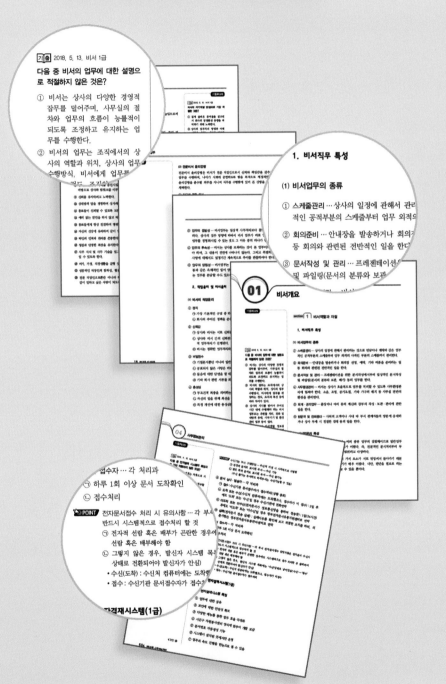

핵심이론정리

방대한 양의 이론 중 핵심적인 내용만을 뽑아 이해하기 쉽게 체계적으로 요약하여 정리했습니다. 학습의 포인트가 될 수 있는 중요 내용을 한눈에 파악할 수 있도록 구성하였습니다.

학습효과의 극대

이론학습이 기출문제 풀이와 바로 연결될 수 있도록 이론과 함께 기출문제를 수록하여 출제경향을 바로 파악할 수 있고 학습의 극대화가 가능하도록 하였습니다.

더 알아보기

본문과 연관된 학습 팁들을 "Point"로 함께 수록하였습니다. 다양한 이론들을 더 학습하여 기본기를 완벽하게 다질 수 있도록 구성하였습니다.

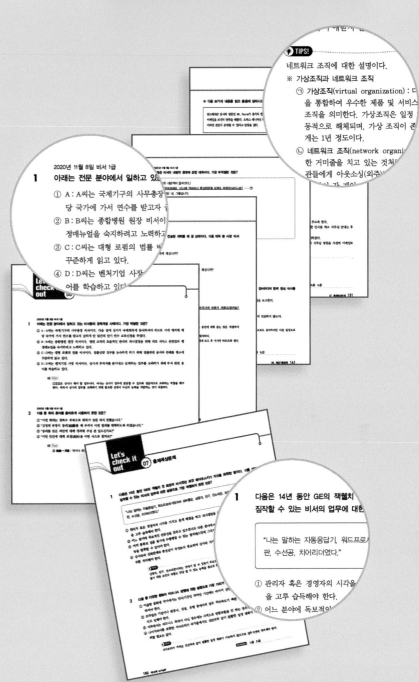

기출문제 맛보기

해당 단원마다 2020년 비서 1급, 2급 시험에서 출제된 기출문제를 일부 수록하여 최신 기출 유형을 파악할 수 있도록 하였습니다.

출제예상문제

단원별로 기출문제 분석을 통해 예상문제를 엄선하여 다양한 유형과 난도로 구성하였습니다. 핵심이론을 반영한 문제로 실전대비가 가능하도록 하였고 혼자서도 학습이 가능하게 상세한 해설을 담았습니다.

상세한 해설

매 문제마다 상세한 해설을 달아 문제풀이만으로도 학습이 가능하도록 하였습니다. 오답분석을 통해 자신의 취약한 부분을 파악하여 보다 효율적인 학습을 할 수 있습니다.

COTENTS

PART 01   비서실무

01 비서개요 16
02 대인관계업무 28
03 일정 및 출장관리 54
04 회의 및 의전관리 73
05 상사 지원업무 106
06 최근기출문제 139
07 출제예상문제 150

PART 02   경영일반

01 경영환경 및 기업형태 176
02 경영관리 194
03 경영활동 218
04 최근기출문제 284
05 출제예상문제 295

CONTENTS

PART 03 사무영어

01 비즈니스 용어 및 문법 ································ 322

02 영문서 지원업무 ································ 343

03 비서 영어회화 업무 ································ 367

04 최근기출문제 ································ 402

05 출제예상문제 ································ 416

PART 04 사무정보관리

01 문서작성 ································ 448

02 문서관리 ································ 488

03 정보관리 ································ 512

04 최근기출문제 ································ 561

05 출제예상문제 ································ 571

PART

01

비서실무

01 비서개요
02 대인관계업무
03 일정 및 출장관리
04 회의 및 의전관리
05 상사 지원업무
06 최근기출문제
07 출제예상문제

01 비서개요

기출PLUS

section 1 비서역할과 자질

1. 비서직무 특성

(1) 비서업무의 종류

① 스케줄관리 … 상사의 일정에 관해서 관리하는 것으로 면담이나 계약과 같은 업무적인 공적부분의 스케줄부터 업무 외적의 사적인 부분의 스케줄까지 관리한다.

② 회의준비 … 안내장을 발송하거나 회의장 선정, 예약, 기타 비품을 준비하는 일 등 회의와 관련된 전반적인 일을 한다.

③ 문서작성 및 관리 … 프레젠테이션을 위한 문서작성에서부터 일상적인 문서작성 및 파일링(문서의 분류와 보관, 폐기) 등의 업무를 한다.

④ 사무환경관리 … 비서는 상사가 효율적으로 업무를 처리할 수 있도록 사무환경관리에 힘써야 한다. 소음, 조명, 공기조절, 기타 가구의 배치 등 사무실 전반의 환경을 관리한다.

⑤ 회계 · 경리업무 … 출장비나 여비 등의 계산과 장부의 작성 · 보관 · 관리에 관한 일을 한다.

⑥ 방문객 및 전화응대 … 사외의 고객이나 사내 타 부서 관계자들의 방문에 응대하거나 상사 부재 시 친절한 접대 등의 일을 한다.

(2) 비서업무의 특성

① 업무의 광범성(모호성) … 비서업무는 여러 종류 업무의 집합체이므로 일반업무와 크게 구별되고 그 범위를 정하기가 어렵다. 즉, 전문적인 문서처리부터 부속업무에 이르기까지 비서업무는 광범위하고 다양하다.

② 업무의 비정형성 … 비서업무는 여러 가지 요소가 서로 뒤엉켜서 돌아가기 때문에 몇 가지 유형으로 세분화시키기가 매우 어렵다. 다만, 판단을 필요로 하는 것과 판단이 필요없는 것으로 나눌 수 있을 뿐이다.

기출 2018. 5. 13. 비서 1급

다음 중 비서의 업무에 대한 설명으로 적절하지 않은 것은?

① 비서는 상사의 다양한 경영적 잡무를 덜어주며, 사무실의 절차와 업무의 흐름이 능률적이 되도록 조정하고 유지하는 업무를 수행한다.
② 비서의 업무는 조직에서의 상사의 역할과 위치, 상사의 업무수행방식, 비서에게 업무를 위임하는 정도, 조직의 특성 등에 따라 차이가 있다.
③ 상사의 지시를 받아서 주어진 시간 내에 수행해야 하는 비서 업무로는 우편물 처리, 전화 및 내방객 응대, 사무기기 및 환경관리 업무 등이 있다.
④ 비서는 문서 서식개발, 정보검색 및 자료준비, 업무수행 방법 및 절차개선과 같은 창의적 업무를 수행할 수 있다.

해설 ③ 우편물 처리, 전화 및 내방객 응대, 사무기기 및 환경관리 업무 등은 상사의 지시 없이도 일상적으로 수행해야 하는 비서의 일상 업무이다.

< 정답 ③

③ **업무의 돌발성** … 비서업무는 일상적 사무처리보다 돌발적 업무처리가 더 중요하다. 상사의 집무 방향에 따라서 비서 업무가 바로 영향을 받기 때문에 비서 업무를 정형화시킬 수 있는 것도 그 이유 중의 하나가 될 수 있다.

④ **업무의 후속성** … 비서는 상사를 보좌하는 것이 본 업무이므로 은밀하게 추진해야 하며, 그 내용이 전면에 나타나지 않는다. 그리고 특별히 지시를 받지 않은 사항에 대해서도 일정기간 계속적으로 추이를 관찰하여야 한다.

⑤ **업무의 양립성** … 비서업무는 문서작성과 같은 정신노동과 문서수발, 손님접대 등과 같은 육체적인 일이 양립된다. 참모비서실과 같은 대규모 비서실의 경우는 업무를 분담할 수도 있으나 소규모 비서실인 경우에는 더욱 그러하다.

2. 직업윤리 및 비서윤리

(1) 비서의 직업윤리

① 정직
  ㉠ 가장 기본적인 규범 중 하나이다.
  ㉡ 회사의 주어진 정책을 준수하고 어긋남 없이 일하는 직업정신이 필요하다.

② 신뢰감
  ㉠ 상사와 비서는 서로 신뢰관계를 형성해야 한다.
  ㉡ 상사와 비서 간의 신뢰관계가 형성되지 않으면 서로를 믿지 못하여 비효율적 업무처리가 진행된다.
  ㉢ 비서는 정확한 업무처리와 행동을 통해 신뢰를 쌓아가야 한다.

③ 비밀엄수
  ㉠ 기밀문서뿐만 아니라 일반문서도 철저히 관리한다.
  ㉡ 공표되지 않은 사항은 미리 누설하지 않도록 한다.
  ㉢ 물음에 대한 답변을 할 때 주의하도록 한다.
  ㉣ 기타 회사 관련 서류를 회사 외부로 가지고 나가지 않는다.

④ 충성심
  ㉠ 무조건적 복종을 의미하는 것은 아니다.
  ㉡ 자신의 일을 위해 최선을 다하는 것을 말한다.
  ㉢ 특정 개인에 대한 충성심뿐만 아니라 애사심 역시 포함된다.

기출PLUS

기출 2020. 11. 8. 비서 1급

비서의 직업윤리와 그에 해당하는 상황 설명이 윤리에 적합한 것은?

	직업윤리	상황
㉠	시간을 남용하거나 낭비하지 않아야 하므로 근무시간에 자신의 의무를 충실히 이행하여야 한다.	퇴근 시간이 다가오면 퇴근 후의 일정을 계획하려고 장시간 메신저를 한다.
㉡	회사 비품이나 금전을 개인적인 용도로 쓰지 않아야 한다.	회사에서 직원들을 위해 비치한 생수나 커피 재고가 많이 남아 직원들과 나누어 가져갔다.
㉢	회사나 자신의 지위를 이용하여 개인적인 이득을 얻고자 하지 않는다.	고객이 감사하다며 비서에게 선물을 하여 거절하였다.
㉣	회사나 사업에 관련된 기밀이나 정보를 외부에 누출하지 않는다.	퇴근 후 친구와 SNS로 회사의 고충 상황을 의논하였다.

① ㉠   ② ㉡
③ ㉢   ④ ㉣

해설 ㉠ 퇴근 후의 일정을 업무시간 중에 계획하는 것은 바람직한 직업윤리에 해당하지 않는다.
㉡ 회사 비품을 나누어 가져가는 것은 바람직하지 않다.
㉣ 회사 업무와 관련된 내용을 친구와 SNS를 통해 의논하는 것은 비서의 직업윤리에 비춰볼 때 바람직하지 않다.

◀정답 ③

(2) 전문비서 윤리강령

전문비서 윤리강령은 비서가 전문 직업인으로서 신뢰와 책임감을 갖추고 성실히 업무를 수행하며, 나아가 사회에 공헌하도록 함을 목적으로 제정되었다. 비서는 윤리강령을 준수할 의무를 지니며 직무를 수행함에 있어 본 강령을 행동준칙으로 채택한다.

① 직무에 관한 윤리

  ㉠ 상사 및 조직과 고객의 기밀 유지 : 비서는 업무와 관련하여 얻게 되는 상사나 조직 또는 고객에 대한 정보의 기밀을 보장하고 업무 외의 목적으로 기밀 정보를 사용하지 않는다.

  ㉡ 조직과 상사와의 관계 : 비서는 전문적인 지식과 사무능력을 보유하고 업무를 효율적으로 수행함으로써 상사와 조직의 이익을 증진시킨다.

  ㉢ 예의와 정직 : 비서는 항상 상사와 고객에게 예의를 갖추어 친절하게 대하며 직무수행에 있어 직위의 범위를 벗어나는 언행을 삼가고 정직하게 임하여 신뢰를 받도록 노력한다.

  ㉣ 동료와의 관계 및 팀워크 : 비서는 존중과 신뢰를 바탕으로 동료들과의 관계를 협조적, 우호적으로 유지하여 효과적인 팀워크를 이루어 나갈 수 있도록 노력한다.

  ㉤ 보상 : 비서는 최선의 업무결과에 대한 정당한 대우를 받을 권리가 있으나 부당한 목적을 위해 제공되는 보상에 대해서는 응하지 않는다.

  ㉥ 자원 및 환경보존 : 비서는 업무수행 시 경비절감과 자원절약, 환경보존을 위해 노력한다.

  ㉦ 직무수행 봉사정신 : 비서는 자신의 직무와 관련된 사항에 대해 직무수행 효과를 제고한다.

② 전문성에 관한 윤리

  ㉠ 전문성 유지 및 향상 : 비서는 지속적인 자기개발을 위해 교육훈련프로그램에 적극적으로 참여함으로써 비서로서의 전문성을 유지 및 향상시킨다.

  ㉡ 전문직 단체 참여 : 비서는 자신의 전문성을 향상시킬 수 있는 전문직 단체에 참여하여 정보교환과 상호교류를 통해 비서직 성장 발전과 권익 옹호를 도모한다.

  ㉢ 품위유지 : 비서는 직업의 명예와 품위 향상을 위하여 노력한다.

  ㉣ 사회봉사 : 비서는 지역사회의 발전 및 공공의 이익을 도모할 수 있는 각종 봉사활동에 적극적으로 참여한다.

(3) 세계비서협회에서 정의한 비서 수칙

① 전문 직업으로서의 비서직을 충실히 이행한다.

② 회사의 목표, 정책, 그리고 회사의 생산품에 대한 지식과 이해를 높임으로써 효율적인 업무수행을 하도록 노력한다.

③ 업무시간에 성실하게 업무에 임한다.

④ 항상 회사를 대표하는 마음가짐으로 회사에 보탬이 되도록 노력한다. 특히 전화응대를 할 때나 방문객을 맞을 때 회사의 이미지를 높이도록 노력한다. 주의를 기울여 서신을 편집하고 동봉물이 제대로 보내졌는지 확인한다.

⑤ 지시를 받을 때에는 일관성이 결여되었거나 예외적인 사항이 있는지에 주의를 기울인다.

⑥ 부과된 책임과 임무를 완수한다. 최소한의 상사 감독하에 내 책임을 수행할 수 있도록 내 업무의 범위와 중요성을 이해하기 위해 노력한다.

⑦ 마감기한, 자료의 복사, 관계자료 준비 등 상사의 요구를 미리 예견하여 사전에 준비한다.

⑧ 상사와 회사의 이익을 증진시킴으로써 자신의 이익을 도모할 수 있다는 믿음을 바탕으로 상사와 팀워크를 이루어 나갈 수 있도록 노력한다.

⑨ 신뢰를 유지하려고 노력한다.

⑩ 상대방의 말을 경청하며 상사와 관련된 정보를 숙지한다.

⑪ 동료들이 신뢰할 수 있도록 모든 약속을 충실히 이행한다.

⑫ 예의 없는 발언을 하지 않고 타인의 인격에 대하여 논하지 않는다.

⑬ 동료들에게 항상 친절하며 명랑하게 대한다.

⑭ 자신의 건강에 유의하여 같이 일하기에 기분 좋은 사람이 된다.

⑮ 타인의 인격과 권리를 존중한다.

⑯ 청결과 단정한 복장을 유지한다.

⑰ 사무 지식 및 사무 기술을 업그레이드함으로써 조직 내에서 자신의 위치를 높일 수 있도록 한다.

⑱ 여가, 가정, 직장생활을 균형 있게 유지해 조화롭고 행복한 사람이 된다.

⑲ 성공적인 직장인의 침착성, 협동심, 열정을 개발한다.

⑳ 전문 직업인으로뿐만 아니라 하나의 성숙한 개인으로 성장함으로써 타인에게 같이 일하고 싶은 사람이 되도록 노력한다.

기출PLUS

기출 2020. 5. 10. 비서 1급

비서의 자기개발 방법으로 가장 적절한 것은?

① 결재 올라온 문서들을 읽으면서 회사의 경영환경 동향을 파악하기 위해 노력한다.

② 상사의 업무처리 방법과 아랫사람을 대하는 태도를 닮도록 노력한다.

③ 회사 거래처 자료를 보관해 두었다가 퇴사 후에도 지속적으로 거래처와 연락을 취하여 그들과의 인간관계가 잘 유지되도록 노력한다.

④ 좀 더 많은 사람들과 좋은 인간관계를 맺기 위해서는 항상 상대방에게 맞추는 연습을 한다.

해설 ① 회사의 경영환경 동향을 파악하기 위해 노력하는 것은 비서의 적절한 자기개발 방법에 해당한다.
② 상사와 비서의 위치는 서로 다르므로, 업무처리 방법과 아랫사람을 대하는 태도 등을 그대로 닮도록 노력하는 것은 적절하지 않다.
③ 퇴사 후에 다니던 회사의 거래처 자료 등을 유용하는 것은 바람직하지 않다.
④ 좋은 인간관계를 위해서라도 항상 상대방에게 맞추는 것은 적절하지 않다.

◀ 정답 ①

㉑ 차분하고, 감정에 치우치지 않고 준비된 태도로 내 의사를 표현한다.

㉒ 상사의 습관, 요구사항, 성격 등을 이해하려고 노력한다.

㉓ 지시가 처음 내려질 때 파악하려고 노력한다.

㉔ 업무를 계획하고 그대로 추진하려고 애쓴다.

㉕ 상사가 사소한 일로 방해받지 않도록 한다.

3. 비서의 자질

(1) 민첩성과 침착성

비서는 상사의 측근자로서 회사 안팎의 커뮤니케이션의 접점에 있는 사람이다. 필요에 따라 즉시 정보를 제공하거나 사무처리를 해야 하는 신속한 행동이 요구된다. 그러나 민첩한 가운데에서도 냉정하고 침착하게 그리고 정확하게 처리하는 것은 우수한 비서의 자질 중 하나이므로, 항상 마음을 가라앉혀서 냉정히 대처하는 정신훈련과 수양에 힘써야 한다.

(2) 적응력

일반적으로 사람들은 변화에 대하여 그 변화의 결과가 좋은 것이든 나쁜 것이든 부정적인 태도를 가지기 쉽다. 자신이 지금까지 해 온 방식에 안주하기 원하며 시간과 노력을 들여 새로운 것을 배우거나 적응하는 것을 꺼린다. 그러나 비서는 직업을 통하여 끊임없이 변화를 경험하게 되고 어떠한 변화에든 신속하고 능동적으로 대처해 나갈 필요가 있다.

① 새로운 경향이나 사조에 대하여 개방적이고 수용적인 자세를 가진다.

② 훈련이나 재교육 프로그램에 적극적으로 참여한다.

③ 업무처리에 있어 타성적이기보다는 보다 효율적으로 방안을 생각하는 분석적인 태도와 호기심을 가진다.

④ 그 분야의 전문가의 말에 귀 기울이며 의문사항이 있을 때마다 해답을 얻을 수 있는 조언자를 구한다.

(3) 정확성

모든 업무는 정확하게 그리고 완벽하게 처리되어야 한다. 아무리 사소한 일일지라도 숫자나 철자가 틀리게 되면 정확성이 결여되므로 신뢰도 또한 떨어지게 된다.

기출 2020. 11. 8. 비서 1급

다음 비서의 자질과 태도에 관한 설명 중 가장 적합하지 않은 것은?

① 다양한 사무정보 기기를 능숙히 다루기 위하여 많은 노력을 기울인다.
② 바쁜 업무시간 틈틈이 인터넷 강의를 들으며 외국어 공부를 한다.
③ 평소 조직 구성원들과 호의적인 관계를 유지하기 위해 노력한다.
④ 상사의 직접적인 지시가 없어도 비서의 권한 내에서 스스로 업무를 찾아 수행한다.

해설 ② 업무시간에는 성실하게 업무에 임하도록 한다. 바쁜 업무시간 중 자기개발을 하는 것은 바람직한 자세가 아니다.

< 정답 ②

(4) 분별력

건전한 상식과 논리적인 사고와 판단력을 의미한다. 그러나 많은 사람들은 침착함을 잃고 감정적으로 혹은 일시적인 판단으로 행동하기 쉽다. 주어진 상황 하에 가능한 모든 정보를 수집하여 항상 객관적이고도 논리적인 판단을 하도록 유의하여야 한다.

(5) 기획능력과 융통성

상사가 바쁜 하루를 막힘없이 보내도록 하기 위해서 가장 합리적이고 기능적인 일정표를 짜야 한다. 일정표의 기능성은 비서의 탁월한 계획성에 좌우된다. 즉, 비서는 미리 상사와 관계자의 계획을 알아서 가장 효율적인 일정표를 작성할 의무가 있다. 비서가 정례적인 업무를 수행하는 도중에 임시업무가 끼어들 때는 다음 세 가지의 마음가짐이 필요하다. 그러나 일반적으로 비서가 업무를 처리함에 있어서 꼭 일정표대로 일이 진행된다고는 할 수 없다. 계획이 예정대로 진행되지 않을 때는 임기응변의 처리가 바람직하며, 융통성과 기획력 그리고 조정 및 통합능력 등이 비서의 자질과 능력으로 갖추어져야 한다.

① 즉시 착수할 것

② 될 수 있는 대로 빨리 처리할 것

③ 시간이 나는 대로 처리할 것

4. 비서의 역량(지식 · 기능 · 태도)

(1) 지식

지식은 비서의 직무를 수행하기 위해 직 · 간접의 경험을 통해 얻은 명확한 인식이나 이해를 말하며, 특정 분야에 대해 가지고 있는 구체적인 정보를 통칭한다. 비서에게 필요한 대표적인 지식으로는 행정에 대한 지식, 정책에 대한 지식, 법률에 대한 지식 등이 있다.

① **행정에 대한 지식** … 조직설계, 조직행위, 인사행정에 대한 제반 지식 등 행정과 관련된 광범위한 지식

② **경영 및 정책에 대한 지식** … 기업이나 사업 따위의 관리 및 운영을 보좌하기 위한 경영학 및 정책학 제반 지식

③ **법률 지식** … 법률 제 · 개정과 관련된 기본 절차, 사업과 관련된 법규, 근무 및 징계규정, 근무평정방법 등 직무수행 시 필요로 하는 법률적 내용에 대해 보좌가 가능할 수 있는 법률 지식

(2) 기능

비서는 상사의 업무를 원활하게 보좌하기 위해 어학능력, 경영이론, 사무실무, 대인관계 등 다방면에서 다양한 기능을 수행한다.

① **외국어 능력** … 현대사회는 국제화 시대로 비서가 소속된 기업이 국내기업이든 외국기업이든 대부분의 기업에서 국제적 거래를 하고 있어 능숙한 외국어 회화 능력과 외국어로 된 문서의 이해 및 작성 능력이 요구된다.

② **각종 정보기기 활용** … 정보화 시대에 발맞춰 상사의 의사결정업무를 보다 효율적이고 전문적으로 지원하기 위해서 정보기기의 사용능력이 요구된다. 특히 IT 기술이 급속도로 발전함에 있어 이에 대한 지속적인 노력이 필요하다.

③ **정보수집 및 가공** … 비서는 항상 새로운 정보를 얻는 데 관심을 가져야 하며, 상사를 보좌하기 위해 필요한 정보를 선별하고 업무에 맞게 편집·가공할 수 있는 능력이 필요하다.

④ **시간관리** … 상사는 물론 자신의 시간을 효과적으로 관리해서 최대로 이용할 수 있도록 하며, 업무를 계획하고 통제하는 능력이 요구된다.

⑤ **문서작성 및 관리** … 기안서, 보고서, 발표자료 등을 효과적으로 작성할 수 있어야 하며, 체계적인 문서관리 등의 능력 필요하다.

⑥ **커뮤니케이션** … 조직구성원 및 외부의 다양한 관계자들과 원활하고 효과적인 의사소통을 할 수 있는 능력이 요구된다.

(3) 태도

① **능동적인 태도**
  ㉠ 업무처리에 있어 새롭고도 나은 방법을 항상 생각한다.
  ㉡ 상사의 계속적인 감독이 없어도 자율적으로 일을 추진하며 최선의 결과를 위해 적극적으로 노력한다. 즉 상사가 있을 때는 열심히 하고 상사가 출장 중이거나 자리를 비웠을 때는 업무를 게을리 한다든가 하는 것은 바람직하지 못하다.
  ㉢ 책임을 맡았을 때는 기꺼이, 긍정적이고 적극적인 태도로 임한다.
  ㉣ 자신의 미래에 대한 목표와 이상을 가지고 일한다.
  ㉤ 적어도 한 분야에 있어서 전문가가 되도록 실력을 쌓는다.

② **친절** … 비서의 성격은 밝고 명랑하여 모든 사람을 미소로 대하여 외부인들이 회사나 상사에 대하여 호의적인 감정을 가질 수 있도록 도와주는 역할을 하게 된다. 전화를 받을 때나 손님을 응대할 때 항상 미소 띤 얼굴로 한다. 찡그린 얼굴로는 결코 친절한 목소리를 낼 수 없기 때문이다. '고맙습니다', '실례합니다', '안녕하십니까' 등의 인사말을 습관화시키고 외부인들뿐만 아니라 동료들에게도 항상 사용하여 밝은 분위기를 끌어나가도록 한다.

기출 2018. 11. 11. 비서 1급

다음 중 비서의 자세로 가장 적절하지 않은 것은?

① 비서는 상사의 인간관계 관리자로서 상사의 인간관계에 차질이 생기지 않도록 최근에 만남이 소원했던 사람들이 누구인지 말씀드린다.
② 마감일이 임박해서야 일을 서두르는 상사에게 미리 미리 업무를 처리하는 것이 업무의 효율성을 높일 수 있음을 말씀드린다.
③ 비서는 상사의 장점은 대외적으로 높이고 약점은 비서가 보완할 수 있는 방안을 찾도록 노력한다.
④ 상사의 지시 사항 수행 중 발생된 문제는 업무 중간에 보고하고 상사의 의견을 듣는다.

해설 ② 비서의 역할은 상사의 업무 습관을 지적하는 것보다 업무를 일정에 맞출 수 있도록 돕는 것이다.

<정답 ②

③ 책임감과 포용력

　㉠ 비서의 적성 가운데 가장 중요한 기초가 되는 것은 직무수행상의 책임감이다. 아무리 많은 지식이나 뛰어난 기술을 갖추었다 해도 책임감과 도덕심이 없으면 비서의 업무를 완전하게 수행할 수 없다. 비서의 하는 일이 사람들 눈에 잘 띄지 않으므로 대충하고 생략하거나 적당히 자기 나름의 합리화나 타협을 하는 것은 결코 비서가 취할 바람직한 태도가 아니다. 일이 진척되어서 표면에 나타나는 것은 최종의 결과이다. 그 결과가 상사의 신뢰에 부응하는 것이고 기업의 운명에 영향을 가져오게 되는 것이다. 따라서 비서에게는 완벽하게 업무를 처리하는 책임감이 무엇보다 중요하다.

　㉡ 책임감이 강한 사람은 때때로 일감을 독점하는 경향이 있어 남에게 일을 맡기지 않는다. 비서의 업무가 과중해지고 업무가 폭주하면 아무래도 다른 사람에게 업무를 분담할 필요가 있다. 이런 때는 포용성이 필요하게 된다.

section 2 　비서의 자기개발

1. 시간관리

(1) 시간관리의 개념과 중요성

① 개념

　㉠ 광의 : 주어진 모든 시간을 최선으로 활용하여 최대의 효과를 거두는 것을 말한다.

　㉡ 협의 : 효과적인 활동을 하기 위해 시간을 잘 조직화하는 것을 말한다. 즉, 주어진 시간 안에 무엇을 얼마나 효과적으로 할 수 있느냐와 관련 있다.

② 중요성 … 비서에게 있어 시간관리는 매우 중요한 항목이다. 시간관리의 효율성 정도에 따라 업무의 질이 달라지므로, 시간관리에 각별한 주의를 기울여야 한다.

(2) 효율적인 시간관리 방법

① 시간 계획 설정

　㉠ 효율적 시간관리를 위해서는 시간이 무엇을 위해 어떻게 사용되고 있는지에 대해 정확하게 파악해야 한다.

　㉡ 시간일지(time sheet) : 시간일지를 작성하다보면 업무 분석을 통해 정기적으로 업무량이 많은 시기를 파악하여 미리 대비할 수 있다.

      © 비서가 담당해야 할 시간관리

            ⓐ 상사의 시간관리 : 상사의 업무진행 방식이나 가치관, 습관 등과 밀접한 관련이 있으므로 그에 적합하게 계획한다.

            ⓑ 자기자신의 시간관리 : 업무 능률과 자기계발의 측면을 모두 고려하여 적절하게 계획한다.

② 우선순위의 결정

      ㉠ 매일 아침 업무를 시작하기 전에 그날의 일과를 계획하는 시간을 갖는다.

      ㉡ 일일 작업 계획표 : 그 날의 업무에 대해 우선순위를 매겨 우선순위대로 업무를 처리한다.

      ㉢ 우선순위를 결정하는 데는 시간 제약, 내용의 중요도, 상사의 의향 등 여러 가지 판단 기준을 고려해야 한다.

③ 시간 낭비 요소의 제거 … 불필요한 전화, 사내와 외부의 방해, 중복된 서류 작업, 반복적이며 비생산적인 회의, 사내 잡담과 개인적인 문제 해결을 위한 업무시간의 유용, 비품 부족 등의 요소를 제거한다.

(3) 비서의 시간관리 요령

① 즉시 처리 … 바로 처리할 수 있는 업무는 미루지 말고 즉시 처리하고 결정한다.

② 계획적인 업무 추진 … 업무 추진에 있어 목적을 설정하고 그 목적을 달성하기 위한 활동의 순서, 지침 등을 정한다.

③ 상사와의 업무 및 시간 조절 … 상사와의 지속적인 의사소통을 통해 효율적으로 일정을 조율하고 상사의 일정에 맞추어 자신의 시간을 조절하여 서로 충돌하지 않게 한다.

④ 일에 대한 통제 … 여러 가지 일이 몰려 바쁠 경우에도 당황하지 말고 우선순위에 따라 한 가지씩 처리해 나간다.

2. 스트레스 관리

(1) 스트레스 관리 방법

① 업무 위임 ··· 혼자서 모든 일을 처리하려고 하다 보면 자연스럽게 스트레스을 많이 받을 수밖에 없다. 이를 방지하기 위해 일 분담에 대한 계획표를 작성하고 수행지침을 마련하여 일을 분담하여 진행한다. 이때 다른 사람에게 업무를 수행하는 방법을 가르쳐 주어 업무를 분담하도록 하거나 일시적인 도움을 받는 것도 효과적이다.

② 전문적인 훈련이나 조언 ··· 자신의 능력 밖에 있는 업무를 받았을 경우 잘 해내야 한다는 중압감은 스트레스로 다가올 수밖에 없다. 이럴 때에는 업무를 보다 수월하게 처리하는 것은 물론, 부족해진 자신감을 회복할 수 있도록 하기 위하여 전문적인 훈련을 받거나 전문가의 조언을 받는다.

③ 업무를 조직화 ··· 업무를 조직화하면 일에 대한 집중력을 높이고, 효율적으로 처리할 수 있게 되어 불필요한 스트레스를 줄일 수 있다.

④ 기타 ··· 규칙적인 운동과 긍정적인 마인드, 업무에서 벗어나 즐길 수 있는 취미 생활 등을 통해 스트레스를 관리하는 것도 필요하다.

(2) 스트레스 관리 요령

① 자신을 기준으로 다른 사람을 판단하지 말고, 그 사람의 독특한 성향으로 인정·수용한다.

② 스트레스 관리를 위해 규칙적인 운동이나 취미활동 등을 한다.

③ 긍정적인 마인드로 행복한 삶을 위한 일의 의미를 인식한다.

④ 상대의 말과 행동을 왜곡해서 해석하지 않고 감정적으로 대응하지 않는다.

⑤ 오늘의 일을 내일로 미루지 않는다.

⑥ 자신을 비하하지 않는다.

3. 경력관리

(1) 경력계획

① 경력계획의 의미 … 경력계획(Career Planning)이란 개인이 자신의 미래경력과 관련하여 여러 가지 여건을 고려하여 자기 자신의 경력목표를 수립해 가는 종합적 과정이다. 일반적으로 경력계획은 다섯 단계에 걸쳐 이루어진다.

② 경력계획 단계

　　㉠ 자기진단(Self-appraisal) : 자기 자신이 어떤 사람인지를 여러 측면에서 종합적으로 평가한다.

　　㉡ 목표설정(goal-setting) : 자신의 경력과 관련하여 자신이 추구할 목표를 구체적으로 정립한다.

　　㉢ 기회와 위협의 인식(identifying threats and opportunities) : 자신의 목표 달성에 유리한 요인과 불리한 요인을 가려 본다.

　　㉣ 대안검토(examining alternatives) : 장·단기적 관점에서 자신이 선택할 수 있는 대안들을 비교해 본다.

　　㉤ 행동계획(action planning) : 자신의 경력목표와 가능한 대안을 고려하여 자신이 취해야 할 행동을 계획하고 실행에 옮긴다.

(2) 경력개발

① 경력개발의 정의

　　㉠ Hall의 정의 : 경력이란 생애 전 과정을 통한 직업에 관련된 모든 활동과 역할이나 지위의 연속이다.

　　㉡ 경력이란 일생의 전 과정에 걸쳐 지속되는 개인의 일과 관련된 경험이다.

　　㉢ 경력개발이란 경력을 개발하는 단계들을 통해 앞으로 나아가는 지속적 과정이다.

　　㉣ 개인적 차원의 경력개발은 직장의 직무선택, 직무에서 성취하고자 하는 목표를 확인하고 달성하기 위한 계획을 수립·실행하는 단계를 말한다.

기출 2019. 11. 10. 비서 1급

다음은 비서들의 자기계발 사례이다. 다음의 사례 중 비서의 자기계발 태도로 가장 적절하지 않은 것은?

① 강진물산의 허비서는 요즘 SNS 영상 업로드에 관심이 많아 퇴근 후 영상편집을 배우러 다니고 있다.

② 한국유통의 이비서는 평생교육원에서 야간에 개설하는 경제 수업을 수강하고 있다.

③ 두리제과의 금비서는 대학시절 인연으로 멘토가 된 A기업 부장에게 상사에 대한 고민도 얘기하고 상사가 지시한 업무관련 조언도 구한다.

④ 제이상사의 오비서는 상사가 진행하고 있는 업무의 파악을 위해 상사에게 보고되는 문서들의 내용을 살펴본다.

해설 ③ 비서는 업무에 관련하여 얻게 되는 상사나 조직 또는 고객에 대한 정보의 기밀을 보장해야 한다.

< 정답 ③

② 경력개발교육

    ㉠ **경력 관련 기능에서의 교육** : 직무 관련 교육, 조직 내 승진에 대한 교육, 도전적 업무 부여

    ㉡ **심리적 기능에서의 교육** : 자아 정체성 교육, 신뢰성 확립 교육, 인생전반에 걸친 교육

    ㉢ **역할 기능에서의 교육** : 조직 내 역할, 즉 행동방식과 태도 교육, 조직 내 역할수행의 조력자적 교육

기출PLUS

기출 2019. 5. 12. 비서 2급

비서의 경력관리를 위한 자기개발 노력으로 적절하지 않은 것은?

① 급변하는 사무환경에서 업무 수행에 필요한 IT 활용 능력 및 국제화 시대에 걸맞는 다양한 문화감각을 기르도록 노력한다.

② 최적의 정보와 업계의 최신 정보를 수집하기 위하여 동종업계의 선후배와의 네트워킹을 지속적으로 유지한다.

③ 비서는 모든 업무 영역에 전문성을 갖추기 위해 각 부서의 업무일지나 문서양식 사본을 따로 보관하여 숙지하도록 한다.

④ 자신의 업무 역량을 강화하기 위한 일환으로 본인이 담당하는 업무의 업무 개선 사항들을 기록해 둔다.

해설 ③ 비서가 모든 업무 영역에 전문성을 갖출 필요는 없다.

❮정답 ③

기출**PLUS**

section **1** 전화응대

1. 전화 수·발신 원칙 및 예절

(1) 전화를 다루는 기본 태도

① 이야기할 내용을 정리한다.

② 상대방의 말을 메모할 준비를 한다.

③ 상대방의 전화번호를 확인한다.

(2) 전화를 거는 요령

① 상대방의 전화번호, 소속, 직급, 성명 등을 미리 확인한다. 이와 같은 확인을 하는 까닭은 착오로 인해 상대방에게 폐를 끼치지 않기 위해서며, 덧붙여 시간이나 요금의 낭비도 막게 된다. 용건은 육하원칙으로 정리하여 메모한다. 이때 필요한 서류와 자료도 갖추어 놓는다.

② 전화번호를 확인하면서 왼손으로 수화기를 들고 오른손 인지로 다이얼을 누른다.

③ 상대방이 전화를 받으면 자신을 밝힌 후 상대방을 확인한다. 만일 찾는 사람이 아닌 다른 사람이 받으면 "죄송하지만 영업부 ○○○과장 부탁합니다."하고 정중하게 말한다.

④ 원하는 통화 상대자와 간단한 인사말을 한 후 시간, 장소, 상황을 고려하여 용건을 말한다. 업무 전화의 용건은 간결하게 기능 본위로 하는 것이 바람직하다.

⑤ 용건이 끝나면 통화 내용을 다시 한 번 정리하여 확인한 후 마무리 인사를 한다.

⑥ 일반적으로 업무 전화는 건 쪽에서 먼저 끊는다. 받은 쪽이 먼저 끊으면 상대방이 용건을 다 말하기 전에 통화가 끝날 염려가 있기 때문이다. 그러나 상대방이 아주 윗사람일 경우에는 상대방이 끊은 것을 확인한 후 수화기를 내려놓는 것이 또한 예의이다.

기출 2020. 11. 8. 비서 1급

다음 중 전화응대 대화 내용으로 가장 적절한 것은?

① "안녕하세요, 이사님. 저는 상공물산 김영호 사장 비서 이인희입니다. 비 오는데 오늘 출근하시는데 어려움은 없으셨는지요? 다름이 아니고 사장님께서 이사님과 다음 주 약속을 위해 편하신 시간을 여쭈어보라고 하셔서 전화드렸습니다."

② "안녕하세요, 상무님. 다음 주 부사장님과 회의가 있는데요, 부사장님은 목요일 점심, 금요일 점심에 시간이 나십니다. 부사장님은 목요일에 관련 회의를 하고 나서 상무님을 뵙는게 낫다고 금요일이 더 좋다고 하십니다. 언제가 편하신가요?"

③ "전무님, 그럼 회의시간이 금요일 12시로 확정되었다고 사장님께 말씀드리겠습니다. 장소도 확정되면 알려 주십시오."

④ "상무님, 사장님께서 급한 일정으로 회의를 취소하게 되었습니다. 제가 사장님을 대신해서 사과드립니다."

해설 ① '비 오는데 오늘 출근하시는 데 어려움은 없으셨나요?'라는 내용은 불필요하다. 자신의 소속과 이름을 밝힌 후 바로 통화 목적을 말하는 것이 좋다.
② 말하고자 하는 내용을 조리 있게 정리하여 전달하는 연습이 필요하다.
④ 사장님을 대신해서 사과드린다는 표현은 적절하지 않다. 사장님께서 사과의 말씀을 전하셨다고 표현하는 것이 적절하다.

◀정답 ③

(3) 전화를 받는 요령

① 전화 벨이 울리면 즉시 받는다. 벨이 여러 번 울린 뒤에 받는 것은 상대방에게 실례가 된다. 사정이 있어 세 번 이상 벨 소리가 울린 후에 받았을 때는 "늦어서 죄송합니다."하고 말 하는 것이 상대방에 대한 예의이다.

② 우선 회사명과 부서명, 이름을 밝힌다.
　　㉠ 회사 밖에서 걸려 온 전화 : "감사합니다. ㅁㅁ회사 총무부 ㅇㅇㅇ입니다."라고 말한다.
　　㉡ 교환을 거쳤을 경우 : 이미 회사명을 밝혔을 테니 "네, 총무부 ㅇㅇㅇ입니다."라고 한다. "여보세요, 여보세요."라고 하거나 "어디시죠?"라고 하는 것은 좋지 않다.

③ 상대방을 확인한 후 인사를 한다. "ㅁㅁ 회사의 김 대리님이시라고요. 안녕하십니까?" 이름을 밝히지 않는 경우가 있는데, 그럴 때에는 "실례지만 누구십니까?"하고 물어 확인한다.

④ 메모 준비를 하고 용건을 듣는다.

⑤ 용건이 끝나면 통화 내용을 요약, 복창하여 확인한다. 이 때 잘 모르는 내용일 경우에는 잘 아는 사람에게 전화를 바꾸어 준다. 특히 전언(傳言)일 경우에는 주의를 기울여 확인하고 책임을 진다.

⑥ 마무리 인사를 하고, 상대방이 수화기를 내려놓은 것을 확인 한 후 조용히 수화기를 내려놓는다.

(4) 전화를 연결하는 요령

① 전화가 왔다고 해서 무조건 연결해서는 안 된다. 연결해도 좋은지 어떤지 판단할 필요가 있다.

② 처음 전화를 걸어 온 상대에게는 용건을 물어 본 후 연결한다.

③ 지명 통화자가 다른 전화를 받고 있거나 바쁜 경우는 다시 걸도록 조처한다.

④ 상대방에게 사내의 말이 들리지 않도록 통화 지명자에게 연결할 때는 송화기를 손으로 확실히 막아야 한다.

⑤ 다시 전화를 걸어야 할 경우는 상대방의 연락처, 전화번호, 편리한 시간을 확인해둔다.

기출PLUS

기출 2019. 11. 10. 비서 1급

다음 상황을 읽고 비서의 응대가 적절하지 않은 것을 모두 고르시오.

> ─ 보기 ─
> (전화벨이 울림)
> 비서 : 안녕하십니까? 사장실입니다. (a)
> 상대방 : 사장님 계신가요?
> 비서 : 사장님은 지금 안 계십니다. 누구신가요? (b)
> 상대방 : 잘 아는 사람인데 언제 통화 가능할까요?
> 비서 : 지금 유럽 출장 중이셔서 다음 주나 돼야 돌아오십니다. (c)
> 상대방 : 알겠습니다.
> 비서 : 그럼 다음 주 전화해 주시면 사장님과 통화되실 겁니다. (d)
> (전화 통화를 마침)

① (a), (b)
② (b), (c)
③ (b), (c), (d)
④ (a), (b), (c), (d)

해설 (a) 전화를 받으면 "안녕하세요 ㅇㅇ부처 ㅇㅇ실 ㅇㅇㅇ입니다." 라고 자신을 밝혀야 한다.
(b) 상사 부재 시 상사를 찾는 전화를 받을 경우, 자신의 소속과 이름을 분명히 밝히고 전화를 건 상대방의 소속과 이름, 용건, 전화 받은 날짜와 시간, 회신의 필요성 여부, 상대방의 전화번호 등을 메모한다.
(c) 상사의 부재 이유를 지나치게 자세히 설명하여 정보를 흘리지 않도록 주의한다.
(d) 통화가 끝났을 때 "감사합니다. 안녕히 계십시오."라는 인사말을 잊지 말고, 수화기는 조용히 내려놓는다.

〈정답 ④

기출 2019. 11. 10. 비서 1급

다음은 비서의 전화응대 사례이다. 다음의 사례 중 비서의 응대로 가장 적절한 것은?

① 사장 비서인 엄비서는 상사가 자녀의 졸업식에 참석 후 출근하는 상황에서 가나유통 한전무가 전화하여 상사를 찾자 "사장님은 오늘 외부일정으로 오후 1시쯤 사무실에 도착하실 예정입니다."라고 하였다.

② 사장 비서인 박비서는 회장이 전화하여 상사와 통화를 원하자 통화 연결 전 "회장님, 어떤 용건으로 전화 하셨다고 전해 드릴까요?"라고 공손하게 여쭈어 보았다.

③ 사장 비서인 고비서는 전화를 받고 자신이 잘 모르는 이름이었지만 상대방이 상사와 친한 사이라고 이야기하자 미처 몰랐다고 사죄드린 후 바로 상사에게 연결해 드렸다.

④ 사장 비서인 최비서는 총무팀으로 연결될 전화가 비서실로 잘못 연결되자 "연결에 착오가 있었나봅니다. 제가 연결해 드리겠습니다."라고 한 후 전화를 연결했다.

해설 ② 상사의 윗사람이 전화하여 상사를 바꾸라고 할 경우 용건을 묻지 않고 바로 상사에게 전화를 연결한다.
③ 상사에게 걸려온 전화를 받을 때는 우선, 전화를 건 상대방의 소속과 이름, 용건을 먼저 파악해야 한다.
④ 전화가 잘못 걸려왔을 때는 그냥 끊지 말고 우리쪽의 전화번호와 조직명을 알려준다. 기관 내 다른 부서를 찾는 경우 해당 부서의 담당자와 전화번호를 알려준다.

‹정답 ①

2. 전화선별

(1) 전화를 건 상대방의 소속과 이름, 용건을 먼저 파악하여야 한다. 연장자에게 용건을 묻는 것을 무례하다고 생각하는 경향이 있으나 상대방의 소속, 용건 등을 확인하지 않고 상사에게 전화를 연결해서는 안 된다.

(2) 상사와 친분이 있는 경우, 신연하례, 승진축하 등 시기적으로 용건이 분명한 경우, 용건을 묻지 않고 연결하는 경우도 있다.

(3) 상사의 윗사람이 전화하여 상사를 바꾸라고 할 경우 용건을 묻지 않고 바로 상사에게 전화를 연결한다.

3. 직급/상황별 전화연결

(1) 직급별 전화연결

① 상대방이 상사와 직위가 같은 경우 … 상대방의 비서에게 "같이 연결 하죠"라는 말로 상사와 상대방이 수화기를 동시에 들도록 중재한다.

② 상대방이 상사보다 직위가 더 높은 경우 … 상대방의 비서에게 "제가 먼저 연결하겠습니다"라고 말하고 상사에게 먼저 전화를 연결하여 상대방이 수화기를 들기 전에 상사가 먼저 수화기를 들도록 중재한다.

③ 상대방이 상사보다 직위가 더 낮은 경우 … 상대방이 먼저 수화기를 들 수 있도록 상대편의 비서에게 부탁한다.

(2) 상황별 전화연결

① 상사에게 전화를 연결하는 경우
  ㉠ 상대방의 신분과 용건을 확인한 후 상사에게 연결한다.
  ㉡ 상대의 이름, 소속, 용건을 상사에게 전하여 상대가 반복해서 이야기하지 않도록 한다.

② 전화를 선별해야 할 경우
  ㉠ 전화 건 사람과 용건을 정확히 파악해 상사에게 필요한 전화와 불필요한 전화를 선별해 연결한다.
  ㉡ 전화 건 사람이 무례하거나 자신의 신분을 밝히기를 꺼려하더라도 상사의 체면이 손상되지 않도록 예의 바르게 응대해야 한다.

③ 상사가 부재중일 경우
  ㉠ 전화 건 사람에게 부재 사실을 알리고, 비서 또는 다른 사람이 도와줄 수 있는 일인지를 물어보거나 메시지를 받는다.
  ㉡ 상사의 부재를 설명할 때에는 지나치게 자세한 정보까지 제공하지 않도록 한다.

④ 항의 전화를 받는 경우
  ㉠ 상대방이 화가 나 있어도 같이 흥분하거나 맞서지 않는다.
  ㉡ 먼저 비서가 해결할 수 있는 방안을 찾아보되, 상사를 바꾸어 달라고 하면 상황을 알아본 후 다시 전화를 하겠다고 설득한다.

⑤ 상대가 기다려야 할 경우
  ㉠ 상사가 금방 전화를 받지 못할 경우에는 상황을 알리고 계속 기다릴지 여부를 묻는다.
  ㉡ 상사의 통화가 길어져서 바꿔 주지 못하고 지연될 때에는 상대방에게 수시로 중간 상황을 알린다.
  ㉢ 상사의 전화가 금방 끝나지 않을 것으로 예상되거나, 상대방의 직위가 상사보다 높거나 고객인 경우에는 통화가 끝나는 대로 비서가 연결할 것을 제안한다.

⑥ 전화가 통화 도중에 끊어진 경우
  ㉠ 원칙적으로 건 쪽에서 다시 건다. 이러한 경우에도 상대방이 윗사람일 경우는 아랫사람이 다시 걸도록 한다.
  ㉡ "전화가 도중에 끊어졌습니다. 죄송합니다"는 말을 먼저 하고 용건으로 들어가도록 한다.

기출 2019. 11. 10. 비서 2급

다음은 이도건설 대표이사의 부재중 이비서의 통화내용이다. 아래의 내용 중 이비서의 전화응대로 가장 적절한 것은?

┌ 보기 ┐
비서 : ㉠ 안녕하십니까? 비서실입니다.
손님 : 안녕하세요. 정유물산 김영수 상무입니다. 사장님하고 통화를 좀 하고 싶은데요.
비서 : ㉡ 사장님은 지금 중국 출장 중으로 자리에 안계십니다. 내일 오전 11시 비행기로 한국에 도착하십니다. 메모를 남겨드릴까요?
손님 : 아, 그럼 출장에서 돌아오시는 대로 전화 좀 부탁합니다.
비서 : ㉢ 네, 상무님. 전화번호를 확인해도 될까요?
손님 : 02-123-4567입니다.
비서 : ㉣ 네, 알겠습니다. 메모 전달 드리겠습니다.

① ㉠   ② ㉡
③ ㉢   ④ ㉣

해설 ① 전화를 받으면 "안녕하세요 ㅇㅇ부처 ㅇㅇ실 ㅇㅇㅇ입니다." 라고 자신을 밝혀야 한다.
② 상사의 부재 이유를 지나치게 자세히 설명하여 정보를 흘리지 않도록 주의한다.
④ 통화가 끝났을 때는 "감사합니다. 안녕히 계십시오"라는 인사말을 잊지 말고, 수화기는 조용히 내려놓는다.

◀ 정답 ③

4. 국제전화 사용방법

(1) 국제전화의 종류

① **직통전화** … 교환원 없이 바로 전화를 할 수 있는 방법이다.

> 통신사업자번호 → 국가번호 → 지역번호 → 전화번호

② **국제전화 제3자 요금 부담서비스** … 특정 번호를 미리 지정해 두고 어디서든 통화를 하면 통화요금이 지정된 번호로 청구되는 서비스이다.

③ **콜렉트 콜(COLLECT CALL)** … 통화요금을 수신인이 부담하는 서비스이다.

④ **국제전화 통역서비스**

⑤ **한국직통전화(HCD)** … 그 나라 언어를 몰라도 한국 교환원을 통해 통화하고 요금은 차후에 한국에 있는 수신자가 부담하는 서비스이다.

⑥ **로밍서비스(roaming)** … 국내의 통신사업자가 국내 또는 해외의 통신사업자와 제휴를 맺어 국내 사용자가 해외에 휴대폰을 들고 가더라도 국내와 같은 서비스를 받을 수 있는 서비스이다.

(2) 국가코드

국가	번호	국가	번호	국가	번호	국가	번호	국가	번호
가나	233	말레이지아	60	스위스	41	이란	98	태국	66
가이아나	592	멕시코	52	스페인	34+9	이스라엘	972	터키	90
괌	1+671	모로코	212	시리아	963	이집트	20	코스타리카	506
그리스	30	몽고	976	싱가포르	65	이탈리아	39	파나마	507
나이지리아	234	미국	1	싸이프러스	357	인도네시아	62	파라과이	595
남아공	27	미얀마	95	아랍에미레이트	971	인디아	91	파키스탄	92
네델란드	31	바레인	973	아르헨티나	54	일본	81	카푸아뉴가아	675
네팔	977	방글라데시	880	아일랜드	353	중국	86	페루	51
노르웨이	47	베네수엘라	58	알라스카	1+907	체코	420	포르투갈	351
뉴질랜드	64	베트남	84	엘콰도르	593	칠레	56	폴란드	48
대만	886	벨기에	32	에티오피아	251	카나리아일랜드	34	프랑스	33
덴마크	45	볼리비아	591	엘 살바도르	503	카자흐스탄	7	피지	679
도미니카	1	불가리아	359	영국	44	카타르	974	필란드	358
독일	1+767	브라질	55	오만	958	캄보디아	855	필리핀	63
라오스	856	브루나이	673	오스트리아	43	캐나다	1	하와이	1+808
러시아	7	사우디	966	온두라스	504	케냐	254	헝가리	36
레바논	961	사이판	670	요르단	962	코롬비아	57	호주	61
루마니아	40	세네갈	221	우루과이	598	쿠웨이트	965	홍콩	852
룩셈부르크	352	세이셸	248	우즈베키스탄	998	크로아티아	385		
라비아	218	스리랑카	94	우크라이나	380	키르기즈공화국	996		
마카오	853	스웨덴	46	유고슬라비아	381	탄자니아	255		

5. 전화부가서비스 종류 및 활용

(1) 단축다이얼
자주 사용하는 전화번호를 단축키로 줄여서 저장하는 기능으로 전화기에 따라 저장할 수 있는 용량이 다르다.

(2) 예약 기능
통화하고자 하는 국선이나 내선 가입자가 통화중일 때 예약 기능을 이용하면 통화가 가능할 때 벨이 울린다.

(3) 3자 통화
동시에 세 사람이 함께 통화할 수 있는 기능이다.

(4) 회의 통화 기능
동시에 세 사람 이상이 함께 통화할 수 있는 기능이다. 디지털 키폰의 경우는 최대 6명까지 동시에 회의 전화에 연결될 수 있다.

(5) 부재중 안내
부재중에 걸려 오는 전화에 전화를 받을 수 없음을 자동으로 알려 주는 기능이다.

(6) 착신 통화 전환
걸려 오는 전화를 다른 번호에서 받을 수 있도록 착신을 전환하는 기능이다.

(7) 통화 중 대기
전화 통화 중 걸려오는 다른 전화를 받을 수 있게 해 주는 기능이다.

(8) 발신 전화번호 표시
걸려 오는 상대방의 전화번호를 표시해 주는 기능이다.

(9) 착신 통화 전환
걸려오는 전화를 휴대폰 혹은 다른 번호에서도 받을 수 있도록 착신을 전환하는 기능이다.

기출PLUS

기출 2018. 11. 11. 비서 1급

다음 중 전화부가서비스 이용에 대한 설명으로 적절하지 않은 것은?

① 상사가 이번 포럼에 참가했던 100명이 넘는 참가자에게 동일 메시지를 보내야 해서 크로샷 서비스를 이용해서 문자 메시지를 발송하였다.

② 해외 출장 중인 상사 휴대폰 로밍 시에 무제한 요금제는 비용이 많이 발생하므로, 이동 중에 공유해야 할 자료와 정보는 별도로 이메일로 전송하였다.

③ 해외 지사와 연락을 할 때 시차로 업무시간 중 통화가 힘들어 전화 사서함을 이용해서 메시지를 주고받았다.

④ 비서가 상사와 함께 외부에서 개최하는 회의에 종일 참석하게 되어 착신 통화 전환을 해서 외부에서 사무실 전화 처리를 할 수 있도록 하였다.

해설 ② 로밍서비스를 사용하지 않을 경우 이동 중에 공유해야할 자료와 정보는 이동식 메모리나 출력 상태로 준비한다.

• 크로샷 서비스 : KT에서 제공하는 서비스로 대량의 음성, 문자, 팩스 메시지를 동시에 신속하게 전송 할 수 있다. 여러 사람에게 동일 메시지를 보내야 할 때 유용하다.

• 로밍서비스 : 국내 휴대전화 고객이 해외 출장이나 여행 시 본인의 휴대전화나 또는 임대전화를 이용하여 해외에서도 휴대전화 서비스를 제공받는 것을 말한다.

• 전화사서함 : 언제 어디서든 전하고 싶은 내용을 상대방이 전화사서함에 남겨두면 상대방이 저장된 내용을 확인할 수 있는 서비스이다.

• 착신 통화 전환 : 걸려 오는 전화를 다른 번호에서 받을 수 있도록 착신을 전환하는 기능이다.

〈 정답 ②

기출PLUS

기출 2020. 5. 10. 비서 1급

전화응대 업무에 대한 설명으로 가장 적절한 것은?

① 상사가 해외에 상품 주문을 요청하여 상품 재고 여부를 직접 전화로 알아보기 위해 국제클로버 서비스가 가능한지 확인해 보았다.

② 업무상 자리를 두 시간 정도 비울 예정이라 발신 전화번호 서비스를 이용하였다.

③ 상사가 회의 중일 때 당사 대표이사로부터 직접 전화가 와서 비서는 상사가 지금 회의 중임을 말씀드리고 회의가 끝나는 대로 바로 전화 연결하겠다고 응대하였다.

④ 상사가 연결해달라고 요청한 상대방이 지금 통화가 힘들다고 하여 비서는 다시 전화하겠다고 한 후 이를 상사에게 보고하였다.

해설 ① 국제클로버 서비스(國際clover service)는 해외에서 걸려 오는 전화에 대하여 전화를 받는 쪽에서 요금을 부담하는 전화 서비스이다. 과도한 국제전화요금을 부담하지 않기 위해서는 국제전화를 걸기 전 국제클로버 서비스가 가능한지 확인해 보는 것이 필요하다.
② 업무상 자리를 비울 때 이용할 수 있는 서비스는 착신전환 서비스이다. 착신전환 서비스는 걸려오는 전화를 지정해둔 조건별(무조건 착신전환, 조건 착신전환)로 등록된 다른 착신번호로 전환해 주는 서비스이다. 발신 전화번호 서비스는 전화를 걸어온 상대방의 번호를 표시해 주는 서비스이다.
③ 상사보다 직급이 더 높은 대표이사로부터 직접 온 전화이므로, 해당 내용을 메모지에 적어 회의 중인 상사에게 전달하고 상사의 지시에 따르도록 한다.
④ 상사가 통화하기를 원하는 상대방이 자리를 비우거나 바쁜 업무로 인하여 전화 연결이 안 되는 경우, 전화해 줄 것을 메모로 남기고 후에 다시 걸 것에 대비해 상대방의 통화 가능 시간을 확인한 후 상사에게 보고하는 것이 적절하다.

《 정답 ①

⑽ **변경 전화번호 자동 안내**

변경 전의 전화번호로 전화를 건 사람에게 변경된 새 전화번호를 알려 주는 서비스이다.

⑾ **대표 번호**

키폰의 중요한 기능 중의 하나로 전화 회선이 2회선 이상일 경우 대표 번호를 지정해서 대표 번호가 통화 중일 경우 그 다음 번호로 자동 연결시켜주는 서비스이다.

⑿ **등급별 통화 제한 기능**

국제전화, 시외전화, 시내전화 사용가능 여부를 내선별로 제어할 수 있는 기능이다.

⒀ **클로버서비스**

발신자 대신 수신자가 요금을 부담하는 서비스이다. 국내에서는 080을 다이얼한 후 해당 전화번호를 다이얼하면 된다.

⒁ **수신자 요금 부담 서비스**

전화를 받는 사람이 요금을 부담하는 서비스로 수신자가 요금 부담을 승낙한 경우에만 통화를 할 수 있다.

⒂ **음성 정보 서비스**

일반 전화 또는 휴대전화로 각종 정보를 음성으로 확인할 수 있는 서비스이다.

⒃ **전화사서함**

언제 어디서든 전하고 싶은 내용을 상대방 전화사서함에 남겨두면 상대방이 저장된 내용을 확인할 수 있는 서비스이다.

⒄ **로밍서비스**

국내 휴대전화 고객이 해외 출장이나 여행 시 본인의 휴대전화나 또는 임대전화를 이용하여 해외에서도 휴대전화 서비스를 제공받는 것을 말한다.

⒅ **크로샷 서비스**

KT에서 제공하는 서비스로 대량의 음성, 문자, 팩스 메시지를 동시에 신속하게 전송할 수 있다. 여러 사람에게 동일 메시지를 보내야 할 때 유용하다.

6. 전화메모 및 기록부 작성 관리방법

(1) 전화메모 작성방법

① 전화메모 작성

㉠ 메모는 상대의 전달 내용을 간단, 명료하게, 요령 있게 전달한다.

㉡ 메모는 반드시 전달한다.

㉢ 회의 중이나 면담 중에는 전화를 바로 연결하지 않고 메모용지를 이용한다.

㉣ 미팅 중에 걸려온 급한 전화는 메모양식에 기입하여 미팅룸에 조용히 들어가 상사에게 전달한다.

② 전화메모 양식

```
☎ 전화왔습니다
수신 : _____
발신 : _____
통화 : _____
시간 : _____
     □ 전화바랍니다
     □ 다시 전화하겠습니다
메모 :
```

(2) 전화기록부

① 스케줄 관리를 위하여 통화내역정리는 필수이다.

② 상사가 부재중일 때 걸려오는 모든 전화는 기입해 두었다가 보고한다.

③ 상사에게 전화 통화 내역을 전달하는 것은 가장 중요한 업무 중의 하나이다.

기출PLUS

기출 2019. 5. 12. 비서 2급

다음 중 비서의 전화 메모 작성 및 처리와 관련하여 가장 적절한 것은?

① 전화 메모를 적을 때 상사가 잘 알고 있는 사람인 경우 굳이 이름 전체를 적을 필요는 없다. 성과 직함만 적으면 된다.

② 전화 메모 시 일시, 발신자, 수신자, 통화내용을 메모한다. 통화 내용을 적을 때는 가능한 모든 내용을 메모한다.

③ 전화 메모는 일정량이 모인 다음 상사에게 전달함으로써 상사의 업무 방해를 최소화한다.

④ 상사 부재 중에 중요한 전화를 받게 되면 상사에게 가능한 빨리 문자나 전화로 알린다.

해설 ①② 메모를 받을 경우에는 상대방의 소속과 이름, 용건, 전화 받은 날짜와 시간, 회신 필요성 여부, 상대방의 전화번호 등을 메모한다. 상대방의 전화번호를 알고 있더라도 다시 한 번 확인하도록 한다.

③ 상사 부재중에 걸려 온 전화 내용을 메모지에 적어 상사의 책상 위에 상사와 약속한 위치에 놓아두어 볼 수 있도록 한다. 또 상사가 돌아왔을 때 구두로 다시 한 번 전하는 것이 좋다.

❮정답 ④

④ 전화기록부의 예

	날짜 및 시간	회사명	발신자	연락처
1				
	통화내역기록			

	날짜 및 시간	회사명	발신자	연락처
2				
	통화내역기록			

	날짜 및 시간	회사명	발신자	연락처
3				
	통화내역기록			

section 2 내방객 응대

1. 내방객 응대 원칙

(1) 상사의 기호 파악

비서가 내방객을 응대할 때는 우선 상사의 방문객 취향 및 응대 방식을 파악하는 것이 우선되어야 한다.

① 부하 직원들을 직접 만나는가?

② 세일즈맨을 만나는가?

③ 선약 없이도 만나는 부류의 내방객이 있는가?

④ 가장 중요하게 생각하는 방문객은 어떤 부류인가?

⑤ 특정인이 방문 시 대처해야 할 요령 등이 있는가?

(2) 내방객 응대 자세

① 방문객의 방문 시 하던 일을 멈추고 자리에서 일어난 후 인사한다.

② 인사를 할 때는 밝은 표정으로 미소를 보인다.

③ 인사는 비교적 정중하게 하며 고개만을 살짝 숙여서는 안 된다.

④ 방문객의 외모와 차림새를 보고 선입견을 갖지 않는다.

⑤ 방문객이 불편하지 않도록 친절하게 대한다.

⑥ 면회가 불가능한 경우, 메모를 받거나 차를 권한다.

2. 내방객 응대 준비

(1) 내방객 조정

① 비서는 선약된 내방객이 오기 전에 상사에게 면담 일정을 상기시켜 선약된 내방객을 기다리게 하는 일이 없도록 사전에 조치한다.

② 앞의 면담이나 회의 등이 지연되어 상사가 내방객과의 약속시간을 지킬 수 없는 경우 내방객에게 상황을 설명하고 양해를 구한 후 상사에게 상황을 메모로 전달한다.

기출 2019. 11. 10. 비서 1급

손비서는 오늘 오전 10시에 업무체결 가능성을 타진하기 위해 회사를 방문할 호주의 ABC Corp.의 Mr. Richard Miller 본부장을 맞이할 준비를 하고 있다. 상사로부터 중요한 방문객이므로 준비를 철저히 하라는 지시를 받은 손비서의 응대준비로 가장 적절한 것은?

① 경비실과 안내실에 미리 전화하여 방문객의 정보를 알려주고 도착 즉시 연락을 부탁하였다.

② 상사와 처음 만나는 분이므로 방문객에 대해 사전 정보를 얻고자 궁금한 점을 정리하여 일주일 전에 여유를 두고 호주 본부장 비서에게 이메일을 보냈다.

③ 상사와 함께 회의에 참석할 사내 임원진들에게 10시까지 회의실에 모이도록 사전에 연락해두었다.

④ 회사 소개 및 협력방안 프레젠테이션 자료를 사전에 ABC 회사에 보내 주어 검토를 부탁하였다.

해설 ② 내방객 관련 정보는 방문 목적, 내방객 신상 및 이력 사항, 연락처, 차 기호, 상사와의 관계, 차량 정보, 이전 방문 기록 등을 포함한다. 내방객의 신상 및 이력 사항을 파악하기 위하여 포털에서 인물 검색을 하여 상사에게 보고한다. 무료 서비스의 경우에는 정보가 제한적이므로 상사가 외부 고객을 만나야 하는 경우가 많다면 유료의 인물 검색 서비스에 가입하는 것도 고려할 만하다.

③ 상사와 함께 회의에 참석할 사내 임원진들에게 회의 시작 전에 여유 있게 모이도록 사전에 연락해 둔다.

④ 유인물을 미리 받게 되면 발표자가 전달할 내용들을 먼저 읽게 되므로 발표에 대한 집중도를 떨어뜨리고 발표자가 효과적으로 프레젠테이션 하는 것을 방해한다.

〈 정답 ①

비서가 내방객을 응대하는 태도로 가장 적절하지 않은 것은?

① 각기 다른 약속의 내방객이 동시에 방문하는 경우 모두 한 대기실로 안내하여 서로 지루함 없이 기다릴 수 있도록 배려하였다.

② 미리 약속되지 않은 내방객의 경우 물건 판매를 위한 단순판매자 일지라도 회사의 이미지 제고를 위하여 정중하고 친절한 태도로 응대하였다.

③ 상사 부재중 방문한 내방객을 응대할 때, 상사로부터 지시받지 못한 부분에 대한 질문을 받을 때는 추측으로 답하지 않고 추후 연락을 드리겠다고 하였다.

④ 내방객에게 자리를 권할 때는 출입구에서 먼 쪽으로 안내하였고, 상사의 자리가 정해져 있는 경우 상사의 오른편으로 안내하였다.

해설 ① 다른 약속의 내방객이 동시에 방문하여 대기실에서 함께 기다려야 할 경우 내방객 간의 관계에도 주의를 기울여야 한다. 서로 알아도 될 경우에는 양측을 소개한 후 함께 대기실에서 기다리도록 안내할 수 있지만, 입찰이나 기타 업무 내용상 내방객들이 서로 마주치지 않는 것이 좋은 경우는 다른 장소에서 기다리게 한다.

❮정답 ①

③ 동시에 두 사람 이상이 방문했을 경우 먼저 온 사람이나 선약된 사람을 우선 안내한다. 대기하는 내방객에게는 정중하게 이유를 설명하면서 양해를 구하고 대기실로 안내한다.

(2) 응대장소 환경정비

① 접견실 등 응대 장소의 실내 환경은 항상 깨끗하게 정돈해 둔다.

② 테이블과 의자는 항상 제자리에 있도록 정리하고 먼지나 이물질이 없도록 주의한다.

③ 바닥에 융단이 깔려 있는 경우 찢어진 곳 없이 깨끗하게 관리한다.

④ 냉난방과 환기가 잘되도록 관리한다.

⑤ 시계와 달력을 구비하고, 시간과 날짜를 정확하게 맞추도록 한다.

⑥ 대기하는 내방객을 위한 책이나 신문, 잡지 등을 최근의 것으로 구비해 둔다.

⑦ 내방객 응대 시 필요한 차와 찻잔을 여유 있게 준비해 둔다.

3. 내방객 맞이 및 선별

(1) 내방객 맞이 순서

① 인사

　㉠ 내방객이 오면 곧바로 의자에서 일어서 인사한다.

　㉡ 중요한 내방객일 경우에는 방문시간에 맞춰 문 앞에서 대기하도록 한다.

　㉢ 통화 중에 내방객이 방문한 경우 가볍게 목례를 한 후 빨리 통화를 마치고 응대하도록 한다.

② 내방객 확인

　㉠ 내방객이 명함을 줄 때는 정중하게 받고 소속과 이름을 소리내어 읽으면서 구두로 확인한다.

　㉡ 선약이 되어 있지 않은 내방객이 명함을 주지 않을 때는 내방객의 이름, 회사명, 용건 등을 정중하게 묻는다.

　㉢ 잦은 방문으로 안면이 있는 내방객에게는 비서가 먼저 내방객의 이름과 직함을 부르며 확인한다.

③ 용건 확인

　㉠ 어떠한 용건으로 내방했는가를 확실히 파악한다.

　㉡ 선약되어 있는 내방객에게는 따로 용건을 묻지 않는다.

④ 판단 ··· 선약되지 않은 내방객의 경우에는 상사와 만나게 할지에 대한 여부를 신중하게 판단해야 한다.

(2) 내방객 선별

① 선약이 되어 있는 내방객

  ⊙ 안내데스크 직원이 처음 내방객을 응대하는 경우 비서는 약속된 내방객의 이름과 방문 시각을 미리 전달해 둔다.

  ⓒ 중요한 방문자가 사무실 위치를 정확히 모르는 경우, 비서가 직접 안내데스크로 가서 맞이하여 안내하도록 한다.

  ⓒ 미리 약속된 내방객은 방문을 상사에게 구두로 전달하며, 내방객의 소속 회사, 이름, 직책 등을 정확히 전달한다.

  ⓔ 상사가 통화 중이거나 먼저 방문한 내방객이 계신 경우 반드시 바로 메모로 보고한다.

  ⓜ 상사와 이전 내방객과의 면담이 예정보다 길어지는 경우 기다리는 내방객에게 대신 정중하게 상황을 설명하고 지루하지 않도록 세심하게 배려한다.

② 선약이 안 된 내방객

  ⊙ 평소 상사가 약속이 없어도 만나는 사람과 만나지 않는 사람을 잘 구분해 둔다.

  ⓒ 상사와 면담의 성사 여부가 확실하지 않을 경우 내방객에게 불확실한 기대를 주지 않는다.

  ⓒ 내방객의 신분과 방문 목적을 정확히 밝히도록 한다.

  ⓔ 상사가 면담을 거절하거나 기다려 줄 것을 지시하면 내방객이 불쾌하지 않도록 정중하게 설명한다.

  ⓜ 상사가 외출 중에 내방객이 방문한 경우, 신분과 방문 목적, 연락처를 반드시 받아 두고 후에 상사에게 보고한다.

  ⓑ 상사가 외출 중에 급한 일로 찾아온 내방객이 있거나 평소 상사와 친분이 두터운 내방객이 방문한 경우 즉시 상사에게 전화로 먼저 보고한다.

③ 상사와 개인적으로 예약된 내방객

  ⊙ 상사와 개인적으로 약속한 내방객이 방문했을 경우 먼저 상사에게 선약 여부를 확인한다.

  ⓒ 내방객에게 상사와 선약된 사실을 확인하지 못한 점에 대해 사과한다. 이때 상사가 알려주지 않아서 몰랐음은 내방객에게 밝히지 않는다.

기출 2020. 5. 10. 비서 1급

다음은 정도물산 김정훈 사장의 비서인 이 비서의 내방객 응대태도이다. 가장 적절하지 않은 것은?

① 김정훈 사장이 선호하는 내방객 응대 방식을 파악해 두었다.

② 약속이 되어 있는 손님에게는 성함과 직책을 불러드리면서 예약 사항을 비서가 알고 있음을 알려드렸다.

③ 비서가 관리하는 내방객 카드에 회사 방문객의 인상이나 특징을 적어두었다.

④ 내방객 중 상사와 각별하게 친분이 있는 경우, 선착순 응대에 예외를 둔다.

해설 ④ 상사와 각별하게 친분이 있는 내방객이라고 하여 선착순 응대에서 예외를 두는 것은 적절하지 않다.

< 정답 ④

4. 내방객 면담 중 업무

① 비서는 상사가 내방객과 면담 중일 때 자리를 비우지 않는다.

② 면담 중인 상사를 찾는 전화가 왔을 때는 상대방에게 상사가 내방객과 면담 중임을 밝히고 급한 용건이 아니면 가능하면 면담을 방해하지 않는다.

③ 급한 용건일 경우 용건을 메모지에 적어 조용히 상사에게 전달한다. 면담 중인 상사에게는 용건을 구두로 전달하지 않는다.

④ 불가피하게 자리를 비워야 하는 경우에는 소재지와 돌아오는 시각을 메모해 상사가 잘 볼 수 있는 곳에 붙여 두거나 다른 직원에게 부탁을 하도록 한다.

5. 내방객 기록 관리

(1) 내방객 기록 관리

① 상사와 가까운 손님, 업무상 중요한 손님 등 방문객에 대한 정보를 관리하기 위해 내방객 기록부와 내방객 카드를 준비한다.

② 내방객 기록부나 내방객 카드에 방문내용을 적어두면 내방객 업무에 도움이 된다.

③ 내방객 카드 대신 명함 뒷면에 필요한 내용을 간단히 메모할 수도 있다.

④ 명함 없이 방문한 손님의 인적사항을 적을 수 있도록 명함 양식을 만들어 두고 활용하는 것도 필요하다.

(2) 내방객 기록부와 내방객 카드 양식

① 내방객 기록부

날짜	시간	내방객				면담자	비고
		이름	회사명	용건	연락처		

② 내방객 카드

방문자	성명 및 직책	
	회사명	
	연락처	
	최초 방문 일자	
방문목적		
기타	상사와의 관계	
	동반 방문자	
	특징 및 기호	

6. 내방객 응대 예절

(1) 명함

① 명함 교환 예절

㉠ 자기를 먼저 소개하는 사람이 자기의 명함을 두 손으로 명함의 위쪽을 잡고 정중하게 건넨다.

㉡ 명함을 받는 사람은 두 손으로 명함의 아래쪽을 잡아서 받는다.

㉢ 한 쪽 손으로는 자기의 명함을 주면서 한 쪽 손으로는 상대의 명함을 받는 동시교환은 부득이한 경우가 아니면 실례이다. 만일 상대가 먼저 명함을 주면 그것을 받은 다음에 자기의 명함을 준다.

㉣ 상대의 명함을 받으면 반드시 자기의 명함을 주어야 한다.

㉤ 명함을 받은 뒤 곧바로 셔츠의 윗 주머니에 꽂거나 지갑에 넣으면 안 된다.

㉥ 상대에게 받은 명함은 공손히 받쳐 들고 상세히 살핀 다음 정중하게 간수한다.

㉦ 상대가 보는 앞에서 바로 명함꽂이에 명함을 꽂는 행동은 실례이다.

㉧ 급하다고 상대방이 보는 앞에서 명함에 메모를 하는 것은 실례이다.

㉨ 상대에게 받은 명함에 모르는 글자가 있으면 정중하게 물어보고 헤어진 다음에 정리한다.

② 명함의 보관방법

㉠ 명함에 용건, 날짜, 장소 등 특이사항을 기재하는 것은 상대방을 기억하는 데 도움이 된다. 상대방과 헤어진 후에 기재하는 것이 좋다.

㉡ 명함은 뒷주머니에 넣고 다니지 말아야 한다.

㉢ 받은 명함을 놓고 가는 것은 큰 실례이다.

㉣ 명함은 접어서 보관해서는 안 된다.

기출 2019. 11. 10. 비서 2급

우리 회사를 처음 방문하게 된 ABC 회사의 전영식 상무(남성)와 김미리 과장(여성)을 우리회사 강영훈 본부장(남성)에게 소개할 때 올바른 소개 순서는?

① "강 본부장님, 이분은 ABC 회사에서 오신 김미리 과장이시고 그 옆은 전영식 상무님이십니다."

② "김 과장님, 이 분은 우리 회사의 강영훈 본부장님이십니다."

③ "강 본부장님, 이 분은 김미리 과장님이시고 이 분은 전영식 상무님이십니다."

④ "상무님, 이 분은 저희 회사의 강영훈 본부장님이십니다."

해설 소개 순서

~을(를)	~에게
• 연소자	• 연장자
• 하급자	• 상급자
• 후배	• 선배
• 지명도 낮은 사람	• 지명도 높은 사람

기출 2018. 5. 13. 비서 2급

내방객 안내 방법으로 가장 적절하지 않은 것은?

① 내방객을 안내할 때는 내방객보다 두서너 걸음 앞에서 안내한다.

② 안내할 때는 정확히 가고자 하는 방향을 손가락으로 가리키며 안내한다.

③ 모퉁이를 돌 때는 손을 모아 가야 할 방향을 가리킨다.

④ 자동 회전문에서는 내방객이 먼저 들어간 후 비서가 나중에 들어간다.

해설 ② 손가락으로 방향을 가리키는 것은 적절하지 않다. 손바닥을 위로 하여 가고자 하는 방향을 가리키며 안내하는 것이 적절하다.

❮정답 ④, ②

(2) 소개

① 소개의 순서

  ㉠ 직위가 낮은 사람을 윗사람에게 먼저 소개하고 직위가 높은 사람을 나중에 소개한다.

  ㉡ 여럿을 소개할 경우 젊은 사람을 나이든 사람에게, 남자를 여자에게 먼저 소개한다.

② 명함에서 본 이름과 직함을 상사에게 소개한다.

③ 용건을 사전에 알게 된 경우 소개할 때 용건을 간략히 언급한다.

(3) 안내

① 기본적인 안내 방법

  ㉠ 위치 : 내방객을 안내할 때는 내방객의 왼쪽 대각선 방향으로 내방객보다 서너 걸음 앞에 서서 보조를 맞추며 안내한다.

  ㉡ 표정 및 자세 : 밝은 표정으로 안내하며 눈과 어깨, 손 등을 동시에 사용하여 가고자 하는 방향을 가리킨다. 손가락은 가지런히 펴고 엄지손가락은 나머지 손가락에 붙이며, 손바닥을 위로 하여 안내하며 손가락으로 지시하지 않도록 주의한다.

  ㉢ 안내 도중 : 복잡한 장소에서는 미리 방향을 안내하여 내방객이 당황하지 않도록 하며, 복도의 구부러진 곳이나 계단에서는 발걸음을 늦추고 내방객을 돌아보며 걷는다.

  ㉣ 내방객이 혼자 가야 할 경우 : 찾기 힘든 장소라면 말로만 설명하기보다는 간단한 안내도를 그려 설명하는 것이 바람직하다.

② 상황별 안내 방법

  ㉠ 복도에서의 안내 : 복도에서는 내방객의 왼쪽 대각선 방향으로 비켜선 자세로 두세 걸음 앞서가며 모퉁이를 돌 때는 가야 할 방향을 손으로 가리킨다.

  ㉡ 계단에서의 안내

    ⓐ 계단을 오를 때 : 남성 비서인 경우는 내방객의 앞에 서서 안내하고, 여성 비서인 경우 내방객의 뒤에 서서 안내한다.

    ⓑ 계단을 내려 올 때 : 남성 비서인 경우에는 내방객의 뒤에 서서 안내하며, 여성 비서인 경우에는 내방객 앞에 서서 안내한다.

ⓛ 엘리베이터/에스컬레이터에서의 안내

   ⓐ 엘리베이터 : 타기 전에 내리는 층을 내방객에게 전달하며, 비서가 먼저 탑승해 좌측의 조작판 앞에 서서 문이 닫히지 않도록 열림 버튼을 누르고 있다가 내방객이 탄 뒤에 목적층의 버튼을 누른다. 내릴 때는 내방객이 먼저 내리게 해야 하지만 내방객이 어디로 갈지 방향을 모르는 경우, 비서가 먼저 내려 내방객을 안내한다.

   ⓑ 에스컬레이터 : 올라갈 때와 내려갈 때 모두 내방객이 먼저 타고 안내자는 뒤에 탄다.

ⓔ **접견실에서의 안내** : 접견실 앞에 도착하면 "이쪽입니다."하고 노크를 한 후에 문을 연다. 접견실의 문이 안으로 열리는 경우에는 비서가 먼저 들어가서 방문객을 접견실 안으로 안내하고 밖으로 열리는 경우에는 문을 활짝 열어 방문객이 먼저 안으로 들어가게 한다.

(4) 상석

일반적으로 상석이란 출입문에서 먼 쪽, 전망이 좋은 창가 좌석을 말한다. 내방객이 여러 명일 때는 상위자에게 최상석을 권하고 동상위자가 다수일 때에는 연령순으로 권하는 것이 일반적이다.

① 접견실에서의 상석

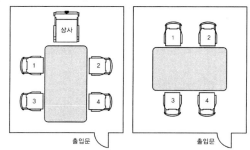

② 회의실에서의 상석

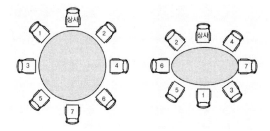

(5) 다과

① 회의가 시작되기 전에 차를 낸다.

② 회의 도중에 차를 낼 경우는 가능한 한 이야기가 끊어진 때를 맞추도록 한다.

③ 차를 다 낸 후에 온 내방객이 있는 경우에는 나중에 온 사람에게만 차를 낸다.

④ 회의가 길어져서 음료를 다시 내야 할 경우에는 찻잔을 거둔 후 새로운 차를 내도록 한다.

(6) 예절

① 인사 예절

ㄱ 인사의 중요성

ⓐ 상대의 인격을 존중하는 경의의 표시이다.

ⓑ 정성의 마음으로 하는 친절과 협조의 표시이다.

ⓒ 상사의 이미지 형성에 기본 틀이 된다.

ⓓ 즐겁고 명랑한 사회생활, 원만한 대인관계를 유지할 수 있다.

ㄴ 일반적인 인사요령

ⓐ 고객이나 내방객을 접할 때의 인사요령

• 상체를 숙일 때 시선은 발끝에서 약 한보 앞에 머물도록 하고, 인사 전후로 상대의 시선에 부드럽게 초점을 맞춘다.

• 머리만 숙이지 말고 허리와 일직선이 되도록 상체를 숙인다.

• 다리를 가지런히 하고 무릎 사이는 가능한 붙인다.

• 손은 양옆에 붙인 채, 몸을 자연스럽게 따라 숙인다.

• 주고받는 인사말은 '안녕하십니까?', '반갑습니다' 정도로 한다.

ⓑ 직장생활 인사요령

• 회사 내에서의 인사는 가능한 한 적극적으로 하는 것이 바람직하다.

• 상황에 따라 인사하는 센스도 아울러 갖추고 있어야 한다.

• 상황에 맞지 않거나 형식을 제대로 갖추지 않은 인사는 오히려 결례이다.

ㄷ 인사의 기본자세

ⓐ 눈인사(목례)는 15˚로 가볍게 머리만 숙인다.

• 물건을 들고 있을 경우

• 하루에 두 번 이상 만났을 경우

ⓑ 보통 인사는 30˚로 상체를 굽힌다.

• 동료 직원이 상사를 찾아왔을 때

• 상사에게 지시를 받거나 보고를 할 때

    ⓒ 정중한 인사는 45°로 상체를 굽힌다.
- 고객, 손님을 맞이할 때
- 고객을 전송할 때
- 상사가 출근하거나 퇴근할 때

② 악수 예절
    ㉠ 상급자, 내방객과 악수하는 방법
      ⓐ 상급자가 먼저 청할 때 아랫사람은 악수할 수 있다.
      ⓑ 아랫사람은 악수하면서 허리를 굽혀 경의를 표하는 것이 좋다.
    ㉡ 일반적인 악수하는 방법
      ⓐ 남녀 간의 악수도 상하의 구별이 있을 때에는 상급자가 먼저 청해야 한다.
      ⓑ 같은 또래의 남녀 간에는 여자가 먼저 악수를 청해야 한다.
      ⓒ 상대의 얼굴을 주시하면서 웃는 얼굴로 악수한다.
      ⓓ 악수에 대비해서 오른손에 들었던 물건을 왼손에 미리 고쳐든다.
      ⓔ 손을 너무 세게 쥐거나 손끝만 내밀고 악수해서는 안 된다.
      ⓕ 장갑 낀 손, 땀에 젖은 손으로 악수해서는 안 된다.
      ⓖ 계속 손을 잡은 채로 말을 해서는 안 되며, 인사만 끝나면 곧 손을 놓는다.
      ⓗ 악수를 하면서 왼손으로 상대의 손등을 덮어 쥐면 실례이다.

기출PLUS

비서의 인간관계 자세로 가장 적절한 것은?

① 직장에서의 인간관계는 기본적으로 기브앤테이크(give & take)가 바탕이 되므로 상대방에게 베푼만큼 받도록 한다.

② 조직 내에서 직원들이 상사에 대해 좋은 이미지를 가질 수 있도록 조직원들의 단체 대화방에 상사의 좋은 점을 자주 올린다.

③ 조직에서 어려움을 겪는 조직구성원의 상황을 알게 된 경우 상사에게 관련 내용을 보고한다.

④ 상사에게 직접 보고하는 부서장들과 좋은 관계를 유지하기 위하여 부서장들이 필요로 하는 정보를 적극적으로 제공한다.

> **해설** ①②④ 비서는 업무 특성상 다양한 계층의 사람을 상대하게 되기 때문에 인간관계에서 고도의 기술이 요구된다. 비서의 직무 특성상 고위의 상사를 보좌하다 보면 동료들로부터 소외당하기 쉬우며, 상사의 지위와 권력을 자신의 것으로 동일시하여 자신의 위치를 정확히 파악하지 못하고 행동하는 오류에 빠지기 쉽기 때문이다. 또한 비서는 조직 내에서 의사 전달의 통로가 되기 때문에 조직 내 상황을 상부에 정확히 알림과 동시에 상부의 입장과 의사를 하부에 전달하는 역할을 한다. 그러므로 상사와의 인간관계나 동료와의 인간관계를 원만하게 유지해야 한다.

〈정답 ③

section 3 인간관계

1. 상사 및 조직구성원과의 관계

(1) 상사와의 관계

① 상사와 비서의 관계는 존경과 신뢰를 바탕으로 이루어져야 한다.

② 비서는 상사의 업무 영역에 필요 이상으로 개입하지 않으며, 사전에 합의되고 이양된 업무에 한하여 융통성을 발휘한다.

③ 비서는 성숙한 태도로 상사의 단점이나 실수를 이해하며 보완·해결하려는 마음을 가진다.

④ 상사의 업무나 성격을 잘 이해하고 상사의 입장이 되어서 생각하는 자세가 필요하다.

(2) 동료와의 관계

① 비서가 아닌 다른 직무를 가진 동료들과의 관계에서는 오해가 발생하기 쉽다.

② 동료의 고민이나 고충을 잘 들어주고 상사와의 연결고리가 되도록 노력한다.

③ 폭넓은 인간관계형성을 위해 모임이나 행사에 적극적으로 참여한다.

④ 혼자 잘난 듯 행동하지 않는다.

(3) 유의해야 할 점

① 적절한 화제를 선택하여 말을 하여야 한다.

② 금전 거래는 하지 않는다.

③ 사내 연애 등 이성 간의 문제로 인하여 직무에 지장을 주지 않아야 한다.

④ 자신의 문제를 함부로 이야기하지 않는다.

2. 고객 및 이해관계자와의 관계

(1) 외적인 면

① 옷차림
　㉠ 항상 접하는 사람들이 아니므로 첫인상이 이미지 형성에 큰 역할을 한다.
　㉡ 비서의 직무에 맞는 깔끔한 옷차림을 유지한다.

② 행동

    ㉠ 행동과 말투는 시간이 지남에 따라 드러나는 것으로 짧은 시간 마주하는 외부 고객과의 관계에서 보이기 어렵다.

    ㉡ 한 번 드러남의 깊이는 옷차림에 비할 바가 아니므로 행동 하나하나에 각별한 주의를 기울여야 한다.

③ 대화

    ㉠ 같은 단어를 말하더라도 말투가 어떤가에 따라 그것을 받아들이는 상대에 따라 큰 차이를 보인다.

    ㉡ 듣는 사람에게 거슬리지 않도록 적절한 단어를 사용해야 한다.

    ㉢ 경어나 호칭 등의 사용에 있어서 유의해야 한다.

(2) 내적인 면

① 마음가짐

    ㉠ 마음가짐에 따라 모든 것이 외적으로 드러나게 된다.

    ㉡ 외부 고객과의 접촉에 있어서 잘 드러나지 않지만 주기적으로 찾아오는 고객에게는 숨기기 어렵다.

    ㉢ 비서는 상사의 얼굴이므로 선한 마음가짐으로 일에 열중하는 모습을 보여야 한다.

② 선입견

    ㉠ 고객의 옷차림이나 외형 등을 보고 고객을 판단하면 실수를 할 수 있다.

    ㉡ 선입견을 가지지 않는 것은 어려우므로 항시 마음에 새기고 있어야 한다.

(3) 선배와의 관계

① 개인비서가 아닌 비서실에 있는 경우 선배를 깍듯하게 존중하여야 한다.

② 선임자의 지도를 받고 고마움을 표시해 주어야 한다.

③ 독단적이지 않고 유연하게 업무를 처리하도록 한다.

④ 특정 그룹에 치우치지 않고 다방면에서 유연한 관계를 맺도록 한다.

(4) 후배와의 관계

① 후배로부터 신뢰감이 가는 선배, 이해심이 많은 선배가 되도록 한다.

② 자신의 경험을 바탕으로 친절하게 업무처리에 대한 내용을 지도하도록 한다.

기출PLUS

기출 2019. 11. 10. 비서 1급

비서 A는 회장 비서로 3년차이고 비서 B는 사장 비서로 6개월 전에 입사하였다. 둘은 같은 층에서 근무하고 있다. 다음 예시 중 원만한 인간관계를 위한 비서의 행동으로 가장 적절한 것은?

① 비서 A는 비서 B에게 비서라는 직업은 상사와 회사에 관한 보안업무가 많으므로 직장 내 동호회에 가입하지 말라고 조언하였다.

② 비서 B는 A가 입사 선배이고 상사 직위도 높으므로 A의 지시를 따르기로 하였다.

③ 비서 업무평가표가 합리적이지 않다고 판단하여 A와 B는 의논하여 시정 건의서를 작성하여 각자의 상사에게 제출하였다.

④ 비서 B는 사장을 보좌할 때 애로사항이 많아 입사 선배인 A에게 상사보좌의 노하우를 물어보고 업무 시 적용해 보는 노력을 했다.

해설 ① 자기계발과 정보를 얻기 위해서도 동호회 활동은 필요하다.
    ② A의 지시가 아니라 상사의 지시를 따라야 한다.

❮정답 ④

③ 후배가 업무를 잘 처리했을 때에는 칭찬과 격려를 아끼지 않는 것이 좋다.

④ 후배에게는 공개적인 질책을 가하는 것보다 개인적으로 타이르는 것이 좋다.

⑤ 나름대로의 철학을 가지고 임무를 수행하고 있음을 보여 준다.

3. 직장예절

(1) 인사예절

① 시선에 존중하는 마음을 담아 상대의 눈을 바라본다.

② 표정은 밝고 부드러운 미소를 지닌다.

③ 손의 위치는 여자의 경우 오른손이 위로 올라가게 포갠 다음 아랫배에 가볍게 댄다.

④ 목소리는 알맞은 음량과 강약으로 또렷하고 쾌활해야 한다.

⑤ 엘리베이터 안, 복도, 계단에서 또는 자주 대할 때에는 15° 정도 허리를 굽혀 가벼운 눈인사를 한다.

⑥ 손님을 맞을 때나 윗사람에게 인사할 때는 30° 정도 허리를 굽혀 보통의 인사를 하고, 감사와 사과를 표할 때나 배웅할 경우에는 45° 정도 숙여 정중한 인사를 한다.

(2) 근무예절

① **출근시** … 아무리 이른 시간에 출근하더라도 언제나 깨끗하고 단정한 복장이어야 한다. 근무시작 10분 전까지 출근하는 습관을 가지도록 한다.

② **자리를 비울 때** … 근무시간에는 자리를 비우지 않는 것이 좋다. 잠시 비우는 경우에도 동료직원에게 행선지, 용건, 돌아올 시간 등을 미리 알려두는 것이 좋다. 일단 외출할 때에는 공적이든 사적이든 상사의 허락을 받고, 사무실에 들어오는 대로 결과를 보고한다.

③ **복도나 계단에서** … 복도나 계단에서 언제나 좌측 통행을 하고, 외부 손님이나 상사를 앞질러 가지 않는다. 복도나 계단에서 긴 이야기를 하는 것은 삼가고, 담배를 피우거나 껌을 씹으며 다니지 않는다. 외부 손님을 만나면 찾는 곳을 친절하게 안내한다.

④ **퇴근시** … 퇴근 준비는 근무 시간이 끝난 후부터 한다. 시간 전부터 미리 서두르지 않는다. 오늘 처리한 일을 체크하고, 내일 해야 할 일도 아울러 점검한다.

(3) 옷차림과 자세

① 올바른 자세는 상대에게 좋은 인상을 준다.

② 대인관계가 많은 사람은 정장에 넥타이를 매는 것이 좋다. 너무 유행에 뒤떨어진 진부한 차림도 곤란하지만 지나치게 유행을 앞서가는 옷차림 역시 곤란하다.

4. 갈등 스트레스 관리

(1) 갈등

① 갈등의 개념
  ㉠ 희소자원이나 업무의 불균형 배분 또는 여건, 목표, 가치, 인지 등의 차이로 인해 나타나는 개인, 집단, 조직의 심리, 행동 또는 그 양면에 일어나는 대립적 상호작용을 말한다.
  ㉡ 양립 불가능한 것으로 보이는 이해관계나 목표가 상충되고 있는 상태를 말한다.
  ㉢ 분쟁이 잠재된 상태, 내연하는 상태를 말한다.

② 분쟁의 개념
  ㉠ 두 명 이상의 당사자들이 양립 불가능해 보이는 이해관계나 목표를 놓고 다투는 행위를 말한다.
  ㉡ 갈등이 표면화된 상태를 말한다.

③ 갈등의 기능
  ㉠ 순기능
    ⓐ 발전, 변동 및 쇄신적 · 창의적 행정의 원동력
    ⓑ 관리자의 하급자에 대한 세밀한 감독 완화
    ⓒ 선의의 경쟁을 유발, 촉진
    ⓓ 행정의 획일성 배제, 다양성, 민주성 확보
    ⓔ 조직의 새로운 조화와 통합
    ⓕ 잠재적 능력, 재능 개발
  ㉡ 역기능
    ⓐ 조직의 효과성 저해
    ⓑ 관계자의 심리적 · 신체적 안정 동요
    ⓒ 적대감정, 반목격화
    ⓓ 위계질서 문란, 관계자의 사기 저하
    ⓔ 조직의 안정성, 효과성, 적응성, 생산성 저하
    ⓕ 목표달성에 대한 관심 감소

④ 갈등의 유형

  ㉠ 개인심리의 기준(Miller, Dollard)

    ⓐ **접근 – 접근갈등** : 바람직한 가치를 가진 두 가지 대안 중에서 선택해야 하는 경우의 갈등

    ⓑ **회피 – 회피갈등** : 부정적 가치를 가진 두 가지 대안 중에서 선택해야 하는 경우의 갈등

    ⓒ **접근 – 회피갈등** : 바람직한 가치와 바람직하지 못한 가치를 함께 가진 대안 중에서 선택해야 하는 경우의 갈등

  ㉡ 조직체제(하위단위)별 기준(P.R. Pondy)

    ⓐ **협상적 갈등** : 부족한 자원을 둘러싼 이해당사자 간의 갈등

    ⓑ **관료제적 갈등** : 계층제의 상하 간의 갈등

    ⓒ **체제적 갈등** : 계층제 내의 동일 수준의 기관 간, 개인 간의 갈등

  ㉢ 갈등 주체별 기준(Simon, March)

    ⓐ **개인적 갈등**

      • 수락불가능성 : 각 대안의 결과를 알지만 만족기준을 충족시키지 못하여 수락할 수 없는 경우

      • 교불가능성 : 최선의 대안이 어느 것인지 비교할 수 없는 경우

      • 확실성 : 각 대안의 결과를 예측할 수 없는 경우

    ⓑ **조직 내의 집단 간 갈등** : 조직 내 계파 간의 갈등, 계선과 참모 간의 갈등

    ⓒ **조직 간의 갈등** : 부처 간의 재원배분문제, 상·하급기관 간의 갈등, 중앙정부와 지방정부 간의 갈등 등

  ㉣ 조직구조변화의 유무에 의한 분류기준(P.R. Pondy)

    ⓐ **마찰적 갈등** : 조직구조에 변화를 초래하지 않는 갈등

    ⓑ **전략적 갈등** : 조직구조에 변화를 초래하기 위하여 고의로 조성된 갈등

⑤ 갈등의 원인

  ㉠ 개인적 갈등의 원인

    ⓐ 비수용성 혹은 수용불가능성(unacceptability)

    ⓑ 비비교성(incomparability)

    ⓒ 불확실성(uncertainty)

  ㉡ 복수의사주체 간의 갈등의 원인

    ⓐ 공동의사결정의 필요성

    ⓑ 목표, 이해관계의 차이

    ⓒ 인지, 태도의 차이(가치관, 신념체제의 차이)

    ⓓ 의사전달의 곤란성(의사소통의 장애)

⑥ **사이몬(Simon)의 갈등해결방법** … 조직의 관리자는 항상 조직 내의 갈등을 관리함으로써 갈등의 역기능을 해소하고 순기능을 촉진시키는 방향으로 유도해야 한다.

  ㉠ **합리적인 방법**(문제합의가 있는 경우)

    ⓐ **문제해결** : 갈등 당사자 간의 목표는 합의되어 있으며, 해결방안의 모색에서는 정보의 수집이 중시되고 새로운 대안의 고안과 탐색에 치중하는 방법이다.

    ⓑ **설득** : 조직의 공동목표에 대한 개별적인 하위목표의 차이만을 인정하면서 하위목표 간의 의견대립을 설득을 통해 조정하는 방법이다.

  ㉡ **비합리적인 방법**(목표에 합의가 없는 경우)

    ⓐ **협상**(1:1해결) : 목표에 대한 의견대립을 인정하고 설득 없이 상호 간의 합의를 추구하는 방법이다.

    ⓑ **정치적 정략**(제3자의 개입) : 목표에 대한 근본적인 대립이 있다는 것은 협상과 동일하나, 정략은 협상방법과는 달리 갈등당사자의 활동범위를 확대하여 외부환경과 접촉을 통해 새로운 세력을 끌어들여 협상을 유리하게 하려는 전략이다.

  ㉢ 일반적 갈등해결 방법으로는 상위목표의 제시, 자원의 증대, 갈등의 회피, 갈등의 완화, 협상, 행태변화, 제도개혁, 강압, 대면적 해결 등이 있다.

(2) 갈등에 대한 대응방식

① **갈등에 대한 대응전략**

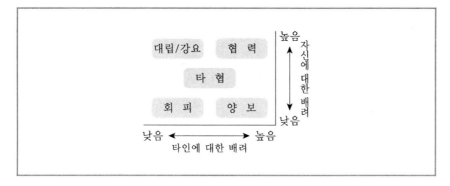

② **갈등에 대한 전략분류**

  ㉠ 갑(甲)과 을(乙) 두 개인을 상정한다.

ⓛ 분류

분류	내용
대립/강요전략	갑(甲)이 자신의 결과에 대한 관심이 높고, 을(乙)의 결과에 대한 관심이 낮은 경우
양보전략	갑(甲)이 자신의 결과에 대한 관심이 낮고, 을(乙)의 결과에 대한 관심이 높은 경우
협력전략	갑(甲)이 자신의 결과와 을(乙)의 결과 모두 관심이 높은 경우
타협전략	갑(甲)과 을(乙)의 결과에 대한 관심이 중간 수준인 경우

③ 각 전략별 내용
　ⓛ 대립형
　　ⓐ 목표를 달성하는 대신 상대와의 관계를 희생시킨다.
　　ⓑ 자신의 목표만을 배타적으로 추구한다.
　　ⓒ 자신의 주장이 강하고, 경쟁적인 자세를 유지한다.
　　ⓓ 자신의 입장을 고수하면서 힘에 의존하는 경향이 있다.
　ⓛ 협력형
　　ⓐ WIN – WIN(윈 – 윈)전략으로 문제를 해결하고자 한다.
　　ⓑ 상대와 함께 해결책을 찾으려는 협력적인 문제해결과정을 가진다.
　　ⓒ 자신이 추구하는 이익을 상대에게 이해시킨다.
　　ⓓ 각자의 이익을 충족시키면서 효과적인 상호관계를 형성한다.
　ⓒ 타협형
　　ⓐ 자신이 추구하는 것을 상대의 목표와 절충, 타협적으로 해결하고자 한다.
　　ⓑ 자신의 이익 및 상대와의 관계를 적절히 조화시키려 한다.
　　ⓒ 문제해결 방법이나 태도는 다른 전략의 중간 정도이다.
　ⓒ 회피형
　　ⓐ 문제가 있을 시 이를 해결하려 하지 않고 회피하려고 한다.
　　ⓑ 갈등상태에 있는 자신의 목표 – 이익 달성을 추구하지 않는다.
　ⓜ 양보형
　　ⓐ 상대의 요구에 맞춰서 갈등을 해소하고자 한다.
　　ⓑ 자신의 이익보다는 상대와의 관계를 더 중요시한다.
　　ⓒ 자신의 주장을 하지 않거나 잘 못한다.

(3) 갈등의 해결과정

① **목표조정** … 기존에 추구하던 목표를 조정함으로써 양립 가능한 관계로 변하게 된다.

② **자원 재분배** … 서로 물질적·정신적 자원의 재분배를 통해서 서로의 배타적이던 목표가 양립 가능한 형태로 바뀌게 된다.

③ **구조변화** … 서로의 목표가 양립 불가능하게 하는 구조를 바꿈으로써 갈등을 해결하고자 하는 것이다.

(4) 협상

① 정의

　㉠ 다른 사람으로부터 원하는 것을 얻어내기 위한 기본적인 수단이다.

　㉡ 상대와 공통의 이해관계를 가지고 동시에 상반된 이해관계에 처했을 때 합의를 보기 위해 밀고 당기는 대화를 말한다.

② 원칙

　㉠ 사람과 문제를 분리해야 한다.

　㉡ 입장이 아닌 이익에 초점을 맞춰야 한다.

　㉢ 상생적인 대안을 개발해야 한다.

　㉣ 객관적인 기준을 적용해야 한다.

③ 내용

　㉠ 쟁점과 감정을 별도로 처리한다.

　㉡ **문제에 초점 맞추기**

　　ⓐ 주어를 문제에 맞춘다.

　　ⓑ 상대의 태도가 아닌 문제되는 행동에 초점을 맞춘다.

　㉢ **감정적 반응에 대한 대처**

　　ⓐ 상대방도 문제에 초점을 맞출 수 있도록 유도한다.

　　ⓑ 편견, 부정적 인식을 바로잡을 기회를 만들어야 한다.

　　ⓒ 강한 감정표현에 대처하는 기법을 익힌다.

　㉣ 협상은 실익을 우선적으로 놓고 하는 것이다.

④ **문제해결을 위한 대안 만들기**

　㉠ 브레인스토밍을 통한 대안 만들기

　㉡ 탄력적이고 통합적인 대안 창출하기

　㉢ 문제해결의 틀, 각도 바꾸기

　㉣ 객관적인 기준 채택하기

　㉤ 정한 절차 만들기

　㉥ 문제해결의 원칙부터 합의하기

　　POINT 브레인스토밍 … 부담 없이 자유롭게 문제해결의 아이디어를 모으는 과정을 말한다.

일정 및 출장관리

정도건설 양영수 회장은 오늘 저녁 이수상사 김영한 사장과 우진면옥에서 만찬이 예정되어 있다. 그러나 양회장 집에 급한 일이 생겨 만찬을 취소해야 하는 상황이다. 이 경우 양회장 비서의 행동으로 가장 적절한 것은?

① 김영한 사장 비서에게 전화를 걸어 상사의 정보이므로 이유는 말해줄 수 없지만 부득이하게 오늘 약속을 취소해야 한다고 전하였다.

② 김영한 사장 비서에게 전화를 걸어 김영한 사장의 가능한 대체 일정을 먼저 확인하였다.

③ 따로 예약금을 지불해 놓은 상황은 아니므로 우진면옥에 예약취소 전화를 하지는 않고 자동취소 되기를 기다렸다.

④ 만찬 취소 완료 후 새로운 일정을 기입하고자 이전의 일정을 삭제하였다.

> 해설 ① 약속을 취소해야 하는 경우 상대방의 일정에 차질이 없도록 신속하게 통보하고, 취소 사유를 정확히 전해야 한다. 취소에 대해 사과하되 불필요한 변명을 해서 상대방을 불쾌하게 하지 않도록 주의한다.
> ③ 우진면옥에 전화해 취소해야 하며, 노쇼 불이익은 없는지 확인한다.
> ④ 일정 조정 시엔 상대방과 상사의 일정을 감안하여 새로운 일정을 잡고 상대방으로부터 일정 변경에 관련해 연락받은 경우에는 상사에게 즉시 보고하고 일정표를 정정한다.

〈정답 ②

section 1 일정

1. 일정관리 원칙

(1) 일정관리의 원칙

① 계획화
  ㉠ 정기적 업무를 우선적으로 계획화한다.
  ㉡ 대단위 계획에서 소단위 계획으로 상세화한다.
  ㉢ 공적 업무와 사적 업무를 구분할 수 있도록 체크해 둔다.

② 컴퓨터나 기타 정보처리기기를 이용한 작성·관리
  ㉠ 각종 일정관리 프로그램 중 적합한 것으로 선택한다.
  ㉡ 일일, 주간, 월간계획을 빠짐없이 기록하고 관리한다.
  ㉢ 휴대하며 상사를 보좌할 수 있는 장점의 기기들도 많으므로 잘 활용한다.

③ 일정의 유동성
  ㉠ 하루에도 몇 차례 일정은 변한다. 항상 변할 수 있음을 유의하고 준비한다.
  ㉡ 급작스런 변화에 대처할 수 있도록 준비할 수 있는 것은 준비해 둔다.
  ㉢ 일정이 변하면 관계된 부서나 고객에게 알리고 양해를 구한다.
  ㉣ 일정의 상황과 환경을 수시로 파악하여 변화에 주의를 기울인다.
  ㉤ 일정 변동의 피해를 줄이기 위해 일정 간 시간 간격을 둔다.

④ 일정과 관련된 정보(시설 등) 관리
  ㉠ 회의 일정의 경우 장소의 예약, 취소 등을 신속히 할 수 있도록 준비해 둔다.
  ㉡ 운전기사가 있을 경우 기사와 긴밀한 연락을 취해 갑작스런 변화에 대처해야 한다.

(2) 일정의 추진

① 연간 정기적인 업무의 경우 특히 중요 회의나 해외출장 등의 경우 미리 계획을 잡고 추진해야 한다.

② 회의를 주최해야 할 경우 미리 예약을 해야 한다.

③ 해외출장의 경우 역시 비행편이나 호텔 등의 우선 예약이 필수이다.

④ 비정기적 및 돌발 상황의 경우

  ㉠ 회의가 늦춰질 경우 참석자들에게 알리고 양해를 구한 후 너무 늦어질 때에는 회의를 연기한다.

  ㉡ 갑작스런 해외출장의 귀국이나 연기 또는 체류의 경우 숙박이나 교통편을 다시 잡거나 취소한다.

⑤ 예약의 경우 재확인을 꼭 해야 하며 예약기간이 길 경우 중간에 수시로 확인해야 한다.

(3) 일정관리의 유의사항

① 시간관리

  ㉠ 너무 이르거나 너무 늦은 시간의 약속은 중요하지 않으면 되도록 피한다.

  ㉡ 일정과 일정 사이의 시간 간격을 적당히 둔다.

  ㉢ 식사시간에 겹치지 않도록 하며 점심이나 저녁식사 약속의 경우 식사시간을 고려한다.

  ㉣ 약속이나 회의, 기타 일정이 겹치지 않도록 한다.

  ㉤ 일정과 일정 사이의 이동거리를 생각하여 일정을 잡는다.

② 일정이 지연되어 뒤 일정에 영향을 미칠 경우 미리 연락하여 양해를 구한다.

③ 상사의 일정에 맞춰서 비서일정을 수립한다.

④ 월요일 오전의 경우 회의가 있을 수 있으니 중요 약속을 제외하고는 비워 둔다.

⑤ 항상 메모를 하여 비서가 바뀌거나 갑작스런 일로 자리를 비우더라도 상사의 업무에 지장을 주지 않도록 한다.

⑥ 메모를 할 때는 자신만이 알아볼 수 있는 형태가 아닌 다른 사람이 봐도 알아볼 수 있는 형태를 취해야 한다.

⑦ 행사일정계획 시 유의사항

  ㉠ 행사참석 회신마감일을 행사초대장에 기재해 둔다.

  ㉡ 행사의 원활한 진행을 위해 행사 주최자 혹은 그 비서의 연락처를 초대장에 기재해 둔다.

기출 2019. 5. 12. 비서 2급

상사가 제한된 시간을 효율적으로 사용할 수 있도록 비서는 상사의 일정을 관리해야 한다. 비서의 일정관리 방법으로 적절하지 않은 것은?

① 유사한 업무는 함께 처리할 수 있도록 일정을 수립한다.

② 보고, 결재 등은 가급적 시간을 정해놓고 하여 불필요한 상사 집무실 출입을 자제한다.

③ 일정을 산만하게 분산하지 않도록 하고 상사가 업무에 집중할 수 있는 오전 시간은 가능한 비워둔다.

④ 평소 관련 분야에서 넓은 인맥을 형성하여 다양한 정보를 획득하여 상사의 일정 계획 수립 시 활용한다.

해설 ③ 상사 일정의 우선 순위는 소속 조직의 문화, 상사의 지위, 상사의 선호도 및 의향, 내용의 중요도 등을 고려하여 결정해야 하지만 일반적으로는 조직의 오너 및 CEO가 참석하는 일정, 조직 운영상 필요한 단체 행사, 외부 손님과의 선약 등이 중요시된다. 그러나 모든 일정은 비서가 확정하기 전에 상사의 가치관과 업무 처리 방식을 고려하여 상사의 기준에 맞추어 우선순위를 결정한다.

‹ 정답 ③

2. 비서업무일지 작성법

(1) 비서업무일지 작성법

① 비서업무일지는 오늘의 일정, 방문객 정보와 전화, 보고 서류, 상관의 지시사항 등을 기록하여 업무 내역을 정리하는 서류이다.

② 비서는 업무일지 작성을 통해서 전반적인 업무의 실태와 현황 등을 파악할 수 있으며 문제가 생긴 경우 쉽게 처리할 수 있게 된다.

(2) 비서업무일지 양식

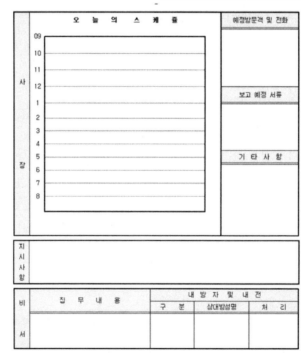

3. 일정표 작성법(일일/주간/월간)

(1) 일정표의 종류

① **연간 일정표** … 일년을 통해 기업이 정기적으로 매년 실시하고 있는 주요한 업무 활동을 기재한 일정표로 일년분의 전사적인 행사의 흐름을 한 눈에 볼 수 있게 작성한다.

② **월간 일정표** … 연간 일정표에서 1개월의 예정을 빼내 그 달 행사를 월단위로 만든 것이며, 연간 스케줄에 기재된 사항에 추가하여 월단위로 정해진 일정 등을 기록한다. 사전에 확정된 계획이나 월 단위의 회의 등을 연간 스케줄을 보다 자세하게 기록한다.

③ **주간 일정표** … 월간 일정을 1주간 단위로 잡아 월간 일정표보다 상세히 각종 행사에 대해 기입한다. 방문객, 타사 방문, 임시 회의 등의 일정을 시간 단위별로 내용을 상세하게 기록함으로 한 눈에 그 주의 일정을 알 수 있도록 한다. 주간 스케줄은 변경 가능성이 적고, 매우 명확한 활동 스케줄이 되어야 한다.

④ **일간 일정표** … 하루의 일정을 출근해서 퇴근할 때까지의 업무 예정을 시간 단위로 상세히 기입한 것이다. 일반적으로 주간 스케줄을 작성하지만 매일 그날의 일정을 상세하게 기록하여 체크해 나가는 것이 실수를 최소화 할 수 있기 때문에 약속 시간 뿐만 아니라 약속 장소까지 걸리는 시간, 연락처, 만나게 될 사람, 주체, 준비하여야 할 자료 등 그날 일정의 체크 리스트로 활용한다. 퇴근 전에 다음날의 일정을 상사가 확인하도록 한다.

⑤ **휴대용 일정표** … 정기적인 것이 아니라 상사가 중요한 약속이나 행사가 있을 때 필요한 사항을 명함 크기에 종이로 만들어 휴대할 수 있도록 상사에게 드린다.

(2) 일정표의 예

① 일일 일정표

오전 일정		오후 일정	
09:00 ~ 11:30	주주총회 장소 : 전경련 회관 2층 안건 : 임원 변경 자료 : 프레젠테이션 및 재무제표 자료 검토 내용 : 반기 순이익 상승	13:00 ~ 15:00	사업부제 검토회의 장소 : 사내 5층 대회의실 인원 : 사장단 전원
	최근 주가 급등 일본 S그룹과 기술제휴 후 주가반영	16:00	거래처 미팅(L사 부장)
		17:00	사내 프로젝트 검토
12:00	점심 식사 L호텔 3층 12:10분 예약	18:00	저녁 식사 겸 회식 내용 : 부장 환영회

기출 2019. 5. 12. 비서 2급

상사가 제한된 시간을 효율적으로 사용할 수 있도록 비서는 상사의 일정을 관리해야 한다. 비서의 일정관리 방법으로 적절하지 않은 것은?

① 유사한 업무는 함께 처리할 수 있도록 일정을 수립한다.
② 보고, 결재 등은 가급적 시간을 정해놓고 하여 불필요한 상사 집무실 출입을 자제한다.
③ 일정을 산만하게 분산하지 않도록 하고 상사가 업무에 집중할 수 있는 오전 시간은 가능한 비워둔다.
④ 평소 관련 분야에서 넓은 인맥을 형성하여 다양한 정보를 획득하여 상사의 일정 계획 수립 시 활용한다.

해설 ③ 상사 일정의 우선 순위는 소속 조직의 문화, 상사의 지위, 상사의 선호도 및 의향, 내용의 중요도 등을 고려하여 결정해야 하지만 일반적으로는 조직의 오너 및 CEO가 참석하는 일정, 조직 운영상 필요한 단체 행사, 외부 손님과의 선약 등이 중요시된다. 그러나 모든 일정은 비서가 확정하기 전에 상사의 가치관과 업무 처리 방식을 고려하여 상사의 기준에 맞추어 우선순위를 결정한다.

〈정답 ③

② 주간 일정표

[일정구분]■(중요)■(일상)■(개인)   작성자 :

	7(월)	8(화)	9(수)	10(목)	11(금)	12(토)	13(일)
8:00~9:00	☐	☐	☐	☐	☐	☐	☐
9:00~10:00	☐	☐	☐	☐	☐	☐	☐
10:00~11:00	☐	☐	☐	☐	☐	☐	☐
11:00~12:00	☐	☐	☐	☐	☐	☐	☐
12:00~13:00	☐	☐	☐	☐	☐	☐	☐
13:00~14:00	☐	☐	☐	☐	☐	☐	☐
14:00~15:00	☐	☐	☐	☐	☐	☐	☐
15:00~16:00	☐	☐	☐	☐	☐	☐	☐
16:00~17:00	☐	☐	☐	☐	☐	☐	☐
17:00~18:00	☐	☐	☐	☐	☐	☐	☐
18:00~19:00	☐	☐	☐	☐	☐	☐	☐
19:00~20:00	☐	☐	☐	☐	☐	☐	☐
20:00~21:00	☐	☐	☐	☐	☐	☐	☐

③ 월간 일정표

SUN	MON	TUR	WED	THU	FRI	SAT
						1
2	3 간부회의	4	5 일본출장	6	7	8
9	10 이사회	11	12 주주총회	13	14	15 골프모임
16	17	18 비즈니스 미팅	19	20	21	22 산악모임
23	24 홍콩출장	25	26	27	28	29
30						

4. 일정관리절차(계획/정보수집/조율/보고)

(1) 일정계획

① 비서가 일정관리 재량권이 없는 경우 약속은 항상 승낙 후에 결정한다.

② 비서가 일정관리 재량권이 있는 경우 경영진의 업무 상황과 업무 스타일을 고려하여 일정을 개략적으로 수립한 후 상사의 승낙을 얻는다.

(2) 정보수집

① 일정을 수립하기 전에 관련된 정보를 충분히 얻어 시간의 손실을 최소화 할 수 있도록 일정을 계획한다.

② 평소 업무일지를 작성하고 정기적인 업무는 체계화 시키는 등의 노력이 필요하다.

(3) 일정조율

① 회의록 등에 기재된 다음 회의 일정을 일정표에 기입하여 일정이 이중으로 잡히지 않도록 한다.

② 일정이 겹치는 불가피한 상황에서는 경영진이 우선순위를 정하게 한다.

③ 경영진이 업무에 집중할 수 있는 시간을 확보한다.

(4) 일정보고

① 일정을 수립한 뒤에는 상사에게 보고하여 확인을 받도록 한다.

② 변경사항이 있는지 확인한 후 최종적으로 결정한다.

5. 다양한 일정관리 방법의 활용

(1) 아웃룩

① 아웃룩의 특징

  ㉠ 약속 : 아웃룩에서 약속은 모임과 달리 다른 사람이나 리소스를 포함시키지 않는 특정 시간에 대해 입력한 활동이다. 약속 입력은 날짜, 시간, 약속장소 등을 포함한다.

  ㉡ 모임 : 모임은 약속과 달리 참석할 사람들과 필요한 리소스를 포함하는 활동이다. 모임 참석 대상자들에게 모임 초대를 이메일로 보내고, 초대를 받은 사람은 모임 요청에 대해 이메일로 수락 또는 거절, 새로운 시간으로 제안할 수 있다. 모임 요청을 수락하면 자신의 아웃룩 일정에 해당 모임이 자동으로 입력되어 공유된다.

  ㉢ 행사 : 아웃룩에서 행사는 24시간 이상 행해지는 활동이다. 1주일간의 세미나 또는 2일 동안의 회사 워크샵 등이 행사의 예이며, 하루 일정의 상단에 배너로 표시된다.

② 아웃룩의 장점

  ㉠ 지정한 문자에 색을 입힐 수 있다.

  ㉡ 일정에 대해 미리알림을 설정할 수 있다(5분 단위로 설정할 수 있고, 모니터에 팝업이 된다).

  ㉢ 반복되는 일정에 대해서 주기적으로 알림 설정이 가능하다.

  ㉣ 일정에 관해 다른 사람에게 이메일로 전달하여 공유하거나, iCalendar를 이용하여 공유할 수 있다.

  ㉤ 일일, 주, 월별 일정을 한 번에 인쇄할 수 있다.

---

(2) 구글 캘린더

① 구글 캘린더의 특징

ㄱ 웹 기반의 프로그램이므로, 게시판처럼 특정 단어로 일정을 검색 할 수 있으며, 일정 알람, 일정 공유, 일정 다운로드 등의 다양한 기능을 지원한다.

ㄴ 업무로 인하여 생성되는 프로젝트 일정의 경우, '구글 캘린더'의 일정 공유 기능을 사용하여 동료나 팀원, 관련된 사람들에게 조건별(일정 수정 여부, 조회 여부 등)로 제공 할 수 있다.

② 구글 캘린더의 장점

ㄱ 하루, 일주일, 한 달, 또는 4일을 기준으로 스케줄을 볼 수 있다. 4일 기준은 원하는 기간대로 변경할 수 있다.

ㄴ Quick Add 링크를 사용할 수도 있고 또는 원하는 시간대를 클릭하여 스케줄을 쉽게 추가할 수 있다.

ㄷ 캘린더를 공유하고 싶은 사람들의 이메일을 추가하여 Google Calendar 로 초대하면, 캘린더를 공유할 수 있다.

기출 2020. 5. 10. 비서 1급

예약 매체에 따른 예약방법에 대한 설명으로 가장 적절하지 않은 것은?

① 전화 예약은 담당자와 직접 통화하여 실시간으로 정보 확인을 하여 구두로 예약이 가능하므로 추후 다시 확인을 하지 않아도 되는 방법이다.

② 전화 예약 시에는 예약 담당자와 예약 정보를 기록해 두고 가능하면 확인서를 받아 두는 것이 좋다.

③ 인터넷 사이트를 통한 예약은 시간 제약 없이 실시간 정보를 확인하여 직접 예약을 할 수 있으나 인터넷 오류로 인해 문제가 발생되는 경우가 있으므로 반드시 예약 확인이 필요하다.

④ 팩스나 이메일을 통한 예약은 정보가 많거나 복잡하고 문서화가 필요한 경우 주로 사용하는 예약 방법이며, 발신 후 반드시 수신 여부를 확인할 필요가 있다.

해설 ① 전화 예약은 담당자와 직접 통화하여 실시간으로 정보를 확인하고 구두로 예약이 가능하지만, 예약이 잘못되었을 경우를 대비하여 추후 다시 확인해야 할 필요가 있다. 따라서 전화 예약 시에는 예약 담당자와 예약 정보를 기록해 두고 가능하면 확인서를 받아 두는 것이 좋다.

<정답 ①

---

section 2 예약

1. 예약 종류별 예약필요지식

(1) 예약의 종류와 선정 기준

예약 종류	선정 기준
음식점	상사와 손님의 음식 선호도, 모임의 목적, 시간대, 예산 등을 고려
골프장	골프장은 운동만 하는 곳이 아니라 비즈니스가 이루어지는 곳이므로 위치, 날짜, 시간대, 상사 선호도, 회원권 소지 여부 등을 고려
교통편	여비 규정, 경비 예산, 상사 선호도, 소요 시간, 안전 등을 고려
숙박	여비 규정, 경비 예산, 상사 선호도, 편리성 등을 고려

(2) 예약 방법

예약 방법은 크게 두 가지로 분류할 수 있다. 먼저 예약의 주체에 따라 비서가 직접 예약을 진행하는 방식의 직접 예약과 대행사를 통한 대리 예약으로 나눌 수 있다. 또한 예약 시 사용하는 매체에 따라 전화 예약, 인터넷 예약, 팩스·이메일 예약으로 나눌 수 있다.

(3) 예약 관련 정보 수집

① **음식점 예약** … 회사 주변 유명 음식점과 음식 종류별 유명 음식점 정보 수집하기 유명한 음식점이나 특정한 날짜에는 예약이 빨리 끝나 안 되는 경우가 종종 있다. 이런 경우를 대비해서 다양한 음식점 정보를 사전에 수집해 두면 상사에게 다영한 선택권을 제시할 수 있다.

② **숙박 예약** … 회사 주변, 공항 주변, 체인 호텔 견적서 받기 자주 이용하지 않는 호텔에서 견적을 주겠다고 먼저 연락이 오는 경우가 있다. 이런 경우 거절하지 말고 미리 정보를 받아서 정리해두면 갑자기 주거래 호텔에 예약할 수 없어 다른 호텔 예약이 필요할 때 매우 유용하게 사용할 수 있다.

③ **항공편 예약** … 주거래 업체 외에 업체 영업 제안서 받기 여행사를 통해 예약을 진행하는 경우로 주로 이용하는 여행사 외에 다른 여행사의 영업 제안서도 받아 둘 필요가 있다. 다른 업체와의 비교를 통해 더 합리적인 가격과 서비스를 받아낼 수도 있다.

2. 예약 종류별 예약방법 및 절차

(1) 음식점 예약

① 음식점 예약은 대체로 전화로 진행하므로 전화 응대 예절을 준수한다.

② 대부분의 음식점 예약은 구두로 진행되기 때문에 예약이 제대로 진행되었는지 반드시 재확인하고 예약 담당자의 이름을 기록해 둔다.

③ 새로운 음식점에 모시고 갈 때는 가능한 한 사전 답사를 통해 적절한 모임 장소인지 확인한 후 예약을 진행한다.

④ 외국 손님 접대 시 나라별로 금기시하는 음식이 있으므로 음식 메뉴 선정 시 이 점을 고려한다.

⑤ 예약 절차

　㉠ 예약 지시 사항을 확인한다.

　㉡ 참석자 인원수와 모임에 적합한 음식점 정보를 검색하고 연락처를 확인한다.

　㉢ 선정된 음식점을 예약한다.

(2) 골프장 예약

① 골프는 날씨에 영향을 많이 받으므로 수시로 일기 예보를 확인하고 라운딩 당일 출발 전 골프장에 전화하여 예약 진행·취소 가능 여부를 확인한다.

② 골프장은 도심 외곽에 있는 경우가 대부분이므로 예약 시 이동 거리와 소요 시간을 고려한다.

③ 예약 절차

　㉠ 예약 지시 사항을 확인한다.

　㉡ 예약할 골프장을 선정한다.

　㉢ 골프 예약 이력 정보 목록을 바탕으로 상사에게 보고하고 필요하면 예약 확인서와 골프장 약도 등을 전달한다.

④ 골프 용어

용어	의미
그린피	골프장 코스 사용료
캐디피	캐디에게 주는 돈
카트피	카트 사용료, 1팀당 1대 사용료 부과
티업	티 위에 공을 올리는 것
티오프	티에서 첫 타를 치는 순간, 경기의 시작
핸디캡	한 코스의 기준 타수보다 많이 치는 타수
파	18홀로 이루어진 각 홀에 정해진 타수
퍼트	그린에서 공을 홀에 넣기 위해 치는 것
클럽 하우스	휴게소를 가리키는 말로 식당, 샤워실, 사무실 등이 있는 건물

(3) 공연/영화 예약

① 공연장 등 정확한 장소와 위치를 알아둔다.
② 차량대기 등을 위해 관람을 위한 도착시간과 종료시간을 알아둔다.
③ 취소할 경우 위약금이 있는지, 언제까지 취소가 가능한지를 알아두고 상사에게 미리 알려둔다.
④ 복장에 제한이 있는 지 알아둔다.

3. 예약 이력정보

(1) 예약 이력정보

비서가 알아야 할 사전 정보와 예약 당시 확인해야 하는 정보를 바탕으로 예약 사항을 정리할 수 있는 예약 이력 정보 목록 서식을 만들어두는 것이 좋다. 기본 정보와 예약의 빈도수, 상사의 피드백 내용 등을 데이터베이스로 구축하여 다음 예약 때 활용함으로써 임무를 보다 신속하고 정확하게 처리할 수 있다.

(2) 예약 종류별 필요 정보 파악

예약 종류	비서가 사전에 알아야 할 정보	예약 시 확인해야 하는 정보
음식점	음식점명, 음식 종류, 날짜, 시간, 인원, 예약명	룸 예약·주차 가능 여부, 영업 시간, 예약 담당자명
골프	골프장명, 날짜, 티오프(tee-off) 시간, 코스, 동반자 정보(인원, 연락처 등)	그린피, 캐디피, 카트피, 취소 규정, 예약 담당자명
항공편	출·도착 일자, 시간, 출발지, 목적지, 탑승자 영문명, 여권 번호, 항공사 마일리지 번호, 좌석 등급, 좌석 위치	발권 시한, 요금, 수화물 규정, 항공권 제약 조건, 취소 및 환불 규정
숙박	투숙 일자, 투숙자명, 투숙인 수, 객실 종류, 연락처	요금, 서비스, 부대시설, 취소 규정, 호텔 이용 교통편

(3) 예약 이력 정보 목록의 예

날짜	시간	식당명	종류	메뉴	인원	룸여부	주차여부	예약받은 사람	비고

① 예약 이력 정보 목록을 신속하게 검색, 입력, 수정, 출력 가능하도록 바탕화면이나 찾기 쉬운 위치에 저장한다.

② 예약 이력 정보 목록에 정리된 내용을 바탕으로 예약 패턴을 파악하여 다음 예약 시 참고한다.

기출PLUS

기출 2019. 5. 12. 비서 1급

예약 업무를 수행하는 비서의 자세로 적절하지 않은 것은?

① 모임의 성격에 맞는 장소를 추천할 수 있도록 다양한 장소에 대해 정보를 수집한다.

② 좋은 음식점을 많이 알아두는 것이 비서업무에 도움이 되므로 음식점 블로그 등에 나와 있는 음식점들의 특징이나 장단점을 정리해 둔다.

③ 골프 모임이 잦은 상사를 위해 골프장 예약 담당자들에게 연말에 회사 홍보용 선물을 보낸다.

④ 예약을 변경하거나 취소할 경우 위약금이나 벌점 등 불이익이 있는지 미리 확인한다.

해설 ③ 자주 예약을 주고받는 예약 담당자와의 관계를 잘 형성해 두는 것이 중요하다. 실제로 예약을 하다 보면 예약 담당자의 재량에 따라 예약 여부가 정해지는 경우도 있다. 따라서 예약 담당자의 이름을 기억하고, 친절하게 인사를 건네며 사소한 도움에도 감사를 전하는 등 담당자와 좋은 관계를 유지하는 것이 예약 업무를 수행하는 데 큰 도움이 될 수 있다.

❮ 정답 ③

section **3** 출장

1. 출장 일정표작성

(1) 출장일정표 작성

① 출장일정표(itinerary)는 출장기간 중의 일정을 한눈에 볼 수 있도록 작성하고, 전체일정을 볼 수 있는 전체일정표와 상사가 휴대할 수 있는 포켓용을 같이 준비하면 좋다.

② 일정표에 들어가야 하는 사항
  ㉠ 출발/귀국일시, 교통편(시간, 공항, 역, 연결편, 소요시간)
  ㉡ 방문처 및 면담자, 숙박장소 및 연락처, 수행자, 비상연락망
  ㉢ 식사장소 및 인원(주최자 및 참석자), 기타

(2) 출장일정표 작성 시 유의사항

① 상사가 공항으로 출발하는 곳이 자택인지 아니면 사무실인지 파악한다. 출발지에서 공항까지의 이동시간과 탑승 수속에 걸리는 시간을 고려하여 출발시간을 정한다.

② 출장 기간 동안 회의, 모임이나 방문과 관련된 내용을 상세히 기록한다.

③ 교통편에 대한 내용을 상세히 기록한다.

④ 출장지에서 투숙할 숙소에 대한 상세한 정보를 일정표에 넣도록 한다.

(3) 출장일정표의 예

일정	
교통편	
숙박	
면담자 및 방문처	
귀국일정	

기출 2020. 5. 10. 비서 2급

한 달 후 미국 뉴욕으로 출장 가는 상사의 출장 준비 업무 처리로 가장 적절한 것은?

① 상사의 여권의 유효기간이 4개월 남아있어 뉴욕 출장에서 돌아오면 여권갱신을 신청하려고 업무일지에 메모해 두었다.

② 상사의 출장 일정표에는 호텔명과 예약확인번호만 기입해 두었다.

③ 뉴욕 현지 출장일 날씨정보와 식당, 관광 정보 등을 수집하여 상사에게 보고하였다.

④ 호텔 예약 시 상사의 체크인, 체크아웃 예상시간은 상사의 개인 정보이므로 호텔에 알려주지 않았다.

해설 ① 여권은 유효기간이 6개월 이상 남아있어야 하므로 뉴욕 출장 전에 갱신해야 한다.
② 출장 일정표는 출장 시 추진하고자 하는 업무의 일정을 일자별로, 장소별로 표로 작성하는 문서이다. 일정의 목표와 내용, 출장 진행 상황을 한눈에 파악할 수 있도록 날짜, 시간, 장소, 방문지, 면담자, 상세 일정, 교통편, 숙박, 비고 등을 상세하게 작성한다.
④ 호텔 예약 시 상사의 체크인, 체크아웃 예상시간에 대해 호텔에 전달하는 것이 좋다.

〈정답 ③

2. 교통·숙소 예약방법 및 용어

(1) 교통편 예약

① 철도편
- ㉠ 출장이 단거리일 경우 편리하게 이용할 수 있는 교통수단이다.
- ㉡ 철도청 홈페이지를 이용하면 열차 시간표를 검색할 수 있고, 예약이나 예매도 가능하다.

② 항공편
- ㉠ 다소 거리가 먼 국내 도시 출장이나 해외 출장에 자주 이용된다.
- ㉡ 상사가 항공편을 이용해 출장을 가게 되었다면 비서는 비행기 일정, 기내서비스, 그리고 예약방법 등을 항공사 홈페이지를 참조하며 준비한다.
- ㉢ 상사가 가리는 음식이 있거나 채식주의자일 경우에는 미리 항공사에 특별식단을 주문한다.
- ㉣ 상사가 희망하는 좌석이 항공편에 없을 경우 일단 다른 편을 예약한 후, 희망 항공편의 대기자 명단에 올려놓고 예약자의 취소로 공석이 생겼을 경우 탑승할 수 있도록 한다.
- ㉤ 예약 시 확인해야 할 사항
  - ⓐ 출발 및 도착 날짜와 시각
  - ⓑ 항공편명
  - ⓒ 비행기의 편명
  - ⓓ 출발 및 도착 공항명
  - ⓔ 좌석의 등급 및 좌석번호
  - ⓕ 영문 성명
  - ⓖ 예약 받은 담당자 이름
  - ⓗ 예약번호

③ 셔틀버스나 택시
- ㉠ 출장 일정을 계획할 때 셔틀버스 이용 가능성과 택시비를 확인해 둔다.
- ㉡ 호텔과 공항을 운행하는 셔틀 서비스가 있는지 확인한다.

④ 자동차 렌트
- ㉠ 항공사나 여행사를 통하거나 직접 렌트 회사를 통해 예약할 수 있다.
- ㉡ 원하는 차의 등급과 모델을 정하고, 차를 빌릴 날짜와 반납할 날짜를 알린다.
- ㉢ 목적지 공항에 도착하면 공항 내에 있는 렌터카 오피스에서 차량을 인도 받는다.

기출PLUS

기출 2019. 11. 10. 비서 1급

다음 중 비서의 상사 해외 출장관리 업무로 가장 적절한 것은?

① 휴가철이라 인천공항이 붐비는 관계로 상사 자택과 가까운 도심공항터미널에서 탑승수속을 먼저하고 수하물은 인천공항에서 바로 부칠 수 있게 했다.

② 3주 후 상사의 유럽 출장이 계획되어 있어 비서는 전임비서가 추천한 기업요금(commercial rate)이 적용되는 호텔을 예약하였다.

③ 상사가 출장지에서 업무지시를 원활하게 할 수 있도록 스마트기기에 애플리케이션을 설치해 드렸다.

④ 6개월 전 미국 출장을 다녀온 상사가 다시 미국으로 출장을 가게 되어 사전입국 승인을 위해 ESTA 작성을 했다.

해설 ① 공항에서 하는 모든 탑승수속을 시내에서 끝내고, 공항으로 갈 수 있는 곳이 바로 도심공항 터미널이다. 수하물도 도심공항터미널에서 보내는 것이 좋다.
② 호텔은 출장지에서 업무를 수행하기에 편한 곳으로 선택하여야 하며, 숙박시설이 시내 중심에 위치하는지, 편의 시설이 잘 갖추어져 있는지, 부대시설은 어떤지 등을 확인하여 상사에게 보고한다.
④ ESTA의 유효기간은 2년이다.

《정답 ③

⑤ 회사 차량 이용

　　㉠ 단거리 출장일 경우에는 주로 회사가 제공하는 차를 이용한다.

　　㉡ 가장 빠르고 안전한 길 안내 정보, 소요시간, 그리고 차량이 이동하는 경로 중에 식사가 가능한 식당 정보를 찾아 제공한다.

(2) 숙소 예약

① 숙소 예약 시 확인해야 할 사항

　　㉠ 입실 및 퇴실 날짜

　　㉡ 객실의 종류 및 전망 등과 관련된 내용

　　㉢ 예약된 숙소의 상호명, 주소, 전화번호 등

　　㉣ 예약된 상사의 성명 및 신용카드 번호

　　㉤ 예약을 받은 담당자의 성명

　　㉥ 예약 번호

　　㉦ 셔틀버스 운행 여부

② 호텔 객실의 종류

　　㉠ 싱글 베드 룸 : single bed room with bath, single with bed, single room 등으로 표현하고, 약자로는 SWB, SB 등으로 사용되고 있다. 이것은 1인용 침대가 1개로서 한 사람이 투숙할 수 있는 객실이다.

　　㉡ 더블 베드 룸 : double bed room with bath, double with bed, double room 등으로 표현하고, 약자로는 DWB, DB 등으로 간편하게 쓰인다. 이것은 2인용 침대가 1개인 객실로서 부부가 사용하기 편리한 객실이다.

　　㉢ 트윈 베드 룸 : twin bed room with bath, twin with bed, twin room 등으로 불리고, TWB, TB 등의 약자로 표현된다. 이 객실은 1인용 침대가 2개로 친구나 형제자매, 같이 여행하는 단체의 일행 등이 사용하기 편리한 객실이다.

　　㉣ 스위트 룸 : suite room with bath, suite room으로 불리며, 약자로는 Sut/B, Sut/R 등이 사용된다. 이것은 보통객실의 2배로서 침실이 있고 응접실(living room)이 별도로 붙어 있는 객실이다. 이러한 객실을 특실이라고 부르고 있다. 어느 호텔이든 몇 개의 특실을 갖추고 있는데, 특실의 명칭을 다양하게 사용하고 있다. 예를 들면, 왕실(royal), 왕자(prince), 공주(princess), 대통령(president), 대사(ambassador) 등과 장미(rose), 백합(lily) 등의 꽃 이름도 스위트 룸의 이름으로 사용된다.

　　㉤ 스튜디오 베드 룸 : studio bed room with bed, studio with bath, studio room으로 부르며, ST/B, STWB, STB 등의 약자가 사용된다. 이 객실은 변형시킬 수 있는 객실로 낮에는 응접용 소파(sofa)로 사용할 수 있고 밤에는 침대로 만들어 사용할 수 있도록 설비된 객실이다.

ⓗ 트리플 베드 룸 : triple bed room with bath, triple with bath, triple Room으로 불리고, 약자로는 TPL/B, TPWB, TPB 등으로 사용된다. 이 객실은 한 객실에 3인이 투숙을 원할 때 트윈 베드룸에 보조침대(extra bed) 하나를 더 넣어 세 사람이 각자의 침대에서 숙박할 수 있도록 만들어 주는 객실을 말한다. 최근에는 보조침대를 객실에 설치하거나 제거하는 종업원의 업무를 줄이고, 보조침대에 대한 고객들의 불평을 해소하기 위해 아예 트리플 룸을 일부 만들어 판매하기도 하고, 한 개의 층을 전부 트리플 룸으로 만들어 트리플 층을 운영하는 호텔도 있다.

③ 호텔 객실의 위치에 따른 분류

　ⓐ 아웃 사이드 룸 : 아웃 사이드 룸(out side room)이란 호텔 건물의 바깥쪽에 위치하는 객실로서 외부의 경관을 내다 볼 수 있는 전망이 좋은 객실을 말한다. 대부분의 고객들은 전망이 좋은 객실을 원하기 때문에 호텔 건물은 설계시부터 되도록 전객실이 경관을 볼 수 있는 방향을 설계되는 것이 좋은 것이다.

　ⓑ 인 사이드 룸 : 인 사이드 룸(in side room)이란 아웃 사이드 룸과 반대되는 개념으로 호텔 건물의 내부에 위치하는 객실로서 외부의 경관을 볼 수 없는 전망이 없는 객실을 말한다. 대부분의 호텔들이 아웃 사이드 룸을 많이 확보하는 방향으로 설계되어 건축하지만, 건물구조상인 사이드 룸의 확보가 불가피한 경우가 있다. 호텔경영을 담당하는 사람들은 이러한 인 사이드 룸을 아웃 사이드 룸보다 약간 저렴한 가격으로 판매하거나 단체객을 안내하는 가이드나 하우스 유스 룸(house use room) 등으로 배정하게 된다.

　ⓒ 커넥팅 룸 : 커넥팅 룸(connecting room)이란 객실과 객실 사이에 통하는 문이 있는 객실로서 가족 단위의 고객들이 사용하기에 편리한 객실이다. 예를 들어 어느 호텔의 5층이 501호부터 540호까지 40개의 객실이 있다면, 501호와 502호 사이에 통하는 문이 있고, 또 중간쯤에 520호와 521호 사이에도 통하는 문이 있다면 501호와 502호가 하나의 커넥팅 룸이고, 또 520호와 521호도 하나의 커넥팅 룸이 되는 것이다.

　ⓓ 어드조이닝 룸 : 어드조이닝 룸(adjoining room)이란 인접된 객실, 즉 나란히 위치하는 객실을 의미하는데, 이 어드조이닝 룸도 나란히 위치하는 것은 커넥팅 룸과 동일하나 이 객실은 객실과 객실사이에 통하는 문이 없다. 즉, 예를 들면 520호와 521호는 어드조이닝 룸이고, 또한 530호와 531호도 어드조이닝 룸이 된다.

기출 2020. 5. 10. 비서 1급

상사의 해외출장 보좌업무를 수행하는 비서의 업무수행 방법으로 적절하지 않은 것은?

① 해외 출장 중 호텔이나 교통편, 식당 이용 시 현금으로 팁을 제공하는 경우가 많으므로 이를 대비하여 소액권을 준비했다.

② 미국은 전자 여행 허가제(ESTA)를 통해 허가를 받으면 90일 동안 무비자로 체류가 가능하므로, 이를 신청하기 위해전자 여권을 준비했다.

③ 상사가 외국인이기 때문에 여권 관련 업무를 위해 비서가 대신 한국대사관에 방문해서 업무를 처리했다.

④ 상사가 해외 현지 상황을 대비해 출장 준비할 수 있도록 현지 정보를 미리 수집하고 정리하여 상사에게 보고했다.

해설 ③ 상사가 외국인일 경우 상사의 여권 관련 업무는 상사의 국적국 대사관에서 처리해야 하며, 원칙적으로는 본인이 직접 해야 한다.

◁ 정답 ③

3. 국내/해외 출장준비물

• 여권(복사본도 준비)

• 교통편 및 숙박, 렌터카 등의 예약확인서

• 출장일정표와 휴대용 일정표

• 관련 서류 및 자료

• 짐표(상사의 비행기 편명 및 연락처 미리 기재)

• 명함(해외출장일 경우 영문 명함 준비)

• 목적지의 지도나 안내도

• 필기도구, 메모지, 축하금 봉투, 편지지, 상사의 다이어리 등

• 세계시차표

• 신용카드, 현금 또는 여행자 수표, 방문국 작은 돈

• 소형 계산기 및 노트북 컴퓨터

• 기타 회사 설명서, 제품 설명서 등 출장 목적에 따른 준비물

• 안경 착용시 여분의 안경과 비상 약품 등

• 상사의 지시에 따른 준비물

4. 기타 출장 전 업무

(1) 출장 관련 자료와 준비물

비서는 상사가 출장 전 출장준비물 체크리스트를 만들어 출장 준비를 하고 상사가 출장을 떠나기 전에 출장 관련 자료와 준비물이 빠짐없이 준비되었는지 최종 점검해야 한다.

(2) 해외 출장 수속 준비

해외 출장 시에는 기본적인 출장 준비 외에 여권과 비자, 환전 등 추가로 준비해야 할 사항들이 많다.

(3) 출장으로 인한 상사의 부재를 대비한 비서의 업무

① 업무 대리자 확인 … 상사가 출장일 때 상사를 대행할 업무 대리자를 사전에 상사와 상의하여 결정하여 업무 공백을 최소화할 수 있도록 한다.

② 부재중 업무 지시 확인 … 상사가 출장 중인 기간에 비서가 처리하기를 원하는 업무를 미리 확인하여, 상사의 지시에 따라 업무수행을 할 수 있도록 한다.

③ 관계 부처에 사전 연락 … 상사의 출장이 기밀 사항인지 아닌지를 상사에게 사전 확인하고, 기밀 사항이 아닐 때에는 사전에 관계 부처에 상사의 출장 사실을 알려 급한 업무를 미리 처리할 수 있도록 한다.

5. 상사 출장 중 업무

(1) 업무 태도

① 상사의 부재 중 업무를 소홀히 하지 않도록 지침을 정해 두는 것이 좋다.

② 상사의 부재로 업무가 줄었을 경우에는 남는 시간을 이용해 서류를 정리한다.

③ 업무 처리 지침

ⓐ 기존의 일정이 있었을 때는 갑작스런 출장 일정을 통보하고 양해를 구한다.
ⓑ 전화 및 내방객의 응대 시 출장을 알린다.
ⓒ 출장 중 업무는 출장 후로 연기하고 출장 직후는 피한다.
ⓓ 서신이나 전화메모 등은 리스트를 작성해 둔다.
ⓔ 특이사항을 보고하거나 주기적인 보고를 위해 출장지와의 연락을 유지한다.
ⓕ 상사 부재 시 되도록 자리를 비우지 않는다.

(2) 부재중 업무

① 우편물 처리

ⓐ 중요한 업무가 아닌 경우 개봉하여 확인한 후 처리한다.
ⓑ 중요한 업무인 경우 상사가 있을 때 처리할 수 있도록 책상에 둔다.

② 상사가 돌아와 수행할 일정을 개략적으로 작성한다.

③ 결재의 경우 상사가 돌아와서 바로 처리할 수 있도록 중요한 순서대로 정리해 둔다.

비서의 경비처리업무에 대한 설명으로 가장 적절하지 않은 것은?

① 비서실 사무용품 구입 시, 경비 지출 규정집 등을 참고하여 경비 처리 규정 준수 여부를 확인한다.

② 경비 처리 규정을 넘는 품목은 결재권자의 사전 승인을 얻은 후 구매 주문을 실행한다.

③ 상사가 지출한 접대비 중 그 성격상 지출 내역을 밝힐 수 없는 비용이나 증빙을 갖추지 못한 접대비는 지출결의서를 작성해야 하며 세법상 비용을 인정받을 수 있다.

④ 영수증은 거래의 유효성을 뒷받침하는 증거 서류이므로 훼손되거나 분실하지 않도록 주의한다.

해설 지출결의서는 지출이 예상되는 비용을 사전에 승인 요청할 때 사용하는 서식이다.

< 정답 ③

6. 상사 출장 후 사후처리 업무

(1) 부재중 보고 및 결재

① 상사가 출근하면 상사의 부재중에 발생했던 업무에 대한 전반적인 보고를 실시한다.

② 결재 서류는 상사가 급한 것부터 처리할 수 있도록 정리해 중요한 순서대로 결재를 받을 수 있도록 한다.

③ 상사 부재중에 처리한 사항이 있으면 반드시 보고해 확인받도록 한다.

(2) 출장 경비 정산

① 출장 중에 사용한 경비는 영수증과 함께 회사가 규정한 일정한 형식에 맞춰 관계 부서에 보고해야 한다.

② 보고서에 기록되어야 할 항목은 숙박비, 교통비, 식사비 및 팁, 접대비와 택시비 등 기타 업무 차 사용된 비용들이다.

③ 영수증은 날짜별·항목별로 정리해 첨부하고 경비의 정산은 경비 정산 서식에 기재해 제출한 후, 경비 보고서를 복사하여 사본을 상사의 출장 관련 파일에 보관한다.

(3) 출장 보고서 작성

① 상사가 초안을 작성해 주면 판매 요약 보고서, 고객 방문 리스트, 프로젝트 진행서 등과 같이 출장 중 업무에서 생긴 서류들과 그밖에 출장 후의 결과물들을 함께 정리해 해당 부서에 제출한다.

② 출장 중 회의에서 결정된 사항, 협의사항, 또는 고객 불만이나 제안사항, 추가로 토의되어야 할 아이디어 등을 정리해 보고서로 작성하고 정책 결정자에게 전달한다.

(4) 감사 편지

① 출장 중에 행해진 업무나 회의에서 만났던 사람들과 신세를 진 사람들에게 보낸다.

② 감사카드나 편지 형태로 보낼 것인지 e-mail 형태로 보낼 것인지를 먼저 상사와 의논해서 결정한다.

04 회의 및 의전관리

section 1 회의관리업무

1. 회의의 종류 및 좌석배치

(1) 회의의 종류

① 회의의 기능별 분류

ⓐ 브레인스토밍(Brainstorming)
  ⓐ 새로운 아이디어를 찾아내는 방법으로 특정 주제에 대해 회의 참가자가 각자 자유분방하게 의견을 발표하는 회의를 말한다.
  ⓑ 참가자가 자유롭게 발언할 수 있다는 점이 이 회의의 주요 특징이다.
  ⓒ 리더는 기록원을 되도록 많이 동원하여 발표된 의견이나 착상을 전부 기록한다.
  ⓓ 리더는 회의 때마다 참석자의 호선으로 정하며, 참석자의 인원수는 15명 정도가 적당하다.

ⓛ 고든법(Gordon)
  ⓐ 리더의 주도 하에 큰 문제에서 작은 문제로 유도해 나가는 의사결정방법이다.
  ⓑ 브레인스토밍(Brainstorming)을 통해 각자의 생각을 자유롭게 발표한다.
  ⓒ 리더가 발상의 방향을 제시하여 발언을 유도하여 문제해결에 가까운 아이디어가 나오도록 진행한다.
  ⓓ 실현 가능성을 논의하여 아이디어를 유용한 것으로 형성한다.

ⓒ 필립스66(Phillips 66)
  ⓐ 소집단 토론방식으로 처음에 집단을 6명씩 나누고 한 의제에 대하여 각 6분간 토의를 진행한다.
  ⓑ 소집단에는 리더 외에 기록원을 정하고, 엄밀하고 주의깊게 의제를 선정한다.
  ⓒ 참가들에게 적극적인 참여와 흥미를 유발시킬 수 있다는 장점이 있다.
  ⓓ 전달회의, 창조회의, 조정회의, 결정회의라고 한다.

ⓔ 워크샵(Work-Shop)
  ⓐ 대규모 집단의 참여도를 높이기 위하여 몇 개의 소집단으로 나누어, 소집단마다 리더를 정해 주어진 의제를 토론한 후 결론을 도출해내는 방식이다.
  ⓑ 정해진 시간 안에 소집단 회의가 종결되면, 소집단별 결론을 지도자가 발표한다.

기출PLUS

기출 2018. 5. 13. 비서 1급

김 비서는 주주총회와 이사회에 관한 업무교육을 받고 있다. 다음 중 보기에서 적절한 것을 모두 고른 것은?

┌─ 보기 ─
│ a. 정기 주주총회는 보통 매년 1회 열린다.
│ b. 주주의 의결권은 주주평등의 원칙에 따라 1주 1의결권이 주어진다.
│ c. 대표이사 선임은 이사회에서 결정하여야 하며 주주총회에서 결정하는 것은 절대 불가하다.
│ d. 이사회는 투자전략이나 신사업 진출의 결정 등 회사의 운영에 관한 결정을 하는 곳이다.

① a, b, c, d
② b, c, d
③ a, c, d
④ a, b, d

해설 c. 상법 제389조에 따르면 회사는 이사회의 결의로 회사를 대표할 이사를 선정하여야 한다. 그러나 정관으로 주주총회에서 이를 선정할 것을 정할 수 있다.

〈 정답 ④

ⓒ 결론에 대하여 대표자끼리 토론하거나, 참석자 전원에게 질의응답 하는 절차가 수반된다.

ⓓ 소집단마다 상호 활발한 토의를 전개하나 전체적으로 무질서하게 운영될 우려가 있다.

ⓜ **명목 집단법**(NGT)

　ⓐ 다수의 참석자로부터 다양한 아이디어를 끌어내어, 그 중 가장 적당하고 유용한 아이디어를 선택한다.

　ⓑ 리더가 주제를 제시하면 포스트잇에 각자의 생각을 표현한다.

　ⓒ 구성원들이 써 낸 포스트잇을 칠판에 붙여가며 유목화한다.

　ⓓ 가장 유용한 아이디어를 채택, 채택된 아이디어에 대해 깊은 논의를 통해 주제를 설정한다.

ⓗ **패널토의**(Panel Discussion)

　ⓐ 여러 명의 발표자가 나름의 독립된 분야에서 의제에 관한 전문적 의견을 밝히고 청중으로부터 질문을 받고 답변을 하는 형식의 회의이다.

　ⓑ 발표자 간의 의견 교환이나 상호 토론은 이루어지지 않으며, 청중으로부터의 답변은 어느 한 개인에 대해서만 이루어진다.

ⓢ **세미나**(Semina)

　ⓐ 주제를 심층적으로 연구하기 위해 활동되는 공개회의의 기법이다.

　ⓑ 발표자뿐만 아니라 참석자 전원이 해당 분야에 높은 지식과 정보를 보유한다.

　ⓒ 활발한 질의와 토론이 이루어진다.

ⓞ **포럼**(Forum)

　ⓐ 토론 또는 강의가 끝난 후 청중들과 갖는 공개토론 형태의 회의를 말한다.

　ⓑ **렉쳐포럼**(Lecture Forum) : 강연회 형식으로 전문가가 먼저 강연을 하고 청중들과 공개토론의 형태로 회의를 진행한다.

　ⓒ **필름포럼**(Film Forum) : 시청각 자료를 보여주고 청중들과 공개토론의 형태로 회의를 진행한다.

　ⓓ **토의포럼**(Debate Forum) : 특정한 문제에 대하여 양론이 있을 경우에 사용하는 방식을 말한다.

　ⓔ 문제 해결을 위한 의사를 결정할 때에는 문제의 당사자(학생, 교사, 학부모, 지역 인사 등)가 반드시 참여해야 한다.

　ⓕ 구성원 전원이 참여하기 어려운 경우에는 대표성이 있고 구성원 및 관계자로부터 존경과 신뢰를 받는 영향력 있는 인물을 참여시킨다.

② **기타 회의**

ⓖ **주주총회**

　ⓐ 주주의 전체의사에 따라 상법 또는 정관에서 정하는 사항에 한하여 회사의 의사를 결정하는 것을 말한다.

ⓑ 주주총회는 이사·감사의 임명권과 회사의 근본 규칙인 정관의 변경권을 갖는다는 점에서 회사의 최고 기관성이 유지되고 있다.

ⓒ 주주총회는 정기총회와 임시총회로 나뉘며, 정기총회는 매 결산기마다 일정한 시기에 소집하며, 재무제표의 승인이나 영업상황의 보고 등이 주요 의제지만 이에 국한되지는 않는다.

ⓓ 임시총회는 필요에 따라 수시로 소집할 수 있으며, 임시총회와 정기총회는 그 소집시기가 다를 뿐 권한이나 결의의 효력에는 차이가 없다.

ⓛ 이사회

ⓐ 회사의 업무집행에 관한 의사결정을 위해 이사 전원으로 구성되는 주식회사에서 필수적인 회의체기관이다.

ⓑ 이사회는 원칙적으로 각 이사가 소집할 수 있다.

ⓒ 소집의 방법에는 제한이 없지만 통지는 회의 일의 1주일 전에 각 이사와 감사에게 발송해야 하며, 이 기간은 정관에 의해 단축될 수 있다.

ⓓ 이사와 감사 전원의 동의가 있으면 위의 절차를 밟지 않고 언제든지 회의를 소집할 수 있다.

ⓔ 이사회는 법령이나 정관에 의해 주주총회의 권한으로 되어 있는 것을 제외하고 회사의 모든 업무집행에 관한 의사결정을 할 권한과 이사의 직무집행을 감독할 권한이 있다.

(2) 좌석배치

① **원탁형과 사각형** … 원탁이나 사각형 탁자에 둘러앉는 형태로, 회의 참석 인원이 15~20명 내외일 경우 적당하다.

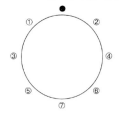

② **ㄷ자형, V자형, U자형** … ㄷ자, V자, U자 등 벌어진 곳에 발표자의 자리를 마련하고, 그 뒤로 칠판이나 스크린을 두는 방식이다. 연수, 발표와 같이 칠판이나 슬라이드를 쓰는 회의에 적합하며 참석 인원 15~30명 정도가 적당하다.

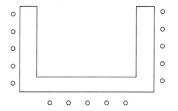

기출PLUS

기출 2019. 11. 10. 비서 2급

다음 중 회의통지와 관련된 비서의 업무로 가장 부적절한 것은?

① 회의 일시를 정하기에 앞서 주요 회의 참석자들의 일정을 확인하였다.

② 회의 참석자들의 참석 여부를 사전에 파악하기 위하여 RSVP 항목을 회의통지서에 포함시켰다.

③ 회의통지서는 지난 회의의 파일을 수정하여 작성하고 이틀 전에 회의 참석자들에게 발송하였다.

④ 회의통지서는 회의 명칭, 안건, 회의 일시, 장소, 진행 순서 및 프로그램, 주최자 연락처 등을 개조식으로 정리하였다.

해설 ③ 회의통지서는 받는 쪽의 일정을 고려하여 적어도 10일 전에 상대방에게 도착하도록 해야 한다.

〈정답 ③

기출PLUS

기출 2020. 5. 10. 비서 1급

박 비서는 상사가 개최하는 행사를 보좌하는 업무를 수행하게 되었다. 다음 중 박 비서의 업무태도로 가장 옳지 않은 것은?

─ 보기 ─

동아은행 김영수 행장 비서로 근무하는 박 비서는 서울에 있는 25개 외국계 금융 기관의 지점장과 본행 임원 및 영업 담당실무자 15명이 참여하는 회의 개최 준비를 지시받았다. 회의의 명칭은 '사업 추진 전략 회의'이며, 의제는 '현장 지원 중심의 마케팅 활동 강화', 회의 일정은 2020년 6월 26일 오전 9시~오후 6시이다. 오전에는 마케팅 현장 전문가 강연, 오후에는 우수 은행 A와 B의 마케팅 사례발표가 있다. 회의 장소는 웨스틴호텔 2층 다이너스티 룸이며, 회의 이후 black-tie dinner가 예정되어 있다.

① 박 비서는 회의 이후 예정된 만찬의 좌석 배치에 관해 상사에게 보고하였다.
② 박 비서는 6하 원칙에 따라 who(김영수 행장), when(2020년 6월 26일), where(웨스틴호텔 2층 다이너스티 룸), why(현장지원 중심의 마케팅 활동 강화), What(사업 추진 전략 수립), how(전문가 강연, 사례발표)로 회의 내용을 정리하였다.
③ 참석자들에게는 행사 후 일주일 이내에 감사장을 보내되, 내용은 우선 감사의 말을 쓰고, 당일 행사 중에 혹 실례를 범했다거나 불편을 준 것은 없었는지 염려하는 마음을 담아 보냈다.
④ 저녁 만찬은 참석자의 서열에 따라 원형 테이블로 배치하고 드레스코드는 격식을 갖춘 연미복 차림이므로 사전에 참석자와 행장님께 알려 드렸다.

해설 ④ black-tie는 약식 야회복으로 턱시도 차림을 말한다. 정식 야회복인 연미복 차림은 white-tie이다.

〈정답 ④

③ 타원형 … 원탁형의 장점을 살리면서 원탁형보다 인원수가 많을 때 사용하는 좌석배치 방식이다.

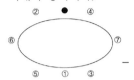

④ 교실형 … 발표회나 설명회와 같이 정보 전달을 목적으로 하는 회의나 참석자가 매우 많을 때 교실과 같이 배치하는 방식이다.

2. 회의 전 업무

(1) 회의의 주최를 상사가 하는 경우

① 날짜와 시간
  ㉠ 공휴일이나 특정 기념일, 다른 중역회의가 겹치지 않는 날로 회의 날짜를 선택하는 것이 좋다.
  ㉡ 참석인원의 스케줄 체크가 가능한 사내 회의일 경우에는 참석인원의 스케줄에 맞추어 가능한 날짜와 시간을 정한다.
  ㉢ 참석인원의 스케줄 체크가 거의 불가능한 사외 회의의 경우 월요일이나 금요일을 피한다. 시간은 오전 9시 이전이나 오후 5시 이후를 피하고 점심시간을 피하여 정한다.

② 장소
  ㉠ 사내 회의의 경우 사내 회의실을 예약하는 것이 일반적이며 공개회의나 공개적인 행사일 경우 사내 회의실 시설이나 수용력이 부족한 경우 회사 외의 장소를 알아본다.
  ㉡ 사외 회의의 경우 회의 참석인원의 개인정보(각자의 회사위치)를 파악한 후 되도록 모두에게 가까운 장소로 회의장을 잡는다.

③ 참석인원
  ㉠ 사내 회의의 경우에는 각 비서에게 연락을 취해 일정을 통보하고, 참석여부와 대리참석이 가능한지 여부 등을 확인한다.
  ㉡ 사외 회의의 경우에는 각 회의일시와 장소를 통보하고 참석이 가능한지 미리 여부를 확인한다. 참석인원이 일정 수에 못 미칠 경우 회의를 연기하거나 취소해야 하기 때문에 참석인원의 확정은 중요한 문제이다.

④ 회의의 진행 결정사항

 ㉠ 지나치게 긴 회의는 참석인원들을 지루하게 만들기 때문에 회의시간을 얼마나 할지 결정한다.

 ㉡ 지나치게 많은 안건을 처리하는 것은 회의의 질을 떨어뜨리는 효과를 가져온다. 그러므로 안건은 몇 개로 구성할 것인가를 결정한다.

(2) 외부 회의에 상사가 참석할 경우

① 상사가 참석할지 여부를 확인한다.

② 상사가 참석하고자 할 때 기존의 일정과 겹치는지 확인한다.

③ 중요한 일정과 겹치지 않으면 상사의 참석을 회의 주최자 측에 알린다.

④ 날짜와 시간을 일정표에 기재한 후 일정이 가까워지면 일정을 재확인한다.

⑤ 지정된 장소와 시간에 맞춰 도착할 수 있도록 비서는 미리 교통상황을 점검하여 어느 정도 시간에 출발할지를 체크한다.

⑥ 회의에 필요한 자료가 있으면 미리 검토할 수 있도록 자료를 수집한다.

3. 회의 중 업무

(1) 회의 식 · 음료

회의 중 필요에 따라 음료수, 다과 등을 준비한다. 일반적으로 소규모 회의에서는 물과 다과를 준비하며, 대규모 회의에서는 별도의 휴게시간을 마련하여 이용할 수 있도록 준비한다.

(2) 회의 진행 중 업무

① 회의장 출입구에는 반드시 '회의 중'이라는 표시를 하고, 회의와 관련 없는 사람들의 출입할 수 없도록 한다.

② 회의가 원활하게 진행될 수 있도록 조명 및 냉 · 난방, 주변 소음 등을 확인하고 식 · 음료 및 준비물 등을 수시로 점검한다.

③ 늦게 도착하는 참석자가 있을 경우 회의장 밖에서 대기하다가 조용히 회의장 안으로 안내한다.

④ 회의에 참석 중인 사람에게 긴급한 전화가 왔을 때는 내용을 메모해서 노크 없이 회의장에 들어가 해당자에게 전달하고 잠시 기다려 대답을 듣는다.

⑤ 회의 참석자와 함께 온 수행원이나 운전기사도 대기실을 제공하는 등 잊지 않도록 한다.

4. 회의 사후 업무

(1) 상사의 지시 확인

회의 종료 시 상사의 지시가 있는지 먼저 확인한다. 사진 촬영 등의 지시가 있다면 바로 진행할 수 있도록 준비한다.

(2) 참석자 배웅

① 회의 참석에 대한 간단한 감사의 말과 함께 참석자를 배웅한다.

② 휴대품 등 맡긴 물건이 있다면 전달한다.

③ 주차 확인 및 주차권을 배부하고, 기념품이 있다면 전달한다.

④ 명찰 회수 및 분실물을 확인한다.

(3) 회의장 정리

① 참석자 배웅이 끝나면 회의장에 남은 자료나 물품을 챙기고 기자재 및 비품을 정리한다.

② 회의장 출입문과 창문 등을 점검한다.

③ 장소 담당자에게 회의가 종료되었음을 알리고 감사 인사를 한다.

(4) 회의록 정리

① 회의록은 될 수 있는 한 빨리 정리해서 상사에게 제출하고 확인을 받는다.

② 정해진 회의록 양식이 있을 경우 그에 맞게 작성하며, 만약 양식이 없을 경우 양식을 만들어서 사용한다.

③ 회의록은 회사 규정에 따라 보관한다.

(5) 감사장 발송

회의에 참석한 사람들에게 감사 인사말이 담긴 내용의 카드 및 엽서 등을 발송한다.

5. 원격통신회의 지원 업무

(1) 원격통신회의의 개념

① 정의 … 원격 통신을 통해 다른 장소에 있는 사람들 사이에서 행해지는 전자적 모임을 말한다.

② 특징

   ㉠ 비디오, 오디오, 컴퓨터, 통신망을 이용하여 멀리 떨어져 있는 사람들이 같은 시간에 같은 주제로 회의를 가질 수 있다.

   ㉡ 이동 시간의 낭비, 의사결정 지연 등의 장애 요인을 제거하여 생산성을 높이고 시간을 효율적으로 활용할 수 있다.

   ㉢ 필요할 경우 회의 참석자들은 단말 장치를 통해 메시지를 송수신 할 수 있으며 투표도 가능하다.

   ㉣ 녹화 등을 통해 차후에 다시 볼 수 있으며 편집도 가능하다.

(2) 화상회의 환경 구축

① 화상회의에 필요한 컴퓨터, 통신망, 캠 카메라, 마이크, 이어폰 등이 갖추어졌는지 확인하고 잘 작동하는지 테스트한다.

② 조명, 소음 등 주변환경이 화상회의를 하기에 적절한지 확인한다.

③ 전화벨 소리, 내방객 방문 등 화상회의를 방해할 만한 요소가 있지는 않은지 점검한다.

④ 기타 상사의 복장 및 주변 소품 등을 점검한다.

기출PLUS

6. 회의관련 지식(회의 용어, 회의록 구성요소 등)

(1) 회의 용어

기출 2019. 11. 10. 비서 1급

다음 중 회의 용어를 적절하게 사용하지 못한 것은?

① "오늘 심의할 의안을 말씀드리겠습니다."
② "김영희 위원님의 동의로 사내 휴게실 리모델링이 의결되었습니다."
③ "이번 안건에 대해서는 표결(票決)로 채결을 하겠습니다."
④ "오늘 안건을 추가로 발의하실 분 계십니까?"

해설 ② "김영희 위원님의 동의로 사내 휴게실 리모델링이 표결되었습니다."
※ 표결과 의결
ㄱ 표결: 그 안건을 가결할 것인가 부결할 것인가를 결정하기 위해서 투표 또는 거수로써 찬성과 반대의 수를 세어서 어느 쪽이 우세한지를 결정하는 절차를 말한다.
ㄴ 의결: 표결에 부친 안건에 대해 찬성 또는 반대 위원의 수에 따라 가결 혹은 부결여부를 최종적으로 결정하는 것을 의미한다.

• **회의** : 의장이 개회를 선언하고 난 후, 여러 가지 의안이 처리된 다음 의장이 폐회를 선언하여 마칠 때까지의 모든 과정을 말한다.

• **개회** : 회의를 시작하는 것을 개회라 한다. 국회와 같이 회기가 여러 날 계속될 경우에는 처음 소집되어 열리는 회의를 개회라 한다.

• **개의** : 의장이 개회를 선언한 후 회기 중의 어떤 날에 회의를 시작하는 것을 개의(開議)라 한다. 회기가 여러 날 계속될 경우 매일 매일의 회의에서 그 시작에 쓰이는 말이다. 수정 동의를 가리키는 개의(改議)와는 구별하여야 한다.

• **회기** : 회의의 개회로부터 폐회 때까지의 기간을 회기라 한다. 회기는 짧은 시간에 끝나는 것과 국회의 회의처럼 여러 날 걸리는 것도 있다. 학교에서의 회기는 한 회의가 시작되어 끝날 때까지로 보아야 한다.

• **폐회** : 회기의 맨 마지막에 회의를 끝마치는 것을 폐회라 한다.

• **산회** : 회기 중 개회부터 폐회까지의 회의에서 그날그날 회의의 끝마침을 산회라 한다.

• **휴회** : 회기가 여러 날로 정해져 있을 때 회기 중 회의를 하지 않는 날을 휴회라 한다.

• **정회** : 회의 도중 피로하거나 식사 등의 필요가 있을 때 쉬기 위하여, 또는 심한 의견 대립, 장내의 소란 등으로 회의를 일시 정지한 상태를 정회라 한다.

• **유회** : 회의가 의사 정족수 미달 등의 사유로 개의되지 못한 상태를 유회라 한다.

• **동의** : 어떤 의안을 일정한 형식을 갖추어 제안하는 것을 동의라 한다. 동의(動議)는 의사나 의견을 같이 함을 뜻하는 동의(同意)와 구별하여야 하며, 동의(同意)는 찬성으로 표현하는 것이 더 좋다.

• **수정 동의** : 동의에 원칙적으로 찬성하면서도 수정이 필요할 때 글자나 약간의 줄거리를 더 넣거나 빼자는 등 그 내용 일부를 고치자고 하는 제안을 수정 동의라 한다.

• **재청** : 동의 제안자 이외의 다른 찬성자의 찬성을 재청이라 한다. 일반적으로 동의는 재청을 받으면 의안으로 성립된다.

• **부의** : 적합하게 성립된 동의를 회의에 붙이는 것을 부의라 한다. 동의와 재청이 있으면 의장은 이를 기각하지 않는 한 회의에 상정하여야 한다.

〈정답 ②

- **의사 일정** : 회의에서 정한 개회일시, 회의 시간, 회의의 항목과 순서 등을 포괄적으로 가리켜 의사 일정이라 한다.

- **의사 통칙** : 회의의 필요에 따라 마련한 회의 운영에 관한 규칙을 의사 통칙이라 한다.

- **회기의 결정** : 회의를 시작한 초기에 회기를 결정한다.

- **회기의 연장 및 회기의 계산** : 어떤 종류의 회의에서나 의결로써 회의는 연장할 수 있다. 회기는 개회당일부터 기산한다. 집회당일이 공휴일인 때에는 다음날에서부터 기산하여 폐회일까지를 회기로 한다.

- **개회와 개의** : 국회와 같이 회기가 수개월이나 될 때 처음 소집되어 열리는 회의를 개회라 하고 폐회될 때까지의 사이에 열리는 회의들을 시작하는 것을 개의라 한다.

- **폐회와 산회** : 며칠 또는 수개월 동안에 걸쳐서 열리는 회의들에 있어서 그날그날의 회의를 마치는 것을 산회라 하고 회기가 다 되어서 회의가 끝나는 것을 폐회라 한다.

- **휴회와 휴게** : 한 회기 중 며칠 쉬는 것을 휴회라 하고, 하루 회의에서 잠깐 쉬는 것을 휴게라 한다. 휴회는 총회를 열지 않는다는 뜻이지 분과위원회의 활동마저 할 수 없다는 뜻은 아니다. 휴회기간은 의결로 결정하게 되며 휴회회수에 제한이 없다.

- **제1독회** : 제안자로부터 제안 설명을 듣고 질의를 하고, 질의가 끝나면 대체적인 토론을 한다. 의원들을 제안 설명, 실의, 토론을 통하여 의안의 대체적인 내용을 파악하고 제2독회에 넘기느냐, 아니면 의안을 부결하여 의안자체를 없애버리느냐를 결정하여야 한다.

- **제2독회** : 제1독회에서 넘어온 의안의 각 조항들을 하나하나 축조심의하고 수정해서 전 조항을 제3독회에 넘긴다.

- **제3독회** : 제2독회에서 넘어온 의안 전체에 대한 가 · 부를 최종적으로 결정한다. 이 단계에서는 각 조항의 자구나 문장 구성상의 잘못이 있으면 수정할 수 있을 뿐이지 제2독회에서와 같은 의안내용의 수정은 할 수 없다.

- **동의의 성립** : 동의가 나오고 재청이 있어서 의제로 할 수 있게 되는 것을 동의가 가결되었다 하고 동의가 성립되었다고도 한다. 예산안이 통과되었을 대 예산안이 성립되었다고 하는 것은 한 예이다.

- **의안의 건명** : 의안을 제출할 때 에는 의안이 제목인 건명과 내용인 주문과 취지를 설명한 이유를 갖추어야 하는데 이유는 의제로 되었을 때 구두로써 설명하여도 된다.

〈 정답 ②

- **무기연기의 동의** : 보류와 별 차이는 없으나 이 동의가 가결되면 연기된 의안은 부결된 것과 같은 회기에서는 다시 제출 할 수 없게 된다. 이 동의의 목적을 달성할 수 있으므로 우리나라에서는 쓰지 않고 있다.

- **질의와 종결** : 토론을 하기 전에 먼저 질의를 하는데, 질의가 충분히 되었다고 생각될 때에는 질의를 할 사람이 더 있더라도 질의 종결의 동의를 할 수 있다.

- **질문과 질의** : 질의란 말은 보통 질문이라는 말과 같이 쓰이는데, 국회에 있어선 국정의 전반이나 그 어떤 한 부분에 대한 정부의 방침을 묻는 것은 질문이라고 하고, 안건으로 상정된 의안에 대하여 의심나는 점의 해명을 요구하고 또 난해한 점에 대해 묻는 것을 질의라 하여 질문과 질의를 구별하고 있다.

- **표결과 토론의 차이** : 토론도 표결에 있어서와 같이 의제에 대한 찬부의 의사표시의 한 방법인데, 양자의 차이점은, 첫째로 표결은 구두로 또는 박수에서 소리로, 거수와 기립에서는 행동으로, 투표에서는 문자로 단순히 가부만 표시하는 것이지만 토론은 찬성화고 또는 반대하는 이유를 들어서 언론으로써 표시한다. 둘째로 표결은 반드시 의장이 무엇에 대하여 어떠한 방법으로 가부하라는 것을 요구하여 회원은 비로소 그 방법으로 태도를 표시하지만 토론은 의원의 자발적인 요구에 의하여 표시한다. 셋째로 표결은 기권을 용인 안 하는 것은 아니지만 그때 출석 한 의원은 가건 부건 전원이 의무적으로 표결에 참가하여야 함이 원칙이나, 토론은 한사람 한사람 나와서 발언하며 전원이 다 토론에 참가할 필요는 없다. 넷째로 표결은 가가 몇 이고, 부가 몇 인가를 반드시 집계하여 그 다소가 문제이지만 토론은 찬부를 교대하여 같은 수가 등단 발언토록 조절하는 것이다.

- **정족수** : 회의를 열고 결의하는 데 출석자의 최소한의 수효를 말한다. 정족수의 기준은 현재의 실수인 재적수와 법정 정족수의 둘이 있는데 현재 국회의 정족수 기준은 실수인 재적수를 기준으로 산출하고 있다.

- **유회** : 정족수가 되지 못하면 회의가 성립되지 못한다. 그러므로 회의를 진행하거나 결의할 수 없다. 개회시간이 되어도 정족수가 못되면 무작정 기다릴 수 없으므로 30분 정도 더 기다리다가 정족수가 안 되면 유회할 때는 다시 재개하는 일시, 장소를 정한 다음에 헤어진다.

- **긴급동의** : 의사일정을 변경하는 동의를 보통 긴급동의라고 한다.

- **대안** : 수정안 중에서 대안이라는 것이 있다. 이것은 원안과 일반적으로 취지는 같지마는 그 내용을 전반적으로 수정하든지 체제를 전면 다르게 하려고 할 때에는 원안 대신에 제출하는 수정안이다.

- **의안** : 서면으로 내는 동의는 대개 내용이 안(案)을 갖추어 있기 때문에 의안이라고 한다.

- **연회** : 예정시간이 되었더라도 의사일정이 다 끝나지 않았을 때에는 결의로 회의시간을 연장하거나 다음날로 할 수 있다. 이것을 연회라고 한다.

- **축조심의** : 한 조항 한 조항을 따져서 수정해 나가는 것이다.

(2) 회의록 구성요소

① 회의제목, 날짜, 시간, 장소

② 참석자 명단

③ 전 회의록 승인 내용

④ 주요안건

⑤ 회의내용

⑥ 채택사항과 유보사항

⑦ 향후일정

⑧ 수신처란(타부서 배포가 필요할 경우)

7. 회의록 작성 및 관리

(1) 회의록 작성

① 회의록 양식

회의일시			작성자	
참석자			미참석자	
주요안건				
참석자 의견		소속	성명	의견내용
		기획팀		
		영업팀		
		품질팀		
		개발팀		
채택사항		내용		진행일정
유보사항		내용		유보사유

② 회의록 작성

ㄱ 회의의 주제

ㄴ 회의의 내용(건의 안건, 확정 안건 등)

ㄷ 회의의 개최일시(날짜와 시간)

ㄹ 참석현황(참석자, 강사, 외부인사 등) 기록

ㅁ 발언자 성명 및 발언 내용

(2) 회의록 배부 절차

① 회의록은 되도록 빨리 정리해서 상사에게 제출해 승인을 받아야 한다. 회의록은 필요에 따라 회의 참석자나 회사 내외 관계자에게 배포한다.

② 기밀 사항에 대한 회의록은 기밀 서류로 처리하되 취급과 보관에 특히 주의해야 한다.

③ 회의록을 참고해 다음 회의 때 전 회의의 경과 및 결론을 재인식함으로써 충분히 준비할 수 있고, 회의장 선정, 준비, 진행 등을 평가해 보고 잘못된 점은 메모해 두었다가 다음에 참고할 수 있다.

section 2 의전 지원업무

1. 의전원칙과 절차(서열 기준, 좌석 배치 등)

(1) 의전업무 흐름도 및 의전구성의 5요소

① 의전업무 흐름도

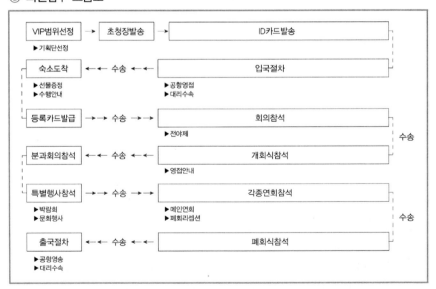

② 의전구성의 5요소

 ㉠ 의전은 상대에 대한 존중(Respect)과 배려(consideration)다.

 ㉡ 의전은 문화의 반영(Reflecting Culture)이다.

 ㉢ 의전은 상호주의(Reciprocity)를 원칙으로 한다.

 ㉣ 의전은 서열(Rank)이다.

 ㉤ 오른쪽(Right)이 상석이다.

(2) 서열 기준

① 서열은 공식행사나 각종 연회에서 좌석위치를 정하는데 중요하며, 서열은 매우 민감하기 때문에 신중하게 정할 필요가 있다.

② 서열의 일반원칙

 ㉠ 공적지위가 있는 인사는 해당제도의 직급을 사용

 ㉡ 공적지위가 없는 인사는 전직, 연령, 행사와 관련 정도 등을 고려하여 결정

 ㉢ 정부인사와 일반인이 혼합된 경우, 정부인사가 우선하나 일반인의 전직, 사회적 지위, 연령, 성별에 따라 신축적으로 대응

 ㉣ 지위가 비슷한 경우 남자보다 여자가, 연소자보다 연장자가 우선

 ㉤ 부인은 남편의 지위에 따라 결정(단, 부인이 직위를 갖고 있는 경우는 별도 고려)

 ㉥ 같은 조건에서 외국인은 내국인보다 우선하며, 외국인 간에는 국가 알파벳 순으로 결정

 ㉦ 외국대사의 경우에는 신임장 제정 순으로 서열 결정

 ㉧ 서열은 원칙과 상식의 범위 안에서 신축성 있게 운용

(3) 좌석 배치

① 좌석배치판

 ㉠ 좌석배치를 하여야 할 연회의 경우에는 좌석순위에 따라 좌석배치판(Seating Chart)을 만들고 좌석명패(Place Card)를 각자의 식탁 위에 놓아둔다.

 ㉡ 좌석명패의 설치 이유는 주위사람에게 소개한다는 의미도 있지만 자기자리를 쉽게 찾게 한다는 원래 목적을 감안하여 남자의 경우 직책만, 부인의 경우 남자직책 부인(⑩ 전국경제인 연합회 회장부인), Mrs. 남자이름(Mrs. Arthur Perror)으로 표기한다. 좌석배치판은 내빈이 식탁에 앉기 전에 자기 좌석을 알 수 있도록 식당입구의 적당한 곳에 놓아둔다.

기출PLUS

기출 2019. 5. 12. 비서 1급

다음의 의전 설명 중 가장 바르게 제시된 것을 고르시오.

① 2개국 간 국제회의시 좌석배치

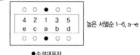

② 다수국간 국제회의시 좌석배치

③ 비행기에서 상석은 비행기 종류에 따라 다르지만 최상석은 비행기 내부에서 보았을 때 앞쪽으로부터 왼쪽열 첫 번째 창가 좌석으로 보는 경우가 많다.

④ 승강기에서 상석은 들어가서 오른쪽의 안쪽, 즉 내부에서 보면 왼쪽 안쪽이며, 상급자가 먼저 타고 먼저 내리는 것이 원칙이다.

해설 ② 높은 서열순 Z→A

 ③ 비행기를 탈 때는 상급자가 늦게 타고 일찍 내리는 게 순서이다. 좌석은 창가 쪽 좌석이 상석이고, 통로쪽 두 번째 자리가 차석이다. 상석과 차석 사이, 중간에 낀 좌석이 하석으로 인식되고 있다.

 ④ 승강기는 출입문에서 먼 곳이 상석이며, 버튼이 있는 출입문 옆이 말석이다. 상사와 함께 엘리베이터를 탈 때는 먼저 탑승해 문이 닫히지 않도록 '열림' 버튼을 누른 뒤 상사의 탑승을 기다린다. 내릴 때는 탈 때와 반대로 상사가 먼저 하차하고 완전히 하차할 때까지 '열림' 버튼을 누른다.

◀정답 ①

상공물산에 근무하는 김 비서는 다음 달에 개최될 상공물산 창립 50주년 행사를 준비하고 있다. 이번 행사에서는 상공물산 창립 30주년 행사에서 묻었던 타임캡슐 개봉식이 있다. 따라서 그 당시 상공물산에 재직하였던 전(前) 사장님을 모시고자 하는데 좌석배치를 어떻게 하여야 할지 고민이다. 가장 적절한 것은?

① 전 사장님은 퇴직하시어 현재는 직책이 없기는 하나 일반적 의전예우 기준에 따라 과거의 직책에 따라 좌석 배치한다.

② 전 사장님은 퇴직하시어 현재는 직책이 없기는 하나 예우상 서열은 사내의 이사진들 다음으로 한다.

③ 전 사장님은 퇴직하시어 현재는 직책이 없으므로 일반 직원들 좌석 중 상석으로 배치한다.

④ 전 사장님은 퇴직하시어 현재는 직책이 없으므로 임원 연령순으로 하는 것이 가장 바람직하다.

> 해설 일반적인 의전예우에 따르면 전(前) 임원을 행사에 초청하는 경우 과거의 직책에 따라 좌석을 배치하는 것이 바람직하다.

회사 창립기념식 행사 시 최상위자인 회장과 회장 배우자가 참석한다. 이 때 회장 배우자의 좌석 위치는?

단상 좌석	6	5	5	회장	1	2	3
			단하의 청중 좌석				

① 1 ② 4
③ 3 ④ 6

> 해설 ① 부부를 나란히 앉을 수 있도록 하고 동쪽이 상석이므로 배우자를 서쪽에 앉도록 한다.

> 정답 ①, ①

② 좌석배열(Seating Arrangement)

㉠ 좌석배열은 연회 준비사항 중 가장 세심한 주의를 기울여야하는 문제로서 참석자의 인원, 부부동반 여부, 주빈 유무, 장소의 규모 등 여러 가지 요소를 고려하여 결정해야 한다.

㉡ 좌석배열 예시

ⓐ 주빈(Guest of Honor)이 입구에서 먼 쪽에 앉도록 하고 연회장에 좋은 전망(창문)이 있을 경우, 전망이 바로 보이는 좌석에 주빈이 앉도록 배치한다.

ⓑ 여성이 Table 끝에 앉지 않도록 하되 직책을 가지고 참석하는 여성의 경우에는 예외이다.

ⓒ 외교단은 반드시 신임장 제정일자 순으로 서열을 맞추어 좌석을 배치한다.

ⓓ 국내 각료급은 정부조직법상의 직제 순으로 서열을 맞추어 좌석을 배치한다.

ⓔ Stag Party

• Host와 주빈이 마주보고 앉을 경우

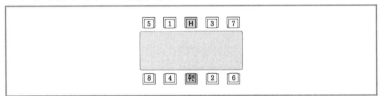

• Host와 주빈이 나란히 앉을 경우(입구 또는 창문)

ⓕ Couple Party(보통의 경우)

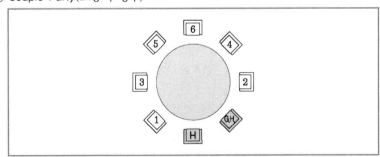

ⓖ 주빈이 Host보다 상위인 경우 : 주빈과 주빈부인을 상석에 마주 보게 앉도록 하고 Host와 Hostess를 각각 그 옆자리에 앉힌다.

2. 의전 관련 지식(용어, 복장 지식, 국기게양, 비즈니스 매너 등)

(1) 소개 · 악수 · 명함

① 소개

  ㉠ 방법 : 먼저 연로자나 상위자에 대해 그의 이름을 부른 후 연소자나 하위자 소개

  ㉡ 소개의 순서 : 연소자나 하위자를 연로자나 상위자에게 남자를 여자에게 소개

② 악수

  ㉠ 방법

    ⓐ 아랫사람이 먼저 악수를 청해서는 안 되며 윗사람이 먼저 손을 내밀었을 때만 악수를 한다.

    ⓑ 남자가 여자에게 소개되었을 때는 여자가 먼저 악수를 청하지 않는 한 악수를 안 하는 것이 보통이다.

    ⓒ 악수는 바로 서양식 인사이므로 악수를 하면서 우리식으로 절까지 할 필요는 없다(두 손으로 하는 것도 아름답지 못함).

  ㉡ 손에 입 맞추기 및 포옹

    ⓐ 신사가 숙녀의 손에 입술을 가볍게 대는 것을 Kissing hand라 하며, 이 경우 여자는 손가락을 밑으로 향하도록 손을 내민다.

    ⓑ 유럽의 프랑스, 이태리 등 라틴계나 중동아지역 사람들의 친밀한 인사표시로 포옹을 하는 경우가 있는 바, 이 경우는 자연스럽게 응한다.

  ㉢ 명함

    ⓐ 체제

      • 명함용지는 순백색이 일반 관례이며, 너무 얇거나 두꺼운 것은 피하는 것이 좋다. 인쇄방법은 양각이 원칙이다. 반드시 흑색 잉크를 사용하여야 하며 금색 둘레를 친다거나 기타 색채를 사용해서는 안 된다.

      • 흑색 잉크를 사용하여 필기체를 사용하는 것이 일반 관례이다.

    ⓑ 사용방법

      • 명함은 원래 남의 집을 방문하였다가 주인을 만나지 못하였을 때에 자신이 다녀갔다는 증거로 남기고 오는 쪽지에서 유래하였다.

      • 이 같은 습관은 현재 많이 변모하여, 선물이나 꽃을 보낼 때, 소개장, 조의나 축의 또는 사의를 표하는 메시지 카드로 널리 사용되고 있다.

      • 그러나 우리나라에서처럼 상대방과 인사하면서 직접 명함을 내미는 관습은 서양에는 없으나 명함을 내밀 때는 같이 교환 하는 것이 예의이다.

    ⓒ 명함에 쓰이는 약자

      • 먼저 연로자나 상위자에 대해 그의 이름을 부른 후 연명함 좌측 하단에 연필로 기입하여 봉투에 넣어 보냄으로써 인사에 대신 가능하다.

• 약자 예
- p.r.(Pour remercier) : 감사
- p.f.(Pour feliciter) : 축하
- p.c.(Pour consoler) : 조의
- p.p(Pour presenter) : 소개
- p.p.(Pour prendre conge) : 작별

(2) 복장

① 야회복(white tie)

　㉠ 연미복(tail coat)이라고도 하며, 남성의 가장 격식 차린 예복. 국왕 즉위식, 무도회, 정식만찬(banquet) 등에 주로 입는다.

　㉡ 실크 모자, 흰 넥타이, 흰 조끼, 흰 장갑이 가장 큰 특징이다.

　㉢ 일부 왕국을 제외하면 야회복을 입는 경우가 드물다.

② 약식 야회복(black tie)

　㉠ 일명 턱시도(tuxedo) 또는 디너 재킷(dinner jacket)이라 불린다.

　㉡ 검은 바지(바깥쪽에 줄을 넣음), 상의 옷깃은 검은 명주, 주름진 조끼, 보타이, 가슴 단추, 검은 천으로 된 허리띠 등이 특징이다.

　㉢ 정식만찬, 음악회, 공연 등에 주로 입는다.

　㉣ 영미 선진국에서 사교복장으로 대중화되어 있으며, 우리나라에서도 최근 사용하는 경우가 많아지는 추세에 있다.

③ 예복(morning coat)

　㉠ 야회복이나 약식 야회복이 주로 저녁에 입는 옷이라면 예복은 낮에 착의하는 게 보통이다.

　㉡ 꼬리가 긴 상의, 회색 줄무늬가 있는 바지가 특징. 흑색과 백색의 줄무늬가 있는 넥타이 또는 보타이를 착용한다.

　㉢ 낮에 하는 공식행사(오찬, 준공식, 제막식, 결혼식, 장례식 등)에 주로 착용한다.

④ 신사복(business suit)

　㉠ 일상 업무용 평복으로 lounge suit 또는 dark suit 또는 informal이라고도 함. 주로 흑색, 흑회색 계통을 입는다.

　㉡ 조끼를 입는 것이 원칙이나 요즈음은 입지 않는 경향으로 변화하고 있음. 상의 단추는 하나 끼우는 것이 예의이다.

　㉢ 해외근무 중 신사복 착용 행사가 대부분이다.

⑤ 캐주얼(casual)

㉠ 격식 없이 입는 비공식 복장(노타이가 기본)을 말한다.

㉡ 기후가 더운 곳에서는 남방셔츠만 입어도 무방(동남아 일부지역에서는 긴팔 남방셔츠는 정장으로 간주)하다.

㉢ 격식 없는 모임이나 가든파티 등에 주로 착용한다.

⑥ 여성복장

㉠ 남성의 야회복에 상응하는 여성복장은 evening dress임. 소매가 없거나 짧으며, 옷 자락이 긴 드레스로서 목 언저리를 과감하게 노출하고 긴 장갑 착용. 최고의 보석으로 장식하며 금은박으로 빛나는 작은 핸드백 소지 및 구두를 착화한다.

㉡ 남성의 약식 야회복에 상응하는 여성복장은 long dress로, 발목까지 오는 드레스로 밤에 어울리는 광채 나는 보석류 장신구로 장식한다.

㉢ 우리나라 여성들은 한복 착용도 권장. 단, 한복은 우아하고 품위가 있어 외국인에게 환영받으나 분위기에 따라 한복이 안 어울리는 경우가 있을 수 있으므로 long dress 하나쯤은 준비하는 것을 권장한다.

㉣ 남성복장이 평복인 경우 여성복장으로는 품위 있는 양장이면 무난하다.

※ 파티에 갈 때 여성은 향수를 뿌리기 권한다. 서양인은 인사할 때 포옹(hug)하거나 볼을 대는 경우가 많으므로 김치, 마늘 냄새 등 불쾌감을 줄 수 있으므로 유의한다.

(3) 국기게양

① 국기게양 원칙

㉠ 밖에서 보아 문의 왼쪽에 게양한다.

㉡ 건물의 옥상에는 중앙에, 회의장이나 강당에서는 전면에서 보아 중앙이나 왼쪽에 게양한다.

㉢ 위에서 밑으로 걸 때는 깃대를 위로 하고 태극기의 건(三)이 오른쪽에 오도록 게양한다.

㉣ 차량기는 전면에서 보아 왼쪽 전면에, 차량 전면보다 기폭만큼 높게 부착한다.

㉤ 외국 정상과 우리 대통령 동승 시 차량기는 전면에서 보아 태극기는 왼쪽, 외국기는 오른쪽에 위치하도록 부착한다.

㉥ 실내 게시의 경우 출입문 맞은편 벽면 중앙에 태극기가 위로 오도록 또는 앞에서 보아 왼쪽에 오도록 게시한다.

㉦ 국기의 깃면을 늘여서 세로로 게양하는 경우 태극 문양의 빨간색 반원이 오른쪽에 오도록 게시한다.

기출PLUS

기출 2020. 5. 10. 비서 1급

국제회의를 준비하며 국기를 게양할 때 가장 적절한 것은?

① 한국, 브라질, 칠레 3개 국가의 국기를 게양 시, 한국 국기를 단상을 바라보았을 때 맨 왼쪽에 게양하고, 브라질과 칠레의 국기는 알파벳순으로 그 오른쪽에 차례대로 게양하였다.

② 한국과 외국 3개 국가의 국기를 게양 시 우리 국기를 단상을 바라보았을 때 오른쪽에 게양하고 외국 국기를 알파벳순으로 그 왼쪽에 게양하였다.

③ 한국과 중국의 국기를 교차 게양하는 경우, 왼쪽에 태극기가 오도록 하고 그 깃대는 중국 국기의 깃대 앞쪽에 위치하게 하였다.

④ 여러 나라 국기를 한꺼번에 게양할 때는 우리나라의 국기의 크기를 가장 크게 게양하였다.

해설 ①② 태극기와 외국기와 함께 게양 시 알파벳 순서로 게양하되, 홀수일 경우 태극기를 중앙에, 짝수일 경우 단상을 바라보았을 때 맨 왼쪽에 게양한다.
④ 여러 나라 국기를 한꺼번에 게양할 때는 모든 나라의 국기의 크기를 동일하게 해야 한다.

〈정답 ③

② 우리나라와 외국기를 동시에 게양할 경우

　　㉠ 외국기와 함께 게양 시 알파벳 순서로 게양하되, 홀수일 경우 태극기를 중앙에, 짝수일 경우 앞에서 보아 맨 왼쪽에 게양한다.

　　㉡ 태극기와 외국기의 교차 게양 시 앞에서 보아 태극기 깃면이 왼쪽으로 오도록 게양하며, 깃대는 외국기의 깃대 앞쪽에 위치하도록 한다.

　　㉢ 태극기와 외국기를 나란히 게양 시 태극기가 왼쪽에 위치한다.

　　㉣ 탁상기의 경우는 깃면이 자국편에 위치하도록 배치한다.

(4) 비즈니스 매너

① 호칭

　　㉠ 호칭은 잘못 부르면 오해나 나쁜 인상을 줄 수 있으므로 주의가 필요

　　㉡ 일반적으로 서양기준으로 성(last name) 앞에 남성의 경우 Mr., 여성의 경우 Mrs. 또는 Miss를 사용

　　㉢ 박사학위가 있는 사람에게는 Dr.를, 교수에게는 Prof.를 사용

　　㉣ 여성에게는 Madam 또는 Ma'am을 사용

　　㉤ 친밀해지면 first name으로 호칭 가능

　　㉥ 존칭의 예(칭호, 인사말 순)

　　　ⓐ 국왕

　　　　• His Majesty, Your Majesty : 대통령, 총리, 장관, 대사

　　　　• His Excellency, Your Excellency(단, 영국, 캐나다 등 국가에서는 The Right Honorable, Sir)

　　　ⓑ 왕족 : His Royal Highness, Your Royal Highness

> ※ 여성에게는 His 대신 Her로 대치
> ※ Mr., Mrs.도 널리 사용됨(대통령을 호칭할 때 Mr. President로 하는 경우 많음)

② 국제화시대에 요구되는 예절

　　㉠ 국가 이미지에 손상을 주는 않는 행동 : 신분에 어울리지 않는 행동을 하지 말 것

　　㉡ 주재국 국가와 국민을 존중하는 태도

　　　ⓐ 주재국 법령 준수

　　　ⓑ 주재국의 문화와 전통을 존중

　　　ⓒ 주재국과 주재국 국민을 비하하는 행동을 하지 말 것

　　㉢ 레이디 퍼스트 정신의 생활화

　　㉣ 상대방과 어울리려는 자세

　　　ⓐ 초대받은 행사에 적극 참여하여 친교 확대

　　　ⓑ 상대방과 소통하는 기회 확대(오만찬 등 연회개최, 골프 등 운동 초대)

　　㉤ 직장에서 주인의식을 갖는 적극적인 행동

3. 식사예절 및 선물예절

(1) 식사예절

① 착석

   ㉠ 남자 손님들은 자기 좌석의 의자 뒤에 서 있다가 자리 오른쪽 좌석에 부인이 앉도록 의자를 뒤로 빼내어서 도와주고, 모든 여자 손님이 다 앉은 다음에 착석한다.

   ㉡ 손목을 식탁에 가볍게 놓은 것은 상관이 없으나, 팔꿈치를 식탁 위에 올려놓아서는 안 된다.

   ㉢ 팔짱을 끼거나 머리털을 만지는 것은 금기이다.

   ㉣ 양다리는 되도록 붙이고 의자의 뒤로 깊숙이 앉는 것이 옳은 자세이다.

   ㉤ 식탁 밑에서 다리를 앞으로 뻗거나 흔드는 것은 예의에 어긋나며, 특히 신발을 벗어 책상다리를 하고 앉는 것은 금기사항이다.

   ㉥ 식탁에서 사람을 가리키면서 손가락질을 하거나 나이프나 포크를 들고 물건을 가리키는 것은 금물이다(포크나 나이프를 들고 흔들며 대화하는 것도 금물).

② 대화

   ㉠ 옆 사람과 자연스럽게 대화

   　ⓐ 옆 사람 너머로 멀리 있는 사람과 큰소리로 이야기하는 것은 금물이다.

   　ⓑ 너무 혼자서만 대화를 독점하는 것도 안 좋지만 반대로 침묵만을 지키는 것도 실례이다.

   ㉡ 손가방(Handbag) 등

   　ⓐ 서양에서는 '손가방을 들지 않은 여성은 알몸의 여인과 같다'는 말이 있을 정도로 손가방은 서양여성의 필수품이다.

   　ⓑ 식사도중 손가방은 자신의 등 뒤에 놓는 것이 좋고 식탁 위에 놓지 않는다.

   　ⓒ 귀걸이나 목걸이가 없는 여성은 넥타이를 하지 않은 남성과 같다.

   ㉢ 재채기와 하품 등

   　ⓐ 식탁에서 큰소리를 내거나 웃는 것은 금물이다.

   　ⓑ 실수해서 재채기나 하품을 했을 경우 옆 사람에게 "excuse me"하고 사과를 한다.

   ㉣ 이쑤시개와 화장

   　ⓐ 이쑤시개가 준비되어 있는 식탁에 앉아도 식탁에 앉아서는 쓰지 않는 것이 예의이다.

   　ⓑ 식후에 식탁에서 화장을 고치거나 분화장하는 것은 교양이 없어 보이므로 화장실에 가서 하는 것이 좋다.

기출PLUS

기출 2019. 11. 10. 비서 2급

다음 중 일반적인 테이블 매너로 가장 적절한 것은?

① 만찬의 메인메뉴가 스테이크로 결정되어 와인은 화이트와인으로 준비하였다.

② 식사 도중 포크가 바닥에 떨어졌을 때 직접 줍지 않고 웨이터를 불러 새 것을 달라고 하였다.

③ 식사 도중 잠시 자리를 뜰 때는 냅킨을 접어 테이블에 올려놓았다.

④ 나이프와 포크는 안쪽에 있는 것부터 순서대로 사용하였다.

> 해설 ① 만찬의 메인메뉴가 스테이크로 결정되어 와인은 레드와인으로 준비하였다.
> ③ 식사 도중 자리를 뜰 때는 냅킨을 의자 위에 올려놓았다.
> ④ 나이프와 포크는 바깥쪽에 있는 것부터 순서대로 사용하였다.

기출 2018. 5. 13. 비서 2급

테이블 매너에 대한 설명으로 바르지 않은 것은?

① 빵은 나이프나 포크로 잘라 먹지 말고 손으로 한입의 분량을 떼어 먹는다.

② 냅킨은 주빈이 먼저 들면 함께 들어서 무릎 위에 둔다.

③ 음식을 먹는 도중 냅킨이나 포크가 바닥에 떨어진 경우 웨이터를 불러 새것을 가져다 달라고 요청한다.

④ 식사 중 잠시 자리를 뜰 때는 냅킨을 접어서 식탁 위에 둔다.

> 해설 ④ 식사 중 잠시 자리를 뜰 때 냅킨은 의자 위에 둔다. 냅킨을 접어서 식탁 위에 두는 것은 식사가 끝났다는 표시이다.

〈 정답 ②, ④

③ 식사 예절

　㉠ 냅킨 사용법

　　ⓐ 냅킨은 반을 접은 쪽이 자기 앞으로 오게 무릎 위에 반듯이 놓는다.

　　ⓑ 단춧구멍이나 목에 끼는 것은 하지 않는 것이 바람직하다.

　　ⓒ 부득이 자리를 잠시 비워야 할 경우 냅킨은 의자 위에 놓아두어야 한다. 왜냐하면 식탁 위에 놓아두면 손님이 식사를 마치고 나가버린 것으로 오해받기 때문이다.

　　ⓓ 냅킨은 입술을 가볍게 닦는데 쓰며, 식기를 닦거나 타월처럼 땀을 닦는 것은 예의에 어긋난다.

　　ⓔ 식탁에 물 같은 것을 엎질렀을 경우, 냅킨을 쓰지 않고 웨이터를 불러 처리하도록 한다.

　㉡ 포크와 나이프 사용법

　　ⓐ 준비된 포크와 나이프는 주 요리 접시를 중심으로 가장 바깥쪽부터 안쪽으로 하나씩 사용해 가는 것이 일반적이다.

　　ⓑ 가급적 포크는 언제나 왼손으로 잡는 것이 옳은 방법이나, 근래 미국에서처럼 음식을 자른 뒤 나이프는 접시 위에 놓고 왼손에 든 포크를 오른손으로 옮겨 잡고 음식을 먹을 수도 있다.

　　ⓒ 포크와 나이프를 접시 위에 여덟팔자(포크는 엎어놓고 나이프는 칼날이 안쪽으로)로 놓으면 식사 중임을 의미하며, 둘을 가지런히 접시 위 오른쪽에 얹어 놓으면 식사가 끝났음을 의미한다.

　㉢ 빵 먹는 법

　　ⓐ 빵 접시는 본인의 왼쪽에 놓으며, 물컵은 오른쪽에 놓는다.

　　ⓑ 빵은 나이프를 쓰지 않고 한입에 먹을 만큼 손으로 떼어먹으며, 빵을 입으로 베어 먹어서는 안 된다.

　　ⓒ 빵은 스프가 나온 후에 먹기 시작하고, 디저트가 나오기 전에 마쳐야 한다.

　㉣ 스프 먹는 법

　　ⓐ 왼손으로 국그릇(Soup Plate)을 잡고 바깥쪽으로 약간 숙인 다음에 오른손의 스푼으로 바깥쪽으로 떠서 먹는 것이 옛날 예법이며 요즈음은 그릇을 그대로 두고 먹어도 된다.

　　ⓑ '소리를 내는 것은 동물의 표시(to make a noise is to suggest an animal)'라는 말처럼, 절대 소리를 내서 먹어서는 안 된다.

　㉤ 손으로 먹는 경우

　　ⓐ 서양에서는 식탁에서 반드시 나이프와 포크를 써서 음식을 먹는 것이 원칙이며, 손으로 먹는 것은 엄하게 금지되어 있다.

　　ⓑ 새우나 게의 껍질을 벗길 때 손은 쓰나 이 경우 Finger bowl이 나오므로 손가락을 반드시 씻어야 한다.

ⓒ 생선의 작은 뼈를 입속에서 꺼낼 때는 이것을 포크로 받아서 접시 위에 놓는 것이 좋다.

ⓗ 핑거볼(Finger Bowl) : 식사의 마지막 코스인 디저트를 마친 후 손가락을 씻도록 내오는 물로 손가락만 한손씩 씻는 것이지 손 전체를 집어넣거나 두 손을 넣는 것은 금기시 된다.

ⓢ 먹고 마시는 양과 속도

 ⓐ 먹고 마시는 것은 절도 있게 적당한 양으로 제한한다.

 ⓑ 식사 중 속도는 좌우의 손님들과 보조를 맞추도록 한다.

ⓞ 담배 … 식사 중에는 즉 샐러드 코스가 끝날 때까지는 담배를 피우지 않는 것이 예의이다.

(2) 선물예절

국가	금기	주의사항	좋아하는 것
중국	• 괘종시계의 '鐘(종)'자가 끝을 의미하여 관계를 끝낸다는 뜻을 가지므로 선물해서는 안 된다. • 우산의 발음이 '이별과 비슷하기 때문에 우산을 선물하지 않는다. • 저녁식사나 파티에 초대받았을 때 먹을 것을 선물로 가져가는 것은 금기시 된다.	• 선물은 3번 정도를 거절하는 것이 예의이다. 따라서 3번 이상을 권유해야 한다. • 축의금은 짝수, 부의금은 홀수로 한다.	짝수는 길하고 홀수는 흉하다고 생각하며, 빨간색을 좋아하므로 포장의 색깔로 적당하다.
독일	• 기본적으로 선물을 잘 주고받지 않는다. • 빨간 장미는 구애를 의미한다.	• 꽃을 선물할 경우 포장하지 않는다. 꽃 선물은 홀수로 한다. 짝수는 불행을 의미한다. • 빨간 장미는 애정을 의미하므로 함부로 해서는 안 된다. • 선물이 비싸면 뇌물로 오인하므로 주의해야 한다.	

기출 2017. 11. 12. 비서 2급

예약 업무를 수행하는 비서의 자세로 가장 바람직한 것은?

① 상사 해외 출장 일정이 다음 달로 예정되어 있어 아직 시간적 여유가 많아 추후 변경될 가능성이 있어 항공권 예약은 하지 않았다.

② 외국인 손님들을 위해 각 문화별로 추천할만한 음식점 목록을 만들어 두었다.

③ 상사가 자주 이용하는 음식점의 예약 담당자와 좋은 인간관계를 맺기 위해 자주 음식점을 방문한다.

④ 상사 출장과 관련하여 숙박 시설을 예약할 때 우리 회사와 거래하는 주 여행사에만 견적서를 요청한다.

해설 ① 예약 가능한 항공권이 없을 수 있으므로 해외 출장 항공권은 미리 예약해 놓는다. 일정이 변경될 가능성이 있다면, 변경 가능한 항공권으로 예약한다.

③ 음식점 예약 담당자와 좋은 인간 관계를 맺기 위해 자주 음식점을 방문하는 것은 불필요하다.

④ 우리 회사와 거래하는 주 여행사는 물론 다른 여행사에도 견적을 요청하여 더 효율적인 쪽으로 예약하는 것이 바람직하다.

◁정답 ②

브라질	• 칼을 선물하는 것은 관계를 끝낸다는 뜻이다. • 검은색과 자주색은 선물에 쓰지 않는다.		소형가전을 선물로 매우 좋아한다.
아르헨티나	칼을 선물하는 것은 관계를 끝낸다는 뜻이다.	• 와인생산량이 많으므로 와인은 선물하지 않는다. • 마찬가지로 가죽생산량이 많은 나라이므로 가죽제품도 피한다.	수입 술에 세금이 많이 붙기 때문에 스카치나 프랑스산 샴페인을 받는 것을 아주 좋아한다.
프랑스	카네이션은 장례에 쓰는 꽃이므로 선물로는 금기된다.	• 와인을 선물하는 것은 소주를 선물하는 것과 같다. • 빨간 장미는 애정의 의미. 함부로 해서는 안 된다. • 향수도 인기가 없는 품목이다.	
말레이시아	• 이슬람이 국교이므로 돼지고기와 술과 관련된 선물은 금기된다. • 특히 개는 부정함을 뜻하므로 개를 상징하는 물건은 금기이다.	선물을 주고받을 때 오른손으로 해야 한다.	카드를 받는 것을 매우 선호하므로 선물을 보낼 때 반드시 카드를 동봉해야 한다.
이집트		선물을 주고받을 때 오른손을 사용해야 한다.	• 화려한 보석류를 선호한다. • 최근 한국인삼이 상류층의 최선호 선물품목이다.
멕시코	노란 꽃은 죽음을 상징하므로 금기된다.	은제품은 선물로 부적합하다.	
일본	• 흰색과 4를 뜻하는 물건을 선물로 가져가는 것은 금기된다. • 짝수로 선물하지 않는다. 홀수로 한다.	• 잔과 같이 깨지는 물건은 선물로 싫어한다. • 방문초대를 받았을 때 작은 선물을 준비하는 것이 기본 에티켓이다.	작고 비싸지 않은 선물을 매우 자주 하는 편인데, 이는 관계를 유지하는데 선물이 중요하다는 것을 의미한다.

인도	• 힌두교도들이 많은 인도는 소를 신성시하므로 소가죽으로 만든 가방이나 지갑 등의 제품을 선물로 하는 것은 금기된다. • 재스민 꽃은 장례에 쓰기 때문에 선물로는 금기된다.		
중동지역	돼지고기와 술을 금기시한다.		메카를 향해 하루 5번 절을 해야 하므로 나침반을 선물하는 것도 괜찮다.
헝가리	붉은 장미와 백합은 불길함을 의미한다.	와인 생산국으로서의 자부심이 강하기 때문에 와인은 선물하지 않는 편이 좋다.	
폴란드	꽃은 홀수로 선물해야 한다.		꽃 선물을 선호한다.
러시아	노란색 꽃은 이별을 의미하므로 금기된다.		소형가전, 향수, 지갑 등을 선호한다.
미국		받은 선물은 즉시 풀어보는 것이 예의이다.	

4. 행사 의전계획(1급)

(1) 행사준비

① 일반적 준비사항 … 식순, 시간계획, 안내문, 진행문안, 식사·축사·건배문, 식장배치도, 좌석배열도, 초청장, 가두장식(현판, 아취, 현수막 등), 기념품, 행사용 꽃(꽃수반, 화환 등), 종사자 및 안내원 배치, 주차 및 안내계획, 안전점검 및 대책(소방, 응급차 배치), 주변 환경 정리정돈, 냉·난방 대책, 장애인 편의시설 착안, 기록요원, 옥외행사시 간이 화장실설치, 음료수 준비

② 식장준비

　㉠ **일반 준비물** : 연설문(식사·축사 등), 행사진행문, 안내문 등 유인물, 필기구, 휴지와 휴지통, 좌석배열도(필요시), 좌석명패, 명찰(초청인사, 표창대상자 등 필요인사), 차 및 음료수, 물수건

　㉡ **식장준비**

　　ⓐ **현판** : 단상 규모에 맞게 준비한다.

　　ⓑ **안내판** : 행사장의 방향표시나 지정된 좌석을 찾기 쉽게 행사장 입구나 전면에 부착해 놓는다.

　　ⓒ **확성장비** : 마이크, 확성기 옥외 또는 실내용을 준비한다.

　　ⓓ **탁자 및 의자**

　　　• 특별한 경우 외는 가급적 탁자나 의자의 차별을 두지 않는다.

　　　• 보통 기념식 등에는 탁자보는 사용치 않는다.

　　　• 연회장의 식탁에는 탁자보를 사용한다.

　　　• 의자에는 "안락의자, 반안락의자, 일반회의용의자" 중에서 선택하되 화려한 방석 등 지나친 장식품은 사용치 않는 것이 좋다.

　　ⓔ **연대** : 주빈용과 사회자용으로 각 1개씩 설치한다.

　　ⓕ **꽃꽂이** : 주빈용 탁자 중앙에 놓는데 꽃꽂이의 높이는 주빈의 얼굴이 가려지지 않는 정도로 한다.

　　ⓖ **화분** : 통상 단상 좌우측에 1개씩 놓되 식장 여백공간을 적절히 조정하도록 추가하여 놓으면 좋다.

　　ⓗ **식순 또는 회순** : 하단에서 잘 보이는 곳에 게시하되 식순 게양대를 별도 설치하면 좋다.

　　ⓘ **전화기** : 연락이 용이하게 일반, 행정, 비상전화를 설치한다.

③ 행사진행

　㉠ **일반행사 진행순서** : 각종 행사진행 순서는 그 행사의 목적과 성격을 가장 잘 나타내며 행사의 성격에 따라 달리 하나, 일반적인 식순은 다음과 같다. 따라서 그 순서는 행사의 목적과 성격 또는 진행상 편의에 따라 신축성 있게 조정할 수 있다.

　㉡ **진행요령** : 사회자는 우선 행사전반에 대한 내용을 완전히 파악하고 철저한 예행연습을 실시하여 당황하지 않고 여유 있는 태도로 침착하게 시나리오에 의거 진행한다.

(2) 준비사항

① 초청장 및 식사 · 경과보고서 작성

② 세부계획수립(예시)

〈일반계획〉
- 일시 :
- 장소 :
- 주최 :
- 참석범위 :

③ 시간계획 및 추진

시간	소요	추진요령
00 : 00		○○ 출발 (○○국장 안내)
〃 〃		식장도착(VIP)
〃 〃	○ 분	생화증정
〃 〃	○ 〃	내빈접견
〃 〃	○○ 〃	준공(개통)식
〃 〃	○ 〃	공사현황설명(○○국장)
〃 〃	○ 〃	개통 테이프 절단
〃 〃	○○ 〃	현장시찰 · 시주(○○국장 안내)
〃 〃		귀청

④ 행사준비 계획

구분	세부계획	수량	기한 (기간명시)	담당책임 (책임자지정)
1. 행사총괄	조정지휘			
2. 초청장인쇄 및 발송	• 문안작성 및 확인 • 인쇄 및 발송 • 참석여부 확인	○○부		
3. 참석인사 리본제작 및 부착	• 제작의뢰 • 리본부착 안내원 배치	○○매 ○○명		
4. 식장준비	• 현장 총괄지휘 • 식장설치 • 절단 테이프 및 도구대 설치 • 절단용 가위, 장갑준비 • 탁자, 목판, 음료수 준비 • 오색테이프 준비	○○조 ○○개		
5. 꽃 준비	생화준비	○개		
6. 주차장 지정	임시 주차장 선정	○개소		
7. 교통정리	교통정리 및 주차안내			
8. 차량배치	행사준비반용	버스 ○대		
9. 가두장식	• 아치 • 현수막, 플래카드	○개 ○개		
10. 홍보	• 홍보원 안내 • 홍보자료 작성 배부 • 사진촬영	○명 기사 ○명		

5. 국가별 문화 이해(국가별 응대 금기사항 등)

(1) 국가별 응대 금기사항

① 중국

　㉠ 녹색모자를 쓰면 '아내가 바람났다'는 뜻이다. 최근에는 삐이런따이뤼마오즈 (被人戴绿帽子, 녹색모자가 씌워졌다)라고 표현이 있는데 이는 체면 구겨지는 일을 당했다는 의미로 쓰인다.

　㉡ 중국은 국토가 광대하고 인구가 많아 지역마다 음식습관에 차이가 있다. 날 음식은 거의 없고 익힌 음식이 주를 이룬다. 북방인은 면을 좋아하며 진한 맛을 좋아하고 풍성한 상차림을 좋아한다. 남방인은 입쌀을 좋아하며 연한 맛을 좋아하고 음식을 낭비하는 것을 좋아하지 않는다. 회족은 돼지고기를 절대 먹지 않으며, 후베이, 저장 등 지역사람들은 매운 음식을 즐기지 않는다. 중국인들과 식사 함께 할 경우 먼저 금기사항이 있느냐고 물어보는 것이 예의다.

　㉢ 술을 마실 때 일반적으로 중국 사람들은 한 사람씩 돌아가며 술을 권하고 필요한 경우 건배를 위해 자리를 자주 이석하기도 한다. 술잔을 돌리는 습관은 없다.

② 일본

　㉠ 일본에서 비즈니스를 전개함에 있어서 약속을 지키는 것은 철칙이라 하여도 과언이 아니다. 면담 시간을 비롯하여 납기, 자료 제출 기한 등을 지키는 것은 일본기업과 신뢰관계를 구축하는데 근본적인 바탕이 된다. 아울러 비즈니스에 관한 약속을 할 때 과장해서도 안 된다. 자신이 수행할 수 있는 범위를 성실하게 전달하고, 약속을 지킬 수 없게 되었을 경우는 반드시 미리 사정을 설명하면서 사죄의 의사를 표명할 필요가 있다.

　㉡ 면담 약속은 보통 2주 전까지는 잡는 것이 상식적이다. 날짜가 임박해서 약속을 잡을 경우 좋지 못한 인상을 상대방 일본인에게 남길 수 있기 때문이다. 또 일단 약속시간을 잡으면 함부로 변경하는 것도 좋지 못한 인상을 상대방한테 남길 수 있다. 방문 전에는 방문 목적, 방문자의 수, 방문자 이름과 직위/직책 등을 전달하는 것이 좋고, 방문 시에는 약속장소의 5 ~ 10분 전에 도착해두는 것이 좋다.

기출PLUS

기출 2017. 5. 14. 비서 2급

다음은 주요 나라별 주의해야 할 문화적 에티켓에 대한 설명이다. 틀린 내용을 고르시오.

① 인도네시아에 체류하는 동안 라마단 기간일 경우 해가 있는 동안에는 금주, 금연, 금식, 금욕을 실시하므로 고기와 술을 찾는 행위는 삼간다.

② 일본에서는 회의 시작 시간보다 미리 방문하여 회사를 둘러 보는 것은 삼간다.

③ 스코틀랜드 사람이나 아일랜드 혹은 웨일즈 사람에게 잉글리시라고 하면 불쾌하게 여기므로 주의한다.

④ 독일인의 경우 초면에 이름을 호명함으로써 친근함을 표현하는 것이 좋다.

해설 ④ 독일인의 경우 친구 사이가 아닐 경우 결코 이름을 불러서는 안 된다. 남성의 경우 영어의 Mr에 해당하는 Herr, 여성의 경우 Miss와 Mrs 모두를 의미하는 Frau를 반드시 성 앞에 붙여 부른다. 직함이 있을 경우는 Herr나 Frau를 직함에 앞에 넣어 불러주는 것이 예의이다.

◀정답 ④

③ 미국

  ㉠ 미국은 다인종 다종교 국가이므로, 사람의 피부색, 말투, 사회적 신분, 종교 등에 기준해서 비판하고 차별하는 모습을 보이지 않도록 주의하는 것이 좋다.

  ㉡ 특정 종교, 소수민족, 인종, 여성 등에 대한 차별적 발언은 비록 농담이라 할지라도 절대 금물이다. 특히, 여성의 외모에 대한 언급은 절대로 하지 않아야 한다.

  ㉢ 뉴욕, LA, 보스톤, 시카고, 샌프란시스코 등과 같은 대도시 지역에는 여러 인종들이 모여 살고 있는데 이들 각 인종들의 문화와 관습이 다르기 때문에 이상한 손짓이나 몸짓을 하지 않도록 조심하는 것이 좋다.

④ 베트남

  ㉠ 베트남인들은 자존심이 강하다. 오랜 세월 끊임없이 자행되어 온 외침을 물리친 역사에 대해 민족적 자부심 또한 대단하다. 따라서 그들의 역사와 전통을 칭찬하는 것이 좋으며, 수입이나 생활비 문제 등 가난한 이들의 자존심을 건드리는 질문이나 이념, 정치 등에 관한 이야기는 하지 않도록 한다. 특히, 베트남 전쟁에 대해서는 언급하지 않는 것이 좋다.

  ㉡ 베트남에서는 보통 손님에게 차나 음식을 대접하는데, 이를 거부하는 것은 무례한 행동으로 오해를 받을 수 있다. 대화 시에는 허리에 손을 얹거나 팔짱을 낀다거나 지나치게 손가락질을 하는 것을 자제해야 한다. 특히 비즈니스 진행 시에 언성을 높이거나 손가락질을 하는 것은 베트남 사람들에게 불편함을 주기 때문에 부드러운 목소리로 비즈니스를 진행하는 것이 좋다.

⑤ 알제리 … 알제리는 이슬람국가이나 여성의 사회참여도가 높은 편이며 라마단 기간 등 종교휴일을 제외하고는 호텔 및 레스토랑에서 주류가 판매되는 개방된 문화를 갖고 있다. 역사적으로 프랑스 등 유럽국과 문화적인 교류로 특별한 문화적 금기사항은 없는 편이나 이슬람 기본 예절 예를 들면 인사나 식사 시 왼손은 불결한 손으로 사용하지 않고 돼지고기 등 금기시하는 내용이 있다.

(2) 국가별 문화에 대한 이론

① 중국

  ㉠ 13억 이상의 인구를 가진 나라로 체면과 자존심을 중시한다.

  ㉡ 종교국이라는 기관이 따로 있어서 종교에 대한 사항을 관리 · 통제한다.

  ㉢ 중국인은 보편적으로 중화사상이라는 민족적 우월의식을 가지고 있다.

  ㉣ 의 · 식 · 주 중 '식'을 가장 중시한다.

  ㉤ 정치적인 이야기는 삼가도록 한다.

  ㉥ 성적인 얘기나 음담패설을 하지 않아야 한다.

② 인도

　㉠ 12억의 인구(세계에서 인구가 2번째로 많은 나라)를 가진 나라이다.

　㉡ 2,338종족 가운데 2,083종족이 미전도 종족이다(세계에서 가장 많음).

　㉢ 약 3억 3,000만 개의 우상을 가진 나라로 동물 중에 소를 우상시한다.

　㉣ 인도의 종교현황

　　ⓐ 힌두교(82%), 이슬람교(11.5%), 자이나교(0.5%), 기독교(2.4%), 시크교(2%), 불교(0.8%)

　　ⓑ 힌두교의 특징

　　　• 획일성의 부정 : 3억 3,000만 개의 신 중에 골라 믿으면 된다.

　　　• 박약한 윤리관 : 다르마(사회질서를 유지하기 위한 법률의 성격)에 의한 윤리관이 우세하기 때문에 각자에게 맞는 다르마를 수행하기 위해서라면 약속을 어겨도 되고 상대를 기만해도 된다는 뜻이다.

　　　• 천국에 대한 개념 : 지상에서 쌓은 공덕에 따라 체제기간이 길어지기도 하고 짧아지기도 하며, 다음 생의 카스트가 정해지기도 한다고 믿는다.

　　　• 힌두가 될 수 있는 자격 : 카스트에 속해 있는 부모에게서 태어나지 않은 사람은 힌두가 될 수 없다.

③ 일본

　㉠ 교육

　　ⓐ 메이지유신 후인 1887년, 학제가 발표되어 처음으로 의무교육제가 실시되었으며, 1900년에 만 6세부터 4년제 교육이 정해졌고, 1907년에 6년제가 되면서부터 99%의 취학률을 나타내었다.

　　ⓑ 1877년 동경대를 시작으로 많은 대학이 설립되었으며, 사립대학도 1918년 공식적으로 인정되었다.

　　ⓒ 연합군 점령 후 교육은 민주화, 정의와 형평, 평화에 중점을 맞추게 되었다.

　　ⓓ 정부는 국민소득(GNP)의 약 6%에 달하는 예산을 교육에 투자하고 있다.

　　ⓔ 97% 이상의 학생이 고등학교에 진학하고 있다.

　　ⓕ 최근의 단기대학은 여학생이 90% 이상을 차지하며 교육과정도 가정경제학, 교육학 등 주로 여성수강 과목으로 구성되어 있다.

　㉡ 종교생활

　　ⓐ 신도 : 신도는 애니미즘(精靈信仰)에서 기원한 것으로 매개체를 통해 사자의 영령을 접할 수 있다고 믿는다. 불교 도입(6세기 경) 후 쇠퇴하였으나 에도(江戶) 시대에 다시 부흥하였으며, 메이지(明治) 시대에는 천황이 신의 후손임을 헌법에 명시하였고, 이는 2차 대전 후 연합군이 신도(神道)를 국가로부터 분리시킬 때까지 계속 신도의 전설에 따라 황족은 신의 직계자손이라고 믿고 있었다.

ⓑ **불교** : 일상생활에서 불교적인 색채를 쉽게 찾을 수 있다.
- 신도예식은 결혼이나 출생 등 길사에 행해지는 데 비해 불교예식은 장례 때 주로 이루어진다.
- 현재 승려 수는 약 16만 명, 절은 8만 여개로 추정되고 있다.

ⓒ **기독교**
- 현재 일본의 기독교도는 약 200만 명(전인구의 0.8%)으로 소수파에 그친다.
- 지금까지 기독교 신자가 인구의 1%를 넘은 적은 없으며, 일본의 기독교 관계자는 이를 '1%의 벽'으로 표현한다.

④ **영국**

㉠ **종교**

ⓐ **역사적 배경**
- AD 1세기부터 5세기까지 로마에 의한 통치기간 중에 기독교(가톨릭)가 도입되어 국교로서 숭배되었으나, 16세기에 들어 Henry 8세에 의해 성공회가 수립되어 England를 중심으로 영국 각지 및 세계 각 국에 보급되어 있다.
- 스코틀랜드 지방에는 신교가 일찍부터 도입되어 스코틀랜드 국교로 인정받고 있다.

ⓑ **교회의 종류** : The Anglican Church of England, The Church of Scotland, The Free Churches, The Roman Catholic Church, 유태교

㉡ **교육**

ⓐ **초 · 중등교육**
- 초 · 중등교육은 공 · 사립학교에서 실시되고 있으며, 사립학교는 학부모의 부담으로 운영되고 있다. 사립학교 학생비율은 7% 정도이며, Sixth Form 의 경우 25%에 달한다.
- 5년간의 중등교육 학업성취도는 16세 전학생을 대상으로 하는 GCSE(General Certificate of Secondary Education) 시험을 통해서 평가한다.
- 중등학교 졸업 후, 대학진학을 목표로 하는 학생은 Sixth Form School에서, 직업자격 취득을 목표로 하는 학생은 여타 further education college 에서 2 ~ 3년간 공부를 한다.
- Sixth Form School 이수 후 치르는 시험은 GCE A-level로 대학입학시험에 해당한다.

ⓑ **대학교육**
- 옥스포드 대학 및 캠브리지 대학은 각각 12 ~ 13세기에 설립되었으며, 스코틀랜드 St. Andrews, Glasgow, Aberdeen, Edinburgh대학은 15 ~ 16세기에 설립되었다. 나머지 대학들은 19 ~ 20세기에 들어와 설립되었다.
- 1967년부터 주로 예술 및 경영 등 실용적 고등교육을 목표로 하여 30개의 Polytechnics가 설립되어 대학수준의 기술교육을 제공하여 오다가 1993년 University로 승격되어 학사 및 석사 학위까지 수여하고 있다.
- 30만 명 이상의 외국 유학생이 대학 또는 대학원에 재학 중이며, 이는 영국 내 대학과정 이상 대학생 230만 명의 13%를 차지하고 있다.

ⓒ 언론

ⓐ Reuters

• 국제통신사로서 세계 91개국(221개 지국)에 15,000명의 직원(U.K 및 남아
일랜드 ; 3,542명)을 두고 있다(기자는 2,000명임).

• 세계 150개국 신문, 통신사 등에 뉴스를 공급한다.

ⓑ The Press Association : 아일랜드를 포함한 런던 이외 지역의 주요 신문사
들이 공유하고 있는 영국 내 통신사로서 국내 뉴스를 공급한다.

ⓒ Extel Financial : 런던에 소재하고 있으며 금융 및 기업정보를 전 세계에 공
급한다.

ⓓ BBC ; British Broadcasting Corporation

• 1922년 "Royal Charter"를 근거로 설립된 세계 최초의 국영방송이다.

• TV : BBC1, BBC2, BBC Digital(의회방송전용)

• RADIO : 5개의 채널운영(RADIO 1-5), 39개 지방방송사와 제휴

• BBC WORLD SERVICE : 해외 라디오 방송, 영어와 43개 언어로 방송

• BBC WORLD : 해외 TV 방송, 24시간 방송체제, 180여개 국가에서 시청

• 재원 : 시청료(license fee)

• 운영 : 수상이 추천하고 여왕이 임명하는 12명으로 구성된 이사회(Board
of Governors)가 최고 의사결정기구이다.

ⓔ 사회보장제도

ⓐ 복지국가의 개념과 사회보장제도

• 과거 자본주의의 최선진국이었던 영국은 이미 400여 년 전인 1601년 빈민법
(Poor Law)을 제정, 빈곤에 대한 국가의 책임을 최초로 천명하였다.

• 영국의 복지제도는 2차 대전을 거치면서 그 골격이 완성되었으며, 1945년
집권한 노동당 정부는 「베버리지의 국민보건계획」에 따라 1946년 「국민보험
법(National Insurance Act)」, 「국민건강서비스법(National Health Service
Act)」을 제정하고, 이어서 1948년에는 「국가지원법(National Assistant Act)」
을 제정·발효시킴으로써 복지국가로서 새롭게 출범하였으며, 이후 1970년
대 경제위기에 직면할 때까지 영국사회의 중요한 제도로 정착되었다.

• 1960대말부터 선진 자본주의 국가의 경제성장은 둔화되었으며, 1973 ~
1974년의 석유파동 등에 의한 세수감소 및 실업증대는 복지지출증액과 재
정위기로 연결되어 복지국가제도 자체가 위기에 놓이게 되었다.

ⓑ 신자유주의와 사회보장제도

• 1970년대 경제위기를 거치면서 등장한 대처의 보수당 정부는 "자유 경제"
와 "강한 국가"를 표방했으며, 이는 곧 전 국민의 복지에 대한 국가의 책임
이라는 보편주의 원칙을 포기하는 것을 의미하였다. 이는 공공지출 삭감,
민영화와 규제완화 그리고 감세의 형태로 나타나게 되었다.

기출**PLUS**

기출 2018. 5. 13. 비서 1급

다음 중 공식적으로 유로화가 통용 되지 않는 나라는?

① 프랑스   ② 독일
③ 영국   ④ 벨기에

해설 ③ 영국은 유럽연합 탈퇴로 공식적으로 유로화가 통용되지 않는 나라이다. 영국의 공식 화폐는 파운드화이다.

< 정답 ③

- 대처의 보수당 정권은 공공지출 삭감과 재정적자의 해소를 추구하면서, 공공부분 서비스 제공을 민간부문으로 이전하는 '민영화'를 추진하였으며, 사회복지의 역할을 가족, 시장, 민간단체에 이양하여, 공공과 민간의 역할 분담을 통한 '복지혼합(welfare mix)' 또는 '복지 다원주의(welfare pluralism)'를 추구하였다.

ⓑ **생활습관** : 영국인의 보수성과 전통존중의 기질은 왕실의 존재 등과 함께 사회 각 방면에 반영되고 있다. 황실에 대한 영국인들의 애정은 각별하며, 아직도 귀족 제도가 존속한다. 판사는 권리와 의무, 자유와 책임이라는 기본적 틀을 가정 안에서 배우게끔 하는 사회적 분위기가 전통적으로 이어져 오고 있다.

ⓗ **통화**
  ⓐ 영국의 통화 단위는 파운드(Pound)와 펜스(Pence) 2종류이며, 1파운드는 100펜스이다.
  ⓑ 지폐는 모두 파운드이며 1, 5, 10, 20, 50파운드의 5종류가 사용되고 있다. 또한 동전에는 1, 2, 5, 10, 20, 50펜스 외에 1 파운드짜리 동전이 있다.

⑤ **미국**
  ㉠ **국체 및 정체**
    ⓐ **국체** : 연방공화국
    ⓑ **정체** : 대통령 중심제
  ㉡ **연방과 주**
    ⓐ 미국의 정부는 연방주의(Federalism)와 권력분립원칙(Seperation of Powers)이라는 두 가지 기본원칙에 의하여 구성되어 있다.
    ⓑ 정부의 권한을 나누어 각기 다른 기관이 담당하도록 하는 이유는 정부의 권한이 한 곳으로 집중되어 국민의 권리를 부당하게 침해하는 일이 없도록 사전에 방지하기 위함이다. 그러나 현실생활에 있어서는 과연 어떤 정부기관이 어떤 기능을 담당하는지 도무지 알 수가 없는 불편한 경우도 생길 수 있다.
    ⓒ 미국의 연방헌법은 연방정부의 권한을 규정하고 그 이외의 사항은 모두 주 정부의 권한으로 하여 두고 있다. 즉 연방정부가 주정부를 규제할 수 있는 사항은 연방헌법이 연방의회에 권한을 부여한 사항에 한정된다. 다만 연방법과 주법이 상충할 경우 연방법이 우선한다.
    ⓓ 현재 연방헌법에 의하여 연방정부의 관할로 규정된 사항은 국방, 외교, 연방과세, 각 주 사이의 상거래, 국제교류, 화폐발행, 우편, 이민 등 주로 각 주 사이의 관계나 국제관계 등이 있다. 따라서 연방법에 의하여 부과되는 세금, 유가증권의 규제, 특허, 독점금지와 같이 모든 주에 걸쳐 발생하는 법률문제는 대부분 연방법에 의하여 규율되지만 민법, 형법, 회사법, 상거래법, 은행법 등 일상생활과 관련된 사항은 거의 모두 각 주의 법에 따라 규율되고 있다.

ⓔ **연방정부의 조직**: 미국은 대통령을 국가원수로 하는 연방공화국체제이다. 각 주는 독립된 주권을 가지고 있지만, 그 일부를 연방정부에 위탁하는 형식을 취하고 있으며, 연방정부는 엄격한 삼권분립원칙에 따라 구성되어 있다.

ⓕ **주정부의 조직**

- 주정부는 외교관과 교전권 등을 제외하고는 주권국가가 보유하고 있는 권력의 거의 전부를 보유하고 있다.
- 각 주가 담당하는 사항에 관하여는 각 주 스스로가 정한 방식에 따라 규제 방식도 달라진다. 예를 들어 성인으로 인정받는 나이, 혼인할 수 있는 나이, 음주할 수 있는 나이, 운전면허를 취득할 수 있는 나이 등도 각 주에 따라 다르게 되며, 다른 주로 이사하게 되면 일정한 기간 내에 자동차등록을 새로이 하고 운전면허증도 이사한 주의 것으로 다시 발급받아야 한다.

ⓒ 미국은 외국으로부터 계속되는 이주자와 그 2세, 3세가 주민의 대부분을 차지하고 있는 다민족국가이다.

ⓐ '개방적이고 명랑하며 활기에 찬 미국인'이라는 이미지도 피부색을 넘어서 미국적인 사회와 문화 위에 정착한 국민적인 공통성이라 하겠다.

ⓑ 풍요한 사회상의 이면에는 다인종, 다민족의 혼합에서 생기는 심한 인종차별과 독점자본주의사회에 필연적으로 뒤따르게 마련인 빈부계층 간의 대립이 늘 미국 국내문제의 근원이 되고 있다.

05 상사 지원업무

기출PLUS

기출 2019. 11. 10. 비서 2급

비서의 보고 요령에 대한 설명으로 가장 부적절한 것은?

① 보고하기 전 육하원칙에 따라 정리하고 미리 자신에게 질문을 해봄으로써 상사의 질문을 예상해본다.

② 객관적인 사실에 기반한 보고를 하기 위하여 보고서에 숫자가 포함된 표를 모두 수집하여 나열한다.

③ 상사가 결정하는데 도움이 되도록 전문가의 의견도 조사하여 보고한다.

④ 상사가 주로 사용하는 용어를 사용하여 보고한다.

해설 ② 보고는 결론을 먼저 말하고 필요한 경우 이유, 경과 등의 순서, 즉 두괄식으로 해야 한다. 상사는 대부분 바쁘고 시간이 없기에 적당히 끊어서 요점을 강조하되 추측이나 억측은 피하고 사실을 분명하게 설명해야 한다.

＜정답 ②

section 1 보고와 지시

1. 보고의 일반원칙

(1) 전달요령

① 구두전달

    ㉠ 정확한 발음으로 결과를 전달한다.

    ㉡ 적절한 단어와 호칭을 사용한다.

    ㉢ 지나치게 전문용어를 많이 사용하지 않고 필요 시 풀어서 전달한다.

    ㉣ 비속어나 은어, 표현이 정확하지 않은 것의 사용은 삼간다.

② 문서전달

    ㉠ 문장에 알맞은 표나 그래프를 사용한다.

    ㉡ 지나치게 딱딱한 보고서가 되지 않도록 편집한다.

    ㉢ 보고서 양식을 갖추어 전달한다.

(2) 보고요령

① 일을 끝내고 검토 후 보고한다.

② 지시받은 일이 끝났을 때 그 결과를 보고한다.

③ 일의 진척이 느려지면 중간보고를 하여 진행상황을 알린다.

④ 결과를 먼저 말하고 과정은 나중에 설명한다.

⑤ 보고의 순서는 결론, 내용, 경과 그리고 소견 순으로 객관적인 보고를 한다.

⑥ 보고는 지시한 사람에게 직접 한다.

(3) 상급자의 지시를 받을 경우

① 상사의 호출이 있을 시 필기구와 메모지를 준비하여 요점을 기록한다.

② 상사의 말을 가로막지 않고 끝까지 지시내용을 잘 듣는다.

③ 지시받은 일의 의미를 확실히 파악한다.

④ 육하원칙(5W 1H)에 의해 기록하고 의문점은 다시 질문하여 정확히 확인한다.

⑤ 다른 상사로부터 지시받은 경우에는 자신의 상사에게 그 내용을 보고한다.

(4) 지시처리요령

① 내용을 정확히 판단한다.

② 지시받은 것에 대해 신속히 핵심을 파악한다.

③ 시기를 놓치지 말고 실행한다.

④ 실행된 결과를 검토하고 확인한다.

⑤ 그 결과를 충실히 보고한다.

2. 보고 방법(구두, 문서, 문자 등)

(1) 구두보고 방법

① 면담을 통한 보고 … 보고자는 우선 보고할 수 있는 분위기를 조성하고 침착한 태도로 보고 내용을 이해하기 쉽게 설명한다. 용어는 표준어를 사용하고 체계적이고 논리적으로 보고한다.

② 전화에 의한 보고 … 짧은 시간 내에 보고 내용을 정확하게 전달하기 위해 사전에 보고의 제목, 순서, 결론, 건의 등에 관해 요약 메모한다. 전화 보고 시에는 상대방의 시간 사정을 고려하여 통화해야 한다. 우선 결론부터 보고한 후에 경과를 설명하며, 이해하기 쉬운 용어로 간단명료하게 중요한 부분은 반복한다.

(2) 육하원칙보고 방법

① 육하원칙의 정의
  ㉠ '누가, 언제, 어디서, 무엇을, 어떻게, 왜'의 틀에 맞춰 사안을 설명하고 내용을 설명하는 도구로, 영어로는 '5W 1H'라고도 한다. (Who, When, Where, What, Why & How)
  ㉡ 사전적 의미로는 역사 기사, 보도 기사 따위를 쓸 때 지켜야 하는 기본 원칙이지만 직장에서 흔히 쓰는 기획안이나 보고서, 품의서, 하다못해 메일까지도 육하원칙을 따르는 것이 명확한 의미 전달을 위해서 좋다.

기출PLUS

기출 2020. 11. 8. 비서 1급

다음 중 보고 업무를 수행하고 있는 비서의 자세로 가장 적절하지 않은 것은?

① 위기에 처했을 때 보고하는 것도 중요하지만 평소에 중간보고를 충실히 하여 예측되는 문제를 미연에 방지한다.

② 업무 진행 상황을 자주 보고하여 상사가 일이 어느 정도 속도로, 또 어떤 분위기로 진행되고 있는지 알 수 있도록 한다.

③ 업무의 절차적 당위성을 확보하기 위해 조직 내 공식적인 채널을 통해서만 보고한다.

④ 업무 중간 중간에 상사의 의견을 물어 잘못되었을 경우 수정할 수 있는 시간을 갖는다.

해설 ③ 업무의 성격에 따라 조직 내 공식적인 채널과 비공식적인 채널을 구분하여 적절하게 활용하는 것이 바람직하다.

〈정답 ③

기출PLUS

② 육하원칙보고 방법

    ㉠ 보고할 때뿐만 아니라 보고자가 현장 상황을 파악할 때 용이하다.

    ㉡ 보고 시 직장상사가 할 수 있는 질문을 예측하고, 그 내용을 육하원칙에 맞춰 보고하는 훈련을 한다. 육하원칙을 활용하여 간결하면서 명확하게 보고하는 훈련을 한다.

3. 지시받기와 전달

(1) 지시를 받을 때는 메모를 할 것

상사의 지시 내용을 정확하게 파악하고 이행해 나가기 위해서는 메모가 매우 중요하다. 메모할 때는 육하원칙을 활용한다.

(2) 끝까지 듣고 질문할 것

상사의 지시를 받는 중에 이해가 안 되는 점이 있으면 상사의 말을 중간에 끊지 말고 메모해 두었다가 지시가 끝난 후에 질문한다.

(3) 지시를 받은 뒤 간단히 복창해 확인할 것

상사의 지시를 다 받고난 뒤에는 지시 내용을 자신의 말로 요약해 한 번 더 복창하고 잘못 들었거나 빠뜨린 사항은 없는지 확인한다. 또한 이해하기 어려운 점이 있으면 충분히 납득할 때까지 질문을 한다.

(4) 지시 받은 업무에 즉시 착수할 것

상사의 지시를 받으면 그 즉시 일을 시작한다. 만약 현재 하고 있는 업무의 진행 상태로 보아 지시를 받아도 바로 시작하기 어렵겠다고 판단될 때는 상황을 솔직하게 설명하고 다시 지시를 받는다.

4. 직장 화법

(1) 대화예절

① 대화예절의 의미

    ㉠ 직장생활에 있어 직장인들 간의 의사전달은 중요하다.

    ㉡ 의사전달을 어떻게 하느냐에 따라 그 사람의 인격이 드러난다.

    ㉢ 직장인은 대화예절을 지켜서 원만한 업무처리에 도움이 되도록 해야 한다.

기출 2020. 11. 8. 비서 2급

다음 중 보고 업무 자세로 가장 적절하지 않은 것은?

① 문장을 간략하게 육하원칙에 의거하여 요점 중심으로 작성하였다.

② 보고서는 가능한 한 장으로 작성하고, 기타 필요한 내용은 별첨으로 처리하였다.

③ 입수한 자료가 불충분하여 개인적 추측을 더해 보고서를 작성하였다.

④ 구두 보고 시 상사가 궁금해 하는 내용을 먼저 보고하였다.

해설 ③ 입수한 자료가 불충분할 경우 다른 자료들을 더 찾아본다. 보고서를 작성할 때 근거 없는 개인적 추측은 덧붙이지 않는다.

〈정답 ③〉

② 올바른 대화의 요령

　㉠ 말하는 자세를 바르게 한다.

　㉡ 말은 침착하고 조용히, 간결하게 한다.

　㉢ 말을 하는 것 만큼 듣는 것 역시 중요하다.

　㉣ 상대방의 눈을 보고 말한다.

　㉤ 외국어나 어려운 말은 삼가야 한다.

　㉥ 상대방의 비밀이 되는 것, 싫어하는 것은 묻지 않는다.

　㉦ 상대방의 말을 가로채지 않는다.

　㉧ 혼자 아는 척 하지 않는다.

　㉨ 말을 할 때와 들을 때의 유의사항

　　ⓐ 듣는 말과 관련이 없는 일을 하지 않는다.

　　ⓑ 이야기 도중에 필요하다고 생각되는 것은 메모한다.

　　ⓒ 중요한 내용은 미리 말의 내용을 준비하여 발언한다.

　　ⓓ 우리 말, 쉬운 말, 일상용어를 선택하는 것이 원칙이다.

　　ⓔ 말을 효과 있게 하기 위한 자연스런 몸짓은 지나치지 않는 한 필요하다.

　　ⓕ 상대방의 말을 듣는 도중에는 가벼운 반응을 보여야 한다.

　　ⓖ 대화 중에는 상대방의 눈을 중심으로 시선을 움직인다.

　　ⓗ 같은 말도 표현에 따라 상대방의 반응이 달라질 수 있다.

　　ⓘ 말의 속도는 너무 빠르거나 느리지 않게 적당히 한다.

　㉩ 대화 시 삼가야 할 사항

　　ⓐ 상대방의 이야기 중간에 자신의 이야기를 하는 것은 삼간다.

　　ⓑ 초면에 직장, 직위, 결혼여부, 연령을 묻는 행위는 하지 않는다.

　　ⓒ 필요치 않는 출신교나 학력 등을 자랑하는 행위는 하지 않는다.

　　ⓓ 개인의 프라이버시를 가지고 상대를 비꼬는 행위는 하지 않는다.

　　ⓔ 상사에게 자기를 지칭할 경우 '저' 또는 성과 직위나 직명을 사용한다.

(2) 올바른 말씨와 호칭

① 올바른 말씨

　㉠ 사투리를 쓰는 것보다는 표준말로 말한다.

　㉡ 같은 말이라도 비속어나 은어를 제외한 고운 말을 골라 쓴다.

　㉢ 온화한 표정을 짓도록 노력한다.

② 올바른 호칭

　㉠ 상급자에 대한 칭호

　　ⓐ 상사에게는 성과 직위 다음에 '님'의 존칭을 붙인다. — 「이 과장님」, 「정 부장님」

기출PLUS

기출 2019. 11. 10. 비서 2급

다음 중 비서의 화법으로 가장 적절한 것은?

① 상사의 지시 내용을 전달하며 "과장님, 사장님께서 말씀 전하라고 하셨습니다."라고 하였다.

② 상사의 지시대로 회의를 준비한 후, "사장님, 회의 준비되셨습니다."라고 보고하였다.

③ 상사가 직접 작성하여야 하는 서류를 드리며 "작성 중에 궁금한 점이 계시면 저를 불러주세요."라고 하였다.

④ 상사가 외출할 시간이 다가오자 "사장님, 김기사님이 현관에 대기 중이십니다."라고 하였다.

> **해설** ② 상사의 지시대로 회의를 준비한 후, "사장님, 회의 준비됐습니다."라고 보고하였다.
> ③ 상사가 직접 작성하여야 하는 서류를 드리며 "작성 중에 궁금한 점이 있으시면 저를 불러주세요."라고 하였다.
> ④ 상사가 외출할 시간이 다가오자 "사장님, 김기사가 현관에 대기 중입니다."라고 하였다.

기출 2019. 5. 12. 비서 2급

다음 중 비서의 화법으로 바른 것은?

① 사장님, 김영수 부장님께서 잠시 뵙기를 원하십니다.

② 사장님, 회장님실에서 잠시 오시라고 연락이 왔습니다.

③ 사장님, 이번 저희 회사 신제품의 시장 반응이 아주 좋으십니다.

④ 사장님, 주문하신 블랙커피 나왔습니다.

> **해설** ① 사장님, 김영수 부장님이 잠시 뵙기를 원하십니다.
> ② 사장님, 회장님께서 잠시 오시라고 하십니다.
> ③ 사장님, 이번 저희 회사 신제품의 시장 반응이 아주 좋습니다.

〈 정답 ①, ④

ⓑ 성명을 모르면 직위에 '님'의 존칭을 붙인다. — 「부장님」, 「과장님」

ⓒ 다른 부서의 상급자는 부서명을 위에 붙인다. — 「인사부장님」, 「총무과장님」

ⓓ 상급자에게 그 하급자이면서 자기에게는 상급자를 말할 때는 '님'을 붙이지 않고 직책과 직급명만을 말한다. — 「이 주임」, 「김 과장」, 「최 과장께서 지시한 일이 있었습니다」

ⓔ 상사에게 자기를 호칭할 때에는 '저' 또는 성과 직위나 직명을 사용한다. — 「이 부장」, 「상담실장」

ⓛ 동료 또는 하급자에 대한 칭호

ⓐ 동료나 하급자 간에는 성과 직위 또는 직명으로 호칭한다. — 「김 부장」, 「강 팀장」, 「김주하 씨」

ⓑ 초면이나 선임자일 경우에는 '님'을 붙이는 것이 상례이다.

ⓒ 직책이나 직급명이 없는 하급자는 성명에 '씨'를 붙인다.

ⓓ 하급자라도 자기보다 연장자이면 높여서 말한다. — 「임 선생」, 「최 형」

ⓔ 하급자가 미성년자이거나 10년 이상 연하인 미혼자이면 성이나 성명에 '군', '양'을 붙인다.

(3) 높임법

① 높임법의 정의

㉠ 주체 높임법은 높이는 대상이 누구인가에 따라 문장의 주체를 높이는 것이다.

㉡ 객체 높임법은 목적어나 기타 부사격으로 등장하는 객체를 높이는 것이다.

㉢ 상대 높임법은 자기를 낮춤으로써 상대방을 높이는 것이다.

② 높임법의 상황

㉠ 비서가 동료에 관해 말할 때

ⓐ 듣는 사람이 아랫사람일 때 : 김주하 씨, 김 대리 어디 갔어요?

ⓑ 연상인 동료에 대해 말할 때 : 김 대리 어디 가셨어요?

ⓒ 듣는 사람에 상관없을 때 : 김 대리 어디 갔습니까?

㉡ 비서가 다른 회사 사람에게 말할 때

ⓐ 회사 평사원에 대해 말할 때 : 김주하 씨는 우체국에 갔습니다.

ⓑ 회사 직급이 있는 사원에 대해 말할 때

• 듣는 이가 대상과 직급이 동일하거나 아래일 때 : 김 부장 우체국에 가셨습니다.

• 듣는 이가 대상에 비해 직급이 위일 때 : 김 부장 우체국에 갔습니다.

ⓒ 말하는 이보다 직급이 높은 이를 말할 때는 상대방의 직급에 관계없이 높여 부른다.

> **예** '김 부장님 우체국에 가셨습니다.'

ⓓ 거래처 사람을 거래처 사람에게 소개할 때 대상에 관계없이 높여 부른다.

⏲️POINT 상사의 존칭은 호칭에만 쓴다.

회장님실 연결됐습니다. 이사님(×) → 회장실 연결됐습니다. 이사님(○)

5. 실용한자

(1) 경조문

구분	내용
결혼식(結婚式)	축성전(祝盛典), 축성혼(祝聖婚), 축화혼(祝華婚), 축결혼(祝結婚), 하의(賀儀)
회갑연(回甲宴)	축희연(祝禧筵), 축수연(祝壽筵), 축회갑(祝回甲), 축의(祝儀)
축하(祝賀)	축영전(祝榮轉), 축입선(祝入選), 축당선(祝當選), 축발전(祝發展), 축우승(祝優勝)
사례(謝禮)	박사(薄謝), 비품(菲品), 박례(薄禮), 약례(略禮), 미충(微衷)
초상(初喪)	근조(謹弔), 부의(賻儀), 조의(弔儀), 향촉대(香燭代)
대소상(大小喪)	전의(奠儀), 향전(香奠), 비의(菲儀), 비품(菲品), 박의(薄儀)

① 결혼식(結婚式)
- ㉠ 祝盛典(축성전) : 하객들이 많이 모인 가운데 결혼식이 성대하게 이루어지기를 바라다.
- ㉡ 祝聖婚(축성혼) : 신랑, 신부의 성스러운 혼인을 기원하다.
- ㉢ 祝華婚(축화혼) : 華婚(화혼)은 결혼을 아름답게 이르는 말이다.
- ㉣ 賀儀(하의) : 경사스런 일에 예물이나 예의를 갖추어 축하하다.

② 회갑연(回甲宴) … 61세가 됨을 축하하기 위하여 베푸는 잔치로, 還甲筵(환갑연) 또는 華甲筵(화갑연)이라고도 한다.
- ㉠ 祝禧筵(축희연) : 복되고 길한 일이 만연하기를 기원하다.
- ㉡ 祝壽筵(축수연) : 회갑을 맞은 것을 축하하며 더욱 오래살기를 빌다.
- ㉢ 祝儀(축의) : 경사스런 날을 축하하다.

③ 축하(祝賀) … 상대방의 좋은 일을 기뻐하고 즐거워하며 인사의 뜻을 표하다.

④ 사례(謝禮) … 상대방에게 고마움이나 감사의 뜻을 표현하다.

⑤ 초상(初喪)
- ㉠ 謹弔(근조) : 삼가 조상하다. 죽음에 대하여 애도의 뜻을 표하다.
- ㉡ 賻儀(부의) : 초상난 집에 부조로 돈이나 물건을 보내다.
- ㉢ 弔儀(조의) : 죽음을 슬퍼하는 마음을 표현하다.

기출 2019. 5. 12. 비서 2급

다음 중 한자의 쓰임이 다른 하나는?

① 祝就任 ② 祝榮轉
③ 祝繁榮 ④ 祝進級

해설 ③은 '빌다'의 뜻으로, ①②④는 '축하하다'의 뜻으로 쓰였다.
① 축취임 : 취임을 축하하다
② 축영전 : 영전을 축하하다
③ 축번영 : 번영을 빌다
④ 축진급 : 진급을 축하하다

기출 2019. 11. 10. 비서 1급

다음의 보고서 내용 중 ㉠~㉣의 한자 연결이 올바른 것은?

┌─ 보기 ─
1. 4사분기 경영(㉠)실적 회의의 주요 정책(㉡) 사항
2. 아시아 법인(㉢) 실적 개선을 위한 분석(㉣) 내용

① ㉠經營 - ㉡政策 - ㉢法人 - ㉣分析
② ㉠經營 - ㉡定策 - ㉢法人 - ㉣分石
③ ㉠京營 - ㉡定策 - ㉢法印 - ㉣分石
④ ㉠京營 - ㉡政策 - ㉢法印 - ㉣分析

해설 ㉠ 經營 : 계획을 세워 사업을 해나감
㉡ 政策 : 국리민복을 증진하려고 하는 시정의 방법
㉢ 法人 : 자연인이 아니면서 법에 의하여 권리 능력이 부여되는 사단과 재단
㉣ 分析 : 얽혀 있거나 복잡한 것을 풀어서 개별적인 요소나 성질로 나눔

❮정답 ③, ①

기출PLUS

기출 2019. 5. 1. 비서 1급

다음 한자에 대한 설명이 잘못된 것은?

① 決濟 : 일을 처리하여 끝냄
② 決裁 : 상사가 부하가 제출한 안건을 검토하여 허가하거나 승인함
③ 榮轉 : 좋은 장소로 이전함
④ 華婚 : 다른 사람의 혼인을 아름답게 부르는 말

> 해설 ③ 榮轉(영전) : 전보다 더 좋은 자리나 직위로 옮김

기출 2019. 11. 10. 비서 2급

다음 중 한자가 바르게 연결된 것은?

① 영업(營業) – 무역(貿易) – 노사(勞使)
② 영업(繁榮) – 무역(物價) – 노사(勞動)
③ 영업(運營) – 무역(貿易) – 노사(勞動)
④ 영업(産業) – 무역(物價) – 노사(勞使)

> 해설 ㉠ 영업(營業) : 영리를 목적으로 하는 사업. 또는 그런 행위
> ㉡ 무역(貿易) : 지방과 지방 사이에 서로 물건을 사고팔거나 교환하는 일
> ㉢ 노사(勞使) : 노동자와 사용자를 아울러 이르는 말

◀ 정답 ③, ①

(2) 가족의 호칭

구분	자기		타인	
	산 사람	죽은 사람	산 사람	죽은 사람
아버지	가친(家親) 엄친(嚴親) 부주(父主)	선친(先親) 선고(先考) 선부군(先父君)	춘부장[春(椿)府丈] 춘장(椿丈) 춘당(椿堂)	선대인(先大人) 선고장(先考丈) 선장(先丈)
어머니	자친(慈親) 모주(母主) 가자(家慈)	선비(先妣) 선자(先慈)	자당(慈堂) 대부인(大夫人) 모당(母堂) 훤당(萱堂) 모부인(母夫人)	선대부인(先大夫人) 선부인(先夫人)
아들	가아(家兒) 가돈(家豚) 돈아(豚兒) 미돈(迷豚)		영랑(令郞) 영식(令息) 영윤(令胤)	
딸	여식(女息) 식비(息鄙)		영애(令愛) 영교(令嬌) 영양(令孃)	

POINT 그 밖의 주요 호칭
㉠ 남의 아내 : 영부인(令夫人), 영실(令室), 합부인(閤夫人)
㉡ 자기의 아내 : 처(妻), 내자(內子), 내당(內堂), 가인(家人)
㉢ 친하고 정다운 벗 : 대형(大兄), 인형(仁兄)
㉣ 남의 아우 : 계씨(季氏), 제씨(弟氏)
㉤ 남의 맏형 : 백씨(伯氏)
㉥ 손윗누이의 남편 : 자형(姉兄), 매형(妹兄), 자부(姉夫)

(3) 나이를 나타내는 말

명칭	연령	의미
지학(志學)	15세	학문에 뜻을 두는 나이
약관(弱冠)	20세	나이 스물을 뜻함
이립(而立)	30세	기초를 세우는 나이
불혹(不惑)	40세	사물의 이치를 터득하고 세상일에 흔들리지 않을 나이
상수(桑壽)	48세	상(桑)자를 십(十)이 네 개와 팔(八)이 하나인 글자로 파자(破字)하여 48세
지명(知命)	50세	천명(天命)을 아는 나이. 지천명(知天命)이라고도 함

이순(耳順)	60세	인생에 경륜이 쌓이고 사려와 판단이 성숙하여 남의 말을 받아들이는 나이
환갑(還甲)	61세	일(一) 갑자(甲子)가 돌아왔다고 해서 환갑 또는 회갑이라고 경축하여 華甲(화갑)이라고도 한다.
종심(從心)	70세	뜻대로 행하여도 도리에 어긋나지 않는 나이. 고희(古稀)라고도 한다.
희수(喜壽)	77세	희(喜)자를 칠(七)이 세번 겹쳤다고 해석
산수(傘壽)	80세	산(傘)자를 팔과 십의 파자(破字)로 해석
미수(米壽)	88세	미(米)자를 팔과 십과 팔의 파자(破字)로 해석
졸수(卒壽)	90세	졸(卒)자를 구와 십의 파자(破字)로 해석
망백(望百)	91세	91세가 되면 100살까지 살 것을 바라본다 하여 망백
백수(白壽)	99세	백자(百)에서 한일자를 빼면 흰백자(白)가 된다하여 99세로 봄
상수(上壽)	100세	사람의 수명 중 최상의 수명이란 뜻

(4) 시간

① 10간 … 갑(甲), 을(乙), 병(丙), 정(丁), 무(戊), 기(己), 경(庚), 신(辛), 임(壬), 계(癸)

② 12지

12지	띠	시간
자(子)	쥐	23 ~ 1시
축(丑)	소	1 ~ 3시
인(寅)	호랑이	3 ~ 5시
묘(卯)	토끼	5 ~ 7시
진(辰)	용	7 ~ 9시
사(巳)	뱀	9 ~ 11시
오(午)	말	11 ~ 13시
미(未)	양	13 ~ 15시
신(申)	원숭이	15 ~ 17시
유(酉)	닭	17 ~ 19시
술(戌)	개	19 ~ 21시
해(亥)	돼지	21 ~ 23시

section 2 상사 정보 관리

1. 상사신상카드 작성

(1) 상사신상카드 기재항목

① 상사의 이력(학력, 경력, 수상내역 등)

② 상사의 사번, 주민등록번호, 자동차면허증, 신용카드번호와 만기일, 병원진료카드번호, 각각의 만기일

③ 여권번호 및 비자 만기일, 마일리지 적립상황, 사내 보증보험 가입상황

④ 가족의 주민등록번호, 생년월일, 여권번호와 만기일

⑤ 상사의 인터넷 사이트 ID, 암호 관리체계

⑥ 사비용 혹은 업무용 통장번호 및 비밀번호

⑦ 긴급연락용 전화번호, 주소

⑧ 상사의 주요 기념일, 신체 사이즈(신장, 체중, 와이셔츠 크기, 허리 둘레, 신발 크기, 골프 장갑 크기 등)

(2) 작성방법

① 상사의 기본인적사항에 관련된 개인 정보를 신상카드에 작성하고 관리할 수 있다.

② 개인정보와 관련된 내용은 반드시 상사의 승인을 받고 기재한다.

③ 상사의 회사업무에 관련된 정보를 작성하고 변경사항이 생길 때마다 수정하여 최신의 상태로 관리한다.

④ 상사의 건강과 관련된 정보를 입수하여 정리한 후, 이에 따라 관련된 업무 수행 시 참고한다.

⑤ 상사신상카드 정보에 따라 상사의 공식, 비공식 모임, 가족모임에 관련된 업무를 상사의 요구대로 지원한다.

⑥ 기밀유지를 위해 남들이 잘 알지 못하는 곳에 보관하거나 암호화하여 보관하도록 한다.

2. 상사의 네트워크 관리

(1) 인적 네트워크 관리 업무의 개요

① 인적 네트워크 관리 업무의 중요성 … 인적 네트워크는 비즈니스 활동에 자산으로, 하루아침에 저절로 얻어지는 것이 아니므로 관리의 중요성이 강조된다. 비서는 상사가 효과적인 인적 네트워크를 관리할 수 있도록 보좌하는 역할을 한다.

② 인적 정보 관리 및 유의점
　㉠ 먼저 상사의 인적 관계를 파악한다.
　㉡ 상사와 공적·사적으로 관련된 인사에 대한 명단을 작성하여 명함, 주소록 등을 바탕으로 데이터베이스화해 두면 관리가 용이하다.
　㉢ 인적 정보는 상세히 작성하고, 부정확한 출처에서 나온 정보는 배제한다.
　㉣ 인적 정보 명단에 대해서는 기밀을 유지하고 공개되지 않도록 주의한다.
　㉤ 항상 최근의 정확한 정보로 갱신한다.

(2) 인적 정보 데이터베이스

① 인적 정보의 내용
　㉠ 인적 정보는 상사에게 중요한 인물에 대한 정보를 수집해 작성하며, 특별히 기억해야 하는 사항은 반드시 기록한다.
　㉡ 예를 들어 성명, 회사명, 직위, 전화번호(회사, 자택, 휴대폰, 수행 비서), 주소(회사, 자택), 출생지, 생년월일, 학력, 경력, 상사와의 관계, 가족 사항, 취미, 연구 및 저서, 인터뷰 기사, 대외 활동 등 수집 가능한 모든 자료가 포함될 수 있다.

② 내부 인사의 정보 … 상사의 윗사람, 동료 등의 생일, 기념일, 기타 주요 사항들을 정리하여 필요할 때 상사가 적절히 활용할 수 있도록 한다.

③ 상사의 모임 관리
　㉠ 비서는 상사가 참여하고 있는 각 모임의 이름과 구성원들의 이름, 소속, 연락처 등을 정리하여 관리한다.
　㉡ 상사가 새로 가입하는 모임에 대해 변동 사항을 주기적으로 갱신해야 한다.

기출PLUS

기출 2017. 11. 12. 비서 1급

다음 중 비서의 상사 신상정보관리 업무 수행 자세로 적절하지 않은 것은?

① 상사에 관한 신상정보는 예전 기록이나 예약 관련 서류 등을 통해 파악할 수 있는데, 출장관련 서류를 통해 여권 정보, 비자 및 항공사 마일리지 정보 등을 알 수 있다.
② 상사의 신상카드를 작성할 때 상사의 건강과 관련된 정보를 수집하여 정리하고, 식사 예약이나 간식 준비 시 참고한다.
③ 상사의 이력 사항은 업무에 참고할 뿐만 아니라 대내·외적인 필요에 의해 공개하거나 제출할 경우가 있는데, 이런 경우 비서는 상사의 이력서 내용을 외부에 공개하고 추후 상사에게 보고해야 한다.
④ 상사신상카드에는 상사의 사번, 주민등록번호, 운전면허증, 신용카드번호와 각각의 만기일, 여권번호, 비자 만기일, 가족 사항, 은행 계좌번호 같은 내용을 정리하며 기밀 유지를 위해 암호화하여 보관한다.

해설 ③ 상사의 이력 사항에 대해 외부에 공개해야 할 경우 상사에게 먼저 보고하여 공개 내용을 확인한 후 외부에 공개한다.

〈정답 ③

3. 상사의 개인정보 관리

(1) 개인정보

"개인정보"란 살아 있는 개인에 관한 정보로서 다음의 어느 하나에 해당하는 정보를 말한다.

① 성명, 주민등록번호 및 영상 등을 통하여 개인을 알아볼 수 있는 정보

② 해당 정보만으로는 특정 개인을 알아볼 수 없더라도 다른 정보와 쉽게 결합하여 알아볼 수 있는 정보

③ ① 또는 ②를 가명처리함으로써 원래의 상태로 복원하기 위한 추가 정보의 사용·결합 없이는 특정 개인을 알아볼 수 없는 정보

(2) 개인정보 보호 원칙

① 개인정보의 처리 목적을 명확하게 하여야 하고 그 목적에 필요한 범위에서 최소한의 개인정보만을 적법하고 정당하게 수집하여야 한다.

② 개인정보의 처리 목적에 필요한 범위에서 적합하게 개인정보를 처리하여야 하며, 그 목적 외의 용도로 활용하여서는 아니 된다.

③ 개인정보의 처리 목적에 필요한 범위에서 개인정보의 정확성, 완전성 및 최신성이 보장되도록 하여야 한다.

④ 개인정보의 처리 방법 및 종류 등에 따라 정보주체의 권리가 침해받을 가능성과 그 위험 정도를 고려하여 개인정보를 안전하게 관리하여야 한다.

⑤ 개인정보 처리방침 등 개인정보의 처리에 관한 사항을 공개하여야 하며, 열람청구권 등 정보주체의 권리를 보장하여야 한다.

⑥ 정보주체의 사생활 침해를 최소화하는 방법으로 개인정보를 처리하여야 한다.

4. 상사의 대외업무 관리(홍보 업무, 기사 작성 방법 등)

(1) 홍보업무

① PR의 의의

㉠ 개념 … PR의 주체(개인, 조직)가 그 객체(소비자, 종업원, 판매업자, 주주, 보도기관 등)로부터 신뢰관계, 선린관계를 조성하여 설득과정을 통해 지지·협조체계를 끌어들이는 계속적 관리활동을 말한다.

기출 2019. 11. 10. 비서 2급

상사의 인적사항을 정리한 파일을 관리하는 방법으로 가장 부적절한 것은?

① 파일은 암호화하고 별도의 폴더를 만들어 보관하여 보안관리에 힘썼다.
② 상사의 이력서를 제출해야 할 경우 원파일을 제공하여 상대방이 충분한 정보를 확인할 수 있도록 하였다.
③ 상사가 꽃가루 알레르기가 있다는 것을 알게 되어 사무실 환경 조성에 유의하였다.
④ 상사의 인적 네트워크를 관리하기 위해 명함, 동창 주소록 등과 인물정보 사이트의 자료를 수집해 데이터베이스를 구축하였다.

해설 ② 상사의 이력서를 제출해야 할 경우 원파일이 아닌 사본을 제공한다.

< 정답 ②

ⓛ **필요성** … 고객의 알권리 충족, 사내정책에의 반영, 공익성의 추구, 성실의 촉구, 기업과 고객 간의 불신 제거, 기업의 홍보, 기업이미지 제고, 마케팅 환경 변화 대응, 높은 비용 효율성 창출, 새로운 시장 창조

구분	PR	선전	광고
목적	주체와 객체 간의 쌍방적 이익증진, 상호 간에 협력을 이루려는 과정	선전주체의 일방적인 이익추구, 선전객체의 일방적 추종확보	상품판매
방법	진실의 홍보(이성에 호소)	정서에 호소	적당한 과장, 은폐, 왜곡
성질	글로벌고객 중심	현지고객 중심	주체이익과 객체이익도 증진
시간	장기적	단기적, 근시적	단기적, 근시적

PR · 선전 · 광고와의 구별

② **과정**
- ㉠ **정보투입과정** : 공청기능을 통하여 문제파악
- ㉡ **전환과정** : 수단의 입안과정, 정책결정과정
- ㉢ **정보산출과정** : 공보, 홍보기능을 수행하는 과정
- ㉣ **환류과정**

③ **기능**
- ㉠ **일반적 기능**
  - ⓐ **주지기능** : 기업의 시책 · 성과를 소비자에게 알림
  - ⓑ **방어기능** : 기업에 대한 비판적 사전적 중화기능을 담당
  - ⓒ **중개기능** : 소비자의 여론을 집약하는 기능
  - ⓓ **교육(계몽)기능** : 소비자의 가치관 · 행태 및 지적능력 향상
  - ⓔ **적응기능** : 급변하는 환경에 즉각 대응할 수 있게 하는 행태변화의 유도
- ㉡ **순기능과 역기능**
  - ⓐ **순기능** : 소비자의 지지 · 신뢰 · 동의 획득, 정보의 제공, 사원의 사기 제고, 기업에 대한 비판의 중화, 환경변화에 대한 적응성의 제고
  - ⓑ **역기능** : 조작적 성격, 선전적 성격

④ **문제점 및 개선방안**
- ㉠ **문제점** : 주민의 무관심, 임시방편적 · 즉흥적 · 단기적 소비자홍보, 지역적 조건, 특수성 무시, 전문성 결여, 기업의 비밀주의, 여론의 파악 경시, 쌍방적 의사소통 미비, 정부와 국민 간의 불신
- ㉡ **개선방안** : 장기적 · 지속적 홍보전략수립, 소비자의 성향 특수성을 감안한 PR, 기업공개 촉진, 쌍방적 의사소통 체제 정비, 왜곡된 보도 자료의 최소화

기출 2019. 5. 12. 비서 2급

다음 중 비서가 상사의 지시없이 할 수 있는 홍보업무와 가장 거리가 먼 것은?

① 상사와 관련된 기사를 정기적으로 검색하여 스크랩하고 보고한다.
② 사내에서 상사와 친밀도가 높은 임직원의 기념일을 정리하여 알려드린다.
③ 상사의 외부 강연 활동에 대한 내용을 정리하여 이력서와 함께 관리한다.
④ 상사의 개인 블로그를 매일 방문하여 새로운 댓글을 확인하여 알려드린다.

해설 비서의 홍보업무
㉠ 신문스크랩
㉡ 간행물(잡지) 스크랩
㉢ 사내의 시행문이나 공지사항(상사에게 필요한 것만 수집)
㉣ 상사가 가입해 있는 단체에서 발행하는 정기간행물의 파일링
㉤ 상사에게 보고 될 만한 가치가 있는 것은 핵심만 요약하여 알맞은 매체로 보고

‹ 정답 ④

⑤ PR 실천윤리

　　㉠ PR기업 영역 밖의 결과를 고객에게 보장하지 않는다.

　　㉡ 언론에 대해 목적에 대한 금품제공 및 향응 등 정도를 일탈하는 행위를 하지 않는다.

　　㉢ 경쟁사의 이미지를 손상시킬 수 있는 근거 없는 비판을 하지 않는다.

　　㉣ 광범위한 정보수집과 조사 분석을 통해 기업 PR을 실시해야 한다.

　　㉤ 자사 고객의 이익을 보호하며 타사 고객의 이익에 손상을 가하는 행위는 하지 않는다.

(2) 기사 장석 방법

① 신문기사의 형식

　　㉠ 신문기사에는 크게 맨 윗면에 제목이 있어야 한다.

　　㉡ 간명하고 함축적인 제목, 제목은 기사 중 많은 사람이 관심을 갖는 내용, 파급 영향이 큰 문제로 하되 품위 있는 어휘를 사용해 간결하게 달아야 한다.

　　㉢ 부제목을 다는 것도 좋다.

　　㉣ 제목 왼쪽에는 어떤 부문을 주제로 쓰는 것인지를 명시한다.

② 신문기사 작성법

　　㉠ 기사 작성의 기본 원칙

　　　ⓐ 쉬운 문장으로 짧게 쓴다.

　　　ⓑ 객관적이고 정확한 사실을 쓴다.

　　　ⓒ 기사의 주제, 흐름, 어휘, 단어의 반복, 어법, 맞춤법을 점검한다.

　　㉡ 기사 작성원칙

　　　ⓐ 표준어, 맞춤법, 띄어쓰기 규칙에 맞게 써야한다.

　　　ⓑ 전문 용어를 사용할 때는 해설을 달아준다.

　　　ⓒ 접속사의 사용을 줄인다.

　　　ⓓ 6하 원칙에 충실하되 상황에 따라 생략한다.

　　　ⓔ 문어체보다는 구어체로 작성한다.

　　　ⓕ 가장 중요한 정보가 앞부분에 와야 한다.

　　　ⓖ 첫 문장만 읽어도 전체의 내용이 한눈에 들어오도록 작성해야 한다.

section 3 총무

1. 회사 총무업무 이해

(1) 금융 업무에 필요한 상식

① 당좌거래
  ㉠ 일반적인 당좌계정거래의 자격과 요건
    ⓐ 신청인 본인 명의의 정기 예·적금, 가계우대정기적금, 적립식목적금전신탁, 일반불특정금전신탁, 개발신탁 및 노후생활연금신탁 등의 거래자
    • 최근 예금합계액이 3개월 이상 보유 시 개설보증금의 10배 해당액 이상인 자
    • 1개월 이상 보유 시 개설보증금의 50배 해당액 이상인 자
    • 10일 이상 보유 시 개설보증금의 150배 해당액 이상인 자
    ⓑ 신청인 본인 명의의 보통예금, 가계당좌예금, 저축예금, 기업자유예금, 가계 기업금전신탁 등의 거래자
    • 최근 3개월간의 예금합계액의 평균잔액이 개설보증금의 2배 해당액 이상인 자
    • 최근 1개월간의 예금합계액의 평균잔액이 개설보증금의 10배 해당액 이상인 자 또는 최근 10일간의 예금합계액의 평균잔액이 개설보증금의 30배 해당액 이상인 자
  ㉡ 당좌개설 신청인은 그 명의를 개인사업자인 경우는 본인명의로, 법인인 경우에는 대표자 또는 지배인으로 한다.
  ㉢ 당좌거래 개설 신청 시 필요한 서류

구분	구비서류
개인사업자	• 주민등록등본 및 사업자등록증 사본 • 개인신용정보조회회답서 • 법인거래와 같은 어음교환소의 확인증명원
법인사업자	• 법인등기부등본 및 사업자등록증 사본 • 법인, 법인의 대표자 및 과점주주에 대한 신용정보회답서 • 거래정지처분 중에 있지 않은 소재지 어음교환소의 확인증명원
개인 및 법인사업자 공통	• 당좌계정거래인감신고서 및 인감증명서 • 당좌계정거래인감신고 및 약관수취서 • 신용보증기금 등의 신용조사서 원본 또는 사본 • 금융거래정보 등의 제공동의서

② 당좌예금

   ⊙ 예금자가 거래은행과 당좌계정거래약정을 하고 현금의 보관 및 출납을 은행에 의뢰하는 요구불예금을 말한다.

   ⓛ 예금자는 언제든지 지급을 요구할 수 있고 지급요청 시에는 거래약정에 따라 반드시 어음이나 수표를 발행하도록 하고 있다.

   ⓒ 은행은 예금자의 출납을 대행하므로 예금자의 비용과 노력을 절약시켜 주며, 대금결제를 위한 자금의 보관이나 지급위탁을 주목적으로 한다.

③ 수표

   ⊙ 발행인이 정당한 소지인에게 일정한 금액을 지급할 것을 위탁하는 형식의 유가증권이다.

   ⓛ 제3자에게 일정한 금액의 지급을 위탁하는 유가증권이라는 점에서 인수 전의 환어음과 동일하다.

   ⓒ 지급수단으로서 안전성과 신속성을 도모하고 현금의 보관으로부터 생기는 위험을 피하기 위하여 생성된 것으로 기업 간의 거래에서는 물론 개인의 일상생활에서도 거의 현금의 대용물로서 널리 사용되고 있다.

   ⓔ 당좌수표

      ⓐ 수표 발행인이 거래은행과 당좌예금계약, 당좌차월계약 및 수표계약을 포함하는 당좌거래계약을 체결하고 은행에 있는 수표자금의 범위 내에서 발행하는 수표를 말한다.

      ⓑ 당좌수표는 당좌예금계좌를 가지고 있는 개인사업자 또는 법인이 은행에서 교부한 수표용지에 발행인이 필수적으로 기재해야 할 사항을 기재하여서 기명날인한 수표이다.

   ⓜ 가계수표

      ⓐ 개인의 일상생활에서 편리하게 이용하도록 하기 위한 취지에서 만들어진 개인당좌수표를 말하는 것으로 수표의 발행방법, 교환제도, 결제방법, 부도처리절차와 방법 등은 당좌수표와 별다른 차이가 없다.

      ⓑ 기업이 아닌 개인이 발행주체가 된다는 점에서 당좌수표와 다르다.

      ⓒ 은행이 발행 및 지급자가 되는 자기앞수표와 구별된다.

      ⓓ 가계수표의 발행

        • 가계수표는 개설자격에 있어서 제한을 두고 있으나, 당좌예금계좌의 개설 요건보다는 까다롭지 않다.

        • 가계당좌예금개설용 신용평가표에 의해 요건에 해당되는 경우 전 금융기관을 통해 1인 1계좌에 한하여 개설을 할 수 있다.

      ⓔ **가계수표를 발행할 때 수표용지에 기입해야 될 사항**: 지급금액(수표금액), 발행일, 발행인의 기명날인, 주민등록번호

ⓗ 수표의 종류
ⓐ 당좌수표
ⓑ 가계수표
ⓒ 자기앞수표
- 발행인과 지급인이 은행으로 되어 있는 수표이다.
- 자기앞수표는 100만 원, 50만 원, 30만 원, 10만 원권이 있다.
ⓓ 위탁수표 : 발행인이 타인의 계산으로 발행한 수표이다.
ⓔ 연수표(선일자수표)와 후일자수표 : 발행된 일자보다 후의 일자를 발행일자로 한 수표이다. 후일자 수표는 발행일자가 실제로 발행된 날 이전으로 기재된 수표이다.
ⓕ 우편대체수표 : 우편대체가입자가 지급을 하기 위하여 우체국을 지급인으로 하여 발행한 수표이다.
ⓖ 여행자수표 : 해외여행자가 현금의 휴대로 인한 분실도난 등의 위험을 피하기 위하여 여행지에서 여행지의 화폐로 이 수표와 상환하여 현금화할 수 있는 유가증권이다.
ⓗ 국고수표 : 정부의 각 중앙관서의 장이 임명한 지출관이 국고금을 지출하기 위하여 한국은행을 지급인으로 하여 발행한 수표이다.
ⓘ 횡선수표
- 횡선수표에는 일반횡선수표와 특정횡선수표가 있다.
- 일반횡선수표는 수표의 표면에 두 줄의 평행선을 그은 수표로 그 줄의 평행선 안에 아무 것도 기재하지 않거나 단순히 은행 또는 이와 동일한 의미가 있는 문자를 기재하는 것을 말한다.
- 특정횡선수표는 수표의 표면에 두 줄의 평행선을 그어서 그의 횡선 내에 특정한 은행의 명칭을 기재한 경우로 그 지정은행에 대해서만 지급이 가능한 수표이다.
ⓙ 백지수표 : 수표요건을 백지로 하여 기명날인 또는 서명된 미완성의 수표를 말한다.

④ 약속어음
㉠ 약속어음이란 어음 발행인이 만기에 일정한 금액을 수취인에게 지급할 것을 무조건적으로 약속하는 지급약속증권을 말한다.
㉡ 약속어음은 약속한 금액을 지급기일에 지급하지 않는 경우에는 그 발행인에 대하여 당좌거래 정지처분이라는 직접적인 규제가 가해진다.
㉢ 약속어음은 당좌예금계좌가 있을 경우에만 어음을 발행할 수 있다.
㉣ 약속어음 발행 시 기입해야 될 사항 : 수취인의 이름, 액면 금액, 지급기일, 지급지, 발행일, 발행지 또는 발행인의 주소, 발행인의 기명날인

ⓜ 약속어음의 교환
  ⓐ 거래은행에 어음을 제시하고 그 교환을 의뢰한다.
  ⓑ 어음 만기일까지 교환을 위해 기다려야 하는 경우 어음 분실 위험이 있으므로 수탁어음통장을 만들어 은행에 보관하는 것이 좋다.

ⓗ 어음의 종류
  ⓐ **상업어음** : 일반 상거래에서 거래의 지불수단으로 발행한 어음
  ⓑ **융통어음** : 자금을 필요로 하는 자에게 자기의 신용을 이용하여 자금을 융통할 수 있도록 하기 위하여 발행한 어음
  ⓒ **위탁어음** : 발행인이 타인의 계산으로 발행한 어음
  ⓓ **연기어음** : 이미 발행한 어음이 지급기일을 도래했으나 대금을 마련하지 못하여 지급기한을 연기할 목적으로 새로 발행하는 어음
  ⓔ **담보어음** : 현재의 채무 또는 장래 발생할지 모르는 채무이행을 담보하기 위하여 발행되는 어음
  ⓕ **표지어음** : 금융기관이 할인하여 보유하고 있는 상업어음과 무역어음을 분할 또는 통합하여 금융기관을 지급인으로 하여 새로운 어음으로 발행되는 약속어음
  ⓖ **부도어음** : 은행에 지급제시를 했을 때 지급거절을 당한 어음
  ⓗ **할인어음** : 어음의 만기 전에 현금화를 위하여 발행금액에서 일정액을 공제하고 할인받은 어음
  ⓘ **CP어음** : 현실적인 거래는 수반하지 아니하나 자금의 융통을 통해 자기의 신용으로 발행한 어음으로, 당장 융통자금의 필요에 의하여 거래처나 아는 사람에게서 어음을 발행받아 현금으로 전환하거나 결제를 하도록 하는 융통어음
  ⓙ **대부어음** : 은행은 단기 대출일 경우에는 은행을 수취인으로 하는 약속어음을 발행토록 하고 이를 담보로 대출을 할 수 있도록 하는 어음
  ⓚ **예금어음** : 은행으로부터 예금을 찾을 자가 현금을 받아 이를 다른 사람에게 교부하고자 할 때 이에 따르는 위험과 번잡을 피하기 위하여 이에 해당하는 금액의 증권을 수취하는 경우의 어음

⑤ 세금업무

㉠ 소득세와 법인세의 차이

내용	개인기업	법인기업
적용법률	「소득세법」	「법인세법」
과세기간	매년 1월 1일부터 12월 31일까지	정관에서 정하는 회계기간
과세범위	특정소득에 대해서는 종합과세를 하지 않고 원천징수만으로 분리과세한다.	분리과세가 인정되지 않는다.
외부감사제	적용 안 됨	적용됨
재무상태표공고	의무 없음	의무 있음

㉡ 일반적인 손금항목

ⓐ 대표자의 인건비 : 법인의 대표이사는 고용관계에 의하여 근로를 제공하므로 그 대가인 임원보수와 상여금을 손금에 산입하지만 개인기업의 대표는 사업의 경영주체로서 고용관계에 있지 아니하므로 급여를 지급받을 수 없다.

> **POINT** 손금산입 … 당해년도에 기업회계에서는 재무상 비용으로 처리되지 않았으나 세법상으로는 비용으로 인정되는 회계방법을 말한다.

ⓑ 퇴직급여충당금 설정 : 「법인세법」에 따라 1년 이상 근속한 모든 임직원에 대해 퇴직급여충당금을 설정할 수 있으며, 대표이사도 퇴직급여충당금의 대상이 될 수 있으나 개인기업의 대표는 소득세법상 퇴직급여충당금 설정 대상이 아니다.

ⓒ 대손충당금 설정대상 : 「법인세법」은 대손충당금 설정대상 채권을 소비대차계약에 의한 대여금과 미수금을 포함하고 있지만 소득세법은 사업과 관련된 채권만 대손충당금 설정대상으로 규정하고 있으므로 소비대차계약에 의한 대여금과 정상적인 사업거래에서 발생하지 않는 투자자산, 유형자산 처분미수금은 대손충당금을 설정할 수 없다.

㉢ 손금불산입항목

ⓐ 자본거래 등으로 인한 손비의 손금불산입

구분	비고
잉여금처분을 손비로 계산한 금액	잉여금처분으로 지급하는 일부금액은 손금인정함
주식할인발행차금	신주발행비를 포함함
건설이자의 배당금	실질배당과 성격이 같으므로 손금불산입함

ⓑ 여러 가지 세금과 공과금

구분	손금산입항목	손금불산입항목
조세	재산세, 종합부동산세, 자동차세, 주민세, 관세, 취득세, 증권거래세, 등록면허세, 지방소득세 종업원분, 지역지원시설세 등	법인세, 소득분 지방소득세, 농어촌특별세, 자산취득 관련 세금, 부가세, 개별소비세, 등록세, 환경세, 주세의 미납액, 증자 관련 등록 면허세
공과금	법령에 의해 의무적으로 납부하여야 하는 것	폐수배출부담금

ⓒ 벌과금 등의 손금불산입항목

구분	손금항목	손금불산입항목
취지	사계약상 문제	법령에 의한 제재목적으로 부과하는 것
대상	• 위약금 • 손해배상금 • 연체이자	• 가산세 및 가산금 • 교통위반 과태료 • 산재보험료의 가산금

> **POINT** 손금불산입 … 기업회계에서는 비용으로 인정되어도 세법에 따른 세무회계에서는 손금으로 처리하지 않는 회계방법이다.

ⓔ 손금불산입되는 인건비

　ⓐ 일반급여액 손금불산입액
　　• 합병·합자회사의 노무출자사원에게 지급하는 보수
　　• 비상근임원에게 직무에 비하여 과다하게 지급하는 보수
　　• 지배주주 및 그와 특수 관계자인 임·직원에게 정당한 사유 없이 동일 직위에 있는 지배주주 등이 아닌 임직원에게 지급한 금액을 초과하여 지급한 금액

　ⓑ 상여금 중 손금불산입액
　　• 이익처분에 의하여 지급하는 상여금(일부는 제외)
　　• 급여지급기준이 없는 상여금 전액과 임원상여금 한도초과액

　ⓒ 퇴직금 중 손금불산입액
　　• 임원퇴직급여는 일정금액을 한도로 손금에 산입한다.
　　• 사용인의 퇴직급여는 전액 손금산입한다.

ⓜ 접대비

　ⓐ 접대비로 보는 지출
　　• 접대비와 관련된 매출부가세와 매입세액 불공제액
　　• 약정에 의한 채권포기액 중 포기사유가 거래관계개선이 목적인 경우
　　• 사용인이 조직한 법인인 조합·단체에 지출한 복리시설비

　ⓑ 현물접대비의 평가 : 시가와 장부가액 중 큰 금액에 의해 평가
　ⓒ 접대비의 귀속시기 : 발생주의에 의하여 판단
　ⓓ 접대비 세무조정
　• 증빙불비 접대비 : 〈손금불산입〉 대표자 상여
　• 법정증빙서류 수취 접대비 중 지출건당 3만 원 초과(단, 경조사비는 10만 원) : 손금불산입
　• 접대비 한도초과액(접대비 해당액 – 접대비 한도액) : 〈손금불산입〉 기타 사외유출
　ⓔ 법정증빙서류 : 신용카드 매출전표, 직불카드영수증, 기명식선불카드영수증, 현금영수증을 말하며, 법인명의가 아닌 신용카드 사용액과 위장카드 가맹점에서의 신용카드 사용액은 법정증빙서류로 보지 아니한다.
　ⓑ 기부금
　　ⓐ 법정기부금
　　• 국방헌금 · 국군장병 위문금품
　　• 천재지변으로 생긴 이재민을 위한 구호금품의 가액
　　• 국가 · 지방자치단체에 무상으로 지출하는 금품의 가액
　　• 사립학교 · 비영리교육재단 등에 시설비 · 교육비 · 장학금 또는 연구비로 지출하는 기부금
　　ⓑ 특례기부금
　　• 문화예술진흥기금으로 출연하는 금액
　　• 사회복지공동모금회에 지출하는 기부금
　　• 종업원의 복지증진을 위하여 사내근로복지기금에 지출하는 기부금
　　• 독립기념관 · 한국교육방송공사 · 한국국제교류재단 등 특정 단체에 지출하는 기부금
　　• 국립암센터에 시설비 · 교육비 · 연구비 또는 장학금으로 지출하는 기부금
　　ⓒ 지정기부금
　　• 사회복지법인 등 지정기부단체 등에 고유목적사업비로 지출하는 기부금
　　• 불우이웃돕기를 위하여 지출하는 기부금
　　• 학교의 장이 추천하는 개인에게 교육비 · 연구비 또는 장학금으로 지출하는 기부금
　　ⓓ 비지정기부금 : 법정 · 특례 · 지정기부금 이외의 기부금
　　ⓔ 의제기부금 : 특수 관계가 없는 자에게 정당한 사유 없이 자산을 정상가액보다 낮은 가액으로 양도하거나, 정상가액보다 높은 가액으로 매입함으로써 실질적으로 증여한 것으로 인정되는 금액을 말한다.

⑥ 환율 및 환전

　㉠ 환율의 개념

　　ⓐ 환율은 자국화폐와 외국화폐의 교환비율을 말한다.

　　ⓑ 환율의 상승은 자국의 화폐가치가 하락하는 것을 의미한다.

　　　예 $1 = ₩1,000 → $1 = ₩1,200

　㉡ 환율의 결정

　　ⓐ 환율은 외화의 수요와 공급에 의해서 결정된다.

　　ⓑ 우리나라 환율제도는 1997년 외환위기 이후부터 변동환율제도를 채택하고 있다.

> **POINT** 디노미네이션(Denomination) … 경제규모가 커짐에 따라 인플레이션의 확대로 인해 화폐로 표현되는 숫자가 커지게 된다. 이러한 화폐의 액면단위를 10분의 1 혹은 100분의 1로 낮추는 것을 말한다.

　㉢ 환전

　　ⓐ 상사의 해외출장을 위한 환전의 필요 시 현지에서 사용할 최소한의 현금을 준비한다.

　　ⓑ 해외의 장기 출장이 계획된 때에는 여행자수표나 카드를 준비한다.

(2) 회계의 이해

① 재무제표의 이해

　㉠ 의의

　　ⓐ 기업의 경제적 상황과 활동을 나타낼 뿐 아니라 회사의 여러 이해관계자들에게 보고되어 그들의 경제적 의사결정을 위한 정보의 원천이 된다.

　　ⓑ 재무제표는 재무상태표, 포괄손익계산서, 현금흐름표, 자본변동표, 이익잉여금처분계산서 등으로 구성되어 있다.

　　ⓒ 재무제표에는 자산, 자본, 부채, 수익, 비용 등으로 구분되어 기업 전반의 경영상황을 나타낸다.

　㉡ 재무제표

　　ⓐ 재무상태표

　　　• 일정시점의 기업의 총 재산을 나타내는 재무제표이다.

　　　• 자산 = 부채 + 자본

　　ⓑ 포괄손익계산서

　　　• 일정기간 동안에 기업의 경영성과를 나타내는 재무제표이다.

　　　• 수익 = 비용 + 이익

　　ⓒ 자본변동표

　　　• 일정기간 동안에 기업의 자본변동의 관한 정보를 나타내는 재무제표이다.

　　　• 자본금, 자본잉여금, 자본조정, 기타포괄손익누계액, 이익잉여금의 각 항목별로 일목요연하게 정리되어 있다.

ⓓ 이익잉여금처분계산서 : 이월 이익잉여금의 변동사항을 나타내는 재무제표이다.

ⓔ **현금흐름표**
- 기업의 현금흐름을 나타내는 재무제표이다.
- 재무상태표 변동사항을 나타내는 재무제표이다.
- 이익잉여금은 재무상태표와 포괄손익계산서를 연결하는 역할을 한다.
- 이익잉여금 상의 흑자기업도 도산할 수 있는데 이를 흑자도산이라고 하며, 이는 현금의 부족으로 인해 발생한다. 현금의 과부족 등을 보여 주는 재무제표를 현금흐름표라고 한다.
- 현금흐름표는 영업활동으로 인한 현금흐름, 투자활동으로 인한 현금흐름, 재무활동으로 인한 현금흐름으로 구성된다.

② 기업의 결산보고

기준일	내용
결산일	• 재무제표작성 • 재무상태표 • 포괄손익계산서 • 자본변동표 • 현금흐름표 • 이익잉여금처분계산서 또는 결손금처리계산서
정기주주총회일로부터 6주전	• 영업보고서 작성 • 상기 재무제표와 영업보고서를 감사에게 제출
재무제표와 영업보고서를 받은 날로부터 4주간 내	감사보고서를 이사에게 제출
정기주주총회 1주간 전부터	재무제표와 영업보고서의 서류를 본점에 5년 간, 그 등본을 지점에 3년 간 비치
정기주주총회일	• 재무제표를 정기주주총회에 제출, 승인 • 영업보고서를 정기주주총회에 제출, 내용보고

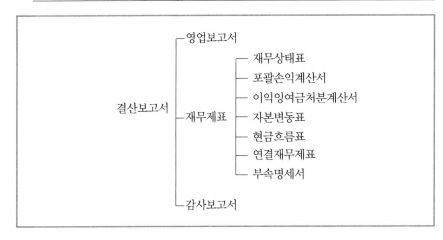

```
           ┌─ 영업보고서
           │              ┌─ 재무상태표
           │              ├─ 포괄손익계산서
           │              ├─ 이익잉여금처분계산서
 결산보고서 ─┼─ 재무제표 ──┼─ 자본변동표
           │              ├─ 현금흐름표
           │              ├─ 연결재무제표
           │              └─ 부속명세서
           └─ 감사보고서
```

③ 세금계산서

㉠ 「부가가치세법」상 과세사업자가 부가가치세를 거래징수하고 징수한 내용을 증명하기 위해 공급자가 교부하는 서류이다.

㉡ 세금계산서에 반드시 기재되어 있는지 확인해야 하는 사항

ⓐ 공급하는 사업자의 등록번호와 성명 또는 명칭

ⓑ 공급받는 자의 등록번호

ⓒ 공급가액과 부가가치세액

ⓓ 작성년월일

㉢ 세금계산서 교부의무 면제

ⓐ 택시 운송·노점·행상 기타 무인판매기를 이용하여 재화를 공급하는 사업을 하는 자가 공급하는 재화 또는 용역

ⓑ 소매업 또는 목욕·이발·미용업을 영위하는 자로서 간이과세자에 해당하는 사업자가 상대방이 세금계산서의 교부를 요구하지 아니하는 경우에 한하여 공급하는 재화 또는 용역

ⓒ 자가 공급·개인적 공급·사업상 증여 및 폐업시의 재고재화의 자가공급 등의 재화 또는 용역의 공급 다만, 총괄납부승인을 받지 아니한 사업자가 직매장 등 다른 사업장에 재화를 공급하는 경우는 제외한다.

ⓓ 부동산임대용역 중 제세금 또는 임대보증금에 대한 간주임대료

㉣ 세금계산서의 기능

ⓐ 거래의 상호대사 기능

ⓑ 부가가치세의 전가와 매입세액공제 기능

(3) 보험

① 국민연금

㉠ 우리나라에서 시행되고 있는 대표적인 사회보장제도는 국민들이 노령, 장애, 사망 등으로 소득활동을 할 수 없을 때 기본적인 생활이 가능하도록 연금을 지급하는 국민연금제도를 비롯하여 건강보험, 산재보험, 고용보험 등 사회보험과 생활보호, 의료보호 등 공적 부조, 그리고 사회복지서비스 등이 있다.

㉡ 1970년까지만 해도 구호사업 및 구빈정책 위주였던 우리나라의 사회보장제도는 1970년대 후반에 실시되었던 의료보험이나 1988년 실시된 국민연금제도로 인해 1980년대 이후부터 그 틀을 갖추기 시작했다고 볼 수 있다.

사회보장(광의)	
사회보장(협의)	관련제도
• 사회보험 : 연금보험, 건강보험, 산재보험, 고용(실업)보험 • 공적부조 : 생활보호, 의료보호, 재해보호 • 사회복지서비스(노인 · 부녀자 · 아동 · 장애자복지 등)	• 주택 및 생활환경, 지역사회개발, 공중보건 및 의료 • 영양, 교육, 인구 및 고용대책, 인구조절계획

ⓒ 국민연금은 국가가 보험의 원리를 도입하여 만든 사회보험의 일종으로 가입자, 사용자 및 국가로부터 일정액의 보험료를 받고 이를 재원으로 노령으로 인한 근로소득 상실을 보전하기 위한 노령연금, 주소득자의 사망에 따른 소득상실을 보전하기 위한 유족연금, 질병 또는 사고로 인한 장기근로능력 상실에 따른 소득상실을 보전하기 위한 장애연금 등을 지급함으로써 국민의 생활안정과 복지증진을 도모하는 사회보장제도의 하나이다.

ⓔ **가입유형**
ⓐ **사업장 가입자** : 국민연금에 가입된 사업장의 18세 이상 60세 미만의 사용자 및 근로자로서 국민연금에 가입된 자를 말한다. 1인 이상의 근로자를 사용하는 사업장 또는 주한외국기관으로서 1인 이상의 대한민국 국민인 근로자를 사용하는 사업장에서 근무하는 18세 이상 60세 미만의 사용자와 근로자는 당연히 사업장 가입자가 된다. 따라서 지역 가입자가 사업장에 취업하면 자동적으로 사업장 가입자가 되고 지역 가입자 자격은 상실된다.
ⓑ **지역 가입자** : 국내에 거주하는 18세 이상 60세 미만의 국민으로서 사업장 가입자가 아닌 사람은 당연히 지역 가입자가 된다. 다만, 다른 공적연금에서 퇴직연금(일시금), 장애연금을 받는 퇴직연금 등 수급권자, 「국민기초생활보장법」에 의한 수급자, 소득활동에 종사하지 않는 사업장 가입자 등의 배우자 및 보험료를 납부한 사실이 없고 소득활동에 종사하지 않는 27세 미만인 자는 지역 가입자가 될 수 없다.
ⓒ **임의 가입자** : 사업장 가입자와 지역 가입자가 될 수 없는 사람도 60세 이전에 본인의 희망에 의해 가입신청을 하면 임의가입자가 될 수 있다. 즉, 다른 공적연금에서 퇴직연금(일시금), 장애연금을 받는 퇴직연금 등 수급권자, 「국민기초생활보장법」에 의한 수급자, 소득활동에 종사하지 않는 사업장 가입자 등의 배우자 및 보험료를 납부한 사실이 없고 소득활동에 종사하지 않는 27세 미만인 자는 본인의 선택에 따라 임의 가입자가 될 수 있다.
ⓓ **임의계속 가입자** : 가입기간이 20년 미만인 가입자가 60세 도달로 국민연금 가입자 자격을 상실하였으나, 가입기간이 부족하여 연금을 받지 못하거나 가입기간을 연장하여 더 많은 연금을 받고자 할 경우 65세에 달할 때까지 신청에 의하여 임의계속 가입자가 될 수 있다.

ⓔ 외국인 가입자
- 우리나라에 합법적으로 체류하고 있는 외국인은 우리나라 국민과 동등하게 국민연금에 가입해야 한다. 즉, 18세 이상 60세 미만의 외국인이 국민연금에 가입된 사업장에 근무하면 사업장 가입자가 되며, 그 외의 외국인은 지역 가입자가 된다.
- 외국인 사업장 가입자 : 국민연금 적용사업장에 종사하는 18세 이상 60세 미만의 외국인인 사용자 또는 근로자
- 외국인 지역 가입자 : 국내에 거주하는 18세 이상 60세 미만의 외국인으로서 사업장 가입자가 아닌 자
- 적용제외 대상
- 연수생(연수취업은 적용대상), 유학생, 외교관 등 법령에 의해 국민연금 의무가입을 제외한 경우
- 국민연금과 같은 성격의 연금제도에 우리 국민을 의무적으로 가입시키지 않는 나라의 국민 : 해당 외국인의 본 국법이 국민연금법에 의한 "국민연금에 상응하는 연금(국민연금과 같은 성격의 연금제도로 사회경제적 위험분담형태의 소득보장제도)"에 관하여 대한민국 국민에게 적용되지 않는 경우
- 우리나라와 사회보장협정을 맺은 나라에서 우리나라로 파견된 근로자에 대해서 그 나라의 가입증명서를 제출할 경우

② 국민건강보험
　㉠ 국민건강보험은 지역 가입자와 직장 가입자로 나뉜다.
　㉡ 사업장의 건강보험 가입
　　ⓐ 적용대상
- 상시 1인 이상의 근로자를 사용하는 사업장에 고용된 근로자와 그 사용자
- 근로자 없는 사업장은 적용대상이 아님
- 적용제외 사업장
- 소재지가 일정하지 않은 사업장
- 근로자가 없이 대표자만 있는 개인사업장
　　ⓑ 사업장 신규가입 시 구비서류
- 사업장(기관)적용 통보서 1부
- 직장 가입자 자격취득신고서(신규 가입자인 경우)
- 직장 가입자(근무처, 근무내역), 변동통보서(전입자인 경우)
　　ⓒ 적용일
- 사업장의 신고일이 사용자와 근로자 간 고용관계 성립일이 속한 월인 경우 : 사용자와 근로자간 고용관계 성립일
- 사업장의 신고일이 사용자와 근로자 간 고용관계가 성립일 익월 이후인 경우 : 신고월의 1일, 단 사용자와 근로자 간 고용관계 성립일로 건강보험 적용 요청시 사업자등록증, 임금대장, 원천징수이행상황신고서, 근로계약서, 갑근세 영수증 등 객관적인 자료를 확인(출장 등) 후 처리

ⓓ 피부양자 대상

- 직장 가입자에 의하여 주로 생계를 유지하는 자

−직장 가입자의 배우자, 직계존속(배우자의 직계존속 포함), 직계비속(배우자의 직계비속 포함) 및 그 배우자, 형제자매

−부양요건에 충족하는 자

- 보수 또는 소득이 없는 자

−사업자등록이 되어 있지 않는 자로서 소득세법의 규정에 의한 종합소득 중 사업소득과 부동산임대소득의 연간 합계액이 500만 원 이하인 자

−「장애인복지법」에 의하여 등록된 장애인, 「국가유공자예우 및 지원에 관한 법률」에 따른 국가유공자 또는 동법 제 73 조에 규정된 북한귀순상이자로서 소득의 규정에 의한 종합소득 중 사업자등록 여부와 상관없이 사업소득과 부동산임대소득의 연간 합계액이 500만 원 이하인 자

−사업자등록이 되어 있는 자로서 소득세의 규정에 의한 종합소득 중 사업소득 및 부동산 임대소득이 없는 자

−피부양자로 되고자 하는 자가 기혼자인 경우 부부 모두 상기 규정을 충족하여야 한다.

−상기 규정에도 불구하고 소유가옥재건축에 따른 종합소득, 폐업으로 인한 사업 중단 등 관계자료에 의하여 소득이 발생하지 않는 자임을 국민건강보험공단(이하 "공단"이라 한다)이 인정한 자는 상기 규정에 의한 소득요건을 충족한 것으로 본다.

③ 고용보험

ⓗ **목적**: 고용보험의 시행을 통하여 실업의 예방, 고용의 촉진 및 근로자의 직업능력의 개발과 향상을 꾀하고, 국가의 직업지도와 직업소개 기능을 강화하며, 근로자가 실업한 경우 생활에 필요한 급여를 실시하여 근로자의 생활안정과 구직활동을 촉진함으로써 경제·사회 발전에 이바지하는 것을 목적으로 한다.

ⓛ **고용보험사업**

ⓐ 고용보험의 목적을 이루기 위하여 고용보험사업으로 고용안정·직업능력개발사업, 실업급여, 육아휴직급여 및 산전후휴가급여 등을 실시한다.

ⓑ 보험사업의 보험연도는 정부의 회계연도에 따른다.

ⓒ **고용보험 적용제외 근로자**: 다음에 해당하는 근로자에게는 이 법을 적용하지 아니한다. 다만, 65세 이상인 근로자에 대한 고용안정·직업능력개발사업에 관하여는 그러하지 아니하다.

ⓐ 65세 이상인 자

ⓑ 소정(소정)근로시간이 대통령령으로 정하는 시간 미만인 자

ⓒ 「국가공무원법」과 「지방공무원법」에 따른 공무원

ⓓ 「사립학교교직원 연금법」의 적용을 받는 자

ⓔ 고용보험제도의 기본구조

구분	내용
고용안정사업	실업의 예방, 재취업촉진 및 노동시장 취약계층의 고용촉진
직업능력개발사업	근로자의 생애능력개발체재 지원
실업급여	실직자의 생계지원 및 재취업촉진

ⓜ 고용보험사업체계

  ⓐ **고용안정사업** : 근로자를 감원하지 않고 고용을 유지하거나 실직자를 채용하여 고용을 늘리는 사업주에게 비용의 일부를 지원하여 고용안정을 유지할 수 있게 도와준다.

  ⓑ **직업능력개발사업** : 사업주가 근로자에게 직업훈련을 실시하거나 근로자가 자기개발을 위해 훈련을 받을 경우 사업주·근로자에게 일정 비용을 지원해 준다.

  ⓒ **실업급여사업** : 근로자가 실직하였을 경우 일정기간 동안 실직자와 그 가족의 생활안정 그리고 원활한 구직활동을 위하여 실업급여를 준다.

④ **산업재해보상보험**

  ㉠ **목적** : 산업재해보상보험사업을 시행하여 근로자의 업무상의 재해를 신속하고 공정하게 보상하며, 재해근로자의 재활 및 사회 복귀를 촉진하기 위하여 이에 필요한 보험시설을 설치·운영하고, 재해 예방과 그 밖에 근로자의 복지 증진을 위한 사업을 시행하여 근로자 보호에 이바지하는 것을 목적으로 한다.

  ㉡ 「산업재해보상보험법」상 업무상 재해를 당한 자는 보험을 탈 수 있다.

  ㉢ **산업재해보상보험의 특성**

    ⓐ 근로자의 업무상의 재해에 대하여 사용자에게는 고의·과실의 유무를 불문하는 무과실 책임주의이다.

    ⓑ 보험 사업에 소요되는 재원인 보험료는 원칙적으로 사업주가 전액 부담한다.

    ⓒ 산재보험급여는 재해발생에 따른 손해 전체를 보상하는 것이 아니라 평균임금을 기초로 하는 정률보상방식으로 행한다.

    ⓓ 자진신고 및 자진납부를 원칙으로 하고 있다.

    ⓔ 재해보상과 관련되는 이의신청을 신속하게 하기 위해서 심사 및 재심사청구제도를 운영한다.

2. 경비처리

(1) 경비처리 업무

① 사전 품의

② 사후 정산

③ 신용카드 사용건

④ 경조사 비용

⑤ 세금계산서

⑥ 현금사용 등

(2) 재무 관리자로서의 역할

① 물품 구입 및 대금에 대한 영수증을 준비하고 비용 관련 서류를 컴퓨터로 작성한다.

② 재정에 관련된 정보를 관리하며, 재무제표를 번역한다.

③ 예산과 관련하여 현재의 집행 상황을 부서의 다른 직원들에게 알려주어 조정한다.

3. 경조사 업무

(1) 경조사 업무처리

① 정확한 정보인가를 반드시 확인한다.

② 시기를 놓치지 않는다.

③ 형식을 갖춘다.

(2) 경사의 처리

① 경사 … 승진, 취임, 자녀의 결혼, 부모님 회갑, 회사 설립, 출판 기념회, 전시회, 음악회, 다양한 가족 행사 등

② 상사와 친분이 있는 사람들의 경사 소식을 듣게 되면 상사에게 보고를 한 후 지시를 받는다.

기출PLUS

기출 2019. 5. 12. 비서 1급

상사가 출장 중일 때 주요한 거래처의 결혼식이 있다. 이 때 비서의 가장 올바른 업무처리는?

① 출장 후 상사가 직접 연락하도록 결혼식 알림 내용을 보관해 둔다.

② 결혼식 일자가 상사 출장 일정과 겹친 경우이므로 그냥 지나가도 무방하다.

③ 대리 참석할 사람을 미리 알아보아 상사에게 보고한다.

④ 상사에게 축의금, 화환 등을 보낼지, 대리인을 보낼지 등을 문의한 후 처리한다.

해설 ④ 상사와 친분이 있는 사람들의 경사 소식을 듣게 되면 상사에게 보고를 한 후 지시를 받는다.

＜정답 ④

기출PLUS

기출 2019. 11. 10. 비서 1급

다음 중 경조사 업무를 처리하는 비서의 태도로 가장 바람직하지 않은 것은?

① 경조사가 발생하면 화환이나 부조금을 준비하는 데 회사의 경조 규정을 참고한다.
② 신문의 인물 동정 관련 기사를 매일 빠짐없이 확인하고, 사내 게시판 등에 올라오는 경조사도 확인한다.
③ 경조사가 발생했을 경우에는 시기가 중요하므로 비서가 먼저 처리한 후 추후 상사에게 보고한다.
④ 평소 화원이나 꽃집을 한두 곳 선정해두고 경조사 발생 시 전화나 인터넷을 통하여 주문한다.

> 해설 ③ 경조사가 발생했을 경우에는 상사에게 즉시 보고한 후 필요한 조처를 취한다.

기출 2019. 11. 10. 비서 2급

다음 중 조문예절에 대한 설명으로 가장 부적절한 것은?

① 조문 시 복장은 가급적 정장을 하며 화려한 색깔이나 요란한 무늬의 옷은 피한다.
② 조문 절차는 조객록에 서명 후 호상에게 자기 신분을 설명하고 조문하는 순서로 한다.
③ 분향 후 불을 끌 때는 입으로 불어서 조용히 끄도록 한다.
④ 영정에 대한 분향 재배를 마치면 한 걸음 물러나와 상제와 맞절을 하고, 조문 인사를 한다.

> 해설 ③ 분향 후 불을 끌 때는 왼손으로 살살 바람을 내어 불을 꺼야 한다.

◀ 정답 ③, ③

③ 행사의 성격이나 평소 상사와의 친분관계에 따라 상사가 직접 참석하거나 비서가 대리로 참석하거나 축하품 또는 축전을 보내게 된다.

④ 결혼식 축의금은 되도록 깨끗한 돈을 준비하여 흰 종이에 싸고 단자를 써서 봉투에 넣는다. 이 때 봉투는 봉하지 않는다.

(3) 조사의 처리

① 상사의 지인, 자사나 거래처 혹은 상사가 관련된 모임이나 단체관계자의 사망이나 사고 소식을 들으면 다음 사항을 확인하고 상사에게 보고한 후 지시에 따라 처리한다.
 ㉠ 사망 또는 사고일시, 사인(死因)
 ㉡ 조문장소
 ㉢ 장례형식
 ㉣ 발인 시각, 장지(葬地)
 ㉤ 상주 성명, 주소, 전화번호

② 조문시 복장은 가급적 정장을 하되 화려한 색깔이나 요란한 무늬의 옷은 피한다. 정장을 하지 못할 상황이면 단정한 느낌의 수수하고 깨끗한 평상복을 입는다.

③ 비서가 상사를 대신하여 조문을 가게 되었을 때 조문 절차는 다음과 같다.
 ㉠ 조객록에 상사의 소속과 이름을 적은 후 호상에게 상사를 대신해 왔음을 알린다.
 ㉡ 상주에게 가볍게 목례를 하고 영정 앞에 무릎을 꿇고 앉는다.
 ㉢ 분향이나 헌화를 한다. 분향을 할 때는 오른손으로 향을 집어 향로 위에 놓는데 이 때 왼손으로 오른 손목을 바친다.
 ㉣ 영좌 앞에 일어서서 잠깐 묵념 또는 두 번 절한다.
 ㉤ 영좌에서 물러나 상주와 맞절을 한다. 종교에 따라 절을 하지 않는 경우는 정중히 고개를 숙여 예를 표해도 된다.
 ㉥ 상주에게 낮은 목소리로 짧게 위로의 말을 하되 고인과 관련된 질문을 많이 하는 것은 좋지 않다.
 ㉦ 문상이 끝나고 물러나올 때에는 두세 걸음 뒤로 물러난 뒤, 몸을 돌려 나오는 것이 예의이다.

(4) 경조사에 필요한 기본 한자

경조사	사용 문구
혼인	祝婚姻, 祝儀, 賀儀, 祝華燭, 祝盛典, 慶賀婚姻, 琴瑟友之, 鐘鼓樂之, 鸞鳳和鳴, 天作之合
문상	賻儀, 奠儀, 謹弔, 哲人其萎, 千秋永訣, 弔儀
신연하례	賀正, 謹賀新年, 謹賀新正, 祝元旦, 祝正旦, 恭賀新禧
입학 · 졸업	祝入學, 祝卒業, 祝螢雪之功
문병	祝回復, 祝快癒, 祝快差, 祝快常
정년퇴직	(頌)祝致仕, 謹慰勞功, 桑榆佳景, 國之老成, 善人必壽, 頌功
수연례	61세(回甲宴) : 謹賀回甲宴, 壽儀, 祝壽宴, 祝禧筵 66세(美壽宴) : 謹賀美壽宴 70세(古稀, 稀壽) : 謹賀古稀宴
개업	祝開業
당선	祝當選
준공	祝竣工
우승	祝優勝

---

section 4 사무환경 및 비품관리

1. 사무용품 및 비품 용어

(1) 사무용품

① 책상 · 의자 … 책상 위는 항상 가지런히 정돈하고, 의자를 바르게 놓는다.

② 결재 서류 … 결재된 서류와 미결재 서류가 뒤섞여 있는지 확인한다.

③ 사무기기 … 컴퓨터, 프린터 등의 사무기기가 바른 위치에 있고 제대로 작동하는지 확인한다.

④ 커튼 · 블라인드 … 청결과 작동상태를 확인하며, 채광에 따라 너무 밝거나 어둡지 않게 조절한다.

⑤ 휴지통 … 사용하기 편리하며 가능한 한 눈에 뜨이지 않는 곳에 배치하고 청결하게 관리한다.

기출PLUS

기출 2020. 5. 10. 비서 1급

다음 중 경조사 종류에 해당하는 한자어가 잘못 연결된 것은?

① 결혼 : 祝結婚, 祝華婚, 祝聖婚

② 문병 : 賻儀, 謹弔, 弔意

③ 축하 : 祝就任, 祝昇進, 祝榮轉

④ 개업, 창업 : 祝開業, 祝開館, 祝創立

해설 ② 賻儀(부의) : 상가(喪家)에 부조로 보내는 돈이나 물품 또는 그런 일
謹弔(근조) : 사람의 죽음에 대하여 삼가 슬픈 마음을 나타냄
弔意(조의) : 남의 죽음을 슬퍼하는 뜻

〈 정답 ②

⑥ 달력 … 바른 날짜에 펼쳐져 있는지 확인한다.

⑦ 시계 … 정확한 시각을 가리키는지 확인한다.

⑧ 전화기 … 수화기가 제대로 놓여 있는지 확인하고, 코드의 꼬임이 없는지를 살핀다.

⑨ 조명 … 어둡거나 깜박이면 교체한다.

(2) 비품

매일 사용하는 소모 비품은 떨어지지 않게 충분히 준비한다.

① 프린터 용지와 토너 … 수시로 확인해 떨어지지 않게 한다.

② 필기구 … 볼펜 · 만년필 등이 잘 써지는지 자주 확인하고 상사가 연필을 사용할 경우 항상 서너 자루쯤 깎아서 준비해 둔다.

③ Date stamp … 매일 아침 제날짜로 바꿔 놓는다.

④ 인주 … 수시로 면을 고르게 손질하고 스탬프의 잉크를 보충한다.

⑤ 클립 · 핀 … 쓰기 쉽게 용기에 잘 정돈해 둔다.

⑥ 휴대폰 배터리 … 항상 여유분을 충전해 둔다.

2. 사무환경 관리(상사실, 회의실, 비서실, 탕비실 등)

(1) 사무환경 관리

① 사무원의 건강보호와 사무능률의 향상을 위한 쾌적한 사무환경 조성에 필요한 여러 요소를 관리하는 것을 의미한다.

② 사무원이 쾌적한 환경에서 집무함으로써 사무능률을 최대한 발휘할 수 있도록 적절한 작업환경을 정비하고 유지한다는 것은 매우 중요하다.

(2) 상사실

① 상사의 집무실은 항상 도난 및 보안에 주의를 기울여야 한다.

② 중요한 서류는 잠글 수 있는 서류함과 캐비닛에 보관하며, 방을 비울 때는 믿을 수 있는 사람에게 관리를 부탁한다.

③ 상사가 출근하기 전에 청소를 마치고, 휴지통을 비울 때에는 다시 한 번 버려서 안 될 것이 있는지 확인한다.

④ 퇴근 시에는 팩스 등 꼭 켜 두어야 하는 기기를 제외한 모든 기기의 전원을 끈다.

(3) 접견실

① 접견실은 상사가 내방객을 맞이하는 곳으로 항상 청결히 관리해야 한다.

② 테이블 등 가구는 이용에 지장이 없도록 관리하고 의자의 커버나 테이블보는 자주 세탁한다.

③ 그림이나 장식물에 먼지가 쌓이지 않도록 유지한다.

④ 자주 환기하여 실내 공기를 깨끗하게 유지한다.

⑤ 신문, 잡지 등은 최신의 것으로 갖추고 잘 정리한다.

(4) 비서실

비서실의 관리에서 가장 중요한 점은 청결과 보안이다. 항상 정돈된 모습으로 관리해야 하며 내방객이 출입하는 공간이므로 컴퓨터 모니터 화면, 서류 등이 외부에 노출되지 않도록 주의한다.

(5) 탕비실

탕비실은 다과를 준비하는 곳이므로 항상 깨끗이 관리한다. 차와 음료 등 평소 자주 사용하는 물건들은 찾기 쉬운 곳에 정리해 두고, 떨어지지 않게 한다.

3. 사무비품 관리

(1) 비품 관리 방법

① 비서는 상사의 집무실과 비서실, 탕비실 등에서 쓰이는 사무용품과 비품 등이 떨어지기 전에 구비하도록 한다.

② 비품을 구매하거나 관리할 때는 항상 절약하는 습관을 가진다.

③ 자주 쓰는 비품을 가까운 서랍에 정리하고 서랍 번호를 붙여 사용 대장을 작성하면 관리가 편리하다.

(2) 기타 사무용 기기 및 비품 관리 시 유의할 점

① 사무기기나 비품들은 따로 대장을 만들어 구입일, 기종, 수량, 수리 내용 등을 기록해 둔다.

② 항상 제자리에 있는지 확인하고 그렇지 않을 경우 바로 정리한다.

③ 고장이 나면 즉시 관계 부서에 연락하여 수리하거나 수리가 불가능할 경우 새로 구비하도록 한다.

④ 캐비닛, 금고 등 중요한 열쇠를 도난이나 분실하지 않도록 철저히 관리한다.

⑤ 화재 예방에 유의하고 소화기 사용법이나 비상 전화의 취급 방법 등을 숙지한다.

(3) 상사 집무실 비품 관리

상사가 자주 사용하는 문구류, 메모지, 명함첩, 결재함 등의 비품을 정해진 위치에 정리해 두고 사용하기 편하도록 유지한다.

4. 간행물 관리

(1) 구매 및 갱신

비서는 상사가 구독하는 신문, 잡지 등의 간행물을 구독 신청하고 갱신 등의 업무를 한다.

(2) 간행물 관리 시 유의사항

① 간행물을 신청하거나 갱신할 때는 상사의 결재를 받은 후 진행한다.

② 해외 발행 잡지의 경우 구독 갱신을 미리 신청해야 할 수 있으므로 기간이 만료되기 전에 확인한다.

③ 해외 발행 잡지의 이름을 혼동하지 않도록 주의한다.

2020년 11월 8일 비서 1급

1 아래는 전문 분야에서 일하고 있는 비서들의 경력개발 사례이다. 가장 적절한 것은?

① A : A씨는 국제기구의 사무총장 비서이다. 다음 달에 상사가 국제회의에 참석하셔야 하므로 이에 대비해 해당 국가에 가서 연수를 받고자 급하게 한 달간의 단기 연수 교육신청을 하였다.

② B : B씨는 종합병원 원장 비서이다. 병원 조직의 효율적인 관리와 의사결정을 위해 의료 서비스 관련법과 행정매뉴얼을 숙지하려고 노력하고 있다.

③ C : C씨는 대형 로펌의 법률 비서이다. 법률상담 업무를 능숙하게 하기 위해 법률관련 문서와 판례를 평소에 꾸준하게 읽고 있다.

④ D : D씨는 벤처기업 사장 비서이다. 상사의 투자자를 찾아내고 섭외하는 업무를 보좌하기 위해 투자 관련 용어를 학습하고 있다.

Point

①②③은 상사가 해야 할 업무이다. 비서는 상사가 업무에 전념할 수 있도록 전문적으로 보좌하는 역할을 해야 한다. 따라서 상사의 업무를 보좌하기 위해 필요한 선에서 자신의 능력을 개발하는 것이 적절하다.

2020년 11월 8일 비서 1급

2 다음 중 회의 용어를 올바르게 사용하지 못한 것은?

① "이번 회의는 정족수 부족으로 회의가 성원 되지 못했습니다."

② "김영희 부장이 동의(動議)를 해 주셔서 이번 발의를 채택하도록 하겠습니다."

③ "동의를 얻은 의안에 대해 개의해 주실 분 있으신가요?"

④ "이번 안건에 대해 표결(表決)을 어떤 식으로 할까요?"

Point

② 動議 → 同意 : '의사나 의견을 같이함'을 의미할 때에는 同意(같을 동, 뜻 의)로 쓴다.

Answer 1.④ 2.②

3 김 비서의 회사는 현재 비전 컨설팅에 조직개발에 관해 컨설팅 의뢰를 해 둔 상태이다. 다음 대화 중 사장 비서인 김 비서(A)의 전화응대 태도로 가장 적절한 것은?

① A : 안녕하십니까? 상공물산 대표실입니다.

B : 비전 컨설팅 김태호 대표입니다. 사장님 자리에 계십니까?

A : <u>무슨 용건이신지요?</u>

② A : 안녕하십니까? 상공물산 대표실입니다.

B : 비전 컨설팅입니다. 김태호 대표님께서 사장님과 통화를 원하시는데 사장님 계십니까?

A : <u>제가 먼저 연결하겠습니다.</u>

③ A : 안녕하십니까? 상공물산 대표실입니다.

B : 비전 컨설팅 김태호 대표입니다. 사장님 계십니까?

A : <u>지금 외출 중이십니다. 사장님 돌아오시면 연락드리겠습니다.</u>

④ A : 안녕하십니까? 상공물산입니다.

B : 비전 컨설팅 김태호 대표입니다. 사장님 계신가요?

A : <u>사장님은 통화중이십니다. 잠시만 기다리시겠습니까? 아니면 사장님 통화 마치시면 저희가 전화드릴까요?</u>

B : 기다리겠습니다.

> 📢 **Point**
> ① 김 비서의 회사는 이미 상대방의 회사에 컨설팅 의뢰를 해 둔 상태이므로 용건에 대해 묻는 것은 적절하지 않다.
> ② 상사에게 확인 후 상대방 비서에게 먼저 연결해 줄 것을 요청하는 것이 바람직하다.
> ③ 상사가 부재중일 경우 급한 용무인지, 남길 메모가 있는지 등을 묻고, 상사에게 보고 후 지시에 따르도록 한다.

Answer 3.④

2020년 11월 8일 비서 1급

4 다음은 비서의 내방객 응대에 관한 대화이다. 가장 부적절한 것은?

(약속된 내방객이 들어선다.)

비서 : <u>안녕하세요. 10시에 약속하신 통일위원회 김영호 위원장님이시죠?</u> …… ㉠

김 위원장 : 네, 그렇습니다.

비서 : <u>원장님께서 기다리고 계십니다. 이쪽에 앉아 잠시만 기다려 주십시오.</u> …… ㉡

김 위원장 : 네.

비서 : <u>위원장님, 원장님께 어떠한 용건이라고 말씀드릴까요?</u> …… ㉢

김 위원장 : 직접 뵙고 말씀드릴 겁니다.

(원장님께 김 위원장님이 도착하셨음을 알린다.)

비서 : <u>위원장님, 기다려 주셔서 감사합니다. 이쪽으로 모시겠습니다.</u> …… ㉣

(좌석을 안내한다.)

비서 : 차는 녹차와 커피가 있습니다. 어느 것으로 올릴까요?

---

① ㉠

② ㉡

③ ㉢

④ ㉣

③ 선약이 된 내방객이므로 용건을 물어 전달할 필요는 없다.

2020년 11월 8일 비서 1급

5 사무실에 자주 내방하시던 상사의 오랜 지인이 어느 날 강 비서에게 늘 도와줘서 감사하다며 함께 점심 식사를 하자고 하신다. 이에 대처하는 강 비서의 태도로 가장 바람직한 것을 고르시오.

① 감사하지만 다른 일정으로 참석이 어려움을 밝힌다. 이후 상사에게는 관련 사실을 보고한다.

② 상사 지인에게 단호하게 거절하며 불쾌함을 분명히 표현한다.

③ 사내 여사원 온라인 게시판에 익명으로 관련 내용을 문의한다.

④ 평소에 잘 알고 지내온 터라 편한 마음으로 식사를 함께 하며 상사에게는 특별히 언급하지 않는다.

Point

① 상사의 지인과 사적인 식사 자리를 갖는 것은 바람직하지 못하다. 말씀만으로도 감사하지만 다른 일정으로 참석이 어려움을 밝히고, 이후 상사에게 해당 내용을 보고하도록 한다.

Answer 4.③ 5.①

2020년 11월 8일 비서 1급

6 다음 중 상사의 교통편을 예약할 시, 가장 적절한 업무 태도는?

① 해외 항공권 예약 시에는 e-티켓으로 예약 확인하고 한 번 더 예약확인서를 문자로 요청하였다.

② 성수기로 항공권 예약이 어려울 것을 예측하여 우선 비서의 이름과 여권번호로 항공권 예약을 해서 좌석을 확보해 둔다.

③ 상사가 선호하는 항공편의 좌석이 없을 때는 일단 다른 비행기를 예약하고, 상사가 원하는 항공편의 좌석이 나왔는지 수시로 확인한다.

④ 상사가 동행인이나 관계자가 있는 경우, 상대방의 형편도 고려하여 출발시간을 잡아 예약한다.

📢 Point
① 예약확인서는 보통 이메일로 발급한다.
② 상사에게 보고 후 상사의 이름과 여권번호로 항공권 예약을 해서 좌석을 확보해 둔다.
③ 상사가 선호하는 항공편의 좌석이 없을 경우 다른 항공권을 예약하고 선호하는 항공편의 대기자 명단에 상사의 이름을 올려 두어 좌석이 나왔을 때 예약할 수 있도록 한다.

2020년 11월 8일 비서 1급

7 회사 50주년을 축하하는 기념식 행사를 준비하는 비서가 행사장의 좌석배치 계획을 수립할 때 다음 중 가장 부적절한 것은?

① 단상에 좌석을 마련할 경우는 행사에 참석한 최상위자를 중심으로 단 아래를 향하여 우좌의 순으로 교차 배치한다.

② 단하에 좌석을 마련할 경우는 분야별로 좌석 군을 정하는 것이 무난하여, 당해 행사의 관련성을 고려하여 단상을 중심으로 가까운 위치부터 배치한다.

③ 단하에 좌석을 마련할 경우 분야별로 양분하는 경우에는 단상에서 단하를 바라보아 연대를 중심으로 왼쪽은 외부초청 인사를, 그 오른쪽은 행사 주관 기관 인사로 구분하여 배치한다.

④ 주관 기관의 소속 직원은 뒤에, 초청 인사는 앞으로 한다. 행사 진행과 직접 관련이 있는 참석자는 단상에 근접하여 배치한다.

📢 Point
③ 단상에서 단하를 바라보아 연대를 중심으로 왼쪽은 행사 주관 기관 인사를, 그 오른쪽은 외부 초청 인사를 구분하여 배치한다.

Answer 6.④ 7.③

8 초청장에 명시된 복장규정의 설명이 맞지 않는 것은?

① business suit : 남성정장으로 색, 무늬, 스타일 등의 제한을 받는다.

② lounge suit : 남성 정장으로 조끼와 자켓을 갖추어 입는다.

③ black tie : 예복으로 남성의 경우 검은 나비 타이를 착용한다.

④ smart casual : 티셔츠에 면바지가 허용되는 편안한 복장이다.

🔊 Point

④ smart casual은 business suit나 lounge suit보다 편안한 복장이지만 티셔츠에 면바지가 허용되는 것은 아니다. 셔츠 등을 갖춰 입어 편하면서도 깔끔해야 한다.

9 다음은 상사의 해외 출장 일정이다. 상사의 일정을 관리하는 방법으로 가장 옳지 않은 것은?

Itinerary			
편명 / 좌석번호	EK323 / 14A	클래스	Business
출발	ICN 08 Aug 23:55	도착	DXB 09 Aug 04:25
비행시간	09H 30M	마일리지	4189
편명 / 좌석번호	EK 237 / 9A	클래스	Business
출발	DXB 11 Aug 08:40	도착	BOS 11 Aug 14:15
비행시간	13H 35M	마일리지	6662
편명 / 좌석번호	EK 201 Operatedby KE086 / 17H	클래스	Business
출발	JFK 15 Aug 00:50	도착	ICN 16 Aug 04:10
비행시간	14H 20M	마일리지	6906

* Business Class Service : Chauffeur-drive services, Business Class Lounge

① 상사의 전체 출장일정은 ICN-DXB-BOS-JFK-ICN 일정으로 8박 9일이다.

② 상사의 DXB 체류 기간은 2박 3일로 여유가 있으므로 도착당일인 8월 9일 이른 오전시간부터 업무 일정을 수립하지 않는 것이 바람직하다.

③ 상사가 8월 11일 BOS 시내에서 오후 4시에 개최되는 행사의 Keynote Speech를 할 수 있도록 준비하였다.

④ 상사가 8월 16일 새벽에 도착하므로 주요 일정을 오전에 수립하지 않았다.

🔊 Point

③ 상사는 8월 11일 14:15에 BOS에 도착한다. 따라서 당일 4시에 개최되는 행사의 기조연설을 하기에는 시간이 빠듯하며 13시간 35분이라는 긴 비행시간으로 인해 피로할 수 있다.

Answer 8.④ 9.③

2020년 11월 8일 비서 1급

10 외국에서 중요한 손님이 우리 회사를 방문할 때 비서의 의전 관련 업무 수행 시 적절하지 않은 것은?

① 외국 손님의 인적사항은 공식 프로필에서 확인하는 것이 원칙이다.

② 국가에 따라 문화가 다르므로 상호주의 원칙을 따른다.

③ 의전 시 서열 기준은 직위이나 행사 관련성에 따라 서열기준이 바뀔 수 있다.

④ 손님의 선호하는 음식이나 금기 음식을 사전에 확인하여 식당 예약을 한다.

📢(Point)

① 공식 프로필은 물론 가용할 수 있는 비공식적인 정보가 있다면, 이를 최대한 고려하여 보다 효과적인 의전이 될 수 있도록 해야 한다.

2020년 11월 8일 비서 2급

11 다음 중 비서 업무에 대한 설명으로 가장 적절한 것은?

① 비서는 상사의 직접적인 감독하에 업무 책임을 져야 하는 직종이다.

② 비서는 솔선수범과 판단력을 발휘하여 상사 본연의 업무를 보좌하는 직종이다.

③ 비서는 주어진 권한 범위 내에서 의사결정을 내려 업무를 처리할 수 있다.

④ 비서는 보안상 주어진 모든 업무를 직접 처리해야 한다.

📢(Point)

① 비서는 상사의 직접적인 감독 없이도 책임을 수행할 능력을 발휘해야 한다.

② 비서는 솔선수범의 자세와 분별력을 갖고 주어진 권한 내에서 의사결정을 내리는 간부적 보좌인이다.

④ 주어진 모든 업무를 직접 처리해야 하는 것은 아니다. 업무의 보안 정도에 따라 관련 부서와 연계하여 융통성 있게 처리할 수 있다.

Answer 10.① 11.③

12 다음 중 비서의 직장 내 인간관계에 대한 설명으로 가장 적절하지 않은 것은?

① 상사의 부하 또는 직접 접촉이 없는 부서에 소속한 사람들을 회사 내에서 마주치면 굳이 자신을 소개하거나 인사할 필요는 없다.

② 동료비서의 업무가 바쁘거나 본인과 직접 관련이 있는 부서의 업무가 바쁠 때는 자신의 업무와 상사에게 지장이 없는 범위 내에서 자발적으로 협력한다.

③ 마감일 전에 혼자 처리하기 힘든 일은 믿을 만한 선배나 동료에게 도움을 청할 수 있다.

④ 후배의 잘한 일에 대해서는 공개적인 칭찬과 격려를 아끼지 않으며 실수에 대해서는 여러 사람의 면전이 아닌 곳에서 실수를 일깨워 준다.

📢 Point

① 상사의 부하 또는 직접 접촉이 없는 부서에 소속한 사람들이라도 회사 내에서 마주치면 인사를 하는 것이 바람직하며, 필요한 경우 자신을 소개해야 한다. 소개할 때는 성명, 소속, 직책명을 모두 말한다.

13 다음 전화대화를 읽고 비서의 전화업무 태도에 관한 가장 부적절한 설명을 보기에서 고르시오.

상대방	안녕하세요, 영산업의 김명훈 전무인데, 사장님 좀 바꿔주시겠어요?
비서	죄송합니다만, 전무님, 사장님은 지금 회의중이십니다. 회의 끝나는 대로 연락드릴까요?
상대방	좀 급한 일인데... 회의 중이라도 좀 바꿔주시겠어요?
비서	죄송합니다만 무슨 용건이신지 제게 말씀해 주시겠어요?
상대방	부산공장 부지 계약건인데요.
비서	네, 알겠습니다. 잠시만 기다려주십시오.

① 상대방의 소속과 이름, 용건을 메모지에 적어 회의 중인 상사가 바로 볼 수 있도록 메모지를 접지 않고 전달한다.

② 전화메모를 전달하고자 회의실에 들어갈 경우 노크를 하지 않고 조용히 들어간다.

③ 상사에게 메모를 전달한 후 상사의 결정을 기다린다.

④ 상대방이 대기하는 동안 전화 보류 버튼을 눌러 둔다.

📢 Point

① 회의에 참석한 다른 사람이 메모의 내용을 볼 수 있으므로, 메모지는 접어서 전달한다.

Answer 12.① 13.①

14 현재 시각은 11시 10분이다. 다음 상황에서 비서의 내방객 응대자세로 가장 적절한 것은?

> 오전 10시 – 상사는 손님 A와 면담을 시작
>
> 오전 10시 50분 – 11시에 약속이 되어 있는 손님 B가 도착
>
> 오전 11시 10분 – 상사는 아직 A와 면담 중

① 손님 B에게 죄송하지만 앞의 면담이 길어지고 있으니 더 기다리실 수 있는지 여쭈어본다.

② 면담 중인 상사에게 11시 약속 손님 B가 계속 기다리고 있음을 메모로 전달한다.

③ 상사 면담에 방해되지 않도록 손님 B가 20분 전에 도착해서 기다리고 있음을 상사에게 문자로 알려 드린다.

④ 상사가 미팅을 마무리할 수 있도록 상사 방에 들어가서 11시 약속 손님 B가 오셨음을 구두로 알린다.

 Point

회의나 면담 중인 상사에게 메시지를 알릴 때는 메모를 적어 조용히 전달하는 것이 가장 적절하다.

15 다음 중 의전의 원칙 5R을 설명한 것으로 옳지 않은 것은?

① Respect : 의전의 바탕은 상대 문화 및 상대방에 대한 존중과 배려에 있다.

② Reciprocity : 의전은 내가 배려한 만큼 상대방으로부터 배려를 기대하는 것이다.

③ Rank : 의전에 있어 가장 기본이 되는 것은 참석자들 간에 서열을 지키는 것이다.

④ Reflecting Culture : 의전은 시대와 문화에 따라 변하지 않고 절대적으로 지키는 원칙이다.

 Point

④ Reflecting Culture : 의전은 시대와 문화를 반영해야 한다. 즉, 의전은 시대와 문화에 따라 유동적으로 변화해야 한다.

Answer 14.② 15.④

2020년 11월 8일 비서 2급

16 강 비서는 컴퓨터 일정관리 소프트웨어와 스마트폰의 일정관리 어플리케이션을 연동하여 상사의 일정을 관리하고 있다. 이에 대한 설명으로 옳지 않은 것은?

① 일정관리 어플리케이션은 Awesome note, Ms-outlook, Jorte 등이 있다.

② 컴퓨터와 스마트폰을 연동하여 일정을 관리하므로 비서는 언제 어디서나 상사의 일정을 관리할 수 있어 효율적이다.

③ 상사와 비서의 스마트폰 운영체제가 일치하여야 일정관리 프로그램과 스마트폰을 연동하여 사용할 수 있다.

④ 컴퓨터 일정관리 프로그램과 스마트폰을 연동하여 사용하는 것을 일정 동기화라고 한다.

📢 **Point**

③ 상사와 비서의 스마트폰 운영체제가 일치하지 않아도 일정관리 프로그램과 스마트폰을 연동하여 사용할 수 있다.

2020년 11월 8일 비서 2급

17 상사의 출장일정표 작성 업무에 관하여 가장 올바르게 설명한 것은?

① 상사 해외 출장 시 출장일정표의 일시는 우리나라 일시와 현지 일시를 동시에 표기해야 한다.

② 출장일정표 작성 시 글자를 작게 해서라도 일정을 한눈에 볼 수 있게 한 장의 표로 작성한다.

③ 상사의 스마트기기에 출장일정을 연동해 두어 상사가 언제 어디서나 출장일정을 확인할 수 있도록 해 둔다.

④ 출장 일정표에는 보안상 숙소의 이름이나 면담자 성명과 연락처 등 상세한 정보는 기재하지 않는다.

📢 **Point**

① 우리나라 일시와 현지 일시를 동시에 표기하면 헷갈릴 수 있으므로, 현지 일시만 표기하는 것이 좋다.

② 출장일정표의 글자가 너무 작으면 가독성이 떨어진다.

④ 숙소 이름이나 면담자 성명, 연락처 등은 출장일정표에 기재해야 한다.

Answer 16.③ 17.③

2020년 11월 8일 비서 2급

18 다음 그림은 회의의 한 형태를 나타낸 것이다. 특정 의제에 대한 해당 분야 전문가가 자신의 의견을 발표하고 청중이나 사회자로부터 질문을 받아 답변하는 형식의 회의 명칭으로 올바른 것을 고르시오.

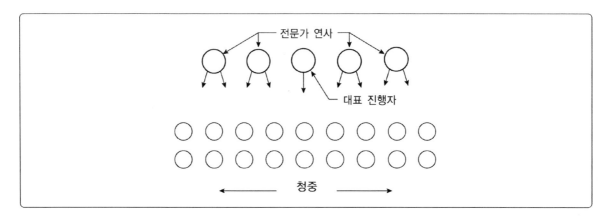

① 패널　　　　　　　　　　　　　② 심포지움

③ 워크숍　　　　　　　　　　　　④ 세미나

 Point

문제는 심포지엄에 대한 설명이다.
① 패널 : 토론에 참여하여 의견을 말하거나, 방송 프로그램 따위에 출연해 사회자의 진행을 돕는 역할을 하는 사람 및 집단
③ 워크숍 : 전문적인 기술 또는 아이디어를 시험적으로 실시하면서 검토하는 연구회
④ 세미나 : 전문인 등이 특정한 주제로 행하는 연수회나 강습회
※ 보기 ② '심포지움'의 올바른 표현은 '심포지엄'이다.

Answer 18.②

19 다음 대화 내용을 읽고 비서의 업무 자세로 가장 바람직하지 않은 것은?

비서 : 사장님, 내일 오전 10시에 부서장 회의가 있습니다.

사장 : 예. 참! 내일 회의에 영업팀 자료가 필요한데... 자료 받았나요?

비서 : 아직입니다.

사장 : 내일 회의가 이른 시간이니까 오늘 중으로 자료를 검토 했으면 합니다. 외출했다가 바로 퇴근합니다.

비서 : 네, 알겠습니다. 내일 뵙겠습니다.

---

① "사장님, 영업팀에 연락해서 가능한 빨리 자료 제출 요청하도록 하겠습니다."

② "사장님, 자료 받았습니다. 사장님께 이메일로 발송하였고 출근하시는 대로 보실 수 있도록 프린트해 놓겠습니다."

③ "사장님, 영업팀에서 자료가 늦어져서 마치는대로 사장님께 이메일로 송부한다고 합니다."

④ "사장님, 조금 전에 자료 받았습니다. 내일 검토하실 수 있도록 준비해 두겠습니다.

> 📢 Point
>
> ④ 상사는 내일 오전 10시 있을 부서장 회의에 필요한 자료를 오늘 중으로 검토했으면 한다. 따라서 오늘 검토할 수 있도록 준비해 두는 것이 바람직하다.

20 비서의 상사 이력서 관리 원칙으로 가장 적절하지 않은 것은?

① 새로운 내용이 추가되어야 할 때는 상사 이력을 수정하고 수정한 일자를 기록해 둔다.

② 상사의 이력은 상사의 허락을 받은 후 대내외에 공개할 수 있다.

③ 대내외에 공개할 때는 모든 경력이 기재된 이력서 원본을 공개하는 것이 좋다.

④ 전임자에게 인수인계 받은 이력서라도 학교명이나 학위 등의 정확한 표기를 다시 한 번 확인하는 것이 좋다.

> 📢 Point
>
> ③ 상사의 이력서를 대내외에 공개할 때는 사전에 상사와 협의하여 공개할 이력을 결정하는 것이 적절하다.

Answer 19.④ 20.③

1 다음은 14년 동안 GE의 잭웰치 전 회장의 비서였던 로잔 배더우스키가 자신을 표현한 말이다. 이를 바탕으로 짐작할 수 있는 비서의 업무에 대한 설명으로 가장 적절하지 못한 것은?

> "나는 말하는 자동응답기, 워드프로세서였으며 심부름꾼, 상담자, 친구, 잔소리꾼, 오타 확인자였고 소리 나는 칠판, 수선공, 치어리더였다."

① 관리자 혹은 경영자의 시각을 가지고 문제 해결을 하고 의사결정을 돕기 위해 다양한 사회과학 지식과 상식을 고루 습득해야 한다.

② 어느 분야에 독보적인 전문성을 갖추고 있으면서도 다른 분야에서도 탁월한 능력을 발휘할 수 있어야 한다.

③ 여러 종류의 일을 동시에 수행해낼 수 있는 멀티태스킹에 그치지 않고, 그 각각의 영역에서도 전문가적인 재능을 발휘할 수 있어야 한다.

④ 상사와의 신뢰관계와 충성심이 무엇보다 중요하며 상사의 지시에는 무조건적으로 복종하여 최선을 다하여 업무를 처리해야 한다.

TIPS!
상담자, 친구, 잔소리꾼이라는 것에서 알 수 있듯이 무조건적인 복종이 아니라 다양한 문제 해결과 의사결정을 돕기 위한 조언자 역할도 담당 할 수 있는 능력을 필요로 한다.

2 다음 중 다양한 문화의 비즈니스 관행에 대한 설명으로 가장 거리가 먼 것은?

① 이슬람 문화권 국가에서는 단식기간인 라마단 기간에는 바이어 상담에 응하지 않음을 유의하여 업무를 진행하여야 한다.

② 브라질은 기업이나 관공서, 상점, 은행 등에서의 업무 처리속도가 빠른 편이 아니므로 업무 시 인내심을 가지고 임해야 한다.

③ 미국에서는 비즈니스 목적이 아닌 경우에는 사적으로 명함교환을 안 하는 경우가 많다.

④ 나이지리아를 포함한 서아프리카 국가들에서도 선진국과 같이 원활한 일정 계획이 가능하므로 업무지연을 염려할 필요는 없다.

TIPS!
서아프리카 지역은 선진국과 같이 원활한 일정 계획이 가능하지 않으므로 업무지연에 대비해야 한다.

Answer 1.④ 2.④

※ 다음 보기의 내용을 읽고 물음에 답하시오. 【3~4】

암스테르담 본사의 임원인 Mr. Parra가 휴가차 한국 방문 중 인데 모레 사무실에 잠시 들려 사람들과 간단한 인사를 나누겠다고 이메일을 보내서 연락을 해왔다. 오피스 매니저인 허 과장은 상사인 한국 지사장이 홍콩 출장 중임을 전한 뒤 간단한 사무실 내방 이라면 본인이 응대할 수 있다고 답장을 썼다.

---

3 허 과장이 Mr. Parra의 방문을 상사에게 보고하는 방법으로 다음 중 가장 적절한 것은?

① 회사 임원의 비공식적 방문이므로 지사장이 출장에서 돌아온 후 보고한다.
② 지사장이 출장업무에 전념할 수 있도록 사소한 내용은 오피스 매니저로서 임의로 처리하고 별도 보고는 하지 않아도 된다.
③ 퇴근 전 상사에게 팩스를 보내어 Parra란 임원이 방문할 것이라고 알린다.
④ Parra의 연락을 받자마자 상사에게 이메일로 보고하고 상사의 별도 지시사항을 확인한다.

> **TIPS!** ┄┄
> ① 비공식적 방문이라 하더라도 반드시 상사에게 먼저 보고해야 한다.
> ② 사소한 내용이더라도 상사에게 보고하여 지시를 따르도록 한다.
> ③ 이메일을 받은 즉시 상사에게 전달하도록 한다.

4 다음 중 허 과장이 Parra를 응대하는 태도로 가장 적절하지 못한 것은?

① 한국 지사의 첫 방문인 만큼 사무실 내 직원들이 근무하는 시간대를 추천해 주도록 한다.
② 사무실 방문 시 오피스 매니저이자 상사의 대리인으로 만나는 것이니 간단한 인사를 하고 사무실 안내는 후배 비서에게 맡긴다.
③ 회사 영문 안내책자와 함께 회사 공식 기념품인 자개명함박스를 선물로 준비하였다.
④ 한국 지사의 직원 수는 20명 남짓의 소규모의 가족적 분위기이므로 Parra의 사무실 방문을 사전에 이메일로 직원들에게 알리고 따뜻한 환대를 요청한다.

> **TIPS!** ┄┄
> 상사의 대리인으로 만나는 것이므로 허 과장이 직접 응대해야 한다.

Answer 3.④ 4.②

5 직장 내 성희롱에 대한 설명이다. 성희롱 예방을 하기 위한 대안이 아닌 것은?

① 성희롱으로 인한 불쾌감은 분명히 표현한다.　② 고정된 성 역할을 주지시킨다.

③ 직장에서 음란물이나 음란사이트를 보지 않는다.　④ 동료의 신체에 대한 성적비유를 삼간다.

 **TIPS!**

② 고정된 성 역할을 강조하는 말은 하지 않는 것이 성희롱 예방을 위한 대안 중 하나이다.

6 서열을 정하여 좌석을 배치하는 것은 국제행사나 모임에서 상대방을 예우해 주는 매우 중요한 방법이다. 다음 중 상석의 일반적인 기준과 가장거리가 먼 것은?

① 남성이 여성과 동행할 때는 여성이 항상 왼쪽에 있도록 하는 것이 예의이다.

② 엘리베이터 내부에서의 상석은 엘리베이터 안쪽이고 조작버튼 앞이 말석이다.

③ 기차에서는 일반적으로 기차가 진행하는 방향 쪽의 창가가 제1석, 그 건너편 창가가 제2석, 제1석의 옆자리가 제3석, 그 건너편 통로 쪽 좌석이 제4석이다.

④ 상석의 일반적인 기준은 중요 인사의 오른쪽과 행사장 앞 쪽이다.

 TIPS!

남성이 여성과 동행할 때는 항상(차량이 다니는 도로에서는 예외) 여성을 오른쪽에 있도록 하는 것이 에티켓이다.

7 상사와의 관계구축에 있어 유의해야 할 사항이 아닌 것은?

① 즉흥적으로 행동하는 것보다 신중을 기한다.

② 상사는 일의 결과에 책임을 지는 사람이라는 것을 유념한다.

③ 상사가 바라는 것은 직책을 수행하는 데 필요한 조력임을 유의한다.

④ 적극적으로 창의적인 제안을 한다.

TIPS!

④ 상사와의 관계구축에 있어 창의적 제안을 하는 것은 좋지만 제안을 하지 않아서 특별히 문제가 되는 것은 아니다.

※ 상사와의 관계에서 주의할 점

ㄱ 방문객이나 타 부서 관계자의 험담을 하지 않는다.

ㄴ 공과 사를 구분한다.

ㄷ 즉흥적으로 행동하는 것보다 신중을 기한다.

ㄹ 시간개념을 철저히 지킨다.

Answer 5.② 6.① 7.④

8 갈등의 순기능에 속하지 않는 것은?

① 발전, 변동 및 쇄신적 · 창의적 행정의 원동력
② 관리자의 하급자에 대한 세밀한 감독 완화
③ 선의의 경쟁 유발, 촉진
④ 행정의 획일성 촉진

 TIPS!

갈등의 순기능
㉠ 발전, 변동 및 쇄신적 · 창의적 행정의 원동력
㉡ 관리자의 하급자에 대한 세밀한 감독 완화
㉢ 선의의 경쟁 유발, 촉진
㉣ 행정의 획일성 배제, 다양성, 민주성 확보
㉤ 조직의 새로운 조화와 통합
㉥ 잠재적 능력 및 재능 개발

※ 다음 보기의 내용을 읽고 물음에 답하시오. 【9~10】

양혜린은 대한 출판사 사장의 비서이다. 대한 출판사에서는 저명한 해외 경영학자를 초빙하여 국내에서 강연회를 준비 중이며, 그 학자가 저술한 책의 한국어판 출간기념 행사도 함께 계획하고 있다.

9 강연회 일정을 확정하는 과정에서 양 비서가 확인해야할 다음 내용 중 가장 나중에 처리되어도 무방한 업무는?

① 한국어판 도서의 발행일자를 확인하여 방한일정에 맞춰 출간이 가능할 수 있도록 진행상황을 점검한다.
② 연사의 일정확인과 아울러 워크숍 개최 장소의 예약현황을 미리 파악한다.
③ 방한 예정인 학자의 일정을 확인하여 한국 방문 가능 일자를 확정한다.
④ 방한 중 저자의 방한시기에 맞춰 국내 일간지 기자와의 인터뷰 일정을 잡도록 한다.

TIPS!

방한할 저자가 확정되고 한국어판의 출간이 완료되어야 하며 방한시기가 조율되고 난 이후의 상황이므로 가장 나중에 처리해야 하는 업무이다.

Answer 8.④ 9.④

10 연사로 올 경영학자의 방한을 지원하기 위해 양 비서가 확인해야 할 내용 중 상대적으로 중요도가 가장 낮은 것은?

① 연사의 항공 일정
② 한국 체류 시의 국내 일정을 연사와 사전 조율
③ 워크샵 시 동시통역 혹은 순차통역의 선호 여부
④ 연사와 동행하는 수행인의 존재 여부

 TIPS!

경영학자의 방한을 지원하는 것이 양 비서의 업무라고 할 때 워크샵에서의 통역방식에 대한 고려는 상대적으로 중요도가 낮다.

11 다음 중 특강과 저녁만찬에 가장 바람직한 좌석 배치를 고르시오.

① 특강 – 교실형, 만찬 – 원탁형   ② 특강 – ㄷ자형, 만찬 – 원탁형
③ 특강 – 교실형, 만찬 – ㄷ자형   ④ 특강 – ㅁ자형, 만찬 – ㅁ자형

 TIPS!

회의실 좌석 배치 유형
㉠ 교실형 : 이 좌석 배치는 10 ~ 150명 정도의 참가자들이 필기를 하고 그룹 활동에 참여하는 데 편리하다. 그러나 회의실 크기가 상당히 넓어야 한다. 주로, 강연, 공연 등에 많이 사용된다.
㉡ 원탁형 : 일반적으로 원탁 테이블은 20명 내외의 소규모회의에 활용되며 동시통역시설을 설치하기가 어렵기 때문에 공용어를 이해할 수 있는 사람만이 참석할 수 있다는 단점도 있다. 총회 후 자리에서 그룹토의를 진행할 수 있고 오찬, 만찬 등의 행사내용으로도 쓸 수 있다.
㉢ ㄷ자형 : 30명 정도의 참가자들이 자유로운 분위기에서 편안하게 이야기할 수 있다. 참가자들이 필기하고 그룹토의에 활발히 참여하는 데 알맞다. 이 좌석 배치는 참가자들에게 토의에 적극 참여할 수 있는 기회를 주며, 또한 연수리더도 참가자들 사이를 자유롭게 오갈 수 있는 여유가 있다. 토의를 원활히 진행시키기 위한 배치이다.
㉣ ㅁ자형 : 30명 이하의 참가자들에게 적당한 좌석 배치이다. 참가자들이 상호 활발한 의견을 교환할 수 있다.

Answer 10.③ 11.①

12 다음 중 PR과 선전에 대한 비교 설명으로 옳지 않은 것은?

	구분	PR	선전
①	시간	장기적	단기적
②	방법	이성에 호소	정서에 호소
③	성질	현지고객 중심	글로벌고객 중심
④	목적	주체와 객체간의 쌍방적 이익증진	선전주체의 일방적 이익추구

TIPS!
③ PR은 글로벌고객 중심, 선전은 현지고객 중심의 성질을 갖는다.

13 상사가 아시는 분의 생신에 장수를 축하드리기 위하여 단자에 쓰려고 하는데 그 용어의 의미가 옳지 않은 것은?

① 고희(古稀) − 70세   ② 희수(喜壽) − 77세
③ 미수(米壽) − 88세   ④ 백수(白壽) − 100세

TIPS!
④ '백수(白壽)'는 99세를 나타내는 말이다.

14 다음 중 외부인사 특강과 관련하여 박 비서가 집행한 비용 처리에 대한 설명으로 가장 적절하지 않은 것은?

① 사장님이 특강자에게 감사 선물을 준비하라고 하셔서, 구입 후 법인카드로 지불하였다.
② 특강에 필요한 기자재를 비서가 먼저 구매하게 되어 구매 후 경리부에 세금계산서를 전달하였다.
③ 특강료를 김건 부총리에게 지급하기 위해 주민등록증과 통장 사본을 전달받아, 원천징수한 금액을 김건 부총리 통장으로 입금하였다.
④ 특강 당일 사무용품을 구매한 후 7만 원짜리 간이영수증을 받았다.

TIPS!
정규증빙서류(세금계산서, 계산서, 신용카드, 현금영수증 등)를 수취하는 것이 원칙이며, 정규증빙서류를 수취할 수 없는 경우에만 간이영수증을 수취해야 한다.

Answer   12.③   13.④   14.④

15 다음 용어에 대한 설명으로 옳지 않은 것은?

① No show – 예약부도

② Itinerary – 출장 일정표

③ R.S.V.P – 불참원인을 알려 주십시오.

④ Corporate Rate – 호텔과 기업이 계약한 저렴한 기업요금

> **TIPS!**
> ③ R.S.V.P는 프랑스어인 "Repondez, s'il vous plait."의 머리글자를 딴 약어로 파티참석 여부를 미리 알려달라는 표현이다.

16 다음에 대화에 쓰인 문장 중 경어법이 바르지 않은 것은?

> 김 과장 : ㉠ 회장님 연락 있었나요?
>
> 비서 : 9시에요, ㉡ 과장님 출근하시면 바로 전화 달라고 하셨습니다. ㉢ 회장님실 연결됐습니다. 과장님
>
> 김 과장 : 영업부 김 과장입니다, ㉣ 회장님

① ㉠   ② ㉡

③ ㉢   ④ ㉣

> **TIPS!**
> ㉢ 회장님실 연결됐습니다. 과장님 → 회장실 연결됐습니다. 과장님

17 비서의 업무 스트레스를 완화하기 위한 방법으로 다음 중 가장 바람직하지 않은 것은?

① 규칙적인 운동과 숙면을 통해 건강관리를 하고 늘 긍정적인 마음을 지니도록 한다.

② 업무가 과다해서 스트레스를 받을 때에는 일단 흥분하지 말고 우선순위에 따른 업무리스트를 작성해서 차근차근 처리한다.

③ 멘토(mentor)에게 상사와 일로 쌓인 업무적 고충을 털어놓고 조언을 받는다.

④ 일과 여가를 분리하여 스트레스 관리를 한다.

> **TIPS!**
> 비서는 직무상 회사 관련 기밀이나 상사의 중요 정보를 쉽게 접한다. 하지만 이를 누설하지 않아야 한다.

Answer 15.③ 16.③ 17.③

18 다음 중 정기총회 초대장에 포함되어야 할 사항만으로 구성된 것은?

> ㉠ 행사일지 　　　　　　　　　 ㉡ 행사참석 회신마감일
> ㉢ 행사장 약도 　　　　　　　　 ㉣ 참석자 명단
> ㉤ 주최자 연락처 　　　　　　　 ㉥ 외부연사 연락처
> ㉦ 만찬 장소 　　　　　　　　　 ㉧ 행사 순서 및 프로그램

① ㉠㉣㉤㉦ 　　　　　　　　　　 ② ㉡㉤㉣㉧
③ ㉡㉣㉥㉧ 　　　　　　　　　　 ④ ㉡㉢㉤㉧

19 편지를 쓸 때 수신인의 성명과 호칭의 연결이 서로 알맞지 않은 것은?

① 수상(手上)의 경우 - 대형(大兄)
② 친우(親友)의 경우 - 군(君)
③ 관청, 회사의 경우 - 귀중(貴中)
④ 아랫사람의 경우 - 앞(前)

20 다음 중 방문객을 대하는 비서의 업무 처리 방식으로 가장 적절한 것은?

① 다음 일정의 면담자가 대기 중일 경우 상사가 아직 회의 중이더라도 노크를 하고 들어가서 그 상황을 구두로 알려야 한다.

② 내방객이 자신의 신분을 밝히지 않으려 할 경우 내방객의 프라이버시를 위해 굳이 질문하여 내방객을 불쾌하게 만들 필요는 없다.

③ 상사 부재 시 선약되지 않은 손님이 방문한 경우에는 손님이 보는 앞에서 즉시 상사에게 연락하여 지시를 받도록 한다.

④ 약속 시간보다 일찍 도착한 내방객은 우선 대기실로 안내하고 상사의 앞 일정이 종료되는 대로 말씀드리겠다고 양해를 구한다.

> **TIPS!**
> ① 면담자에게 상사가 회의 중임을 알리고 대기시키도록 한다.
> ② 내방객의 신분을 확인하여 약속된 내방객인지를 확인하고 그렇지 않은 경우 상사에게 의향을 여쭤보아야 한다.
> ③ 선약되지 않은 손님이 방문한 경우에는 먼저 상사가 부재중임을 알리고 방문 목적을 확인한다. 또한 상사가 만남을 원치 않을 경우도 있기 때문에 손님 앞에서 바로 상사에게 전화하는 것은 곤란한 상황이 연출될 수 있으므로 주의해야 한다.

21 다음 중 명함 관리 방법과 예절로 가장 적절한 것은?

① 명함을 받고 성명과 직책을 확인 후, 회의하는 동안 테이블 위에 앉은 순서대로 배열하여 참고한다.

② 대화를 나누는 동안 중요한 내용은 명함에 메모를 하도록 한다.

③ 상사로부터 받은 명함은 깨끗하게 관리되어야 하므로 명함 위에 메모를 하지 않는다.

④ 컴퓨터용 명함관리 프로그램을 이용하여 명함을 엑셀파일로 만든 후 명함을 폐기하였다.

> **TIPS!**
> ② 상대방이 보는 앞에서 상대방의 명함에 메모를 하거나 낙서하는 행위는 금물이다.
> ③ 상사로부터 받은 명함에는 명함을 받은 날짜, 특징, 취미 등을 메모하고 반드시 해당되는 가이드 뒤에 끼운다.
> ④ 엑셀이나 명함관리 프로그램을 활용한다 하더라도 바로 모든 명함을 폐기해서는 안 된다. 1년에 한 번씩 재정리 하는 시기에 오래된 명함이나 사용하지 않는 명함, 필요 없는 명함을 폐기하도록 한다.

Answer 20.④ 21.①

22 새로 입사한 이미연 비서는 선배들이 비서 업무를 효율적으로 수행함에 있어 인맥 형성이 중요하다는 조언을 받았다. 다음 중 이 비서가 네트워크를 형성하기 위해 노력하는 방법으로 가장 적절치 않은 것은?

① 비서협회에 가입하여 다른 기업의 비서들과도 교류하고 정보를 공유하는 모임에 꾸준히 참석한다.
② 상사의 항공편을 예약하기 위해 여행사와 통화 시 자신을 소개하고 앞으로 잘 부탁한다는 인사말과 함께 여행사 직원인 상대방의 이름도 알아두었다.
③ 회사 내 테니스 동호회 모임에 가입하여 적극적으로 참여함으로써 비서팀 이외의 타부서 직원들과의 관계를 돈독히 하였다.
④ 동료직원들과의 원만한 관계 형성을 위해 회사 내 노동조합 인맥이 꼭 필요할 것 같아 가입하였다.

 **TIPS!**
④ 비서의 경우 맡고 있는 업무의 특성상 노동조합 가입이 일반적으로 허용되지 않는다.

23 다음 중 해외 출장 수속을 위해 비서가 알아야 할 내용으로 가장 올바르지 않은 것은?

① 여권은 해외여행 중 여행자의 국적을 증명해주는 유일한 신분증으로 외무부장관이 상대국에 자국 여행자의 보호를 요청하고 신분을 증명하고 해외여행 시 보호와 협조를 받을 수 있는 공문서이다.
② 국제운전면허증은 해외에 나가서 자동차를 빌려 운전을 하고자 하는 것이나 장기 체류 시는 해당 국가 면허증을 따도록 한다.
③ 비자는 여행국에서 입국해도 좋다는 허가증이며 해외 체재 중 여행자의 신변을 보장해주겠다는 일종의 보증서로 출국 전 꼭 취득하여야 한다.
④ 여행자 보험은 여행 중 사망, 질병, 사고, 휴대품 손해, 제3자에게 입은 손해 배상금 등에 대해 보험금을 지급받을 수 있으며, 여행사를 통해서도 가입할 수 있다.

TIPS!
③ 비자는 해당국에 입국해도 좋다는 허가증으로, 비자를 요구하는 나라에 입국하고자 할 때에는 반드시 취득해야 한다. 그러나 여행자의 신변을 보장해주겠다는 보증서는 아니다.

Answer 22.④ 23.③

24 다음 중 전화 메모 작성에 관한 설명으로 가장 바람직하지 않은 것은?

① 전화 메모에 작성자 이름을 쓰는 이유는 후에 메모에 관한 의문사항이나 책임소재를 파악하기 위함이다.

② 전화 메모 작성 시 상대방의 전화번호를 상사가 알고 있으면 적지 않아도 무방하다.

③ 상사의 출장 중 전화 메모는 A4 용지 한 장에 걸려온 시간 순서에 따라 부재중 전화 전언표로 작성할 수 있다.

④ 전화를 끝마친 후 메모를 작성하지 말고 전화를 받는 순간에 메모 작성을 시작하는 것이 내용을 빠뜨리지 않는 요령이다.

> 🌱 **TIPS!**
> ② 전화 메모 시 상사가 상대방의 전화번호를 알고 있다고 해도 만약의 경우를 대비해 상대방의 전화번호를 적어둔다.

25 해외출장을 마치고 돌아온 지사장에게 비서가 업무보고 시 가장 적절한 화법은?

① "해외출장 다녀오시느라 수고 많으셨습니다. 회장님께서 잠깐 뵙자고 회장님실로 오시라는데요."

② "출장 중 확인요청하신 내용과 관련 김영철 박사님에게 물어본 결과 아무런 문제가 없는 것으로 드러났습니다."

③ "사내 칭찬 릴레이 기사의 장본인은 홍보부 소속 박미영 대리입니다."

④ "출장 중 말씀하셨던 김동일 과장님은 만나보니 제가 아는 분이었습니다."

> 🌱 **TIPS!**
> ① '수고'는 본래 '고통을 받음'이라는 부정적 의미를 함축하고 있기 때문에 윗사람에게 사용할 수는 없는 단어이다. 또한 회장님실은 사물에 불필요하게 존칭을 붙인 오류로 회장실이라 해야 옳다.
> ② 비서는 업무보고 시 보고 내용과 자신의 의견을 확실하게 구분해야 한다. 상사의 지시에 따른 업무는 그 결과를 보고하는 것이 좋다.
> ③ '장본인'은 어떤 일을 빚어낸 바로 그 사람을 뜻하며 주로 바람직하지 못한 일을 한 데에 쓰인다. 따라서 주인공으로 고치는 게 자연스럽다.

Answer 24.② 25.④

다음과 같은 일정으로 상사의 부산 출장이 예정되어 있다. 출장 이틀 전 부산지점에 연락을 취하여 확인해보니, 5월 6일까지였던 부산지점장의 해외 출장 일정이 하루 늦어져 5월 7일 저녁에 한국에 도착한다는 것을 알았다.

날짜	시간	일정	비고
5/7(월)	「미정」	서울 → 부산	㉠
	「미정」	부산공장으로 이동 (30분 소요)	부산공장에서 공항에 차량 대기 예정
	15:30 ~ 17:30	부산 공장장 업무 보고회의 및 사찰	부산공장 회의실
	18:00	호텔 체크인	유토피아호텔(051-533-0033)
5/8(화)	09:00 ~ 10:20	부산 지점장 업무보고 회의	부산지점 3층 회의실
	12:00 ~ 14:00	부산 지점장과 점심식사	부산지점에서 예약(지점 근처 한식당)
	「미정」	공항으로 이동	45분 소요 예정
	「미정」	부산 → 서울	㉡

항공스케줄

날짜	편명	서울 → 부산		날짜	편명	부산 → 서울	
		출발	도착			출발	도착
5/7(월)	KE301	11:30	12:30	5/8(화)	KE312	14:20	15:25
	KE303	12:30	13:30		KE314	15:20	16:25
	KE305	13:30	14:30		KE316	16:20	17:25
	OZ511	12:20	13:20		OZ520	13:55	14:50
	OZ513	13:20	14:20		OZ522	14:55	15:50
	OZ515	14:20	15:20		OZ524	15:55	16:50

26 위에서 부산 지점장의 일정 변경에 따라 상사의 일정 조정방안 중 가장 바람직한 것은?

① 출장 일정 전체를 하루씩 늦추도록 한다.

② 출장 일정을 연장하여 부산에서 하루 더 머무르도록 한다.

③ 상사나 부산 지점장의 요청이 없다면 반드시 일정을 바꿀 필요는 없다.

④ 화요일에 예정되어 있는 부산 지점장과의 점심 약속만 취소한다.

> **TIPS!**
>
> ③ 일정의 변경에 관련된 사항이 보고 될 때는 상사나 그 상대방의 지시·요청이 없으면 일정을 바꿀 필요는 없다.

27 위에서 일정에 맞도록 항공편을 선택할 때 ㉠, ㉡에 들어갈 항공편으로 가장 적절한 것은?

	㉠	㉡		㉠	㉡
①	KE305	KE316	②	KE305	KE314
③	OZ513	OZ522	④	OZ515	OZ524

> **TIPS!**
>
> ㉠의 경우 바로 다음 일정인 부산공장으로 이동하는 30분과 ㉡의 경우 공항으로의 이동시간 45분을 고려하면 ㉠에는 KE305 ㉡에는 KE314가 적합하다.

28 이번에 새로 부임한 상사의 의전용 차량을 구입하고자 한다. 비서가 '렌트'와 '리스'에 대한 정보를 수집하여 상사에게 보고한 내용 중 올바른 것은?

① 렌트는 번호판에 '허'가 들어가지 않아 일반 자동차와 구분되지 않는다는 장점이 있다.

② 세금 절감을 위해 렌트보다는 리스로 구입하는 것이 이득이라고 한다.

③ 3년 정도 장기로 이용하기 위해서는 렌트보다는 리스가 여러모로 유리하다.

④ 렌트는 임대 고객이 취득 등록세 등 초기비용을 부담할 필요가 없다는 장점이 있다.

> **TIPS!**
>
> ① 리스는 흔히 번호판이 '일반 자가용' 번호판이고, 렌트의 번호판이 '허'이다.
>
> ② 렌터카는 등록세, 자동차세, 공채 매입 등에 있어서 각종 세제혜택으로 차량구입 및 유지비가 적게 든다. 또한 세법상 손비처리가 인정되므로 전액 비용처리가 가능하여 절세효과를 누릴 수 있다.
>
> ③ 리스의 경우 인수, 반납, 재리스 중 한 가지를 선택할 수 있지만 장기렌트의 경우 무조건 반납을 해야 한다. 따라서 일반적으로 3년 이상 장기 이용 시에는 리스가 유리하지만 그렇지 않은 경우 주행거리의 제약이 없고 LPG차량을 이용할 수 있는 렌트가 유리하다고 본다.

Answer 26.③ 27.② 28.④

29 상사의 출장 중 혹은 이후 비서의 업무처리로 가장 적절하지 않은 것은?

① 출장 중 배달된 개인 우편물은 상사가 귀사 후 볼 수 있도록 업무와 관련된 서류와 구분하여 정리하였다.
② 상사 부재 시 내방객 명단과 전화 메모를 일목요연하게 정리하여 두었다.
③ 급한 전화 메모라고 판단되는 경우에는 출장 중인 상사에게 회의 시간을 피해 연락을 취하여 보고하였다.
④ 상사의 업무 대리인이 무사히 처리한 일은 구두로 간단하게 보고한다.

> 🔅 **TIPS!**
>
> ④ 무사히 처리한 일을 포함하여 대리인이 처리한 업무는 문서로 작성하여 그 내용을 상사에게 보고해야 한다.

30 다음 중 스트레스와 직무수행의 관계를 잘 나타낸 것은?

① 스트레스와 직무수행은 관계가 없다.
② 스트레스가 많을수록 직무수행이 떨어지는 일차함수의 관계이다.
③ 어느 수준까지는 스트레스가 많을수록 직무수행이 떨어지다가 어느 수준에 이르면 더 이상 직무수행이 떨어지지 않고 일정 수준을 유지한다.
④ 스트레스 수준이 너무 낮거나 너무 높으면 직무수행이 떨어지는 역 U자형 관계이다.

> 🔅 **TIPS!**
>
> **스트레스와 직무수행** … 스트레스는 직무수행을 감소시킨다는 논리가 일반적이며, 스트레스 수준이 높아짐에 따라 초기 개인의 수행실적은 높아질 수 있으나 일정시기 이후에는 스트레스 수준이 증가하면 수행실적은 오히려 감소한다 (역 U자형). 직무 스트레스가 높을수록 직무불만족도 그만큼 높아지게 된다.

Answer 29.④ 30.④

31 최 비서는 사내에서 사용할 복합기를 구매하라는 지시를 받았다. 구매 절차로서 가장 바람직한 것은?

① 오랜 기간 동안 사내에서 거래하는 사무용품 거래처에게 맡기고 모든 거래절차를 일임한다.

② 한번 구입하면 오랫동안 사용할 기계이므로 인터넷 검색으로 고가의 가장 최신 모델 사양을 조사한다.

③ 인터넷에서 적절 모델명에 따른 가격을 확인한 뒤 업체 3곳에게 견적을 요청하여 비교해 본다.

④ 저렴하게 구입하고자 지인을 통해 거래처를 소개받고 지인에게는 수고의 뜻으로 약간의 감사수고비를 전달한다.

> **TIPS!**
> ① 오랜 기간 동안 거래해온 거래처라 하더라도 비서가 직접 객관적으로 회사에 필요한 모델을 파악하고 구매해야 한다.
> ② 복합기가 업무 수행에 적합한지, A/S, 가격 등을 꼼꼼히 비교하여 구매해야 하며 단순히 최신의 고가 모델을 구입하는 것은 합리적인 구매절차가 아니다.
> ④ 비서 임의로 수고비를 전달하는 등의 행위는 삼가야 한다.

32 다음 중 비서들이 겪게 되는 스트레스 상황과 그에 대한 대처방안으로 가장 적절하지 않은 것은?

① 일의 양이 지나치게 많다 할지라도 비서는 임의적으로 자신의 업무를 타인에게 위임해서는 안 된다.

② 현재 자신의 능력이나 역량에 비하여 높은 수준의 직위나 업무를 맡게 될 경우에는 회사 지원에 의존하지만 말고 스스로 역량 개발에 투자해야만 한다.

③ 본인이 수행한 업무에 대한 평가가 합리적이지 못할 경우에는 공개적으로 시정할 것을 요구하여 본인의 업무 결과가 낮게 평가되지 않도록 해야 한다.

④ 다양한 업무가 가중될 경우, 상사와 의논하여 가급적 우선순위가 높은 업무에 집중할 수 있도록 시간 계획을 세운다.

> **TIPS!**
> 스트레스 관리
> ㉠ 업무의 위임 : 효율적인 업무 수행지침을 마련하고, 절차에 따라 필요하다면 업무를 분담하는 것도 스트레스 관리의 효과적인 방법이다.
> ㉡ 새로운 기술의 습득 및 전문가의 도움 요청 : 끊임없이 변화하는 업무환경에 적응하는 데 어려움을 겪는다면 새로운 기술을 습득하거나 전문가의 도움을 받도록 한다.
> ㉢ 업무의 조직화 : 일의 경중이나 처리방식에 따라 우선순위를 정하고 조직화하는 방법으로 일에 대한 집중력과 효율을 높이면 업무 관련 스트레스를 줄일 수 있다.

Answer 31.③ 32.③

33 마케팅부 김영미 비서는 '기업의 SNS 마케팅' 특강을 준비하였다. 특강비용처리와 관련하여 가장 적절하지 않은 것은?

① 특강에 필요한 물품을 먼저 구입 후 15만원 비용처리를 위해 경리부에 간이영수증을 전달하였다.

② 특강료를 지급하기 위해 외부강사의 운전면허증과 은행계좌를 받아 원천징수한 금액을 외부 강사의 통장으로 입금하였다.

③ 특강강사에게 3만 원 이하로 간단한 선물을 준비하라는 사장님의 지시를 받고, 선물 구입 후 간이영수증을 제출하였다.

④ 특강 후 상사와 강사, 그리고 특강 수강자들과의 저녁식사 결제는 법인카드를 사용하였다.

> **TIPS!**
> 5만 원이 넘는 간이영수증은 세법에서 인정하는 정규영수증이 아니기 때문에 이를 수취하면 여러 불이익을 당할 수 있다. 따라서 정규영수증을 수취하여 비용처리하는 것이 좋다. 정규영수증에는 세금계산서, 계산서 그리고 신용카드매출전표, 현금영수증 등이 있다.

34 다음 중 경조문이 잘못 짝지어진 것은?

① 승진축하 – 祝發展　　　　　② 죽음애도 – 謹弔

③ 결혼축하 – 祝結婚　　　　　④ 취임축하 – 祝就任

> **TIPS!**
> 祝發展(축발전)은 개업, 창립 등을 축하하며 사용하는 것으로, 승진을 축하하기 위해서는 祝昇進(축승진), 祝榮轉(축영전) 등의 문구를 사용하는 것이 좋다.
> ② 謹弔(근조)
> ③ 祝結婚(축결혼)
> ④ 祝就任(축취임)

Answer 33.① 34.①

35 다음은 항공권에 표기된 제한사항에 대한 문구들이다. 이 중 설명이 잘못된 것은?

① NONREF – 환불불가

② MAX3M – 유효기간 3개월

③ NON–ENDS – 노선변경 불가

④ NO MILE UPGRADE – 마일리지로 클래스 업그레이드 불가

 TIPS!

NON–ENDS – 양도 불가(다른 항공사로 항공권을 양도할 수 없음, 즉 다른 비행기로 여정을 바꿀 수 없음)

36 다음 설명에 맞는 사무기기가 순서대로 옳게 제시된 것은?

> ㉠ 송신처에서 문자, 도형 등의 화상정보를 전기신호로 바꾸어 통신선을 이용에 보내는 것
> ㉡ 컴퓨터나 TV 화면을 대형 스크린에 비추게 할 수 있는 기기
> ㉢ 커버 유리 위에 투명지를 놓고 그 위에 펜 또는 유성펜으로 글이나 그림을 그리면, 화면에 투영되는 기기
> ㉣ 기기 안이나 위에 영사를 원하는 물건을 얹어 화면에 나타나게 하는 장비

① ㉠ 실물화상기(실물환등기) – ㉡ LCD프로젝터 – ㉢ 스크린 – ㉣ 복사기

② ㉠ 팩시밀리 – ㉡ LCD프로젝터 – ㉢ 오버헤드프로젝터 – ㉣ 실물화상기(실물환등기)

③ ㉠ 팩시밀리 – ㉡ 실물화상기(실물환등기) – ㉢ LCD프로젝터 – ㉣ 전자칠판

④ ㉠ 스캐너 – ㉡ 오버헤드프로젝터 – ㉢ 실물화상기(실물환등기) – ㉣ LCD프로젝터

TIPS!

㉠ 팩시밀리 : 문서 등을 전기적 신호로 변환하여 전송하는 장치로 흔히 팩스라고 불린다.

㉡ LCD프로젝터 : 영상을 만들어 내는 영상기기와 연결하여 화면을 스크린에 투사하여 주는 영상기기이다.

㉢ 오버헤드프로젝터 : 강의나 회의에 사용되는 것으로 실행자의 머리 뒤편에 스크린에 영상을 제시할 수 있는 기기이다.

㉣ 실물화상기 : 각종의 실물화상을 입력받아 주변기기에 영상을 전송하는 기기로써 다양한 기능과 함께 많은 용도로 사용되고 있다.

Answer 35.③ 36.②

37 다음 중 사무실의 환경을 위해 가장 적절하지 않은 것은?

① 자연광선의 채광량을 위해 사무실 창문은 최대한 크고 넓고 높게 한다.
② 책상이나 컴퓨터 등의 사무정보기기에 직접적인 직사광선이 내려 쪼이게 하여 밝기를 최대화하는 것이 좋다.
③ 각 개인의 책상에 개인조명을 설치하여 집중력을 높일 수 있다.
④ 유리창 청소를 정기적으로 하여 먼지 등에 의한 광선투과율 저하를 막는다.

> **TIPS!**
> 책상이나 컴퓨터 등의 사무정보기기에 직사광선을 되도록 피하게 하고 인공조명으로 밝기를 조절한다.

38 다음 중 사무기기를 올바르게 사용한 비서는?

① A비서는 중요한 문서를 폐기하기 위하여 문서제본기를 사용하였다.
② B비서는 기밀서류나 소량 제작서류를 철하기 위하여 문서 세단기를 사용하였다.
③ C비서는 B4 크기 문서를 A4 크기로 복사하기 위하여 확대 복사 기능을 사용하였다.
④ D비서는 문서를 복사하여 자동분류하고 자동 철하기 위해서 다기능 복사기를 사용하였다.

> **TIPS!**
> ① 문서폐기를 위해서는 문서 세단기를 사용해야 한다.
> ② 기밀서류나 소량 제작서류를 철하기 위해서는 문서제본기를 사용해야 한다.
> ③ B4 문서를 A4 문서로 복사하기 위해서는 축소 복사를 해야 한다.

39 다음 중 근무하기에 쾌적하고 적절한 사무실 환경유지를 위한 방법으로 가장 거리가 먼 것은?

① 밝고 따뜻한 느낌을 주기 위해 채도가 높은 원색을 사용하여 활기 넘치는 사무실로 만든다.
② 여름에 습도가 높아지면 불쾌지수가 높아지므로 쾌적한 환경조성을 위해서 제습기를 이용한다.
③ 조명은 자연 광선을 최대한 이용하되, 인공조명을 사용할 때는 직접 조명과 간접 조명을 적절히 섞어 사용한다.
④ 사무실 소음을 줄이기 위해 바닥에 카펫을 깔고 외래 방문객의 출입이 많은 부서는 입구 쪽에 배치한다.

> **TIPS!**
> ① 채도가 높은 원색은 따뜻하고 발랄하고 활동적인 느낌을 주지만 피로감이 강해 사무실에는 적합하지 않다.

Answer 37.② 38.④ 39.①

40 다음 사무환경 관리 방법 중 가장 올바르지 않은 것은?

① 책상의 방향은 가급적 창을 등지고 앉도록 하여 자연광이 자연스럽게 들어오도록 하며, 조명은 왼쪽에 오도록 하는 것이 좋다.

② 상급자의 책상을 하급자 책상의 뒤에 위치시켜 통제 및 관리를 용이하게 한다.

③ 외부 손님이 빈번한 담당자의 책상을 사무실 입구에 배치하여 소음 때문에 다른 직원에 방해가 되지 않도록 배려한다.

④ 사무실 통로는 직선화하여 통행이 용이하게 하며 상호관련이 있는 직원끼리의 책상은 인접한 위치에 두어 업무의 효율성을 높이도록 한다.

 **TIPS!**

창을 등지고 책상을 배치하면 햇빛이 바로 컴퓨터 화면으로 내리쬐어 좋지 않다.

41 사무실의 환경적 요소 중 색채에 관한 설명으로 옳지 않은 것은?

① 사무실의 색채는 비교적 안정된 느낌의 밝은 톤의 색이 좋다.

② 채도가 높은 원색은 사무실에 적합하다.

③ 좁은 사무실일수록 밝게 칠하는 것이 넓은 느낌을 준다.

④ 사무가구와 비품의 색채를 통일시키면 비교적 차분한 느낌을 준다.

TIPS!

② 채도가 높은 원색은 시각적 피로를 유발하므로 사무실에 적합하지 않다.

Answer 40.① 41.②

42 다음 중 비서업무의 특성으로 적절하지 않은 것은?

① 광범성   ② 정형성

③ 후속성   ④ 양립성

> **TIPS!**
>
> 비서업무의 특성
> ㉠ 업무의 광범성(모호성) : 비서업무는 여러 종류 업무의 집합체이므로 일반업무와 크게 구별되고 그 범위를 정하기가 어렵다. 즉, 전문적인 문서처리부터 부속업무에 이르기까지 비서업무는 광범위하고 다양하다.
> ㉡ 업무의 비정형성 : 비서업무는 여러 가지 요소가 서로 뒤엉켜서 돌아가기 때문에 몇 가지 유형으로 세분화시키기가 매우 어렵다. 다만, 판단을 필요로 하는 것과 판단이 필요 없는 것으로 나눌 수 있을 뿐이다.
> ㉢ 업무의 돌발성 : 비서업무는 일상적 사무처리보다 돌발적 업무처리가 더 중요하다. 상사의 집무 방향에 따라서 비서 업무가 바로 영향을 받기 때문에 비서업무를 정형화시킬 수 있는 것도 그 이유 중의 하나가 될 수 있다.
> ㉣ 업무의 후속성 : 비서는 상사를 보좌하는 것이 본 업무이므로 은밀하게 추진해야 하며, 그 내용이 전면에 나타나지 않는다. 그리고 특별히 지시를 받지 않은 사항에 대해서도 일정기간 계속적으로 추이를 관찰하여야 한다.
> ㉤ 업무의 양립성 : 비서업무는 문서작성과 같은 정신노동과 문서수발, 손님접대 등과 같은 육체적인 일이 양립된다. 참모비서실과 같은 대규모 비서실의 경우는 업무를 분담할 수도 있으나 소규모 비서실인 경우에는 더욱 그러하다.

43 다음 중 국제전화의 국제코드가 잘못 짝지어진 것은?

① 프랑스 – 33   ② 미국 – 1

③ 일본 – 8   ④ 중국 – 86

> **TIPS!**
>
> ③ 일본 – 81

44 영업부 박혜은 비서는 전화부가서비스 기능을 사용하려고 한다. 다음 중 가장 적절하지 않은 것은?

① 걸려오는 상대방의 전화번호를 표시하기 위해 발신 전화 번호 표시 기능을 이용하였다.

② 걸려오는 전화를 휴대폰 혹은 다른 번호에서도 받을 수 있도록 착신 통화 전환 기능을 이용하였다.

③ 국제전화, 시외전화, 시내전화 사용가능 여부를 내선별로 제어할 수 있도록 등급별 통화 제한 기능을 이용하였다.

④ 변경 전의 전화번호로 전화를 건 사람에게 변경된 새 전화번호를 알려 주기 위해서 클로버서비스를 이용하였다.

 TIPS!

④ 변경 전의 전화번호로 전화를 건 사람에게 변경된 새 전화번호를 알려 주기 위한 서비스는 변경 전화 번호 자동 안내이다. 클로버서비스는 발신자 대신 수신자가 요금을 부담하는 서비스이다.

45 다음 중 나라별 인사예법으로 가장 적절하지 않은 것은?

① 러시아에서는 키스를 하고 포옹을 한다.

② 싱가포르의 전통인사로 한 손을 펴서 서로의 가슴 위에 올려놓는 것을 '살람(Salaam)'이라고 한다.

③ 터키에서는 친한 사람들끼리 만나면 서로 볼을 비비거나 손을 붙잡는다.

④ 중국을 비롯한 아시아의 유교 영향권 나라에서는 상급자, 연상자일수록 먼저 더 낮추어 고개를 숙인다.

TIPS!

④ 중국을 비롯한 아시아의 유교 영향권 나라에서는 하급자, 연하자일수록 먼저 더 낮추어 고개를 숙인다.

Answer 44.④ 45.④

46 박보리 비서는 업무상 영업부로 전화를 걸었다. 다음 중 전화 예절로 가장 적절하지 않은 것은?

① 전화를 걸기 전에 상대방의 전화 번호, 소속, 직급, 성명 등을 미리 확인해두었다.

② 전화를 걸었는데 찾는 사람이 아닌 다른 사람이 받아, "죄송하지만 영업부 ○○○과장 부탁합니다."하고 정중하게 말하였다.

③ 용건이 끝난 후 통화 내용을 다시 한 번 정리하여 확인한 후 마무리 인사를 하였다.

④ 상대방이 전화를 끊을 때까지 기다렸다가 확인한 후 전화기를 내려놓았다.

> 🔆**TIPS!**
>
> ④ 일반적으로 업무 전화는 건 쪽에서 먼저 끊는다. 받은 쪽이 먼저 끊으면 상대방이 용건을 다 말하기 전에 통화가 끝날 염려가 있기 때문이다. 그러나 상대방이 아주 윗사람일 경우에는 상대방이 끊은 것을 확인한 후 수화기를 내려놓는 것이 또한 예의이다.

47 다음 중 호텔 객실에 관한 설명으로 옳은 것은?

① 트리플 베드 룸은 변형시킬 수 있는 객실로 낮에는 응접용 소파(sofa)로 사용할 수 있고 밤에는 침대로 만들어 사용할 수 있도록 설비된 객실이다.

② 커넥팅 룸(connecting room)이란 객실과 객실 사이에 통하는 문이 있는 객실로서 가족 단위의 고객들이 사용하기에 편리한 객실이다.

③ 아웃 사이드 룸은 호텔 건물의 내부에 위치하는 객실로서 외부의 경관을 볼 수 없는 전망이 없는 객실을 말한다.

④ 더블 베드 룸은 1인용 침대가 2개로 친구나 형제자매, 같이 여행하는 단체의 일행 등이 사용하기 편리한 실이다.

> 🔆**TIPS!**
>
> ① 트리플 베드 룸은 한 객실에 3인이 투숙을 원할 때 트윈 베드룸에 보조침대(extra bed) 하나를 더 넣어 세 사람이 각자의 침대에서 숙박할 수 있도록 만들어 주는 객실을 말한다. 변형시킬 수 있는 객실은 스튜디오 베드 룸이라고 한다.
>
> ③ 아웃 사이드 룸은 호텔 건물의 바깥쪽에 위치하는 객실로서 외부의 경관을 내다 볼 수 있는 전망이 좋은 객실을 말한다.
>
> ④ 더블 베드 룸은 2인용 침대가 1개인 객실로서 부부가 사용하기 편리한 객실이다. 1인용 침대가 2개인 룸은 트윈 베드 룸이다.

Answer 46.④ 47.②

48 다음 중 상황별 전화연결 요령으로 적절하지 않은 것은?

① 상사에게 전화를 연결하는 경우 상대방의 신분과 용건을 확인한 후 상사에게 연결한다.
② 상사의 부재를 설명할 때에는 상대방에게 자세한 이유를 밝혀야 한다.
③ 상사가 금방 전화를 받지 못할 경우에는 상황을 알리고 계속 기다릴지 여부를 묻는다.
④ 전화가 통화 도중에 끊어진 경우 원칙적으로 건 쪽에서 다시 걸어야 한다.

> **TIPS!**
> ② 상사의 부재를 설명할 때에는 지나치게 자세한 정보까지 제공하지 않도록 한다.

49 다음은 비서의 경조사 업무에 관한 설명이다. 올바르지 못한 것은?

① 결혼 축전을 보내려고 할 때 전화로 115번을 돌려 전보신청을 하도록 한다.
② 경·조사업무 처리는 무엇보다도 타이밍이 중요하므로 비서는 신문의 인사 부고란을 주의깊게 살펴 처리를 놓치는 일이 없도록 한다.
③ 조의금을 전달 할 때에는 봉투 표면에 '賻議'라고 쓰도록 한다.
④ 경조용으로 꽃이나 화분을 보낼 때는 받을 분의 이름, 주소, 회사명, 직명, 전화번호와 경조사의 내용을 거래 화원에 알려주도록 한다.

> **TIPS!**
> ③ 조의금을 전달 할 때에는 봉투 표면에 '賻儀'라고 쓰도록 한다.

50 B상사의 사장님이 사무소 시찰을 위해 아래와 같이 해외출장 스케줄이 잡혀졌음이 알려와 현지 사무소에서 이에 맞춰 호텔 예약을 해 줄 것을 요청받았다. 현지 비서가 해야 할 일로 올바르지 않은 것은?

> JUL 23   SEL/HK   KE 303   16 : 00/19 : 50   JUL 26   HK/SEL   KE 304   12 : 00/15 : 40

① 호텔 예약 시 "Late arrival"을 미리 알려 방을 guarantee해 두도록 한다.

② 호텔 예약 시 오후 7시 50분 대한항공 303편으로 도착함을 알리고 공항에서 pick-up해 줄 것을 요청해 둔다.

③ 홍콩과 서울의 시차가 홍콩이 1시간 빠름을 비서는 인지하고 있도록 한다.

④ 상사가 편안히 주무실 수 있도록 호텔에 Double room으로 준비해 둘 것을 요청해 둔다.

> **TIPS!**
> ③ 홍콩이 서울에 비해 1시간 느리다.

Answer 50.③

PART

02

경영일반

01 경영환경 및 기업형태
02 경영관리
03 경영활동
04 최근기출문제
05 출제예상문제

01 경영환경 및 기업형태

다음의 경영환경요인들이 알맞게 연결된 것은 무엇인가?

┌─ 보기 ─────────────┐
│ A. 소비자, 경쟁자, 지역사회, 금 │
│   융기관, 정부 │
│ B. 경제적, 기술적, 정치, 법률적, │
│   사회/문화적 환경 │
└──────────────────┘

① A : 외부환경, 간접환경
② B : 외부환경, 과업환경
③ A : 외부환경, 직접환경
④ B : 내부환경, 일반환경

해설 경영환경은 크게 외부 환경요인과 내부 환경요인으로 나누어볼 수 있으며, 기업에 직접적인 영향을 미치느냐의 여부에 따라 직접 환경요인과 간접 환경요인으로 나누어볼 수 있다.
　㉠ 외부의 직접적 환경요인 : 소비자, 경쟁자, 공급자, 금융기관, 지역사회, 정부
　㉡ 외부의 간접적 환경요인 : 경제적 환경, 정치-법률적 환경, 사회-문화적 환경, 기술적 환경
　㉢ 내부의 직접적 환경요인 : 주주, 종업원, 경영자, 조직문화

〈정답 ③

section 1 경영환경

1. 경영환경의 개념

(1) 기업환경의 의미

① 기업환경은 일반적으로 기업에 영향을 미치는 기업 내·외적 모든 요소로 크게 내부환경과 외부환경으로 나눌 수 있다.

② 내부환경은 기업의 조직이나 문화, 최고경영자의 경영스타일, 회사방침, 노조 등이 있다. 외부환경은 기업 외적인 것으로 끊임없이 변동한다. 외부환경의 분류로는 경제적·정치적·사회적·문화적 환경 등이 있다.

(2) 기업환경의 중요성

① 기업의 글로벌화로 인해서 기업 하나 하나가 세계경제의 구조에도 질적 변화를 유발하므로 기업을 둘러싼 경제적 환경에 중요성은 점점 커지고 있다.

② 기업환경은 경제적 이외에도 사회적, 정치적 환경 등에도 크게 영향을 받는다. 이것은 서로 상호작용을 하므로 기업환경의 변화는 사회적·정치적으로도 영향력이 점차 커지고 있다.

③ 민주주의의 발달과 더불어 기업과 지역사회와의 관계에도 변화가 일어남에 따라 기업경영에 주요한 영향을 미치고 있다.

(3) 기업환경의 분류

① 기업의 내부환경
　㉠ 기업의 조직 : 기업환경은 기업의 내부조직에 영향을 받는다. 조직의 유연성 여부에 따라 기업의 환경 적응여부가 상이하므로 각 기업의 목표나 유형에 따라 적당한 조직을 갖추어야 한다. 기업의 조직에는 공식조직과 비공식조직이 있다.
　　ⓐ 공식조직 : 법률, 규칙이나 직제(職制)에 의하여 형성된 인위적 조직을 말한다.
　　　• 목표나 직무가 잘 규정되어 있다.
　　　• 능률의 원리가 지배한다.
　　　• 의사소통경로가 명확하다.

ⓑ **비공식조직** : 구성원 상호 간의 접촉이나 친근성으로 인해 자연발생적으로 형성되는 자생 집단을 말한다.
  - 감정의 원리가 지배 수
  - 사적 성격의 목적 추구
  - 자생적·비제도적이다.
  - 구성원의 인간적 측면이 가장 잘 반영된다.

ⓛ **기업의 문화** : 조직구성원의 활동의 지침이 되는 행동규범을 창출하는 공유된 신념 체계로 구성원들에게 일체감을 바탕으로 노사관계의 안정성 제고에 이바지 할 수 있게 해준다.

ⓒ **경영스타일** : 최고경영자의 경영스타일에 따라 기업의 환경은 변화한다. 최고경영자의 스타일이 개방적이냐 참여적이냐 온정적이냐 등에 따라 구성원들의 행동양식과 조직분위기에 직접적인 영향을 미치게 된다.

ⓔ **노동조합** : 최근 많은 문제가 되고 있는 이슈 중 하나로 기업의 환경에 큰 영향을 미친다. 강성노동조합의 존재는 기업의 이미지를 바꾸며 그에 따라 기업의 실적과 문화의 변화 등 다양한 변화를 초래한다. 노동조합의 유형은 다음과 같다.
  ⓐ 직업별 노동조합
  ⓑ 산업별 노동조합
  ⓒ 일반 노동조합
  ⓓ 기업별 노동조합

② **기업의 외부환경**

ⓤ **경제적 환경**

ⓐ **물가수준의 변화와 환율변동** : 외환위기 때 기업의 경제적 환경은 소비의 감소와 환율의 급등 등으로 기업경영에 많은 어려움이 있었다.

ⓑ **해외의 경제환경 변화** : 중국의 가파른 경제성장과 신흥 개발도상국들의 선전과 글로벌 기업들의 변화는 기업의 경제적 환경에 많은 영향을 미친다.

ⓒ **경제학적인 환경(경제시스템)**
  - **독점환경** : 1개의 기업에 의해 시장 재화의 공급이 이루어지는 상황을 말한다.
  - **과점환경** : 소수 몇 개의 기업이 시장의 지배하는 상황을 말한다.
  - **독점적 경쟁환경** : 다수의 기업이 존재하며 기업의 진입과 퇴거가 자유롭고 대체성이 높지만 차별화된 재화를 생산하는 시장상황을 말한다.

POINT 자연독점 … 규모의 경제가 발생하여 생기는 독점으로 자연 발생적으로 생기는 한 개 기업의 독점을 말한다.

기출 2019. 5. 12. 비서 2급

기업은 경영성과에 직접적 영향을 미치는 이해관계자들과 관계를 맺고 있다. 다음 중 외부 이해관계자의 예가 아닌 것은?

① 금융기관　② 소비자
③ 주주　　　④ 언론매체

해설 ③ 주주는 내부 이해관계자에 해당한다.

기출 2019. 11. 10. 비서 2급

과업환경은 기업활동에 직접적인 영향을 미친다. 다음은 이러한 과업환경의 변화파악을 위한 관련 이해관계자를 나열한 것으로, 4가지 보기 중 이해관계자의 성격이 다른 하나는?

① 협력기업 – 경쟁기업
② 주주 – 노동조합
③ 정부 – 금융기관
④ 지역사회 – 소비자

해설 ①③④ 외부 이해관계자
②내부 이해관계자

ⓛ 정치적 환경
　ⓐ 법률과 세제와 규제 : 정치적 이념의 변화로 법인세와 기타 세제의 변동은 기업환경의 절대적인 영향력을 행사한다. 특히 공정거래법, 독과점금지법, 공해와 가격규제정책 등은 기업환경에 큰 영향을 미친다. 기업친화적인 정치환경은 기업을 경영하는데 있어서 꼭 필요한 요건이다.
　ⓑ 정치적 노조 : 노동조합은 기업의 내부적 환경요소 이기도 하지만 정치적 성향을 가진 노조의 증가로 인해 정치적 환경의 변화는 간접적으로 기업에 영향을 미친다.
　ⓒ 정부보조와 지적재산권 문제
ⓒ 사회 · 문화적 환경 : 최근 환경의 중요성이 부각되면서 사회적으로 기업의 환경 친화적인 경영을 요구하거나 기업윤리 측면에서 기업의 이윤을 사회에 얼마만큼 환원하느냐가 중요한 문제로 떠오르고 있다.
　ⓐ 사회 가치관
　ⓑ 문화와 하위문화
　ⓒ 관습 등의 사회적 제도

POINT 하위문화 … 지배적 문화와는 별도로 특정사회 집단에서 생겨나는 문화

2. 경영환경의 이해관계자 특성

이해관계자 집단	이해관계 내용
주주	투자 자본가치의 유지 및 증대, 투자수익(이익배당)의 증대
금융기관	대여자본의 회수, 이자지급의 확실성
공급자	거래관계의 안정, 공정 및 수취대가의 적정과 확실
고객	제공 상품이나 서비스의 품질우량과 가격저렴
경쟁기업	공정경쟁의 유지
종업원	고용의 안정, 임금, 노동시간, 노동조건의 향상
정부	공공복지의 이해관계자대표로서의 복지 유지에 대한 관심과 납세자로서의 기업에 대한 적정한 조세납부의 요구
시민단체	기업의 사회적 책임과 고객의 이익에 기반을 둔 비판과 견제
지역사회	기업에 필요한 재무적 · 법률적 · 기술적 서비스 제공자로서의 지역사회의 일반복지의 증진

정답 ③, ②

3. 경영현황 지식

(1) 경영실적

① **영업수익** … 일반적으로 순매출액이 이에 해당한다. 제조업에서는 생산활동의 결과로 얻어지는 수익이며, 건설업에서는 완성된 공사대금, 상사에서는 판매거래액이 영업수익이다. 기업회계원칙에는 '영업수익(순매출액)은 상품 등의 판매 또는 역무(役務)의 제공에 의하여 실현되는 것으로 한다'라고 되어 있다.

② **영업비용** … 기업의 주된 영업활동으로부터 발생한 비용의 총칭이다. 매출원가 · 판매비와 관리비가 이에 해당한다.

③ **영업이익** … 기업의 주된 영업 활동에서 생긴 매출 총이익에서 판매비와 일반 관리비를 차감하고 남은 액을 말한다. '일반 관리비와 판매비'는 상품의 판매 활동과 기업의 유지 관리 활동에 필요한 비용으로서 급료, 세금, 각종 공과금, 감가상각비, 광고 선전비 등을 들 수 있다. 영업이익은 기업의 본래 활동 성과를 나타내기 때문에 수익성 지표로서 중시되고 있다.

④ **영업이익률** … 매출액에 대한 영업이익 비율을 매출액 영업이익률 또는 영업이익률이라고 하며, 영업이익률은 영업활동의 수익성을 나타내게 된다. 영업이익률이 높을수록 마진이 많이 남고, 고정비가 적으며, 가격결정권을 공급자가 가진 독점(독과점)이라고 할 수 있다.

(2) 경영현황

① **투자액** … 향후 부가가치 생성을 위해 선제적으로 투입하는 비용을 말한다.

② **매출액** … 기업의 주요 영업활동 또는 경상적 활동으로부터 얻는 수익으로서 상품 등의 판매 또는 용역의 제공으로 실현된 금액을 말한다. 주요 영업활동이 아닌 것으로부터 얻는 수익은 영업외수익으로 비경상적 활동으로부터 얻은 수익은 특별이익으로 계상되며, 손익계산서상의 매출액은 총매출액에서 매출에누리와 매출환입을 차감한 순매출액을 표시한다.

③ **당기순이익** … 일정기간(해당기간)의 순이익을 의미한다. 순이익이란 매출액에서 매출원가, 판매비, 관리비 등을 빼고 여기에 영업외 수익과 비용, 특별 이익과 손실을 가감한 후 법인세를 뺀 것이다. 즉 기업에서 일정기간 내에 물건을 판 액수인 매출액에서 물건을 만드는 데 들어간 총비용인 매출원가를 빼면 매출총이익이 나온다.

④ **시가총액** … 주식시장이 어느 정도의 규모를 가지고 있는가를 나타내는 지표이다. 따라서 다른 금융자산과의 비교, 주식시장의 국제비교에도 유용하다. 시가총액의 증감과 다른 주가지수를 비교함으로써 주가변동의 내용을 알 수 있다.

기출 2019. 5. 12. 비서 1급

김OO 비서는 입사후 비서로서 경영현황 지식을 갖추기 위해 다음과 같은 활동을 하였다. 가장 거리가 먼 행동은?

① 조직의 재무제표를 수집하여 분석하였다.
② 기업의 경영관련 모든 루머를 수집해서 바로 상사에게 보고하였다.
③ 기업에서 생산되는 제품과 서비스에 대한 정보를 수집하여 공부하였다.
④ 기업의 경영이념을 숙지하여 업무에 적용하였다.

해설 기업에 관한 가장 기본적인 사항은 회사의 연감이나 영업 보고서, 감사 보고서 등을 통해서 알 수 있고, 대회 홍보용으로 발간한 책자나 사보 등도 도움이 된다. 비서로서 기본적으로 알아두어야 할 사항은 다음과 같다.
㉠ 기업의 형태, 사명, 설립 목적
㉡ 회사의 정관 및 역사
㉢ 이사회의 구성과 배경
㉣ 주주의 분포 상태
㉤ 관계 회사의 내역
㉥ 취급 제품 및 진출 시장 지역
㉦ 공장에 관한 사항
㉧ 최근 수년간의 매출액 성장 추이 및 시장 점유율 추세
㉨ 조직도에 관한 사항(권한과 책임의 분담)
㉩ 상장 주식 수 및 주가
㉪ 대정부 관계

〈정답 ②

⑤ **부채비율** … 타인자본의 의존도를 표시하며, 경영분석에서 기업의 건전성의 정도를 나타내는 지표로 쓰인다. 기업의 부채액은 적어도 자기자본액 이하인 것이 바람직하므로 부채비율은 100% 이하가 이상적이다. 이 비율이 높을수록 재무구조가 불건전하므로 지불능력이 문제가 된다.

4. 기업윤리

(1) 기업윤리의 의의

① 사회생활을 하는데 있어서 부딪히게 되는 윤리문제를 기업경영이라는 좀 더 거시적인 측면에 적용한 것으로 개인적인 측면보다 특수한 것이다.

② 기업윤리는 모든 상황에서 획일적으로 적용되는 윤리라기보다는 특수한 상황에 적용되는 것이기에 규범적 이론에 기반을 두면서 응용적으로 적용된다.

③ 경영자의 윤리적 행동에 영향을 미치는 요소는 크게 경영자 자신과 기업, 그리고 외부환경으로 나눌 수 있다.

(2) 기업윤리의 중요성

① 기업의 계속적인 존재를 위해 사회변화에 적응해 나가야하는 기업으로써는 최근의 기업윤리 강조는 중요한 문제이다.

② 기업윤리가 강조됨으로써 기업의 본원적 기능인 경제적 측면만을 고려하는 기업의 역할에 문제를 제기함으로써 기업 환경 전반에 영향을 미치고 있다.

③ 기업 역시 사회의 일부분으로써 사회적 기능을 수행해야 한다는 측면에서 기업윤리의 중요성은 또한 강조된다.

(3) 기업윤리의 영향요소(Baumhart)

① Baumhart의 윤리영향요소 … 회사 내 상사의 행동, 회사정책, 산업의 윤리환경, 회사 내 동료들의 행동

② 일반적인 윤리영향요소 … 대중적인 공개와 의사소통, 사회적 관심 및 압력, 정부의 규제 및 간섭, 전문경영자의 증가, 기업의 역할에 대한 사회의 기대

기출PLUS

기출 2019. 5. 12. 비서 2급

다음 중 기업의 사회적 책임에 대한 구체적인 내용이 아닌 것은?

① 기업유지 및 발전의 책임
② 이해관계자의 이해 조정의 책임
③ 외국기업과의 교류의 책임
④ 지역발전과 복지향상에 대한 책임

해설 사회적 책임에 대한 구체적인 내용
ⓐ 기업유지 및 발전의 책임
ⓑ 이해관계자의 이해 조정 책임
ⓒ 사회적 기능에 대한 책임
ⓓ 생활환경에 대한 책임
ⓔ 지역사회 발전과 복지향상에 대한 책임

기출 2019. 11. 10. 비서 2급

다음 중 기업이 윤리경영을 위해 설치하는 조직의 제도적 행위로써 알맞지 않은 것은?

① 내부거래 활성화
② 윤리위원회 조직
③ 기업윤리규범 및 직업윤리강령 제정
④ 윤리핫라인 및 민원자문관 운영

해설 ① 내부거래 활성화는 윤리경영에 위배되는 행위이다.

《정답 ③, ①

(4) 경영윤리

① 경영윤리의 의의
  - ㉠ 경영자의 행동과 의사결정에 지침이 되는 것으로 옳고 그름을 판단하는 기준을 의미한다.
  - ㉡ 윤리적인 기업경영은 윤리적일 뿐만 아니라 사회적 책임을 항상 염두에 두는 것을 의미한다.

② 기업윤리가 사회적으로 강조되는 이유
  - ㉠ 사회 전반에 미치는 기업의 영향력 증대
  - ㉡ 기업계의 정화 필요성
  - ㉢ 경제성과 윤리성 조화의 필요성
  - ㉣ 윤리적 기업의 발전 가능성 확대

5. 글로벌 경영의 이해(1급)

(1) 시장의 세계화

① 기업 간의 경쟁이 이루어지는 시장의 범위가 과거와 달리 전 세계로 확대되고 있다.

② 국제적인 기구를 바탕으로 시장개방의 확대와 무역장벽의 철폐를 통해 시장의 글로벌화는 더욱 촉진되고 있다.

(2) 기업의 국제화 과정

① 국내지향기업(국내기업)
  - ㉠ 국내 시장점유율을 증대시킴으로써 수익을 극대화하는 것이 정책적 목표가 된다.
  - ㉡ 자금조달면에서는 국내자본이 조달원천이 된다.
  - ㉢ 일반적으로 중소기업이 대기업보다 훨씬 국내 지향적인 기업형태를 취하게 된다.

② 해외지향기업(수출기업)
  - ㉠ 수출기업은 해외시장 개척과 조업도의 제고 및 생산규모의 경제화 달성을 위한 수익의 증대를 목표로 삼는다.
  - ㉡ 정부의 수출시장 및 기타 지원조치를 효과적으로 활용하기 위한 전담부서를 종래의 회계부서로부터 독립시켜 최고 경영자 직속기구로 편성한다.
  - ㉢ 중요한 수출시장에는 현지 법인이 설치되고 국내에서 경영자가 파견되어 현지시장과의 연락관계를 유지한다.

③ 현지지향기업(다국적기업)

　㉠ 현지시장지향단계로 기업의 생산, 판매활동을 국제적으로 분산시켜 네트워크 관계를 형성한다.

　㉡ 재무면에서는 해외자본을 활용하기 위한 국제금융업무가 주요 업무로 등장한다.

④ 세계지향기업(세계기업) … 세계시장지향단계로 기업은 복수의 생산입지와 시장 국가 사이의 유기적 연결 관계를 가지며, 각국의 해외 자회사들이 독자적인 경영활동의 주체가 된다.

(3) 글로벌 경영환경의 요소

① 국제표준의 중요성

　㉠ 시장의 글로벌화는 경쟁의 촉진을 의미한다. 이와 같은 과정에서 시장의 단일화가 이루어지면서 Global standard에 대한 논의가 확대되고 있다.

　㉡ 국제표준은 글로벌 경영환경에 있어서 중요한 위치를 차지하게 되었으며 현재 많은 기업들이 국제표준을 확보하기 위해 연구개발에 많은 노력을 하고 있다.

기업 형태별 관련 요소			
구분	수출기업	다국가기업	글로벌기업
제품	표준화	국가별 적응	유연적 적응
의사결정	모회사	자회사	활동별
고객	글로벌 고객중심	현지고객중심	글로벌/현지고객
회사관계	모회사에 권한 집중	자회사에 권한 분배	권한배분 및 조정

② 환율 … 환위험에 대비하지 않으면 막대한 손실을 통해 기업경영에 어려움을 겪을 수 있으며 글로벌화를 통해서 다국에 걸쳐 거래가 이루어지기 때문에 다국의 통화의 변화에 민감하게 대응해야 한다.

③ 각 국가별 환경 … 각 국가별 환경에 잘 대응하여야 한다.

POINT 중국이나 기타 사회주의 국가나 중동과 같이 전쟁이 계속되고 있는 국가에서는 이념이나 체제, 전쟁 등의 위험을 고려하여야 한다.

④ 문화 … 각 국가의 문화가 다르고 그 문화에 따라 경제활동의 차이가 있으므로 그에 따른 변화에 적응하여야 한다.

POINT 인도와 같은 나라는 카스트 제도의 존재를 고려해야 하고 유럽의 프랑스에서는 빠르고 간편한 것 보다는 느리고 아름다운 것을 추구하는 문화를 고려하여야 한다.

⑤ **국제정세** … 국제적인 정치 상황이나 기구와 관련하여 특히 기업입장에서는 각종 법규와 수입규제, 관세 등을 고려해야 한다.

> **POINT** 한 · 미 FTA협상 타결 등 세계주의 확산추세, 유럽연합의 확대 등 지역통합 확산추세

section 2 기업형태

1. 기업형태

(1) 기업결합

① **목적** … 생산 공정의 합리화, 상호 경쟁의 배제와 제한, 시장(자본)의 지배

② **기업의 집중**
  ㉠ **분류(결합방향 기준)**
    ⓐ **수평적 결합** : 동종 · 유사업종 간의 기업결합, 시장의 독점적 지배를 목적으로 한다.
    ⓑ **수직적 결합** : 동일 제품의 생산단계를 달리하는 기업 간의 결합으로 생산 · 유통과정의 합리화를 목적으로 한다.
    ⓒ **다각적 결합** : 생산상의 관계가 없는 다른 업종 간의 결합을 통해 위험을 분산시키고 기업 지배력을 강화하고자 하는 목적으로 한다.
  ㉡ **기업제휴** : 경쟁관계에 있는 복수 기업으로 동업조합 또는 사업자단체, 사업제휴, 카르텔 등이 있다.

    > **POINT** 카르텔 … 경제적으로 일종의 기업연합이나 법률적으로는 계약적 결합이며 법인격이 인정되지 않는다. 합리화 카르텔과 같이 시장지배나 경제제한을 목적으로 하지 않는 것도 있지만, 본래 어느 정도의 계약이나 협정의 범위 내에서의 경쟁제한을 목적으로 발생하였다.

  ㉢ **기업집단화** : 법적으로 독립적인 복수 기업이 결합하여 자본적 · 인적 · 기술적으로 밀접한 관계를 가진 통일적 집단을 형성하는 것으로 주식 보유형 트러스트, 콘체른, 콤비나트 등으로 분류할 수 있다.
    ⓐ **트러스트** : 일종의 기업협동으로 다른 기업의 주식보유를 통한 지배와 시장의 독점을 시도한다. 가맹기업의 독립성은 없고, 동일 산업부문 또는 기술적으로 관련된 수직적인 산업부문만의 자본 지배를 말한다.
    ⓑ **콘체른** : 일종의 기업집단으로 산업과 금융의 융합, 주식소유에 의한 지배(지주회사) 또는 융자, 중역파견에 의한 인적 결합 지배로 독립성이 유지되며 산업과 금융의 융합을 말하는 것으로 우리나라의 재벌이 이에 속한다.

기출PLUS

기출 2019. 11. 10. 비서 1급

다음은 기업 형태에 대한 설명이다. ( )안에 알맞은 말로 올바르게 짝지은 것은?

┌─ 보기 ─────────────┐
│ (A)(은)는 자본적인 결합 없이 동종업종 또는 유사업종 기업들이 경쟁을 제한하면서 수평적으로 협정을 맺는 기업결합 형태이며, (B)(은)는 자본적으로나 법률적으로 종래의 독립성을 상실하고 상호결합하는 기업집중 형태를 말한다. │
└─────────────────┘

① A - 콘체른, B - 지주회사
② A - 카르텔, B - 트러스트
③ A - 지주회사, B - 콤비나트
④ A - 트러스트, B - 콘체른

해설 (A) 같은 종류의 상품을 생산하는 기업이 서로 가격이나 생산량, 출하량 등을 협정해서 경쟁을 피하고 이윤을 확보하려는 행위
  (B) 동일산업 부문에서의 자본의 결합을 축으로 한 독점적 기업결합, 기업합동 · 기업합병

＜정답 ②

기출PLUS

기출 2017. 5. 14. 비서 1급

다음 중 기업집중형태에 대한 설명으로 가장 적절하지 않은 것은?

① 시장독점을 위하여 기업의 독립성을 상실하고 하나의 기업체로 합동하는 것을 트러스트라고 한다.

② 신제품이나 신기술 등 아이디어의 개발과 발명을 하는 모험적인 중소기업을 벤처기업이라고 한다.

③ 카르텔은 금융적 방법에 의한 기업집중의 형태이며 독점의 최고형태이다.

④ 콘체른은 법률적으로는 독립적인 기업들이 자본적 결합관계를 통해 결합하는 형태이다.

> **해설** ③ 금융적 방법에 의한 기업집중의 형태이며 독점의 최고형태는 콘체른이다. 카르텔은 기업 상호 간의 경쟁의 제한이나 완화를 목적으로, 동종 또는 유사산업 분야의 기업 간에 결성되는 기업담합형태로, 기업연합이라고도 한다.

기출 2019. 5. 12. 비서 1급

다음 중 정관에 특별한 계약이 없는 한 전원이 공동출자하여 무한책임을 지므로 신뢰관계가 두터운 가족이나 친지 간에 이용되는 기업형태는 무엇인가?

① 합자회사   ② 합명회사

③ 익명조합   ④ 주식회사

> **해설** ① 무한책임사원과 유한책임사원으로 조직된 회사
> ③ 당사자의 일방인 익명조합원이 상대방인 영업자를 위하여 출자하고 상대방은 그 영업에서 생기는 이익을 분배할 것을 약정하는 계약
> ④ 주식으로 세분화된 일정한 자본을 가진 전형적인 물적회사로서, 사원인 주주는 주식의 인수가액을 한도로 하여 출자의 무를 부담할 뿐이고 회사채권자에 대하여는 아무런 책임을 지지 않는 회사

〈정답 ③, ②

ⓒ **콤비나트**: 콘체른과 같은 수직적 기업집단과는 달리 일정 수의 유사한 규모의 기업들이 원 자료와 신기술의 이용을 목적으로 사실상의 제휴를 하기 위하여 근접한 지역에서 대등한 관계로 결성하는 수평적 기업 집단(특정 공업단지 내의 기업집단)을 말한다.

ⓔ **기업집중화의 문제점**

    ⓐ 기업의 담합으로 자유경쟁이 저하되고 이로 인하여 소비자가 피해를 입을 수 있다.

    ⓑ 기업이 집중화되면서 중소기업이 성장하지 못하게 된다.

③ **공기업의 등장**

    ⊙ **배경**: 국제경쟁사회에서 경쟁력을 높이고 산업의 특성상 거대 자본이 필요하거나 혹은 공익성이 강조되는 사업을 수행하기 위하여 등장하였다.

    ⓒ **형태**

        ⓐ **국공영기업**: 국가 또는 공공단체의 행정조직에 편입되어 행정관청의 일부로 운용된다.

        ⓑ **법인공기업**: 법인기업의 형태로 형식적 독립성을 유지한다.

    ⓒ 최근 재정부담과 관료화로 인한 폐단을 방지하고 효율성을 높이기 위해 기업화하거나 민영화하는 경우가 점차 증가하고 있다.

(2) 합명(合名)회사

① **합명회사의 설립**

    ⊙ 정관을 작성하여야 회사의 실체를 형성한다.

    ⓒ 정관 작성 후 본점 소재지에 설립등기를 하면 법인격을 취득한다.

② **합명회사의 특징**

    ⊙ 회사채권자에게 회사 채무에 대해 무한책임을 부담하는 사원만으로 구성된 회사이다.

    ⓒ 각 사원은 원칙적으로 대표권을 가지며 지분의 양도는 제한된다.

    ⓒ 법률상으로는 사단이지만 실질적으로는 조합의 형태이다.

    ⓔ 무한·직접책임사원(금전 기타 재산과 노무·신용출자)만으로 구성된다.

    ⓜ 존립기간의 만료 기타 정관에 따라 사유의 발생 시 총사원의 동의로 해산된 경우 사원의 전부 또는 일부 동의로 회사를 계속할 수 있다.

(3) 합자(合資)회사

① 합자회사의 설립절차는 합명회사와 같다.

② 유한책임사원은 대표권이 없고 감시권만을 가진다.

③ 지분의 양도는 무한책임사원의 동의가 있어야 한다.

④ 회사채권자에게 정관에 정한 출자액의 한도 내에서만 책임을 부담한다.

⑤ 무한책임사원과 직접·연대·유한책임사원(금전 기타 재산만 출자가능)으로 구성된다.

⑥ 유한책임사원 전원이 퇴사한 때에는 무한책임사원의 결의로 조직변경에 의해 합명회사로 회사를 계속할 수 있다.

(4) 주식(株式)회사

① 주식회사의 설립
  ㉠ 1인 이상의 발기인이 정관작성을 하고 회사의 실체를 구성하여 설립등기를 할 수 있다.
  ㉡ 정관의 필요적 기재사항
    ⓐ 목적
    ⓑ 상호
    ⓒ 회사가 발행할 주식의 총수
    ⓓ 1주당 금액
    ⓔ 회사의 설립 시에 발생하는 주식의 총수
    ⓕ 본점소재지
    ⓖ 회사가 공고를 하는 방법
    ⓗ 발기인의 성명·주민등록번호 및 주소
  ㉢ 주주의 모집 : 주식인수의 청약, 주식의 배정
  ㉣ 회사설립의 무효
    ⓐ 정관의 절대적 기재사항에 흠결이 있을 때
    ⓑ 설립경과조사가 없었던 경우
    ⓒ 주식의 인수가 납입에 중대한 결함이 있는 경우

② 주식의 종류
  ㉠ 보통주
    ⓐ 주주총회에서 의결권이 있는 주식이다.
    ⓑ 주식을 발행할 때 기준이 되는 주식이다.

기출 2019. 5. 12. 비서 1급

다음은 주식회사에 대한 설명이다. 옳지 않은 것은?

① 주식회사는 투자자와 별개의 법적 지위를 갖는 법인이다.

② 주식회사의 투자자는 회사가 파산하거나 손해를 보아도 자신이 출자한 지분에 대해서만 책임을 진다.

③ 주식회사의 설립과 청산은 상대적으로 복잡하나 법적 규제는 약한 편이다.

④ 주식회사는 많은 사람들로부터 출자를 유도할 수 있어 거대자본으로 회사운영이 가능하다.

해설 ③ 주식회사의 설립과 청산뿐 아니라 법적 규제도 강한 편이다. 주식회사는 법률상 반드시 의사결정기관인 주주총회, 업무집행과 대표기관인 이사회·대표이사와 감독기관인 감사의 세 기관을 가져야 한다.

기출 2019. 11. 10. 비서 2급

다음은 주식회사에 대한 설명이다. 그 설명으로 가장 맞지 않는 것은?

① 주식회사제도를 채택하는 이유는 다수의 출자자로부터 대규모의 자본을 쉽게 조달할 수 있기 때문이다.

② 회사의 경영은 대표이사가 담당하며, 대표이사의 업무집행을 감사하는 것은 이사회가 담당한다.

③ 주식회사를 설립하기 위해서는 발기인에 의한 정관 작성, 주주 모집, 창립총회 개최, 설립등기 등의 절차가 필요하다.

④ 주식회사는 상법에 의해 설립되는 법인으로 회사이름으로 부동산을 소유, 판매할 수 있으며, 소유권이 넘어가더라도 계속 기업으로 존속할 수 있다.

해설 ② 회사의 경영은 대표이사가 담당하며, 대표이사의 업무집행을 감사하는 것은 감사가 담당한다.

❮정답 ③, ②

무한책임사원과 유한책임사원으로 구성되는 이원적인 회사로, 무한책임사원이 경영을 담당하며 유한책임사원은 지분만 참여하는 형태의 회사는 다음 중 무엇인가?

① 합명회사   ② 합자회사
③ 유한회사   ④ 주식회사

해설 ① 무한책임사원만으로 구성되는 회사
③ 사원이 회사에 대하여 출자금액을 한도로 책임을 질 뿐, 회사채권자에 대하여 아무 책임도 지지 않는 사원으로 구성된 회사
④ 주식의 발행으로 설립된 회사

ⓛ 우선주
 ⓐ 주주총회에서 의결권이 없는 주식이다.
 ⓑ 보통주보다 배당금을 더 받는 측면이 있다.
ⓒ 후배주 : 보통주 배당 후 잔여 미처분이익이 있는 경우 배당을 받는 것으로 보통주보다 불리한 조건의 주식이다.
ⓔ 혼합주 : 이익배당이나 잔여재산분배에 있어 한 쪽은 우선적 지위를, 다른 한 쪽은 그렇지 않은 지위가 인정되는 주식이다.

③ 주식회사의 기관
 ㉠ 주주로 구성된 기본적인 의사를 결정하는 기관으로 주주총회가 있다.
 ㉡ **주주총회의 소집권자**(이사회) : 소수주주, 법원, 청산인회, 감사
 ㉢ 주주의 의결권
  ⓐ 보유주식 1주에 1개의 의결권을 가지는 것이 원칙이다.
  ⓑ 주주의 의결권은 대리행사가 가능하다.
  ⓒ 서면에 의한 의결권행사를 할 수 있다.
 ㉣ 이사
  ⓐ 이사의 선임은 등기사항이다.
  ⓑ 회사의 자본총액이 5억 미만인 경우 1인 혹은 2인의 이사를 둘 수 있다.
  ⓒ 이사는 언제든지 특별결의에 의한 주주총회의 결의로 해임할 수 있다.
 ㉤ 감사
  ⓐ 회계의 검사를 주된 임무로 하는 회사의 상설감독기관이다.
  ⓑ 감사의 의무로는 감사록 작성, 이사회에 대한 업무보고, 주총에 대한 보고의무, 감사보고서 제출의무가 있다.
  ⓒ 감사가 그 임무를 해태한 때에는 감사는 회사에 대하여 연대하여 손해를 배상할 책임이 있다.

④ 주식회사의 특징
 ㉠ 주주의 출자로 구성되고 자본은 주식으로 분배된다.
 ㉡ 회사채권자에게 아무런 책임을 부담하지 않는다.
 ㉢ 주주는 주주총회에서 회사의 기본 사항을 결정한다.
 ㉣ 주식의 양도는 자유롭다.
 ㉤ 간접·유한책임사원(금전 기타 재산만 출자가능)으로 구성된다.
 ㉥ 주주총회의 결의에 의해 해산하고 주주총회의 특별결의에 의해 회사를 계속할 수 있다.

(5) 유한(有限)회사

① 유한회사의 설립
  ㉠ 절대적 기재사항 : 목적, 상호, 자본총액, 출자 1좌의 금액, 각 사원의 출자좌수, 본점소재지, 사원의 성명과 주민등록번호 및 주소
  ㉡ 이사는 회사의 설립 전에 출자의 전액을 납입, 목록재산 전부의 납입을 시켜야 한다.
  ㉢ 출자의 이행이 끝난 후 2주 내에 본점소재지에서 설립등기를 해야 한다.

② 유한회사의 특징
  ㉠ 회사채권자에게 아무런 책임을 지지 아니한다.
  ㉡ 제3자에게 사원의 지분을 양도하는 경우에는 사원총회의 결의가 있어야 한다.
  ㉢ 지분을 유가증권화하지 못한다.
  ㉣ 간접 · 유한책임사원(금전 기타 재산만 출자가능 단, 유한회사의 사원은 자본전보책임을 지는 점에서 주식회사와 다르다)으로 구성된다.

기업형태에 따른 비교

구분	합명회사 · 합자회사	주식회사 · 유한회사
최초자본금	제한 없음	• 주식회사 : 5천만 원 • 유한회사 : 1천만 원
사원의 출자시기	정관의 정함에 따라 회사의 청구가 있는 때	회사 설립 전 출자를 완료
사원의 책임범위	• 무한책임사원 : 직접 · 무한책임 • 유한책임사원 : 직접 · 유한책임	간접 · 유한책임(단, 유한회사의 사원은 추가출자의무를 부담)
회사의 기관성	사원이 대표를 맡는 자기기관 중심	사원이외의 자가 맡는 타인기관 중심
회사의 청산	법정청산과 임의청산	법정청산

2. 중소기업과 대기업

(1) 중소기업

① 중소기업의 정의
  ㉠ 대기업과 비교하여 규모와 자본이 영세하고 자금력이 취약한 기업을 말한다.
  ㉡ 중소기업의 개념은 대기업에 대한 상대적인 개념으로 각 나라마다 규정을 달리하고 있다.
  ㉢ 「중소기업기본법」에서 종업원의 규모나 자산총액을 기준으로 중소기업의 범위를 규정하고 있다.

기출PLUS

기출 2020. 11. 8. 비서 1급

다음 중 유한회사의 설명으로 가장 거리가 먼 것은?

① 유한회사의 사원은 의결권 등에서는 주식회사와 유사하다.
② 50인 이하의 유한책임사원과 무한책임사원으로 구성된다.
③ 주식회사보다는 자본규모가 작고 출자지분의 양도도 사원총회의 승인을 받아야 한다.
④ 소수의 사원과 소액의 자본으로 운영되는 중소기업에 적당한 기업형태이다.

해설 ② 유한회사 사원의 책임은 「상법」에 다른 규정이 있는 경우 외에는 그 출자금액을 한도로 한다. 즉, 모두 유한책임사원으로 구성된다.

◀ 정답 ②

기출PLUS

기출 2019. 5. 12. 비서 2급

다음 설명 중 중소기업의 특성으로 거리가 먼 것은?

① 기업의 규모가 작아서 창업이나, 폐업이 어려우며 환경변화에 쉽게 대응할 수 없다.

② 주로 소매업, 서비스업종의 1인 기업이 많다.

③ 소유자에 의해 의사결정이 자율적으로 이루어진다.

④ 대기업의 협력업체로 종속관계를 유지하는 경우가 있다.

해설 ① 기업의 규모가 작아서 대기업보다 높은 수준의 유연성을 가진다. 따라서 내적·외적 환경의 변화에 대응하여 빠르게 대처할 수 있다.

< 정답 ①

② 중소기업의 범위

해당 기업의 주된 업종	분류기호	규모 기준
1. 의복, 의복액세서리 및 모피제품 제조업	C14	평균매출액등 1,500억 원 이하
2. 가죽, 가방 및 신발 제조업	C15	
3. 펄프, 종이 및 종이제품 제조업	C17	
4. 1차 금속 제조업	C24	
5. 전기장비 제조업	C28	
6. 가구 제조업	C32	
7. 농업, 임업 및 어업	A	평균매출액등 1,000억 원 이하
8. 광업	B	
9. 식료품 제조업	C10	
10. 담배 제조업	C12	
11. 섬유제품 제조업(의복 제조업은 제외한다)	C13	
12. 목재 및 나무제품 제조업(가구 제조업은 제외한다)	C16	
13. 코크스, 연탄 및 석유정제품 제조업	C19	
14. 화학물질 및 화학제품 제조업(의약품 제조업은 제외한다)	C20	
15. 고무제품 및 플라스틱제품 제조업	C22	
16. 금속가공제품 제조업(기계 및 가구 제조업은 제외한다)	C25	
17. 전자부품, 컴퓨터, 영상, 음향 및 통신장비 제조업	C26	
18. 그 밖의 기계 및 장비 제조업	C29	
19. 자동차 및 트레일러 제조업	C30	
20. 그 밖의 운송장비 제조업	C31	
21. 전기, 가스, 증기 및 수도사업	D	
22. 건설업	F	
23. 도매 및 소매업	G	
24. 음료 제조업	C11	평균매출액등 800억 원 이하
25. 인쇄 및 기록매체 복제업	C18	
26. 의료용 물질 및 의약품 제조업	C21	
27. 비금속 광물제품 제조업	C23	
28. 의료, 정밀, 광학기기 및 시계 제조업	C27	

29. 그 밖의 제품 제조업	C33	
30. 하수 · 폐기물 처리, 원료재생 및 환경복원업	E	
31. 운수업	H	
32. 출판, 영상, 방송통신 및 정보서비스업	J	
33. 전문, 과학 및 기술 서비스업	M	평균매출액등 600억 원 이하
34. 사업시설관리 및 사업지원 서비스업	N	
35. 보건업 및 사회복지 서비스업	Q	
36. 예술, 스포츠 및 여가 관련 서비스업	R	
37. 수리(修理) 및 기타 개인 서비스업	S	
38. 숙박 및 음식점업	I	평균매출액등 400억 원 이하
39. 금융 및 보험업	K	
40. 부동산업 및 임대업	L	
41. 교육 서비스업	P	

㉠ 중소기업의 업종별 상시 근로자 수 · 자본금 또는 매출액의 규모기준에 따라 정한다.

㉡ 중소기업의 소유 및 경영의 실질적인 독립성 기준

ⓐ 자산총액이 5천억 원 이상인 법인이 발행주식 총수의 100분의 30 이상을 소유하고 있는 기업이 아닐 것

ⓑ 독점규제 및 공정거래에 관한 법률 제14조 제1항의 규정에 의한 상호출자제한기업집단 또는 채무보증제한기업집단에 속하지 아니하는 회사일 것

㉢ 중소기업이란 "중소기업 육성시책의 대상이 되는 기업"을 말하며 위 표의 규모기준과 독립성 기준에 동시에 해당하는 기업을 말한다. 다만, 다음의 기업은 중소기업이 아니다.

ⓐ 상시 근로자 수가 1천 명 이상인 기업

ⓑ 자산총액(직전사업년도 말일 현재 재무상태표에 표시된 자산총액)이 5천억 원 이상인 법인

㉣ 중소기업이 그 규모의 확대 등으로 중소기업에 해당하지 아니하게 된 경우 그 사유가 발생한 연도의 다음 연도부터 3년간은 이를 중소기업으로 본다(중소기업 유예기간). 다만, 다음의 경우에는 유예기간을 부여하지 아니한다.

ⓐ 중소기업 외의 기업과 합병하는 경우

ⓑ 유예기간 중에 있는 기업과 합병하는 경우

ⓒ 독립성 기준에 적합하지 않은 경우

ⓓ 법에 따라 중소기업으로 보았던 기업이 법에 따른 중소기업이 되었다가 그 평균매출액등의 증가 등으로 다시 중소기업에 해당하지 아니하게 된 경우

기출 2020. 11. 8. 비서 1급

대기업과 비교할 때 중소기업의 특징에 대한 다음 설명 중 가장 옳지 않은 것은?

① 자금과 인력의 조달이 어렵다.

② 경영진의 영향력이 커서 실행이 보다 용이하다.

③ 규모가 작아 고용 증대에 큰 기여를 하지 못한다.

④ 환경의 변화에 보다 신속하게 대응할 수 있다.

해설 ③ 중소기업은 전체 기업의 대부분을 차지하며 전체 기업 종사자의 80% 이상이 중소기업에 근무하고 있다. 즉, 중소기업은 고용 증대에 크게 기여한다.

‹정답 ③

기출 2019. 5. 12. 비서 1급

다음 중 대기업의 특성에 대한 설명으로 가장 옳은 것은?

① 대기업은 수평적 조직으로 조직 이동 등의 유연한 관리가 가능한 유기적 조직이다.
② 대기업은 경기 침체기에 가장 먼저 위상이 흔들리고 경기성장기에 쉽게 살아난다.
③ 아웃소싱을 다양화함으로써 기업전체의 비용절감과 사업다각화가 가능하다.
④ 대기업은 수요량이 적은 틈새시장 공략에 유리하다.

해설 ① 대기업은 수직적 조직에 가까우며, 많은 규칙과 규제 그리고 엄격한 위계질서가 존재하는 기계적 조직이다.
② 중소기업에 관한 설명이다.
④ 틈새시장은 규모가 작고 수익성이 떨어지며 불확실성이 높아서 대기업의 기존시장과 비교할 때 투자 매력도가 떨어진다.

기출 2019. 5. 12. 비서 2급

다음 중 대기업의 특성으로 옳은 것은?

① 수평조직   ② 규모의 경제
③ 틈새시장   ④ 단순성

해설 ① 대기업은 수직적 조직에 가까우며, 많은 규칙과 규제 그리고 엄격한 위계질서가 존재하는 기계적 조직이다.
③ 틈새시장은 규모가 작고 수익성이 떨어지며 불확실성이 높아서 대기업의 기존시장과 비교할 때 투자 매력도가 떨어진다.
④ 대기업은 복잡성을 가지고 있다.

③ 중소기업 혜택

　㉠ 「세법」상의 중소기업 해당사업은 다음과 같다.
　　ⓐ 제조업, 광업, 건설업, 운수업, 수산업, 도매업 또는 소매업
　　ⓑ 「엔지니어링 기술진흥법」에 의한 엔지니어링 활동을 제공하는 사업에 해당하는 건축
　　ⓒ 정보처리 및 컴퓨터운용 관련 업
　　ⓓ 「폐기물관리법」에 의한 폐기물 처리업

　㉡ 조세지원제도
　　ⓐ 직접지원제도
　　　• 소득공제 : 특정사업에서 발생한 소득금액의 일정률을 과세표준에서 공제하는 것을 말한다.
　　　• 세액공제 : 일정률을 납부할 세액에서 공제하는 것을 말한다. 소득공제와 마찬가지로 조세를 이용한 국고보조의 형태를 취한다.
　　　• 세액감면 : 세액의 전부 또는 일부를 감면해주는 것을 말한다.
　　　• 비과세제도 : 과세를 하지 않는 것으로 직접적이고 즉각적인 효과를 내는 것이 장점이다.
　　ⓑ 간접지원제도
　　　• 준비금 : 과세를 미루어 재정자금의 무이자 융자와 같은 성격을 지닌다.
　　　• 특별상각 : 준비금과 같이 납기를 연기하는 효과의 제도이다.

(2) 대기업

① 대기업의 정의 … 중소기업의 정의를 제외한 중소기업보다 규모나 인력, 자금력이 큰 기업을 일반적인 대기업으로 본다.

② 소유면에서 본 대기업

소유적 특징	전문경영자본주의	법인자본주의	가족자본주의
패러다임	주주이익 극대화	이해당사자	주주이익 극대화
소유구조	소유와 경영 완전 분리	소유와 경영 분리	소유와 경영의 동일시
감시	주식시장 기업인수시장	기관투자가 회사내부인력	정부노조
장점	경영실적에 따라 평가됨	이윤보다 시장점유율 위주의 장기적인 전략 추구	과감한 의사결정과 안정적 경영권
단점	단기적 안목	경영혁신의 어려움	형평성 문제
대표적 국가	미국	일본 · 독일	한국

3. 기업의 인수 · 합병

(1) 기업의 합병

① 개념 … 둘 이상의 회사가 법정절차를 거쳐서 한 회사로 되는 것을 말한다.

② 기업합병의 유형

    ㉠ 흡수합병: 합병회사는 존재하고 피합병회사가 소멸하여 존속회사에 흡수되는 것을 말한다.

    ㉡ 신설합병: 「상법」에 의해 합병회사의 전부가 소멸하고 이들에 의해 신설된 회사가 소멸회사의 권리 · 의무를 이어받고 사원을 수용하는 것을 말한다.

③ 합병의 절차

    ㉠ 비공개법인 간의 합병

        ⓐ 합병이사회의 결의 및 계약 체결

        ⓑ 합병 주주총회 소집 이사회 결의

        ⓒ 합병계약서, 합병재무상태표 등 비치 공시

        ⓓ 합병 승인 주주총회

        ⓔ 반대주주 주식매수 청구

        ⓕ 채권자 이의제출 공고 및 최고

        ⓖ 주식병합 및 구주권 제출 공고

        ⓗ 주식매수청구권 행사만료

        ⓘ 합병보고총회갈음 이사회결의 공고

        ⓙ 합병등기

    ㉡ 그 밖에 공개법인과 비공개 법인 간 합병, 간이합병 등이 있다.

④ 합병의 효과

    ㉠ 합병에 의해 존속회사를 제외한 피합병회사는 청산절차를 거치지 않고 소멸한다.

    ㉡ 시설합병의 경우 회사가 신설되고 흡수합병의 경우 회사의 정관이 변경된다.

    ㉢ 합병회사는 피합병회사의 권리의무를 포괄적으로 승계한다.

⑤ 강제적 M&A

    ㉠ 강제적 M&A는 1998년 2월 주식의무공개매수규정이 폐지되면서 법적 토대가 마련되었다.

    ㉡ 외환위기 이후 자본시장의 추가 개방으로 강제적 M&A가 전면적으로 개방되었다.

기출PLUS

기출 2019. 11. 10. 비서 1급

다음은 대기업과 비교하여 중소기업의 필요성 및 특징을 설명한 것이다. 이 중에서 가장 거리가 먼 것은?

① 시장의 수요변동이나 환경변화에 탄력적으로 대응하기 어렵지만 효율적인 경영이 가능하다.

② 기업의 신용도가 낮아 자본조달과 판매활동에 불리하여 대기업의 지배에 들어가기 쉽다.

③ 악기나 도자기, 보석세공 같이 소비자가 요구하는 업종으로 대량생산에 부적당한 업종도 있기 때문이다.

④ 가발제조업과 같이 대규모 시설투자는 필요하지 않고 독특한 기술이나 숙련된 수공을 요하는 업종이 존재하기 때문이다.

해설 ① 중소기업은 기업의 규모가 작아서 대기업보다 높은 수준의 유연성을 가진다. 따라서 내적 · 외적 환경의 변화에 대응하여 빠르게 대처할 수 있다.

〈정답 ①

ⓒ 강제적 M&A의 장점
　　ⓐ 주주이익을 극대화하려는 경영기반이 조성된다.
　　ⓑ 기업의 구조조정을 유도하여 경쟁력을 높인다.
　　ⓒ 대주주의 편법 상속 관행을 감소·개선시킬 수 있다.
ⓔ 강제적 M&A의 단점
　　ⓐ 국제적 투기자본에 국부가 유출될 수 있다.
　　ⓑ 인수 측의 경영능력 검증이 어렵다.
　　ⓒ 기업의 경영권 안정에 위협이 될 수 있다.

(2) 기업의 제휴

① 기업제휴의 개념
　　㉠ 1980년대 이후부터 기업의 생존을 위한 전략적 대안으로 여겨져 왔다.
　　㉡ 기업제휴는 기업환경에서 모든 자원의 효율적 이용을 위해 파트너 간의 정보 및 지식, 핵심역량, 경영자원, 고객 등의 공유를 위해 이루어진다.
　　㉢ 기업들 간에 제품, 기술 또는 서비스의 공유, 교환에 관한 자발적인 협력을 말한다.

② 기업제휴의 비교

구분	전통적 기업제휴	최근의 기업제휴
목표시장	국내적, 제한적	세계적, 표준적
동기	위험감소, 비용절감	규모의 경제, 경쟁우위 확보
영역	기술이전 등(단편적)	공동기술개발, 지분참여(복합적)
분야	단위사업, 제한적	복수사업, 유기적
기간	단기, 일회성	장기, 탄력적
형태	기술 라이선싱, 합작투자	복합계약, 합작투자

③ 기업제휴의 동기
　　㉠ 위험과 비용을 공유함으로써 약점을 극소화시키고 강점을 극대화시킨다.
　　㉡ 규모의 경제를 실현함으로써 이익을 추구한다.
　　㉢ 시장 진입의 속도를 높인다.
　　㉣ 핵심 기술과 경영 기술을 배운다.
　　㉤ 과도한 경쟁의 방지로 사업의 효과를 제고한다.

(3) 기업의 계열화

① 개념

　㉠ 대기업과 중소기업이 생산과 판매에서 서로 연계를 맺어 돕는 체제를 말한다.

　㉡ 자본의 집중 현상으로 인하여 중소기업이 도산하는 것을 막아준다.

② 계열화의 종류

　㉠ **수직적 계열화**(vertical integration) : 다른 종류의 생산단계에 종사하는 각 기업을 수직적으로 집단화 하는 것으로 생산기업이 원료단계를 계열화한 것을 후방계열화라 하고, 생산기업이 판매 기업으로 통합하는 것을 전방계열화라고 한다.

　㉡ **수평적 계열화**(horizontal integration) : 동일한 생산단계에 종사하는 각 기업을 집단화하는 경우를 의미한다.

　㉢ **사행적 계열화**(diagonal integration)

　　ⓐ 특정 제조업체의 생산활동 과정에서 나타나는 부산물을 가공하는 기업을 계열화하거나 혹은 보조적 서비스를 행하는 기업을 계열화하는 경우를 의미한다.

　　ⓑ 원양수산업을 위주로 경영활동을 전개하는 기업이 냉동회사, 통조림회사, 비료회사 등을 집단화하는 경우를 말한다.

　㉣ **복합적 계열화**(convergent integration) : 다른 종류의 부품, 이종공정으로부터 동일한 제품계열 또는 동일 시장계열에 집약화 하는 기술적인 조직과 관련을 갖는 계열화를 말한다.

　㉤ **분기적 계열화**(divergent integration)

　　ⓐ 동일 공정이나 동일 원료로 생산활동을 하는 과정에서 이종제품공정이 나누어지는 기술적 조직과 관련을 갖고 있는 기업 간의 집단화 형태를 분기적 계열화라고 한다.

　　ⓑ 석유화학 콤비나트가 이에 해당한다.

1. 경영자 역할의 이해

(1) 경영자의 역할과 기능

① 경영자의 역할
  ㉠ 대인적 역할 : 조직의 대표 역할, 리더의 역할, 연결고리의 역할
  ㉡ 정보적 역할 : 정보수집의 역할, 전파자의 역할, 조직의 대변자 역할
  ㉢ 의사 결정적 역할 : 분쟁해결자의 역할, 자원분배자의 역할, 교섭자의 역할

② 경영자의 기술
  ㉠ 전문적 기술 : 업무를 이해하고 처리할 수 있는 전문적 기술을 지녀야 한다.
  ㉡ 문제해결 기술 : 문제발견과 더불어 문제해결의 기술을 지녀야 한다.
  ㉢ 인간적 기술 : 조직의 효율을 높이기 위한 인간관계기술을 지녀야 한다.
  ㉣ 종합적 사고기술 : 여러 가지 상호관련성을 지닌 요소들을 폭넓게 이해하는 기술을 지녀야 한다.

(2) 경영자의 자질과 개발

① 경영자의 자질 … 관찰력, 의사결정능력, 추진력 · 적응력, 원만한 인간관계, 성실성 · 정직성, 책임감, 리더십

② 경영자의 개발
  ㉠ 교육과 훈련 : 경영자는 급속도로 변하고 있는 경영환경에 유연하게 적응하고 비교우위를 점하기 위해서 끊임없는 교육과 훈련을 하여야 한다.
  ㉡ 현장경험
    ⓐ 실무를 경험함으로써 기업전반에 걸쳐서 일어나는 흐름을 파악하고 종합적인 사고를 키운다.
    ⓑ 예비 경영자의 육성을 위한 측면에서 직무순환과 같은 실무경험은 중요하다.

2. 경영관리의 기능

(1) 경영관리의 이해

① 기업의 목표를 달성하기 위해 계획을 수립하고 조직을 구성하며, 인적자원관리를 충원하고 지휘·통제하는 인간의 활동을 말한다.

② 관리과정론에서 경영관리의 본질적 특성은 관리과정적 기능으로, 경영자가 수행하는 기본적 관리기능으로서 모든 조직에 보편적으로 적용될 수 있는 기능이다.

③ 관리기능은 조직계층별로 상대적 중요성이 달라지고 요구되는 관리기술도 달라진다.

(2) 경영관리의 기능

① **계획(planning function)** … 조직체의 활동을 미래지향적인 목표로 통일하기 위해 경영목적, 정책, 전략, 표준절차 등을 설정하는 것을 말한다.

② **조직(organizing function)** … 구성원의 공식적인 협동관계를 유효하게 형성·유지하는 것으로 관리조직은 각 관리자의 공식적인 상호관계를 규정하는 것이고, 작업조직은 노무자의 직무를 규정하는 것이다.

③ **지휘(directing function)** … 경영목적을 달성하기 위해 타인의 행동을 유효하게 유발시키는 기능으로서 readership, supervision, communication, relationship 등을 포함한다.

④ **통제(control function)** … 경영활동이 수익성 또는 경제성의 원칙에 따라 당초의 설정된 계획대로 수행되도록 하는 활동으로 통제를 하기 위해서는 사전에 계획이 수립되어야 한다.

⑤ **조정(coordinating function)** … 소정의 목적을 효과적으로 달성하기 위한 제반 활동을 시간과 장소 및 양과 방향에서 통일화하고 상호를 조화롭게 결합하는 과정을 말한다.

⑥ **인력(staffing function)** … 모든 과업의 성공적 이행여부를 결정하는 핵심기능으로 충원과 배치는 고용, 훈련, 배치, 승진, 이동, 직무 재설계 등을 통하여 인력의 기술과 과업을 결합하는 모든 방법을 포함하며, 조직화의 일부로 논의되기도 한다.

⑦ **동기유발(motivation function)** … 직원의 적극적 자세와 자발적 행동을 촉진하는 기능으로 유연한 인간관계, 사기의 고양, 커뮤니케이션의 활성화, 의사결정에의 참여, 업무능력의 신장, 승진기회의 부여 등에 충실하여야 한다. 또한 급여에 대한 불만, 열악한 근무조건, 봉사과정에서 발생하는 이용자와의 언쟁에 대한 일방적 질책, 지나친 업무간섭이나 통제 등과 같은 저해요인을 해소하거나 경감시키는데 적극적이어야 한다.

기출PLUS

기출 2019. 5. 12. 비서 1급

다음 중 경영의 기본 관리기능에 대한 설명으로 가장 적절하지 않은 것은?

① 계획화는 조직의 목표를 세우고 이를 달성하기 위한 방법을 찾는 일종의 분석과 선택의 과정을 말한다.

② 조직화는 조직목표를 달성하기 위해 요구되는 업무를 수행하도록 종업원들을 독려하고 감독하는 행위를 말한다.

③ 통제화는 경영활동이 계획과 부합되도록 구성원의 활동을 측정하고 수정하는 기능이다.

④ 조정화는 이해와 견해가 대립된 제 활동과 노력을 결합하고 동일화해서 조화를 기하는 기능이다.

해설 경영관리의 기능
　㉠ 계획화(planning)
　　• 앞으로 시행할 행동의 분석 및 선택 과정(장/단기)
　　• 기본가정과 미래의 환경상황 및 조직내부의 자원조건 등을 근거로 각종 대안들의 비용과 이득관계를 비교·평가한 후에 선택
　㉡ 조직화(organizing)
　　• 조직목표 달성을 위한 각종 직무를 조직의 내부구조에 설정
　　• 직무·구성원·권한 및 책임 간 적당한 분업과 협력관계 발생토록
　　• 각종 업무와 관리행위 간 효과적 진행될 수 있도록 하는 과정
　㉢ 지휘화(leading)
　　• 경영관리과정 중 일종의 영향력 발휘/운용하는 기능
　　• 조직구성원들의 노력의도 유도/노력 올바른 방향 인도
　　• 생산성과 조직에 대한 기여도 증대
　㉣ 통제화(controlling)
　　• 측정/비교/수정하는 일련의 과정
　　• Feedback system을 통한 기준치와 실제치 간 오차 원인규명

〈정답 ②

기출 2016. 5. 22. 비서 1급

다음의 조직관리방법 중 목표관리 (MBO)에 대한 설명으로 가장 적절하지 않은 것은?

① 효율적인 경영관리체제를 실현하기 위한 경영관리의 기본수법이다.
② 목표관리의 구성요소는 목표설정, 참여, 피드백이다.
③ 주요일정상 당해년도 실적이 집계되기 이전에 다음년도 목표를 수립하게 되어 당해년도 실적은 고려하지 않는다.
④ 목표관리는 연봉인상, 성과급 지급뿐 아니라 승진 등 인사 자료로도 활용한다.

해설 ③ 목표관리는 다음년도 목표를 수립할 때 당해년도 실적, 즉 목표 달성 정도를 고려한다. 즉, 최종 결과에 대한 평가단계에서 목표성취 여부를 평가하여 그 결과를 다음에 진행될 목표관리의 과정에 다시 투입하는 것이다.

‹ 정답 ③

3. 경영조직과 유형변화

(1) 조직목표

① **개념** … 조직이 달성하고자 하는 미래의 바람직한 상태이며, 목표설정과정에는 반드시 갈등이 수반된다.

② **특징**
  ㉠ **공공성** : 조직구성원 공통의 관심이 되는 문제
  ㉡ **공익성** : 조직구성원의 공통된 이익
  ㉢ **가치 관련성** : 가치 지향적 목표설정
  ㉣ **다수성** : 다수의 목표
  ㉤ **변동성** : 구조, 인간, 환경의 변수에 따라 변경 가능
  ㉥ **단계성** : 상위목표, 하위목표, 최하위목표
  ㉦ **창조성** : 새로운 목표 추구

③ **기능**
  ㉠ **지침의 제공** : 행정활동의 방향과 지침 제시
  ㉡ **정당성의 근거** : 조직의 존재와 활동의 정당성 부여
  ㉢ **행정의 평가기준** : 행정의 효과성, 능률성, 평가기준
  ㉣ **일체감, 동기부여 기능** : 공통된 목표를 통해 일체감 부여
  ㉤ **사후 합리화 기능** : 업무를 시행한 후 합리화
  ㉥ **조정의 촉진기능** : 조직구성원 활동의 변화, 조정, 통합에 기여

④ **목표관리(MBO)**
  ㉠ **개념** : 장래의 일정기간에 대한 조직의 각 부서, 직원의 목표를 설정하고 이에 따라 직무를 수행하게 하는 것으로, 궁극적으로 조직의 효율성 향상에 기여하고자 하는 관리체계를 의미한다.
  ㉡ **성공적 운영조건**
    ⓐ 최고관리층의 솔선수범
    ⓑ 조직 내의 조사연구활동 촉진
    ⓒ 조직발전(OD)의 추진
    ⓓ 조직 내의 원활한 환류
    ⓔ 조직목표에 기여
  ㉢ **장점**
    ⓐ 목표성취의 효율성
    ⓑ 목표 사이의 유기적 관계
    ⓒ 조직원의 사기 향상

ⓓ 자원의 효율적 사용

ⓔ 조직발전에 기여

ⓕ 관료제의 부정적 측면 제거

ⓖ 업적평가의 객관적 기준 마련

ⓔ 단점

ⓐ 명백한 목표설정의 어려움

ⓑ 목표설정 시 갈등의 심화 우려

ⓒ 목표의 변동이 심함

ⓓ 계속성 유지의 곤란

ⓔ 복잡한 절차로 관료주의화 우려

(2) 조직혁신(OI)

① 개념 … 조직혁신(Organization Innovation)이란 조직을 어떤 상태에서 보다 나은 바람직한 상태로 전환시키는 조직변동을 의미한다.

② 조직혁신의 저항 및 극복전략

㉠ 저항원인 : 기득권에 대한 침해, 혁신안 내용의 불명확성, 매몰비용, 능력 부족, 집단 간의 갈등·대립, 정치적·사회적 요인 등

㉡ 조직혁신에 대한 저항의 극복전략

ⓐ 강제적 전략(단기적 전략)

ⓑ 규범적·사회적 전략(장기적 전략)

ⓒ 공리적·기술적 전략

(3) 조직발전(OD)

① 개념 … 조직발전(Organization Development)이란 조직의 효과성, 건전성을 높이기 위해 조직구성원의 가치관, 신념, 태도를 변화시켜 조직의 환경변화에 대한 대응능력과 문제해결능력을 향상시키려는 계획적인 교육전략 또는 관리전략을 의미한다.

② 특징

㉠ 행태과학의 활용

㉡ 인간적 측면의 강조

㉢ 계획된 변화과정

㉣ 전체조직의 효율성 향상

> **POINT** 목표관리(MBO)와 조직발전(OD) … 목표관리와 조직발전의 관계는 조직의 목표달성을 위한 상호보완적 관계에 있으며, 조직의 민주화와 인간의 능력발전을 중시한다는 점에서 유사하다고 할 수 있다.

기출PLUS

기출 2020. 11. 8. 비서 1급

경영 조직화의 설명 중 가장 거리가 먼 것은?

① 조직화의 의미는 부서수준에서 부장, 과장, 대리 등으로 직무를 설계하여 업무가 배분되고 조정되도록 하는 것을 의미한다.

② 조직화 과정에는 일반적으로 계획된 목표달성을 위해 필요한 구체적인 활동을 확정하는 단계가 있다.

③ 구체적인 활동이 확정되면 개개인이 수행할 수 있도록 일정한 패턴이나 구조로 집단화시키는 단계가 있다.

④ 조직화란 과업을 수행하기 위해 구성원과 필요한 자원을 어떻게 배열할 것인가를 구상하는 과정이다.

해설 ① 조직화는 기업의 목표를 효과적으로 달성하기 위해 조직 전체의 수준에서 직무를 설계하고 자원을 배분하는 등의 조정하는 활동을 말한다.

❮정답 ①

③ 주요기법

  ㉠ **실험실훈련**(laboratory training) : 실험실이라는 인위적으로 계획된 장소에서 자기인식, 대인관계, 집단행동에 대한 인식능력을 향상시키려는 기법을 말한다.

  ㉡ **관리망훈련**(managerial grid training) : 생산에 대한 관심을 횡축, 인간에 대한 관심을 종축으로 각각 아홉 칸으로 나누어지는 바둑판 모양의 관리망을 기초로 하여 개인→집단→부문→전체조직의 발전이 연쇄적으로 진행될 수 있도록 하는 체계적 · 장기적 · 종합적 접근방법을 말한다.

  ㉢ **팀형성**(team building) : 집단구성원으로 하여금 원활한 의사소통을 통해 한 집단으로서의 역할도 수행하고 정확한 결정을 하려는 기법을 말한다.

  ㉣ **과정상담**(process consultation) : 외부상담자의 도움을 받아 집단 간에 발생하는 문제를 과정적 측면에서 개선하려는 기법을 말한다.

  ㉤ **태도조사환류**(survey feedback) : 설문지 등을 통해 조사하여 이를 다시 조직구성원에게 환류시켜 조직구성원의 태도변화를 유도하려는 기법을 말한다.

④ 조직발전의 목표

  ㉠ 조직의 개방적 문제해결 분위기 조성

  ㉡ 능력과 지식에 따른 보상

  ㉢ 권한의 위임

  ㉣ 개인상호 간, 집단상호 간의 신뢰감 조성

  ㉤ 협동의 극대화

  ㉥ 개인의 성장도 인정하는 보상체계

  ㉦ 조직구성원의 자율적 통제

⑤ 조직발전의 문제점

  ㉠ 심리적 요인에 치중

  ㉡ 경쟁 경시

  ㉢ 시간과 비용의 부담

  ㉣ 사업의 적시성 확보의 어려움

  ㉤ 구성원과 전체조직에 대한 문제파악

⑥ 조직발전의 성공요인

  ㉠ 개혁분위기의 조성

  ㉡ 장기적 추진

  ㉢ 자발적 참여

  ㉣ 비밀주의 배제

  ㉤ 적절한 보상제도

  ㉥ 조직구성원의 협조적 태도

⑦ 조직발전(OD)과 목표관리(MBO)의 비교

구분	조직발전	목표관리
목적	조직전체의 발전을 통한 실적과 효율성의 향상	단기적 목표성취와 관리기법의 변화도모
추진자	외부전문가의 유입	조직 내 계선, 실무자
관리내용	구성원의 행태변화	상식적 관리기법
방향	최고관리층이 주도, 하향적	부하참여 중시, 상향적

(4) 애드호크라시(Adhocracy)

① 개념

　㉠ 관료제와 대조되는 개념, 탈관료제화(debureaucratization) 현상에서 나온 평면조직(flat organization)을 말한다.

　㉡ 영구성을 띤 부서와 공식화된 규칙 및 표준화된 절차가 없는 조직구조이다.

　㉢ 문제해결을 위해 다양한 전문적 지식이나 기술을 가진 이질적 집단으로 융통성이 있고, 혁신적인 성격을 띠는 체제로서 특별임시위원회, 임시적·역동적·유기적 조직이라고도 한다.

관료제와 애드호크라시의 비교	
관료제(bureaucracy)	애드호크라시(adhocracy)
• 기계적인 조직 • 계층제적 조직 • 높은 수준의 복잡성 • 표준화된 고정적 구조	• 유기체적 조직 • 반계층제적 구조 • 낮은 수준의 복잡성 • 신축적인 구조

② 특징

　㉠ **낮은 수준의 복잡성**: 고도의 전문적 지식과 기술을 가진 전문가들로 구성, 관료제 내에 계층은 존재하지 않음

　㉡ **낮은 수준의 공식화**: 새로운 방법으로 문제를 해결하려고 노력, 행위의 일률성을 보장하는 공식화나 표준화는 의미가 없음

　㉢ 분권적 의사결정

　㉣ 비정규적 기술의 사용

　㉤ 신축성, 적응성의 확보

　㉥ 수평적 분화현상

　㉦ 명령일원화의 원칙을 무시한 고도의 유기체적 구조

　㉧ 정보의 흐름에 따른 효율적인 연락장치의 설치

　㉨ 기능별 집단과 목적별 집단의 공존

기출PLUS

③ 장 · 단점

　㉠ 장점

　　ⓐ 높은 적응도와 창의성을 요구하는 조직의 경우에 적합

　　ⓑ 다양한 전문지식을 가진 사람들의 협력

　　ⓒ 조직의 과업자체가 기술적 · 비정형적인 경우에 유용

　　ⓓ 조직의 민주화 촉진에 기여

　　ⓔ 인적 자원의 효율적 활용, 엘리트의 순환 촉진

　　ⓕ 환경, 상황이 급변하거나 유동적인 경우에 유용

　㉡ 단점

　　ⓐ 고위층과 하위층의 업무구분 불명확

　　ⓑ 조직구성원들의 대인관계에 문제 발생

　　ⓒ 관료제에 비해 비효율적인 구조

　　ⓓ 전문화의 이점과 규모의 경제를 조화시키기 어려움

　　ⓔ 책임소재의 불분명

④ 형태

　㉠ 프로젝트팀(project team)

　　ⓐ 개념 : 특정한 목적을 달성하기 위하여 임시적으로 조직 내의 인적 · 물적 자원을 효율적으로 결합하는 것을 말한다.

　　ⓑ 특징

　　　• 단시일에 이루어야 하는 문제해결에 적합

　　　• 개방성, 자율성 존중

　　　• 예산의 신축성

　　　• 구성원의 대등한 관계

　　　• 횡적 협력관계 중시

　　ⓒ 기능 : 기존의 계선조직의 경직성에 탄력성과 전문성 보완

　　ⓓ 장점

　　　• 신축성, 대응성

　　　• 비정형적 업무에 효과적

　　　• 할거주의 방지

　　　• 전문가의 역량 발휘

　　ⓔ 단점

　　　• 구성원 상호 간의 갈등, 대립, 긴장의 발생 우려

　　　• 임시조직이므로 심리적 불안감 발생

기출 2020. 11. 8. 비서 2급

다음 중 조직형태에 대한 설명으로 가장 적합하지 않은 것은?

① 사업부제조직은 각 사업부의 성과와 기여도가 명확히 나타나므로 경영통제가 용이하다는 장점이 있다.

② 매트릭스조직은 이중적 지휘체계 때문에 구성원들의 역할갈등과 역할 모호성을 유발할 수 있다.

③ 네트워크조직은 자원중복과 투자를 감소시켜 적은 자산과 인력으로 기업을 운영할 수 있다는 장점이 있다.

④ 위원회조직은 주어진 과업이 구체적이므로 책임이 명확하며 의사결정과정이 신속하고 합의가 용이하다는 장점이 있다.

> 해설 ④ 위원회조직은 정책의 결정을 기관장 단독으로 하는 것이 아니고 다수의 위원이 참여하는 조직체에서 집단적으로 하는 조직 형태를 말한다. 따라서 책임이 불명확하며 의사결정과정에 많은 시간이 소요된다는 단점이 있다.

❮정답 ④

ⓛ 매트릭스(matrix)조직(복합조직, 행렬조직)

　ⓐ 개념 : 전통적 조직과 프로젝트팀을 통합시킨 조직을 말한다.

　ⓑ 특징

　　• 명령계통의 다원화

　　• 구성원은 사업구조와 기능구조에 중복 소속

　ⓒ 기능 : 프로젝트팀의 장점에 신축성, 역동성, 자율성 결합

　ⓓ 장점

　　• 한시적 사업에의 신속한 대처

　　• 창조적 아이디어

　　• 조직구성원의 능력개발

　　• 정보흐름의 활성화

　　• 인적 자원의 경제적 활용

　　• 전문분야의 통합화

　　• 합리적 의사결정 도모

　ⓔ 단점

　　• 군웅할거의 가능성

　　• 권력투쟁, 무질서, 혼란 초래

　　• 심리적 갈등

　　• 조정의 어려움

　　• 책임, 권한 한계의 불명확성

　　• 결정의 지연

　　• 객관성, 예측성 확보 곤란

ⓒ Task force

　ⓐ 개념 : 특정한 목적과 임무를 수행하기 위하여 많은 수의 하부조직을 수반한 임시적 매트릭스 조직의 축소판이라 할 수 있다.

　ⓑ 특징

　　• 프로젝트팀에 비해 대규모의 공식조직

　　• 프로젝트팀보다 장기적 존속

　　• 본래의 소속부서를 이탈하여 전임제의 형태로 근무

　ⓒ 기능 : 조직의 중요한 과업에 효과적

　ⓓ 장점

　　• 가변적 수요의 예측, 판단

　　• 외부전문가 활용 가능

　ⓔ 단점

　　• 심리적 불안감

　　• 행정의 일관성 저해 우려

기출PLUS

기출 2019. 5. 12. 비서 1급

다음의 괄호에 들어가는 말을 순서대로 열거한 것을 고르시오.

┌ 보기 ┐

(　　　)은 특정제품에 관련되는 경영활동은 해당 사업부문의 책임자가 맡는다.

(　　　)은 특정한 목표를 달성하기 위해 팀을 구성하며, 목표달성 후 해체되는 형태로서, 전체 조직의 구조와 업무에 영향을 미치지 않는다.

(　　　)은 전통적인 기능부분조직과 프로젝트 조직의 결합 형태로 구성원은 2중으로 소속되어있다.

① 사업부제조직 – 프로젝트조직 – 매트릭스조직

② 사업부제조직 – 매트릭스조직 – 결합조직

③ 라인스탭조직 – 프로젝트조직 – 매트릭스조직

④ 라인스탭조직 – 매트릭스조직 – 결합조직

해설 • 사업부제조직은 특정제품에 관련되는 경영활동은 해당 사업부문의 책임자가 맡는다.

• 프로젝트조직은 특정한 목표를 달성하기 위해 팀을 구성하며, 목표달성 후 해체되는 형태로서, 전체 조직의 구조와 업무에 영향을 미치지 않는다.

• 매트릭스조직은 전통적인 기능부분조직과 프로젝트 조직의 결합 형태로 구성원은 2중으로 소속되어있다.

‹ 정답 ①

기출PLUS

(5) 조직의 동태화

① 의의

  ㉠ 개념 : 환경에 효과적으로 대응하고, 행정의 탄력성을 높이는 과정을 의미한다.

  ㉡ 특성

    ⓐ 목표관리제의 중점

    ⓑ 분권적 조직

    ⓒ 계층제의 수준이 낮고 막료가 계선보다 큰 비중 차지

    ⓓ 미래지향적, 고도의 변동대응노력

    ⓔ 조직보다 사업계획에 충성

    ⓕ 업무수행의 기준과 절차는 상황 적응적

    ⓖ Y이론에 입각한 통제중심의 조직

② 조직의 동태화 방안

  ㉠ 구조적 방안 : 특별작업반, 과제폐지, 담당관제(막료기관), 애드호크라시, 행렬조직 등

  ㉡ 가치관적 방안 : 능력발전, 발전 지향적 가치관의 쇄신

  ㉢ 인간관리적 방안 : Y이론적 인간관리, 능력발전, 자아실현, 분권화의 촉진, 민주적 리더십, 참여촉진, 하의상달 촉진 등

4. 경영전략(1급)

(1) 경영통제

① 경영통제의 의의

  ㉠ 통제란 기업의 목적을 달성하기 위해 수립한 계획이 실제로 이루어지고 있는지를 확인하며, 이상이 있을 때 수정하는 기능을 말한다.

  ㉡ 경영통제는 경영관리과정의 마지막 단계로서 현재의 경영성과를 측정하여 사전에 설정된 계획으로부터 벗어나는 사고를 예방하고, 벗어났을지라도 이를 적절하게 수정하면서 차후의 계획 설정에 필요한 정보를 제공하는 것을 말한다.

  ㉢ 통제는 최고경영자로부터 일선 감독관에 이르기까지 모든 경영자에게 요구되는 기능이고, 경영계층에 따라 통제범위의 차이가 있겠지만 조직 내 모든 경영계층에서 필수적인 기능이다.

② 경영통제의 필요성

  ㉠ 경영자는 환경변화에 의해서 발생하는 위험이나 기회에 보다 능동적으로 적응하고 창의적으로 도전할 수 있고 동태적으로 환경변화에 대응하기 위하여 통제활동이 필요하게 된다.

기출 2016. 11. 20. 비서 2급

다음의 괄호에 들어갈 말로 가장 적절한 것은?

— 보기 —

( )(이)란 ( )에 따라 기업의 ( )(이)가 달성되도록, 계획과 ( )을/를 비교하고 만약 이상이 있으면 이를 ( )하는 것을 말한다.

① 경영계획 – 계획 – 목표 – 실적 – 수정

② 경영통제 – 계획 – 목표 – 성과 – 수정

③ 경영계획 – 계획 – 목적 – 실적 – 수정

④ 경영통제 – 계획 – 목적 – 실적 – 제거

해설 ② 경영통제란 기업의 목적을 달성하기 위해 수립한 계획이 실제로 이루어지고 있는지를 확인하며, 이상이 있을 때 수정하는 기능을 말한다.

<정답 ②

ⓛ 기업의 규모가 점차 거대화, 다양화해짐에 따라 복잡한 구조 내에서 통합하기 위해서 적절한 통제가 필요하다.

ⓒ 실수 및 과오가 악화되기 이전에 통제기능을 통하여 탐지하고 수정하여야 한다.

ⓔ 경영자는 업무에 대한 권한을 효과적으로 이양하며 최종적으로 책임을 져야 하고 효과적인 통제 시스템을 통해서 종업원을 감독하는 것이 중요하다.

③ **경영통제의 기능**

ⓐ 기업경영의 성과를 저하시키는 비정상적이고 원하지 않는 징후들이 나타날 때 효율적인 통제시스템은 관리자에게 사전에 예고·경보를 내리거나, 사후에 적절한 시정조치를 내리도록 도와줄 수 있다.

ⓛ 통제의 기능으로는 감시, 비교, 편차의 수정, 미래 의사결정에의 영향 등을 들 수 있다.

ⓒ 통제는 조직에서 현재 활동들이 계획된 성과수준달성을 향해 적절히 수행되고 있는가를 감시한다.

ⓔ 실제 성과와 성과 표준 간의 일치 정도를 파악하는 것으로 활동시점에서 즉시 또는 활동 후에 이루어 질 수 있다. 계획에서의 이탈된 편차를 대조하고 이러한 편차가 허용 가능한 것인가를 결정하는 것을 비교라 한다.

ⓜ 통제는 발생한 편차를 수정하거나 또는 계획 자체를 수정하는 과정을 포함한다. 즉각적 수정활동은 현재 성과에 영향을 주려는 것으로 종업원을 야근시키는 경우이고, 근본적 수정활동은 장래의 성과에 영향을 주려는 것으로 원인을 분석하고 적절한 조치를 위하는 것이다.

ⓗ 경영자의 미래 의사결정을 위해 피드백 정보를 제공하여 과거의 성과나 현재의 문제들에서 얻어진 지식은 미래 활동을 이끄는데 도움이 되는 정보를 제공하게 된다.

④ **경영통제의 방식**

ⓐ 조직의 구조적인 특성에 따라 경영통제의 방식이 달리 나타나는데 관료적 통제방법과 유기적 통제방법으로 분류할 수 있다.

ⓛ 관료적 통제방법 : 엄격한 규칙과 업무절차, 하향식 권위, 상세한 과정중심의 직무기술서를 바탕으로 계획으로부터 이탈하는 상황을 방지하고, 수정하는 방법을 공식적으로 제시한다.

ⓒ 유기적 통제방법 : 수평적인 업무관계를 중심으로 한정된 업무수행보다는 창의적인 방식을 장려하며, 집단의 목표를 우선적으로 중시하고 결과 지향적 조직문화를 갖고 있다. 적합한 유기적 통제는 융통성이 있고, 직무기술서가 느슨하며, 업무를 수행하는 개개인의 자제력에 의존한다.

기출PLUS

기출 2017. 11. 12. 비서 2급

다음 중 경영통제 활동의 과정에 대한 설명으로 가장 적절하지 않은 것은?

① 표준설정은 평가활동의 첫 단계로 업무성과측정을 하기 위한 기초가 된다.

② 업무성과를 측정할 때는 수량적 표기를 위해 반드시 계량적 측정만 가능하므로 계량화가 어려운 부분은 통제대상이 될 수 없다.

③ 수정을 위한 조치는 업무성과의 측정결과가 설정된 표준과 일치하지 않을 때 취해진다.

④ 업무성과가 표준에 미달되었을 경우, 목표나 전략을 수정하거나 조직의 짜임새를 변경하는 등 다양한 방법으로 수정 조치를 취할 수 있다.

> **해설** ② 업무성과는 수량적으로 측정이 불가능한 부분이 많다.

기출 2017. 5. 14. 비서 2급

다음 중 경영통제의 유형에 관한 설명으로 가장 적절하지 않은 것은?

① 종업원을 생산활동에 투입하기 전에 교육이나 훈련하는 것은 사전통제에 해당한다.

② 일선 감독자들이 작업진행상황을 직접 측정하고 수정하는 것은 동시통제에 해당한다.

③ 사후통제는 작업종료 후 이루어지는 통제활동으로 결과변경이 불가능하며 피드백만 가능하다.

④ 미래 예측이 어려운 시장에서는 사후통제보다 사전통제를 충분히 함으로써 통제의 효과를 높이고 비용을 줄일 수 있다.

> **해설** ④ 미래 예측이 어려운 시장에서는 사후통제보다 사전통제가 중요하다. 충분한 사전통제를 통해 통제의 효과를 높이고 비용을 줄일 수 있다.

〈정답 ②, ④

⑤ 경영통제의 과정

㉠ 표준의 설정
  ⓐ 어떤 활동의 결과인 성과를 비교하기 위한 기준을 표준이라 한다.
  ⓑ 표준이 설정되지 않으면 조직 활동을 측정·평가할 수 없다.

㉡ 성과의 측정
  ⓐ 실제적인 경영활동을 신속하고 정확하게 측정하여 이를 통제수단의 원천으로 이용하는 것이다.
  ⓑ 통제의 중심적인 단계이다.

㉢ 성과측정의 비교
  ⓐ 측정된 성과와 설정된 표준을 서로 비교하여 그 차이를 발견하는 것이다.
  ⓑ 통제가 효과적으로 이루어지기 위해서는 성과와 표준 간의 비교가 이루어지는 것이 좋다.
  ⓒ 잦은 비교는 피통제자의 자율성을 해칠 우려가 있다.

㉣ 편차의 수정
  ⓐ 통제과정의 마지막 단계로 표준과 성과 간의 편차를 수정하는 것을 말한다.
  ⓑ 편차가 발생하게 된 원인을 철저히 분석하고 이를 수정함으로서 경영활동의 결과가 계획대로 이루어질 수 있도록 피드백 해야 통제활동이 의미 있는 것이 된다.

⑥ 경영통제의 유형

㉠ 사전적 통제(feedforward control)
  ⓐ 잠재적인 문제를 예상하여 그것이 발생하는 것을 피하기 위한 예방적 조치로서 예비통제라고도 한다.
  ⓑ 적절한 방향이 설정되어 있는지, 목표달성을 위해 적절한 자원이 활용 가능한지를 계획단계에서 검토하여 기준을 설정하는 것이다.

㉡ 동시적 통제(concurrent control)
  ⓐ 경영활동이 진행 중에 실시되는 통제로 조종통제 또는 적격심사통제하고도 한다.
  ⓑ 어떤 활동을 계속 수행하기 위해서는 승인을 받거나 특정 조건을 만족해야 하는 경우가 있으며, 이때의 통제활동은 이를 계속 진행하거나 수정 또는 중단시켜야 한다.

㉢ 사후적 통제(feedback control)
  ⓐ 모든 활동이 종결된 이후에 취해지는 통제로 가장 보편적으로 이용된다.
  ⓑ 계획이 합리적이었는지의 여부를 확인하며, 성과와 계획의 편차가 있다면 원인을 분석하여 다음 계획을 수립할 때 기초자료로 이용하게 된다.

(2) 지식경영

① **지식경영의 의의**

　㉠ **지식경영의 개념**

　　ⓐ 지식경영이란 지식을 끊임없이 획득, 축적, 공유하여 시장에 보다 뛰어난 가치를 선보임으로써 기업의 가치를 향상시키는 것을 말한다.

　　ⓑ 기업경영에 있어 지식을 핵심적 요소로 관리하게 된 것은 최근으로 경쟁우위의 근본적인 원천이 지식이라는 인식의 확대가 그 원인이다.

　㉡ **지식과 지적자본**

　　ⓐ 피터 드러커는 지식을 일하는 방법을 끊임없이 개발, 혁신하여 부가가치를 높이는 것으로 한정했다.

　　ⓑ 지속적인 경쟁우위를 가능케 하는 기업의 독특한 역량인 핵심 역량의 가장 근본적인 원천이 바로 지식이다.

　　ⓒ 지적자본이란 기업의 가치나 사업의 성과를 평가할 때 지식을 유형자산과 마찬가지로 평가·관리해야 한다는 의미이다.

② **지식경영의 등장배경**

　㉠ 정보기술의 발달

　㉡ 창조적 지식의 중요성

　㉢ 학습조직에 대한 반동

　㉣ 무형자산의 인식

③ **지식경영의 필요성**

　㉠ 기업의 경쟁우위 확보

　㉡ 지식공유의 시스템 필요

④ **지식경영의 실천 유형**

　㉠ **조직 외적자원 활용**

　　ⓐ 고객의 신상자료와 같은 조직 외적자원 활용을 통한 지식경영

　　ⓑ 고객의 소비패턴을 바탕으로 고객의 니즈에 따른 제품변경을 통한 지식경영

　㉡ **조직 내적자원 활용**

　　ⓐ 공유된 가치의 구축을 통한 지식경영

　　ⓑ 구성원들의 노하우와 경험들을 축적·공유하는 지식경영

　㉢ **제도나 방침에 의한 지식활용** … 경력개발제도나 사무실 공간 운영방식 등과 같은 제도나 방침을 통한 지식경영

기출PLUS

기출 2017. 5. 14. 비서 2급

다음 중 지식경영에 대한 설명으로 가장 적절하지 않은 것은?

① 지식경영은 조직 구성원 개개인의 지식이나 노하우를 활용하는 경영기법이다.

② 암묵지는 문서나 매뉴얼처럼 여러 사람이 공유할 수 있는 지식이다.

③ 형식지와 암묵지는 상호작용을 하면서 지식이 확장, 공유된다.

④ 지식은 형식지와 암묵지로 구분된다.

해설 ② 문서나 매뉴얼처럼 여러 사람이 공유할 수 있는 지식은 명시지이다. 암묵지는 학습과 경험을 통하여 개인에게 체화되어 있지만 겉으로 드러나지 않는 지식을 말한다.

기출 2019. 5. 12. 비서 2급

조직문화 형성에 영향을 주는 주요 요인으로 맞지 않는 것은?

① 조직의 역사와 규모

② 창업자의 경영이념과 철학

③ 조직의 환경

④ 경쟁기업의 사회화

해설 조직문화 형성에 영향을 주는 요인은 창업자의 경영이념과 철학, 조직의 역사와 규모, 대체 문화의 존재여부, 산업환경과 산업의 문화, 제품의 수명 주기 등이다.

◄정답 ②, ④

기출PLUS

기출 2019. 5. 12. 비서 1급

의사결정 유형은 수준과 범위에 따라 전략적 – 관리적 – 업무적 의사결정으로 분류한다. 다음 중 의사결정 유형에 대한 설명으로 가장 적절하지 않은 것은?

① 전략적 의사결정은 주로 기업 내부에 관한 의사결정으로, 의사결정에 필요한 능력으로는 기업 내부의 부문 간 조율을 위해 대인관계능력이 강조된다.
② 관리적 의사결정은 주로 중간 경영층에서 이루어지고 최적의 업적능력을 내도록 기업의 자원을 조직화하는 것과 관련이 있다.
③ 업무적 의사결정은 주로 하위 경영층에 의해 이루어지고 생산, 마케팅, 인사 등과 관련한 일상적으로 이루어지는 의사결정을 포함한다.
④ 업무적 의사결정을 하는 데 필요한 능력으로 업무의 문제를 발견하고 해결하는 기술적 능력이 있다.

해설 ① 전략적 의사결정은 시간, 자금, 인력 등 희소한 경영자원을 배분해야 하는 의사결정으로 기업의 경쟁우위를 창출하고 유지시킬 수 있는 의사결정을 의미한다.

◀ 정답 ①

⑤ 지식 경영을 촉진하는 요인
  ㉠ 지속적인 변화·도전을 촉진하는 조직 분위기
  ㉡ 유연화된 의사소통체계 구축
  ㉢ 축적된 지식이나 학습에 대한 측정과 적절한 보상
  ㉣ 리더의 참여와 관심

(3) 의사결정

① 의사결정의 개념
  ㉠ 기업경영에 있어 모든 경영활동은 의사결정에 의해서 이루어진다.
  ㉡ 경영행위에는 반드시 plan – do – see의 관리과정을 수반한다.
  ㉢ 2가지 이상의 대처안 중 어느 하나를 선택하는 것을 말한다.
  ㉣ 여러 가능한 대안을 개발 선택함으로서 바람직한 결과를 이끌 수 있는 일련의 과정을 의미한다.

② 의사결정의 중요성
  ㉠ 경영의사결정은 모든 경영활동 또는 경영행동에 수반되므로 올바른 경영의사결정이 뒷받침되지 않은 경영행동의 결과는 낮은 경영성과로 나타나게 된다.
  ㉡ 경영자계층을 구성하고 있는 경영자는 그 수준에 관계없이 누구나 항상 정기적 또는 예외적으로 의사결정을 하는 상황에 직면하게 된다.
  ㉢ 경영의사결정은 개인의 사적 의사결정과는 달리 의사결정의 효과가 기업 또는 기업 내외의 다른 구성원에게 영향을 미치게 된다.
  ㉣ 좋은 의사결정이란 조직과 관리자의 성과를 보여주는 것이다.

③ 의사결정의 효과
  ㉠ 의사결정의 질과 수용성은 의사결정자의 평가 및 개인적 만족에 상당한 영향을 미친다.
  ㉡ 의사결정의 질과 수용성은 의사결정자가 속한 조직의 성과에 영향을 미친다.
  ㉢ 관리자는 많은 시간을 의사결정 및 결정된 사항의 실행에 보내게 된다.

④ 의사결정방법론
  ㉠ 서술적 방법론
    ⓐ 의사결정자가 의사결정을 행하는 과정을 모형화 또는 이론화하는데 초점을 두고 있다.
    ⓑ 의사결정절차에 대한 이해를 제공함으로서 관리자가 효율적인 의사결정을 할 수 있도록 도와준다.
    ⓒ 조직 내 의사결정권자의 행동 및 단계별 결과물을 예견할 수 있게 함으로서 관리자로 하여금 다른 부서의 의사결정에 보다 효율적으로 대응할 수 있게 한다.

ⓒ 처방적 방법론

    ⓐ 통계학 등의 기법을 동원하여 가용한 정보를 분석함으로써 최적의 의사결정을 모색하는 방법을 제시하여 준다.

    ⓑ 의사결정의 기법 및 관련 모형을 제공함으로써 관리자의 의사결정의 질을 향상시킨다.

⑤ 의사결정모형의 필요성

    ㉠ 다양한 목표의 추구

        ⓐ 기업의 목표는 단기수익의 극대화뿐 아니라 경영능력의 집중, 투자재원조달, 투자위험, 기업이미지 등 다양한 요소의 복합체가 된다.

        ⓑ 다양한 목표들을 종합적으로 고려한 의사결정이 이루어져야 한다.

    ㉡ 다수의 관련자

        ⓐ 의사결정은 일반적으로 실행을 전제로 하므로 관련자들의 이해와 수용이 필요하다.

        ⓑ 기업 외부적으로 정부, 사회, 주주 등 다양한 단체 및 개인의 욕구를 만족시켜 나가는 것이 필요하다.

    ㉢ 문제의 불확실성 : 미래의 수요변화, 경쟁자의 출현, 환위험 등 여러 가지 위험요인이 잠재하고 있으므로 여러 가지 시나리오에 대응하여 가장 적합한 전략대안을 선택하는 것이 필요하다.

    ㉣ 가용자원의 종류 및 한계

        ⓐ 경영정책의 수행에는 기업의 재무능력, 기술수준, 인적능력, 기업문화 등 여러 가지 요소의 뒷받침이 필요하다.

        ⓑ 필요요소가 한 가지라도 부족하게 되면 그 정책이 제대로 효과를 발휘할 수 없게 된다.

5. 조직문화의 개념

(1) 조직문화의 정의

① 조직문화는 조직이 외부환경에 적용하고 조직 내부의 문제를 해결하는 과정을 반복하면서 오랜 시간이 흐르면서 형성된다.

② 조직문화는 가정, 신념, 가치, 규범과 관습, 의례와 의식, 상징, 전통, 언어 등의 중심개념으로 표현되고, 조직 구성원들이 보편적으로 공유하고 있으므로 조직구성원 간에 일체감을 형성해준다.

③ 조직문화는 조직구성원들이 어떻게 행동해야 하는가를 규정하는 지침으로서 무의식적이고 당연하게 받아들인다.

기출PLUS

④ 조직문화란, 조직구성원들이 내외적인 문제를 해결과정에서 반복된 경험을 통해 무의식적으로 당연하게 공유하게 된 기본 가정, 신념, 가치, 행동규범 등의 결합체이다.

(2) 조직문화의 수준

① **묵시적 가정으로서의 문화** … 묵시적 가정이란 조직 구성원들 사이에 공공연하게 이야기 하거나 거론하지 않아도 당연한 것으로 받아들이는 수준으로 문화의 수준 중 가장 심층적이고 추상적인 것이다. 이러한 가정은 구성원이 오랜 조직생활을 통해 습득한 것으로 조직에서 아주 당연시하는 가정이다. 이를 해독하고 구체적인 문화의 형태로 실현한 것이 가치관과 규범이다.

② **공유된 가치로서의 문화** … 문화의 중간수준은 조직 구성원들이 공유하고 있는 가치다. 가치는 바람직한 것에 대한 개념이고 이는 문화에 대한 기본적 가정을 반영한다. 구성원들이 공유하고 있는 가치에 따라서 구성원의 행동이 달라질 수 있다.

③ **공유된 규범으로서의 문화** … 규범은 문화의 수준에서 가장 표면적이고 구체적이기 때문에 가시적이다. 규범은 성문화되어 있지 않지만 일반적으로 구성원들이 그렇게 행동을 하도록 한다.

(3) 조직문화의 이론

① **McGregor의 X-Y 이론** … McGregor는 인간 본성에 대해 두 가지 기본 가정에 기초하여 조직문화와 경영이론을 전개하였다. 하나는 전통적인 경영이론에 바탕을 둔 X이론이며, 다른 하나는 경영에 대한 새로운 이론에 근거를 둔 Y이론이다. 이 두 이론은 경영자가 구성원의 동기를 부여하기 위한 전략을 선택하는 데 있어서 중요한 역할을 하며, 이 선택이 조직의 분위기를 결정한다는 점에서 조직문화를 이해하는 데 유용하다. 우선, 두 이론이 근거를 두고 있는 인간에 대한 기본가정과 각 이론 하에서 경영자가 택하게 되는 차이를 비교하면 다음과 같다.

X이론	Y이론
외적통제에 대한 믿음과 가정을 기초로 함	자율적통제와 자기지향에 대한 가정에 의존한다.
인간을 어린이로 취급	인간을 성숙한 어른으로 보는 문화
권위적이고 강압적인 리더십을 행사하는 적극적 방법, 인간관계나 민주적이고 온정적인 행정을 통해 설득 하는 온건한 방법을 사용	경영자의 책임은 사람들로 하여금 일에 대한 동기와 잠재력 책임감 목표성취의지 등을 인식하고 계발할 수 있도록 하는데 있다.
보상과 체벌이 주어지고 통제된다.	부하직원의 노력을 촉진시키고 지원하기 위하여 조직의 조건과 운영방법을 끊임없이 정비

기출 2017. 5. 14. 비서 2급

조직의 구성원들이 공유하고 있는 가치관, 신념, 이념, 관습 등을 총칭하는 것으로 조직과 구성원의 행동에 영향을 주는 기본적인 요인을 무엇이라 하는가?

① 조직 구조
② 제도
③ 비전
④ 조직문화

해설 조직문화 … 조직의 구성원들이 공유하고 있는 가치관, 신념, 이념, 관습 등을 총칭하는 것으로 조직과 구성원의 행동에 영향을 주는 기본적인 요인

◀정답 ④

② Ouchi의 Z이론 … Ouchi는 고생산 기업들이 어떠한 공통점을 가지고 있는가를 발견하기 위하여 미국과 일본의 기업을 비교 연구하였고 이들 기업의 성공을 설명하는 과정에서 Z이론을 발전시켰다. Z이론은 전체조직의 문화에 관심을 두고 있다. 성공적인 기업은 친밀성, 신뢰, 협동, 팀워크, 평등주의 등 공유된 가치관에 의하여 내적으로 일관되고 다져진 독특한 기업문화를 가지고 있다. 이들 조직의 성공은 기술보다는 인간 관리에 기인하고 있다.

Z조직의 특성	➡	Z문화의 핵심적 가치
장기간의 고용	➡	조직에 대한 헌신
완만한 승진	➡	경력 지향성
참여적 의사결정	➡	협동심과 팀워크
집단결정에 대한 개인적 책임	➡	신뢰와 집단충성
전체지향	➡	평등주의

(4) 기업문화

① 기업문화의 개념

　㉠ 기업문화는 1970년대 말 미국에서 우량기업의 조건을 탐색하는 과정에서 비롯되었다.

　㉡ 기업문화는 사회문화의 영향을 받으면서 기업마다 독특하게 계속 가꾸어질 수 있다.

　㉢ 기업문화의 정립은 가치관, 즉 핵심문화의 혼란의 바로잡기로 집약할 수 있다.

② 기업문화의 정의

　㉠ 기업에서 구성원들이 보편적으로 지니고 있는 공유된 가치를 말한다.

　㉡ 회사의 경영이념, 사내 분위기, 계층적 구조, 윤리적 개념, 사훈 및 사시를 들 수 있다.

　㉢ 구성원들의 가치의식이나 표출된 행동방식을 말한다.

　㉣ 최고경영자가 강조하는 강조정신, 주요 관리관행의 특성을 들 수 있다.

　㉤ 각종 상징의 특성들로 가시화될 수 있다.

③ 기업문화의 구성요소

　㉠ **인위적 요소** : 눈에 보이는 조직의 구조와 프로세스, 복장 등을 말한다.

　㉡ **추구가치** : 전략, 목표, 철학 등을 말한다.

　㉢ **공유되는 암묵적 가정** : 신념의 정당화, 인간성의 본질, 인간관계의 본질 등 가치와 행동을 좌우하는 원천이다.

기출 2019. 5. 12. 비서 1급

다음 중 동기부여이론에 대한 설명으로 가장 옳지 않은 것은?

① 알더퍼(Alderfer)의 ERG이론은 인간의 욕구는 존재욕구 – 관계욕구 – 성장욕구로 분류한다.

② 허쯔버그(Herzberg)의 이요인이론(two factor theory)에 의하면, 임금 인상이나 작업환경 개선으로는 종업원의 만족도를 높일 수 없다.

③ 아담스(Adams)의 공정성 이론(equity theory)은 욕구를 5단계로 분류하여 하위에서 상위욕구까지를 설명한 과정이론이다.

④ 브룸(Vroom)의 기대이론은 직무수행을 위한 구성원의 노력에서 보상까지의 과정에 있어 동기유발을 이해하기 위한 접근방법이다.

해설 ③ 욕구를 5단계로 분류한 것은 매슬로우의 욕구위계이론이다. 아담스는 조직 내 구성원들이 서로를 비교하는 습성이 있다는 데 주목하여 조직구성원 간 처우의 공정성(형평성)에 대한 인식이 동기부여에 영향을 미친다는 공정성이론을 제시하였다. 즉, 개인의 투입-산출 비용이 타인의 것과 비교했을 때 불공정하다고 인식되면 개인은 불공정성을 감소시켜 공정성을 유지하기 위하여 동기가 유발된다는 것이다. 형평성이론, 공평성이론, 균형이론, 사회적 교환이론이라고도 한다.

◀정답 ③

④ 7S 요소

⊙ 기업문화의 7S 개념은 기업문화를 이해하는 데 가장 실질적인 도움을 주는 개념이다.

ⓒ 일본기업과 미국 우수기업의 기업문화연구에서 제시된 것으로 기업문화를 구성하고 있는 일곱 가지 중요 요소들이 모두 S자로 시작되기 때문에 기업문화의 7S라 불린다.

ⓒ 공유가치(Shared Value)

  ⓐ 기업체의 구성원들 모두가 공동으로 소유하고 있는 가치관과 이념, 전통가치와 기업의 기본목적 등이 기업체의 공유가치이다.

  ⓑ 공유가치는 다른 기업문화 구성요소에 지배적인 영향을 주며 기업문화형성에 가장 중요한 위치를 차지한다.

ⓔ 전략(Strategy)

  ⓐ 기업체의 장기방향과 기본성격을 결정하는 경영전략이다.

  ⓑ 기업체의 장기적인 목적과 계획 그리고 이를 달성하기 위한 장기적인 자원배분 패턴을 포함한다.

  ⓒ 기업체의 전략은 기업의 이념과 목적 그리고 기본가치를 중심으로 이를 달성하기 위한 기업체 운영에 장기적인 방향을 제공함으로써 다른 기업문화 구성요소에 많은 영향을 준다.

ⓜ 구조(Structure)

  ⓐ 기업체의 전략을 수행하는 데 필요한 조직구조, 직무설계, 권한관계와 방침 등 구성원들의 역할과 그들 간의 상호관계를 지배하는 공식요소들을 포함한다.

  ⓑ 구조는 관리시스템과 더불어 구성원들의 일상 업무수행과 행동에 많은 영향을 준다.

ⓗ 관리시스템(System)

  ⓐ 기업체 경영의 의사결정과 일상운영에 틀이 되는 관리제도와 절차 등 각종 시스템을 말한다.

  ⓑ 시스템은 기업체의 기본가치와 일관성 있고 장기적인 전략목적달성에 적합한 보상제도와 경영정보, 의사결정시스템, 경영계획과 목표설정시스템, 결과 측정과 조정통계 등 경영 각 분야의 관리제도와 절차를 포함한다.

ⓢ 구성원(Staff)

  ⓐ 기업문화는 기업체 구성원들의 행동을 통하여 실제로 나타난다.

  ⓑ 구성원은 기업문화의 구성요소로서 기업체의 인력구성과 구성원들의 능력, 전문성, 가치관과 신념, 욕구와 동기, 지각과 태도, 행동패턴 등을 의미한다.

  ⓒ 구성원들의 가치관과 행동은 기업체가 의도하는 기본가치에 의하여, 인력구성과 전문성은 기업체가 추구하는 경영전략에 의하여 많은 영향을 받는다.

◎ 기술(Skill)
　　ⓐ 각종 기계장치와 컴퓨터 등 생산 및 정보처리 분야의 물리적 하드웨어는 물론, 이를 사용하는 소프트웨어 기술을 의미한다.
　　ⓑ 구성원들에 대한 동기부여와 행동 강화, 갈등관리와 변화관리, 목표관리와 예산관리 등 기업체에 적용되는 관리기술과 기법도 포함한다.

ⓧ 리더십 스타일(Style)
　　ⓐ 구성원들을 이끌어 나가는 전반적인 관리스타일을 말한다.
　　ⓑ 구성원들의 행동조성은 물론 그들 간의 상호관계와 조직분위기에 직접적인 영향을 주는 요소이다.
　　ⓒ 기업체의 개방적, 참여적, 온정적, 유기적 성격 등은 일상경영에 적용되는 관리 및 리더십 스타일로부터 많은 영향을 받으며 형성된다.

section 2 조직행동관리

1. 동기부여

(1) 동기부여의 의의

① 동기부여의 개념 … 인간의 욕구를 충족시키도록 인간의 행동을 유발시키고 그 행동을 유지시키며, 나아가 그 행동을 목표지향적인 방향으로 유도해 나가는 과정을 말한다.

② 동기부여와 인간의 욕구 및 행동 … 인간의 행동은 욕구를 충족시킬 수 있는 목표를 향하여 일어나게 된다.

(2) 동기부여이론

① 매슬로우(Maslow)의 욕구단계이론
　ⓐ 의의 : 동기에 관한 순차적 발전론에서 인간의 욕구를 5가지로 분류하고 하급욕구가 충족되어야 상위욕구가 발생된다고 하는 이론이다.
　ⓑ 욕구의 단계
　　ⓐ 생리적 욕구 : 공기, 식량, 식욕, 성욕
　　ⓑ 안전욕구 : 안전, 질서
　　ⓒ 애정욕구 : 일체화 사랑, 친교, 우정
　　ⓓ 존경욕구 : 인정, 지위, 자존심
　　ⓔ 자기실현욕구 : 성취, 상승

기출 2020. 11. 8. 비서 2급

다음 중 매슬로우(Maslow)의 욕구 단계이론을 저차원에서 고차원의 단계별로 나열한 것으로 가장 적합한 것은?

① 안전 욕구 → 사회적 욕구 → 성취 욕구 → 자아실현 욕구 → 존경 욕구

② 존재 욕구 → 안전 욕구 → 사회적 욕구 → 성장 욕구 → 자아실현 욕구

③ 안전 욕구 → 사회적 욕구 → 권력 욕구 → 자아실현 욕구 → 존경 욕구

④ 생리적 욕구 → 안전 욕구 → 사회적 욕구 → 존경 욕구 → 자아실현 욕구

해설 매슬로우의 욕구단계이론

❮정답 ④

ⓒ 욕구간의 관계
  ⓐ 욕구계층의 불고정성
  ⓑ 욕구충족의 상대성
  ⓒ 동기유발요인의 복합성

② Alderfer의 ERG이론
  ㉠ 의의 : 매슬로우이론의 한계, 즉 욕구의 하방진행성의 불고려를 비판하면서 제기된 것으로 욕구계층의 상방진행과 하방진행을 동시에 고려한다.
  ㉡ 욕구의 계층
    ⓐ 존재(existence)의 욕구 : 생리적 · 안전욕구와 대비
    ⓑ 관계(relation)의 욕구 : 사회적 · 존경의 욕구와 대비
    ⓒ 성장(growth)의 욕구 : 자아실현욕구와 대비

③ Z이론
  ㉠ 룬드스테드(Lunstedt)의 Z이론(자유방임형 인간관) : 자발적으로 형성, 활동하는 집단은 조직목표 수행에 도움을 준다.
  ㉡ 오우치(Ouchi)의 Z이론(경영가족주의)
    ⓐ 집단의 가치와 전체에 대한 관심
    ⓑ 장기평가와 승진
    ⓒ 비전문적 경제통로
    ⓓ 종신고용
    ⓔ 품의

④ 아지리스(Argyris)의 미성숙 · 성숙이론
  ㉠ 개념 : 인간의 성격(personality)은 X이론적 인간형과 같은 미성숙상태로부터 Y이론적 인간형과 같은 성숙상태로 변화한다는 이론을 말한다.
  ㉡ 특징
    ⓐ 전통적 · 권위적 관리방식은 성숙한 인간의 자기실현적 욕구충족을 방해한다.
    ⓑ 조직구조를 직무확대, 참여적, 직원 중심적 리더십, 현실 중심적 리더십 등에 의하여 개편하여야 한다.
    ⓒ 조직구성원의 자발적인 욕구충족으로 조직의 목표와 인간의 욕구가 통합될 수 있다.

동기부여이론의 평가		
구분	악의 관점	선의 관점
Maslow	생리적 욕구, 안전욕구	존경욕구, 자기실현욕구
Herzberg	위생요인(불만요인)	동기부여요인(만족요인)
Argyris	미성숙인	성숙인

2. 리더십

(1) 개요

① 개념 … 조직의 바람직한 목표달성을 위하여 구성원이 자발적으로 적극적인 행동을 하도록 하는 능력과 영향력을 말한다.

② 기능
- ㉠ 목표설정과 임무·역할의 명확화
- ㉡ 자원의 효율적 동원
- ㉢ 조직의 일체성·적응성의 확보
- ㉣ 조직 활동의 통합·조정과 통제

③ 특징
- ㉠ 조직목표와 밀접한 관련을 가진다.
- ㉡ 지도자의 권위를 통해 발휘된다.
- ㉢ 일방적인 강요가 아니라 상호작용을 통해 발휘된다.
- ㉣ 공식적 지도자만 갖는 기능은 아니다.
- ㉤ 지도자, 추종자, 환경의 함수관계를 가진다.

(2) 리더십의 유형(R.K. White와 Lippitt의 분류)

① 권위형 … 지도자가 중요한 결정을 내리고 부하에게는 맹목적인 복종을 요구하는 형태로 직무수행에 중점을 두는 유형을 말한다.
- ㉠ 장점 : 업무의 신속한 처리, 명령통일 용이
- ㉡ 단점 : 하급자의 의견이나 능력 무시, 일방적인 실행 강요

② 민주형 … 해결책을 강구하는 인간관계에 중점을 두는 유형을 말한다.
- ㉠ 장점 : 조직구성원의 창의력, 근무의욕 제고
- ㉡ 단점 : 민주주의 사고방식이나 합리적인 상·하관계가 형성되어 있지 않은 경우 역효과 발생

③ 자유방임형 … 지도자가 결정권한을 하급자에게 상당부문 위임하여 업무수행의 목표와 방법을 하급자가 결정하도록 하는 유형을 말한다.
- ㉠ 장점 : 조직구성원들의 능력이 골고루 우수하고 업무내용이 고도의 전문적인 성격을 지녀 자율성이 있는 경우 효과 발휘
- ㉡ 단점 : 위의 조건이 충족되지 않을 경우 업무추진이 늦어지고, 성과가 저하되는 현상 초래

기출PLUS

기출 2019. 5. 12. 비서 2급

개인의 특성이 리더로서의 성공의 결정 요인으로 중요하게 보는 리더십 이론은 무엇인가?

① 행동이론
② 특성이론
③ 상황이론
④ 규범적 리더십이론

> 해설 ② 리더가 될 수 있는 고유한 개인적 자질 또는 특성이 존재한다는 가정하에 리더의 외양이나 개인적인 개성에서 공통적인 특성을 찾아 내고자 하는 리더십 연구이다.

기출 2019. 11. 10. 비서 1급

다음 중 리더가 갖는 권력에 대한 설명으로 옳은 것은?

① 준거적 권력과 강제적 권력은 공식적 권력의 예이다.
② 합법적 권력은 부하직원들의 봉급인상, 보너스, 승진 등에 영향력을 미치는 리더의 권력이다.
③ 전문가 권력은 부하직원의 상사에 대한 만족도에 긍정적 영향을 미친다.
④ 보상적 권력은 부하직원의 직무수행에 부정적 영향을 미친다.

> 해설 ① 준거적 권력은 비공식적 권력, 강제적 권력은 공식적 권력의 예이다.
> ② 공식적 직위, 업무 할당 또는 사회적 규범 등에 기반을 둔 권력이다.
> ④ 타인에게 보상해줄 수 있는 자원과 능력에 기반을 둔 권력이다.

POINT **조직이론과 리더십의 필요성**
　㉠ 고전적 조직이론 : 합리적·경제적 인간으로 가정하므로 리더십 불필요
　㉡ 신고전적 조직이론 : 사회적 인간으로 가정하므로 리더십의 중요성 인식
　㉢ 현대적 조직이론 : 복잡인간의 가정 하에 목표달성을 위한 리더십 매우 중시

④ 일반적인 유형
　㉠ **거래적 리더십** : 타산적, 교환적 관계를 중시하는 전통적인 리더십으로 구성원의 결핍욕구(deficiency needs)를 자극하고 이를 충족시켜주는 것을 반대급부로 조직에 필요한 임무를 수행하도록 동기화시키는 지도자의 특성을 의미한다.
　㉡ **변혁적 리더십** : 카리스마(charisma), 비전(vision), 개인적 배려(individual consideration), 지적 동기 유발(intellectual stimulation)의 4가지 차원에서 중요한 변화를 주도하고 관리하는 리더십 행위로서, 구성원의 성장욕구(growth needs)를 자극하고 동기화시킴으로써 구성원의 태도와 신념을 변화시켜 더 많은 노력과 헌신을 이끌어 내는 지도자의 특성을 의미한다.
　㉢ **카리스마적 리더십** : 리더의 이념에 대한 부하의 강한 신뢰를 바탕으로 동화, 복종, 일체감으로 높은 목표를 추구하고자 하는 리더십이다.
　㉣ **서번트 리더십** : 섬기는 자세를 가진 봉사자로서의 역할을 먼저 생각하는 리더십이다.
　㉤ **비전적 리더십**(visionary leadership) : 카리스마의 개념 중에서 특히 비전에 강조점을 두고 있는 리더십이다.

3. 의사소통

(1) 의의

① **개념** … 인간의 결정에 전제가 되는 정보가 사람 사이에 전달되는 과정을 말한다.

② **성립요건** … 전달자, 내용, 매체, 피전달자, 반응

③ **기능**
　㉠ 정책결정, 의사결정의 합리화
　㉡ 사기앙양과 참여 촉진
　㉢ 조정의 효율화

정답 ②, ③

② 리더십의 발휘수단

<table>
<tr><th colspan="4">조직이론과 의사소통</th></tr>
<tr><th>구분</th><th>고전적 조직이론</th><th>신고전적 조직이론</th><th>현대적 조직이론
(체제이론)</th></tr>
<tr><td>의사소통의
중요성</td><td>중요</td><td>비교적 중요</td><td>대단히 중요</td></tr>
<tr><td>의사소통의
목적</td><td>명령의 전달</td><td>조직구성원의 욕구
충족</td><td>통제 · 조정 · 정보의
제공, 환경변동에
대한 적응</td></tr>
<tr><td>의사소통의
방향</td><td>상의하달</td><td>상의하달, 하의상달</td><td>상의하달, 하의상달,
횡적 의사소통</td></tr>
</table>

(2) 일반원칙

① **명료성(clarity)** ⋯ 의사전달에 있어서 무엇보다도 중요한 것은 피전달자가 전달 내용을 쉽고 정확하게 이해할 수 있도록 명확하고 평이한 언어를 사용해야 한다.

② **일관성(consistency)** ⋯ 처음의 명령과 나중의 명령 간에 모순이 없도록 한다.

③ **적시성(timeliness)** ⋯ 의사전달의 행위와 정보교환행위, 명령하달과 제안행위 등은 알맞은 시기를 선택해야 한다.

④ **적정성(adequacy)** ⋯ 전달내용이 그 양에 있어서나 세목에 있어서 너무 많거나 또는 너무 세분되어 있을 경우와 반대로 지나치게 간략하게 요약되어 있으면 피전달자의 이해도를 감퇴시키게 되므로 적량성을 부과 · 교환 · 제공하는 것이 타당하다.

⑤ **분포성(distribution)** ⋯ 의사전달이 조직 전체를 통해 적절히 배포됨으로써 경영기능이 원만히 수행된다.

⑥ **적응성(adaptability)** ⋯ 의사전달의 내용은 행위자가 구체적 상황에 따라 재량성을 발휘할 수 있도록 융통성과 신축성을 지녀야 한다.

⑦ **수용성(acceptability)** ⋯ 전달받은 내용에 대해 충분한 주의와 관심을 기울여야 하며, 수용태세와 수용능력이 갖추어져 있어야 한다.

(3) 저해요인

① 구조적 요인

　㉠ 계층제

　　ⓐ 조직에 피해가 되는 개인의 행동을 상부에 보고하지 않는 경향

　　ⓑ 부하의 정보제공 왜곡

ⓒ 유동성의 저하

ⓛ 전문화

　ⓐ 부서 간의 의사소통 왜곡·단절

　ⓑ 전문지식의 기초에 대한 선입견

ⓒ 집권화

　ⓐ 정보가 조직의 고위층에 집중 : 업무량 증가, 적은 양의 전문지식

　ⓑ 정보가 하위 부서에 분산 : 경쟁 증가, 적시성 상실

② 의사소통 활동지침

ⓐ 비밀

　ⓐ 공개 자료의 유용성이 등한시되기 쉽다.

　ⓑ 인원충원 시 안전규정, 신원조사, 관료성 등으로 강요적 체제가 된다.

ⓛ 공개 : 타부서나 조직에게 전략, 전술, 의도 등이 유출될 수 있다.

③ 장애요인 … 정보전달과정에서의 왜곡 특히 무능력, 태만 등으로 정보를 간과하거나 차단함으로써 발생한다.

④ 문제의 성질 … 긴급성, 의도성

(4) 유형

① 공식적 의사소통 … 공식적 조직에 있어 공식적 권한의 계층을 따라 공식적으로 행해지는 의사소통으로 명령, 보고, 조회, 통보 등이 해당된다.

ⓐ 장점

　ⓐ 의사소통 명확

　ⓑ 상하 간의 권위관계 유지

　ⓒ 책임소재 명확

ⓛ 단점

　ⓐ 융통성 결여

　ⓑ 형식주의 우려

　ⓒ 환경변화에 대한 대응 어려움

　ⓓ 다양한 활동을 표현하기에 부적합

② 비공식적 의사소통 … 조직도표상의 계층적 통로를 통하지 않고 인간 중심의 통로를 통하여 행해지는 의사소통을 말한다.

ⓐ 장점

　ⓐ 공식적 의사소통의 단점 보완

　ⓑ 환경변화에 대한 탄력적 대응

　ⓒ 구성원의 여론파악

　ⓓ 개인의 욕구충족

ⓔ 조직 내의 갈등해소

ⓕ 여론의 지표

ⓛ 단점

ⓐ 풍문 유포가능성

ⓑ 책임소재의 불명확

ⓒ 조정, 통제의 어려움

③ **종적 의사소통** … 계층제와 동일한 상하 간의 의사소통을 말한다.

㉠ **상의하달** : 명령, 문서명령, 일반적 정보, 조직목표의 내면화, 개인의 실적에 대한 통지 등

㉡ **하의상달** : 보고제도, 제안제도, 직원의견조사 등

④ **횡적 의사소통** … 참모 간 또는 계선 간의 의사소통으로 사전심사제도 및 회람 또는 통지, 회의 또는 위원회제도 등

⑤ **비서의 의사소통관리**

㉠ 대화 시 책상 위에 팔꿈치를 올려놓지 않는다.

㉡ 타인의 말을 들으면서 다른 행동을 하지 않는다.

㉢ 대화 시 시선처리에 유의한다.

㉣ 인사말, 감사의 말을 습관화한다.

㉤ 고객 앞에서 동료와 업무 이외의 개인적인 대화를 하지 않는다.

(5) 의사소통의 개선방향

① **전달자와 피전달자의 측면**

㉠ 상향적 의사소통의 개선과 창의력 계발

㉡ 민주적·쇄신적 리더십

㉢ 행정행태의 개선

㉣ 의사소통의 중요성 인식

㉤ 상호접촉을 통한 대인관계 개선

㉥ 인사교류

② **전달구조·과정·수단의 측면**

㉠ 매체의 정확성

㉡ 적절한 정보관리체제의 확립 및 시설 개선

㉢ 정보전달통로의 다원화

㉣ 계층제의 완화, 분권화

㉤ 반복과 환류, 확인

기출PLUS

기출 2018. 11. 11. 비서 1급

다음의 의사소통에 관한 설명 중 가장 적절하지 않은 것은?

① 의사소통이란 정보와 구성원들의 태도가 서로 교환되는 과정이며, 이때 정보는 전달 뿐 아니라 완전히 이해되는 것을 의미한다.

② 의사소통의 목적은 통제, 지침, 동기부여, 문제해결, 정보전달 등이 포함된다.

③ 직무지시, 작업절차에 대한 정보제공, 부하의 업적에 대한 피드백 등은 하향식 의사소통에 포함된다.

④ 동일계층의 사람들 간의 의사전달, 부하들의 피드백, 새로운 아이디어 제안 등은 수평식 의사소통에 포함된다.

해설 수평식 의사소통은 횡적 의사소통이라고도 하며 조직원 간 또는 분과 간의 수평적인 관계에서 이루어지는 것을 말한다. 수직식 의사소통은 종적 의사소통이라고도 하며 조직의 계층구조에서 상하 간에 이루어지는 의사소통을 말한다. ④에서 부하들의 피드백, 새로운 아이디어 제안과 같은 보고제도, 제안제도는 종적 의사소통에 속한다.

‹ 정답 ④

03 경영활동

기출PLUS

section 1 기능별 경영활동

1. 마케팅 일반

(1) 마케팅 의의

① 마케팅의 정의
  ㉠ 마케팅은 본질적으로 고객에게 가치를 전달하는 것이다.
  ㉡ 마케팅은 개인이나 조직의 목표를 충족시키기 위한 교환을 창출하기 위해 추진되는 일련의 과정이다.

② 마케팅의 기본요소 … 필요와 욕구, 수요, 제품, 교환, 시장

③ 마케팅개념의 발전 … 생산개념 → 제품개념 → 판매개념 → 마케팅개념 → 사회 지향적 마케팅개념

④ 현대마케팅의 특징 … 소비자지향성, 기업목적지향성, 사회적 책임지향성, 통합적 마케팅지향성

> **POINT** 그린마케팅 … 기업의 제품이 개발되고 유통, 소비되는 과정에서 자사의 환경에 대한 사회적 책임과 환경보전 노력을 소비자들에게 호소하는 마케팅 전략이다.

(2) 시장기회분석

① 마케팅 정보시스템
  ㉠ 내부보고시스템 : 정보전달, 보고수단
  ㉡ 마케팅 인텔리전스 시스템 : 일반적인 외부환경에 대한 정보 입수
  ㉢ 분석적 마케팅 시스템 : 2차적 정보로 변형
  ㉣ 마케팅 조사시스템 : 특수 마케팅 문제의 해결
    ⓐ 절차 : 조사문제의 정의 → 조사계획 수립 · 설계 → 자료의 수집 → 자료의 분석 · 해석 → 조사결과 보고
    ⓑ 조사방법 : 탐색조사, 기술조사, 인과관계조사
    ⓒ 조사계획 수립 및 설계 : 자료의 수집방법 · 종류 · 분석방법 계획 수립

② 마케팅 환경분석

 ㉠ 거시적 환경분석

 ㉡ 미시적 환경분석 : 회사 내, 공급자, 중간매매상, 고객, 경쟁자, 대중

  ⓐ 경쟁환경분석 : 경쟁 유형 파악 → 경쟁집합 규정

  ⓑ 자사분석 : SWOT분석

③ 소비자 행동분석

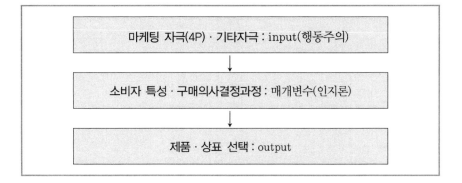

마케팅 자극(4P) · 기타자극 : input(행동주의)

↓

소비자 특성 · 구매의사결정과정 : 매개변수(인지론)

↓

제품 · 상표 선택 : output

(3) BCG 매트릭스

① 스타(star)

 ㉠ 시장성장률과 시장점유율이 높은 사업군을 말한다.

 ㉡ 성장을 위한 지속적인 투자가 필요한 포지션이다.

 ㉢ 현금조달이 중립적이다.

② 현금젖소(cash cow)

 ㉠ 시장성장률은 낮으나 시장점유율이 높은 사업군을 말한다.

 ㉡ 수익이 높고 안정적이어서 현금조달력이 높다.

 ㉢ 현상 유지하는 전략을 펴게 되는 포지션이다.

③ 물음표(question mark)

 ㉠ 시장성장률은 높고 시장점유율은 낮은 사업군을 말한다.

 ㉡ 수익은 낮고 불안정하다.

 ㉢ 스타 포지션으로 갈지 철수할지 의사결정을 해야 하는 포지션이다.

④ 개(dog)

 ㉠ 시장성장률이 낮고 시장점유율이 낮은 사업군을 말한다.

 ㉡ 수익이 낮고 현금조달이 어렵다.

 ㉢ 시장철수결정을 해야 하는 포지션이다.

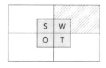

다음 중 마케팅 전략에 대한 설명으로 가장 적절하지 않은 것은?

① 집중적 마케팅은 기업의 자원이나 역량에 한계가 있는 중소기업들이 사용하는 경우가 많다.

② 제품수명주기가 도입기에 있는 경우에는 집중적 마케팅을 하는 것이 좋다.

③ 경쟁사가 차별적 마케팅이나 집중적 마케팅을 하는 경우, 비차별적 마케팅을 함으로써 경쟁우위를 확보할 수 있다.

④ 모든 구매자가 동일한 기호를 가지고 있는 경우에는 비차별적 마케팅이 적합하다.

> **해설** ③ 비차별적 마케팅은 세분시장 간의 차이를 무시하고 하나의 제품으로 전체시장을 공략하는 전략으로 경쟁사가 차별적 마케팅이나 집중적 마케팅을 하는 경우에 적절하지 않다.

⑤ BCG

	높음	스타 (Star)	물음표 (Question mark)
시장성장률	낮음	현금젖소 (Cash cow)	개 (Dog)
		높음	낮음

<상대적 시장점유율>

(4) 목표시장 선정과 마케팅 전략의 수립

① **시장세분화** … 다양한 욕구를 가진 소비자들을 특정 제품 및 믹스를 필요로 하는 유사한 집단으로 묶는 과정을 말한다.

② **목표시장 선정** … 자사의 경쟁우위가 특정 세분시장에서 확보될 수 있는가를 평가하여 상대적으로 경쟁우위에 있는 세분시장을 선정한다.

③ **제품 포지셔닝** … 자사제품이 경쟁제품과는 다른 차별적 경쟁우위 요인을 가지고 있어 목표시장 내 소비자들의 욕구를 보다 효율적으로 잘 충족시켜 줄 수 있음을 소비자에게 인식시켜 주는 과정이다.

④ **제품수명주기 전략** … 장기적(도입→성장→성숙→쇠퇴)인 전략을 세워 시장변화에 적응한다.

⑤ **경쟁적 마케팅 전략** … 시장 지위에 따른 전략을 말한다.

(5) 제품관리와 가격관리

① **제품과 브랜드**
  ㉠ 제품의 수준 : 핵심제품, 실체제품, 증폭(확장)제품
  ㉡ 브랜드 제조업자 브랜드와 유통업자 브랜드 및 공동 브랜드

② **제품 전략**
  ㉠ 신제품 개발 절차 : 아이디어 창출·심사→사업성 분석→제품 개발→시험 마케팅→생산
  ㉡ 제품 전략 : 제품 다양화, 제품 단순화, 제품 차별화, 계획적 진부화
  ㉢ 제품 믹스 전략 : 제품 라인 추가 전략(제품 개발 전략, 다각화 전략), 제품 라인 분할·통합 전략, 제품 라인 제거 전략(사업부 추가·폐지 또는 분할·통합의 의사결정)

> **정답 ③**

③ 가격관리

　　㉠ **가격의 전략적 중요성** : 경쟁에 민감한 반응, 즉각적인 대응 가능, 소비자의 신속하고 민감한 반응→즉각적인 효과

　　㉡ **가격결정과정**

　　　ⓐ **가격목표** : 시장 확대, 경쟁력 확보

　　　ⓑ **가격전략** : 경쟁상황 고려, 기본적인 방향의 결정

　　　ⓒ **가격정책**

　　　　• 신제품 : 상층흡수가격정책(skimming), 침투가격정책(penetration)

　　　　• 재판매 가격유지정책 : 유표품에 대한 도·소매 가격 설정, loss leader 방지, 가격안정과 명성유지

　　　　• 제품 계열에 따른 단일가격정책과 탄력가격정책

　　　　• 가격주도제 : 시장주도자의 공표 가격 그대로 사용

　　　ⓓ **가격산정방법의 결정** : 원가 기준, 소비자(수요) 기준, 경쟁 기준

　　　ⓔ **최종가격 설정방법** : 소비자 지각에 기초(관습가격, 단수가격) 또는 지역별 가격설정(인도가격, 배달가격), 우표식가격 결정(동일한 가격과 운송비)에 따라 결정

　　　ⓕ **가격조정** : 상황에 따른 가격인하 또는 가격인상 등의 방법을 통한 합리적인 가격결정

(6) 4P 전략

① **의의** … 마케팅에서 4P전략은 각각 제품관리, 가격관리, 경로관리, 촉진관리로 분류할 수 있다.

② **제품관리(Product management)**

　　㉠ 제품은 마케팅 믹스의 첫 번째로 가장 중요한 요소이다.

　　㉡ 제품전략은 제품믹스, 브랜드, 포장 등에 대한 종합적 의사결정을 말한다.

　　㉢ 제품이란 고객의 욕구를 충족시키기 위해 시장에 제공되는 것으로 유형·무형의 것을 말한다.

③ **가격관리(Price management)**

　　㉠ 가격은 마케팅의 네 가지 활동인 4P 중 다른 마케팅 요소인 제품, 유통, 촉진에 비해 그 효과가 단기간 내에 확연하게 나타나는 특징을 가지고 있다.

　　㉡ 비가격요소의 역할이 점차 강조되고 있지만 가격은 여전히 마케팅 믹스의 주요 요소이다.

　　㉢ 지역적으로 가격을 차별화할 수도 있고 다양한 할인 및 공제정책을 활용할 수도 있으며, 서로 다른 세분시장에 대해 서로 다른 가격을 설정할 수도 있다. 또한 제품계열이나 사양선택 등에 따라 가격을 책정할 수 있다.

기출PLUS

기출 2020. 5. 10. 비서 1급

다음은 4P 마케팅 믹스의 구체적 내용이다. 옳지 않은 것은?

① Place : 재고, 서비스, 품질보증

② Price : 할인, 보조금, 지불기간

③ Promotion : 광고, 인적판매, 판매촉진

④ Product : 품질, 디자인, 브랜드명

해설 마케팅 믹스 4P

㉠ 제품 전략(Product strategy) : 목표 시장에서 경쟁사보다 더 나은 제품의 포지셔닝 구축

• 물리적 차별화 : 제품의 종류, 디자인, 기능, 성능, 품질, 내구성, 포장, 크기나 규격 등에서 차별화된 요소

• 서비스 차별화 : 품질보증 서비스, 고객 상담, 고객 관리, A/S, 주문의 용이성 등의 측면에서 차별화 시도

㉡ 가격전략(Pricing strategy) : 제품의 적정 가격을 설정, 할인 여부와 정도, 할부기간 등에 관한 의사결정

• 고려요소 : 기업의 재무적 목표, 수익성, 고객의 수용성, 경쟁자 진입, 제품·유통·촉진 전략과 일관성

㉢ 유통 전략(Placement strategy) : 제품을 고객이 원하는 시간과 장소에 제공

• 직접유통방식 : 제품을 온라인 또는 오프라인에서 고객에게 판매하는 방식(ex. 직영점 매장, 온라인)

• 간접유통방식 : 중간 유통업자가 개입하여 생산한 제품을 원하는 장소와 시간을 원하는 형태로 가공하여 제공

• 혼합방식 : 기업고객에는 직접 판매하는 경우가 많고, 기업고객보다 고객 수가 훨씬 더 많고 지리적으로 분산되어 있는 소비자에게는 중간 유통망을 통해 간접적으로 판매

㉣ 촉진 전략(Promotion strategy) : 기업이 마케팅 목표를 달성하기 위해 제품에 대한 정보를 전달

• 광고(Advertising) : 대중매체를 활용하여 간접적으로 고객에게 제품 또는 서비스의 내용을 전달(ex. tv, 라디오, 신문, 잡지 등을 통한 광고)

• 판매촉진(Sales Promotion) : 제품을 구매하도록 유도하기 위해 행사를 기획하여 고객들이 구매를 할 수 있도록 유도(1+1, 무료증정, 샘플 증정, 사은행사)

• PR(Public Relations) : 기업이 좋은 이미지를 구축하여 장기적으로 제품이나 서비스 판매를 유도(수상실적, 인증, 특허, CSR)

• 인적/직접 판매(Personal/Direct Selling) : 직접 고객과 대면하여 판매하는 방식으로 B2B 형태로 진행(카탈로그, 우편, 전화, 직접 방문 등)

• 전시회(Trade Show) : 공급자, 에이전시, 연구기관이나 주주들, 잠재적인 고객들에게 제품 또는 서비스를 소개

• 온라인 기반 촉진 전략 : 웹과 모바일 사용 환경에 기반하여 마케팅을 진행

◀정답 ①

④ **경로관리**(Channel management, Place)

   ⊙ 생산된 제품이 생산자로부터 소비자에게 전달되는 과정으로 모든 생산자가 직접 소비자와 만날 수 없으므로 이와 같은 관리가 필요하다.

   ⓛ 효율적으로 제품이나 서비스가 고객에게 전달될 수 있도록 하는 것이 중요하다.

⑤ **촉진관리**(Promotion management)

   ⊙ 촉진관리란 마케터가 제품의 혜택을 소비자에게 확신시키기 위해서 펼치는 모든 활동을 말한다.

   ⓛ 촉진관리에는 광고, 판촉, 홍보, 인적 판매 등이 있다.

(7) 유통경로관리

① **유통경로** … 교환과정의 촉진, 거래의 표준화, 고객서비스 제공, 제품구색의 불일치 완화, 소비자와 판매자의 연결 등의 역할을 한다.

② **중요성** … 가장 낮은 탄력성을 가지며, 중간상의 존재로 총 거래수 최소의 원칙·분업의 원리 등에 의해 유통의 효율적 달성을 추구할 수 있고 중간상인관리에 초점을 둔다.

③ **유통경로전략의 결정** … 유통커버리지 결정, 중간상 통제수준 결정

④ **유통경로의 계열화** … 미리 계획된 판매망을 전문적이고 일관적인 관리체계로 형성하여 만든 유통경로를 말한다.

⑤ **물적 유통관리**(PDM) … 마케팅 병참관리(logistics)

⑥ **기타**

   ⊙ **푸쉬(push) 경로정책** : 인적 판매를 중심으로 자사의 제품을 소비시장에 판매하는 것을 말한다.

   ⓛ **풀(pull) 경로정책** : 광고 및 판매촉진정책에 의해 소비자의 제품에 대한 욕구를 확인하는 것을 말한다.

POINT 광고전략의 절차 … 광고목표 설정→광고예산 편성·배분→메시지 내용과 제시방법 결정→광고매체의 선정→광고효과의 측정

(8) 기타 유통

① 데이터웨어하우징(OLAP)

ⓐ 의의

ⓐ 기간시스템의 DB(데이터베이스)에 축적된 데이터를 공통 방식으로 변환하여 일률적으로 관리하는 데이터베이스를 데이터웨어하우징 또는 다차원분석, 온라인 분석처리(OLAP ; On Line Analytical Processing)라 한다.

ⓑ 최종 사용자가 다차원 정보(성향, 통계, 규칙 등)에 직접 접근하여 대화식으로 정보를 분석하고 의사결정자(사장이나 임원 등)에게 의사를 결정할 수 있는 자료를 제공하기 위한 도구로서 그 정보를 활용하는 과정이다.

ⓛ 필요성 : OLAP 환경에서의 정보는 사용자가 쉽게 이해할 수 있고 조작하기 쉬운 형태로 되어 있으므로 사용자는 필요한 시점에 정보매개자 없이 정보원에게 직접 접근하여 다양한 각도에서 분석을 수행할 수 있다.

ⓒ 등장배경 : 데이터웨어하우징은 다음과 같은 문제점을 해결하기 위해 새로이 등장한 대안의 하나이다.

ⓐ 경영자의 의사결정의 어려움 : 다차원적인 기업의 경영환경, 즉 고객, 시장, 제품, 생산자, 공장, 유통경로, 생산기술, 정보기술 등 방대한 정보로 경영자의 의사결정이 어렵다.

ⓑ 정보시스템의 문제점 : 기업들이 사용하기 위해 구축한 정보시스템이 사실상 부문·부서 단위의 단편적인 목적에 국한되어 있어 데이터의 생산성, 신뢰성, 정보축적성에서 문제가 발생한다.

② 다른 개념과의 구별

ⓐ 데이터베이스(DB)

ⓐ 의의 : 자료기지 또는 자료틀을 뜻하는 것으로, 동시에 복수의 업무를 지원할 수 있도록 이용자의 요구에 맞게 데이터를 받아들이고 저장·공급하기 위하여 일정한 구조에 따라서 편성된 데이터의 집합이다.

ⓑ 특징 : 특정 목적을 위한 데이터를 관리하는 파일(file)과는 달리, 동시에 복수의 적용업무나 응용시스템에 대한 데이터의 공급기지로서 공유할 필요가 있는 데이터를 보관·관리한다.

• 데이터의 특성 간 의미관계와 형식관계를 기술한 개념적인 구조에 따라서 편성된 데이터의 집합이다.

• 동일한 내용의 데이터가 중복되지 않아야 하고, 다양한 접근방식이 요구되며, 검색이나 갱신이 효율적으로 이루어질 수 있어야 한다.

• 자기디스크나 자기테이프 등 컴퓨터에서 사용할 수 있는 보조기억장치에 저장된다.

• 데이터의 완전성 및 안전보호기능, 장애회복기능 등이 마련되어야 한다.

ⓒ 온라인 거래처리(OLTP ; On Line Transaction Processing)

ⓐ 의의 : 최종 사용자가 데이터베이스에 쉽게 접근하여 필요로 하는 정보를 직접 작성하고 의사결정에 활용하는 일련의 과정이다.

ⓑ 특징

- DW(데이터하우스)나 CRM시스템에 매우 중요한 기술요소로 작용한다.
- 네트워크상의 여러 이용자가 리얼타임으로 데이터베이스를 갱신하거나 조회 등의 단위작업을 처리하는 것이다.
- 주로 신용카드 조회업무나 자동현금지급 등 금융전산관련 부문, 항공예약 시스템에서 많이 이용되고 있다.
- OLAP은 OLTP에서 발생한 원시 데이터를 활용할 수 있도록 가공·분석하는 과정을 의미한다.

ⓒ 데이터마이닝(Data Mining)

ⓐ 의의 : 데이터마이닝은 매우 큰 데이터베이스에서 데이터들 간의 유용한 관계를 발견하거나 찾는 방식을 말한다.

ⓑ 특징

- 데이터마이닝은 매우 큰 데이터베이스로부터 사전에 알려지지 않은 유용한 정보를 추출하는 지식발견의 방법이다.
- 영업, 고객관리 및 매출 등으로 얻어진 여러 DB 안의 데이터들을 정제하여 하나의 데이터웨어하우스에 저장한 후, 이 데이터를 기초로 데이터들 간의 예전에 알지 못하였던 규칙을 찾아낸다.

③ 데이터웨어하우징의 기능과 특징

㉠ 기능

ⓐ 최종 사용자가 온라인을 이용해 다차원 정보를 이해하고 분석하여 기업의 전반적인 상황에 대한 의사결정을 하는 데 도움을 준다.

ⓑ 동일기간 중에 매출이 가장 저조한 매장과 가장 높은 매장은 어디인지, 또는 매장별로 가장 매출이 높을 때는 언제인지 등을 파악할 수 있다.

㉡ 특징

ⓐ 경영자가 빠른 시일 내에 사업상황에 대한 전체적인 흐름이나 동향을 쉽게 파악할 수 있으며 대화방식의 사용으로 분석이 쉽다.

ⓑ 분석을 위해 활용되는 정보가 다차원적인 형태를 띤다.

ⓒ 최종 사용자는 중간 매개자(전산부서)나 매개체(리포트)를 거치지 않고 온라인상에서 직접 데이터에 접근할 수 있다.

④ 고객충성도 프로그램

㉠ 일반적 정의 : 고객충성도는 고객의 동일한 브랜드에 대한 재구매를 의미하는 순환작용이다. 즉 지속적인 재구매의 의도와 심리적인 측면의 충성도로서, 고객만족도 보다는 좀 더 지속적이고 역동적인 개념이다.

ⓒ 다른 개념과의 관계

    ⓐ **고객만족도의 의의** : 고객만족도는 생산품, 소비의 경험, 구매결정경험, 판매자, 상점, 제품이나 서비스에 대한 소비자의 태도, 사전 구매경험 등의 관점에서 본 고객의 기대에 대한 성취도를 의미한다.

    • 거래중심 측면의 고객만족 : 특정의 구매상황에서 선택에 대한 평가 또는 구매 후의 즉각적인 평가이다.

    • 누적 측면의 고객만족 : 일정기간 동안의 제품 및 서비스에 대한 모든 구매와 소비경험에 바탕을 둔 전체적인 측정이다.

    ⓑ **고객충성도와의 관계** : 기존에는 고객만족도로 기업의 마케팅을 평가했으나 단순한 만족만으로는 마케팅의 효과측정이 불충분하여 고객충성도 개념이 등장하게 되었다.

    ⓒ **조직 – 공중관계**

    • 의의 : 조직 – 공중관계는 기업과 고객의 관계로, 고객만족과 연관되어 있고 고객의 향후 의사와 태도에 영향을 줌으로써 고객충성도의 형성에 중요한 역할을 하고 있다.

    • 기능 : 기업은 좋은 조직 – 공중관계를 통해 소비자와의 갈등을 줄이고 불만족을 주는 요소들을 제거함으로써 고객만족도와 고객충성도를 높여 성공적인 경영을 이룰 수 있다.

ⓒ **고객충성도 프로그램의 내용**

    ⓐ **최우수고객의 인식**

    • 의의 : 기업의 매출에 영향을 주는 구매빈도가 높은 몇몇의 우수고객을 인식하는 것이다. 이로써 이들을 대상으로 하는 개별적이고 현실적인 마케팅 전략이 고객충성도 프로그램인 것이다.

    • 대상 : 고급 대인 서비스업에 효과적이다.

    • 고객 최우선 마케팅 : 대표적인 최우수고객 인식의 예로, 고객의 이익을 최우선으로 하는 것이 고객 최우선 마케팅이다. 그러나 이 전략은 최우수고객 이하의 고객에게 적용하는 데는 무리가 있으므로 현실적이지 못하다.

    ⓑ **우수고객 보상프로그램의 적용**

    • 의의 : 대부분의 대기업들이 줄어드는 고객을 확보하기 위해 손쉽게 쓸 수 있는 방법이 우수고객 보상프로그램이다.

    • 효과 : 단기적으로는 효과를 볼 수 있으나 장기적으로 보면 큰 효과가 없다.

    • 마일리지 프로그램 : 고객충성도를 높이는 대표적인 방법으로, 마일리지가 축적될수록 보상이 커지기 때문에 고객의 충성도를 높이는 데 아주 효과적인 방법이다.

    ⓒ **품질향상 전략**

    • 고객충성도를 위해 가장 필요한 것이 고객만족도를 높이는 것이다.

    • 고객만족도의 가장 기본적인 바탕이 되는 것이 제품의 품질향상이다.

    • 품질의 향상은 기업이 장기적으로 고객을 유지하는 필수조건이다.

기출PLUS

기출 2017. 5. 14. 비서 2급

다음을 설명하는 가장 적절한 용어는 무엇인가?

┌ 보기 ┐
기업이 고객의 거래정보와 모든 고객접점에서 얻어지는 접촉정보들을 통합적으로 분석 및 관리하고 이를 영업 및 마케팅 활동에 전략적으로 활용함으로써 고객이 탈을 방지하고 고객의 평생가치 및 기업의 수익기여도를 극대화하는 경영활동
└───────┘

① 고객만족관리(CSM-Customer Satisfaction Management)
② 고객관계관리(CRM-Customer Relationship Management)
③ 컴퓨터통합생산(CIM-Computer Integrated Manufacturing)
④ 공급사슬관리(SCM-Supply Chain Management)

> **해설** 제시된 내용은 고객관계관리(CRM)에 대한 설명이다.

ⓓ **고객과의 협력관계 유지**
- 가장 효과적인 고객유지 전략은 고객의 필요에 따라 맞춤서비스를 제공하는 것이다.
- 고객과 기업의 협력관계를 통해 고객은 받고 싶은 서비스를 회사에 전달하고, 회사는 고객의 구체적인 요구사항에 따라 서비스나 제품을 제공하는 맞춤서비스이다.
- 고객은 회사의 서비스나 제품에 만족하게 되고 고객충성도가 높아진다.
- 각 고객으로부터 피드백을 받아 맞춤제품과 서비스를 제공한다.

ⓔ **방법**: 우수고객 마일리지 프로그램, 라운지 프로그램, 특수 그룹 또는 직원의 사기앙양 프로그램, 맞춤형 고객관계관리를 통한 선별적 마케팅을 이용한다.

⑤ **CRM**(고객관계관리)

㉠ **개요**

ⓐ **개념**: CRM(고객관계관리 ; Customer Relationship Management)은 선별된 고객으로부터 수익을 창출하고 고객관리를 가능케 하는 고객관계 마케팅을 말한다. 즉, 고객과 관련된 기업의 내·외부 자료를 분석, 통합하여 고객의 특성에 기초한 마케팅활동을 계획하고 지원, 평가하는 과정으로 궁극적 목표를 고객충성도 강화에 두고 있다.

ⓑ **목적**: CRM의 목적은 고객유지(Customer Retention)이다. 신규고객을 확보하는 비용이 기존 고객을 유지하는 비용보다 평균적으로 5배가 더 들기 때문에 고객유지에 중점을 두는 전략이다.

ⓒ **필요성**: 유통환경 변화에 따른 고객의 권한증대, 기업의 전략적 변화의 필요성, 점점 더 치열해지는 가격경쟁 등으로 기업이 지속적인 영업이익을 추구하기 위해서는 기존 고객을 유지하는 전략이 필요하다.

㉡ **프로세스의 관점에 따른 CRM의 분류**

ⓐ **분석적(analytical) CRM**: 고객에 대한 자료를 추출하고 분석하여, 이 정보를 마케팅, 서비스, 판매 등에 활용하는 것을 말한다. 분석적 CRM의 핵심기술은 웹마이닝이다.

ⓑ **운영적(operational) CRM**: 고객접점, 채널, 프론트 오피스와 백 오피스의 통합, 즉 수평적으로 통합된 업무의 운영과정을 자동화하는 것이다.

ⓒ **협업적(collaborative) CRM**: 분석적 CRM과 운영적 CRM의 통합을 의미하는 것으로, 고객과 기업 간의 상호작용을 촉진하기 위한 서비스, 즉 메일링, 전자 커뮤니티, 개인화된 인쇄 등 협업적 서비스의 적용이다.

〈 정답 ②

ⓒ **CRM의 활용방안** : CRM을 활용하기 위해서는 고객통합 데이터베이스가 구축되어야 하며, 고객 특성을 분석하기 위한 데이터마이닝 도구가 준비되어야 한다. CRM은 고객, 정보, 사내 프로세스, 전략, 조직 등 경영전반에 걸친 관리체계이며 이를 정보기술이 뒷받침하여 구성하는 것이다.

ⓐ **고객관계 측면**
- 기존의 고객데이터를 기반으로 하여, 기업에 이익이 되는 고객을 대상으로 관계를 지속할 수 있는 전략을 마련한다.
- 고객의 장기적인 관계강화를 위한 고객관여도와 충성도를 높이는 전략을 강구한다.
- 고객의 구매패턴을 파악하고, 적절한 구매시점을 발견해 구매정보를 제공한다.
- 고객의 이탈을 방지하고 이탈고객을 회귀하기 위한 서비스전략이 필요하다.

ⓑ **업무 측면** : 마케팅 및 영업 전략을 강화하고, 한 차원 높은 고객서비스를 통해 고객만족을 꾀한다.

⑥ **EDI**(전자문서교환)

㉠ **개념**

ⓐ EDI(Electronic Data Interchange)란 업무를 컴퓨터 등 정보처리능력을 가진 장치 간에 전기통신설비를 이용하여 전자문서로 전송처리 또는 보관하는 방식을 말한다.

ⓑ 거래업체 간에 정보통신시스템을 이용한 전자문서의 교환방식으로서 상거래나 기타 영역에서 생산성과 효율성을 증대시키고 있다.

㉡ **기능**

ⓐ **정보처리비용의 감소** : 과거 인편형태의 문서교환방식에서 소요되는 노력과 비용이 전기통신설비를 이용함으로써 많이 감소되었다.

ⓑ **거래비용의 감소** : 정보처리비용의 감소로 거래비용과 서류작성비용 등이 감소되었다.

ⓒ **시장의 투명성 증대** : 법적 효력을 갖춘 표준화된 문서를 사용함으로써 시장의 투명성이 증대되었다.

ⓓ **효율성 · 생산성 증대** : 정보의 검증 · 보호기능으로 효율성이 증대되었다.

ⓔ 문서의 오류방지 및 정확성을 확보하게 되었다.

㉢ **타 개념과의 구별**

ⓐ **E-Mail**(전자메일) : EDI가 표준화된 문서임에 반하여 E-Mail은 형식은 자유로우나, 정보의 즉각적인 데이터베이스화가 어렵다.

기출PLUS

기출 2018. 5. 13. 비서 1급

다음 중 전자상거래에 대한 설명으로 가장 적절하지 않은 것은?

① 전자상거래는 기업, 정부기관과 같은 독립된 조직 간 또는 개인 간에 다양한 전자적 매체를 이용하여 상품이나 용역을 교환하는 것이다.

② 전자상거래는 인터넷의 등장과 함께 발전하고 있는데, 그 이유 중 하나는 인터넷 전자상거래가 기존의 상거래에 비해 비교적 많은 마케팅 이익 및 판매 이익을 주고 있기 때문이다.

③ 전자상거래는 도매상과 소매상을 거치지 않고 인터넷 등을 통해 직접 소비자에게 전달되기 때문에 물류비의 절감을 통해 경쟁력을 높일 수 있다.

④ 전자상거래는 소비자의 의사와 상관없이 기업의 일방적인 마케팅 활동을 통해 이루어진다.

해설 ④ 전자상거래는 판매자가 전자매체를 통해 소비자와 재화나 서비스를 교환하는 것으로 소비자의 의사와 상관없이 기업의 일방적인 마케팅 활동으로 이루어지는 것이 아니다.

ⓑ EDI와 E-Mail의 장·단점

구분	EDI	E-Mail
장점	• 표준서식을 통한 업무처리로 독립적인 데이터베이스화 및 응용 소프트웨어화가 가능하다. • 거래와 동시에 자동으로 입력되므로 재입력에 따른 오류발생이 없고 비용이 들지 않는다. • 가입된 거래 상대방만 사용하므로 메일박스 기능 및 정보보호 기능이 있다.	• 비표준화된 문서를 자유롭게 활용할 수 있다. • 보관이 필요없는 일시적인 정보의 교환이나 의견교환에 용이하다.
단점	• 최초로 문서를 표준화하는 데 시간과 비용이 필요하다. • 비표준화된 정보의 사용·교환이 불가능하다. • 거래대상의 시스템 수가 적은 경우에는 효과적이나, 많은 경우에는 회선유지비용이 증가하고 송수신 시간이 늘어지며, 전자문서의 보안유지가 어렵다.	• 정보를 즉각적으로 데이터베이스화하여 사용하기가 어렵다. • 문서보관을 위해서는 따로 재입력과정을 거쳐야 하므로 재입력으로 인한 오류발생의 가능성이 있고 그에 따른 비용이 소요된다.

ⓒ CALS(Commerce At Light Speed)
• 제조업의 전 순환과정과 운영지원과정을 연결시키고 여기서 사용하는 데이터를 컴퓨터를 통해 디지털화하여 이를 통합하는 것을 말한다.
• EDI는 정형화된 전자문서를 이용하여 컴퓨터와 컴퓨터 간의 직접적인 통신에 의한 문서 교환방식이므로 CALS의 수단이라고 할 수 있다.

ⓓ EC(Electronic Commerce ; 전자상거래)
• EDI나 멀티미디어 시스템, 바코드, 데이터베이스, 전자메일 등을 포함하는 개념으로, 거래 상대방과 기업들이 전산망을 통한 정보기술을 활용하여 상거래를 하는 것을 말한다.
• EC의 발전으로 가격구조와 산업구조가 점점 변화하고 있다. 가격은 중간유통기구를 거치지 않으므로 낮아지고, 사이버 금융 산업이 발달하며 물류산업의 중요성이 증대되고 있다.

ⓔ EDI의 구성요소
ⓐ EDI의 관련 주체 측면
• EDI 사업자 : EDI 서비스를 이용자들에게 제공하는 업무를 한다.
• EDI 이용자 : EDI 사업자가 제공하는 EDI 서비스를 이용하는 자로써 업무개선 및 비용절감을 목적으로 EDI를 사용한다.

◀ 정답 ④

　　ⓑ EDI의 관련 기술 측면

　　　• EDI 표준(전자문서표준)

　　　 − 거래에 대한 형식상의 전자문서양식을 EDI 표준이라 한다. 즉, 거래에 필요한 개념, 물건, 방법, 절차 등을 규정하여 사용할 수 있도록 표준화한 것이다.

　　　　　예 국제양식표준으로 UN에서 정한 EDIFACT가 있다.

　　　 − 전송방식에 대한 규정인 통신표준은 봉인의 형태, 전송속도와 프로토콜, 발신·수신시간 등에 관한 사항을 정하고 있다.

　　　• EDI 시스템(EDI H/W, S/W)

　　　 − 응용 S/W : 서류의 입력·편집·출력기능을 수행한다.

　　　 − 변환 S/W : EDI 이용자가 작성한 자료를 표준화하는 기능(변환처리)이다.

　　　 − 통신 S/W : 국제표준형태의 전자신호를 전송해 주는 기능이다.

　　　 − MHS(메시지 처리시스템) : 거래자 상호 간에 EDI 메시지를 중개해 주는 기능을 한다.

　　　 − 사용자 단말기

　　　• 통신과 네트워크 : 전용회선, 공중전화망, 패킷교환망, 공중정보망, VAN 서비스 등이 있다.

　ⓜ EDI의 효과

　　ⓐ 전략적 효과

　　　• 회사의 전략적인 정보시스템의 구축이 가능해진다.

　　　• 경영혁신을 통한 경쟁우위를 확보할 수 있다.

　　ⓑ 직접적 효과

　　　• 문서 간 거래가 실시간으로 가능하므로 거래시간이 단축된다.

　　　• 업무처리 비용이 대폭 감소된다.

　　　• 자료의 재입력 과정을 없애고, 재입력으로 인한 업무처리의 오류를 줄일 수 있다.

　　ⓒ 간접적 효과

　　　• 업무관리 및 자금관리의 효율성을 증대시킬 수 있다.

　　　• 노동인력을 줄일 수 있고, 재고도 감소시킬 수 있다.

　　　• 고객에 대한 서비스의 향상을 도모할 수 있다.

　ⓑ 차세대 EDI 기술

　　ⓐ Open − EDI

　　　• 의의 : EDI 구축에 소요되는 비용을 줄이는 방안으로 제시된 것으로, 표준 업무 시나리오를 마련하고 거래 양측이 이에 합의하고 준수함으로써 별도의 약정 없이 거래가 성사되는 방식이다.

　　　• 응용분야 : 데이터의 형태가 기존의 EDI와 달리 문자, 숫자, 음성, 이미지 등으로 다양하다.

ⓑ Interactive – EDI
- 의의 : 거래 당사자 간 즉각적인 응답이 요구되는 EDI로서 일정한 시간 내에 거래 상대방의 응답이 있어야 거래가 성사된다.
- 응용분야 : 여행사와 항공사 간의 항공예약시스템 등이 있다.

ⓒ 객체지향 – EDI
- 의의 : Open – EDI를 구현하는 과정에서 업무절차를 객체화하기 위해 객체모델링 기법을 사용한 EDI 방식이다.
- 기능
  - 급변하는 기술 환경에 신속하게 대응할 수 있다.
  - 기존의 업무절차를 분석해 재사용이 가능한 요소를 이용한다.
  - 객체 모델링을 통해 모든 업무를 기본 클래스로 표준화하고 이를 클래스 라이브러리로 만들어 재사용할 수 있게 한다.

ⓓ Internet – EDI
- 의의 : 인터넷을 이용하여 EDI 문서를 전송하므로 사용자가 자체 네트워크 없이 간편하게 전자문서를 전송할 수 있는 방식이다.
- 장점(기존 VAN 중심의 EDI와의 차이점)
  - 구축비용의 절감 : VAN 중심의 EDI에 비해 Internet – EDI 시스템의 비용이 많이 들지 않는다.
  - 서비스 비용의 감소 : 기존의 VAN을 이용하는 경우에 지불했던 네트워크 사용료와 서비스 비용이 대폭 감소된다. VAN은 정보의 양과 시간에 따라 비용이 추가되는 데 반해, 인터넷은 비용의 추가 없이 고정 사용료만 지불하면 된다.
  - 접근성 : 인터넷은 누구나, 어느 곳에서나 사용이 가능하므로 EDI 범위확장에 용이하고 잠재고객의 확보도 쉽다.
  - 통합성 : Internet – EDI는 개방된 네트워크와 HTML이라는 국제표준을 활용하므로 기업 내의 여러 업무영역을 통합할 수 있다. VAN을 이용한 EDI는 문서와 데이터를 다른 업무에 활용하기 위해서는 재입력이나 변환 프로그램이 필요하다.

2. 인적자원관리 일반

(1) 인사관리

① 인사관리의 의의 … 조직에서 일하는 사람을 다루는 제도적 체계이며, 사람이 사람을 다루는 제도로서 관리의 대상과 주체 모두 인간이다.

② 기업의 인사관리 … 기업 활동의 성과를 좌우하는 활동이므로 인사관리가 잘 되면 기업의 성과를 높이게 되어 결국 기업의 기본적인 기능, 즉 고객에게 보다 양질의 재화와 서비스를 더 좋은 조건으로 제공할 수 있게 되어 사회의 복지향상을 가져오는 기본 방향이 된다.

③ 인사관리의 일반적인 특성

　㉠ 인사관리의 대상과 주체 모두 인간이다.

　㉡ 인사관리는 주체와 대상이 모두 인간이라는 점에서 볼 때 인간 상호작용의 관계로 볼 수 있으며, 이때 이들이 공통적으로 영향을 받고 있는 사회·문화적 환경과 전통의 영향을 배경으로 하고 있음을 벗어날 수 없다.

　㉢ 인사관리는 사람이 가지고 있는 능력이나 성향을 활용하는 데 그치지 않고 그 능력이나 성향을 바꾸는 것이 더 중요시 될 때도 있다.

(2) 직무분석

① 직무분석의 의의

　㉠ 직무분석(job analysis)이란 기업에서 요구되는 직무의 내용과 요건을 체계적으로 정리, 분석하여 인적자원관리에 필요한 직무정보를 제공하는 과정이다.

　㉡ 직무분석은 직무에 관한 중요한 정보를 수집하고 수집된 정보를 분석하여 직무의 내용을 파악한 다음, 각 직무를 수행하는 데 요구되는 제요건들을 명확히 함으로써 향후의 인적자원관리기능이 원활히 수행될 수 있도록 하기 위한 기초 작업이다.

　㉢ 직무분석의 결과는 종업원의 모집과 선발, 종업원에 대한 보상, 종업원의 평가 및 종업원의 교육훈련과 개발에 중요한 기초 자료가 된다.

② 직무분석방법

　㉠ 면접방식 : 숙련된 직무조사원이 개개의 감독자나 종업원을 면접하고 또한 관찰을 병용해서 직무를 분석하는 방식으로 오늘날 가장 널리 알려진 방법이다.

　㉡ 질문서방식 : 질문서를 작성하여 해당 직무상의 종업원으로 하여금 기입케 하는 방법이다.

기출PLUS

기출 2020. 11. 8. 비서 2급

다음 중 인사관리에서 지켜야 할 주요 원칙으로 가장 거리가 먼 것은?

① 최대 생산의 원칙
② 적재적소 배치의 원칙
③ 공정한 보상의 원칙
④ 공정한 인사의 원칙

해설 인사 관리의 원칙
　㉠ 적재적소 배치의 원칙 : 직무 수행에 가장 적절한 인재를 배치
　㉡ 공정한 보상의 원칙 : 공헌도에 따라 공정하게 보상을 지급
　㉢ 공정한 인사의 원칙 : 직무 배당, 승진, 상벌, 고가 등을 공정하게 처리
　㉣ 종업원 안정의 원칙 : 종업원의 신분 보장
　㉤ 창의력 계발의 원칙 : 개인의 능력을 발휘할 수 있는 기회 제공
　㉥ 단결의 원칙 : 구성원 간 유대감 및 협동심 증진

〈정답 ①

기출 2015. 5. 17. 비서 2급

인적자원관리에 대한 다음 설명 중 가장 옳지 않은 것은?

① 인적자원관리란 사람을 확보하고, 개발하고, 활용하고, 평가하고, 보상하고 유지하는데 관련된 관리활동을 의미한다.

② 인적자원관리의 출발은 직무분석과 직무평가가 중심이다.

③ 종업원의 직장 내 훈련은 직장 내 업무관련 교육담당자가 교육과 훈련을 담당하는 경우가 많아서 업무에 직접적인 도움이 된다는 장점이 있다.

④ 다면평가제도란 종업원의 성과를 상사가 평가하는 방법으로 개인이 수용하기 힘들고 경력개발에도 도움이 되지 않는다.

해설 ④ 다면평가는 상사뿐만 아니라 동료, 부하직원, 고객 등 다양한 측면에서 평가하기 때문에 상사에 의한 단편적인 평가에 비해 수용이 용이하다.

정답 ④

ⓒ **종합적 방식**: 면접방식과 질문서방식을 종합하여 이 양자가 지니는 장점을 살리고 단점을 제거하려는 분석방법이다. 직무분석의 결과는 우선 직무분석표, 신체요건표, 종업원 특질표 등에 기록되었다가 다음에 직무기술서나 혹은 직무명세서를 작성하는 데 기본 자료로서 이용된다.

POINT 직무기술서와 직무명세서

ⓐ **직무기술서**: 직무분석의 결과로 얻어진 정보를 일정한 양식으로 기록·정리한 문서이다.
• 직무인식사항: 직무명칭, 직무번호, 소속부처, 분석일자 등 포함
• 직무개요: 직무내용을 개략적으로 요약
• 직무내용: 직무의 내용과 성격 명시
• 직무요건: 교육, 경력, 능력, 성별, 나이, 지식 등
ⓑ **직무명세서**: 직무기술서의 내용 중에서 직무요건만을 분리하여 구체적으로 작성한 문서로서 직무요건 중에서도 특히 성공적인 직무수행을 위하여 필요한 인적요건을 중심으로 기술한 것이다.

(3) 직무평가

① **직무평가의 의의** … 직무평가는 조직 내의 각 직무가 가지고 있는 숙련도, 책임, 난이도, 복잡성, 노력, 위험도 등을 평가하여 각 직무 간의 상대적 가치를 결정하는 과정이다.

② **직무평가의 목적**
ⓐ 공정한 임금체계의 확립
ⓑ 인적자원관리의 합리화
ⓒ 노사협상의 기초
ⓓ 노동시장에서의 경쟁력 유지

③ **직무평가의 방법**
ⓐ **서열법**: 직무의 난이도, 책임의 대소, 직무의 중요도, 장점 등 직무의 상대적 가치를 모두 고려하여 전체적으로 직무의 서열을 평가하는 방법이다.
ⓑ **분류법**(직무등급법): 전반적인 직무가치나 난이도 등의 분류기준에 따라 미리 여러 등급을 정하고 여기에 각 직무를 적절히 평가하여 배정하는 방법으로, 서열법과 유사한 장·단점이 있다.
ⓒ **점수법**: 각 직무에 공통평가요소를 선정하고 여기에 가중치를 부여한 후, 각 직무요소별로 얻은 점수와 가중치를 곱하고 이를 합계하여 그 점수가 가장 높은 직무를 가장 가치 있는 직무로 평가하는 방법이다.
ⓓ **요소비교법**: 조직 내의 가장 중심이 되는 직무를 선정하고 요소별로 직무를 평가한 후 나머지 평가하고자 하는 모든 직무를 기준직무의 요소에 결부시켜 서로 비교하여 조직 내에서 이들이 차지하는 상대적 가치를 분석적으로 평가하는 방법이다.

(4) 직무설계

① 직무설계의 의의 … 개인과 조직을 연결시켜 주는 가장 기본 단위인 직무의 내용과 방법 및 관계를 구체화하여 종업원의 욕구와 조직의 목표를 통합시키는 것을 말한다.

② 직무설계의 효과
- ㉠ 직무만족의 증대
- ㉡ 작업생산성 향상
- ㉢ 이직, 결근율 감소
- ㉣ 제품 질의 개선과 원가 절감
- ㉤ 훈련비용 감소
- ㉥ 상하관계의 개선
- ㉦ 신기술 도입에 대한 신속한 적응

(5) 인적자원의 확보 및 유지관리

① 모집관리
- ㉠ 내부모집
  - ⓐ 외부모집보다 간편하고 기존 종업원의 고과기록 등의 보유로 적합한 인재 선발이 가능하며 홍보활동이 필요 없다.
  - ⓑ 내부모집은 모집범위 제한, 승진을 위한 과당경쟁을 유발할 수도 있다.

  > **POINT** 내부모집방법
  > ㉠ 인사기록카드 활용
  > ㉡ 기업 내부 부서장의 추천
  > ㉢ 사내 공개모집제도

- ㉡ 외부모집
  - ⓐ 기업 외부에서 기업에 필요한 인적자원을 확보한다.
  - ⓑ 모집범위가 넓고 외부의 유능한 인재확보가 가능하다.
  - ⓒ 모집 · 인력개발비용이 든다.
  - ⓓ 부적격자 선발의 우려가 있다.

  > **POINT** 외부모집방법
  > ㉠ 광고에 의한 모집
  > ㉡ 직업소개소 : 사설, 공공직업소개소
  > ㉢ 교육기관과의 협력에 의한 모집
  > ㉣ 현 종업원의 추천에 의한 모집
  > ㉤ 인턴십(internship)의 활용
  > ㉥ 노조를 통한 모집
  > ㉦ 연고모집 : 친척 채용
  > ㉧ 개별, 수시모집 : 단기적 · 임시적 고용

기출PLUS

기출 2019. 5. 12. 비서 1급

다음 중 인적자원관리 기능프로세스 중 가장 거리가 먼 것은?

① 확보관리   ② 스카웃관리
③ 평가관리   ④ 개발관리

해설 인적자원관리 기능프로세스
㉠ 인적자원의 확보 : 제일 먼저 수행되는 기능이며, 적절한 인력의 내용과 수를 예측하고 확보하는 과정이다.
㉡ 인적자원의 개발 : 확보된 인력이 최대한 능력을 발휘하게 함으로써 조직의 유효성을 높이는 과정이다.
㉢ 인적자원의 활용 : 조직의 유효성에 중대한 의미를 갖는다.
㉣ 인적자원의 보상 : 그들의 공헌도에 따라 공정하게 화폐적 보상을 제공하는 과정이다.
㉤ 인적자원의 유지 : 조직에서 사람들이 직무를 수행하는 과정에서 나타나는 어려운 문제를 극복하여 최대한의 능력을 발휘하도록 인적자원을 유지하는 과정이다.

‹정답 ②

ⓒ 내·외부공급원의 장·단점

구분	내부공급원	외부공급원
장점	• 승진자의 사기 진작 • 동기 부여 • 능력개발 강화 • 채용비용 절약	• 많은 선택 가능성 • 조직의 동태성 확보 • 신정보, 지식 제공 • 인적자원개발비 절약
단점	• 모집범위의 제한 • 승진되지 않은 구성원의 실망 • 승진을 위한 과당경쟁 • 안이한 분위기 • 인적자원 개발비용의 과다 소요	• 부족한 정보로 부적격자 채용 위험 • 내부인력의 사기 저하 • 안정되기까지 적응기간 소요 • 채용비용의 과다 소요

② 선발관리

ⓐ 선발의 의의

ⓐ 부적격자 배제과정

ⓑ 단계적 과정 : 부적격자 배제를 위해 단계적·연속적 선발과정을 거친다.

ⓒ 차별선발 : 직무요건에 대비하여 적·부적격을 가린다.

ⓓ 장기고용, 개발고용 : 현재 능력보다 장기적 성장가능성을 중시한다.

ⓔ 인간성 중시 : 뛰어난 사람보다 됨됨이가 된 사람을 선발한다.

ⓕ 선발은 본사에서 집중 관리한다.

ⓑ 선발과정 : 지원서 제출 및 검토→ 선발시험 → 면접 → 신체검사→ 신원 및 경력조회→ 채용결정과 선발

ⓒ 선발상의 오류 : 선발오류방지를 위하여 시험에 다양한 면접시험과 실기시험 등 새로운 선발도구를 추가하여 부적격자의 채용으로 직무성과를 그르치는 오류발생을 극소화시켜야 한다.

③ 배치·전환

ⓐ 배치(placement) : 유능한 인재가 선발되면 이들을 각 직무에 배속시키는 것을 말한다.

ⓑ 전환(transfer) : 일단 배치된 종업원을 어떠한 사정으로 인하여 현재의 직무에서 다른 직무로 바꾸어 재배치하는 것을 말한다.

ⓒ 기능 : 종업원에게 기업에 대한 귀속의식·일체감을 확립시키고, 직무에 대한 보람을 갖게 하며, 성취동기나 자아실현 욕구를 충족시켜 준다.

④ 인사고과

ⓐ 인사고과의 개념

ⓐ 인사고과는 기업 내 인간을 대상으로 한 평가이며 직무 자체에 대한 평가는 아니다.

ⓑ 인사고과는 인간과 직무와의 관계를 원칙으로 한다. 즉, 종업원이 직무를 수행함에 있어 나타나는 업적을 중점 평가한다.

ⓒ 인사고과는 상대적 비교·평가이므로 인사고과 결과만을 가지고 인적자원 관리를 해서는 안 된다.

ⓒ **인사고과의 요소** : 성과, 능력, 태도 등 3영역으로 대별된다.

ⓒ **인사고과의 방법**

　ⓐ **전통적 고과방법** : 서열법, 기록법, 평가척도법, 대조표법, 강제할당법, 업무보고법 등

　ⓑ **근대적 고과방법** : 자기신고법, 중요사건서술법, 면접법, 목표관리법, 인적자원회계, 평가센터법 등

ⓒ **인사고과상의 오류**

　ⓐ **현혹효과**(halo effect) : 어느 한 측면에서의 호의적·비호의적 인상이 다른 측면 평가시에도 영향을 주는 경향을 말한다.

　ⓑ **관대화경향**(leniency tendency) : 실제보다 과대 또는 과소평가하는 경향을 말한다.

　ⓒ **중심화경향**(central tendency) : 보통이나 척도상 중심점에 평가가 집중되는 경향을 말한다.

　ⓓ **논리적 오류**(logical error) : 하나의 평가요소가 우수하면 다른 것도 우수한 것으로 판단하는 경향을 말한다.

　ⓔ **대비오류**(contrast error) : 피고과자의 특성을 고과자 자신의 특성과 비교하여 평가·판단하는 경향을 말한다.

　ⓕ **근접효과**(proximity effect) : 공간적·시간적으로 근접하여 평가하는 경향을 말한다.

　ⓖ **주관의 객관화**(projection) : 고과자가 자신의 특성, 관점을 다른 사람에게 전가시키는 경향을 말한다.

　ⓗ **지각적 방어**(perceptual defense) : 좋은 것은 집중적으로 파고들고 싫은 것은 외면해 버리는 경향을 말한다.

⑤ **승진관리**

ⓒ **승진의 의의**

　ⓐ **승진** : 조직에서 한 종업원이 상위 직무로 옮기는 것을 말한다.

　ⓑ 보수, 지위가 오르고 책임이 수반되며 고차욕구 달성을 기대할 수 있다.

　ⓒ 종업원 측에서는 자아실현과 욕구충족을 꾀할 수 있는 도구가 된다.

　ⓓ 경영자 측에서는 인재의 효율적 확보, 배분을 통해 조직의 유효성을 증대시킬 수 있는 수단이 된다.

03. 경영활동 **235**

기출PLUS

기출 2019. 5. 12. 비서 1급

다음 중 기업이 보상수준을 결정할 때 중요하게 고려해야 할 요인에 대한 설명으로 가장 적절하지 않은 것은?

① 보상수준은 기본적으로 종업원의 생계를 보장할 수 있는 수준이 되어야 한다.
② 보상수준은 기업의 지불능력 한도 내에서 결정되어야 하며 지불능력에 따라 임금수준의 하한선이 결정된다.
③ 정부의 최저임금제도나 노동력의 수급상황 등과 같은 환경적 요인도 보상수준을 결정하는 데 영향을 미친다.
④ 임금관리의 공정성을 확보하기 위하여 동종업계의 임금 수준을 조사할 필요가 있다.

> **해설** ② 보상수준은 기업의 지불능력을 상한으로 하고, 근로자의 생계비를 하한으로 하는 범위에서 결정된다.

기출 2019. 5. 12. 비서 2급

다음 중 보상관리에 대한 설명으로 가장 적절하지 않은 것은?

① 직무급은 각 직무의 상대적 가치를 평가해 등급화된 직무등급에 의거하여 임금 수준을 결정하는 임금체계이다.
② 성과급은 성과와 능률을 기준으로 임금이 결정된다.
③ 직능급은 종업원의 직무수행능력을 기준으로 임금수준을 결정한다.
④ 연공급은 동일노동 동일임금의 원칙을 실현하기 위해 가장 적절한 임금체계라고 할 수 있다.

> **해설** ④ 근속연수인 연공(seniority)에 비례하여 임금을 산정하여 지급하는 방식으로서 개인의 근속연수에 따라 개인의 업적이나 성과를 동일하게 보고 임금을 지급한다.

〈정답 ②, ④

ⓒ 승진관리의 기본방향
　　ⓐ **연공서열주의** : 승진결정에서 근속연수, 학력, 연령, 경력 등 전통적 기준에 입각하여 승진하는 것으로 가족주의적 종신고용제, 유교사상, 집합주의, 장유유서(長幼有序) 등 동양문화풍토에 기초한다.
　　ⓑ **능력주의** : 근무연수보다는 능력 등 합목적적 기준과 직무성과에 관련된 특성을 중시하는 것으로 개인주의적 계약고용제, 기독교사상, 합리주의 등 서구문화풍토에 기초한다.
ⓒ **승진제도의 유형** : 연공승진제도, 직계승진제도, 자격승진제도, 대용승진제도, 조직변화승진제도 등

⑥ 보상관리
　㉠ **보상관리의 의의** : 보상이란 한 개인이 조직체에서 수행한 일의 대가로 받게 되는 효익(benefits)으로, 인적자원의 유지와 개발에 매우 유용한 요소이다.
　　ⓐ **금전적 보상** : 임금, 상여금, 복리후생 등
　　ⓑ **정신적 보상** : 도전감, 책임감, 성취감, 발전기회 등
　㉡ 보상관리의 이론적 배경
　　ⓐ **기대이론** : 보상제도는 종업원이 기대하고 이해할 수 있도록 설계되어야 한다. 즉, 성과목표는 종업원이 노력하면 달성할 수 있는 적정수준으로 설계되어야 한다는 이론이다.
　　ⓑ **공정성이론** : 아담스(J.S. Adams)에 의해 제시되었으며 보상관리체계를 결정하는 데 이론적 바탕이 되며, 특히 보상산정기준의 타당성과 개인별 성과의 정확한 평가를 전제로 한다.
　㉢ 보상수준의 결정
　　ⓐ 기업이 지불할 수 있는 임금수준은 기업의 지불능력 범위 내이어야 하고 기업의 생산성이나 수익성을 기초로 한다.
　　ⓑ 임금수준의 최저한계는 물가변동을 감안한 생활비의 최저액을 임금의 최저기준으로 하여 평균가족수의 생계비가 보장되는 수준이어야 한다.
　　ⓒ 동종업계에서 실시되고 있는 임금수준과 균형을 이루는 수준이어야 한다.
　　ⓓ 노조, 정부 등에 의해 형성되는 사회일반의 균형적인 임금수준이어야 한다.
　㉣ 보상
　　ⓐ **직무급** : 조직에서 종업원이 담당하는 직무의 중요성이나 직무를 수행하는 데 따른 난이도, 부과된 책임의 크기, 작업환경조건을 직무 가치의 측정요소로 할 경우, 직무 자체의 상대적인 가치에 의하여 직무담당자의 임금을 결정하는 것이다.
　　ⓑ **스캔론 플랜(scanlon plan)**
　　　• 기업이 생산과 품질개선을 위한 제안시스템을 가동하여 종업원들을 회사의 예산 수립 시 참여시키는 것이다.
　　　• 종업원들에 대한 보상은 제안시스템을 통해 달성한 생산성 및 품질향상으로 획득한 원가의 절감에 따라 실시된다.

ⓒ 럭커플랜(rucker plan)
- 조직이 창출한 부가가치생산액을 종업원의 인건비를 기준으로 배분하는 제도이다.
- 규정된 인건비에 비해 더 많은 부가가치가 생산될 경우 초과된 부가가치를 종업원과 나누는 것이다.
ⓓ 생산이윤분배제(gainsharing) : 종업원들이 조직의 과업성과를 향상시키기 위해 원가절감, 품질향상 등의 노력을 통해 발생한 이익을 종업원들에게 배분해주는 것을 말한다.

3. 경영정보 일반

(1) 경영정보시스템의 개념

① 기업의 목적을 달성하기 위하여 업무, 관리, 전략적 의사결정을 합리적으로 수행하는 데 필요한 기업내외의 정보를 효율적으로 제공하기 위한 조직적 체계를 말한다.

② 경영정보시스템은 경영자들의 문제해결과 의사결정을 지원하는 강력한 방법이다.

③ 경영정보시스템은 기업 내에 하위시스템 운영을 계획, 동기화, 조직화, 통제하기 위한 의사결정에 필요한 정보를 제공하고, 그 과정에서 조직의 시너지 효과를 극대화하는 것에 목적을 두고 있다.

④ 경영정보시스템은 기업체 내부와 외부 환경에서 발생되는 자료를 수집, 처리하여 정보로 산출, 제공하는 일에 관련된 모든 인력과 기술, 제도와 절차를 포함한 사용자-기계시스템의 통합체계이다.

⑤ 경영정보시스템은 컴퓨터의 하드웨어, 소프트웨어, 수작업 절차, 분석 및 계획 모형, 통제와 의사결정, 데이터베이스, 모델, 정보통신 등을 활용함으로써 그 기능을 수행한다.

(2) 경영정보시스템의 발전과정

① 전자자료처리시스템(EDPS) 및 거래처리시스템(TPS)
ⓐ 1950년 중반부터 발전하기 시작하였다.
ⓑ 대량의 데이터를 신속하게 처리하고 보관, 보고에 중점을 둔다.
ⓒ 부분적인 업무영역의 처리에 적합하다.

기출PLUS

기출 2018. 11. 11. 비서 1급

다음 중 경영정보시스템(MIS)에 대한 설명으로 가장 옳지 않은 것은?

① 경영정보시스템은 인사관리, 판매관리, 재고관리, 회계관리 등의 분야에 걸쳐 다양하게 적용된다.

② 기업의 외부자원과 내부자원을 통합하여 고객의 요구에 맞게 서비스함으로써 업무생산성을 향상시키고, 고객 외부사업 파트너, 내부 종업원을 통일된 인터페이스를 통해 하나로 묶을 수 있는 e-Business를 의미한다.

③ 경영정보시스템의 역할은 운영적 역할, 관리적 역할 뿐 아니라 기업전체의 전략적 우위확보를 지원하는 전략적 역할을 포함하고 있다.

④ 경영정보시스템의 기능구조로는 거래처리시스템, 정보처리 시스템, 프로그램화 의사결정시스템, 의사결정지원시스템, 의사소통 시스템 등이 있다.

해설 ② CRM에 관한 설명이다.

‹정답 ②

기출PLUS

기출 2019. 5. 12. 비서 1급

다음 중 전사적자원관리(Enterprise Resource Planning : ERP)에 대한 설명으로 가장 적절하지 않은 것은?

① 기업의 경쟁력강화를 위해 부서별로 분산되어 있고 유기적으로 연결되어 있지 못한 자원을 서로 연결하는 시스템이다.

② ERP의 목적은 기업의 모든 자원을 공유함으로써 자원의 효율화를 추구한다.

③ 최근 ERP솔루션은 클라우딩 컴퓨팅 기반으로 빠르게 전환하고 있는 추세이다.

④ ERP는 반드시 기업 스스로가 독자적으로 개발해야만 하기 때문에 비용과 기술로 인하여 대기업에서만 개발하여 사용할 수 있는 시스템이다.

> 해설 ④ 기업 내 생산, 물류, 재무, 회계, 영업과 구매, 재고 등 경영 활동 프로세스들을 통합적으로 연계해 관리해 주며, 기업에서 발생하는 정보들을 서로 공유하고 새로운 정보의 생성과 빠른 의사결정을 도와주는 전사적자원관리시스템 또는 전사적통합시스템을 말한다. 대기업뿐만 아니라 중소기업에서도 이용할 수 있도록 시스템을 구축할 수 있다.

< 정답 ④

② **경영정보시스템(MIS)**

  ㉠ 1970년 전후로 하여 발전하였다.

  ㉡ 프로그래밍, 통신, 데이터베이스 등 정보기술의 발전되어 있다.

  ㉢ 모든 정보가 일관성 있게 신속·정확하게 처리되어 조직전반에서 활용된다.

  ㉣ 기획·분석·의사결정을 지원하는 정보를 생성한다.

③ **의사결정지원시스템(DSS)**

  ㉠ 1980년 초부터 발전하기 시작하였다.

  ㉡ 각종 정보의 과학적인 분석을 통한 의사결정을 지원한다.

  ㉢ 주로 반구조적이며, 비구조적인 업무에 활용된다.

④ **전문가시스템(ES)**

  ㉠ 의사결정지원시스템의 한 분야로 인공지능의 영역에 해당한다.

  ㉡ 다양한 정보기술이 접목되어 획기적인 발전을 보이고 있다.

(3) 경영정보시스템의 역할

① **운영적 역할** … 기업 활동의 운영적 업무를 지원한다.

② **관리적 역할** … 경영관리적인 의사결정을 지원한다.

③ **전략적 역할** … 기업 전체의 전략적 우위 확보를 지원한다.

(4) 경영정보시스템의 특징

① **EDPS·TPS**

  ㉠ 개별업무처리시스템이라고도 하며, 서로 통합되지 못하고 특정 업무만을 처리한다.

  ㉡ 회계관리, 판매관리, 재고관리, MRP, FMS, POP 등이 여기에 해당된다.

② **MIS**

  ㉠ 개별처리업무의 어느 정도의 통합으로 개별업무 통합시스템이다.

  ㉡ 반도체, 컴퓨터, 통신, 데이터베이스 등 정보기술의 급속한 발전에 의해 발전하게 되었다.

  ㉢ 전사적 자원관리시스템이 대표적이다.

③ **DSS**

  ㉠ 반구조적이며, 비구조적인 의사결정과정을 지원하는 정보시스템이다.

  ㉡ 모델베이스에 의한 분석을 이루기 위하여 데이터 웨어하우스가 필요하다.

④ ES

　　㉠ 비구조적인 문제를 해결하기 위한 DSS의 발전 형태이다.

　　㉡ 지식베이스 및 의사결정규칙을 내재하고 있다.

　　㉢ 자문시스템과 고장진단시스템 등이 대표적이다.

(5) 경영정보시스템의 구성요소

① 하드웨어 … 입력, 처리, 출력을 수행하기 위해 사용되는 컴퓨터 장비

② 소프트웨어 … 컴퓨터의 작업을 지시하는 프로그램

③ 데이터베이스 … 조직화된 사실 및 정보들의 집합체

④ 사람 … 정보시스템 전문가, 개발된 정보시스템을 이용하는 경영자나 관리자 또는 일반 종업원

⑤ 통신과 네트워크 … 컴퓨터와 주변장치들을 서로 연결시켜 주며 컴퓨터시스템을 서로 연결

4. 회계 일반

(1) 회계의 개념 및 분류

① 개념 … 회계란 회계정보이용자가 합리적인 판단이나 의사결정을 할 수 있도록 기업실체에 관한 유용한 경제적 정보를 식별, 측정, 전달하는 과정이다.

② 분류 … 정보이용자를 대상으로 분류하는데, 내부정보이용자(경영자)와 외부정보이용자(투자자와 채권자)을 대상으로 재무회계와 관리회계로 구분된다.

구분	재무회계	관리회계
목적	기업의 외부이해관계자인 주주나 채권자에게 유용한 정보를 제공한다.	기업의 내부이해관계자인 경영자에게 유용한 정보를 제공한다.
보고수단	재무제표	특수목적의 보고서
시각적 관점	과거지향적	미래지향적
기준의 유무	일반적으로 인정된 회계원칙을 준수한다.	통일된 회계원칙이나 이론이 없다.
강조점	객관성	목적적합성

③ 재무회계의 목적

   ㉠ 투자 및 신용 의사결정에 관한 정보제공

   ㉡ 미래현금흐름 예측에 관한 정보제공

   ㉢ 경영자의 수탁책임 이행에 있어 관련된 정보제공

   ㉣ 경영성과, 재무상태 및 자본변동에 관한 정보제공

④ 재무제표와 재무보고

	재무보고	재무제표
관점	미래지향적	과거지향적
대상	양적 + 질적	양적
범위	기업외부정보 포함	기업내부정보

(2) 한국채택국제회계기준

(K-IFRS ; Korean International Financial Reporting Standards)

① 특성

   ㉠ 회계기준의 복잡성을 줄이기 위해 예외규정을 지양한다.

   ㉡ 회계기준 내 목적, 핵심원칙을 명확하게 한다.

   ㉢ 회계기준서 간 일관성을 유지한다.

   ㉣ 전문가의 판단에 의해 규정을 해석한다. 판단의 이유와 방법은 주석으로 공시한다.

   ㉤ 지침의 경우 필요할 시에만 최소한으로 제공한다.

② 적용 … 2011년 1월 1일 이후 최초 개시되는 회계연도부터 한국채택국제회계기준(K-IFRS)을 모든 기업에 적용되었다. 일반기업회계기준은 2009년 12월 31일로 제정되어 2011년 1월 1일 이후 최초 개시하는 회계연도부터 비상장기업에 적용되었다.

(3) 재무회계의 이론적 체계

① 개념 … 오랜 시간을 두고 회계행위가 암묵적으로 관습화된 것을 일반화하여 이것을 회계행위의 기준으로 수용하게 되었는데, 이의 정당성을 논리적으로 체계화한 것이다.

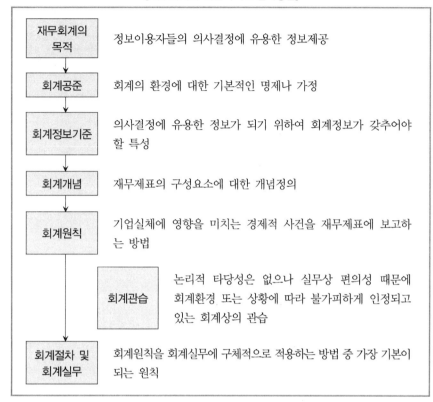

[재무회계의 이론적 구조삼각형법]

재무회계의 목적	정보이용자들의 의사결정에 유용한 정보제공
회계공준	회계의 환경에 대한 기본적인 명제나 가정
회계정보기준	의사결정에 유용한 정보가 되기 위하여 회계정보가 갖추어야 할 특성
회계개념	재무제표의 구성요소에 대한 개념정의
회계원칙	기업실체에 영향을 미치는 경제적 사건을 재무제표에 보고하는 방법
회계관습	논리적 타당성은 없으나 실무상 편의성 때문에 회계환경 또는 상황에 따라 불가피하게 인정되고 있는 회계상의 관습
회계절차 및 회계실무	회계원칙을 회계실무에 구체적으로 적용하는 방법 중 가장 기본이 되는 원칙

② **회계공준** … 회계이론을 논리적으로 전개하기 위한 기본적인 가정, 명제로서 회계가 이루어지는 정치·경제·사회적 환경으로부터 귀납적으로 도출된 것이며, 회계공준을 설정하는 이유로는 회계원칙을 연역적으로 도출하기 위한 토대를 마련하는 데 있다.

　㉠ **발생주의 공준** : 정보이용자의 의사결정에 유용한 정보를 제공하기 위해서는 거래나 사건의 영향을 현금이나 현금성 자산의 수입·지출을 기준으로 인식하지 않고 발생한 기간에 인식하는 것을 말한다.

　　ⓐ **발생(accrual)** : 당기 발생 수익, 비용에 대하여 현금의 수입과 지출이 완료되지 않은 것이다.

　　　• 미수수익 : 수익 발생, 현금 수입 미완료

　　　• 미지급비용 : 비용발생, 현금 지출 미완료

　　ⓑ **이연(deferral)** : 현금의 수입 혹은 지출은 완료되었지만 수익과 비용이 발생하지 않은 것이다. 미래에 발생할 수익, 비용에 대한 현금의 수입과 지출이 완료되어 수익과 비용의 인식을 이연시킨 것이다.

　　　• 선수수익 : 현금 수입이 완료된 미래 수익

　　　• 선급비용 : 현금 지출이 완료된 미래 비용

    ⓛ 계속기업의 가정 : 기업은 특별한 사유가 없는 한 계속적으로 기업 활동을 영위하며, 영업활동을 청산하거나 중대하게 축소시킬 의도가 없다는 가정이다. 이러한 계속기업의 가정으로 인하여 다음과 같은 후속개념들이 나타난다.

        ⓐ 기업의 자산을 역사적 원가로 평가하는 역사적 원가주의의 근거가 된다.

        ⓑ 유형자산의 취득원가를 미래의 기간에 걸쳐 비용으로 배분하는 감가상각 등의 회계처리방식이 정당화된다.

        ⓒ 자산, 부채의 분류방법이 청산우선순위가 아닌 유동성배열법으로 분류 표시하는 근거가 된다.

③ 회계정보의 질적 특성 … 한국채택국제회계기준(K-IFRS)에서는 이해가능성, 목적적합성, 신뢰성, 비교가능성을 주요 질적 특성으로 제시하고 있다.

    ㉠ 이해가능성(전제조건)

        ⓐ 정보의 측면 : 기업은 정보이용자들이 쉽게 이해할 수 있는 형태로 회계정보를 제공하여야 한다.

        ⓑ 정보이용자 측면 : 회계정보이용자도 적당한 수준의 지식을 가지고 있으며 정보를 이해하는데 필요한 적절한 노력을 하여야 한다.

    ㉡ 목적적합성 : 회계정보를 이용하여 의사결정을 하는 경우와 이용하지 않고 의사결정을 하는 경우에 의사결정결과에 차이를 발생시키는 정보의 능력으로 다음과 같은 하부속성이 있다.

        ⓐ 예측가치 : 정보이용자들이 미래를 예측하는 데 도움을 주는 능력

        ⓑ 확인가치 : 과거에 회계정보를 이용하지 않고 예측했던 예측치를 확신시키거나 과거에 잘못 예측한 사실을 알게 하여 과거의 예측치를 수정할 수 있게 하는 능력

        ⓒ 중요성 : 중요성이란 정보이용자의 의사결정에 미치는 영향력의 크기와 관련이 있다.

    ㉢ 신뢰성 : 정보에 오류나 편견(bias, 치우침)이 없어 객관적으로 검증 가능하며 표현하여야 할 바를 충실하게 표현하고 있는 정보의 특성으로 다음의 하부속성을 갖추어야 한다.

        ⓐ 표현의 충실성 : 회계정보가 기업실체의 경제적 자원과 의무, 그리고 이들의 변동을 초래하는 거래 및 사건을 충실하게 표현하여야 한다.

        ⓑ 중립성 : 특정 정보이용자에게만 유리하게 하기 위하여 의도적으로 편견이 개입된 정보를 제공하여서는 아니 된다.

        ⓒ 형식보다 실질 우선 : 법률적 형식, 외관상의 형식에만 충실하지 말고 경제적 현실에 맞게 측정, 보고해야 한다.

        ⓓ 완전성 : 재무정보 신뢰성 확보를 위해서는 정보의 중요성과 원가를 고려한 범위 안에서 완전하게 정보를 제공해야 한다.

ⓔ 비교가능성

　　ⓐ **기간별 비교가능성(일관성, 계속성)** : 한 회사의 일정한 회계사상에 대하여 매 기간마다 같은 회계처리방법을 일관성 있게 적용하면 그 기업의 회계정보의 기간별 변동추이를 쉽게 비교하고 분석할 수 있어 유용하다.

　　ⓑ **기업 간 비교가능성** : 서로 다른 회사들의 회계처리방법과 보고양식이 유사하면 특정기업의 정보를 다른 기업의 유사정보와 쉽게 비교하고 분석할 수 있어 유용하다.

④ **회계개념**(재무제표의 구성요소)

　㉠ **재무상태표의 요소**

　　ⓐ **자산** : 과거의 거래나 사건의 결과로서 특정 실체에 의하여 획득되었거나 통제되고 있는 미래의 경제적 효익, 즉 미래의 현금유입을 증가시키거나 현금지출을 감소시키는 능력을 말한다.

　　ⓑ **부채** : 과거의 거래나 사건의 결과로서 미래에 특정 실체가 다른 실체에 자산을 이전하거나 용역을 제공해야 할 현재의 의무로부터 발생할 미래의 경제적 효익의 희생이다.

　　ⓒ **자본** : 자산에서 부채를 차감한 후에 남은 잔여지분으로 순자산 또는 주주지분이라고도 한다.

　㉡ **포괄손익계산서의 요소**

　　ⓐ **수익** : 기업의 중요한 영업활동으로부터 일정 기간 동안 발생하는 순자산의 증가(자산의 유입 · 증가나 부채의 감소)를 말한다.

　　ⓑ **비용** : 기업의 중요한 영업활동으로부터 일정 기간 동안 발생하는 순자산의 감소(자산의 유출 · 사용이나 부채의 발생)를 말한다.

⑤ **회계원칙**

　㉠ **개념** : 기업실체에 영향을 미치는 경제적 사건을 재무제표 등에 보고하는 방법을 기술한 것으로 회계처리를 할 때 준수하여야 할 지침이며, 회계실무를 이끌어가는 지도 원리를 말한다.

　㉡ **역사적 원가** : 모든 자산과 부채는 취득 또는 발생시점의 교환가치(취득원가)로 평가한다.

　㉢ **현행원가** : 자산은 동일 혹은 동등한 자산을 현재에 취득할 시 그 대가로 지불하여야 할 현금이나 현금성 자산의 금액으로 평가한다.

　㉣ **실현가능(이행)가치** : 자산은 정상적으로 처분할 시 수취할 것으로 예상 가능한 현금이나 현금성 자산의 금액으로 평가한다.

　㉤ **현재가치** : 자산은 정상적인 영업과정에서 그 자산으로 인해 창출될 것으로 기대할 수 있는 미래 순현금유입액의 현재할인가치로 평가한다.

기출PLUS

기출 2019. 11. 10. 비서 2급

다음 중 ⓐ, ⓑ, ⓒ에 들어갈 용어로 바르게 연결된 것은?

┌ 보기 ┐
• (ⓐ)는 기업이 보유하고 있는 특정시점의 자산, 부채, 자본에 대한 정보를 축약하여 나타내는 재무제표이다.
• (ⓑ)는 기업의 일정기간 동안의 수익과 비용을 표시해주는 경영성과보고서이다.
• (ⓒ)는 새로운 국제회계기준에 따라 재무제표의 구성항목에서 삭제되었다.

① ⓐ 재무상태표 – ⓑ 포괄손익계산서 – ⓒ 이익잉여금처분계산서
② ⓐ 자본변동표 – ⓑ 포괄손익계산서 – ⓒ 현금흐름표
③ ⓐ 재무상태표 – ⓑ 포괄손익계산서 – ⓒ 자본변동표
④ ⓐ 자본변동표 – ⓑ 재무상태표 – ⓒ 현금흐름표

해설 ⓐ 재무상태표 : 재무제표로서 특정 시점의 기업이 소유하고 있는 경제적 자원(자산), 그 경제적 자원에 대한 의무(부채) 및 소유주지분(자본)의 잔액을 보고한다.
ⓑ 포괄손익계산서 : 그 회계기간에 속하는 모든 수익과 이에 대응하는 모든 비용을 적정하게 표시하여 손익을 나타내는 회계문서를 말한다.
ⓒ 이익잉여금처분계산서 : 당기순이익을 포함한 미처분이익잉여금을 어떻게 처분했는지를 보여주는 것이다.

＜정답 ①

⑥ 회계 관습

　　㉠ 개념 : 실무상 유용성이나 편의성 때문에 회계환경에 따라 불가피하게 인정되고 있는 회계상의 관습을 말한다.

　　㉡ 중요성

　　　　ⓐ 회계정보가 정보이용자의 의사결정에 영향을 미치는가의 여부에 따라 판단되는데, 의사결정에 영향을 미치면 중요한 것이 된다.

　　　　ⓑ 중요성은 금액, 수량, 비율상의 중요성인 양적 중요성과 특정 사실의 존재 여부(부도발생, 소송사건)가 정보이용자의 의사결정에 영향을 미치는 질적 중요성으로 구분할 수 있다.

　　　　ⓒ 의사결정에 영향을 미치지 않는 중요하지 않은 거래나 회계정보는 간단히 실무적 방법을 기록하거나 상세히 보고하지 않아도 된다는 의미이다. 단, 중요성 개념은 기업의 규모나 처한 상황에 따라 달라지므로 주의해야 한다.

　　㉢ 보수주의

　　　　ⓐ 어떤 거래에 대하여 두 개의 측정치가 있을 때 재무적 기초를 견고히 하는 과정에서 이익을 낮게 보고하는 방법을 말한다.

　　　　ⓑ 기업의 입장에서 자산은 가능한 적게, 부채는 가능한 많게, 수익은 가급적 적게, 비용은 될 수 있으면 많게 기록하는 입장이다.

　　　　ⓒ 한 가지 주의할 점은 보수주의를 적용하면 특정 연도의 순이익은 작아지지만 미래 회계연도에는 그만큼 순이익이 크게 보고된다는 것이다.

　　　　ⓓ 보수주의의 적용은 순이익의 기간귀속에만 영향을 미칠 뿐 순이익총액에는 영향을 주지 않는다.

　　　　ⓔ 보수주의는 이익조작가능성, 왜곡된 정보제공, 기간별 비교가능성 저해 등의 단점을 가진다.

　　㉣ 업종별 관행 : 특정 기업이나 특정 산업에서 정상적인 회계원칙으로 처리할 수 없는 사항에 대해서 특수하게 인정되어야 할 회계실무를 말한다.

(4) 재무제표

① 의의 … 기업의 재무상태와 경영성과 등을 정보이용자에게 보고하기 위한 수단으로서 기업회계기준에 따라 작성하는 재무보고서이다. 재무제표 중 재무상태표만이 일정시점의 개념이고 나머지의 기본재무제표는 일정기간의 개념을 나타낸다.

② 재무제표의 종류

　㉠ 재무상태표 : 일정시점에 있어서 기업의 재무상태인 자산, 부채 및 자본에 관한 정보를 제공하는 정태적 보고서이다.

　㉡ 포괄손익계산서 : 일정기간 동안 기업이 얻은 경영성과를 표시하는 동태적 보고서로서, 미래현금흐름 예측과 미래수익창출능력 예측에 유용한 정보를 제공한다.

ⓒ 현금흐름표 : 기업의 일정기간 동안 현금의 변동내역을 나타내는 동태적 보고
서이다. 현금흐름표는 현금주의 개념의 손익계산서로 기업의 자금흐름과 미
래현금흐름전망에 대한 정보를 제공한다.

ⓔ **자본변동표** : 일정기간 동안에 발생한 자본의 변동을 나타내는 보고서이다.

ⓜ **주석** : 재무제표에 표시된 내용을 설명하거나 표시되지 않은 정보를 제공한
다. 한국채택국제회계기준(K-IFRS)에서는 이익잉여금처분계산서(결손금처
리계산서)가 주석으로 공시된다.

ⓗ 회계정책의 소급적용, 재무제표 항목의 소급재작성 혹은 재분류 시 가장 이
른 비교기간의 기초 재무상태표

③ **재무제표의 유용성** … 재무제표는 재무제표 이용자의 경제적 의사결정에 유용한
정보를 제공하여야 한다. 이 경우 재무제표 정보이용자의 정보요구는 다양하지
만, 일반투자자의 요구에 유용한 정보는 기타 정보이용자의 요구에도 부합하는
것으로 본다.

ⓐ 투자자나 채권자 등 정보이용자들의 의사결정에 유용한 정보를 제공한다.

ⓑ 미래 현금흐름을 예측하는데 유용한 정보를 제공한다. 즉, 투자자나 채권자
등이 기업으로부터 받게 될 미래 현금의 크기, 시기, 불확실성 등을 평가하
는데 유용한 정보를 제공한다.

ⓒ 기업의 재무상태, 경영성과 그리고 현금흐름의 변동 및 자본변동에 관한 정
보를 제공한다.

ⓔ 경영자의 수탁책임 이행성과를 평가하는 데 유용한 정보를 제공한다.

④ **재무제표의 한계점**

ⓐ 재무제표는 주로 화폐단위로 측정된 정보를 제공하기 때문에 계량화하기 어
려운 정보는 생략되고 있다.

ⓑ 재무제표는 대부분 과거에 발생한 거래 및 사건에 관한 정보를 나타낸다.

ⓒ 재무제표는 추정에 의한 측정치와 인위적인 배분액을 포함하고 있다.

ⓔ 재무제표는 기업에 관한 정보를 제공하며, 산업 또는 경제전반에 관한 정보
를 제공하지는 않는다.

ⓜ 화폐가치의 안정이라는 전제하에 채택되고 있는 명목화폐단위에 의한 회계
처리는 인플레이션 상황하에서는 정보이용자의 의사결정목적에 적합하지 못
하다는 비판이 있다.

(5) 재고자산

① 개념

    ㉠ 재고자산이란 정상적인 영업활동 과정에서 판매를 목적으로 보유하고 있는 상품, 제품과 판매를 목적으로 생산과정에 있는 재공품, 판매할 자산을 생산하는데 사용하거나 소비될 원재료, 저장품을 말한다.

    ㉡ 기업이 보유하는 재고자산의 종류는 기업의 특성에 따라 다르다.

    ㉢ 상품매매기업의 경우는 상품이 주요 재고자산이며 제조업의 경우에는 완제품, 재공품, 원재료 등의 재고자산이 존재한다.

② 종류

    ㉠ **상품** : 기업의 정상적 영업활동과정에서 판매를 목적으로 구입한 상품, 미착상품, 적송품 등을 말하며, 부동산매매업에 있어서 판매를 목적으로 소유하는 토지, 건물, 기타 이와 유사한 부동산도 이에 포함된다.

    ㉡ **제품** : 기업 내부에서 판매를 목적으로 제조한 생산품, 부산물을 말한다.

    ㉢ **반제품** : 자가제조한 중간제품과 부분품 등을 말한다.

    ㉣ **재공품** : 제품 또는 반제품의 제조를 위하여 제조과정에 있는 것을 말한다.

    ㉤ **원재료** : 완제품을 제조 · 가공할 목적으로 구입한 원료, 재료, 매입부분품, 미착원재료 등을 말한다.

    ㉥ **저장품** : 소모품, 수선용 부분품 및 기타 저장품 등을 말한다.

③ 특성

    ㉠ 재고자산의 분류는 기업의 주요 영업활동목적에 따라 달라진다.

    ㉡ 일반기업이 공장건설을 위하여 매입한 토지는 유형자산이고, 투자목적으로 보유하는 토지는 투자자산이지만 부동산매매회사가 판매목적으로 보유하는 토지는 상품인 재고자산이다.

    ㉢ 일반기업이 보유하는 주식은 단기매매증권이나 매도가능증권 등의 투자자산으로 분류되지만 증권회사가 보유하는 주식은 상품인 재고자산으로 분류된다.

④ 재고자산의 단가산정(원가흐름에 대한 가정)

    ㉠ **개별법** : 재고자산 각각에 대하여 개별적으로 단위원가를 식별하여 실물흐름에 따라 매출원가와 기말재고로 배분한다. 개별법은 실물흐름과 원가흐름이 일치하기 때문에 수익 · 비용 대응의 관점에서 가장 이상적인 방법이나 품목별로 단가를 추적하는 것은 비경제적이므로 귀금속이나 부동산매매업 등 재고자산의 단가가 고가이고 매매가 빈번하지 않은 경우에 한하여 제한적으로 적용될 수 있다.

    ㉡ **선입선출법** : 먼저 취득한 재고자산이 먼저 판매된다는 가정하에 매출원가와 기말재고자산으로 원가를 배분한다.

ⓐ **장점**
- 대체로 재고자산의 실물흐름이 선입선출법의 원가흐름과 일치한다.
- 재무상태표의 기말재고자산이 현행원가의 근사치로 보고된다.

ⓑ **단점**
- 현행매출수익(판매 시의 판매가격)에 오래 전에 매입한 원가가 매출원가로 대응하므로 수익·비용 대응이 적절하게 이루어지지 않는다.
- 인플레이션 상황에서는 매출원가(오래전에 매입한 원가)가 과소계상된다.

ⓒ **후입선출법** : 나중(최근)에 구입한 재고자산이 먼저 판매된다는 가정하에 매출원가와 기말재고자산으로 원가를 배분한다.

ⓐ **장점**
- 현행매출수익(판매 시의 판매가격)에 현행원가(판매시점 이전 가장 최근의 판매가격)가 대응하므로 수익·비용대응이 적절하게 이루어진다.
- 물가가 상승하는 경우 매출원가(최근에 구입한 원가)가 많게 계상되므로 순이익이 작아져서 세금을 적게 내는 절세효과가 있다.

ⓑ **단점**
- 기말재고가액이 오래 전의 원가로 구성되어 과소계상된다.
- 기말재고수량이 기초재고수량보다 감소하는 경우 기초재고분(대단히 낮은 원가)이 매출원가화 되어 매출원가가 작아지고 순이익이 많아져서 절세효과가 사라진다. 즉, 비자발적인 재고청산문제(낮은 기초재고분이 매출원가화 되는 문제)가 발생한다.
- 비자발적인 재고청산문제를 해결하기 위해 불건전한 구매습관이 생길 수 있다.

ⓓ **평균법** : 일정기간 동안의 재고가능원가(기초재고액 + 당기매입액)를 평균하여 재고단가를 산정하고 이를 매출원가와 기말재고로 배분한다.

(6) 원가회계

① **의의**

ⓐ 전통적인 원가회계의 의미는 제조 기업에 있어서의 제품원가계산을 의미한다.

ⓑ 재무회계뿐 아니라 관리회계목적에 적합한 원가정보를 제공하기 위한 회계이다.

② **원가의 개념**

ⓐ 정해진 목적을 달성하기 위해서는 그 목적달성에 투입되는 요소들의 희생을 수반하는데 이러한 희생요소를 원가라고 한다.

ⓑ 원가는 정해진 목적과 관련이 있는 희생만을 의미하므로 관련이 없다면 원가가 될 수 없다.

ⓒ 일정한 목적을 위한 수단이므로 과거의 희생뿐만 아니라 현재·미래에 희생되는 것도 포함된다. 원가를 측정할 때에는 화폐단위로 측정한다.

③ 목적

　　㉠ 재무제표의 작성에 필요한 원가의 집계

　　㉡ 경영자들에게 원가관리에 필요한 정보의 제공

　　㉢ 의사결정과 계획수립에 필요한 정보의 제공

④ 원가의 흐름과정

　㉠ 의의

　　　ⓐ 원가의 흐름은 각 업종마다 서로 다르게 나타난다. 서비스업과 판매업은 비교적 간단하여 쉽게 원가흐름을 추적할 수 있는데 반해, 제조업은 상당히 복잡한 양상을 띄게 된다.

　　　ⓑ 원가흐름과정은 '발생 → 변형 → 소멸' 되는 과정을 보이는데 이들은 관련되는 재고자산 계정에 분류된다.

　㉡ 원가의 분류

　　　ⓐ 제조원가 : 생산과정에서 투입되는 원가요소의 형태를 기준으로 분류하는데 직접재료비 · 직접노무비 · 제조간접비로 구성된다. 흔히 이를 제조원가의 3요소라 한다.

POINT 제조간접비의 3요소는 발생형태에 따라 간접재료비, 간접노무비, 제조경비로 분류되며 제조경비는 직접제조경비와 간접제조경비로 분류된다.

　　　ⓑ **직접재료비** : 제품생산에 투입된 재료원가 중 특정제품에 추적이 가능한 원가를 말하며 추적이 불가능한 원가는 간접재료비라 하여 제조간접비를 구성한다.

　　　ⓒ **직접노무비** : 제품생산에 투입된 원가 중 종업원 등에게 지급되는 급여로서 특정제품에 추적이 가능한 원가를 말하며 추적이 불가능한 원가는 간접노무비라 하여 제조간접비를 구성한다.

　　　ⓓ **제조간접비** : 직접재료비와 직접노무비 이외의 모든 제조원가를 말하며 간접재료비와 간접노무비 및 제조경비를 포함한다. 또한 제조간접비는 직접제조경비와 간접제조경비로 나누어지나 직접제조경비의 발생이 미미하여 구별실익이 없다.

5. 재무 기초(1급)

(1) 재무관리 의의

① 재무관리의 개념 … 기업경영의 하부체계로서 자금의 조달과 운용에 관련된 의사결정을 수행하는 기업의 관리기능을 말한다.

② 재무관리의 목표 … 기업가치의 극대화이다.

(2) 재무관리의 기능

① 투자결정 … 기업이 어떤 종류의 자산을 어느 정도로 보유할 것인가에 대한 의사결정, 즉 기업 자산의 최적배합에 대한 의사결정을 말하며 기업의 미래현금흐름과 영업위험을 결정짓게 된다. 투자결정의 결과는 재무상태표의 차변항목으로 표시된다.

② 자본조달결정 … 투자에 소요되는 자본을 어떻게 효율적으로 조달할 것인가에 대한 의사결정, 즉 기업자본의 최적배합에 대한 의사결정을 말하며 기업의 재무위험을 결정짓게 된다. 자본조달 결정의 결과는 재무상태표의 대변항목으로 표시된다.

③ 배당결정 … 투자결정 및 자본조달결정으로 창출된 기업의 순이익 중 얼마를 주주에게 배당하고 얼마를 기업 내에 유보할 것인가에 대한 의사결정으로 배당결정은 사내 자본조달 결정과 연결되므로 자본조달결정의 한 형태로 볼 수 있다.

④ 재무분석결정 … 투자, 자본조달 및 배당결정을 비롯한 기업의 제반 의사결정에 필요한 정보를 얻기 위하여 기업의 회계 및 재무자료를 분석하는 의사결정이다.

(3) 재무관리의 이론

① 화폐의 시간가치
   ㉠ 기업의 의사결정은 현재에 이루어지지만 이로 인해 발생하는 현금흐름은 미래에 일어나므로 투자안을 평가하기 위해서는 동일시점의 가치로 환산하는 작업이 필요하다.
   ㉡ 유동성 선호란 동일한 금액일 경우 미래의 현금보다 현재의 현금을 선호하는 것을 말한다.
   ㉢ 유동성 선호로 인해 사람들은 현재의 현금을 포기할 경우 더 많은 미래현금을 요구하게 되는데 이와 같은 유동성 선호를 반영하여 화폐의 시간가치를 나타내는 척도가 시장이자율이다.

② 불확실성하의 선택이론
   ㉠ 불확실성하에서 효용극대화를 위한 최적투자결정이 어떻게 이루어지는가를 다루는 의사결정이론이다.
   ㉡ 불확실성의 세계에서는 본질적인 위험을 내포하므로 성과 이외에도 위험을 고려해야 한다.
   ㉢ 불확실성하의 선택이론에는 기대효용극대화이론, 평균-분산이론, 확률지배이론이 있다.

③ 포트폴리오이론

　　㉠ 둘 이상의 자산 또는 증권에 분산 투자할 경우의 투자대상을 포트폴리오라고 한다.

　　㉡ 포트폴리오를 구성하는 이유는 위험을 감소시키는 위험분산효과가 있기 때문이다.

section 2 시사경제

1. 실생활 중심 경제

≫ 동반성장 지수

동반성장위원회에서 대기업의 공정거래 협약 실적(매년 12월 실시)과 중소기업의 체감도 조사(매년 7～8월, 1～3월 2회 실시) 결과를 통합 산정하는 지수이다. 동반성장에 참여한 대기업들은 '최우수', '우수', '양호', '보통'의 4등급으로 평가된다. 공정거래 협약 실적은 대기업의 동반성장 및 공정거래 협약 충실도, 협약내용 이행도, 하도급법 위반 여부, 동반성장에 반하는 행위 여부 등을 기준으로 대기업이 제출한 실적 자료심사와 현장실사 그리고 협약평가위원회의 심의를 거쳐 평가한다. 중소기업 체감도 조사는 100대 대기업의 1·2차 중소협력사를 직접 방문하여 공정거래, 협력, 동반성장 체제, 중소기업 적합업종 참여 여부 등을 묻는 조사지를 수거하여 평가점수를 산출한다.

≫ 모듈화

좁은 의미의 모듈화는 차량의 조립공정에서 몇 개의 부품들을 먼저 조립해 이 단위들을 차체에 조립하는 제조방식이다. 모듈화의 넓은 의미는 조립, 물류, 품질보증 등 모든 단계에서 최적화가 가능하도록 연구개발 단계부터 부품조립 단위를 설계하는 제조방식을 뜻한다. 예를 들면 자동차의 수만 개 부품들을 하나하나 다룬다는 것은 효율성이나 품질 관리 측면에서 많은 문제점을 안고 있기 때문에 조립영역별, 기능별로 부품들을 결합하여 하나의 부품단위로 만들어 공급하는 시스템이다. 이렇듯 모듈화는 일련의 부품군을 통합해 시너지 효과를 극대화하는 기술이다.

≫ 부동산펀드

투자 자금을 부동산 개발이나 수익성 있는 부동산 등에 투자해 벌어들인 운용수익을 투자자들에게 배당하는 구조를 지닌 상품이다. 「자본시장과 금융투자업에 관한 법률」에서는 펀드재산의 50% 이상을 부동산이나 부동산 관련 재산에 투자하는 펀드라고 규정하고 있다.

부동산펀드는 투자신탁과 투자회사 형태 모두가 가능하지만 투자회사의 경우 「부동산투자회사법」에 의한 부동산투자회사(REITs)와 구분하기 위해 펀드 자산의 부동산에 70% 이하만 투자할 수 있다.

≫ 동반성장 투자재원

우리나라 대기업이나 중견기업 그리고 공기업이 협력 중소기업과의 동반성장을 위하여 대·중소기업협력재단에 출연하는 기금이다. 출연된 재원은 협력 중소기업의 연구개발, 인력개발, 생산성 향상, 해외시장 진출, 온실가스 감축이나 에너지 절약을 위해 지원된다. 출연된 재원은 지정기부금으로 인정되어 세액 공제를 받을 수 있으며, 동반성장위원회에서 공표하는 동반성장지수 산정 시 가점도 받는다. 2014년 9월 현재, 77개 대기업, 14개 공기업, 33개 중견기업이 동반성장 투자재원 협약에 참여하고 있다.

≫ 마리나산업

마리나란 유람, 스포츠 또는 여가용으로 제공되거나 이용하는 선박의 출입과 보관, 승선과 하선 등을 위한 시설과 이를 이용하는 자에게 편의를 제공하기 위한 서비스 시설이 갖추어진 곳을 말한다. 그리고 마리나 산업이란 마리나를 중심으로 이루어지는 요트 레저관광, 요트 정박, 임대, 정비 및 리조트, 컨벤션, 쇼핑센터 등 각종 서비스업과 레저보트의 제조·수리, 각종 해양레저장비의 제작, 마리나 시설 조성, 마리나 서비스 등 연관 산업들을 총칭한다.

≫ 두루누리사업

근로자 수가 10인 미만인 소규모 사업장(공공기관은 제외)의 고용보험과 국민연금 보험료 일부를 지원하는 사업이다. 근로자의 월 평균보수가 140만 원 미만('15년 기준)인 경우 근로자와 사용자가 부담하는 보험료의 1/2이 지원된다. 근로복지공단이나 국민연금공단에 우편, 방문, 팩스로 신청하거나 4대보험정보연계센터에 전자신고해도 된다. 기존 사업장은 보험료지원 신청서, 신규가입 사업장은 당연적용사업장해당신고서(성립신고서)를 제출하면 된다.

≫ 대외경제협력기금(EDCF)

우리나라가 개발도상국 경제개발을 지원하고 국제적 지위 향상에 상응하는 역할을 수행하기 위해 1987년 설립한 정부 개발원조 자금이다. 연 1 ~ 5%의 저리에 상환기간은 25 ~ 30년이다. 자금을 지원받는 국가들은 원칙적으로 사업에 필요한 설비 등을 우리나라 기업으로부터 구매해야 한다. 기금의 관리주체는 기획재정부이다. 기금지원 업무의 실무 담당은 한국수출입은행이, 지원요청 사업의 접수와 정부 간 협정체결 등은 외교부가 담당한다.

≫ 도농연계생활권

중심기능을 하는 1~2개 중소도시와 인근의 여러 농촌중심지를 연계하여 설정된 권역이다. 가장 일반적인 생활권 유형으로 중심도시가 주변지역에 고차 서비스나 경제나 교육 등의 거점기능을 수행하게 된다. 중심지 기능이 재생되어야 하며, 농촌중심지와 마을 정비가 필요하다.

≫ 권리금

건물의 시설, 입지, 고객 등 유·무형의 이익과 관련하여 주고받는 금전적 대가이다. 바닥권리금, 영업권리금, 시설권리금, 이익권리금으로 나뉜다. 바닥권리금은 점포위치, 상권 등 장소적 이익을 토대로 형성된다. 영업권리금은 영업노하우, 거래처, 신용 등 무형자산의 대가이며, 시설권리금은 영업시설, 비품 등 유형자산의 대가이다. 그리고 이익권리금은 미래에 창출될 이익(1년분 영업이익)을 기준으로 산정된다. 현재 「민법」이나 「상가건물임대차보호법」 등에 권리금에 관한 명문화된 규정은 없어 법무부에서 권리금 법제화를 위한 상가건물임대차보호법 개정안을 마련(2014. 9. 23)하고 공청회 등을 거쳐 법개정을 추진하고 있다.

≫ 기업가정신

기업가가 위험을 감수하며 도전적으로 새로운 기술혁신을 도모하여 기업의 성장과 사회적 가치를 창출하려는 의식이다. 경제학자 슘페터는 기업가 정신의 본질은 혁신으로, 새로운 제품 개발뿐 아니라 새로운 시장 개척, 새로운 원료 공급원 확보, 새로운 생산방식 도입 등도 혁신으로 보았다. 현대사회에서 기업가 정신이 강조되는 이유는 기업가 정신을 갖춘 기업가는 불확실한 환경에 신속·유연하게 대처하고, 새로운 제품과 서비스 개발에 적극적으로 나서 과학과 산업 발전에 원동력이 될 수 있기 때문이다. 또한 혁신적인 활동으로 고용을 창출함으로써 경제 활성화에 기여하여 국가경제를 발전시킬 수 있다.

≫ 농어촌생활권

특별한 중심도시 없이 2~3개 농어촌과 배후마을로 구성된 권역이다. 농어촌 중심지가 배후마을에 대한 서비스 전달 거점으로 육성되어 주민생활에 불편함이 없는, 최소한의 삶의 질이 보장되는 생활권이다. 농어촌 중심지 간 기능별 특화 및 역할 분담이 중요하며, 중심지와 마을 정비를 통해 생활권 내의 생활여건이 개선되고 서비스 기능 강화가 필요하다.

≫ 기술형 창업지원 프로그램

기술형 창업지원 프로그램은 한국은행이 운영하고 있는 금융중개 지원 대출 프로그램 중 하나로, 우수한 기술을 보유하고 있거나 매출액에 비해 연구개발비 비중이 높은 창업한 지 7년 이내의 중소기업을 지원하기 위해 2013년 6월부터 도입됐다. 금융중개 지원 대출은 은행들이 적극적으로 중소기업 대출을 늘리고 대출금리를 낮추도록 유도하기 위해 한국은행이 은행별로 대출 취급 실적이나 계획을 감안하여 사전에 한도를 배정하는 방식으로 운용된다. 금융중개 지원 대출은 2014년 12월 기준 무역금융지원 프로그램, 신용대출지원 프로그램, 영세자영업자지원 프로그램, 기술형 창업지원 프로그램, 설비투자지원 프로그램, 지방중소기업지원 프로그램 등 6가지가 운영되고 있다.

≫ 내집마련 디딤돌 대출

정부가 서민에게 저리로 지원하는 주택 구입자금이다. 부부합산 연소득이 6,000만 원(생애 최초는 7,000만 원까지) 이하인 무주택 세대주이거나 시가 6억 원 이하의 주택을 가진 사람이 집을 처분하고 새집을 사는 경우(시 지역 전용면적 85㎡ 이하, 읍·면 지역 100㎡ 이하) 자금을 지원받을 수 있다. 금리는 현행 주택기금과 비슷한 시중 최저수준인 연 2.8~3.6%이며 소득과 만기시점에 따라 변동된다. 생애최초 주택구입자와 장애인, 다문화는 0.2%포인트, 다자녀가구는 0.5%포인트 우대 금리를 제공한다.

≫ 임금피크제

정년 연장 또는 정년 후 재고용하면서 일정 나이, 근속기간을 기준으로 임금을 감액하는 것을 말한다. 300인 이상 기업의 근로자 정년을 만 60세로 확대하는 정년연장법 시행이 다가옴에 따라, 인건비 부담 경감과 일자리 유지, 청년 신규 채용 등을 위해 현실적인 대안으로 부상하고 있다.

≫ 모태펀드

모태펀드란 기업에 직접 투자하기 보다는 개별펀드(투자조합)에 출자하여 직접적인 투자위험을 감소시키면서 수익을 목적으로 운영하는 펀드로, 펀드를 위한 펀드로 불린다.

① 뮤추얼펀드 ··· '뮤추얼'은 '상호투자용 뭉칫돈'을 뜻한다. '펀드'는 투자자가 믿고 맡기는 자금인 '신탁자금'을 자산운용회사가 증권이나 부동산 등 각종 자산에 투자하고 투자수익을 투자자가 펀드에 내놓은 몫에 비례해 돌려주는 것을 의미한다. 이때 자산운용사는 운용보수를 받게 되며, 자산운용사와 펀드투자자는 펀드 계약 곧 신탁계약을 맺고 펀드 투자자의 법적 지위인 펀드 계약자가 된다.

② 헤지펀드 ··· 시장의 흐름에 따라 상대적으로 높은 수익을 추구하는 일반 펀드와 달리 다양한 시장 환경 속에서도 절대수익을 창출하려는 목적을 가진 펀드다. 다시 말해 시장 상황이 좋지 않을 때에도 수익을 추구하는 펀드라 할 수 있다. 헤지펀드는 개인모집 투자신탁으로. 100명 미만의 투자가들로부터 개별적으로 자금을 모아 '파트너십(partnership)'을 결성한 뒤, 카리브 해의 버뮤다와 같은 조세회피지역에 위장 거점을 설치해 자금을 운용하는 투자신탁을 말한다.

≫ APEC CPEA

국가 간 데이터를 포함한 전자 상거래의 흐름이 급증함에 따라 APEC 회원국가 간 개인정보를 보호하고 유지하기 위해 추진하고 있는 개인정보 감독기관 간 협력협의회 협정이다. 2009년 11월 APEC 장관회의에서 승인됐으며, 2010년 7월부터 시작됐다. APEC 내 모든 개인정보보호 집행기관(Privacy Enforcement Authority, PE기관)이 참여할 수 있다. 우리나라는 행정안전부(구 행정자치부)가 참여하고 있으며, 일본의 경우에는 각 부처별로 10여 개 기관이 참여하고 있다.

≫ HIS(병원정보화시스템)

환자 등록에서 진료와 수납까지 병원 내의 모든 데이터를 관리하는 것은 물론 병원의 모든 행정을 효율적으로 관리할 수 있도록 하는 통합의료 정보시스템을 말한다. 병원의 인사 및 급여 관리, 환자의 외래와 입·퇴원 관리, 의료수가 관리, 급식 관리, 병원의 시설 및 의료 장비 관리를 용이하게 할 수 있다. 사무자동화(OA)와 경영정보시스템(MIS) 구축에 필요한 여러 기법과 기술들이 적용된다.

≫ 아이핀(i-PIN)

'인터넷 개인 식별 번호(Internet Personal Identification Number)'의 머릿글자로 인터넷 본인인증 수단이다. 대면 확인이 불가능한 인터넷상에서 아이디와 패스워드를 이용하여 주민등록번호를 대신해 본인확인을 할 수 있는 대체 방법이다. 아이핀을 이용하면 인터넷 이용자의 개인정보와 프라이버시 침해를 방지할수 있다. i-PIN은 공공아이핀센터, 서울신용평가정보, 나이스신용평가정보, 코리아크레딧뷰 등에서 발급받을 수 있다. 인터넷 이용자는 사이트별로 i-PIN을 모두 발급받을 필요 없이, 하나만 발급받으면 어디서든 사용할 수 있다.

≫ 국가직무능력표준(NCS)

산업현장에서 직무를 수행하기 위하여 요구되는 지식·기술·태도 등을 국가가 체계화한 것으로, 개인이 가진 직무능력을 과학적이고 체계적으로 도출하여 표준화한 것이다. 모든 회사에서 활용할 수 있도록 전 산업분야 NSC를 대분류 24개, 중분류 77개, 소분류 226개, 세분류 856개로 구분하여 개발됐다. NCS는 일/현장/기업·직업교육·자격시험에 종합적으로 활용할 수 있다. 일/현장/기업 분야는 평생경력개발경로 모형, 직무기술서, 채용·배치·승진 체크리스트, 자가진단도구 항목, 교육훈련 분야는 훈련기준, 훈련과정, 훈련교재 항목, 그리고 자격검정 분야는 자격종목, 출제기준, 검정방법, 검정문항 항목으로 구성되어 있다. 고용노동부에서는 국가직무능력표준을 도입하고자 하는 모든 중소기업을 위해 주요 산업별 인적자원개발협의체 및 지역인적자원개발협의체를 통해 무료컨설팅, HRD자문 및 안내자료 등을 제공하고 있다.

≫ World Class 300

정부가 2020년까지 세계적인 기업 300개 육성을 목표로 성장의지와 잠재력을 갖춘 중소·중견기업에게 기술지원, 시장개척, 인력확보, 자금지원, 컨설팅 등을 패키지로 집중 지원하는 프로젝트이다. 지원대상은 매출 400억~1조 원인 중소·중견 기업으로 최근 5년간 연평균 매출액 증가율이 15% 이상이거나 최근 3년간 매출액 대비 R&D 투자비율이 평균 2% 이상인 기업(2014년 기준)이다.

2. 시사·경제·금융용어

(1) 지식경제일반

≫ 재정위험국가

정부의 경제적 부채비율이 높고 은행의 대차대조표가 취약한 국가를 말한다. 재정위험국가의 경우 신용위축이나 자금 조달시장의 혼란 등의 우려가 있는 상황이지만, 부채의 상환보다는 유동성 문제의 해결에 집중하고 있는 실태로 이에 따른 국가위험이 증가하고 투자자의 신뢰가 저하되며, 은행 및 국채의 조달 비용 상승 등의 악영향이 발생한다.

≫ 국가위험(country risk)

투자 대상국에 예상치 못한 상황이 발생하여 제공한 투자 및 차관 등에 대한 채권 회수상의 위험 가능성을 말한다. 다시 말해, 채무불이행에 노출되는 위험 정도라고 할 수 있다.

≫ 기준금리

한 나라의 금리체계의 기준이 되는 중심금리를 말한다. 중앙은행인 한국은행 안에 설치된 금융통화위원회에서 매월 둘째 주 목요일에 회의를 통해 결정하게 된다. 2008년 3월부터 콜금리 운용 목표치(정책금리)를 기준금리로 바꾸었다. 기준금리에 따라 한국은행이 지급준비율이나 재할인율을 조정함으로써 통화량, 물가, 금리에 영향을 준다.

≫ 사회간접자본(SOC ; Social Overhead Capital)

SOC란 도로, 항만 등 생산 활동에 직접적으로 간여하지는 않지만 원활한 경제활동을 유지하기 위해 반드시 필요한 사회기반시설을 말한다. SOC에 대한 투자는 사회 전반에 영향을 미치는 수준으로 규모가 매우 크기 때문에 일반적으로 정부나 공공기관이 주관한다. 그러나 사회간접자본시설 확충에 있어서 부족한 재원을 보충하고 효율성을 재고하기 위하여 민간기업의 자본을 유치하여 운영하기도 한다.

≫ 자본주의 4.0

2007~2009년의 글로벌 금융위기 이후 새로운 자본주의에 대한 모색으로 대두된 새로운 패러다임의 자본주의이다. 각국 정부는 글로벌 금융위기가 발생하가 적극적으로 금융시장에 개입하여 규제를 강화하는 방안을 논의하였다. 칼레츠키는 그의 저서 「자본주의 4.0」에서 시장과 정부는 모두 불완전하며 오류를 저지르기 쉬움을 인정하고 정부통제와 시장주도를 적절히 활용하여 문제 상황을 빠르게 시정할 수 있을 것이라고 전망하였다.

≫ PIIGS

포르투갈, 이탈리아, 아일랜드, 그리스, 스페인의 이니셜 첫 글자를 딴 것이다. 미국, 프랑스, 독일 등의 선진국들의 정부부채 규모가 더 큰데도 불구하고 포르투갈, 이탈리아, 그리스, 스페인 등 일부 유럽 국가의 재정부실이 국가채무불이행으로 이어지면서 세계 경제의 문제가 됨에 따라 심각한 재정적자를 겪고 있는 이 나라들을 PIGS로 지칭했다. 추후에 금융위기로 재정이 악화된 아일랜드가 추가되면서 PIIGS로 바뀌었다.

≫ 바젤 Ⅲ

2004년에 발표된 '바젤 Ⅱ'에 이어 6년 만에 개편된 새로운 은행 건전성 기준이다. 은행의 무분별한 고위험 투자가 국제 금융시장의 불안 요인으로 보고 자본 및 유동성 규제를 대폭 강화한 내용을 담고 있다. 바젤 Ⅲ는 기존의 국제결제은행(BIS)의 기준 자본 규제를 세분화하고 항목별 기준치를 상향 조정한 것과 완충자본과 차입 투자(leverage) 규제를 신설한 것이 핵심이다. 하지만 우리나라 은행의 경우 바젤 Ⅲ가 도입한 각종 기준치를 가장 엄격하게 적용하더라도 이미 그 수준을 웃돌고 있기 때문에 직접적으로 미치는 영향은 미미할 것이라는 분석도 있다.

≫ 완충자본

은행이 미래의 발생 가능한 위기에 대비하여 국제결제은행(BIS) 기준 자본과 별도로 보통주 자본을 2.5% 추가로 쌓도록 한 것이다. 완충자본은 2016년부터 매년 0.625%씩 쌓아 2019년에는 2.5%를 맞춰야한다.

≫ 모럴해저드(도덕적 해이)

원래는 미국에서 보험가입자들이 보험약관을 악용하거나 사고방지에 태만하는 등 비도덕적 행위를 일컫는 용어로 사용되었으며, 이후 권한의 위임을 받은 대리인이 정보의 우위를 이용하여 개인적인 이익을 취하고 결과적으로 위임을 맡긴 상대에게 재산상의 손실을 입히는 행태를 지칭하는 용어로 의미가 확대되었다.

≫ 외환보유액(reserve assets)

국가가 보유하고 있는 외환채권의 총액으로, IMF의 기준에 따르면 통화당국이 언제든지 사용 가능한 대외자산을 포괄한다. 주로 국제수지 불균형의 직접적인 보전 및 환율 변화에 따른 외한시장의 안정을 목적으로 정부 및 중앙은행에 통제된다. 외환보유액이 너무 많을 경우 환율하락, 통화안정증권 이자의 부담 등이 발생할 수 있으며 환율조작국으로 의심받을 수 있다. 반면에 너무 적을 경우 가용외환보유고가 부족해 대외채무를 갚지 못하는 모라토리엄(moratorium) 상태에 빠질 수 있다.

기출PLUS

기출 2019. 11. 10. 비서 1급

다음의 기업 사례들은 무엇으로부터 비롯된 것인지, 보기 중 가장 적합한 것은?

┌ 보기 ┐

A기업 : 최고경영진 3명과 중간 관리자들의 분식회계를 통한 이익 허위공시, 2001년도 파산
B기업 : 분식회계를 통한 수익조작, 2002년도에 410억 달러의 부채와 함께 파산 신고

① 조직의 창업주 및 경영이념
② 조직 규범 및 문화
③ 경영자의 도덕적 해이
④ 조직의 사업 및 회계범위의 확장

해설 ③ 도덕적 해이는 주인과 대리인이 가진 정보가 달라서 발생한다. 경영자는 회사의 경영상황을 잘 알지만 주주는 경영자를 일일이 따라다니며 감시할 수 없기 때문이다. 이런 '비대칭적 정보'로 인해 주인-대리인 문제가 발생한다.

〈정답 ③

≫ 서브프라임 모기지

미국에서 신용등급이 낮은 저소득층을 대상으로 높은 금리에 주택 마련 자금을 빌려 주는 비우량 주택담보대출을 뜻한다. 미국의 주택담보대출은 신용도가 높은 개인을 대상으로 하는 프라임(prime), 중간 정도의 신용을 가진 개인을 대상으로 하는 알트 A(Alternative A), 신용도가 일정 기준 이하인 저소득층을 상대로 하는 서브프라임의 3등급으로 구분된다. 2007년 서브프라임 모기지로 대출을 받은 서민들이 대출금을 갚지 못해 집을 내놓았고 집값이 폭락하며 금융기관의 파산 및 글로벌 금융위기를 야기 시킨 바 있다. 최근 시사주간지 타임에서는 서브프라임 모기지를 '2010년 세계 50대 최악의 발명품'으로 선정하였다.

≫ 모라토리엄(moratorium)

한마디로 지불유예를 말한다. 경제 환경이 극도로 불리해 대외채무의 정상적인 이행이 불가능할 때 파산 또는 신용의 파탄을 방지하기 위해 취해지는 긴급적인 조치로 일정 기간동안 채무의 상환을 연기시키는 조치를 말한다. 이와 비슷한 용어로는 디폴트가 있으나 상환할 의사의 유무에 따라 구분된다.

> **POINT** 모라토리엄증후군(moratorium syndrome)
> 지적·육체적 능력이 충분히 갖추어져 있음에도 불구하고 사회로 진출하는 것을 꺼리는 증세로 대개 20대 후반에서 30대 초반 사이의 고학력 청년들에게 나타난다.
> 수년씩 대학을 다니며 졸업을 유예하거나 대학 졸업 후 취직하지 않은 채 빈둥거리는 것도 모라토리엄증후군에 포함된다.
> 경제 침체와 고용 불안, 미래에 대한 불안 등이 발생의 주원인이지만 경제 활동보다는 다른 곳에서 자신의 삶의 가치를 찾으려는 경향도 그 원인으로 주목받고 있다.

≫ 고용탄성치

특정 산업의 경제성장에 따른 고용흡수 능력의 크기로, 한 산업이 1% 성장했을 때 얼마만큼의 고용이 창출되었는가를 나타낸 지표이다. '취업자 증가율/국내총생산'으로 산출하며, 고용탄성치가 높을수록 경제성장에 대해 취업자 수가 많이 늘어난 것을 의미한다.

≫ 기업경기실사지수(BSI ; Business Survey Index)

기업의 체감경기를 지수화한 지표로, 경기에 대한 기업가들의 예측 및 판단, 이를 기반으로 한 계획의 변화 등을 관찰하여 지수화한 것이다. 기업의 경영계획 및 위기에 대한 대응책 수립에 활용할 수 있는 기초자료로 쓰이며, 주요 업종의 경기 동향 및 전망 등을 알 수 있다. 기업경기실사지수는 기업가의 심리적인 요소 등과 같은 주관적인 요소까지 조사가 가능하다.

≫ 경기동향지수

경기확산지수. 경기변동요인이 경제의 특정부문에서 나타나 점차 경제 전반에 확산·파급되어 가는 과정을 파악하기 위해 경기변동과 밀접한 관계가 있는 주요 지표의 움직임을 종합하여 경기를 측정·예측하는 수단이다. 현재 미국·일본·캐나다·오스트레일리아 등 주요 선진국에서 작성하고 있으며, 우리나라에서는 1972년부터 한국은행이 매월 작성하고 있다.

> **POINT** 경기변동국면
> - 불황기(slump) : 투자 및 생산활동의 침체, 실업증가, 물가하락, 금리하락, 주가폭락상태
> - 회복기(recovery) : 생산활동 증가, 실업 감소, 거래회복이 이루어짐
> - 호황기(boom) : 투자 활발로 생산증가, 금리상승, 물가상승, 고용 및 임금상승, 증시활황
> - 후퇴기(recession) : 재고 증가로 투자 감소, 신용붕괴, 전반적인 경기하락 기조

≫ 프로슈머

'생산자'를 뜻하는 영어 'producer'와 '소비자'를 뜻하는 영어 'consumer'의 합성어로, 생산에 참여하는 소비자를 의미한다. 이 말은 1980년 미래학자 앨빈 토플러가 그의 저서 『제3의 물결』에서, 21세기에는 생산자와 소비자의 경계가 허물어질 것이라 예견하면서 처음 사용하였다. 프로슈머 소비자는, 소비는 물론 제품 생산과 판매에도 직접 관여하여 해당 제품의 생산 단계부터 유통에 이르기까지 소비자의 권리를 행사한다. 시장에 나온 물건을 선택하여 소비하는 수동적인 소비자가 아니라 자신의 취향에 맞는 물건을 스스로 창조해나가는 능동적 소비자의 개념에 가깝다고 할 수 있다.

≫ 블랙 컨슈머

악성을 뜻하는 블랙(black)과 소비자를 뜻하는 컨슈머(consumer)의 합성신조어로 악성민원을 고의적, 상습적으로 제기하는 소비자를 뜻하는 말이다. 구매한 상품의 하자를 문제 삼아 기업을 상대로 과도한 피해보상금을 요구하거나 거짓으로 피해를 본 것처럼 꾸며 보상을 요구하기도 한다.

≫ 그린 컨슈머

그린컨슈머는 물건을 구매할 때 환경 또는 건강을 제일 중요한 판단 기준으로 삼는 소비자를 말한다. 이들은 편이성과 쾌적함 등과는 다른 관점에서 제품을 선택하기 때문에, 경제성을 우선으로 하여 제품을 생산하던 기업의 생산 시스템에 많은 영향을 미치고 있다.

기출 2019. 11. 10 비서 1급

아래의 사례를 설명하기에 가장 적합한 경제용어는?

┌─ 보기 ─
│ (사례1) 비서 C씨의 사무실 근처
│ 거리에 같은 메뉴를 파
│ 는 두 음식점이 있다. A
│ 음식점은 줄을 서서 기
│ 다리는 반면 B음식점은
│ 한 두 테이블에만 사람
│ 이 앉아 있다. 비서 C씨
│ 는 '사람이 없는 곳은 다
│ 이유가 있겠지'라는 생각
│ 에 A음식점을 선택한다.
│ (사례2) 비서 C씨는 유행에 따라
│ 물건을 구입하는 경향이
│ 있다.
└─

① 백로효과
② 밴드왜건효과
③ 베블런효과
④ 분수효과

해설 ① 특정상품에 많은 사람이 몰리면 희소성이 떨어져 차별화를 위해 다른 상품을 구매하려는 현상
③ 가격이 오르는 데도 일부 계층의 과시욕이나 허영심 등으로 인해 수요가 줄어들지 않는 현상
④ 저소득층의 소득 증대가 총수요 진작 및 경기 활성화로 이어져 궁극적으로 고소득층의 소득도 높이게 되는 효과

〈정답 ②

》 스파게티볼 효과

여러 나라와 동시에 자유무역협정(FTA)을 체결하면 각 나라마다 다른 원산지 규정 적용, 통관절차, 표준 등을 확인하는데 시간과 인력이 더 들어 거래비용 절감이라는 애초 기대효과가 반감되는 현상. 대상국별 혹은 지역별로 다른 규정이 적용돼 서로 얽히고 설키는 부작용이 발생하게 되는데, 이같은 현상이 마치 스파게티 접시 속 국수가닥과 닮았다는 뜻으로 사용했다.

》 카푸치노 효과

카푸치노의 풍성한 거품처럼 재화가 실제의 가치보다 터무니없이 높게 책정된 시장을 말한다. 카푸치노에서 가장 상징적인 '거품'이 끼어있는 경제로 쉽게 말해 버블경제를 뜻한다. 카푸치노 효과가 낀 시장은 투기꾼들이 몰리고 쉽게 과열된다. 이 경우 잠재된 내재 가치에 비해 과대평가돼 시장 가격이 설정되면서 버블이 생기기 마련이다. 결국 버블이 꺼지면 과도하게 레버리지를 일으킨 개인들의 경우 경제적 타격을 입을 가능성이 크다.

》 카페라테 효과

소액이지만 장기적으로 투자하면 큰 효과를 볼 수 있다는 의미로 꾸준히 저축하는 습관을 장려하는 용어다. 약 4,000원 정도 하는 카페라테 한 잔 값 정도의 돈을 꾸준히 모으면 한 달에 12만 원을 절약할 수 있고, 이를 30년간 지속하면 물가상승률, 이자 등을 감안해 목돈을 약 2억 원까지 마련할 수 있다는 것이다.

》 블랙스완 효과

과거의 경험으로 확인할 수 없는 기대 영역 바깥쪽의 관측값으로, 극단적으로 예외적이고 알려지지 않아 발생가능성에 대한 예측이 거의 불가능하지만 일단 발생하면 엄청난 충격과 파장을 가져오고, 발생 후에야 적절한 설명을 시도하여 설명과 예견이 가능해지는 사건을 말한다.

》 백로 효과

남들과 구별되고 고상하게 보이려고 하는 일종의 과시 현상으로 '스놉 효과'라고 부르기도 한다. 어떤 상품에 대한 사람들의 소비가 증가하면 오히려 그 상품의 수요가 줄어드는 효과를 말한다.

》 밴드왜건 효과

유행에 동조함으로써 타인들과의 관계에서 소외되지 않으려는 심리에서 비롯되어 대중적으로 유행하는 정보를 따라 상품을 구매하는 현상을 말한다.

≫ 베블런 효과

가격이 오르고 있음에도 불구하고 특정 계층의 허영심 또는 과시욕으로 인해 수요가 줄어들지 않고 오히려 증가하는 현상을 말한다.

≫ 분수 효과

저소득층의 소비 증대가 기업 부문의 생산 및 투자 활성화로 이어져 경기를 부양시키는 효과를 말한다. 부유층에 대한 세금을 늘리는 대신 저소득층에 대한 복지를 강화하면 저소득층의 소득이 증가하고, 소득의 증가는 소비의 증가로 이어진다. 저소득층의 소비 증가는 다시 기업 부문의 생산 및 투자를 활성화시키고, 이는 경기 전반에 긍정적인 영향을 미쳐 부유층에게도 혜택이 돌아간다.

≫ 세이프가드

특정품목의 수입이 급증하여 국내 업계에 중대한 손실이 발생하거나 그 우려가있을 경우 GATT 가맹국이 발동하는 긴급 수입제한조치로 수입국이 관세인상이나 수입량 제한 등을 통하여 수입품에 대한 규제를 할 수 있는 무역장벽의 하나이다.

≫ 스튜어드십 코드

기관투자자들의 의결권 행사를 적극적으로 유도하기 위한 자율 지침으로, 기관투자자들이 투자 기업의 의사결정에 적극 참여해 주주와 기업의 이익 추구, 성장, 투명한 경영 등을 이끌어 내는 것이 목적이다. 국내에서는 2016년 시행됐으며, 최대 투자기관인 국민연금이 2018년 스튜어드십 코드를 도입해 투자 기업의 주주가치 제고, 대주주의 전횡 저지 등을 위해 주주권을 행사하고 있다.

≫ 섀도보팅

주주가 주주총회에 참석하지 않아도 투표한 것으로 간주하여 다른 주주들의 투표비율을 의안 결의에 그대로 적용하는 제도이다.

≫ 신디케이트

동일 시장 내의 여러 기업이 출자하여 공동판매회사를 설립, 일원적으로 판매하는 조직. 참가기업은 생산면에서는 독립성을 유지하나 판매는 공동판매회사를 통해서 이루어진다.

기출PLUS

기출 2019. 11. 10. 비서 2급

다음의 A에 공통으로 들어가는 용어로 가장 옳은 것은?

┌ 보기 ┐

A는(은) 연기금, 보험사, 자산운용사 등 기관투자자들이 배당, 사외이사 선임 등 기업 의사결정에 적극적으로 참여해 기업의 가치를 높이도록 하는 의결권 행사 지침을 말한다. 정부는 A의 활성화를 위해 국민연금 등 연기금을 적극 활용하겠다는 입장이다.

① 세이프가드(safeguard)
② 스튜어드십 코드(stewardship code)
③ 섀도보팅(shadow voting)
④ 신디케이트(syndicate)

해설 ① 특정 품목의 수입이 급증하여 국내 업체에 심각한 피해 발생 우려가 있을 경우, 수입국이 관세인상이나 수입량 제한 등을 통하여 수입품에 대한 규제를 할 수 있는 무역장벽의 하나이다.
③ 주주가 주주총회에 참석하지 않아도 투표한 것으로 간주하여 다른 주주들의 투표 비율을 의안 결의에 그대로 적용하는 제도이다.
④ 동일 시장 내의 여러 기업이 출자하여 공동판매회사를 설립, 일원적으로 판매하는 조직. 참가기업은 생산면에서는 독립성을 유지하나 판매는 공동판매회사를 통해서 이루어진다.

‹정답 ②

(2) 해외경제

≫ 세계경제포럼(WEF ; World Economic Forum)

매년 초 스위스 다보스(davos)에서 열리는 경제포럼으로 각국의 정 · 재계의 인사들이 모여 세계경제 발전에 대해 논의하고, 글로벌 의제를 선정한다. WEF는 '세계경제의 핵심의제', '국가경쟁력지수' 등 세계경제의 주요 현안 및 전망을 포괄적으로 다루고 있다는 점에서 주목할 만하다. 2016년에는 '4차 산업혁명의 이해'라는 주제 하에 기술혁명이 우리 삶과 미래세대에게 어떤 변화를 가져올 지에 대한 논의가 이루어졌다.

≫ 국가경쟁력지수(GCI ; Global Competitiveness Ibdex)

한 국가의 GDP 성장이 지속적으로 유지될 수 있는 능력을 측정하는 지표로, 세계경제포럼(WEF)에서 매년 인프라, 거시경제, 교육, 노사관계 협력 등 110여 개의 항목을 평가하여 발표한다. 2015년 우리나라는 26위에 기록되었다.

≫ 글로벌 리스크(global risk)

세계경제포럼(WEF)에서 매년 경제 · 환경 · 지정학 · 사회 · 기술의 5개 분야에서 위험요인 50개를 선정하여 발표하는 것으로, 2016년에는 '난민위기', '기상이변', '기후변화 대응 실패', '국가 간 위기' 등을 바탕으로 했다.

≫ FDI(Foreign Direct Investment, 외국인직접투자)

기업이 단독 또는 합작으로 현지에 법인을 설립하거나 현지의 기존 기업을 인수한 등의 형태로 하는 투자로, 외국인이 국내에서 자산을 운용하는 단순한 수준이 아닌 기술 협력 및 경영 참여 등 적극적인 방법으로 이루어지며 국내 기업과 지속적인 경제활동을 유지하려는 목적을 가진다.

≫ 주택공적금 제도

중국의 부동산 금융 제도의 하나로 싱가포르의 모델을 모방하여 국가-기업-개인의 3자가 공동으로 개인의 주택 구매 능력을 향상시키는 것을 목적으로 한다. 모든 근로자가 임금의 5 ~ 9%를 주택구입용 자금으로 적립하며, 근로자가 부담하는 액수와 같은 액수를 기업과 국가에서 공동으로 부담하는 것을 골자로 한다. 1991년에 도입된 이후 1998년을 기점으로 주택공적금 위주에서 상업은행 주택대출 위주로 정책이 전환되었다.

≫ G-SIBs(Global-Systemically Important Banks, 글로벌 시스템적 중요 은행)

금융권 전체에 위험을 안겨줄 수 있는 가능성이 있는 대형 금융기관들을 지정한 것으로, 자산 규모, 업무의 복잡성, 시스템적 상호연결 등을 판단 조건으로 한다. 아시아 금융위기 이후 구축이 논의된 다자간 금융 안전망 및 바젤 Ⅲ와 같은 맥락에서 이해할 수 있다. 2011년 말 기준 미국 8개, 유럽 17개, 아시아 4개 등 총 29개의 은행이 G-SIBs로 선정되었다.

≫ 양적완화(量的緩和)

신용경색을 해소 및 경기 부양을 목적으로 중앙은행이 직접 시중에 통화를 공급하는 정책을 말한다. 금리인하를 통한 경기 부양이 한계에 이르렀다고 판단될 때 이루어지는 적극적인 방법으로 국채 매입, 회수된 자금의 재투자 등으로 시장에 유동성을 공급하는 것이다. 양적완화정책으로 금융시장의 신용경색 완화 및 유동성이 확대되면 시장지표가 개선되고 이는 시장 참가자의 위험선호 회복에 크게 기여할 수 있다. 미국 Fed의 QE, 유럽중앙은행(ECB)의 장기대출프로그램(LTRO)이 대표적이다.

≫ 일본화(Japanification) 현상

선진국의 경제 상황이 일본의 1990년대 자산 버블 붕괴 이후의 모습과 유사해지는 현상으로, 장기적인 저성장과 디플레이션, 재정적자 심화 등의 형태가 나타난다. 일본화는 원래 다른 국가의 젊은 층에서 일본 문화에 동화되는 현상을 나타내는 용어로 사용되었으나, 2011년 하반기 이후 글로벌 미디어들에서 일본화를 '일본식 장기불황'을 의미하는 용어로 사용하면서부터 의미가 이동되었다.

(3) 금융투자상품, 외환 및 자본시장

≫ 대차거래(貸借去來)

대여자가 차입자에게 신용거래에 필요로 하는 돈이나 주식을 일정한 수수료를 받고 빌려주는 거래로, 주식을 매수할 때에는 매수한 주식을 담보로 돈을 차입하고, 매도할 때에는 그 대금을 담보로 주식을 빌리는 형태이다. 증권사, 예탁결제원 등이 취급하며 신용거래에 따른 결제 이외의 목적으로는 행할 수 없다.

≫ 공매도(空賣渡)

가지고 있지 않은 주식이나 채권을 바탕으로 하는 매도주문으로, 결제일 안에 주식이나 채권을 매수해 매입자에게 상환하는 방식이다. 유가증권 가격의 하락이 예상될 경우에 주로 사용되는 방법으로 해당 하락이 예상되는 증권을 차입하여 매도한 다음 저렴한 가격으로 재매수하여 상환하여 시세차익을 노리는 것이다. 주로 헤지펀드의 운용전략을 수행하기 위한 목적으로 외국인투자자들이 활용하는 방법으로, 우리나라의 경우 '무차입공매도'가 금지되어 있다.

≫ 메자닌금융(Mezzanine finance, 성과공유형대출)

주식을 담보로 한 자금조달이나 대출이 어려울 때 은행 및 대출기관에서 일정 금리 외에 신주인수권, 주식전환권 등과 같은 주식 관련 권리를 받고 무담보로 자금을 제공하는 금융기법이다. 'Mezzanine'은 건물의 1층과 2층 사이에 있는 로비 등의 공간을 의미하는 이탈리아어로, 이렇게 제공받은 자금이 부채와 자본의 중간적 성격을 띤다는 점에서 유래되었다. 초기성장단계에 있는 벤처기업 등이 은행 및 대기업 등의 자본참여에 따른 소유권 상실의 우려를 덜고 양질의 자금을 조달할 수 있도록 하기 위해 도입되었다.

≫ 농산물 ETF

ETF는 Exchange Traded Fund의 약자로, 주가지수의 등락률과 같거나 비슷하게 수익률이 결정되어 상장지수펀드라고 한다. 농산물의 경우 과거에는 거래 · 보관 등의 어려움으로 인해 개인의 투자가 제한적이었으나 농산물 ETF의 등장으로 주식처럼 투자할 수 있게 되었다. 농산물은 수급이 비탄력적이고 가격이 기후 및 유가 등 다양한 요인에 의해 영향을 받아 변동성이 큰 편이라 ETF를 통한 분산투자가 요구된다. 주요 농산물 ETF로는 여러 농산물에 투자하는 ETF, 개별 농산물에 투자하는 ETF, 농산물 관련 기업에 투자하는 ETF로 구분된다.

≫ 물가연동채권(TIPS ; Treasury Inflation-Protected Securities)

본래의 투자 원금에 물가의 변동분을 반영한 뒤 재계산하여 그에 대한 이자를 지급하는 채권이다. 만기 시 물가변동에 따라 조정된 원금을 지급하므로 인플레이션이 일어나더라도 투자금의 실질가치를 보장한다. 정부보증채권으로 원리금지급이 보장되어 위험이 0에 가까우며 국채처럼 입찰을 통해 발행수익률이 정해지고 만기까지 불변한다.

≫ CMI · CMIM

CMI(Chinag Mai Initiative, 치앙마이 이니셔티브)는 회원국 간 양자 간 통화스왑협정으로, 일정 금액을 약정하였다가 위기가 발생했을 때 자국의 화폐를 맡기고 상대국 화폐 또는 달러를 차입할 수 있도록 한 협정이다.

CMIM(Chinag Mai Initiative Multilateral, 치앙마이 이니셔티브 다자화)는 CMI 에서 발전된 개념으로 회원국 다자간 통화협정이다. 각국이 일정 비율로 분담금 지원을 약속하고 위기가 발생하면 그에 따라 지원한다.

≫ 국부펀드(SWF ; Sovereign Wealth Fund)

국가가 자산을 운용하기 위해 특별히 설립한 투자펀드로, 적정 수준 이상의 보유 외환을 투자용으로 분리해 놓은 자금이다. 무역수지 흑자를 재원으로 하는 '상품 펀드'와 석유 및 자원 등 상품 수출을 통해 벌어들인 잉여 자금을 재원으로 하는 '비상품펀드'로 구분할 수 있다. 국부펀드는 원유 수출을 주로 하는 중동지역에서 발전한 것으로 투자규모도 크지 않고 투자 대상도 제한적이어서 국제 금융시장의 큰 주목을 받지 못했지만, 최근 국제금융시장에서 국부펀드의 자금공급원 역할이 확대됨에 따라 국부펀드에 대한 논의가 확대되는 추세이다.

(4) 신탁, 연금, 자산관리

≫ 한-일 주식 교차거래

한국거래소와 동경증권거래소 간 주식의 교차거래가 가능하게 되는 것으로, 주식 시장 간 연계와 함께 ETF 교차 상장, 앵 거래소 간 시장정보 공표, 파생상품 시 장 간 연계, IT개발 공동연구 등을 골자로 한다. 한-일 주식 교차거래는 한일 간 시장참가자의 시장에 대한 접근성을 향상시키고 양국의 자본교류를 활성화시 켜 양국의 자본시장 발전에 기여하고 있다.

≫ 가문자산관리(family office)

유럽에서 출발하여 20세기 초 미국에서 발달한 것으로 재계의 거물을 중심으로 한 부유층이 가문의 자산을 관리하기 위해 자산관리 매니저 및 변호사, 회계사 등을 고용하여 전문적으로 자산을 관리하는 것을 말한다. 'family office'란 6세기의 로열 패밀리의 자산 및 집안을 총괄하는 집사 사무실이라는 개념에서 출발했다.

≫ 금융소득 종합과세 제도

이자 및 배당 소득과 같은 개인별 연간 금융소득이 2천 만 원을 초과하는 경우 다른 종합소득과 합산하여 누진세율을 적용하여 과세하는 제도이다. 1996년부터 공평한 세금부담을 목적으로 적용하였으나, 외환위기 발생과 함께 유보되었다가 2001년에 다시 부활하였다. 2001년에는 부부합산 금융소득이 4천 만 원을 넘는 경우 초과분을 합산하여 누진세율을 적용하였지만, 부부합선 과세가 위헌판결이 남에 따라 2003년부터 부부가 아닌 개인별 금융소득을 기준으로 종합과세를 적 용하였다.

≫ 변액보험(variable insurance)

보험계약자가 납입한 보험료 중 일부를 주식이나 채권과 같은 유가증권에 투자해 그 운용 결과에 따라 계약자에게 투자 성과를 배당해주는 실적배당형 보험 상품이다. 1952년 미국에서 최초 등장하였으나 상품화한 것은 네덜란드가 최초이다. 장기간의 안정성을 추구하기 보다는 수익성에 비중을 두고 있으며 보험에 투자와 저축의 개념을 통합하였다고 볼 수 있다. 우리나라의 경우 2001년부터 판매를 시작하였다.

≫ 개인형퇴직연금(IRP ; Individual Retirement Pension)

이직이나 은퇴로 받을 퇴직금을 자신 명의의 퇴직계좌에 적립하여 연금 등 노후자금으로 활용할 수 있게 하는 제도이다. 현행 퇴직급여제도의 하나인 개인퇴직계좌(IRA)를 확대·개편한 것으로 근로자가 조기 퇴직하거나 이직을 하더라도 퇴직금을 생활자금으로 소진하는 것을 방지하고 지속적으로 적립·운용하여 향후 은퇴자금으로 활용할 수 있도록 하는 것이다. 기존의 IRA가 퇴직한 근로자만이 선택적으로 가입할 수 있는 반면, IRP의 경우 재직여부에 상관없이 가입이 가능하다.

(5) 마케팅 트렌드 변화

≫ 하드 럭셔리(Hard Luxury)

명품 중 가죽 및 의류 등을 의미하는 '소프트 럭셔리'에 대해 시계 및 보석을 의미하는 용어이다. 명품시장에서 하드 럭셔리 시장이 차지하는 비중은 약 22%로 명품 소비 패턴은 부유층, 고액순자산가일수록 시계·보석의 비중이 높다.

≫ 소셜커머스(social commerce)

소셜 네트워크 서비스(SNS)를 이용한 전자상거래로, 일정 수 이상의 상품 구매자가 모이면 정해진 할인가로 상품을 제공·판매하는 방식이다. 2005년 야후의 장바구니 공유서비스인 쇼퍼스피어 사이트를 통해 소개되어, 2008년 미국 시카고에서 설립된 온라인 할인쿠폰 업체인 그루폰(Groupon)이 소셜커머스의 비즈니스 모델을 처음 만들어 성공을 거둔 바 있다. 일반적인 상품 판매는 광고의 의존도가 높지만 소셜커머스의 경우 소비자들의 자발적인 참여로 홍보와 동시에 구매자를 모아 마케팅에 들어가는 비용이 최소화되므로, 판매자는 소셜커머스 자체를 마케팅의 수단으로 보고 있다. 국내에 티켓 몬스터, 쿠팡 등의 업체가 있으며 최근 스마트폰 이용과 소셜 네트워크 서비스 이용이 대중화되면서 새로운 소비 형태로 주목받고 있다.

POINT 소셜 네트워크 서비스(SNS : social network service) ⋯ 웹에서 이용자들이 개인의 정보공유나 의사소통의 장을 만들어 폭넓은 인간관계를 형성할 수 있게 해주는 서비스로 싸이월드, 트위터, 페이스북 등이 있다.

≫ 브랜드 커뮤니케이션

기업의 제공하는 광고 외에 SNS, 블로그, 행사, 사회공헌 등 고객과 '브랜드'가 만나는 모든 상황에서 고객과의 적극적인 상호작용을 통해 브랜드를 알리는 활동을 말한다. 마케팅 전략이 기업의 관점인 4P(제품, 가격, 유통 촉진)에서 고객 관점인 4C(고객혜택, 기회비용, 편의성, 커뮤니케이션)로 전환되어야 한다는 견해가 등장하면서 브랜드에 있어서도 고객과의 쌍방 소통을 중시하는 커뮤니케이션이 강조되었다.

≫ 스마트 금융

고객이 금융 채널을 자신이 원하는 다양한 방식으로 활용할 수 있도록 지원하는 스마트한 금융 서비스를 말한다. 스마트 금융의 핵심은 다양한 채널에서 사용자를 만족시킴과 동시에 채널 간에 끊김 없는 연결을 구현하는 것이다. 생활에서 인터넷, 모바일 등의 비대면 채널이 차지하는 비중이 높아지면서 스마트 금융은 전 세계적으로 나타나는 현상으로 우리나라의 경우 그 속도가 빠른 편이다.

≫ 오픈뱅킹

MS사의 Windows Internet Explorer 환경에서만 가능하던 인터넷 뱅킹을 Mozilla 사의 Firefox, Google의 Chrome 등의 웹브라우저와 Google의 Android, Apple사의 iOS 등의 모바일 OS에서도 동일하게 이용 가능하도록 구축한 멀티 플랫폼 뱅킹 시스템을 말한다.

≫ 가업승계(家業承繼)

기업이 기업 자체의 동일성을 유지하면서 기업주가 후계자에게 해당 기업의 주식이나 사업용 재산을 상속·증여하여 기업의 소유권 또는 경영권을 무상으로 다음 세대에게 이전하는 것을 말한다. 가업승계의 과정은 경영실무 전반을 물려주는 '경영자 승계'와 후계자가 법적으로도 기업 내에서 실권을 행사할 수 있도록 회사 지분의 일정비율 이상을 물려주는 '지분 승계'로 구분된다. 우리나라에서는 가업상속, 사업계승, 사업승계, 경영승계 등의 용어가 가업승계와 동일한 의미로 혼용된다.

≫ 선택설계

인간은 제한된 합리성을 가진 존재로 이러한 사람들이 올바른 선택을 할 수 있도록 선택에 영향을 미치는 요소들을 디자인하는 것을 의미한다. 기존 경제학에서 전제하고 있는 완벽한 합리성에 대한 비판에서 기반하며, 고객의 심리를 활용해 선택의 자유를 존중하면서도 현명한 선택을 할 수 있도록 상황을 설계하는 것이다. '자유적 개입주의', '넛지(nudge)'라고도 불린다.

(6) 부동산시장

≫ 도시형 생활주택

「국토의 계획 및 이용에 관한 법률」에 따라 난개발이 우려되는 비도시지역을 제외한 도시지역에 건설하는 300세대 미만의 국민주택 규모의 공동주택을 말한다. 세대당 주거전용면적 85㎡ 이하의 연립주택인 단지형 연립과 세대당 주거전용면적 85㎡ 이하의 다세대 주택인 단지형 다세대, 세대당 주거전용면적 12㎡ 이상 50㎡ 이하의 원룸형의 세 가지로 구분된다.

≫ 부동산 경매제도

부동산담보물권에 부여되는 환가권에 기초하여 실행되는 임의경매와 채무자에 대한 채권에 기초하여 청구권실현을 위해 실행되는 강제경매로 나뉜다. 2002년 「민사집행법」의 제정으로 경매절차에서 악의적인 채무자에 의한 경매진행의 어려움을 해소하고 신속한 경매진행제도 등을 도입하여 점차 일반인들의 경매 참가가 확대되었다. 경매는 일반적으로 목적물을 압류하여 현금화 한 후 채권자의 채권을 변제하는 단계로 행해진다.

≫ 공모형 PF사업

공공부문이 보유하고 있는 부지에 민간과 공동으로 출자하여 개발하는 민관합동 방식의 개발 사업을 말한다. 공모형 PF사업은 민간 사업자를 공모하여 우선협상 대상자를 선정하고 사업협약을 체결한 뒤 공동으로 출자하여 프로젝트 회사인 SPC를 설립, 자금을 조달하여 개발 사업에 착수한다. 대형 복합시설의 적기 공급 및 도시개발의 효율성을 도모하기 위해 도입되었다.

≫ 주택저당증권(MBS ; Mortgage-Backed Securities)

금융기관이 주택을 담보로 하여 만기 20 ~ 30년의 장기대출을 해준 주택저당채권을 대상자산으로 하여 발행한 증권을 말한다. 자산담보부증권(ABS)의 일종으로 '주택저당 채권 담보부증권'이라고도 한다.

》 지식산업센터

'아파트형 공장'이라고도 하며 동일 건축물에 제조업, 지식산업 및 정보통신업을 영위하는 자와 이를 지원하는 시설이 복합적으로 입주해 있는 다층형 집합건축물을 말한다. 공장 및 산업시설, 근린생활시설 등이 하나의 공간에 모여 있는 것으로, 공개분양을 통해 입주자를 모집하고 소규모 제조공장이나 IT기업 등이 매입, 임대 등을 통해 입점한다.

(7) 산업 동향

》 세계식량가격지수(FFPI ; FAO Food Price Index)

국제연합식량농업기구(FAO)가 국제시장에서 거래되는 식량가격의 변화를 측정하기 위해 고안한 지수로, 곡물, 육류, 낙농품, 유지류 등 주요 55개 농산물의 국제가격 동향을 기록하여 발표한다.

》 프랜차이즈(franchise)

상품의 유통·서비스 등 경영 노하우를 가지고 있는 가맹본부(franchiser)가 자신들의 체인에 참여하는 가맹점(franchisee)을 조직하여 형성되는 소매 형태의 연쇄기업을 말한다. 가맹본부는 브랜드 사용 및 영업 권리를 부여하는 등 일정한 노하우를 제공하고, 가맹점으로부터 로열티 및 원·부자재 매입 등의 대가를 받는 관계이다. 가맹점의 투자는 대부분 가맹점주가 부담하기 때문에 가맹본부는 적은 자기자본의 투자로 가맹점을 늘려 시장점유율을 확대할 수 있으며, 가맹점주는 개인이 접근하기 힘든 수준의 홍보 및 영업 노하우 등을 제공받을 수 있다.

(8) 금융회사 경영환경 및 전략

》 글로벌 3대 신용평가사

신용평가사란 유가증권 및 발행기관의 신용도를 평가·등급화 하는 기관으로, 투자자들의 의사결정에 영향을 미치며 그에 따른 발행기관의 조달비용에도 영향을 미친다. S&P, 무디스(moodys), 피치(fitch)는 글로벌 3대 신용평가사로 세계시장의 약 95%를 점유하고 있으며 미국, 중국, G7, Fed보다 큰 영향력을 발휘한다.

》 DBS(Development Bank of Singapore)

1968년 싱가포르 개발은행으로 설립되어 아시아에서 특화된 은행이다. 싱가포르에서 DBS와 POSB 두 개의 브랜드로 영업하며, 세전 이익의 95%가 아시아에서 발생하는 특징이 있다. 아시아 15개국에 약 200개의 지점, 4만 8천 여 명의 직원을 보유하고 있으며 소매·도매 금융, 자산관리, IB업무 등 금융 전반에 걸친 서비스를 제공한다.

》 유니버설 디자인(universal design)

성별, 연령, 국적, 장애, 문화 등의 유무에도 상관없이 모든 사람들이 손쉽게 사용할 수 있는 제품 및 환경을 만드는 디자인을 말한다. 유니버설 디자인은 1960년대 베트남전쟁으로 발생한 다수의 전쟁 부상자들을 사회로 복귀시키기 위한 미국의 필요와, 고령화 사회로 치닫고 있던 북유럽의 사회적 요인에 의해서 탄생하였다. 장애자나 고령자가 생활에서 어려움 없이 지낼 수 있는 '장벽이 없는 (barrier free)' 생활을 추구하며, 1980년대 R. L. Mace 교수에 의해 모든 사람들이 사용하기 쉬운 물건과 환경을 만들자는 의미로 진화하였다.

》 GCC(Gulf Cooperation Council, 걸프협력회의)

GCC는 바레인, 쿠웨이트, 사우디아라비아, 오만, 카타르, UAE의 걸프만 연안의 6개 산유국이 정치·경제·군사 등 여러 분야에서 역내 협력을 강화하기 위해 1981년에 결성한 지역협력기구이다. 이 6개국은 지리적으로 인접해 있을 뿐만 아니라 석유를 생산·수출하며 아랍어를 사용하고 이슬람교를 믿는 등 공통점을 가지고 있다. 역내 관세장벽 철폐, 여행제한의 해제, 공동시장의 출범 등을 실시하였다.

》 금융윤리

윤리란 인간이 지켜야 할 바람직한 행동기준으로, 구성원들이 합의한 옳고 그름에 대한 판단기준을 의미한다. 금융상품은 실물 자체보다는 약속에 기초하기 때문에 시장이 공정하다는 신뢰가 바탕이 될 경우에만 고객의 참여와 시장의 형성이 가능하다. 따라서 금융산업에 있어서는 윤리적 규범이 강하게 적용된다. 금융윤리는 '고객에 대한 의무', '자본시장에 대한 의무', '소속 회사에 대한 의무' 등으로 구성된다.

》 제론톨로지(gerontology, 노년학)

인간의 노화현상을 종합적으로 연구하는 학문으로, 가속화되는 고령화로 인해 나타날 수 있는 다양한 문제를 해결하기 위한 연구라고 할 수 있다. 1903년 프랑스 파스퇴르 연구소의 메치니코프 박사가 자신의 장수 연구에 대해 제론톨로지로 명명한 데서 비롯하였다. 노년생물학, 노년심리학, 노년경제학, 노년사회복지학, 노년의학 등 그 분야가 다양하며, '고령학', '장수학', '인생의 미래학' 등으로도 해석된다.

》 빅데이터(big data)

기존의 데이터 수집, 저장, 관리, 분석을 뛰어 넘어 대량의 데이터 세트를 의미한다. 빅데이터는 거대한 크기(Volume), 다양한 형태(Variety), 빠른 속도(Velocity)의 3V를 특징으로 한다.

(9) 기타 금융경제 상식

≫ (미)재무부채권(미국채, 미재정증권)

미연방정부가 재정자금을 마련하기 위해 미재무부 명의로 발행하는 채권. 만기에 따라 단기국채인 Treasury bill(T-bill), 중기국채인 treasury note(T-note), 그리고 장기국채인 treasury bond(T-bond)로 구분된다. T-Bill은 1개월, 3개월, 6개월물로 발행되는데 국채인데다 만기가 짧아 가장 안전한 투자자산으로 분류된다. T-note는 만기가 1년 이상 10년 이하(2, 3, 5, 7, 10년) 액면가는 1000달러에서 100만 달러까지 다양하다. 만기가 가장 긴 T-bond는 10년 이상(30년)의 장기채로 만기가 10년에서 30년에 이른다.

≫ 더블 딥(double dip)

경기가 침체된 후 회복되는 듯이 보이다가 다시금 침체로 빠져드는 현상. 일반적으로 경기 침체로 규정되는 2분기 연속 마이너스 성장 직후 잠시 회복 기미를 보이다가 다시 2분기 연속 마이너스 성장으로 추락하는 것을 말한다. 두 번의 경기 침체를 겪어야 회복기로 돌아선다는 점에서 'W자형' 경제구조라고도 한다. 우리말로는 '이중하강', '이중하락', '이중침체' 등으로 번역된다. 2001년 미국 모건스탠리 증권의 스테판 로치가 미국 경제를 진단하며 이 이 표현을 처음 썼다. 스테판 로치에 의하면 과거 6번의 미국 경기침체 중 5번에 더블딥이 있었다고 한다.

≫ 순이자마진(NIM)

net interest margin 은행 등 금융기관이 자산을 운용해 낸 수익에서 조달비용을 뺀 나머지를 운용자산 총액으로 나눈 수치로 금융기관 수익성을 나타내는 지표다. 예금과 대출의 금리 차이에서 발생한 수익과 채권 등 유가증권에서 발생한 이자도 포함된다. 순이자마진이 높을수록 은행의 수익이 커지는 반면 고객의 예금을 저금리로 유치해 고금리 대출을 한다는 비난을 받을 가능성이 커진다.

≫ 그린스펀 풋(버냉키 콜)

전 FRB의장이었던 앨런 그린스펀 FRB의장은 1998년 발생한 롱텀캐피털매니지먼트(LTCM) 사태를 3차에 걸친 금리인하를 통해 성공적으로 마무리하며 시장의 신뢰를 회복했다. 위험을 상쇄시키는 능력 때문에 증시 침체로부터 옵션보유자를 보호하는 풋옵션과 비슷하다는 뜻으로 '그린스펀 풋(Greenspan put)'이란 용어까지 탄생했다. 이에 비해 그의 후임인 벤 버냉키 의장은 잦은 말 바꿈으로 인해 시장의 안정을 얻지 못했다. 취임 초기에는 인플레이션에 대한 언급 수위에 따라 증시가 요동을 친 적이 있었다. 인플레이션 우려로 금리 인상 가능성이 높아지면 '버냉키 충격(Bernanki shock)'이라 불릴 정도로 주가가 급락했고, 인플레이션이 통제 가능해 금리 인상 우려가 줄어들면 '버냉키 효과(Bernanki effect)'라 표현될 정도로 주가가 급등했다. 버냉키 콜(Bernanki call) 그는 잦은 말바꿈으로 시장 참여자들이 느끼는 피로가 누적되면 옵션 보유자를 보호하지 못해 만기 이전이라도 권리행사를 촉진시키는 콜옵션과 비슷한 뜻으로 사용되고 있다.

≫ 코바 워런트, KOBA 워런트, 조기종료 ELW(KOBA Warrant)

일반 주식워런트증권(ELW)에 조기종료(knock-out) 조건을 더해 손실위험을 상대적으로 줄인 상장 파생상품이다. 기초자산 가격이 조기종료 기준가에 도달하면 바로 상장 폐지된다. 일반 ELW는 원금을 전액 날릴 수도 있지만 KOBA워런트는 조기종료되더라도 잔존가치만큼 원금을 건질 수 있다. 2010년 9월 6일 도입됐다.

≫ 윔블던현상

윔블던 테니스대회의 주최국은 영국이지만, 우승은 외국 선수들이 더 많이 하는 현상에서 유래한 말로, 개방된 국내시장에서 자국 기업의 활동보다 외국계 기업들의 활동이 더 활발히 이루어지는 현상을 뜻한다.

① 영국은 1986년 금융 빅뱅 단행 이후, 금융 산업의 개방화·자유화·국제화가 이루어지면서 영국 10대 증권사 대부분이 막강한 자금력을 동원한 미국과 유럽의 금융기관에 흡수합병되거나 도산하였다.

② 금융빅뱅 … 1986년 영국 정부가 단행한 금융 대개혁에서 유래된 말로, 금융 산업의 판도 변화를 위해 규제완화 등의 방법으로 금융 산업 체계를 재편하는 것을 이른다.

≫ 메뉴비용

가격표나 메뉴판 등과 같이 제품의 가격조정을 위하여 들어가는 비용을 메뉴비용이라고 한다. 인플레이션의 발생으로 제품의 가격을 조정해야 할 필요가 있음에도 불구하고 기업들이 가격을 자주 조정하지 않는 이유는 이렇듯 가격을 조정하는 데 비용이 들기 때문이다. 하지만 최근 전자상거래, 시스템 등의 발달로 중간상인이 줄어들고, 손쉽게 가격조정이 가능해지면서 메뉴비용이 점차 낮아지고 있는 추세이다.

≫ 엔저(円低)현상

① 원인
　　㉠ 일본 경제의 침체 지속
　　㉡ 일본의 대규모 무역수적자
　　㉢ 유럽 재정위기 완화에 따른 안전자산 선호 심리 약화
　　㉣ 일본 은행의 양적완화 정책
　　㉤ 일본의 신용등급 하향 조정

② 엔저현상이 장기화될 경우 예상되는 피해
  ㉠ 가격 경쟁력 저하로 인한 해외 시장 점유율 하락
  ㉡ 일본 기업과의 경쟁 심화로 수익성 악화
  ㉢ 對日 수출 감소
③ 피해업종 … 철강·금속 > 조선·플랜트·기자재 > 음식료·생활용품 > 반도체·디스플레이 > 기계·정밀기기 > 가전제품 등
④ 정부 대책
  ㉠ 수출기업 금융지원 강화
  ㉡ 기업 환 위험관리 지원
  ㉢ 금리 인상 자제
  ㉣ 외환시장 모니터링 강화 및 시장개입
  ㉤ 신흥시장 개척 및 지원 확대
  ㉥ 해외 전시회 마케팅 지원 강화

≫ 재무제표

기업 이해관계자의 경제적 의사결정에 기여하기 위하여 필요한 정보를 제공하는 회계보고서이다. 주로 기업의 거래를 측정·기록·분류·요약하여 작성하며, 그 종류로 대차대조표, 손익계산서, 이익잉여금처분계산서, 현금흐름표가 있다.
① 대차대조표 … 일정시점에서의 기업의 재정 상태를 보여주는 재무제표로, 일반적으로 작성 시점에서의 모든 자산을 차변(借邊)에, 모든 부채 및 자본은 대변(貸邊)에 기재한다.
② 손익계산서 … 경영성과를 밝히기 위하여 일정기간 내에 발생한 모든 수익과 비용을 대비해 순이익을 계산·확정하는 재무제표로, 대차대조표와 함께 재무제표의 중심을 이룬다.
③ 이익잉여금처분계산서 … 기업의 이월이익잉여금의 변동사항을 보여주는 재무제표로, 전기와 당기의 대차대조표일 사이에 이익잉여금이 어떻게 변화하였는가를 나타낸다.
④ 현금흐름표 … 일정기간 동안의 현금이 어떻게 조달되고 사용되는지 나타내는 재무제표로, 현금의 유입과 유출을 표시해 향후 발생할 자금 과부족현상을 미리 파악할 수 있다.

≫ 생산가능곡선

일정한 생산요소를 완전히 사용하여 생산 활동을 한다고 할 때, 기술적으로 가능한 생산물조합을 그래프로 나타낸 것으로, 생산물변환곡선이라고도 한다. 개별기업이나 국가 같은 생산단위가 총생산요소를 고용하여 농산물과공산품만 생산한다고 가정할 때 특정한 시점에서 공산물, 농산물을 각각 40단위와 30단위씩을 생산한다고 하자. 그러나 이 나라가 생산 가능한 생산물의 조합은 무수히 많다. 지금

40단위, 30단위 외에도 농업부문의 노동력과 기타의 생산요소를 공업부문으로 돌린다면 50단위, 25단위 또는 55단위, 23단위 등 수 없이 많은 형태의 생산물 조합을 취할 수가 있다. 이처럼 생산요소의 총량이 일정하다 해도 생산물 조합은 여러 가지로 나타날 수 있다.

≫ CBO와 LBO

① CBO(Collateralized Bond Obligation, 채권담보부증권) … 고수입·고위험의 투기등급 채권을 담보로 발행하는 증권으로, 회사채담보부증권이라고도 한다. 자산담보부채권(ABS)의 일종으로 미국 등에서는 부실위험을 회피하기 위해 예전부터 보편화되었다. 우선적으로 담보권을 행사할 수 있는 '선순위채권'과 그렇지 않은 '후순위채권'으로 분류된다.

② LBO(Leveraged Buy-Out) … 기업을 인수하는 M&A 기법의 하나로, 인수할 기업의 자산이나 앞으로의 현금흐름을 담보로 금융기관에서 돈을 빌려 기업을 인수·합병하는 것이다. 이러한 이유로 적은 자기자본으로도 큰 기업의 매수가 가능하다.

≫ 포이즌필(poison pill)

적대적 인수·합병(M&A)의 시도나 경영권 침해가 발생할 때 기존 주주들에게 시가보다 싼 가격에 지분을 매입할 수 있도록 권리를 부여해 기업의 경영권을 방어하는 수단의 하나이다. M&A가 활발했던 1980~90년대 미국에서 유행했으며, 최근에는 적대적 방법으로 기업이 매수되더라도 기존 경영진의 위치를 보장할 수 있도록 사전에 조치해 두는 황금 낙하산(golden parachute)의 의미로 통용되고 있다.

≫ 교환사채(EB ; Exchangeable Bonds)

기업들이 보유하고 있는 자회사 등의 주식을 일정한 가격으로 교환해 주기로 하고 발행하는 회사채이다. 투자자가 채권을 주식으로 교환하게 되면, 교환사채를 발행한 발생사는 회사가 보유하고 있던 유가증권을 넘겨주어야 하므로 자산이 감소하게 되지만, 회사가 부채로 떠안고 있던 교환사채가 사라지면서 회사의 부채도 감소하는 효과가 있다.

≫ 한계비용, 한계수익

① 한계비용 … 생산물 한 단위를 추가적으로 생산할 때 요구되는 총비용의 증가분으로, 한계생산비라고도 한다. 총비용 증가분의 생산량 증가분에 대한 비율로 표시하며, 전형적인 한계비용함수는 U자형을 취한다. 이는 생산량이 증가함에 따라 한계비용이 점차 감소하다가 어느 점을 지나면 점차 증가하는 것을 보여주는 결과로, 한계생산물의 감소와 증가를 반영하는 것이다.

② 한계수익 … 생산물의 한 단위를 추가적으로 판매할 때 따르는 매상금액, 즉 총 수입의 증가분을 한계수입이라고 한다.

≫ 페이고 원칙

'pay as you go'의 줄임말로 지출 증가나 세입 감소를 수반하는 새로운 법안을 상정할 때, 이에 상응하는 지출 감소나 세입 증가 등의 재원조달 방안을 동시에 입법화 하도록 의무화하는 것이다. 재정건전성을 저해할 수 있는 법안을 제한하고자 하는 취지이지만, 이로 인해 정책의 유연성이 떨어지는 단점이 있을 수 있다.

≫ 스팩(SPAC ; Special Purpose Acquisition Company, 기업인수목적회사)

공모들 통해 다른 기업의 합병만을 사업목적으로 하는 명목상의 회사로, 페이퍼컴퍼니의 일종이라고 할 수 있다. 투자자에게 안전한 M&A 기회를 제공하면서도 IPO 시장과 기업구조조정 및 인수합병을 활성화시키려는 목적으로 도입하였다. 공모를 통하여 투자자로부터 자금을 모으고, 기업합병에 따른 주가상승으로 수익을 창출한다.

≫ 스트레스테스트(stress test)

'금융시스템 스트레스테스트'의 준말로 예외적이지만 개연성 있는 경제적 충격에 대한 금융회사 또는 금융시스템의 위기관리 능력을 평가하는 일련의 분석기법들을 지칭한다. 2000년대 이후 거시건전성감독의 중요성이 부각되면서 중앙은행을 중심으로 금융시스템 전체를 대상으로 하는 거시적 스트레스테스트가 발전하였다. 금융기관이 경기침체기에 경기 변동성을 대비하는 데 유용한 기초자료로 활용된다.

≫ 코넥스(KONEX ; Korea New Exchange)

자기자본 5억 원 이상, 매출액 10억 원, 순이익 3억 원 가운데 한 가지만 충족하면 되는 소규모 기업이 상장할 수 있는 중소기업 전용의 제3주식시장으로, 2013년 7월 1일부터 개장하였다. 코스닥시장이 중소기업 특화 자본시장으로서 역할이 미흡하다는 문제가 제기되면서 이에 대한 대안으로 등장한 코넥스는 초기 중소기업 다수가 기술력과 성장성을 바탕으로 투자를 받을 수 중소기업 특화 자본시장이 될 것으로 기대한다. 상장 주식을 사고팔 수 있는 시장참여자는 증권사, 펀드, 은행 등 전문투자가가 가능하며, 개인은 예탁금 3억 원 이상만 할 수 있다.

≫ 하이일드펀드(high yield fund)

수익성은 높지만 신용도가 취약한 고수익 · 고위험 채권인 '정크본드(Junk Bond)'에 투자하는 펀드로, 투기채펀드라고도 부른다. 정해진 만기까지 중도환매가 불가능한 폐쇄형이라는 점에서 뮤추얼펀드와 비슷하다. 하이일드펀드는 신용등급이

BB+ 이하인 투기등급채권과 B+ 이하의 기업어음에 자산의 50% 이상을 투자하고, 투자부적격인 채권을 주로 편입해 운용하는 펀드이므로 발행자의 채무불이행 위험이 상당히 높다. 즉, 투자를 잘하면 고수익이 보장되지만 그렇지 않을 경우 원금 손실의 위험이 따른다.

≫ CDS(Credit Default Swap)

채권 등의 형태로 자금을 조달한 채무자의 신용위험만을 별도로 분리해 이를 시장에서 사고파는 신용파생상품의 일종이다. 자본시장이 채무자의 신용위험에 대한 프리미엄을 받고 위험을 부담하는 보험의 역할을 한다. 금융기관 대 금융기관의 파생상품거래의 성격이기 때문에 CDS 거래가 많아져야 시장이 활성화된다.

≫ 선물거래와 선도거래

① 선물거래(futures trading)
  ㉠ 선물거래는 장래의 일정한 시점에 미리 정한 가격으로 매매할 것을 현재의 시점에서 약정하는 거래이다.
  ㉡ 선물의 가치가 현물시장에서 운용되는 기초자산(채권, 외환, 주식 등)의 가격변동에 따라 파생적으로 결정되는 파생상품 거래의 일종이다.
  ㉢ 정해진 가격으로 매매를 약속한 것이기 때문에 가격변동으로 발생할 수 있는 위험을 회피할 수 있지만, 최근으로 오면서 첨단 금융기법을 이용하여 위험을 능동적으로 받아들임으로써 오히려 고수익·고위험의 투자 상품으로 발전했다.
  ㉣ 선물거래의 대상으로는 원유, 곡물 등부터 금리, 통화, 주식, 채권 등 금융상품까지 확대되고 있다.
② 선도거래(forward transaction)
  ㉠ 선도거래는 선물거래의 한 방식으로, 불특정 다수의 참가자가 한 장소에 모여 일정한 규칙을 가지고 거래하는 보통의 선물거래와 달리 매입자와 매도자 쌍방이 교섭하여 결제일이나 거래량 등을 결정하는 방식이다.
  ㉡ 선도거래는 거래소가 결제기일을 지정하기도 하고 거래의 수도결제가 매월 일정한 날에 행해지는 등 거래방법이 고정되어 있는 선물거래에 비해 거래기간, 금액 등 거래방법을 자유롭게 정할 수 있는 주문자 생산형태로, 장외거래라고도 한다.
  ㉢ 거래 당사자가 전화로 상대방과 계약하는 은행 간의 외국환 거래, 상품시장의 원유가격 등이 선도거래에 해당한다.

≫ 콜옵션과 풋옵션

① **콜옵션**(call option)

    ㉠ **콜옵션이란** 특정한 기초자산을 만기일이나 만기일 이전에 미리 정한 행사 가격으로 매입할 수 있는 옵션이다.

    ㉡ **콜옵션 매입자의 손익** : 기초자산의 현재가격, 행사가격 및 매입 시 지불한 옵션 가격에 의해 결정한다.

② **풋옵션**(put option)

    ㉠ **풋옵션이란** 미래의 일정한 기간 내에 특정한 상품(주식, 채권, 통화, 금리 등)을 일정한 가격과 수량으로 매각할 권리이다.

    ㉡ **매수자와 매도자**

        • 매수자 : 지정된 통화 및 금융을 사전에 계약된 환율로 일정한 기간 내에 강매할 권리가 있다.

        • 매도자 : 매수자의 권리행사에 대하여 지정된 통화 및 금액을 사전에 계약 된 환율로 특정한 기일 내에 매입할 의무가 있다.

≫ ELS · ELF · ELD

① ELS(Equity Linked Securities, 지수연계증권) … 주가지수의 수치나 특정 주 식의 가격에 연계하여 수익이 결정되는 유가증권이다. 자산을 우량 채권에 투자 하여 원금을 보존하고 일부를 주가지수 옵션 등 금융파생 상품에 투자해 고수 익을 노리는 유가증권에 대하여 적용되는 일반적인 규제가 동일하게 적용되나 주식이나 채권에 비해 손익구조가 복잡하다. 또한 원금과 수익을 지급받지 못할 위험성도 있고 투자자가 만기 전에 현금화하기가 어렵다는 특징도 지닌다.

② ELF(Equity Linked Fund, 주가연계펀드) … 투자신탁회사들이 ELS 상품을 펀 드에 편입하거나 자체적으로 원금 보존을 위한 펀드를 구성하여 판매하는 파 생상품펀드의 일종이다. 펀드자산의 대부분을 국공채나 우량 회사채 등과 같 은 안전자산에 투자하여 원금을 확보하고, 잔여재산을 증권회사에서 발행한 ELS 권리증서(warrant)에 편입해 펀드 수익률이 주가에 연동되도록 설계한 다. 이로 인해 ELF는 펀드의 수익률이 주가나 주가지수에 의해 결정되는 수 익구조를 보인다.

③ ELD(Equity Linked Deposit, 지수연동정기예금) … 은행권 파생형예금상품으 로 예금의 일부가 시장 지수에 연결되어 있는 정기예금이다. 위험이 따르는 직접투자보다는 원금이 보장되는 간접투자를 선호하는 사람들에게 적합한 상 품이다.

≫ 대차거래(loan transaction)

신용거래의 결제에 필요한 자금이나 유가증권을 증권금융회사와 증권회사 사이에 대차하는 거래를 말한다. 일본의 증권용어로 우리나라의 유통금융과도 유사하다.
① 대차종목 ··· 대차거래에 있어 적격종목
② 대차가격 ··· 종목별 융자 또는 대주를 실시할 때 적용되는 주당가격

≫ 유상증자

회사가 사업을 운영하는 중 필요한 자금 조달을 위해 신주를 발행하여 주주로부터 자금을 납입 받아 자본을 늘리는 것을 말한다. 유상증자의 형태에는 다음 3가지가 있다.
① 주주할당방법 ··· 주주에게 신주인수권을 주어 이들로부터 신주주를 모집
② 제3자할당방법 ··· 회사의 임원 · 종업원 · 거래선 등에게 신주인수권을 주어서 신주를 인수
③ 널리 일반으로부터 주주를 모집

≫ 희소성의 법칙

① 희소성(scarcity)의 법칙이란 한 사회가 가지고 있는 경제적 자원이 인간의 욕망에 비하여 수량이 제한되어 있음을 의미한다.
② 제한된 경제적 자원을 인간이 어떻게 효율적으로 이용할 것인지에 대한 선택의 문제가 따르게 된다.

≫ 미시경제학과 거시경제학

① 미시경제학(microeconomics)
  ㉠ 가계와 기업이 어떻게 의사 결정을 내리며 시장에서 이들이 어떻게 상호작용을 하는가를 연구하는 분야이다.
  ㉡ 자원배분과 분배의 문제에 관심의 초점을 둔다. 이를 위해서는 개별 시장 혹은 개별 경제주체의 차원에서 분석을 해야 할 필요가 있다.
  ㉢ 개별상품시장에서 이루어지는 균형, 즉 수요와 공급에 의해서 결정되는 생산량과 가격에 분석의 초점을 둔다. 이러한 분석은 생산물시장뿐 아니라 생산요소시장에도 해당된다.
  ㉣ 그 외에도 정보의 비대칭성, 외부성, 공공재 등에 대한 연구도 포함된다.
② 거시경제학(macroeconomics)
  ㉠ 인플레이션, 실업, 경제성장, 국제수지 등과 같이 나라 경제 전체에 관한 경제현상을 연구하는 학문이다.
  ㉡ 경제의 성장과 안정에 관심의 초점을 둔다. 안정과 성장은 국민경제 전반에 관한 문제로 전반적인 흐름에 관심의 초점을 두어야 한다.

ⓒ 거시경제의 주요 변수로는 물가, 실업, 국민소득 등이 있으며 이에 대한 분석을 한다.

ⓔ 그 외에도 경기변동과 경제성장에 대한 분석을 포함한다.

≫ 기회비용과 매몰비용

① 기회비용(opportunity cost)
  ㉠ 기회비용은 어떤 대안을 택함으로써 포기해야하는 다른 대안 중에서 가치가 가장 큰 것을 의미한다.
  ㉡ 기회비용은 희소한 자원을 최대한 효율적으로 분배할 것인지에 관한 선택의 문제에서 발생하는 개념이다.
② 매몰비용(sunk cost)
  ㉠ 매몰비용은 상식 지출하면 회수가 불가능한 상식용을 말한다.
  ㉡ 합리적인 선택을 위해서는 이미 지출되었으나 회수가 불가능한 매몰비용은 고려하지 않는다.

≫ 시장경제의 특성

① 시장경제 제도의 원칙
  ㉠ **사유재산권** : 재산의 소유, 사용, 처분이 재산 소유주 의사에 따라 자유롭게 이루어지는 원칙이다.
  ㉡ **경제활동의 자유** : 경제 행위에 대한 개인의 의사결정이 자유롭게 이루어지며 책임이 따른다.
  ㉢ **사적이익 추구** : 개인의 경제적 이득을 얻기 위하여 경제활동의 참여를 보장한다.
② 시장경제의 부정적 측면
  ㉠ **빈부격차** : 모든 경제주체들의 능력과 소질의 차이로 인하여 발생한다.
  ㉡ 실업과 인플레이션이 발생한다.
  ㉢ 무분별한 개발로 인한 환경 파괴 및 오염문제가 발생한다.
  ㉣ **인간 소외 현상** : 인간성이 소외 되고 물질의 지배를 받게 되는 현상이 생긴다.
  ㉤ 집단이기주의 및 지역이기주의 등으로 공적이익과 사적이익 사이의 대립이 발생한다.
③ 우리나라의 경제제도 … 원칙적으로는 시장경제 체제를 유지하면서 시장경제의 문제점을 해결하고 경제 질서를 유지하기 위하여 일정한 범위 내에서는 정부의 개입을 인정하는 혼합경제체제를 채택하고 있다.

≫ 수요의 가격탄력성 결정요인

① 대체재의 수가 많을수록 그 재화는 일반적으로 탄력적이다.
② 사치품은 탄력적이고 생활필수품은 비탄력적인 것이 일반적이다.

③ 재화의 사용 용도가 다양할수록 탄력적이다.

④ 수요의 탄력성을 측정하는 기간이 길수록 탄력적이다.

≫ 무차별곡선 이론

소비자에게 동일한 만족 또는 효용을 제공하는 재화의 묶음들을 연결한 곡선을 말한다. 즉 총효용을 일정하게 했을 때 재화의 조합을 나타내는 것으로 무차별곡선상의 어떤 조합을 선택하여도 총효용은 일정하다. 때문에 만약 X재의 소비량을 증가시키는데 Y재의 소비량이 그대로라면 총효용은 증가하게 되어 무차별곡선 자체가 이동하게 되므로 Y재의 소비량은 감소시켜야 한다. 즉, 한 재화의 소비량을 증가시키면 다른 재화의 소비량은 감소하므로 무차별곡선은 우하향하는 모습을 띤다. 무차별곡선은 다음과 같은 가정을 지닌다.

① 완전성(completeness) … 선호는 완전하며 소비자는 선택 가능한 재화 바스켓을 서로 비교하며 순위를 매길 수 있다.

② 전이성(transitivity) … 선호는 전이성을 가지며 만약 A재화를 B보다 더 선호하고 B를 C보다 더 선호한다면 이는 소비자가 A보다 C를 더 좋아한다는 것을 의미한다.

③ 불포화성 … 아무리 소비를 증가시켜도 한계효용은 마이너스 값을 갖지 않는다.

≫ 완전경쟁시장

① 완전경쟁시장을 위한 조건

    ㉠ 제품의 동질성 : 수요공급분석에서 하나의 시장가격만이 존재한다.

    ㉡ 자유로운 진입과 퇴출 : 새로운 기업이 해당산업에 진입하거나, 해당산업으로부터 나오는 것에 특별한 비용이 발생하지 않는다.

    ㉢ 가격수용자로서 수요자와 공급자 : 시장가격에 영향을 미칠 수 없는 기업이나 소비자이다.

    ㉣ 자원의 완전한 이동과 완벽한 정보를 얻을 수 있다.

② 완전경쟁시장의 균형

    ㉠ 단기균형

      • 수요곡선과 공급곡선이 교차하는 점에서 가격과 수요량이 결정된다.

      • 단기에 기업은 초과이윤을 얻을 수도 손실을 볼 수도 있다.

    ㉡ 장기균형

      • 장기에 기업은 정상이윤만을 획득한다(정상이윤은 보통 '0'을 뜻한다).

      • 장기에는 최적시설규모에서 최적량을 생산한다.

≫ 독점시장

① 독점의 발생원인 … 진입장벽의 존재
  ㉠ 생산요소의 공급 장악
  ㉡ 규모의 경제로 생산비용의 절감
  ㉢ 특허권, 자격증(독점생산권)
② 독점시장의 특징
  ㉠ 독점기업은 시장에 가격을 결정할 수 있는 지배력을 가진다.
  ㉡ 독점기업은 경쟁압력에 시달리지 않는다.

≫ 게임이론

① 게임이론의 기본요소
  ㉠ **경기자** : 둘 이상의 경제주체가 게임의 주체로 기업과 개인 등이 이에 해당한다.
  ㉡ **전략** : 게임을 통해 경기자들이 이윤극대화를 위해 선택할 수 있는 대안을 말한다.
  ㉢ **보수** : 게임을 통해 경기자가 얻게 되는 이윤이나 효용을 말한다.
② 게임의 종류
  ㉠ 제로섬게임과 비제로섬게임
  ㉡ 정합게임과 비정합게임
  ㉢ 동시게임과 순차게임
  ㉣ 협조적 게임과 비협조적 게임

≫ 시장실패와 정부실패

① 시장실패란 자유로운 시장의 기능에 맡겨둘 경우 효율적인 자원 배분을 달성하지 못하는 것을 말한다.
② 시장실패의 보완을 위하여 정부가 개입한다면 민간부문에서의 자유로운 의사결정이 교란되어 더 큰 비효율성이 초래될 수 있다.
③ 시장실패가 일어났다 하더라도 정부개입이 효율성을 증진시킬 수 있는 경우에 한하여 개입을 시도하여야 정부실패를 방지할 수 있다.
④ 독과점, 공공재, 정보비대칭 등으로 시장실패가 발생한다.

≫ 국내총생산(GDP ; Gross Domestic Product)

① GDP는 일정기간 동안 한 나라 국경 내에서 생산된 최종생산물의 가치로 정의된다.
② GDP는 '일정기간 동안'이므로 유량개념이 포함되며 또한 '국경 내에서'이므로 속지주의 개념이 포함된다. 국경 내에서의 생산이라면 생산의 주체가 자국인인지 외국인인지는 고려하지 않는다.

기출PLUS

[기출] 2019. 5. 12. 비서 2급

아래의 사례를 설명할 수 있는 게임이론으로 가장 적절한 것은?

┌ 보기 ┐
경쟁기업인 A기업과 B기업이 서로를 꺾기 위해 손실을 감수하며 파격적인 할인을 반복하는 '죽기살기식 가격경쟁'을 하고 있다.

① 제로섬게임
② 죄수의 딜레마
③ 세 명의 총잡이
④ 치킨게임

해설 ① 한쪽의 이득과 다른 쪽의 손실을 더하면 제로(0)가 되는 게임을 일컫는 말이다.
② 자신의 이익만을 고려한 선택이 결국에는 자신뿐만 아니라 상대방에게도 불리한 결과를 유발하는 상황

❮ 정답 ④

③ GDP는 최종생산물에 대한 가치이므로 중간생산물은 GDP집계에 포함되지 않는다.

④ 주부의 가사업무는 GDP에서 제외되나 파출부의 가사업무는 GDP에 포함된다.

⑤ 주택을 새로 건설한 것은 GDP에 포함되나 기존의 주택을 제3자에게 판매한 것은 GDP에 포함하지 않는다.

≫ 국민총소득(GNI ; Gross National Income)

국민소득 중 지출측면의 특성을 강조한 것으로 종래의 GNP에 해당한다. 생산과 소득의 구분 필요성에 따라 우리나라도 1995년부터 소득지표로 GNP 대신 GNI를 사용하고 있다. GNI는 한 나라의 국민이 생산활동에 참여하여 벌어들인 총소득의 합계로서 기존의 GDP에 대외 교역조건의 변화를 반영한 소득지표라 할 수 있다.

① **명목 GNI** … 한 나라의 국민이 국내외에서 생산활동의 참여대가로 벌어들인 명목소득으로서 명목 국내총생산에 명목 국외순수취요소소득을 더하여 산출한다.

② **실질 GNI** … 한 나라의 국민이 국내외에 제공한 생산요소에 의하여 발생한 소득의 합계로서 거주자에게 최종적으로 귀착된 모든 소득의 합계이다. 실질 국내총소득에 실질 국외순수취요소소득을 더하여 산출한다.

≫ 실질 국내총소득(GDI ; Gross Domestic Income)

한 나라의 거주민이 국내외 생산요소들을 결합하여 생산활동을 수행한 결과 발생한 소득을 의미하며 생산활동을 통하여 획득한 소득의 실질구매력을 나타내는 지표이다. 실질 국내총소득은 GDP에서 교역조건의 변화에 따른 실질 무역 손익을 더하여 산출한다.

≫ 케인즈의 국민소득 결정이론

① 주요가정
   ㉠ 소비는 소득의 함수이다.
   ㉡ 공급은 충분하나 유효수요가 부족하다.
   ㉢ I(투자), G(정부지출), NX(순수출)은 외생적으로 주어진다.
   ㉣ 소비가 미덕이다.

② 평가
   ㉠ 대공황을 겪으며 등장하게 된 케인즈는 정부의 적극적인 시장개입을 강조했다.
   ㉡ 소비가 미덕임을 강조하여 절약의 역설을 강조한다.
     • 절약의 역설은 저축의 증가는 총수요를 감소시키고 총수요의 감소는 국민소득을 감소시켜 경제의 총저축은 오히려 감소한다는 것을 말한다.
     • 절약의 역설은 저축이 증가하더라도 투자기회가 부족하여 저축이 투자로 연결되지 않는 나라에서 성립한다.

• 개발도상국이나 후진국과 같이 투자기회는 많으나 자본이 부족한 나라에서는 성립하지 않는다.

≫ 신용카드 사용과 통화량

① 신용카드 사용은 대금의 지급을 결제일까지 연기하는 것으로 개인의 부채이다.
② 신용카드의 대중화는 화폐보유수요를 감소시킨다.
③ 신용카드는 지급의 연기수단으로 대금을 상환할 시기에 사용한 사람의 예금계좌를 통해 갚는 것으로 예금계좌에 있던 잔고는 통화량의 일부분으로 이미 포함된 것이다.
④ 신용카드 사용액은 통화량에 포함되지 않는다.

≫ 케인즈의 화폐수요

① 화폐수요
  ㉠ 거래적 동기 : 소득의 증가함수(소득이 증가하면 화폐수요 증가)
  ㉡ 예비적 동기 : 소득의 증가함수
  ㉢ 투기적 동기 : 이자율의 감소함수(이자율이 감소하면 화폐수요 증가)
② 유동성함정
  ㉠ 이자율과 채권가격은 역의 관계이므로 이자율이 매우 낮은 경우 채권가격은 매우 높은 수준이다. 따라서 채권가격이 하락할 것을 예상하므로 경제주체들은 현금을 보유하려고 할 것이다.
  ㉡ 화폐수요의 증가가 무한히 계속되는 구간을 유동성함정구간이라고 한다. 유동성함정구간은 경기가 침체된 상태일 경우 발생한다.

≫ 본원통화

① 중앙은행에서 공급하는 통화를 말하는 것으로 공급하는 양보다 크게 통화량을 증가시킨다.
② 본원통화는 중앙은행의 부채에 해당한다.
③ 현금통화 + 예금은행 지급준비금 = 화폐발행액 + 중앙은행 지준예치금
④ 화폐발행액 = 현금통화 + 예금은행 시재금
⑤ 예금은행 지급준비금 = 예금은행 시재금 + 중앙은행 지준예치금

2020년 11월 8일 비서 1급

1 기업의 다양한 이해관계자에 대한 설명으로 가장 옳은 것은?

① 지역사회 : 비즈니스 환경에서 동행하며 이들의 요구를 충족시키는 것은 기업 성공의 최고 핵심 조건이다.

② 파트너 : 기업과 파트너십을 맺고 있는 협력업체와의 신뢰확보는 기업 경쟁력의 버팀목이다.

③ 고객 : 기업이 사업장을 마련하여 이해관계를 같이 하는 곳이다.

④ 투자자 : 기업을 믿고 지지한 주주로서 기업의 고객과 가장 가까운 곳에 위치한다.

> (Point)
> ① 고객에 대한 설명이다.
> ③ 지역사회에 대한 설명이다.
> ④ 투자자는 기업을 믿고 지지한 주주로서 기업에 있어 중요한 위치를 차지한다.

2020년 11월 8일 비서 1급

2 다음 중 협동조합에 관한 설명으로 가장 적절한 것은?

① 협동조합은 출자액의 규모와 관계없이 1인 1표의 원칙을 갖고 있다.

② 협동조합은 영리를 목적으로 설립한 공동기업의 형태이며 조합원들에게 주식을 배당한다.

③ 소비자협동조합은 비영리 조합원 소유의 금융협동체로서 조합원들에게 대출 서비스를 주요 사업으로 한다.

④ 협동조합은 소수 공동기업으로 운영되며 이익이나 손실에 대해 조합장이 유한책임을 진다.

> (Point)
> ② 협동조합은 사업의 목적이 영리에 있지 않고 조합원 간의 상호부조에 있다.
> ③ 신용협동조합에 대한 설명이다. 소비자생활협동조합은 소비자들의 자주·자립·자치적인 생활협동조합활동을 촉진함으로써 조합원의 소비생활 향상과 국민의 복지 및 생활문화 향상을 위해 설립된 조합이다.
> ④ 협동조합의 조합원들은 조합에 대하여 유한책임을 진다.

Answer 1.② 2.①

2020년 11월 8일 비서 1급

3 협상을 통해 두 기업이 하나로 합치는 인수 합병(M&A)은 '실사 - 협상 - 계약 - 합병 후 통합' 과정을 거치는 데, 각 단계에 대한 설명으로 가장 옳은 것은?

① 실사 : 기업의 인수합병계약 전 대상기업의 재무, 영업, 법적현황 등을 파악하는 절차

② 협상 : M&A 과정 중 가장 중요한 단계로 계약서를 작성하는 단계

③ 계약 : 계약 체결을 위해 대상기업과의 교섭 단계

④ 합병후 통합 : 대상기업과의 인수가격, 인수형태 등 법적절차를 협상하는 단계

📢 **Point**

② 계약서를 작성하는 단계는 '계약' 단계이다.

③④ 계약 체결을 위한 교섭 및 협상은 '협상' 단계에 해당한다.

2020년 11월 8일 비서 1급

4 다음 중 기업의 외부환경분석 중 포터(M. Porter)의 산업구조분석모형에서 다섯 가지 세력(5-Forces)에 해당하지 않는 것은?

① 기존 산업 내 경쟁 정도

② 공급자의 협상력

③ 신규 시장 진입자의 위협

④ 정부의 금융 · 재정정책

📢 **Point**

포터의 산업구조분석모형에서 Five Forces에 해당하는 것은 다음의 다섯 가지이다.

• 신규 진출 기업의 위협(Threat of new entrants) − 진입장벽

• 기존 기업 간 경쟁정도(Rivalry among existing competitors)

• 대체제 위협 결정요인(Threat of substitute products or services)

• 구매자 협상력 (Bargaining power of buyer)

• 공급자 협상력 (Bargaining power of suppliers)

Answer 3.① 4.④

2020년 11월 8일 비서 1급

5 다음 중 조직구조의 유형에 관한 설명으로 가장 적합하지 않은 것은?

① 유기적 조직은 환경이 급변하고 복잡한 경우 기계적 조직보다 적합하다 할 수 있다.

② 기계적 조직은 유기적 조직에 비해 집단화 정도와 공식화 정도가 높다.

③ 유기적 조직은 직무내용이 유사하고 관련성이 높은 업무를 우선적으로 결합하여 업무의 전문성을 우선시하는 조직이라 할 수 있다.

④ 라인(line)구조는 조직의 목표 달성에 직접적인 책임을 지고 있는 기능을 가지고 있다.

 Point

③ 기계적 조직에 대한 설명이다. 유기적 조직은 프로젝트별 팀들이 조직의 기본단위를 이루는 조직구조이다.

2020년 11월 8일 비서 1급

6 민쯔버그가 제시한 경영자의 역할 중에서 종업원을 동기부여하는 역할로서 가장 적절한 것은?

① 정보적 역할

② 대인적 역할

③ 의사결정적 역할

④ 협상자 역할

 Point

민쯔버그는 경영자가 인간관계 역할(대인적 역할), 정보관련 역할(정보적 역할), 의사결정 역할의 3가지를 수행한다고 보았다.
• 대인적 역할 : 기업을 계속적으로 원만하게 운영하는 데 도움을 주는 역할로, 외형적 대표자, 리더, 연락자로서의 역할 등이 있다.
• 정보적 역할 : 외부의 정보를 수집·전달하는 역할로, 모니터, 전파자, 대변인으로서의 역할 등이 해당한다.
• 의사결정 역할 : 경영에 있어 의사를 결정하고 문제를 해결하는 역할로, 기업가, 분쟁해결자, 자원배분자, 협상가로서의 역할 등이 해당한다.

Answer 5.③ 6.②

7 다음 중 리더십이론에 대한 설명으로 가장 적절하지 않은 것은?

① 블레이크와 모튼의 관리격자이론에서 (1.9)형은 과업형 리더유형이다.

② 피들러는 리더십의 결정요인이 리더가 처해있는 조직 상황에 있다고 주장한다.

③ 허쉬와 블랜차드는 부하의 성숙도가 가장 높을 때는 지시형 리더보다는 위임형 리더가 더 효과적이라고 제안한다.

④ 번즈의 변혁적 리더십은 카리스마, 지적자극, 개별적 배려로 구성되어 있다.

> 📣 Point
>
> ① 블레이크와 모튼의 관리격자이론에서 (1.9)형은 컨트리클럽형(친목형) 리더유형이다.
>
> ※ 관리격자이론

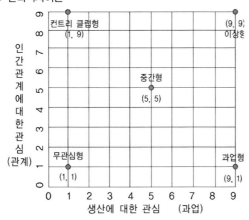

8 경영의사결정이 어려운 이유를 설명한 것 중 가장 거리가 먼 것은?

① 의사결정과 관련된 문제의 복잡성, 모호성, 가변성 등으로 문제를 정확하게 파악하기 어렵다.

② 의사결정과 관련된 기초자료의 불확실성, 주변 환경과의 불확실성, 의사결정 후의 불확실성 등으로 의사결정이 어렵다.

③ 의사결정과정은 문제인식, 결정기준의 명시, 대안 도출, 대안평가, 대안 선정의 과정을 포함한다.

④ 다양한 선택기준으로 대안을 비교할 때 하나의 기준이 아닌, 기업의 이익, 비용, 규모, 이미지 등 여러 요소를 고려해야 하기에 의사결정이 어렵다.

> 📣 Point
>
> ③ 의사결정과정은 문제인식 → 대안 도출 → 결정기준의 설정 → 대안 평가 → 대안 선정의 과정으로 이루어진다.

Answer 7.① 8.③

9 포괄손익계산서 보고서 양식은 다음과 같다. 각 과목에 대한 산정방식으로 옳지 않은 것은?

보기		과목	계산 방식
	(1)	순매출액	
	(2)	매출원가	
①	(3)	매출총이익	(1)−(2)
	(4)	영업비용(판매비와 일반관리비)	
	(5)	영업이익	
	(6)	영업외손익(금융손익 등)	
②	(7)	법인세비용 차감전 순이익	(5)−(6)
	(8)	법인세비용	
③	(9)	당기순이익	(7)−(8)
	(10)	기타포괄손익	
④	(11)	총포괄손익	(5)+(9)

① (3) 매출총이익 = (1)−(2)

② (7) 법인세비용 차감전 순이익 = (5)−(6)

③ (9) 당기순이익 = (7)−(8)

④ (11) 총포괄손익 = (5)+(9)

 Point

④ (11) 총포괄손익 = (9) 당기순이익 + (10) 기타포괄손익

10 다음 중 아래와 같은 상황을 뜻하는 용어로 가장 적절한 것은?

> 어느 한 제품의 가격을 올리면 그 제품을 만드는 기업이 유리해진다. 그러나 모든 제품의 가격이 오르면 모든 기업이 이익을 얻으므로 아무도 유리해지지 않으며 오히려 물가만 올라가 나쁜 영향만 미치는 상황이 만들어진다.

① 구성의 오류　　　　　　　　② 매몰비용의 오류

③ 인과의 오류　　　　　　　　④ 도박사의 오류

Answer 9.④ 10.①

제시된 내용은 구성의 오류와 관련된 상황이다. 구성의 오류란 부분적 성립의 원리를 전체적 성립으로 확대 추론함에 따라 발생하는 오류로, 어느 한 제품의 가격을 올려 더 많은 이익을 얻었다고 하여 전체 제품의 가격을 올릴 경우 오히려 기업 경제에 악영향을 미치게 되는 것을 말한다.

② **매몰비용의 오류**: 미래에 발생할 효용이 크지 않음에도 불구하고 과거에 투자한 비용이 아까워서 계속 진행하는 오류

③ **인과의 오류**: 원인과 결과를 잘못 연결하는 오류

④ **도박사의 오류**: 확률적으로 독립적인 사건에 대해, 이전 사건의 발생 확률에 근거하여 다음에는 반대되는 결과가 나올 것이라고 착각하는 오류

2020년 11월 8일 비서 2급

11 다음의 경영환경요인은 무엇을 의미하고 있는지, 바르게 짝지어진 것은?

> 주주, 경영자, 종업원, 조직문화 등

① 외부환경 – 직접환경

② 내부환경 – 간접환경

③ 내부환경 – 직접환경

④ 내부환경 – 일반환경

경영환경은 크게 외부 환경요인과 내부 환경요인으로 나누어볼 수 있으며, 기업에 직접적인 영향을 미치느냐의 여부에 따라 직접 환경요인과 간접 환경요인으로 나누어볼 수 있다.

㉠ **외부의 직접적 환경요인**: 소비자, 경쟁자, 공급자, 금융기관, 지역사회, 정부

㉡ **외부의 간접적 환경요인**: 경제적 환경, 정치–법률적 환경, 사회–문화적 환경, 기술적 환경

㉢ **내부의 직접적 환경요인**: 주주, 종업원, 경영자, 조직문화

Answer 11.③

12 다음 중 기업형태에 대한 설명으로 가장 옳은 것은?

① 기업은 출자의 주체에 따라 사기업, 공기업, 공사공동기업 등으로 구분된다.
② 사기업은 다시 출자자의 수에 따라 개인기업과 주식회사로 분류할 수 있다.
③ 다수공동기업의 형태로는 합명회사, 합자회사, 유한회사 등이 있다.
④ 국영기업, 지방공기업, 익명조합, 공사, 공단 등은 공기업의 예이다.

 Point

② 개인기업과 주식회사로 분류하는 것은 책임의 주체에 따른 분류이다.
③ 다수공동기업의 형태로는 주식회사, 협동조합 등이 있다.
④ 익명조합은 무한책임을 지는 영업자와 유한책임을 지는 익명의 조합원으로 구성되는 조합으로 공기업에 해당하지 않는다.

13 다음이 설명하고 있는 기업으로 가장 적합한 것은?

> 비영리조직과 영리기업의 중간 형태로, 사회적 목적을 추구하면서 영업활동을 수행하는 기업을 말한다. 취약계층에게 사회서비스 또는 일자리를 제공하여 지역주민의 삶의 질을 높이는 등의 목적을 수행하며 재화 및 서비스의 생산, 판매 등 영업활동을 수행하는 기업이다.

① 벤처기업   ② 협동조합
③ 사회적기업   ④ 공기업

Point

제시된 내용은 사회적기업에 대한 설명이다.
① 벤처기업 : 고도의 전문 지식과 새로운 기술을 가지고 창조적 · 모험적 경영을 전개하는 중소기업
② 협동조합 : 경제적으로 약소한 처지에 있는 소비자, 농 · 어민, 중소기업자 등이 각자의 생활이나 사업의 개선을 위하여 만든 협력 조직
④ 공기업 : 국가나 지방 자치 단체가 사회 공공의 복리를 증진하기 위하여 경영하는 기업

Answer 12.① 13.③

2020년 11월 8일 비서 2급

14 다음 ____에 공통으로 들어갈 용어로 알맞은 것은?

_____(이)란 조직의 구성원들의 행동을 만들고 인도하기 위해 이들이 공유하는 사회제도나 사회적 태도 등을 말한다. 따라서 _____은/는 조직구성원들에게 소속 조직원으로서의 정체성을 제공한다.

① 조직 가치
② 조직 행동
③ 조직 문화
④ 조직 혁신

 Point

빈칸에 공통으로 들어갈 수 있는 용어는 조직 문화이다.

2020년 11월 8일 비서 2급

15 다음 중 기업의 사회적 책임에 대한 설명으로 가장 거리가 먼 것은?

① 기업은 경영활동에 관련된 의사결정이 특정개인이나 사회전반에 미칠 수 있는 영향을 고려해야 하는 의무가 있다.
② 기업은 주주와 내부고객을 위해 최대이윤을 확보함으로써 기업을 유지 발전시켜야 하는 책임이 있다.
③ 기업의 사회적 책임에는 기업의 유지 및 발전에 대한 책임, 환경에 대한 책임, 공정경쟁의 책임, 지역사회에 대한 책임 등이 포함된다.
④ 기업이 사회적 책임을 이행하면 결국 고객과 사회로부터 신뢰와 좋은 평판을 얻게 되어 기업이미지와 매출에 긍정적으로 작용할 수 있다.

Point

② 기업의 사회적 책임이란 기업이 지역사회 및 이해관계자들과 공생할 수 있도록 의사결정을 해야 한다는 윤리적 책임의식을 말한다. 즉, 기업이 주주와 기업 내부의 고객만을 위해 이윤을 추구하는 것이 아니라 지역사회 및 기업 외부의 이해관계자들까지 생각하는 책임의식을 갖는 것이 바람직하다.

Answer 14.③ 15.②

2020년 11월 8일 비서 2급

16 다음은 리더십의 개념과 리더십 스타일에 대한 설명을 나열한 것이다. 이 중 가장 옳지 않은 설명은?

① 경영자의 책무 중 리더십은 다른 사람을 동기부여시킴으로써 그들로 하여금 특정목적을 달성할 수 있는 활동을 하도록 하는 것이다.

② 리더십 개념은 초기에 특성이론으로 바람직한 위인의 특성을 찾고자 하는 연구였으며, 위인이론에 집중되었다.

③ 전제적 리더는 다른 사람의 의사를 묻지 않고 단독으로 의사결정을 하는 스타일이다.

④ 방임형 리더는 모든 의사결정과정에 부하를 참여시키며, 집단의사결정을 하는 스타일이다.

Point

④ 방임형 리더는 모든 의사결정과정을 구성원에게 맡기는 스타일이다.

2020년 11월 8일 비서 2급

17 다음 중 아래의 (가), (나)에 해당하는 용어를 짝지은 것으로 가장 적합한 것은?

> (가)는 물가상승에 따른 구매력의 변화를 감안하지 않은 금리이고 (나)는 (가)에서 물가상승률을 뺀 금리이다. (가)가 높더라도 물가상승률이 더 큰 경우는 (나)가 마이너스가 될 수 있다.

① (가) 표면금리 (나) 실효금리 ② (가) 명목금리 (나) 실질금리
③ (가) 기준금리 (나) 콜금리 ④ (가) 기준금리 (나) 대출금리

Point

(가)는 명목금리, (나)는 실질금리이다.

① (가) 표면금리 : 금융 기관이 자금을 대출하거나 어음을 할인할 때에 공표하는 금리

(나) 실효금리 : 금융 기관으로부터 대부를 받은 사람이 실질적으로 부담하는 금리

③ (가) 기준금리 : 중앙은행의 금융 통화 위원회에서 결정하는 금리로, 금리 체계의 기준이 되는 중심 금리

(나) 콜금리 : 콜 자금의 대차에 쓰는 금리

④ (나) 대출금리 : 대출에 대한 금리

Answer 16.④ 17.②

18 다음 중 아래의 내용을 설명하는 용어로 가장 적합한 것은?

> 구매, 자재관리부터 재무, 회계 등에 이르는 업무 전반에 적용된 시스템으로 경영활동 프로세서를 통합적으로 연계해 관리해주는 통합시스템을 말한다. 이 시스템의 목적은 기업의 투입자원인 인력, 자본, 자재, 기계를 통합적으로 관리하여 시너지효과를 창출하는 데 있다.

① 전사적자원관리(Enterprise Resource Planning)
② 사무자동화시스템(Office Automation System)
③ 거래처리시스템(Transaction Processing System)
④ 고객관계관리(Customer Relationship Management)

 Point

제시된 내용은 전사적자원관리(ERP)에 대한 설명이다.
② 사무자동화시스템 : 사무실에서 일상적으로 수행하는 정보처리 업무를 자동화시켜 주는 정보 시스템
④ 고객관계관리 : 고객과 관련된 기업의 내외부 자료를 분석·통합하여 고객 특성에 기초한 마케팅 활동을 계획·지원·평가하는 관리 방법

19 스테가노그래피(steganography)는 어떤 것을 일컫는 말인가?

① 은행계좌 추적 프로그램
② 네트워 마비 프로그램
③ 암호화해 숨기는 심층암호기술
④ 스마트폰 장치 제어프로그램

 Point

스테가노그래피(Steganography) … 영상이나 오디오 파일에 비밀 메시지를 감추어 그 정보의 존재 자체를 숨기는 보안 기술을 말한다. 제3자가 정보를 불법적으로 사용하거나 변조하는 것을 방지하는 수단 중 하나이다.

Answer 18.① 19.③

20 다음 중 우리나라의 금융기관의 성격을 설명한 내용으로 가장 적절하지 않은 것은?

① 한국은행은 한국은행법에 따라 설립되어 운영되고 금융기관하고만 거래한다.

② 일반은행은 금융거래를 통해 이익을 얻을 목적으로 영업하며 시중은행, 지방은행, 외국은행의 국내지점 등이 있다.

③ 저축은행, 새마을 금고 등은 일반은행에서 자금 공급이 어려운 부문에 자금을 공급하는 특수은행이다.

④ 신용보증기관은 기업이 금융에서 자금을 빌릴 수 있도록 보증을 서주고 대가를 받는다.

> ③ 특수은행은 일반은행과 달리 특별법에 따라 설립된 은행으로, 일반은행 업무 외에 특별한 업무를 함께 수행한다. 특별업무를 수행하는 특수은행으로는 농민을 위한 농협, 어민을 위한 수협, 중소기업을 위한 중소기업은행, 수출입 업무를 위한 한국수출입은행, 산업 발전을 위한 한국산업은행 등이 있다.

Answer 20.③

1 지주회사(holding company)에 대한 설명 중 가장 거리가 먼 것은?

① 순수지주회사는 뚜렷한 실체도 없고 독자적인 사업부문도 없이 전략수립, 인사, 재무 등 자회사의 경영활동을 총지휘하는 본부기능을 한다.

② 지주회사는 증권대위방식과 피라미드형의 지배단계를 활용하여 자본적 지배관계를 형성하게 된다.

③ 여러 주식회사의 주식을 보유함으로써 다수기업을 지배하려는 목적으로 이루어지는 대규모의 기업집중 형태이다.

④ 타 기업을 지배하면서도 동시에 자신도 사업을 영위하는 사업지주회사의 경우 카르텔 형태로 기업결합이 이루어진다.

> **TIPS!**
>
> 재벌 또는 기업집단이라 불리는 콘체른에 대한 설명으로 콘체른은 독립된 법인 기업적 형태는 유지하고 있지만 경영상 실질적으로 결합되어 있는 기업결합 형태이다.
>
> ※ 카르텔 … 동일 업종의 기업이 경쟁의 제한 또는 완화를 목적으로 가격, 생산량 등에 대한 협정을 맺는 것으로 형성하는 독점 형태 또는 그 협정을 말한다. 과점시장에서의 기업들이 카르텔에 참여함으로써 획득하는 이윤이 독자적으로 행동할 때의 이윤보다 적어도 같거나 클 때 발생한다. 카르텔을 형성함으로써 전략적 상황으로부터의 불확실성을 제거 및 축소할 수 있고, 결합이윤의 극대화를 도모하며, 시장에서의 독점기업 또는 지배적 기업으로서의 이익을 향유할 수 있다는 이점이 있다. 하지만 경제의 비효율화, 국민경제발전의 저해 등에 미치는 폐해가 크기 때문에, 일반적으로 카르텔은 금지·규제의 대상이다.

2 다음 중 전자상거래 시대의 사회 변화에 대한 설명으로 가장 적절하지 않은 것은?

① 공급자는 차별적 마케팅을 통해 시장에 접근한다.

② 질 좋은 제품을 제공하기 위해, 상품과 서비스의 표준화를 시킨다.

③ 물적 자산이나 금융 자산보다는 무형자산에 대한 중요성이 높아진다.

④ 정부는 전자매체를 통해 세금을 부과 및 징수하고 전자매체를 이용한 각종 주민생활서비스를 제공한다.

> **TIPS!**
>
> 전자상거래 시대의 특징은 다품종 소량생산이라 할 수 있다. 따라서 상품과 서비스의 다양화가 진행된다.

Answer 1.④ 2.②

3 다음 중 가상조직에 대한 설명 중 가장 옳지 않은 것은?

① 가상조직은 전략적 제휴나 아웃소싱과 같은 형태로서 참여기업들은 거래관계에 의해 지배받게 된다.

② 유연성과 전문성을 확보할 수 있다는 장점이 있으나 협력자에 대한 통제력 상실의 위험이 따를 수 있다.

③ 기업 간 지속적 협력관계를 위해 참여 기업 간에 조직의 운영규칙, 이익분배, 손실분담 등을 명확히 해 둘 필요가 있다.

④ 지리적인 근접성에 구애받지 않으며 참여 기업 간 정보 공유로 원거리에서도 기업 간 협력이 가능하다.

> 💡 **TIPS!**
>
> 네트워크 조직에 대한 설명이다.
>
> ※ 가상조직과 네트워크 조직
>   ⊙ **가상조직(virtual organization)** : 다양한 업종의 기업이 각 개별업체가 보유하는 경쟁력 있는 기술과 자원을 통합하여 우수한 제품 및 서비스를 고객에게 신속히 제공할 수 있도록 특정 기간 일시적으로 제휴하는 조직을 의미한다. 가상조직은 일정 기간 동안 특정 목적을 이루기 위하여 구성된 이후 목표가 달성되면 자동적으로 해체되며, 가상 조직이 존재하는 기간은 목표달성기간 여부에 달려 있으나 짧게는 일주일에서 길게는 1년 정도이다.
>   ⊙ **네트워크 조직(network organization)** : 경쟁 기업 고객들과 상호 긴밀하게 연결되어 기업들이 마치 복잡한 거미줄을 치고 있는 것처럼 보이는 조직으로 하나의 조직 내에서 모든 업무를 수행하기 보다는 외부기관들에게 아웃소싱(외주)방식을 채택하여 관리되는 조직을 말한다. 정보의 공유를 통한 가치창출과 기업 내 부서 간 개인 간 정보공유, 공급업체와의 정보공유, 고객과의 정보공유를 통하여 가치를 창출하는 대표적인 탈관료제적 조직이라 할 수 있으며 정보 통신기술에 바탕을 둔다.

4 자금조달 목적으로 발행되는 채권에 대한 설명 중 가장 거리가 먼 것은?

① 채권은 기업이나 정부가 원금과 이자를 향후 명시된 날짜에 돌려줄 것을 약속하는 부채계약이다.

② 채권의 이자는 빌린 돈을 쓰는 대가로 채권발행자가 채권 소유자에게 지급하는 돈이다.

③ 채권의 이자율은 경제현황, 발행기업의 평판, 국채나 유사한 기업의 이자율과 같은 다양한 요인들에 따라서 변한다.

④ 채권의 이자율은 한 번 정해지면 예외 없이 변경이 불가능하다는 장점이 있다.

> 💡 **TIPS!**
>
> 채권의 이자율이 고정되는 고정금리부채권과 달리 금리연동부채권과 같은 기준금리에 연동되어 이자율이 변동되는 조건부 채권도 있다.

Answer   3.①   4.④

5 다음 중 SWOT에 대한 설명으로 옳지 않은 것은?

① SWOT 분석은 외부환경의 변화 속에서 그 기회와 위협을 찾아내는 것이다.

② S는 강점, W는 약점, O는 기회, T는 위협을 말한다.

③ Andrews는 경영전략을 SWOT에 대응하는 것으로 정의하였다.

④ 외부환경에 대응할 수 없는 능력이라도 강점을 갖고 있으면 기업경영에 긍정적으로 작용한다.

 **TIPS!**

④ 외부환경에 대응할 수 없는 능력이라면 그것은 유용한 강점이라고 할 수 없다.

6 다음 중 기업의 환경에 대한 설명으로 옳지 않은 것은?

① 기업의 과업환경이란 조직이 갖고 있는 독특한 조직분위기나 조직문화를 의미한다.

② 기업의 외부환경이란 조직의 외부에 존재하면서 조직의 의사결정이나 전반적인 조직활동에 영향을 미치는 환경을 의미한다.

③ 기업의 사회적 환경 중 인구통계적 특성이란 총 인구 가운데 직업, 소득수준, 성별, 연령별 등의 정보를 의미한다.

④ 기업의 경제적 환경에는 GDP, 이자율, 물가상승률, 실업률, 국제수지 등의 요인이 포함된다.

 TIPS!

기업의 내부환경에 대한 설명이다.

※ 기업의 환경
  ㉠ 내부환경(internal environment) : 조직이 가지고 있는 독특한 조직분위기, 조직문화를 의미하는 것으로 조직구성원이 조직의 성격, 가치, 규정, 스타일 및 특성 등을 공유하는 지각의 정도로 구성
  ㉡ 외부환경(external environment) : 조직의 외부에 존재하면서 조직의 의사결정이나 전반적인 조직활동에 영향을 미치는 환경
  ㉢ 일반환경(general environment) : 사회의 모든 조직에 영향을 미치는 환경으로 그 범위가 매우 넓은 비특정적 요인으로 구성(경제적 환경, 기술적 환경, 사회문화적 환경, 정치·법률적 환경, 국제적 환경)
  ㉣ 과업환경(task environment) : 어떤 특정 조직에 직접적인 영향을 미치는 요인(경쟁자, 고객, 규제기관, 협력업자 등)

Answer 5.④ 6.①

7 다음 중 기업 집중의 형태에 대한 설명으로 가장 잘못된 것은?

① 카르텔(cartel) : 다수의 동종 산업 또는 유사 산업에 속하는 기업들이 독점적 지배를 목적으로 협정을 맺는 기업결합 형태이다.

② 트러스트(trust) : 각 가맹기업이 법률적으로나 경제적으로 독립성을 유지한 채 자본적으로 결합하는 기업형태이다.

③ 콘체른(concern) : 수 개의 기업이 독립성을 유지하면서 주식의 소유나 자금의 대부와 같은 금융적 방법에 의해 이루어지는 기업결합 형태이다.

④ 콤비나트(kombinat) : 상호보완적인 여러 생산부문이 생산기술적인 관점에서 결합하여 하나의 생산 집합체를 구성하는 결합 형태이다.

 TIPS!

트러스트(Trust) … 동일산업 부문에서 자본을 중심으로 한 기업들의 독점적 결합 형태를 말한다. 즉 동일 부문의 기업들이 각 사의 이익을 위해 서로 특정 계약을 맺는 것이다. 기업합동, 기업합병이라고도 하는데 카르텔보다 강력한 기업집중의 형태로 시장독점을 위하여 각 기업체가 개개의 독립성을 상실하고 합동하는 것이다.

8 기업들이 글로벌 시장에 진출하기 위해 구사하는 전략과 가장 거리가 먼 것은?

① 프랜차이징(franchising)
② 해외자회사(foreign subsidiaries)
③ 위탁제조(contract manufacturing)
④ 금수조치(embargo)

TIPS!

금수조치는 특정국가와 직간접 교역·투자·금융거래 등 모든 부문의 경제교류를 중단하는 조치로 엠바고라고도 한다.

Answer 7.② 8.④

9 다음 중 주식회사의 주주총회와 이사회의 결의사항이 올바르게 연결된 것은?

① 주주총회 – 이사와 감사의 선임, 정관의 변경, 주식배당

　　이사회 – 신주의 발행, 사채의 모집, 대표이사 선임

② 주주총회 – 신주의 발행, 이사와 감사의 선임, 정관의 변경

　　이사회 – 신주인수권, 지배인의 선임, 사채의 모집

③ 주주총회 – 이사와 감사의 선임, 정관의 변경, 신주인수권

　　이사회 – 사채의 발행, 주식배당, 대표이사 선임

④ 주주총회 – 정관의 변경, 신주의 발행, 대표이사 선임

　　이사회 – 신주인수권, 지배권 선임, 주식배당

> 💡 **TIPS!**
>
> 주주총회는 이사와 감사의 선임 및 재무제표 승인, 주식배당, 정관변경 등이 있으며 이사회는 신주발행, 사채모집 등이 결의사항이다.

10 다음 중 벤처기업 경영의 특징으로 옳지 않은 것은?

① 비시장 지향적

② 새로운 시장수요나 사업기회를 창조

③ 지식집약형

④ 동태적이며 유기적 조직

> 💡 **TIPS!**
>
> ① 기업의 목표는 수익극대화에 있으며, 벤처기업 역시 예외가 아니므로 비시장 지향적은 벤처기업 경영의 특징으로 볼 수 없다.

Answer 9.① 10.①

11 다음은 지식경영에 대한 설명이다. 다음 중 가장 옳지 않은 것은?

① 21세기에는 지식과 정보를 창출하는 지적자본과 능력이 기업의 경쟁력을 좌우한다.

② 암묵지와 형식지는 조직 내에서 형성되어 각각 독립적으로 작용하면서 지식 변환 프로세스를 형성한다.

③ 지식경영이란 지식을 지속적으로 획득, 창출, 축적하고 전파, 공유하여 고객에게 가치를 제공함으로써 기업성과를 달성하려는 것을 말한다.

④ 형식지는 문서, 매뉴얼, 파일 등과 같은 외부로 표출되는 형태여서 보관이나 전달이 가능하다.

> **TIPS!**
>
> 암묵지와 형식지
>
> | 암묵지(tacit knowledge) | 형식지(explicit knowledge) |
> |---|---|
> | • 언어로 표현할 수 없는 주관적 지식 | • 언어로 표현 가능한 객관적 지식 |
> | • 은유를 통한 전달 | • 언어를 통해 전달 가능 |
> | • 경험을 통해 몸에 내재된 지식 | • 언어를 통해 습득된 지식 |
> | • 전수하기 어려움 | • 전수가 상대적으로 쉬움 |

12 다음 중 기업포털(enterprise portal)에 대한 설명으로 옳지 않은 것은?

① 데이터베이스 분석을 통하여 숨어있는 패턴을 발견하고 사용자가 필요로 하는 정보를 취합하여 뽑아내는 기술을 말한다.

② 기업포털은 사용자 그룹에 따라 기업과 직원 간(B2E), 기업과 기업 간(B2B), 기업과 개인고객 간(B2C) 포털의 세 종류로 나뉜다.

③ B2E 포털의 경우 기업이 보유한 정보를 직원에게 제공하는 웹사이트로 업무와 관련된 정보를 하나의 웹페이지에서 볼 수 있어서 일일이 개별 시스템에 로그인하거나 여기저기 흩어진 정보를 찾아 헤매는 수고를 하지 않아도 된다.

④ 기업포털은 전혀 이질적인 다수의 시스템을 하나의 시스템으로 통합할 수 있고 데이터와 정보도 하나로 통합된다.

> **TIPS!**
>
> 기업포털(Enterprise Portal ; EP)
> ㉠ 기업의 정보를 하나로 묶는 일련의 과정을 말한다.
> ㉡ 기업의 외부 자원과 내부 자원을 통합하여 고객의 요구에 맞게 서비스함으로써 업무 생산성을 향상시키고, 고객, 외부 사업 파트너, 내부 종업원을 통일된 인터페이스(Unified Interface)를 통해 하나로 묶을 수 있는 e-Business 유형 중 하나이다.

Answer 11.② 12.①

※ 다음의 물음에 답하시오. 【13 ~ 14】

소유적 특징	전문경영자본주의	법인자본주의	가족자본주의
패러다임	주주이익 극대화	이해당사자	주주이익 극대화
소유구조			㉠
감시	주식시장 기업인수시장	기관투자가 회사내부인력	정부노조
장점	㉡		
단점	단기적 안목	경영혁신 어렵다	형평성 문제
대표적 국가	미국	일본 · 독일	한국

13 다음에 보기 ㉠에 들어갈 것으로 알맞은 것은?

① 소유와 경영의 완전한 분리　　　　② 소유와 경영의 동일시
③ 소유와 경영의 분리　　　　　　　④ 소유와 경영의 차별화

> **TIPS!**
> ① 전문경영자본주의 형태에 해당한다.
> ② 가족자본주의 형태의 기업에서는 소유와 경영을 동일시하는 것이 일반적인 것으로 우리나라 대기업의 보편적
>   인 형태이다.
> ③④ 법인자본주의 형태에 해당한다.

14 다음에 보기 ㉡에 들어갈 것으로 알맞은 것은?

① 경영실적에 따라 평가된다.
② 과감한 의사결정이 가능하다.
③ 이윤보다 시장점유율 위주의 장기적 전략을 추구한다.
④ 안정적 경영권을 가진다.

> **TIPS!**
> ②④ 가족자본주의 형태에 해당한다.
> ③ 법인자본주의 형태에 해당한다.

Answer 13.② 14.①

15 다음 중 균형성과표(BSC ; Balanced Score Card)에 대한 설명으로 거리가 먼 것은?

① 균형성과표는 조직성과를 측정하는 특정한 성과지표에 보상을 집중할 수 있는 장점이 있다.
② 재무, 고객, 내부프로세스, 혁신 및 조직학습의 관점들을 결합하여 효율적인 전략통제시스템으로 이용한다.
③ 기업의 성과를 평가하는데 재무적 관점에 초점을 맞추는 성과관리 도구이다.
④ 기업의 전략적 목표를 일련의 성과측정치로 전환시킬 수 있는 틀이다.

TIPS!

균형성과표는 재무적 측정치들뿐만 아니라 고객 관점, 기업 내부 프로세스 관점, 그리고 조직의 학습 및 성장관점 등 비재무적 측정 항목들도 포함되어 있다.

16 e – Business의 문제점으로 옳은 것은?

① 법과 제도적 장치의 완비   ② 소비자 보호의 완비
③ 과중한 조세 부담   ④ 비용의 과잉

TIPS!

① 좀 더 발전적인 전자상거래로 나아가기 위한 법제의 결여로 민간분야의 인터넷 전자상거래를 촉진시키는 데 미흡한 실정이다.
② 사기의 위험성이 높고 개인정보가 유출될 위험성이 높아 소비자 보호가 취약하다.
④ 오프라인 상의 거래보다 비용절감이 된다.

17 다음 중 에스크로(escrow) 서비스를 이용한 전자상거래 과정에 대한 설명으로 옳지 않은 것은?

① 구매자와 판매자 중 어느 한 쪽은 에스크로 서비스 회원이어야 한다.
② 전자상거래 시 제안된 거래조건에 합의가 되면 에스크로 서비스가 개시된다.
③ 구매자는 상품배송 후 상품대금을 즉각 판매자에게 입금해야 한다.
④ 구매자는 상품수령 후 에스크로 사업자에게 구매승인 여부를 통보해야 한다.

TIPS!

③ 상품대금은 구매자가 구매하고자 하는 상품정보를 입력하고, 판매자가 이를 확인하여 거래합의가 이루어진 후, 판매자가 아닌 에스크로 사업자의 계좌에 입금해야 한다. 상품배송은 상품대금의 입금이 확인된 후에 이루어진다.

Answer   15.③   16.③   17.③

18 기업의 기본적인 장기적 목적과 목표 및 이를 달성하는데 필요한 활동과정의 선택과 자원의 배분에 대해 결정하는 것을 무엇이라고 하는가?

① 전략

② 조직

③ 지휘

④ 통제

 TIPS!

전략 … 기업의 장기적 목적 및 목표의 달성에 필요한 활동방향과 자원배분을 결정하는 것을 말한다.

19 다음 중 기업합병인수(M&A ; Merger & Acquisition)의 유형에 대한 설명으로 가장 바람직하지 않은 것은?

① 수직적 합병은 한 기업이 생산과정이나 판매경로 상에서 이전 또는 이후의 단계를 인수하여 일관된 생산체제 및 일관화를 유지한다.

② 우호적 합병은 대상기업의 이사진이 인수제의를 거부하고 방어행위에 돌입하는 경우 인수기업은 사전에 수립된 인수 전략에 따라 인수 작업에 착수한다.

③ 전략적 M&A는 기업의 영속적인 발전과 성장을 위해 기업의 영업적인 측면의 경쟁력 확보를 통해 기업가치를 증대시키고자 할 때 이용되는 방법이다.

④ 수평적 합병은 같은 산업에서 생산활동 단계가 비슷한 기업 간에 이루어지는 경우이며, 시장점유율을 높이거나 판매력 강화 등을 목적으로 한다.

TIPS!

적대적 인수합병에 대한 설명이다.

※ **우호적 합병** … 원칙적으로 대상기업의 이사회의 동의를 거쳐 동기업의 지배주주와의 합의하에 이루어지는 것을 의미하나 국내의 경우 이사회가 지배주주로부터 독립되어 있지 않으므로 지배주주의 동의하에 진행되는 인수를 말한다.

Answer 18.① 19.②

20 다음 중 기업의 경영활동을 둘러싼 제환경요인 중 경제적 환경에 속하는 것은?

① 자본시장 동향　　　　　　　　　　② 과장 광고의 규제

③ 소비자들의 웰빙 성향　　　　　　　④ 출산율 감소

 TIPS!

경제적 환경(economic environment)

㉠ 기업의 국내외 시장에서 경쟁하고 있는 또는 앞으로 경쟁할 그 나라 경제의 성격과 방향을 의미한다.

㉡ 경제성장, 산업구조, 경쟁, 자본시장 동향, 정부의 경제정책, 인플레이션, 임금 등의 경제적 환경 요인을 말한다.

21 다음 중 계획기능의 기본적 성격과 관계가 없는 것은?

① 계획은 집단적인 목표달성에 필요한 협동을 촉진하는 데 크게 기여한다.

② 계획은 관리기능 중 제1차적 기능이며 중추적인 역할을 담당하는 것이다.

③ 계획은 최고경영자만의 고유권한이다.

④ 계획은 장래의 활동과 관련된다는 점에서 선행성과 미래성이 중요시된다.

TIPS!

③ 계획은 최고경영자만의 고유권한이 아니며, 기획부서에서 계획을 담당하기도 하고 중간관리자나 하위관리자도 계획을 할 수 있다.

Answer 20.① 21.③

22 기업형태의 분류에 대한 설명으로 가장 적합하지 않은 것은?

① 출자성격에 따라 분류하면 공기업, 사기업, 공사혼합기업, 공익사업 등으로 구분할 수 있다.

② 규모에 따라 기업을 분류하면 대기업, 중기업, 소기업으로 구분한다.

③ 업종에 따라 분류하면 합명회사, 합자회사, 유한회사, 주식회사 등으로 구분할 수 있다.

④ 소유와 지배를 중심으로 분류하면 개인기업, 인적공동기업, 자본적 공동기업 등으로 구분할 수 있다.

> **TIPS!**
>
> 소유체제에 따라 구분한 형태이다.
>
> ※ 상법상 회사의 종류
> ㉠ 합명회사 : 회사채권자에 대하여 직접 연대 · 무한책임을 지는 사원만으로 조직된 회사
> ㉡ 합자회사 : 무한책임사원과 유한책임사원으로 조직된 회사
> ㉢ 주식회사 : 주식으로 세분화된 일정한 자본을 가진 전형적인 물적 회사로서, 사원인 주주는 출자의무만을 부담할 뿐 회사채권자에 대하여는 아무런 책임을 지지 않는 회사
> ㉣ 유한회사 : 각 사원이 회사 채권자에 대하여 직접 아무런 책임을 지지 않고, 회사에 대하여 인수한 출자금액을 한도로 하여 출자의무만을 부담하는 유한책임만으로 구성된 회사

23 의사결정지원시스템(DSS)에 관한 설명 중 옳지 않은 것은?

① 일반적으로 구조적인 의사결정문제에만 적용된다.

② DSS는 컴퓨터 사용을 기본으로 한다.

③ DSS는 데이터베이스, 모델베이스, 소프트웨어시스템, 대화시스템의 4개의 하위시스템으로 구성된다.

④ DSS는 모든 계층(운영, 경영통제, 전략)의 문제를 지원한다.

> **TIPS!**
>
> 의사결정지원시스템(DSS) … 기업경영에서 당면하는 여러 가지 의사결정문제를 해결하기 위해 복수의 대안을 개발하고, 비교 · 평가하며, 최적안을 선택하는 의사결정과정을 지원하는 정보시스템을 말한다.

Answer 22.③ 23.①

24 다음 중 자아실현적 인간관을 전제하는 인간중심의 관리기법으로 평가받고 있는 MBO(목표에 의한 관리)의 특징이 아닌 것은?

① 상사에 의한 업적 평가
② 자발적 동기부여
③ 쌍방적 커뮤니케이션
④ 충분한 커뮤니케이션에 의한 목표설정

> **🔔 TIPS!**
>
> MBO … 장래의 일정기간에 대한 조직의 각 부서, 직원의 목표를 설정하고 이에 따라 직무를 수행하게 하는 것으로, 조직의 효율성 향상에 기여하고자 하는 관리체계를 말한다.
> ① 업적평가에 대한 객관적 기준 마련을 제공할 뿐이지 상사에 대한 업적 평가는 아니다.

25 다음 중 리더십(leadership)에 관한 설명으로 옳지 않은 것은?

① 리더십이론은 리더 특성론→리더 행위(행동)론→상황적 합론으로 발전하였다.
② 변혁적 리더십은 급진적인 변화를 꾀하기 때문에 종업원들에게 동기부여와 조직몰입을 감소시키고 이직률을 증가시킨다.
③ 리더십은 비전이나 목표를 달성하도록 집단에게 영향력을 발휘할 수 있는 능력으로 정의된다.
④ 최근 최고경영자를 대상으로 진행되는 리더십 연구는 변혁적 리더십과 전략적 리더십 이론이 주류를 이룬다.

> **🔔 TIPS!**
>
> 변혁적 리더십(transformational leadership) … 경영자가 조직원들에게 기대되는 비전을 제시하고, 그 비전 달성을 위해 함께 노력할 것을 호소하여 종업원의 가치관과 태도의 변화를 통해 성과를 이끌어 내려는 리더십이다.

26 다음 중 조직구조의 기본 변수들로 짝지어진 것은?

① 역할, 규범, 권력
② 가치관, 갈등, 리더십
③ 복잡성, 공식성, 집권성
④ 조직, 정치풍토, 조직업무

> **🔔 TIPS!**
>
> 조직에 영향을 미치는 3대 변수
>
> | 구분 | 내용 |
> |---|---|
> | 구조변수 | 의사소통체계, 권위와 역할, 조직, 집단의 규범, 새로운 기술, 지식, 정보, 복잡성·공식성·집권성(조직구조의 3대 변수) |
> | 인간변수 | 행정인의 가치관, 성격·욕구, 대인관계, 리더십 |
> | 환경변수 | 정치풍토, 정치체제의 성격, 국민의 정서적 기대와 요구, 사회·경제적 요건 |

Answer 24.① 25.② 26.③

27 다음 중 재무관리의 기능에 대한 설명으로 옳지 않은 것은?

① 재무관리의 기능은 투자의사결정과 자본조달의사결정으로 요약할 수 있다.

② 투자의사결정은 기업이 자금을 어떻게 운용할 것인가를 결정하는 것을 의미한다.

③ 자본조달의사결정은 기업 활동에 필요한 자금을 어떻게 조달할 것인가를 결정하는 것이다.

④ 투자의사결정은 재무상태표상에서의 대변항목들, 즉 부채와 자본에 대한 의사결정을 말한다.

> **⭑ TIPS!** ⋯⋯
> ④ 투자의사결정은 기업 가치를 극대화하기 위해 어떤 자산에 얼마나 투자할 것인가를 결정하는 의사결정이다.

28 다음 중 경영통제 행위에 대한 설명으로 적합하지 않은 것은?

① 예상보다 매출액이 증가하여 그 원인을 밝히기 위하여 부문경영자와 면담을 하는 것도 통제행위로 볼 수 있다.

② 통제는 표준의 설정, 성과측정, 계획과 비교, 수정조치라는 네 단계 과정을 거친다.

③ 통제행위 중 표준과 실제측정치 간의 차이가 중대할 경우 직무를 재설계할 가능성도 있다.

④ 통제란 경영자의 기능 중 하나로서 실제의 경영활동이 계획된 대로 진행될 수 있도록 감시하고 사전에 예방하거나 수정하는 행동을 말한다.

> **⭑ TIPS!** ⋯⋯
> ② 계획과 비교가 아니라 성과를 설정한 표준과 비교해야 한다.
>
> ※ 경영통제의 과정
> ㉠ 표준의 설정: 표준이란 어떤 활동의 결과인 성과를 측정하기 위한 판단의 기준 또는 통제의 기준을 말한다. 표준이 설정되지 않으면 조직활동을 측정하거나 평가할 수 없다.
> ㉡ 성과의 측정: 성과를 점검하고 측정하는 경영통제의 중심적 단계로서 실제적인 경영활동을 신속하고 정확하게 측정하여 이를 통제수단의 원천으로 이용하는 것이다.
> ㉢ 성과와 표준의 비교: 측정된 성과와 설정된 표준을 서로 비교하여 그 차이를 발견하는 것이다. 효과적인 통제를 위해서는 성과와 표준의 비교가 빈번하게 이루어지는 것이 좋으나 잦은 비교는 피통제자의 자율성을 해칠 수 있다.
> ㉣ 평가 및 수행: 경영통제의 마지막 단계로 성과기준과 실제성과 간의 차이를 수정·평가·시정하는 단계로 편차의 발생 원인을 철저히 분석하고 이를 수정하여 경영활동의 결과가 계획대로 이루어질 수 있도록 피드백해야 한다.

Answer 27.④ 28.②

29 다음 중 리더십 유형에 대한 설명으로 옳은 것은?

① 거래적 리더십(transactional leadership)은 부하들에게 비전을 제시하여 그 비전 달성을 위해 함께 협력할 것을 호소한다.

② 비전적 리더십(visionary leadership)은 하위자들이 자기 자신을 스스로 관리하고 통제할 수 있는 힘과 기술을 갖도록 개입하고 지도하는 것이다.

③ 서번트 리더십(servant leadership)은 섬기는 자세를 가진 봉사자로서의 역할을 먼저 생각하는 리더십이다.

④ 카리스마 리더십(charismatic leadership)에서 리더가 원하는 것과 하위자들이 원하는 보상이 교환되고, 하위자들의 과업수행 시 예외적인 사항에 대해서만 리더가 개입함으로써 영향력을 발휘하는 것이다.

> **TIPS!**
>
> 일반적인 유형
> ㉠ 거래적 리더십 : 타산적, 교환적 관계를 중시하는 전통적인 리더십으로 구성원의 결핍욕구(deficiency needs)를 자극하고 이를 충족시켜주는 것을 반대급부로 조직에 필요한 임무를 수행하도록 동기화 시키는 지도자의 특성을 의미한다.
> ㉡ 변혁적 리더십 : 카리스마(charisma), 비전(vision), 개인적 배려(individual consideration), 지적 동기 유발(intellectual stimulation)의 4가지 차원에서 중요한 변화를 주도하고 관리하는 리더십 행위로서, 구성원의 성장욕구(growth needs)를 자극하고 동기화 시킴으로써 구성원의 태도와 신념을 변화시켜 더 많은 노력과 헌신을 이끌어 내는 지도자의 특성을 의미한다.
> ㉢ 카리스마적 리더십 : 리더의 이념에 대한 부하의 강한 신뢰를 바탕으로 동화, 복종, 일체감으로 높은 목표를 추구하고자 하는 리더십이다.
> ㉣ 서번트 리더십 : 섬기는 자세를 가진 봉사자로서의 역할을 먼저 생각하는 리더십이다.
> ㉤ 비전적 리더십 : 카리스마의 개념 중에서 특히 비전에 강조점을 두고 있는 리더십이다.

30 실업의 유형에 대한 설명 중 가장 거리가 먼 것은?

① 계절적 실업 : 외부 활동을 할 수 없을 정도로 덥거나 추워서 노동자의 근로의욕 저하로 발생

② 경기적 실업 : 경기가 나빠지거나 침체에 빠질 때 발생

③ 구조적 실업 : 노동의 질적인 차이나 직능의 차이 때문에 발생

④ 마찰적 실업 : 자신이 하는 일이나 근로여건에 대한 불만족으로 자발적으로 직장을 그만두고 새로운 직장을 찾는 경우 발생

> **TIPS!**
>
> 계절적 실업은 기후나 계절적 편차에 따른 노동력 수급 변화로 발생하는 실업이다.

 Answer 29.③ 30.①

31 주변에서 뛰어나다고 생각되는 상품이나 기술을 선정하여 자사의 생산방식에 합법적으로 근접시키는 방법의 경영전략은?

① 벤치마킹(bench marking)
② 리컨스트럭션(reconstruction)
③ 리엔지니어링(reengineering)
④ 리포지셔닝(repositioning)

> **TIPS!**
> 벤치마킹(bench marking) … 초우량기업이 되기 위해 최고의 기업과 자사의 차이를 구체화하고 이를 메우는 것을 혁신의 목표로 활용하는 경영전략이다.

32 다음 중 집단성과급제도의 유형이 아닌 것은?

① 이윤분배플랜
② 스캔론플랜
③ 프렌치시스템
④ 슬라이딩 스케일 시스템

> **TIPS!**
> 슬라이딩 스케일 시스템(sliding scale system) … 노사 간 임금협상에 있어서 어떤 기준시점에서 최저임금을 결정하고 그 후 물가변동에 자동적으로 증감하도록 하는 제도로, 순응임률제 또는 에스컬레이터조항이라고도 한다.

33 직장 내부에서 실제로 종사하고 있으면서 직무와 관련된 지식·기능을 연마하는 것은?

① OR
② OJT
③ EDP
④ 5M

> **TIPS!**
> OJT(On the Job Training) … 직무를 수행하면서 직무를 통해 실시하는 교육훈련으로, 상사나 선배가 후배에 대해 일대일로 하는 훈련과 전체가 논의를 하면서 직무수행방법을 강구하는 집단적 학습 등 여러 가지 방법이 있다.

Answer 31.① 32.④ 33.②

34 해당 기업이 기관투자자들이나 개인투자자들에게 새로운 경영지표와 사업계획 같은 기업정보를 정확하게 알려주는 제도는?

① IR

② PR

③ OR

④ DR

> 💡 **TIPS!**
>
> IR(Investor Relation) … 기업이 자본시장에서 정당한 평가를 얻기 위하여 주식 및 사채투자자들을 대상으로 실시하는 홍보활동으로 투자자관계 · 기업설명활동이라고 한다. IR은 주식시장에서 기업의 우량성을 확보해 나가기 위해서 투자자들만을 대상으로 기업의 경영활동 및 이와 관련된 정보를 제공하는 홍보활동으로 기관투자가를 상대로 하고 회사의 장점뿐 아니라 단점까지도 전달한다.

35 다음이 설명하는 것은?

> 원래 서류가방 혹은 자료수집창을 의미하였으나 증권 투자에서는 투자자가 보유하는 채권이나 주식 등의 유가증권일람표를 뜻한다.

① 주가수익률

② 포트폴리오

③ 체크카드

④ IC카드

> 💡 **TIPS!**
>
> 투자의 위험을 최소화하기 위해 주식을 분산투자한다는 의미의 포트폴리오(portfolio)에 관한 설명이다.

36 어떤 사업이 계속되는 적자로 진행할 가치가 없음에도 불구하고 이미 많은 돈을 투자하였기 때문에 중지하기 어려워지는 경우가 있다. 이처럼 의사결정을 하고 실행한 이후에 발생하는 비용 중 회수할 수 없는 비용을 설명하는 용어로 가장 적절한 것은?

① 고정비용(Fixed Cost)

② 유휴비용(Idle Cost)

③ 기회비용(Opportunity Cost)

④ 매몰비용(Sunk Cost)

> 💡 **TIPS!**
>
> ① 생산량의 변동에 관계없이 불변적으로 지출되는 비용
> ② 유휴생산능력에 대해서 발생하는 원가
> ③ 어떤 선택을 함으로써 포기해야 하는 다른 선택대안 중에서 가장 가치가 큰 것을 의미

Answer 34.① 35.② 36.④

37 다음 중 기업윤리와 사회적 책임에 대한 설명으로 가장 적절하지 않은 것은?

① 윤리적 측면에서만 문제가 되고 법적 강제사항은 아니던 기업의 사회적 책임이 현재는 법제화되는 사례가 많아지고 있다.

② 정부에서는 소비자 보호법, 제조물책임법, 공정거래법 등을 제정하여 기업의 윤리행위에 영향을 주고 있다.

③ 법과 주주들이 요구하는 것을 넘어서 사회 전체에서 바람직한 장기적 목표를 추구할 의무가 기업의 사회적 책임에 포함한다.

④ 기업의 사회적 책임에는 산업재해예방, 노조에 대한 책임과 같은 대외적 윤리와 환경보호, 소비자만족경영과 같은 대내적 윤리가 있다.

> **TIPS!**
>
> 기업의 사회적 책임 유형
> ㉠ 대외적 윤리 : 대리인 문제, 소비자에 대한 윤리 문제, 정부와 사회에 대한 책임
> ㉡ 대내적 윤리 : 종업원에 대한 공정한 대우, 노조에 대한 책임 등

38 다음 중 EDI의 기능으로 볼 수 없는 것은?

① 정보처리 비용의 감소   ② 시장의 투명성 증대
③ 일시적인 정보의 교환   ④ 문서의 오류 방지

> **TIPS!**
>
> ③ EDI는 거래업체 간의 거래업무 등을 처리하는 전자문서의 교환방식이므로 일시적이고 보관이 필요하지 않은 정보의 교환방식인 E – Mail과 구별된다.

39 고객충성도 프로그램에 대한 설명 중 옳지 않은 것은?

① 구매빈도가 높아 기업의 매출에 영향을 주는 우수고객을 인식한다.

② 우수고객 보상프로그램은 대기업들이 줄어드는 고객확보를 위해 주로 쓰는 방법이다.

③ 고객만족지수가 높아지면 고객충성도도 높아진다.

④ 우수고객 보상프로그램은 장기적으로 큰 효과를 볼 수 있다.

> **TIPS!**
>
> ④ 우수고객 보상프로그램은 경쟁업체가 따라하거나 제품의 질에 대한 고객들의 신뢰가 떨어질 수 있어 단기적으로는 효과를 볼 수 있으나 장기적으로는 큰 효과를 기대할 수 없다.

Answer 37.④ 38.③ 39.④

40 다음 중 미국 증권시장의 동향과 시세를 알려주는 대표적인 주가지수는 무엇인가?

① 닛케이지수

② 다우존스지수

③ 코스닥지수

④ 나스닥지수

 TIPS!

1884년 7월 3일 미국의 다우존스(Dow Jones)에 의하여 처음 발표된 것으로 가장 오랜 역사를 가진 주가지수이다. 미국 주가평균 중 가장 오래되고 권위 있는 지표로 다우존스 주가평균에는 공업주 30종목 평균, 운송주 20종목 평균, 공익사업주 15종목 평균과 65종목 종합주가 평균 등이 있고 이들 네 가지의 평균이 함께 발표되고 있다.

41 파레토 법칙, 혹은 80 : 20법칙이 기업의 의사결정에 의미하는 것과 가장 거리가 먼 것은?

① 핵심적인 고객에 집중해야 한다.

② 핵심적인 부분에 자원을 배분해야 한다.

③ 우리 회사의 모든 고객은 똑같이 소중하게 대해야 한다.

④ 전체적인 숫자만 보지 말고, 의미가 있을 때까지 쪼개서 봐야 한다.

TIPS!

파레토 법칙은 80%의 매출을 창출해주는 20%의 고객을 특별하게 관리해야 함을 의미한다. 즉, 파레토 법칙을 통해 고객 평등주의에서 고객 형평주의로 바뀌게 되는 계기가 되었다.

※ **파레토 법칙** … 원인의 20%가 결과의 80%를 도출하는 현상을 말한다. 이러한 파레토 법칙이 경영학에 응용되면서, 어느 한 제품군에서 잘 팔리는 상위 20%의 제품이 전체 매출의 80%를 차지하거나 20%의 고객이 전체 매출의 80%를 차지한다는 것이 마케팅의 불문율로 여겨지기도 한다.

42 다음 중 벤처기업에 대한 설명으로 적절하지 않은 것은?

① 벤처기업은 모험기업, 신기술기업, 기술 집약기업 등으로 부르기도 한다.

② 벤처기업이 본격적으로 대두될 수 있었던 것은 공업사회로부터 정보화 사회로의 산업구조의 변화 때문이다.

③ 벤처기업은 모험적 사업에 도전하려는 왕성한 기업가정신을 가진 기업가에 의해 주도되는 특성을 갖는다.

④ 벤처캐피털(venture capital)은 벤처기업의 한 예로서 자본과 경영참여를 하는 금융회사이다.

TIPS!

벤처캐피털(Venture Capital) … 벤처기업 육성을 목적으로 고도의 기술력과 장래성은 있으나 경영기반이 약해 일반 금융기관으로부터 융자받기 어려운 벤처기업에 무담보 주식투자 형태로 투자하는 기업이나 그러한 기업의 자본을 말한다.

Answer 40.② 41.③ 42.④

43 다음 채권에 관한 설명 중 옳지 않은 것을 모두 고른 것은?

> ㉠ 대부분 장내에서 거래된다.
> ㉡ 우리나라는 경제규모에 비해 종목수가 너무 과다하다.
> ㉢ 회사채가 거래량 회전율의 대부분을 차지한다.
> ㉣ 채권단가계산은 관행적 방법에 의한다.
> ㉤ 첨가소화채권을 팔고자 할 때는 계좌개설을 하여야 한다.

① ㉠㉢　　　　　　　　　　　　② ㉠㉣
③ ㉠㉤　　　　　　　　　　　　④ ㉣㉤

> **TIPS!**
> ㉠ 채권도 대부분 장외에서 거래된다.
> ㉤ 첨가소화채권 거래 시 별도계좌개설을 요하지 않는다.

44 아웃소싱(Outsourcing)에 대한 다음 설명 중 가장 옳지 않은 것은?

① 정보통신 기술의 발전으로 인해 더욱 다양한 아웃소싱이 가능해졌다.
② 조직이 수행하던 활동을 외부에 맡김으로서 조직의 핵심 활동 범위를 좁히는 것이다.
③ 거래비용(transaction cost)이 감소하는 경우에 아웃소싱이 더 활발해진다.
④ 전략적으로 중요하거나 가치 창출에 크게 기여하는 활동이 주로 아웃소싱의 대상이 된다.

> **TIPS!**
> 일반적으로 아웃소싱은 조직의 비핵심적 기능, 문제가 되는 기능 등이 그 대상이 된다.

45 경제력집중억제제도에 대한 설명으로 옳지 않은 것은?

① 지주회사는 설립이 금지되어 왔으나 IMF 이후 구조조정을 위해 허용되었다.

② 30대 대규모기업집단의 계열사 간 상호출자는 자기자본의 25%까지만 허용된다.

③ 외국에서는 대체로 독점형성 자체를 금지하고 있으나, 한국은 독점을 직접 규제하기보다 시장지배적 지위남용행위만 금지하고 있다.

④ 공정거래법이 제정된 시기는 국보위시절인 1980년이다.

> **TIPS!**
>
> ③「독점규제 및 공정거래에 관한 법률」은 시장지배적 지위남용행위를 금지하는 이외에 경제력집중행위도 일부 제한하고 있다.

46 다음 중 국제경제기구에 대한 설명으로 옳지 않은 것은?

① IMF - 국제통화기금으로 국제통화제도의 건전한 발전을 위한 국제기구이다.

② OECD - 경제협력개발기구로서 경제성장, 개발도상국 원조, 무역의 확대라는 목적을 갖고 있다.

③ OPEC - 석유수출기구의 약자로 석유 산유국의 석유정책을 조정·통일하여 집단적으로 이익을 방위하기 위해 결성됐다.

④ GATT - 세계무역기구의 약자로서 관세 및 비관세장벽의 인하로 인한 무역창출효과와 향후 안정된 무역질서를 확립하는데 의미가 있다.

> **TIPS!**
>
> ④ WTO에 관한 설명으로 WTO(World Trade Organization)는 세계무역기구의 약칭이다. GATT(General Agreement on Tariffs and Trade)는 수출입 제한과 관세장벽을 제거하고, 국제무역과 물자교류를 증진시키기 위하여 제네바에서 1947년에 23개국이 조인한 국제적인 무역협정이다.

Answer 45.③ 46.④

47 다음의 조직구조 유형별 장단점에 대한 설명으로 가장 적절하지 않은 것은?

① 다양한 기능별 전문가들을 하나의 팀으로 모아둠으로써 나타나는 경제성을 지속적으로 유지하면서 여러 가지 프로젝트를 독립적으로 다양하게 수행할 수 있다는 점이 매트릭스 구조의 장점이다.

② 사업부제 조직은 이익 및 책임 중심적으로 운영하므로 경영성과가 향상되고 업무수행에 대한 통제와 평가가 용이하다는 장점이 있다.

③ 네트워크 구조는 유행과 같이 변화가 빠른 시장이나 제품의 변화에 대응하기 위해 많은 유연성을 요구하는 경우에 유리한 조직이다.

④ 사업부제 조직은 동기부여와 관리자의 능력개발과 유능한 경영자의 양성이 어렵다는 단점이 있다.

> **TIPS!**
> 사업부제 조직은 분화의 원리에 따라 제품별, 지역별, 고객별, 프로젝트별 사업부를 편성하여 운영하는 형태로서 대규모 조직이나 많은 제품을 생산하는 업체에 적합하다. 이러한 사업부제 조직은 구성원의 동기부여와 능력개발을 촉진할 수 있으며 시장의 변화에 탄력적으로 대응할 수 있다는 장점이 있다.

48 목표관리(MBO)의 성공요건에 해당하지 않은 것은?

① 조직 내의 원활한 환류(Feedback)   ② 조직 내의 조사연구활동 촉진

③ 조직혁신(OI)의 추진   ④ 최고관리층의 솔선수범

> **TIPS!**
> ③ MBO의 성공요건 중 하나는 조직발전(OD)의 추진으로 조직혁신은 조직을 어떤 상태에서 보다 나은 바람직한 상태로 전환시키는 조직변동을 의미한다.

49 다음 중 조직발전(OD)과 관계가 적은 것은?

① 행태과학의 지식활용   ② 조직의 효과성과 건전성의 증대

③ 개인의 개발   ④ 전체조직에 걸쳐 시행

> **TIPS!**
> ③ OD는 조직의 전반적인 개선을 의도한다는 점에서 관리자의 지식·능력을 향상시키기 위한 관리자의 개인발전을 위한 제도인 관리발전(MD)과는 다르다.

Answer 47.④ 48.③ 49.③

50 정부가 기업에 미치는 여러 가지 영향과 관계있는 환경은?

① 기술적 환경

② 자연적 환경

③ 사회 · 문화적 환경

④ 법률적 및 정치적 환경

> **TIPS!**
> ④ 법률적 및 정치적 환경은 법률이나 규칙, 정부기관의 정책 및 이의 활동이 복합된 환경을 말하는데, 법률적 환경과 정치적 환경은 서로 밀접하게 얽혀 있어서 이를 명확하게 구분하기는 어렵다.

51 수개의 기업이 독립성을 유지하면서 주식의 소유 또는 자금의 대부와 같은 금융적 방식에 의해 결합된 형태는?

① concern

② trust

③ 지주회사(holding company)

④ syndicate

> **TIPS!**
>
> 그림 1076
>
> ① concern이란 기업형태 중 결합력이 가장 강한 것으로서, 각 기업이 법률적으로 독립성을 유지하지만 주식소유, 금융대부, 임원파견 등으로 결합한 형태이다. 즉 상호간에 독립성을 유지하고 있으나 실질적으로는 자본의 소유 또는 금융관계를 통하여 결합된 기업집단의 형태로서 경제적으로는 통일된 경영처리를 받아 마치 하나의 기업과 같이 활동하는 기업이다.

52 고전적 조직이론의 특징으로 옳은 것은?

① 폐쇄시스템의 관점

② 인간관계의 중시

③ 환경과의 상호작용 중시

④ 집단의 중시

> **TIPS!**
> ① 고전이론은 환경을 고려하지 못하는 폐쇄시스템의 관점을 지니고 조직 내부의 능률만을 강조했다.

Answer 50.④ 51.① 52.①

53 기업의 소유자임과 동시에 경영 내지 관리를 담당하는 기업가적 경영자를 무엇이라고 하는가?

① 소유경영자　　　　　　　　　　　② 고용경영자
③ 전문경영자　　　　　　　　　　　④ 최고경영자

> **TIPS!**
> ① 소유경영자는 자기 자신이 출자한 자본으로 스스로 경영을 담당하는 경영자이다.

54 조직의 구조적 변수인 수평적 분화의 척도로서 적당하지 않은 것은?

① 부문의 수　　　　　　　　　　　② 상이한 직무의 수
③ 전문화된 과업의 수　　　　　　　④ 조직 내 부서의 계층의 수

> **TIPS!**
> ④ 수평적 분화(horizontal differentiation)는 조직 내 직무명칭 또는 조직이 여러 상이한 부서나 전문화된 하위단위를 보유하는 정도를 말한다. 반면, 수직적 분화(vertical differentiation)는 조직 내 계층의 수를 말한다.

55 경영책임 보고의무, 즉 회계책임을 다하기 위해서 경영자는 자원제공자들에게 회계정보를 전달해야 하는데, 이 때 회계정보의 전달 수단으로서 대표적인 것은?

① 재산보고서　　　　　　　　　　　② 재무제표
③ 인적자원보고서　　　　　　　　　④ 법인세과세표준신고서

> **TIPS!**
> ② 경영자가 사회구성원들로부터 조달한 자원을 효과적이고 효율적으로 활용하였는지 여부를 사회 구성원들에게 보고해야 할 책임을 경영책임 보고의무라고 하며, 그와 같은 책임에 대한 보고 수단으로 작성되는 것이 재무제표이다.

Answer 53.① 54.④ 55.②

56 기업의 재무제표상 수지균형이 잡혀 있어 외관상 건전하게 보여도 자금회전이 안되어 부도가 발생하는 경우가 있는데, 이를 무엇이라고 하는가?

① 디폴트(Default)

② 리콜제도(Recall)

③ 흑자도산(insolvency by paper profits)

④ 모라토리엄(Moratorium)

> **TIPS!**
>
> ③ 흑자도산(黑字倒産)이란 수지의 균형이 잡혀서 언뜻 보면 건전경영 같은데도 회전자금의 변통이 어려워 부도수표가 나서 폐업하는 것을 말한다.

57 다음 중 MIS에 대한 설명이 아닌 것은?

① 최고경영자의 의사결정을 지원하는 역할을 수행한다.

② 기계가 인적자원의 요소를 완전히 대체하는 시스템이다.

③ 구성요소로는 하드웨어, 소프트웨어, 데이터베이스 등이 있다.

④ 기업경영에 필요한 정보를 적시에 제공할 수 있도록 미리 정보를 수집, 보관하였다가 필요할 때 즉시 검색·분석·처리하여 제공하는 전사적 시스템이다.

> **TIPS!**
>
> ② 이와 같이 MIS는 의사결정의 효율화를 목적으로 하는 정보시스템인 동시에 또한 컴퓨터의 이용을 그 기초로 하는 시스템이다.

58 핵심역량과 관련된 다음의 설명 중 가장 적절하지 않은 것은?

① 핵심역량은 조직에서의 집단적 학습과정을 통하여 배양된다.

② 핵심역량은 다양한 시장으로 진출할 수 있는 기회를 제공한다.

③ 현재의 효과적인 전략은 미래 핵심역량 형성의 토대가 된다.

④ 핵심역량은 타기업과 공동으로 개발할 수 없다.

> **TIPS!**
>
> ④ 핵심역량은 조직이 경쟁우위를 가지는 능력으로 지속적으로 창출할 수 있도록 타기업과 전략적 제휴가 가능하다.

Answer 56.③ 57.② 58.④

59 사회가 복잡해지고 다양해짐에 따라 기업에 대한 사회의 요구도 강력히 증대되고 있다. 다음 중 기업 내지 경영자의 사회적 책임의 내용과 가장 관련이 적은 것은?

① 공해방지와 생활환경의 보호를 위한 책임

② 기업에 관련된 이해관계자 집단 간의 이해관계 조정에 대한 책임

③ '기업이익의 사회적 환원'이라는 차원에서의 지역사회사업의 참여 책임

④ "결과는 수단을 정당화시킨다"라는 신조를 갖고 수익성을 높여 기업을 유지·발전시키는 책임

TIPS!

기업의 사회적 책임

㉠ 기업의 사회적 책임은 기업자체와 많은 관련자 및 관련 기관의 공동이익이 되는 방향으로 행동하도록 하는 기업의 사명감이다.

㉡ 기업이 사회에서 받은 이익의 일부를 사회에 환원하려고 노력할 때 그 기업은 사회적 책임을 이행하고 있다고 할 수 있다.

㉢ 기업의 사회적 책임은 생태계와 환경의 질, 소비자 보호, 지역사회의 요구, 기업의 사회복지활동, 정부와의 관계, 노사관계, 주주와의 관계, 경제활동 등을 포함한다.

Answer 59.④

PART

03

사무영어

01 비즈니스 용어 및 문법
02 영문서 지원업무
03 비서 영어회화 업무
04 최근기출문제
05 출제예상문제

01 비즈니스 용어 및 문법

기출PLUS

section **1** 비즈니스 용어

1. 비즈니스 기본 단어 및 약어

(1) 비즈니스 기본 단어

① A
- accomplish : 성취하다, 이루다
- according to schedule : 일정대로
- account : 계좌
- address : 주소, 다루다, 처리하다
- activity : 동향
- ahead of schedule : 일정보다 앞선
- all the way : 먼 길을 무릅쓰고
- as it is : 지금 그 상태로
- as requested : 요청하신대로
- ask too much : 무리한 부탁을(요구를) 하다
- at one's convenience : 편하신 시간에
- at this time : 지금으로서는
- attachment : 첨부파일

② B
- be away : 자리를 비우다
- be mixed up : 혼선이 되다
- be out of order : 고장나다
- be tied up : 바빠서 꼼짝 못하다
- brainstorming session : 난상토론시간
- bring forward : 앞당기다
- by far : 지금까지

③ C

- call in sick : 아파서 출근 못한다고 전화하다
- call it a day : 끝내다, 마치다
- can afford to : ~할 수 있다, ~할 수 있는 여유가 있다
- clean up : 치우다, 완료하다
- close a deal : 협상을 마무리 짓다
- come along : 진행하다
- company dinner : 회식
- compromise : 타협하다
- concession : 양보
- consult with : ~와 상의하다
- contract : 계약, 계약서
- copy of the contract : 계약서 사본
- current status : 현황
- cut a deal : 거래가 성립되다

④ D

- daily rate : 하루 사용 요금
- deal with : 다루다
- declare : 신고하다
- deduct : 빼다, 공제하다
- depict : 그리다, 묘사하다
- deposit : 계약 보증금
- diagram : 도표
- disagree with : ~와 의견이 다르다
- distribute : 배포하다
- do business with : ~와 거래하다
- draw up : 작성하다
- drop by : 들르다

⑤ E

- elaborate : 상세히 말하다
- enclose : 동봉하다
- estimated arrival date : 도착 예상일
- exchange money : 환전하다
- executive : 경영진
- expectation : 기대치
- expedite : 진척시키다, 촉진하다
- exploratory session : 탐색하는 시간

⑥ F

- failure : 불이행
- feature : 특징
- feel free to : 언제든지 ~하다
- feel the same way : 같은 생각이다
- fill out : (양식을) 채우다, 기입하다
- finalize : 완성하다
- finish up : 마무리하다
- follow : 이해하다
- following : 다음의
- for one's reference : 참고로
- for starters : 우선, 첫째로
- for sure : 확실히
- fragile tag : 취급주의 표

⑦ G

- get an outside line : 외부에 전화하다
- get caught in traffic : 길이 막혀서 꼼짝못하다
- get in touch : 연락하다
- get promoted : 승진하다
- get the deal : 거래를 따내다
- get together : 만나다
- give the floor : 발언권을 주다
- go ahead : 진행시키다
- go along with : 찬성하다
- go over : 검토하다

- go with plan B : 제2안으로 가다
- goods : 상품
- guarantee : 보증하다, 약속하다

⑧ H

- halfway : 중도에서
- hand out : 나눠주다
- hang up : (전화를) 끊다
- have a deal : 거래가 성립되다
- have a full agenda : 논의할 안건이 많다
- have a point : 일리가 있다
- have difficulty ~ing : ~하는 데 어려움을 겪다
- have in mind : 생각하고 있다, 염두에 두다
- have the floor : 발언하다
- hear out : (이야기를) 끝까지 듣다
- hiring : 채용
- hold on : (전화를) 끊지 않고 기다리다

⑨ I

- illustrate : 설명하다, 예증하다
- in a minute : 곧, 즉시
- in advance : 미리, 앞서
- in charge of : ~을 담당하고 있는
- in connection with : ~와 관련해
- in full : 전액
- in person : 실물로, 직접
- in stock : 재고가 있는
- in support of : ~을 지지(찬성)하여
- in the meantime : 그동안, 그 사이에
- in the middle of (doing) something : 한창 ~하는 중인
- interrupt : 끼어들다, 방해하다
- invoice : 송장
- iron out : 해결하다
- itinerary : 일정(표)

기출 2019. 5. 12. 비서 2급

Fill in the blanks with the BEST word(s).

┌ 보기 ┐

A : Hi? I've been calling all morning, but the line has been (   ).

B : Hello? Can you speak up? I can hardly hear you. Who is calling, please?

A : It's Diane. Can you hear me now?

B : Oh, it's a bit hard to hear you.

A : Let me (   ) and call you right back.

① complexing – go
② hard – down
③ terrible – to cut
④ busy – hang up

해설 '통화중'이라는 뜻으로 'line is busy' 를 쓰며, '전화를 끊다'는 'hang up' 이다.

「A : 안녕하세요? 아침 내내 전화했지만 전화가 통화중이었습니다.

B : 여보세요? 좀 더 크게 말씀해 주시겠습니까? 저는 거의 들을 수 없습니다. 누구시죠?

A : Diane.입니다. 지금 제 말 들립니까?

B : 오, 조금 듣기가 어렵습니다.

A : 전화를 끊고 바로 연락 드리겠습니다.」

〈 정답 ④

⑩ J, K, L

- join : 함께 하다
- just in case : 만약을 위해
- keep in touch : 계속 연락하다
- late check-out : 체크아웃 시간 연장
- launch : 출시, 출시하다
- lead to : ~한 결과에 이르다
- look at : 살펴보다
- look good on : ~에게 잘 어울리다
- look into : 조사하다
- lost and found : 분실물 센터

⑪ M

- make a call : 전화를 걸다
- make a concession : 양보하다
- make a suggestion : 제안하다
- make an outgoing call : 외부에 전화하다
- make it : 만나기로 하다, 제시간에 도착하다, 참석하다
- make sure : 확실히 ~하다
- make up : 작성하다
- make up for : 보상하다
- market recognition : 시장 인지도
- market share : 시장 점유율
- market trend : 시장 동향
- meet : 충족시키다
- move on to : ~로 넘어가다
- move up : 앞당기다

⑫ N, O

- negotiate : 협상하다
- on business : 출장차
- on condition that : ~라는 조건으로
- on schedule : 일정에 맞게
- on such short notice : 갑작스러운 통보에
- on time : 제때에
- open up : 개설하다

- order date : 주문일
- order size : 주문량
- out of one's budget : 예산에서 벗어난
- outstanding : 미해결의
- overall charges : 총 청구 비용
- overview : 개요

⑬ P

- paragraph : 조항
- pass around : 돌려보다
- pass down : 전달하다
- pastime : 여가 활동
- pay up front : 선불로 내다
- payment terms : 지불 조건
- pick up on : 덧붙이다
- place an ad : 광고를 싣다
- place an order : 주문하다
- planning stage : 기획 단계
- position : 입장
- preliminary : 예비적인
- printout : 인쇄물
- prior to : ~ 전에
- progress : 진행, 진행되다
- proposal : 제안
- put off : 연기하다
- put through : (전화를) 연결하다
- quotation : 견적서

⑭ R

- raise : 제기하다
- ratio : 비율
- reach a consensus on : ~에 합의를 보다
- receipt : 받음
- reception : (전화) 연결 상태
- regards : 안부 인사
- regret : 유감으로 생각하다

- remit : 송금하다
- replacement goods : 대체 상품
- resealable : 다시 개봉 가능한
- responsible for : ~에 대하여 책임이 있는
- return one's call : ~의 전화를 받고 전화하다
- returns : 수익
- run out of time : 시간이 다 되어가다

⑮ S
- safe : 금고
- sales figures : 판매 수치
- salesperson : 영업 사원
- schedule : 일정; 예정에 넣다
- second to none : 어느 것에도 뒤지지 않는
- sentiment : 의견, 생각
- serve as : ~의 역할을 하다
- set up : 정하다
- settle on : 결정하다
- ship : 발송하다
- show of hands : (찬반을 묻는) 거수
- slip one's mind : 깜빡 잊다
- so far : 지금까지
- spare time : 여가 시간
- specification : 내역, (제품의) 설명
- split : 분담하다
- statement : 청구서
- step on it : 속도를 내다
- stick around : 계속 머무르다
- strategic alliance : 전략적 제휴
- sum up : 요약하다, 정리하다

⑯ T
- take a day off : 월차를 내다
- take a look at : 쳐다보다, 훑어보다
- take necessary action : 필요한 조치를 취하다
- take care of : 처리하다

- take immediate action : 즉시 조치를 취하다
- target group : 대상층
- there's no comparison : 비교가 안 된다
- thoroughly : 철저히
- transparent : 투명한
- turn down : 줄이다
- turn in : 제출하다
- turn on : 켜다
- turn out : 끝나다

⑰ U

- unrealistic : 현실성이 없는
- unreasonable : (가격이) 부당한, 터무니없는
- upcoming : 다가오는
- upon : ~하자마자
- urgent : 급한

⑱ V

- valid : 유효한
- vice president : 부사장
- view : 견해, 전망
- volume discount : 대량 구매에 대한 할인

⑲ W

- waive : 포기하다, 철회하다
- walk through : 통과하다
- well-organized : 정리를 잘하는
- well-prepared : 준비성이 철저한
- when it comes to : ~의 문제라면
- wire transfer : 온라인 송금
- with reference to : ~와 관련해서
- with regard to : ~에 관해서
- wording : 표현, 용어
- work for : 좋다, (계획 따위가) 잘 들어맞다
- work out : 성공하다
- wrap up : 마무리하다
- write up : 작성하다

기출PLUS

(2) 약어

- ATM(automated teller machine) : 자동 현금 지급기
- CEO(chief executive officer) : 최고 경영자
- CFO(chief financial officer) : 최고 재무 책임자
- CIO(chief information officer) : 최고 정보 중역
- COO(chief operation officer) : 최고 경영 중역
- CTO(chief technology officer) : 최고 기술 중역
- CDO(chief development officer) : 최고 개발 중역
- CKO(chief knowledge officer) : 최고 지식 경영자
- CPO(chief privacy officer) : 최고 개인정보 보호책임자
- CSO(chief security officer) : 최고 보안 책임자
- CSO(chief strategy officer) : 최고 전략 책임자
- CVO(chief vision officer) : 최고 비전 책임자
- CEO(chief e-business officer) : 최고 e-business 책임자
- co.(company) : 회사
- corp(corporation) : 회사
- dept.(department) : 부서
- EVP(executive vice-president) : 부사장
- ext.(extension) : 내선 · 교환번호
- HQ(head quarter) : 기업의 본사가 위치한 곳
- ID(identification) : 신분증
- Inc.(incorporated) : 회사
- lit.(limited) : 회사
- LOB(line of business) : 마케팅, 홍보, 재경, 컨설팅 등의 부서
- M&A(merger and acquisition) : 기업 합병, 인수
- MOU(memorandum of understanding) : 양해각서
- OT(overtime) : 시간외 근무
- OJT(on-the-job training) : 직무교육

기출 2020. 11. 8. 비서 1급

Choose the one which does NOT correctly explain the abbreviations.

① MOU : Merging of United
② IT : Information Technology
③ CV : Curriculum Vitae
④ M&A : Merger and Acquisition

해설 ① MOU(양해각서) : Memorandum of Understanding

〈정답 ①

- R&D(research and development) : 연구 및 개발

- R&R(roles and responsibilities) : 역할과 권한

- ROI(return of investment) : 투자 이익

- TCO(total cost of ownership) : 총소유비용

- TFT(task force team) : 프로젝트 진행 시 부서별 선발 선수들의 집합체

- TM(trade mark) : 상표

- QBR(quarterly business review) : 분기별 비즈니스 성과발표

2. 거래, 회계, 인사 · 조직 용어

(1) 거래 용어

- Seller, Producer : 판매자, 생산자

- Buyer, Consumer : 구매자, 소비자

- Unit Price : 단가

- Product, Goods : 상품

- Distribution : 유통

- Order : 주문

- Payment : 결제

- Shipping, Deliver : 배송

- Commision : 수수료

- Return : 반품

(2) 회계 용어

- Accounting : 회계

- Cost : 비용

- Liability : 부채

- Asset : 자산

- Capital : 자본

- Production Cost : 생산원가

- Depreciation : 감가상각

- Balance Sheet : 대차대조표

- Income Statement, Profit and Loss Account : 손익계산서

- Financial Statements : 재무제표

(3) 인사 · 조직 용어

- Human Resource Development : 인적자원개발

- Salary Peak : 임금피크제

- Management by Objectives : 목표관리

- Company Culture : 기업문화

- Career Management : 경력관리

- Union : 노동조합

- Collective Bargaining : 단체교섭

- performance Assessment : 인사고과

- Subsidiary Company : 자회사

- Subcontractor : 하청업체

3. 영문 부서명과 직함명

(1) 직위

- Chairman of the Board : 회장

- Honorary Chairman : 명예회장

- President : 대표(법인)

- Owerner : 대표(비법인)

- Senior Executive Vice President : 부사장

- Representative Director : 대표이사

- Senior Managing Director : 전무이사

- Junior Managing Director : 상무이사

- Member of the Board of Director : 이사

- Auditor Director : 감사

- Advisor : 고문

- Executive Advisor : 상임고문

- General Manager : 부장

- Director : 본부장, 부장

- Branch Manager : 지점장

- Deputy Manager : 차장

- General Manager : 실장

- Manager : 과장

- Assistant Manager : 대리

- Subsection Chief : 계장

- Plant Manager : 공장장

- Secretary to the president : 사장비서

(2) 조직체계

- Division : 부, 국

- Department : 부, 과

- Section : 과, 계

- Team : 팀

- Office : 소

- Plant : 공장

- Laboratory : 연구소

- Head Office : 본사

- Headquarters : 본사

- Regional Office : 지사

- Branch Office : 지점

기출 2019. 5. 12. 비서 1급

Ms. Han's company needs to import some fibers from a foreign company. After examining the advertisements in the magazine, Ms. Han wants to get more information. Whom does she have to contact?

① credit manager
② sales manager
③ HR manager
④ public relations manager

해설 「한 씨의 회사는 외국 회사에서 일부 섬유를 수입해야합니다. 한 씨는 잡지에 실린 광고를 살펴본 후 더 많은 정보를 얻고 자합니다. 누구에게 연락해야합니까?」
① 신용 관리자
② 영업 관리자
③ HR 관리자
④ 홍보 관리자

기출 2019. 11. 10. 비서 1급

Choose one that does NOT match each other.

① Branch is one of the offices, shops, or groups which are located in different places.
② Personnel department is responsible for hiring employees and interviewing with candidates.
③ Marketing department talks to clients and persuades them to buy products.
④ Accounting department organizes financial aspects of business.

해설 ① 지점은 서로 다른 곳에 위치한 사무실, 상점 또는 그룹 중 하나입니다.
② 인사 부서는 직원을 고용하고 지원자와의 인터뷰를 담당합니다.
③ 마케팅 부서는 고객과 대화하고 제품 구매를 설득합니다.
④ 회계 부서는 비즈니스의 재무 측면을 구성합니다.

‹ 정답 ②, ③

Ms. Kim wants to apply for a secretary in a company. To whom does she have to submit her application letter?

① HR manager
② sales manager
③ marketing manage
④ public relations manager

해설 비서를 지원하는 것이므로 HR 관리자에게 신청서를 제출해야 한다.
② 영업 관리자
③ 마케팅 관리자
④ 홍보 관리자

Choose one that does NOT match each other.

① NRN : No reply necessary
② GDP : Gross Domestic Product
③ MA : Marvel of Arts
④ N/A : Not applicable

해설 ③ MA : Master of Arts

< 정답 ①, ③

(3) 부서명

• Office of the President : 사장실

• Secretariat : 비서실

• Auditing Department : 감사부

• General Accounting Department : 경리부

• Planning Department : 기획부

• Personnel Department : 인사부

• General Affairs Department : 총무부

• Public Relations Department : 홍보부

• Third Party Logistics Department : 물류개발부

• Accounting Department : 상품개발부

• Production Control Department : 생산관리부

• Facilities Management Department : 시설관리부

• Quality Control Department : 품질관리부

• Sales Department : 영업부

• Domestic Sales Department : 국내 판매부

• Overseas Sales Department : 해외 판매부

• Custommer Satisfaction Department : 고객만족부

• Management Improving Team : 경영개선팀

• Technical Support Team : 기술개선팀

• R&D Planning Team : 연구기획팀

• Sales Office : 영업소

• Liaison Office : 출장소

4. 사무기기 및 사무용품 용어

• Ballpoint Pens : 볼펜

• Calculator : 계산기

• Colored Pencil : 색연필

- Consumable : 소모품

- Copiers : 복사기

- Correction Fluid : 수정액

- Eraser : 지우개

- Fax Machines : 팩시밀리

- Glue : 풀

- Highlighter : 형광펜

- Mechanical Pencil : 샤프

- Notebook : 공책

- Paper : 제지

- Paper Clip : 클립

- Pencil : 연필

- Protractor : 각도기

- Printer : 프린터

- Projector : 프로젝터

- Rubber band : 고무밴드

- Ruler : 자

- Scissors : 가위

- Shredders and Cutters : 문서파쇄기

- Stapler : 스테이플러

- Stationery : 문구

- Switchboard : 스위치보드

- Telephone : 전화기

- Thumbtack : 압정

- Time Recording : 기록계

- Video Conferencing : 화상회의

기출 2020. 5. 10. 비서 2급

Which English-Korean pair is LEAST proper?

① stationary : 문구류
② means : 수단
③ employment : 고용
④ customs : 세관

해설 ① stationary : 정지한, stationery : 문구류

❮정답 ①

section 2 영문법(영문법의 정확성)

1. 기초문법의 정확성

(1) 문장의 5 형식

① 1형식 … 주어 + 동사(S + V)
　㉠ 주어와 동사만으로 완전한 뜻을 나타낸다.
　㉡ 완전자동사 : go, come, fly, be
　㉢ 주어가 될 수 있는 품사 : 명사, 대명사

② 2형식 … 주어 + 동사 + 보어(S + V + C)
주어와 동사만으로 완전한 뜻을 나타낼 수 없으므로 보충하는 말, 즉 보어가 필요하다.
　㉠ 불완전 자동사 : be, become, look, smell, turn
　㉡ 보어로 쓰이는 품사 : 명사, 대명사, 형용사

③ 3형식 … 주어 + 동사 + 목적어(S + V + O)
목적어 하나만으로 완전한 뜻을 나타낸다.
　㉠ 완전 타동사 : have, like, want, read, eat, drink
　㉡ 목적어로 쓰이는 품사 : 명사, 대명사

④ 4형식 … 주어 + 동사 + 간접목적어 + 직접목적어(S + V + IO + DO)
목적어 2개로 완전한 뜻을 나타낸다.
　㉠ 수여동사 : give, send, make, show, buy, cook, ask
　㉡ 간접목적어 : 주로 사람이나 동물이 온다.
　㉢ 직접목적어 : 주로 사물이 온다.

⑤ 5형식 … 주어 + 동사 + 목적어 + 목적보어(S + V + O + OC)
목적어를 보충하는 말 즉 목적격 보어가 필요하다.
　㉠ 불완전 타동사 : make, call, think, want, see, hear
　㉡ 목적보어로 쓰이는 품사 : 명사, 대명사, 형용사

(2) 8품사

① 명사 … 사람이나 사물의 이름을 나타내는 말

② 대명사 … 명사 대신에 쓰이는 말

③ 동사 … 사람과 사물의 동작이나 상태를 나타내는 말

④ 형용사 ··· 명사나 대명사를 수식하는 말

⑤ 부사 ··· : 동사, 형용사, 다른 부사를 수식하는 말

⑥ 전치사 ··· 명사 또는 대명사 앞에 놓여서 형용사구나 부사구를 만드는 말

⑦ 접속사 ··· 단어와 단어, 구와 구, 절과 절을 연결하는 말

⑧ 감탄사 ··· 기쁨, 놀람, 슬픔 등을 나타내는 말

(3) 문장의 4요소

① 주어(~은, ~는, ~이, ~가) ··· 주부의 중심이 되는 말로 명사, 대명사가 쓰인다.

② 동사(~하다, ~이다) ··· 술부의 중심이 되는 말로 주어를 설명하는 말이다.

③ 목적어(~을, ~를, ~에게) ··· 동사의 동작을 받는 말로 명사, 대명사가 쓰인다.

④ 보어(~하다, ~이다) ··· 주어와 목적어를 설명하는 말로 명사, 대명사, 형용사가 쓰인다.

(4) 동사의 분류

① 자동사 ··· 목적어가 필요없는 동사
  ㉠ 완전자동사 : 보어가 필요없는 동사(1형식 동사)
  ㉡ 불완전자동사 : 보어가 필요한 동사(2형식 동사)

② 타동사 ··· 목적어가 필요한 동사
  ㉠ 완전타동사 : 목적어가 필요한 동사(3형식 동사)
  ㉡ 수여동사 : 목적어가 2개 필요한 동사(4형식 동사)
  ㉢ 불완전 타동사 : 보어 즉 목적격보어가 필요한 동사 (5형식 동사)

③ 완전동사 ··· 보어가 필요없는 동사

④ 불완전동사 ··· 보어가 필요한 동사

(5) 동사의 기본 시제

① 동사의 기본시제 ··· 현재 , 과거 , 미래시제

② 과거시제
  ㉠ 규칙동사 : 동사의 어미에 (e)d를 붙인다.
    예 play — played — played
       study — studied — studied

ⓛ 불규칙동사

> 예 am − was − been
> have − had − had

③ 미래시제 … will (be going to)을 동사 앞에 놓고 동사는 원형이 온다. will은 주어가 3인칭 단수일 때도 −s를 붙이지 않는다.

ㄱ will의 의문문

Will it rain tomorrow? Yes, it will.

Will he start tomorrow morning? Yes, he will.

ㄴ 상대방의 의사를 묻는 경우

Will you open the window? Yes, I will. / All right / No, I won't

Shall I open the window? Yes, please / Yes, thank you / No, that's all right

Shall we open the window? Yes, let's / No, let's not

ㄷ be going to + 동사원형

He will visit Korea again next year.

He is going to visit Korea again next year.

2. 영문첨삭법

(1) 문미비중과 문미초점의 원리

① 길고 복잡한 정보를 문장의 뒤로 보낸다 – 문미비중의 원리(End−weight) … 영어로 글을 쓸 때, '길고 복잡한 내용'은 문장(혹은 절)의 뒷부분으로 보내야 한다. 무거운 정보(weight)를 뒷부분(end), 즉 강조부(Stress Position) 쪽으로 보내라는 의미다.

② 중요한 정보를 문장의 뒤로 보낸다 – 문미초점의 원리(End−focus) … 영어 문장에서 '중요한 정보'일수록 문장의 뒷부분에 위치해야 한다는, 문미초점의 원리(End−focus)이다. '생소하거나 중요한' 정보일수록 문장의 뒤편으로 가야 한다.

(2) 구정보 – 신정보 배열(Given−New Contract)

① 구정보 … 글에 쓰이는 하나의 문장은 '독자에게 친숙한 정보'에서 시작해, '생소한 혹은 새로운 정보'로 끝맺음하는 것이 효율적인 정보 전달을 가능케 한다. 하나의 문장을 쓸 때, 자세히 설명하지 않아도 독자들이 알고 있을 법한 내용이나 이전에 언급했던 정보라면 굳이 신경 써서 소개할 필요가 없다. 이런 내용·정보는 이미 드러난 정보라는 점에서, '구정보(Given, Old Information)'라고 부를 수 있을 것이다. 구정보는 될 수 있으면 문장의 앞부분(주제부)에 위치해야 하는데, 구정보에 해당하는 내용은 다음과 같은 것들이 있다.

㉠ 정황상 굳이 말하지 않아도 알 수 있을 만한 사실

㉡ 직접 언급했던 내용을 다시 말하기

㉢ 앞서 말했던 진술상 누구든지 추론 가능할 만한 내용 등

② **신정보** … 문장 후반부(강조부)에 '신정보(New Information)'을 배치해야 한다. 독자들이 알고 있지 못할 법한 내용이야말로 글 쓰는 사람이 진정 전달해야 하는 내용이기 때문이다. 이러한 정보들이 실질적으로 문장을 이끌어나가는 '힘' 있는 내용이다.

(3) 글의 응집성(Cohesion)과 통일성(Coherence)

① **응집성** … 문장과 문장의 긴밀한 결합을 말한다. 하나의 문장과 다음에 이어지는 문장이 의미상 긴밀하면 긴밀할수록 글의 응집성은 높다고 말할 수 있다.

② **통일성** … 여러 문장을 하나의 주제로 꿰는 힘을 말한다. 하나의 문단을 구성하는 모든 문장이 그 문단의 핵심 주제를 다루고 있는지를 판단하는 기준이다.

(4) 수동태

수동태의 진정한 쓰임새는 문장의 흐름을 부드럽게 조절하는 데 있다. '구정보/신정보'에 따라, '문미초점'에 따라, '응집성과 통일성'에 따라 문장을 다듬을 때 능동태와 수동태 전환이 필요하다.

(5) 문장부호의 사용(Punctuation)

문장부호	분리 정도와 강조	관계	독립적 문장 사이 사용	문장 성분 사이 사용
완결(. ? !)	높음	문장의 종결을 알림	–	의도적 수사 표현 외 불가
세미콜론(;)	다소 높음	예측 가능한 '질-답'과 같은 구조	가능	콤마를 포함한 구를 분리할 때
콜론(:)	중간	일번에서 특수로 이동을 알림	가능	가능하지만 완결된 문장이 보통 콜론 앞에 위치함
대시(—)	중간	이와 같거나 문장 속 '강조'의 기능	가능	강조를 위해서라면 대부분 가능
콤마(,)	낮음	문장 성분을 분리하거나 명료함을 더하기 위해 쓰임	비격식 표현에서 가능	–

3. 영문구두법

(1) 콤마(comma)

① 여러 가지 사항을 나열할 때 사용하는 구두점으로 마지막 항목 앞에는 콤마(,) 대신 and를 사용해야 한다.

> 예 I cleaned my room, living, and my sister's room for tonight's party. (×)
> I cleaned my room, living and my sister's room for tonight's party. (○)
> 나는 오늘밤 파티를 위해 내 방, 거실, 동생 방을 청소했다.

② 두 개의 문장을 연결할 경우에도 사용한다.

> 예 I studied English for three hours, but I still didn't understand that grammar.
> 나는 세 시간 동안 영어를 공부했지만, 아직까지 문법을 이해하지 못했다.

③ 뒤에 따라오는 문장이 5단어 미만의 짧은 문장이 올 경우에는 콤마(,)를 생략하여도 된다.

④ 부사절이나 부사구를 삽입하는 경우에는 일반적으로 콤마(,)를 사용한다.

> 예 After I finished doing the dishes, I had to run down to store to buy groceries.
> 나는 설거지를 끝마친 후, 식료품을 사러 가게로 뛰어 내려갔다.

(2) 세미콜론(semicolon)

① 콤마보다는 좀 더 강하지만 문장을 끝맺는 마침표보다는 약한 개념으로 한국어에서는 별로 사용하지 않는 구두점이다.

② 두 개의 독립된 문장을 연결하되, 접속사 대신 사용하는 것이 일반적이다.

> 예 I used a pencil to write a note ; Younghee uses a ball pen to do that.
> 나는 노트에 필기할 때 연필을 사용한다 ; 영희는 그럴 때 볼펜을 사용한다.

③ 한국적인 정서상으로 볼 때 세미콜론(;) 대신 접속사 but를 사용할 수도 있다.

> 예 I used a pencil to write a note, but Younghee uses a ball pen to do that.
> 나는 노트에 필기할 때 연필을 사용하지만, 영희는 그럴 때 볼펜을 사용한다.

④ 세미콜론(;)은 두 문장이 지니고 있는 서로의 상관관계에 대한 감정을 타인에게 전달할 때 자유롭게 느낄 수 있는 여지를 준다.

(3) 콜론(colon)

① 콜론(:)은 앞에서 제시한 문단의 부가적인 설명으로 표현할 때 사용하는 구두점이다.

② 주로 리스트를 나열하거나 앞 문장을 완성시키는 아이디어를 제시할 목적으로 사용된다.

> **예** I have made great friends during my high school : Chulsoo, Younghee, and Soyeon.
> 나는 고등학교를 다니는 동안 좋은 친구들을 만들었다 : 철수, 영희 그리고 수연

③ 세미콜론과 다르게 완전한 문장이 오는 것이 아니라, 앞부분에 설명한 내용의 일부를 자세하게 언급하는 경우 사용한다.

④ 콜론(:) 뒤에 영어문장이 올 경우에는 앞 문장에 대한 부연설명 또는 결론을 도출하기 위한 것이라 보면 된다.

> **예** My efforts to persuade mom was completely useless : My mom banned me from playing computer game for three weeks.
> 엄마를 설득시키는데 나의 노력은 전혀 쓸모가 없었다 : 엄마는 3주 동안 나에게 컴퓨터 게임을 금지시켰다.

⑤ 콜론(:)의 앞 문장은 상황에 대한 소개이고, 콜론의 뒤에 있는 문장은 그 문장에 대한 구체적인 결과를 제시하는 것이다.

(4) 따옴표(quotation marks)

① 큰따옴표(" ")와 같은 더블 인용부호는 누군가가 이야기한 것을 그대로 말하듯이 옮겨 적을 때 사용하며, 작은따옴표(' ')는 문장 안에서 특정 단어를 강조할 때 주로 사용하는 구두점이다.

② 남이 한 말을 직접 사용할 경우에는 Double quotation marks(" ")를 사용한다. 문장 뒤에 인용문을 쓸 경우, 직접 한 말의 앞뒤에 따옴표를 사용하고 그 첫 번째 기호 앞에는 콤마를 사용한다.

> **예** Chulsoo replied, "This is the last chance."
> 철수가 대답했다. "이것이 마지막 기회라고."

③ 문장 안에서 특정 단어나 짧은 구 등을 강조할 때에는 single quotation marks(' ')를 사용한다.

> **예** I know you like 'Girls' Generation', but you used to like boys group before, didn't you?
> 나는 당신이 '소녀시대'를 좋아하는 것을 안다, 그러나 당신은 예전엔 소년그룹을 좋아했어, 그렇지 않니?

(5) 마침표(period)

① 문장이 끝날 때 사용하는 구두점으로 실제 영어에서는 잘 사용이 되지 않고 있다.

② 마침표(.)를 제대로 사용하지 않으면 문장이 정리가 안 되며, 지저분해 보인다.

③ 마침표(.)가 없을 경우 문맥의 의미가 제대로 전달되지 못하여 보는 이로 하여금 난처함을 일으킬 수 있으니 제대로 사용하는 것이 좋다.

　예 Turn right at the stop sign. 정지신호에서 우회전하세요.

④ 마침표(.)는 최근 영어시험 시 감점요인으로 작용하므로 마침표를 찍는 것에 유의하여야 한다.

(6) 느낌표(exclamation mark)

① 격한 감정의 표현을 위해 사용하는 구두점이다.

② 강한 어조로 명령문을 표현할 때에도 느낌표(!)를 사용한다.

　예 Look out above your head! 머리 위를 보세요!
　　 I love him! 난 그를 사랑해!

(7) 아포스트로피(apostrophe)

① 소유격 및 단어 축약 등에 사용하는 구두점이다.

② 인칭대명사의 소유격은 그 형태에 맞춰 사람이름이나 사물 다음에 's를, 복수형으로 끝나는 단어 다음에는 '만 붙인다.

　예 The batteries' of my MP3 have finally died. 내 MP3 배터리가 결국 나갔다.

③ 단어의 축약형에도 흔히 사용되며, 격식을 갖추거나 보고서 형식의 제출물에는 단어의 축약형으로 사용하는 것은 좋지 않다.

　예 It's your mother on the phone. 너의 어머니한테서 전화가 왔다.

section 1 영문서 구성 내용 및 형식

1. 비즈니스 레터 구성요소 및 스타일

(1) 비즈니스 레터의 구성

① Printed letterhead … 비즈니스 문서 제목

② Reference … 참고 사항

③ Name and address of addressee … 수신인의 성함 및 주소

④ Salutation … 인사말

⑤ Optional heading … 선택적인 표제

⑥ Main body … 서신의 본문

⑦ Closure … 맺음말

⑧ Signature … 서명

⑨ Name and professional title … 서신 작성자의 성함과 직책

⑩ Enclosure(Encl, Encs, Enc 등) … 서류가 동봉됨

(2) 비즈니스 레터의 구성 예

---

① Gaffling Travel Partners

366 Oceanside, Miami, Florida, USA

Telephone. 0201 123321 Fax. 0201 123223

E-mail. gtp@gaffling.com

② Your ref : AB124

Our ref : CD1234   October 14, 2009

③ Ms. Deborah Lee

Director, Samyul Tech Inc.

④ Dear Ms. Lee :

기출PLUS

기출 2017. 11. 12. 비서 2급

Which is the most appropriate word for the blank?

보기

_____ contains the name, address, telephone number of the company where the letter is sent from.

① Letterhead

② Inside address

③ Message

④ Complementary closing

해설 Letterhead 편지지의 윗부분에 인쇄된 개인·회사·단체의 이름과 주소
「Letterhead에는 편지를 보낸 회사의 이름, 주소, 전화 번호가 들어 있다.」

〈정답 ①

⑤ Streamlined billing procedures

⑥

> I am sending you our brochure at the suggestion of your office manager, Ian Gordon, who was kind enough to talk with me when I called last week. As I explained to Mr. Gordon, I have taken over corporate sales for Gaffling Travel, and I see that your company is no longer using Gaffling for your travel arrangements.
>
> Mr. Gordon explained that you decided to go with another travel agency after experiencing billing problems with us. However, You might be interested to know that we have recently streamlined our billing procedures. In addition, we have made our cancellation policy much more flexible.
>
> I would appreciate the chance to meet with you sometime in the near future and discuss Samyul's corporate travel needs. I will be calling again in the next few days. If you have any questions about the material I have enclosed, please do not hesitate to contact me. We would very much like to serve Samyul Tech Inc. again.

⑦ Sincerely,

⑧ *Robert Burns*

⑨ Robert Burns
Corporate Sales Manager

⑩ encs

Ms. Lee께
능률화된 청구 절차

저와 지난주에 친절하게 통화에 응해주신, 귀측 사무실의 이사이신, Ian Gordon의 제안에 따라 저희의 소책자를 보내드립니다. 제가 Mr. Gordon께 설명 드린 것처럼, 제가 Gaffling Travel의 협력사 판매를 담당하게 되었고, 더 이상 귀측의 여행 준비를 위해 Gaffling을 이용하시지 않는 것도 알고 있습니다.

Mr. Gordon께서 저희와 청구상의 문제를 겪으신 후 다른 여행사를 이용하시기로 결정하셨다고 말씀해주셨습니다. 하지만 귀하께서 최근에 저희가 청구 절차를 효율화했다는 것에 관심을 보이실 수 있다고 생각합니다. 또한, 저희는 좀 더 유연한 취소 정책도 세웠습니다.

가까운 때에 귀하와 만나 Samyul사측의 요구 사항에 대해 논의할 수 있는 기회를 주신다면 감사하겠습니다. 수일 후에 다시 연락을 드리겠습니다. 동봉해 드린 자료에 대해 궁금하신 점이 있으시다면, 망설이지 마시고 저에게 연락을 주시기 바랍니다. 다시 한 번 Samyul Tech Inc.와 함께 일하길 바랍니다.

(3) 인사말과 맺음말의 구분

① 수신인의 성함을 알지 못할 때

인사말	맺음말
• Dear Sir	• Yours faithfully
• Dear Madam	• Sincerely yours
• Dear Sir / Madam	• Yours truly
• Dear Sirs	• Sincerely
• Gentlemen	• Yours sincerely

② 수신인의 성함을 알 때

인사말	맺음말
• Dear Mr. Robert	
• Dear Mr. and Mrs. Gordon	
• Dear Ms. Lee	Yours sincerely
• Dear Mrs. Lee	
• Dear Miss. Lee	

③ 잘 알고 지내는 사이

인사말	맺음말
• Dear Park	• Best regards / Regards
• Dear Betsy	• Best wishes

(4) 서신에 자주 쓰이는 표현들

① 서신을 시작하며

With reference to your letter dated 1 January~
1월 1일자 귀하의 서신과 관련하여~

Regarding our meeting last week~
지난 주 회의에 관하여~

Thank you for your letter of 3 March.
귀측의 3월 3일자 서신에 대해 감사합니다.

Re your fax~
귀측의 팩스에 관하여~

기출PLUS

기출 2018. 11. 11. 비서 2급

What is the purpose of the following passage?

┌ 보기 ─────────

As the project schedule is overdue, I need to stay more in Seoul.
My room at InterContinental is up to this coming Monday, 20th January. I tried to extend my booking but the hotel told me there is no available room.
Please select a hotel near the project place. I need a room to 2nd of February.

① to extend a hotel reservation
② to reserve a hotel room
③ to reschedule the project
④ to select a project room

해설 「프로젝트 일정이 지연되어 저는 서울에 더 머물러야합니다. InterContinental의 제 방은 1월 20일 월요일까지입니다. 저는 제 계약을 연장해 보려 했지만 호텔은 가능한 방이 없다고 합니다. 부디 업무지와 가까운 호텔을 골라주세요. 저는 2월 2일까지 방이 필요합니다.」
② 호텔 방을 예약하기 위해

정답 ②

② 서신 작성의 이유

We are writing to request your catalogue.
귀사의 카탈로그를 요청하고자 저희가 서신을 드립니다.

I'm just writing to check the status of our order.
저희가 주문한 건의 진행상황을 확인하고자 서신을 드립니다.

Just a short note to confirm the next meeting.
차기 회의를 확인하고자 짧은 글을 드립니다.

③ 좋은 소식을 전할 때

We are delighted to inform you that we will open the new office in Seoul.
귀하에게 서울에 새 사무소를 열게 됨을 알려 드리게 되어 기쁩니다.

You will be pleased to hear that Mr. Baker will attend this meeting.
귀하께서 Mr. Baker께서 이번 회의에 참석하신다는 소식을 듣게 된다면 기쁘실 겁니다.

You'll be happy to learn that there will be a seminar about the internet business.
귀하께서 인터넷 비즈니스에 관한 세미나가 있을 거라는 것을 알게 되신다면 기뻐하실 겁니다.

④ 유감을 전할 때

We regret to inform you that this meeting was canceled.
귀하에게 이번 회의는 취소되었음을 알려드리게 되어 유감입니다.

I am afraid that Mr. Park can't attend this meeting.
죄송하지만, Mr. Park께서는 이번 모임에 참석하실 수 없습니다.

Unfortunately, the seminar was postponed.
유감스럽게도, 이번 세미나는 연기됐습니다.

I'm sorry but Mr. Robert can't attend this seminar because of his business trip.
죄송하지만, Mr. Robert는 출장으로 이번 세미나에 참석하실 수 없습니다.

⑤ 요청을 할 때

We would appreciate it if you could make a presentation.
귀하께서 발표해 주신다면 감사하겠습니다.

I'd be grateful if you could attend this seminar.
귀하께서 이번 세미나에 참석해 주신다면 감사하겠습니다.

Could you give a speech?
연설해 주실 수 있으신지요?

⑥ 사과할 때

We must apologize for being late.
늦은 것에 대해 사과를 드립니다.

We deeply regret his absence.
정말 그의 불참에 대해 깊이 사과드립니다.

I do apologize for not attending the meeting.
정말 회의에 불참한 것에 대해 사과를 드립니다.

>●**POINT** do는 apologize를 강조하는 강조용법을 쓰인다.

I'm really sorry for(about) rescheduling.
일정변경에 대해(관해) 정말 사과를 드립니다.

⑦ 문서 첨부

We are enclosing the file.
문서를 첨부합니다.

Please find enclosed a brochure.
첨부한 소책자를 보십시오.

I'm enclosing / I've enclosed a catalogue.
카탈로그를 첨부합니다.

2. 봉투 수·발신 및 우편 처리 방법

(1) 봉투의 구성 요소

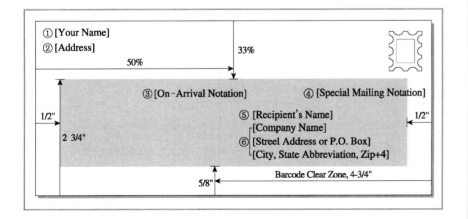

기출 2019. 5. 12. 비서 2급

Choose one that is the LEAST appropriate expression for the blank.

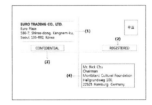

① (1) Return Address
② (2) Postal Directions
③ (3) On-Departure Notation
④ (4) Mail Address

> **해설** (1)은 수신인 주소, (2)는 등기, (3)은 취급 지정, (4) 발인인 주소이다.
> ① 발신인 주소
> ② 우편 방향
> ③ 출발 표기
> ④ 편지 주소

< 정답 ③

① 발신인의 성명

② 발신인의 주소

③ **취급주의 표기**(On-Arrival Notation) ⋯ 상대방에게 도착한 후의 취급에 관한 표기를 명시하는 것으로, Personal 또는 Confidential로 표시한다.

④ **우송표시**(Special Mailing Notation) ⋯ 우편물의 우송에 관한 표기를 명시한다.

구분	의미
Special Delivery	속달
Certified mail	배달 증명우편
Airmail	항공우편
Sea Mail	선편우편
Registered	등기

⑤ 수신인의 성명

⑥ 수신처의 주소

(2) 국제 서신의 주소 형식(미국)

① **형식 1** ⋯ 대부분의 거리 명에는 방향이 포함된다.

Addressees Name(수신인)	CHRIS NISWANDEE
Company / Organization(회사 / 기관명)	BITBOOST SYSTEMS
building number / street name house	421 E DRACHMAN
Locality / Postal code(도시명 / 우편번호)	TUCSON AZ 85705
Country(국가명)	USA

② **형식 2** ⋯ 건물이나 아파트 명에 번호가 있는 경우

Addressees Name(수신인)	MARY ROE
Company / Organization(회사 / 기관명)	BITBOOST SYSTEMS
street name house / building number	421 E DRACHMAN SUITE 5A
Locality / Postal code(도시명 / 우편번호)	TUCSON AZ 85705
Country(국가명)	USA

3. 이메일

(1) 이메일의 구성

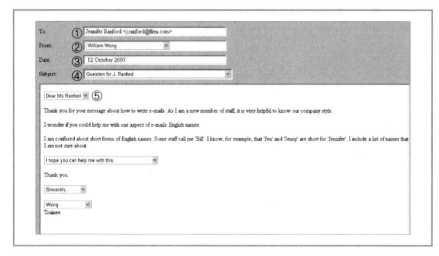

① 수신인의 주소

② 발신인의 주소

③ 발송일자

④ 이메일의 제목 … 제목 없음으로 발송되는 이메일의 경우 상대방이 스팸메일이나 바이러스를 담고 있는 메일로 생각하여 바로 삭제하므로, 본문의 내용을 잘 나타내는 내용이나 발신인을 밝히는 등의 방법으로 제목을 써서 발송해야 한다.
   - 예 ㉠ Order No. 2348X
     ㉡ Delayed Shipment
     ㉢ Laboratory Equipment Order

⑤ 본문

(2) 본문 작성하기

① 인사하기 … 인사로 메일을 시작하게 되면 너무 업무적이지 않고 친근하게 느껴질 수 있게 된다. 상대방을 잘 모르거나 자신의 직급보다 높거나 연장자인 경우 주로 성을 쓰게 된다.
   - 예 Dear Mr. Smithson, Dear Ms. Stringer

② **메일의 목적 밝히기** … 첫 문단에서 메일의 내용이 무엇인지, 어떤 이유로 메일을 보내는지 명확하게 밝힌 뒤, 마지막 문단에서는 다음에 일어나게 될 일 등을 자세히 설명한다.

예 I will send a messenger to your office on Tuesday morning to collect the faulty goods.
결함이 있는 제품들을 고르기 위해 화요일 아침에 귀하의 사무실에 직원을 보내겠습니다.
Please let me have your order by the beginning of the month.
이달 초까지 주문서를 보내주십시오.

③ **요청 사항** … 받는 사람에게 원하는 사항이나 조치를 'Could you ~?', 'I would be grateful if ~', 'Please ~' 등 적절하고 예의바른 표현으로 명확하게 설명해야 한다.

④ **첨부** … 메일의 본문에 첨부한 사항에 대해 언급하도록 한다. 또한, 반드시 메일을 보내기 전 첨부가 잘 되었는지 확인해야 한다. 첨부된 문서는 내용을 알 수 있도록 파일명을 정해야 한다.
단, 'message.doc'나 'content file' 등은 좋지 못하다. '2010 Conference Schedule.doc'와 같이 구체적으로 명시해야 한다.

⑤ **맺음말** … 서신의 맺음말에서 설명한 것처럼, 상대방에 따라 적절한 맺음말을 사용한다. 인사말 뒤에, 콤마를 사용하지 않았다면, 맺음말 뒤에서도 역시 콤마를 사용하지 않아야 한다.

⑥ **발신인 이름** … 보통 발신인의 주소란에 발신인의 이름을 쓰지 않으므로 메일의 마지막에 발신이 누구인지 밝히지 않으면, 수신인은 당황스럽지 않을 수 없다. 따라서 다음과 같이 맺음말과 함께 자신이 누구인지 밝혀야 한다.

예 Kind regards
Jennifer Ranford
Human Resources Manager

4. 사내연락문(메모)

(1) 영문 메모의 구성

① 비즈니스 영어 메모라 하면 우리나라에서 일반적으로 정보나 아이디어를 간단히 기록하는 것을 말하는 메모의 개념과는 조금은 다르게, 회사 간이나 조직 간에 정보를 전달하는 서류로서의 성격이 있다는데 약간의 차이가 있다.

② 보통 서문(Heading)과 본문(Body)으로 구성된다. 본문(Body)은 다시 서(Opening), 본(Discussion/Key Point), 결(Closing)로 구성될 수 있으나 반드시 그러한 것은 아니라서, 군이 형식에 얽매일 필요는 없다.

③ 메모에 따라서는 Heading에서 수신인, 발신인, 날짜, 주제, 참조인 등은 순서가 서로 바뀔 수도 있다.

④ 수신인, 발신인, 날짜, 주제, 참조인 뒤에는 콜론(:)을 사용한다.

⑤ 발신인 부분에 이니셜을 자필로 서명하는 경우 작성자가 본인임을 표시하여 신뢰도를 더욱 높일 수 있다.

(2) 메모 구성의 예

① TO : EPS Sales Staff
② From : Kate Monroe K. m.
③ Date : March 5, 201X
④ Subject : Customer Presentation
⑤ CC : John Pletcher

The presentation you prepared last week to showcase our new product line was exceptional!
Your enthusiasm, sales strategy, and product knowledge were impressive and certainly saled the deal with Mr. Rockefeller!
Thank you for your outstanding work and dedication. Bonus checks will be distributed next week.
My sincere congratulations to all of you!

① 수신인

② 발신인

③ 날짜

④ 주제

⑤ 참조(인)(Carbon Copy)

5. 팩스

(1) 팩스의 작성

① 팩스는 팩시밀리(facsimile)의 준말로, 문서를 주고받을 때 흔히 사용되는 통신 수단이다. 이메일의 주의사항이 여기에도 적용된다.

기출PLUS

기출 2018. 5. 13. 비서 1급

Choose one which is not true to the given text.

┌ 보기 ┐

TELEPHONE MEMO
To Mr. S. Y. Kim
Date 2017. 2. 2. Time 2:20 p.m

　WHILE YOU WERE OUT
Mr. Paul Robinson
of International Home Appliances
phone 555 -. 2485 Ext 144
■ Telephoned　□ Please Call
□ Returned Your Call
□ Will Call Again
□ Came to see You
□ Wants to see you

Message : Mr. Robinson'd like to cancel the meeting of February 4th, Monday at 2 o'clock. He has to leave for New York tonight and will be back on February 12th.

　　taken by Michelle Lee

① Mr. Paul Robinson left this message to Ms. Michelle Lee.
② Mr. Paul Robinson called Mr. Kim to cancel the meeting of February 4th.
③ Ms. Michelle Lee is working for International Home Appliances.
④ This message should be given to Mr. S. Y. Kim as soon as possible.

해설 ③ Ms. Michelle Lee가 아니라 Mr. Paul Robinson이 International Home Appliances에서 일한다.

❮정답 ③

② 팩스의 표지

㉠ 팩스에서 가장 중요한 점은 표지를 제대로 써야 한다는 것이다. 팩스의 표지에는 발신인의 이름과 연락처, 수신인의 이름과 연락처 및 전체 페이지 수 등의 중요한 정보가 들어 있기 때문이다.

㉡ 영문 팩스의 표지

FACSIMILE TRANSMITTAL COVER SHEET	
ⓐ To. Mr. Robert Senior Accountant, Corporate Accounting University of California, Office of the President	ⓑ From. Ms. Lee
ⓒ FAX NUMBER (510) 987-0912	ⓓ Date. January 14, 2009
ⓔ DEPARTMENT / LOCATION Corporate Accounting, 10th Floor, Franklin	ⓕ SENDER'S DEPARTMENT / LOCATION
ⓖ PHONE NUMBER (510) 987-0896	ⓗ SENDER'S PHONE NUMBER (510) 473-1533
ⓘ Re. CFS Control Totals	ⓙ TOTAL NO. OF PAGES INCLUDING COVER
ⓚ NOTES / COMMENTS	

ⓐ 수신인의 이름
ⓑ 발송인의 이름
ⓒ 수신인의 팩스 번호
ⓓ 발송일자
ⓔ 부처 / 위치
ⓕ 발송인의 부처 / 위치
ⓖ 수신인의 전화번호
ⓗ 발송인의 전화번호
ⓘ 안건
ⓙ 표지를 포함한 전체 페이지 수
ⓚ 간단한 코멘트

POINT 이메일과 팩스 마지막 부분에는 항상 서명을 넣는 것이 좋다.

6. 기타 비즈니스 영문서

(1) 이력서, 커버레터

① 이력서

㉠ Jane Smith
㉡ 1010 Madison Avenue Apt 2A
New York, NY, 10003 United States
(212) 256-1414
jane.smith@gmail.com

㉢ OBJECTIVE _____

- Administrative Assistant with 6+ years of experience working directly for the President of 3M Inc., a Fortune 100company. Possesses impeccable written and verbal communication skills and excellent interpersonal skills.

㉣ PROFESSIONAL EXPERIENCE

㉤ Jul 6 09 ~ Aug 28 09
㉥ Personal Assistant
NYC, NY
Permanent Mission of the Republic of Korea to the United Nations
40 Hrs/Week
Total Hours : 340
㉦ Summarized UN assemblies and translated documents from English to Korean

㉧ EDUCATION

FLORIDA STATE UNIVERSITY
         Orlando, FL
Bachelor of Art in English, May 2004
- GPA : 3.3/4.0

㉨ ADDITIONAL SKILLS

- Proficient in Microsoft Office (Power point, Outlook, Word, Excel, Access)
- Fluent in Spanish (written and spoken)
- Excellent custom service and professional demeanor

기출 **PLUS**

기출 2019. 11. 10. 비서 2급

In the Resume, which is NOT properly categorized?

① Personal Data – Full Name
② Employment record – Company Name
③ Special Skills – Computer competence
④ Education – Job title

해설 이력서에서 제대로 분류되지 않은 것은 '④ 교육 – 직위이다.
① 개인 정보 – 이름
② 직장 기록 – 회사 이름
③ 특별한 기술 – 컴퓨터 능숙도

㉠ 지원자 이름

㉡ 주소, 전화번호, 이메일 : 주소는 영어로 표기한다. 전화번호와 이메일은 필수이다.

㉢ 목적

㉣ 경력 ⋯ 기본 정보(기관/회사명, 직급, 기간, 장소)는 가능하면 한 줄로 적는다.

㉤ 날짜까지 상세하게 표현할 필요는 없다. 기간, 총 근무시간은 표기한다.

㉥ 개인 비서의 경우 상사의 직함을 적는 것이 좋다.

㉦ 업무내용

㉧ 학력 : 가장 최근 것부터 먼저 표기하고, 학력사항 중 학교 이름 외에, 전공, 학위 및 수여 (예정) 연도, 주소(시, 나라)는 필수이다.

㉨ 추가능력(자격증, 언어 등)

② 커버레터

㉠ First Last
㉡ 999 Address Drive, Chicago, Illinois 60001
Home : (999) 888 – 7777 | Cell : (666) 555 – 4444
Email : firstlast@youremail.com
January 00, 2007

㉢ {Contact Name (if known)}
㉣ {Contact Job Title}
㉤ {Company Name}
㉥ {Company Address}

㉦ Dear Mr./Mrs./Ms. {Last Name} :

㉧ Opening Paragraph
㉨ Middle Paragraph
㉩ Closing Paragraph

㉪ Sincerely yours,
㉫ Sign name here
㉬ First Last
㉭ Enclosure

〈정답 ④

ⓒ 지원자 이름

ⓛ 주소, 전화번호, 이메일, 날짜

ⓒ 받는 사람 이름

ⓔ 받는 사람 직책

ⓜ 회사 이름

ⓗ 회사 주소

ⓢ 받는 사람

ⓞ 시작 문단

    ⓐ 내가 보내는 커버레터의 목적이 명확하고 간결하게 들어가야 한다.

    ⓑ 지원하고자 하는 직책에 대해 간결하게 쓰고 내가 그 일을 지원하게 된 전
문가적인 관심과 능력을 최대한 간결하게 설명한다.

    ⓒ 그 일에 지원하는 나의 강한 관심을 표현한다.

ⓩ 본문

    ⓐ 내가 왜 이 회사에 지원하길 원하는지, 회사는 왜 나를 고용해야 하는지가
주요내용이어야 한다.

    ⓑ 내가 가지고 있는 자격요건과 경험 등이 지원하는 일에 적합함을 보여준다.

    ⓒ 지원하는 일과 관련시킬 수 있다면 현재 하고 있는 일이나 어떤 특정 과정,
눈에 띌만한 성과 등을 간략하게 적는다.

    ⓓ 내가 회사에 무언가를 제공할 수 있는 인재이고 회사의 현재, 미래에 어떤
도움을 줄 수 있는 사람인지에 대해 명확하게 적는다.

    ⓔ 지원하는 일과 관련지을 수 있는 일반적인 나의능력(대화능력, 팀워크, 문
제해결능력, 관리능력, 지도력 등)을 적는다.

ⓩ 마무리 문단

    ⓐ 이력서와 그 외 필요한 첨부서류를 함께 보냄을 명시한다.

    ⓑ 긍정적인 표현으로 마무리 한다. 시간을 내서 커버레터를 읽어주심에 감사
표현하고 앞으로 있을 수 있는 인터뷰에 대한 강한 관심을 표현한다.

ⓒ 편지 끝맺음 : Sincerely, Sincerely yours, Regards, Best regards, Yours
truly, Most sincerely, Respectfully 등

ⓔ 서명

ⓜ 지원자 이름

ⓗ 이력서에 첨부된 서류들

기출PLUS

기출 2019. 5. 12. 비서 1급

What is MOST proper as a closing of the letter?

① I'm writing to apologize for the wrong order we sent.

② Thank you for your quick reply.

③ I'm looking forward to hearing from you soon.

④ I have received your letter of May 1st.

해설 편지를 마칠 때 가장 적절한 말은
③이다.
③ 답장을 기다리고 있겠습니다.
① 저희가 보낸 잘못된 주문에 대해
사과하기 위해 쓰고 있습니다.

❮정답 ③

기출PLUS

(2) 송장, 명함, 매뉴얼

① 송장

COMMERCIAL INVOICE

㉠ Shipper/Seller	㉥ Invoice No. and date
	㉦ L/C No. and date
㉡ Consignee	㉧ Buyer(if other than consignee)
	㉨ Other references
㉢ Departure date	
㉣ From	㉩ Terms of delivery and payment
㉤ To	

㉪ Shipping Marks	㉫ No.&kind of packages	㉬ Goods description	㉭ Quantity	㉮ Unit price	㉯ Amount
					Signed by

㉠ Shipper/Seller : 발송인 성명(상호), 주소 기재

㉡ Consignee : 수취인 성명(상호), 주소 기재

㉢ Departure Date : 화물을 적재한 비행기 등의 출발일자를 기재하며, 우편물 기표지상의 일자와 일치시켜야 한다. 송장 작성시점에서는 정확한 날짜를 알 수 없으므로, 우편물 접수예상일자의 7일 전후로 기재하면 된다.

㉣ From : 화물 적재지로 예정된 공항 등의 명칭을 기재한다.

㉤ To : 화물이 도착하기로 예정된 최종 목적지인 공항 등의 명칭 기재한다.

㉥ Invoice No. and Date : 발송인이 상업송장에 부여한 참조번호 및 송장 발행일자 기재한다.

㉦ L/C No. and date : 신용장 번호 및 발행일자 기재한다.

㉧ Buyer(if other than consignee) : 우편물 수취인과 수입자(구매자)가 다른 경우, 화물 수입자의 성명(상호) 및 주소를 기재한다.

㉨ Other reference : 기타 참조사항을 기재하는 난이며, 보통 원산지(country of origin) 등을 기재한다.

㉩ Terms of delivery and payment : 인도조건과 지불조건을 기재한다.

㉪ Shipping marks : 화물에 표시된 화인을 기재한다.

㉫ No. & kinds of Pkgs : 화물 포장의 개수와 포장형태를 기재한다.

㉬ Goods Description : 해당 물품의 규격, 품질 등 정확한 명세를 기재한다.

㉭ Quantity : 물품의 단위당 수량을 기재한다.
  ※ 수량 단위 : piece(개수), set(세트), case(상자), 포대(bag), kg(킬로그램), ton(톤) 등

㉮ Unit price : 단위 수량당 가격, 즉 단가를 기재한다.

㉯ amount : 단가에 수량을 곱한 총금액을 기재한다.

② 명함

㉠ SEOWONGAK Corp.

㉡ Gildong Hong

㉢ Team, Plan & Education

㉣ Representative Director

㉤ 88-45, Deoksan-ro, Ilsanseo-gu, Goyang-si, Gyeonggi-do, KOREA
10207

㉥ M. 010-1234-5678

F. 02-1234-5678

㉦ Seowon@abcd.com

　　㉠ 회사명

　　　　ⓐ **영국식** : Company Limited/Co., Ltd.(약자표기)

　　　　ⓑ **미국식** : Incorporation/Inc.(약자표기), Corporation/Corp.(약자표기)

　　㉡ 이름 : 이름은 이름 + 성의 순서로 띄어 쓴다. 이름은 붙여 쓰는 것이 원칙으로 음절 사이에 붙임표(−)를 쓰는 것을 허용한다.

　　㉢ 직급

　　㉣ 부서명

　　㉤ 주소 : 영문주소 표기는 도, 시, 군, 구, 읍, 면, 리, 동, 가의 경우 각각 do, si, gun, gu, eup, myeon, ri, dong, ga로 적고, 그 앞에는 붙임표(−)를 넣는다. 붙임표(−) 앞뒤에서 일어나는 음운 변화는 표기에 반영하지 않는다.

　　㉥ **전화번호** : 국가번호(대한민국 : +82) − 지역번호(서울 : 2) − 전화번호 순으로 표기한다.

　　㉦ 메일주소

③ 매뉴얼

　　㉠ **영문 팩스용지**

	Tel　Fax
ⓐ To :	
ⓑ Company :	
ⓒ From :	
ⓓ Tel :	
ⓔ Subject :	
ⓕ Date :	
●● ⓖ Contents :	

　　ⓐ 받는 사람

　　ⓑ 회사

　　ⓒ 보내는 사람

　　ⓓ 전화번호

　　ⓔ 주제

　　ⓕ 날짜

　　ⓖ 내용

ⓛ 영문 영수증

Receipt		No.
ⓐ Payee Name : ⓑ Address : ⓒ City, ST ZIP Code :	ⓓ Payer Name : Address : City, ST ZIP Code :	
Date	ⓔ Description	ⓕ Amount
	ⓖ Subtotal	
	ⓗ Tax	
	ⓘ Total	

ⓐ 수취인 이름

ⓑ 주소

ⓒ 도시, 우편번호

ⓓ 지급인 이름

ⓔ 종류

ⓕ 수량

ⓖ 소계

ⓗ 세금

ⓘ 합계

ⓒ 영문 회의록

	MINUTES OF MEETING	문서분류	경영/기획
		페이지번호	1/1페이지
		작 성 자	
		작성일자	20 . . .

ⓐ Meeting Date	
ⓑ Meeting Topic	
ⓒ Attendees	
ⓓ Purpose	
ⓔ Objectives	

No	ⓕ Discussions	ⓖ remark

Action Items		
ⓗ Task to be Done	ⓘ Person Reponsible	ⓙ Due Date

ⓐ 회의 날짜

ⓑ 회의 주제

ⓒ 참석자

ⓓ 목적

ⓔ 목표

ⓕ 의논, 토론

ⓖ 발언

ⓗ 달성되어야 하는 임무

ⓘ 책임자

ⓙ 만기일

(3) 초청장, 감사장

① 초청장

PJ Party
22 Yew Street, Cambridge, Ontario
Tel : 416 − 223 − 8900

April 7th, 2009

Dear Valued Customer :

Our records show that you have been a customer of PJ Party Inc. since our grand opening last year. We would like to thank you for your business by inviting you to our preferred customer Spring Extravaganza this Saturday.

Saturday's sales event is by invitation only. All of our stock, including pajamas and bedding will be marked down from 50~ 80% off.* Doors open at 9:00 AM sharp. Complimentary coffee and donuts will be served.

In addition, please accept the enclosed $10 gift certificate to use with your purchase of $75 or more.

We look forward to seeing you at PJ's on Saturday. Please bring this invitation with you and present it at the door.

Sincerely,

Linda Lane

Linda Lane

Store Manager

pjpartyinc@shoponline.com

*All sales are final. No exchanges.

Enclosure : Gift Certificate #345(not redeemable for cash)

PJ Party
22 Yew Street, Cambridge, Ontario
Tel : 416 − 223 − 8900

April 7th, 2009

귀중한 고객님께,

저희 기록들은 귀하께서 작년 저희 그랜드 오픈 이래로 PJ Party 주식회사의 고객이었음을 증명합니다. 우리는 귀하를 이번 주 토요일 우리의 주요 고객을 위한 스프링 쇼에 초청하여 감사를 표현하고자 합니다.

토요일의 판매 이벤트는 오직 초대에 의해 이루어집니다. 파자마 및 베딩 의상을 포함한 모든 상품들은 50~ 80%의 낮은 가격으로 표시될 예정입니다.* 정확히 오전 9시에 오픈됩니다. 무료 커피 및 도넛이 제공될 예정입니다.

또한, 동봉된 75달러 이상 구입 시 사용할 수 있는 10달러짜리 상품권도 받아 주십시오.

토요일에 귀하를 PJ's의 쇼에서 뵙기를 고대합니다. 이 초대장을 소지하시고 정문에서 제시하여 주십시오.

린다 레임 드림

매장 매니저

pjpartyinc@shoponline.com

*모든 판매는 이번이 마지막임, 교환불가

동봉 : Gift Certificate #345 (현금으로 교환 불가)

---

② 감사장

　㉠ 감사장이란 업무 협조 등에 대한 감사의 뜻을 영문으로 작성하여 상대에게 발송하는 문서를 말한다. 영문감사장은 기부나 후원, 구매 등에 대한 감사를 표하기 위한 목적으로 발송한다.

　㉡ 감사를 표하고자 하는 내용을 가급적 상세히 기술하는 것이 좋으며, 예의와 격식을 갖추어 작성하도록 한다.

　㉢ 감사장의 예

Thank you for Hospitality

Date _____

Dear _____

I just arrived home and I would like you to know that I am safe and sound although my flight back was delayed for about three hours. Nonetheless I am home safe and happy, thanks to your hospitality!

My stay in London had been a great vacation! It was a lot of fun and filled with lifelong memories. Your city is truly unique among the rest of the world and I am interested in going back there as soon as I have the opportunity.

I am also inviting you to come visit us here in Korea. I will be more than glad to tour you in our tourist spots and attractions.

Sincerely yours

접대에 대한 감사문

날짜

귀하에게

비록 제 비행기가 3시간 정도 지연이 되었지만 안전하게 집에 도착했다는 것을 알려드립니다. 제가 안전하게 집에 도착했다는 것과 더불어 접대해주셔서 감사드립니다!

런던에 머무르면서 훌륭한 휴가를 보냈습니다! 정말 재미있었고 추억을 많이 쌓았습니다. 귀하의 도시는 전 세계에서 정말 특별한 곳이며 기회가 있을 때 또 방문하고 싶습니다.

또한 귀하께서 한국에 방문해주셨으면 합니다. 관광 명소를 귀하께 소개 시켜 드리겠습니다.

○○올림

---

section **2** 영문서 수 · 발신 처리(영문서 수신 및 전달)

1. 개봉 및 수 · 발신인 확인

(1) 개봉

① 레터 오프너 또는 가위를 이용하여 편지 봉투를 연다.

② 봉투 안의 편지가 훼손되지 않도록 유의한다.

(2) 수 · 발신인 확인

① 수신인 확인
  ㉠ 수신인 주소란에 명시되어 있는 이름을 확인한다.
  ㉡ 서두 인사말을 확인하여 수신인 주소란의 수신인과 서두 인사말에 명시된 수신인의 성(family name)이 같은지 한 번 더 확인한다.

② 발신인 확인
  ㉠ 발신인 주소를 기입한 경우 : 발신인 주소란의 발신인의 정보를 확인한다.
  ㉡ 발신인 주소를 기입하지 않은 경우 : 인쇄 서두(레터헤드)에 기입된 정보를 확인하고, 비즈니스 레터의 마지막 부분에 있는 서명 아래의 발신자 이름과 직위, 소속 등을 보고 확인한다.

2. 동봉물 확인 및 전달

(1) 동봉물 여부 확인

① 동봉된 문서가 없는 경우 … 봉투를 열었을 때 동봉된 문서가 없는 경우 비즈니스 레터의 결문 부분에 Enclosure의 표시가 없는지 다시 확인한다.

② 동봉된 문서가 있는 경우 … 편지의 하단에 Enclosure의 표시가 있다면 비즈니스 레터와 함께 동봉물도 수신인에게 전달될 수 있도록 한다. 또한 명시된 Enclosure의 내용과 동봉물이 일치하는지도 확인한다.

(2) 전달
비즈니스 레터에 명시된 수신인에게 전달한다.

section 3 영문서 작성

1. 상황별 영문서 작성

(1) 회의 알림(메모)

MEMO

To : All Staff

From : Robert Burns

Re : Staff meeting

　This is just to remind everyone about the agenda for Monday's meeting. The meeting will be a combination of briefing and brainstorming session. Please come prepared to propose ideas for reorganizing the office! And remember that we want to maintain a positive atmosphere in the meeting. We don't criticize any ideas you share. All staff members are expected to attend meeting!

메모

To : 간부 전원

From : Robert Burns

Re : 간부회의에 관해

　이것은 월요일 회의 안건에 관해 모두에게 알리고자 함입니다. 회의는 브리핑과 브레인스토밍을 함께 할 예정입니다. 사무실 재편성에 관해 제안할 아이디어를 준비하여 오시기 바랍니다. 회의는 긍정적인 분위기를 유지할 것임을 기억하십시오. 우리는 여러분이 제안한 의견에 대해 전혀 비판하지 않습니다. 모든 직원들이 회의에 참석할 것을 기대합니다.

---

(2) 출장경비정산

```
                    EXPENSE ACCOUNT STATEMENT


Employee : Phillip Donaldson
For period ending : 6/30/09

REIMBURSABLE EXPENSES INCURRED

Hotel/lodging        $695.98
Meals                $215.35
Tax                  $72.06
Travel [air]         $895.63
Personal  auto _____ miles x _____ cents $ _____
Parking              $16.00
Other [itemize] : 2-day auto rental    $149.00
                        Cab fare       $38.00 (includes tips)
Total : $2082.02

I certify the above is a true statement of incurred expenses in accordance
with company policy. Receipts are attached.

Phillip Donaldson

----------------------------------------------------
                    경비지출현황


직원 : 필립 도날드슨
기한 : 2009년 6월 30일

비용 상환 청구

숙박료     695.98달러
식비       215.35달러
세금       72.06달러
교통       895.63달러
주행경비
주차요금   16달러
기타            2일 오토렌트비용 149달러
               택시요금 38달러(팁 포함)
총합계     2082.02달러

위의 자료는 사칙에 의한 정직한 비용청구서입니다. 영수증 첨부했습니다.

필립 도날드슨
```

2. 상황별 표현의 적절성

(1) 어휘 · 문법의 정확성

① 주어, 동사의 일치 … 주어에 따른 동사의 수일치를 확인한다. 즉, 인칭 및 단수, 복수에 맞게 동사가 쓰이고 있는지 확인한다. 의미에 맞는 문장이라도 주어, 동사의 수 일치에 어긋난 문장들이 문제로 출제된다.

예 건물에서 나가서 왼쪽으로 가십시오.
⇒ Turn left when you <u>leaves</u> the building(leaves→leave).

POINT 장문의 문장이라도 우선, 문장 내에서 주어와 동사를 찾아 확인한다.

② 시제의 일치 … 주어진 문장에 맞는 의미를 전달할 수 있도록 바른 동사의 시제를 쓰고 있는지 확인한다.

예 승진하실 만합니다.
⇒ You <u>will deserve</u> to get promoted(will deserve ⇒ deserve).

③ 관계사 문장에서의 선행사 문제 … 선행사에 따라 동사의 일치와 주절에 따른 시제일치를 확인해야 한다.

(2) 표현의 적절성

① 관용표현에 익숙해야 한다.
관용표현은 문장의 직접적인 의미보다 관용적으로 쓰이는 의미가 다르므로 많은 관용표현을 알고 있어야 한다.

② 자신의 생각이 정확하게 표현되어야 한다.
작문은 자신의 생각을 표현해야 하는 것이므로 기본적인 일상표현 외에 본인의 생각 등을 정확하게 나타낼 수 있도록 영어일기작성 및 고급 표현방식(구어, 회화 등)을 숙지하는 등 많은 연습이 필요하다.

03 비서 영어회화 업무

section **1** 전화응대

1. 전화 응답

(1) 전화 응답하기 및 통화 시작하기

Hello, this is Robert.
여보세요, 저는 Robert입니다.

> **POINT** "I am Robert."란 표현을 쓰지 않도록 주의해야 한다.

This is John speaking(at Seoul Bank).
저는 서울 은행의 John입니다.

> **POINT** speaking을 생략하고, This is John이라고 해도 된다.

Hi, Peter. It's Bob.
안녕, Peter. Bob이야.

> **POINT** 친한 사이나 격이 없는 관계에서 사용할 수 있는 표현이다.

Good afternoon? Seoul Computing.
안녕하십니까? Seoul Computing입니다.

Can I help you? / What can I do for you?
무엇을 도와드릴까요?

Who's calling?
누구시죠?

What is it in regard to?
무슨 용건이시죠?

Who would you like speak to?
어느 분을 연결해 드릴까요?

기출 2017. 11. 12. 비서 2급

Which of the following is not appropriate expression for the blank ⓐ?

┌─ 보기 ─
A : Is this BioAir Corporation
B : Yes, it is.
A : This is Brenda James of Purex Industries.
  Can I speak to Ms. Ellis
B : It's very noisy here. Could you speak up a bit
A : I'm afraid ⓐ. I'll hang up and call again.
B : All right.
└─

① it's a bad connection
② the line seems to be mixed up
③ you have the wrong number
④ we have a crossed line

해설 ① 연결이 좋지 않네요.
②④ 전화가 혼선된 것 같습니다.
③ 번호가 틀립니다.
「A : 거기가 BioAir사입니까?
 B : 네, 그렇습니다.
 A : Purex 산업의 Brenda James 입니다. Ms. Ellis와 통화할 수 있을까요?
 B : 여긴 너무 시끄러워서요. 좀 더 크게 말씀해 주시겠어요?
 A : 죄송하지만 ⓐ. 끊었다가 다시 걸게요.
 B : 좋습니다.」

❮정답 ③

(2) 전화통화 도중 빈번하게 사용되는 표현들

① 상대방의 말을 듣지 못했을 때

Sorry?
죄송합니다.

Pardon me? / I beg your pardon.
다시 한 번 말씀해 주십시오.

Excuse me?
죄송합니다.

I'm sorry, I didn't hear what you said.
죄송합니다만, 뭐라고 하셨는지 듣지 못했습니다.

I didn't catch that.
뭐라고 하셨는지 듣지 못했습니다.

I didn't understand. Could you repeat that, please?
이해를 못했습니다. 다시 한 번 말씀해 주시겠습니까?

I'm sorry. Could you go over that again, please?
죄송합니다만, 다시 한 번 말씀해 주시겠습니까?

② 상대방의 뜻을 명확하게 이해하지 못했을 때

I'm sorry. What do you mean exactly?
죄송합니다. 정확하게 무슨 말씀이신지요?

I'm sorry. I don't follow. What is 'downsize'?
죄송합니다. 이해를 못했습니다. 'downsize'가 무슨 뜻이죠?

What do you mean by 'downsize'?
'downsize'로 무엇을 말씀하시려고 하십니까?

③ 전화 상태가 좋지 않을 때

I can hardly hear you.
뭐라고 하시는지 잘 안 들리네요.

Can you speak up (a little), please?
좀 크게 말씀해 주시겠어요?

Can you hear me?
잘 들리시나요?

④ 전화를 잘못 걸었을 때

I'm sorry, I think you have the wrong number.
죄송합니다만, 전화를 잘못거신 것 같습니다.

I think I have the wrong number.
전화를 잘못 건 것 같습니다.

I'm afraid you've reached sales.
죄송하지만 영업부서입니다.

2. 전화 스크린

(1) 성함

May I ask who's calling, please?
누구신지 말씀해주시겠습니까?

Who's calling, please?
누구세요?

Excuse me, who is this?
실례지만, 누구시죠?

Can I ask who's calling, please?
누구신지 물어봐도 될까요?

where are you calling from?
어디서 전화 하시는 겁니까?

what company are you calling from?
어느 회사에서 전화 하시는 겁니까?

(2) 목적

May I ask what this is concerning?
무슨 용건인지 여쭤 봐도 될까요?

May I ask what this is regarding?
무슨 용건인지 여쭤 봐도 될까요?

May I ask the nature of your business?
무슨 용건인지 여쭤 봐도 될까요?

May I help you?
무슨 용건이십니까?

기출PLUS

기출 2019. 5. 12. 비서 2급

Fill in the blanks with the BEST word(s).

┌─ 보기 ─────────────
A : Good afternoon. JP & B Associates. How can I help you?
Linda : I'd like to speak with Larry Smith, please.
A : Please ⓐ(   ) while I put your call through... I'm sorry. I'm afraid Mr. Smith is out of the office at the moment. Would you like to ⓑ(   ) a message?
Linda : I wanted to check to make sure he remembered our meeting.
└──────────────────

① ⓐ wait – ⓑ take
② ⓐ hold – ⓑ leave
③ ⓐ hold – ⓑ take
④ ⓐ wait – ⓑ get

해설 「A : 안녕하세요. JP & B Associates 입니다. 무엇을 도와 드릴까요?
린다 : Larry Smith씨와 통화하고 싶습니다.
A : 전화를 넘기는 동안 기다려 주시겠습니까? 죄송합니다. Smith씨가 바로 지금 퇴근하신 것 같네요. 메시지를 남기시겠습니까?
린다 : 저는 그가 우리의 회의를 기억했는지 확인하고 싶었습니다.」

정답 ②

3. 전화 내용 전달

You got a call from Smith, he wanted you to call him back.
스미스씨한테 전화 왔었는데요, 전화 좀 부탁드린다고 하셨어요.

I had five messages while you were out.
당신이 부재중인 동안 전화가 5통 왔었어요.

He didn't leave a message, but he wanted you to call him when you get in.
전언은 없었지만 돌아오면 전화를 달라고 하셨어요.

There was a call (for you) to call a Mr. Wolf an hour ago.
30분 전에 울프씨에게서 전화가 왔었어요.

Your father rang and asked you to call the hotel he's staying. The number's 123－456－7890.
당신 아버지께서 전화하셨는데 묵고 계신 호텔로 전화하라고 하셨어요. 번호는 123－456－7890이예요.

You were wanted on the phone from design team.
디자인팀에서 전화 왔습니다.

Mr. Alan, a minute before Mr. Gosh has called you. He wants you to call him in his offcie.
알란씨, 방금 전 고쉬씨가 전화왔었는데 사무실전화로 지금 전화해달라고 하시네요.

Our boss called a few minutes ago.
몇 분 전에 상사에게 전화가 왔습니다.

He wants you to call him back at this number.
이 번호로 전화달라고 하십니다.

Your friend called, he'll call back later.
친구분이 전화하셨는데 다시 전화하신데요.

Two clients would like you to call them.
고객 두 분이 전화해 달라고 하셨어요.

He wants you to call him right back.
그분께서 바로 전화 좀 해달라고 하시던데요.

Mr. Baker, there is a message for you.
베이커 씨, 전갈이 온 것이 있습니다.

A man called, but wouldn't give me his name.
어떤 사람이 전화를 걸어 왔는데 이름을 대주려 하지 않았어요.

That's all he would say on the phone.
전화상으로 그 말밖에 안 하더군요.

4. 전화 중개

(1) 연결 요청하기

I'd like to speak to Mr. Park.
Mr. Park과 통화하고 싶습니다.

May / Can / Could I speak to Mr. Lee?
Mr. Lee와 통화할 수 있습니까?

Can / Could you put me through to Mr. Baker please?
Mr. Baker와 통화할 수 있을까요?

Extension 562, please.
562번으로 연결해 주십시오.

(2) 가능한 응답표현

① 연결이 가능할 때의 응답표현

One moment, please.
잠시 기다려 주십시오.

I'll check if he's in his office.
사무실에 계신지 확인해 드리겠습니다.

Just a moment. I'm putting you through, now.
잠시만요. 지금 연결해 드리겠습니다.

I'll connect you now.
지금 연결해 드리죠.

② 연결이 불가능할 때의 응답표현

I'm afraid he's in a meeting at the moment.
죄송합니다만, 지금 회의 중이십니다.

I'm afraid the line is busy.
죄송하지만 통화중이네요.

I'm afraid he's on summer vacation.
죄송하지만 지금 여름 휴가 중이십니다.

I'm afraid he's on business trip until next week.
죄송하지만 다음 주까지 출장이십니다.

He'll be back soon.
그분은 곧 돌아오실 겁니다.

기출**PLUS**

기출 2019. 11. 10. 비서 2급

Fill in the blank with the BEST sentence.

┌ 보기 ┐
S : Mr. Taylor's office. Miss Lee speaking.
Caller : Good morning, Miss Lee. This is Harry Smith. How are you?
S : Oh, hello, Mr. Smith. I'm just fine, and you?
Caller : Pretty good. Is Mike in his office now?
S : Yes, he is, but _____.

① he will be back in one hour.
② he has in busy line.
③ I will tell him that you called.
④ he is on another line now.

해설 ① 그는 1 시간 후에 돌아올 것입니다.
② 그는 바쁩니다.
③ 나는 당신이 전화했다고 그에게 말할 것입니다.
「S : Mr. Taylor의 사무실입니다. Miss Lee 전화 받았습니다.
Caller : 안녕하세요, Miss Lee. 저는 Harry Smith입니다. 어떻게 지내세요?
S : 오, 안녕하세요, Mr. Smith. 저는 좋습니다. 당신은요?
Caller : 아주 좋습니다. Mike 씨가 지금 사무실에 있나요?
S : 네, 계십니다. 그런데 지금 통화중이세요.」

◀ 정답 ④

03. 비서 영어회화 업무 **371**

Do you want hold?
잠시 기다리시겠습니까?

Would you like to speak his colleague?
그의 동료분과 통화하시겠습니까?

③ 메시지를 남길지를 묻는 표현

Can I take your message?
메시지를 남기시겠습니까?

Would you like to leave a message?
메시지를 남기시겠습니까?

5. 발신

(1) 통화가능 여부 묻기

자신이 통화하고자 하는 상대방과 연결이 됐다고 해서, 성급하게 자신의 용건을 말하기보다는 상대방이 현재 나와 통화가 가능한지를 먼저 물어야 한다.

Is this a good moment?
통화가 가능하십니까?

Do you have a second or do you want me to call later?
잠시 시간이 되시는지요, 아니면 나중에 전화 드릴까요?

Can we talk now or later?
잠시 통화하실 수 있으신지요, 아님 나중에 전화 드릴까요?

Are you busy right now?
지금 바쁘십니까?

POINT 가능한 응답 표현들

    ㉠ Now is fine.
      지금 통화 가능합니다.
    ㉡ Yes, it's fine.
      예, 괜찮습니다.
    ㉢ Yes, you have rather. I'm dealing with something right now.
      예, 조금 뒤에 전화주시겠어요? 지금 업무 중이라서요.
    ㉣ I am rather. Do you mind calling back this evening?
      예, 저녁에 다시 한 번 전화주시겠습니까?

(2) 전화한 용건 말하기

I'm calling to arrange next meeting.
차기 모임 준비 건으로 전화드립니다.

The reason I called is to ask for a brochure.
전화 드린 이유는 소책자 때문입니다.

I'm calling about the project.
프로젝트에 관해 전화 드렸습니다.

It's with regard to requesting a catalogue.
카탈로그 요청과 관련하여 전화 드립니다.

It's about Mr. Park.
Mr. Park 관련으로 전화 드립니다.

I'm phoning because of applying for the seminar.
세미나 신청 때문에 전화 드립니다.

(3) 통화내용 다시 확인

So, just to confirm that there will be a meeting next Monday.
다음 주 월요일에 회의가 있을 거라는 것을 확인해 주십시오.

Let me just go over that again.
다시 한 번 확인하겠습니다.

(4) 상대방에게 통화를 마칠 것을 알리기

보통 업무상의 통화를 마치는 것은 시작하는 것 못지않게 어렵다. 때론 너무 길어지며, 또 반대로 너무 빨리 끝내려고 하기도 한다. 하지만, 이런 것은 업무 수행에도 도움이 되질 않으며, 전문적인 비서의 모습이 아니기도 하다. 따라서 상대방에게 통화를 마칠 것을 알리는 것이 매우 중요하다 할 수 있겠다.

OK. I think that's everything.
이제 다 말씀드린 것 같네요.

Is there anything else?
더 하실 말씀 없으신가요?

OK. I'm sorry but I have to go. The other line is ringing.
죄송합니다만, 이만 가봐야겠네요. 다른 전화를 받아야 해서요.

(5) 감사표시하기

Thanks for calling back.
다시 전화해 주셔서 감사합니다.

Thank you for your help.
도와 주셔서 감사합니다.

I'm very grateful for you assistance.
도와 주셔서 정말 감사합니다.

(6) 인사하기

Bye. / Good-bye.
안녕히 계십시오.

Talk to you again soon.
곧 다시 통화합시다.

See you on Friday.
금요일에 뵙죠.

전화 영어 간단 요약도(전화통화 시작부터 마무리까지)

Ⅰ. 자기소개 및 상대방이 누구인지 묻기
- This is John(speaking). 저는 John입니다.
- Who is this? / Who is speaking? 누구십니까?
- Can I ask who is calling? 누구신지 여쭤봐도 되겠습니까?

Ⅱ. 연결요청 및 연결해주기
- Can I have extension 123? 123으로 연결해주시겠습니까?
- May I speak to Mr. Baker? Mr. Baker와 통화하고 싶습니다.
- Is Linda in? Linda 있습니까?
- I'll put you through. 연결해드리겠습니다.
- Could you hold the line? 잠시 기다리시겠습니까?
- Can you hold on a moment? 잠시 기다려주시겠습니까?

Ⅲ. 연결이 불가능할 때와 메시지 받기
- I'm afraid Mr. Baker is not available at this moment.
  죄송하지만 지금 Mr. Baker는 통화하실 수 없습니다.
- The line is busy. 통화중입니다.
- Mr. Paker isn't in the office. Mr. Paker는 사무실에 없습니다.
- Could I take a message? 메시지를 남기시겠습니까?
- Would you like to leave a message? 메시지를 남기시겠습니까?

6. 국가번호와 세계 공통 알파벳 코드

(1) 국가번호

국가	번호	국가	번호	국가	번호
가나	233	브라질	55	인디아	91
가이아나	592	브루나이	673	일본	81
괌	1+671	사우디	966	중국	86
그리스	30	사이판	670	체코	420
나이지리아	234	세네갈	221	칠레	56
남아공	27	세이셸	248	카나리아일랜드	34
네델란드	31	스리랑카	94	카자흐스탄	7
네팔	977	스웨덴	46	카타르	974
노르웨이	47	스위스	41	캄보디아	855
뉴질랜드	64	스페인	34+9	캐나다	1
대만	886	시리아	963	케냐	254
덴마크	45	싱가포르	65	코롬비아	57
도미니카	1	싸이프러스	357	쿠웨이트	965
독일	1+767	아랍에미레이트	971	크로아티아	385
라오스	856	아르헨티나	54	키르기즈공화국	996
러시아	7	아일랜드	353	탄자니아	255
레바논	961	알라스카	1+907	태국	66
루마니아	40	엘콰도르	593	터키	90
룩셈부르크	352	에티오피아	251	코스타리카	506
라비아	218	엘 살바도르	503	파나마	507
마카오	853	영국	44	파라과이	595
말레이지아	60	오먼	958	파키스탄	92
멕시코	52	오스트리아	43	카푸아뉴가아	675
모로코	212	온두라스	504	페루	51
몽고	976	요르단	962	포르투갈	351
미국	1	우루과이	598	폴란드	48
미얀마	95	우즈베키스탄	998	프랑스	33
바레인	973	우크라이나	380	피지	679
방글라데시	880	유고슬라비아	381	필란드	358
베네수엘라	58	이란	98	필리핀	63
베트남	84	이스라엘	972	하와이	1+808
벨기에	32	이집트	20	헝가리	36
볼리비아	591	이탈리아	39	호주	61
불가리아	359	인도네시아	62	홍콩	852

(2) 세계 공통 알파벳 코드

① 알파벳

알파벳	알파벳 코드	한글발음	알파벳	알파벳 코드	한글발음
A	ALFA	알파	N	NOVEMBER	노벰버
B	BRAVO	브라보	O	OSCAR	오스카
C	CHARLIE	챨리	P	PAPA	파파
D	DELTA	델타	Q	QUEBEC	퀘벡
E	ECHO	에코	R	ROMEO	로미오
F	FOXTROT	폭스트로트	S	SIERRA	시에라
G	GOLF	골프	T	TANGO	탱고
H	HOTEL	호텔	U	UNIFORM	유니폼
I	INDIA	인디아	V	VICTOR	빅터
J	JULIETT	쥴리엣	W	WHISKY	위스키
K	KILO	킬로	X	X-RAY	엑스레이
L	LIMA	리마	Y	YANKEE	양키
M	MIKE	마이크	Z	ZULU	줄루

② 숫자

숫자	알파벳 코드	한글발음	숫자	알파벳 코드	한글발음
0	ZERO	제로	5	FIVE	파이브
1	ONE	원	6	SIX	씩스
2	TWO	투	7	SEVEN	쎄븐
3	THREE	쓰리	8	EIGHT	에잇
4	FOUR	포	9	NINER	나이너

7. 상황별 전화영어 응대 요령

(1) 응답

May I ask who's calling? / Who is this calling, please? / Who is speaking, please?
누구십니까?

Who is this, please?
누구십니까?

Mr. Kim speaking. Who is this calling, please?
미스터 김입니다. 전화하시는 분은 누구십니까?

May I have your name, please?
성함을 알려 주시겠습니까?

Can you spell that, please?
철자를 불러 주시겠습니까?

May I help you? / What can I do for?
도와드릴까요?

What section (or department) are you calling?
어느 부서로 전화하셨습니까?

(2) 같은 이름이 있는 경우

We have two Kim Jin-ho. May I have his department?
김진호라는 사람이 두 명 있는데요. 그의 부서를 말씀해 주시겠습니까?

There are two Miss Kims in our secretariat, would you tell me the full name?
비서실엔 2명의 미스 김이 있으니, 이름을 말해 주시겠습니까?

We have several Kims in our company. Do you know the full name, please?
우리 회사에는 몇 명의 김 씨가 있는데요. 성과 이름을 모두 알 수 있습니까?

We have two Yun-suks as a matter of fact. Would you talk to Lee Yun-suk or Park Yun-suk?
사실은 윤숙이란 이름을 가진 사람이 두 사람인데요. 이윤숙을 찾으십니까? 아니면 박윤숙입니까?

(3) 잘못 걸린 전화

This is 732-4775. What number are you calling?
여기는 732-4775입니다. 몇 번에 전화하셨습니까?

This is 732-4775. What number did you dial?
여기는 732-4775입니다. 몇 번에 전화하셨습니까?

There's no such person here. you must have the wrong number.
여기는 그런 사람이 없는데요. 잘못 거셨습니다.

(4) 기다려달라고 할 때

One moment, please. / Just a minute, please. / Please hold on. /Hold the line, please.
잠깐만 기다려 주세요.

Can you hold the line, please?
그대로 기다려 주시겠어요?

Will you hold the line a moment, please?
잠깐만 기다려 주시겠어요?

Yes, Mr. White, hold on a minute, please.
네, 미스터 화이트씨, 잠깐만 기다려 주세요.

Please hang up and wait till we call you back.
이쪽에서 다시 전화할 때까지 끊고 기다려 주십시오.

Thank you for waiting.
기다려 주셔서 감사합니다.

I'm sorry to keep you waiting.
기다리게 해서 죄송합니다.

(5) 전화를 바꿔줄 때

I'll put you through to Mr. Kang.
미스터 강에게 전화를 돌려드리겠습니다.

Mr. White, Mr. Brown is on the phone.
미스터 화이트, 미스터 브라운은 지금 통화중입니다.

Mr. White, you are wanted on the phone.
미스터 화이트, 전화입니다.

Mr. White, telephone.
미스터 화이트, 전화입니다.

(6) 담당 부서로 연결할 때

I'll connect you with the department concerned.
전화를 담당 부서로 연결해 드리겠습니다.

I'll put you through to the Export Section.
전화를 수출과로 연결해 드리겠습니다.

I'll pass you to the manager of General Affairs.
전화를 총무 과장님에게 연결해 드리겠습니다.

He's in the Export Section. Let me put you through to him. Just hold on, please.

그는 수출과에 있습니다. 전화를 그에게 돌려드리겠습니다. 잠깐만 그대로 기다려 주세요.

I'll switch this call to extension 123.

이 전화를 구내 123번으로 연결해 드리겠습니다.

You can converse with Mr. president now. Please hang on.

지금 회장님과 통화할 수 있습니다. 기다리십시오.

I am sorry but I can't transfer this call to him. Could you call again and dial 732−4775, please?

죄송합니다만, 이 전화를 그에게 연결시킬 수가 없는데요. 732−4775로 다시 전화해 주시겠습니까?

(7) 전할 말을 물을 때

Would you like to leave a message?

전할 말이 있으십니까?

Is there any message?

전할 말이 있으십니까?

Can (or May?) I take a message (for him)?

전하실 말씀을 적어 놓을까요?

He should be back soon. Shall I give him a message?

그는 곧 돌아올 겁니다. 그에게 하실 말씀을 전해 드릴까요?

Just a moment, please. Let me get something to write on.

잠깐만 기다려 주세요. 적을 것을 가져오겠습니다.

Thank you for calling. I'll be sure he gets your message.

전화해 주셔서 감사합니다. 그에게 꼭 당신의 메시지를 전하겠습니다.

Certainly, I'll tell Mr. Kang the appointment with Mr. White on Monday was canceled.

물론이죠, 월요일에 미스터 화이트와 했던 약속이 취소됐다고 미스터 강에게 전하겠습니다.

(8) 되물을 때

I beg your pardon? / Beg your pardon? / Pardon me? / Pardon.

다시 한 번 말씀해 주시겠어요.

May I have your name again, please?

이름을 한 번 더 말해 주시겠어요?

What's your name again, please?
이름을 한 번 더 말해 주시겠어요?

How do you spell that?
철자가 어떻게 됩니까?

I'm sorry, could you repeat that, please?
죄송합니다만, 한 번 더 말씀해 주시겠어요?

I'm sorry. Could you speak up a little?
죄송합니다. 좀 더 크게 말씀해 주시겠어요?

Pardon me? I can't hear you.
한 번 더 들려주시겠어요? 말씀을 잘못 알아듣지 못해서요.

Sorry, I didn't quite catch that.
죄송합니다만, 말씀을 잘 알아듣지 못했습니다.

Please speak a little more slowly.
조금만 더 천천히 말해 주세요.

section 2 내방객 응대

1. 용건파악 및 안내

(1) 접수처에서

① 방문객의 표현

　Hello, my name is John.
　안녕하십니까? 저는 John입니다.

　I have an appointment with Mr. Park at 10 a.m.
　저는 Mr. Park과 오전 10시에 약속이 있습니다.

② 접수원의 응대 표현

　Please take a seat.
　앉으십시오.

　I'll see if he's free.
　시간이 되시는지 알아보겠습니다.

　Please wait for a while.
　잠시만 기다려주십시오.

　I will help you register the treatment now.
　지금 바로 접수 도와 드리겠습니다

(2) 자기소개 및 상대의 소개에 대한 응대

① 자기소개하기

How do you do? I'm Peter. Welcome to Seoul.
처음 뵙겠습니다. 저는 Peter라고 합니다. 서울에 오신 걸 환영합니다.

Let me introduce myself (to you). My name is Peter Park. I'm responsible for Quality Control.
제 소개를 하겠습니다. 저는 Peter Park입니다. 저는 품질관리를 맡고 있습니다.

It's pleasure to meet you. My name is Robert Burns.
만나서 반갑습니다. 저는 Robert Burns입니다.

It's very nice to meet you. I'm Linda.
만나서 정말 반갑습니다. 저는 Linda입니다.

② 상대의 소개에 응대하기

(I'm) Pleased to meet you.
만나서 반갑습니다.

Nice meeting you, too.
저 또한 만나서 반갑습니다.

How can I address you?
제가 어떻게 불러야 할까요?

Sorry, I didn't catch your name.
죄송합니다. 성함을 듣지 못했습니다.

Mr. Kim has told me so much about you.
Mr. Kim으로부터 말씀 많이 들었습니다.

It's great to finally meet you!
이렇게 뵙게 되네요! 반갑습니다.

(3) 기타 방문객에 대한 배려에 관한 표현

A : **May I take your luggage?**
B : **Yes, please.**
    Thanks, it's very kind of you.

A : 가방을 제가 받아드릴까요?
B : 예, 그래 주시겠습니까?
    감사합니다, 정말 친절하시군요.

A : **Can I get you something to drink? Coffee or tea?**
B : **Tea would be better, thank you.**

A : 마실 거라도 드릴까요? 커피 또는 차가 있습니다.
B : 차가 좋겠습니다. 감사합니다.

A : May I take your hat?

B : Thank you, but I can manage it.

A : 모자를 제가 받아드릴까요?

B : 감사합니다만, 괜찮습니다.

A : Would you prefer to wait here, or in your office?

B : I'd prefer to wait here.

A : 사무실에서 기다리시는 게 편하세요? 아니면 여기서 기다리시겠어요?

B : 전 이곳에서 기다리는 게 편합니다.

A : Are you comfortable with where you are sitting?

B : Thank you, but I can manage it.

A : 자리가 불편하지는 않으세요?

B : 감사합니다만, 괜찮습니다.

(4) 방문객과 일상적인 주제로 대화하기

① 방문객의 여정

A : How was your flight (or trip)?

B : It's great. / No problems.

A : 비행은 어떠셨습니까?

B : 좋았습니다. / 아무 문제없었습니다.

A : When did you get to the airport?

B : I arrived last night.

A : 공항에는 언제 도착하셨습니까?

B : 어젯밤에 도착했습니다.

A : When did you arrive into Seoul?

B : I just arrived the day before yesterday.

A : 서울에는 언제 도착하셨습니까?

B : 그저께 도착했습니다.

② 방문객의 숙소

A : Where do you stay during your business trip?

B : I'll stay at the Hillton Hotel near the airport.

A : 출장 동안 어디서 머무십니까?

B : 공항 근처 힐튼 호텔에 머물 예정입니다.

A : How do you like the hotel?

B : It's very comfortable. Moreover, they provide free-shuttle to the subway station.

A : 머무시는 호텔은 어떻습니까?

B : 매우 편합니다. 게다가 지하철역까지 무료 셔틀을 운행합니다.

③ 방문지에 관한 방문객의 인상

A : Have you ever been to Seoul?

B : This is first time.

A : 서울에 오신 적이 있으십니까?

B : 첫 방문입니다.

A : Is this your first trip into Seoul?

B : This is my third time into Seoul.

A : 서울 방문은 이번이 처음입니까?

B : 서울은 이번까지 세 번째 방문입니다.

④ 날씨

A : What's the weather like in Shanghai?

B : It's pouring right now.

A : 상해의 날씨는 어떻습니까?

B : 지금 폭우가 내리고 있습니다.

A : Is the weather the same in Beijing?

B : No, it isn't. It's so windy.

A : 베이징과는 날씨가 비슷합니까?

B : 아니요, 바람이 매우 셉니다.

> **POINT** 날씨에 관한 표현
> ㉠ 추위
> • It's freezing.
> (freeze : 얼음이 얼 정도로 춥다)
> • It's cold.
> • It's chilly.
> (cool보다 춥고 cold보다 춥지 않은 정도)
> ㉡ 더위
> • It's warm.
> (warm : 따뜻한, 온난한)
> • It's scorching.
> (scorching : 몹시 뜨거운)

ⓒ 습도
- It's humid.
  (humid : 눅눅한)
- It's dry.
  (opposite : wet)
- It's damp.
  (damp : 약간 습한 정도, slightly wet)

ⓔ 기타 날씨 관련 표현
- It's beautiful / wonderful.
  날씨가 정말 좋습니다.
- It's awful / terrible.
  날씨가 정말 좋지 않군요.
- It's really changeable.
  날씨를 정말 알 수가 없네요.

(5) 실전회화

위의 기본적인 표현들이 실제적인 상황에서는 어떻게 사용되고 있는지 확인할 수 있다. 방문객은 자신의 상사와 약속이 예정되어 있다. 하지만, 상사는 현재 회의 중이므로, 방문객과 방문객의 여정에 관한 주제로 Small talk를 하고 있다.

▶ 회화

Mr. Robert : Good morning. My name Bob Robert. I have an appointment with Mr. Park at 10 : 00 a.m.

Ms. Lee (secretary) : Good morning, sir. I'll see if he's free right now. (Ms. Lee checks his schedule) He is in the conference room for the meeting. However, it will be finished at 9 : 50 a.m. You may meet him on time. Please, take a seat.

Mr. Robert : Thank you.

Ms. Lee : Can I get you something to drink? Tea? Coffee?

Mr. Robert : I'll have tea, thanks.

Ms. Lee : Here you are. How was your journey? Did you have any problem in your flight?

Mr. Robert : Actually, my flight was delayed due to heavy rain. But I could manage to arrive on time.

해석

Mr. Robert : 안녕하세요. Bob Robert입니다. 10시에 Mr. Park과 약속이 있습니다.

Ms. Lee : 안녕하세요. 지금 괜찮으신지 알아보겠습니다(Ms. Lee가 스케줄을 확인한다). Mr. Park은 현재 컨퍼런스 룸에 있습니다만, 미팅은 9시 50분에 끝나게 됩니다. 예정된 시간에 만나실 수 있습니다. 좀 앉으세요.

Mr. Robert : 감사합니다.

Ms. Lee : 마실 거라도 드릴까요? 차와 커피가 있습니다.

Mr. Robert : 차를 마시겠습니다. 감사합니다.

Ms. Lee : 여기 있습니다. 여정은 어떠셨습니까? 불편한 점은 없으셨습니까?

Mr. Robert : 사실, 비행기가 폭우로 연착이 됐습니다. 하지만, 제 시간에 도착할 수 있었습니다.

2. 접대

(1) 방문객에게 도움을 제안하기와 그에 대한 응답표현

① 도움을 제안하기

Would you like me to bring something to read?
제가 읽을 거라도 가져다 드릴까요?

Shall I make a reservation?
제가 예약을 할까요?

Can I give you a hand?
제가 도와드릴까요?

② 제안에 대해 응답하기

That sounds good.
좋은 생각입니다.

That would be great.
정말 좋습니다.

If you could, thank you.
그럴 수 있으시다면요, 감사합니다.

기출 2019. 11. 10. 비서 2급

Fill in the blank with the MOST suitable one.

┌─ 보기 ─┐
A : Would you like something to drink?
B : Coffee, please.
A : _____
B : With sugar, please. Thank you.
A : You're welcome.

① What do you like it?
② How would you like it?
③ How do you want it like?
④ What would you like to do?

해설 ② 어떻게 해드릴까요?
④ 뭐하고 싶으세요?
「A : 음료는 무엇으로 하시겠습니까?
B : 커피주세요.
A : 어떻게 해드릴까요?
B : 설탕을 넣어주세요. 고맙습니다.
A : 천만에요.」

< 정답 ②

(2) 요청하기와 그에 대한 응답표현

① 요청하기

Can you / Could you send this message?
이 메시지 좀 보내 주시겠습니까?

Would you mind copying this document?
이 문서 복사 좀 해주시겠습니까?

Do you think you could make it next weekend?
다음 주까지 하실 수 있으십니까?

② 요청에 대해 응답하기

Sure, that's not a problem.
물론입니다. 문제없습니다.

No, not at all.
아니요. 전혀요.

> **POINT** Would you mind~?의 표현을 사용하여 완곡히 요청할 때는 대답할 때 유의해야 한다. 이와 같은 경우에는 긍정이 아닌, 부정인 'no, never' 등을 사용해서 긍정의 뜻을 나타내야 하기 때문이다.

I'm sorry I can't.
죄송합니다만, 그럴 수가 없네요.

(3) 상대방의 허가를 구할 때 사용하는 표현과 그에 대한 응답표현

① 상대방의 의견 묻기

Can / May I give you a hand with that report?
그 보고서 하는 거 제가 도와드릴까요?

Do you mind if I smoke here?
여기서 담배를 피워도 될까요?

Is it OK if I close the window?
창문을 닫아도 괜찮을까요?

Can I see you right now?
지금 좀 뵐 수 있을까요?

May I interrupt?
(대화 중) 끼어들어도 되겠습니까?

Can you do it for me?
그것을 해주시겠습니까?

② 제안에 대해 응답하기

Sure, go ahead.
물론입니다. 그렇게 하십시오.

Of course not.
괜찮습니다. 그렇게 하십시오.

I will check whether it is possible right now.
지금 가능한지 확인해 드리겠습니다.

I agree with you.
동의합니다.

(4) 상대방의 의견 묻기와 그에 대한 응답표현

① 상대방의 의견 묻기

What / How about canceling this meeting?
이번 모임은 취소하시는 게 어떻습니까?

Why don't we meet next week?
다음 주에 만나는 게 어떻습니까?

Shall we meet this evening?
오늘 저녁에 만나는 게 어떻습니까?

Do you want a break?
잠시 쉬시겠습니까?

② 상대방이 의견을 물을 때, 그에 대해 응답하기

I'm afraid I can't.
죄송하지만 그럴 수 없을 것 같습니다.

Yes, Let's do that.
예, 그럼 그렇게 하시죠.

Sure, if you'd like one.
물론이죠, 당신이 그렇게 원하시면요.

Think so, too.
저도 그렇게 생각합니다.

I'm sorry, but I can't.
죄송하지만, 할 수 없습니다.

(5) 실전회화

> 두 사람이 함께 업무를 하던 중, 잠시 휴식을 취하고자 대화를 나누는 장면이다. 잠시 쉬자고 제안하는 것과 그에 대한 응답 표현들이 실제 회화에서 어떻게 쓰이는지 확인할 수 있다.

회화

Mr. Park : We've been at this all morning. Let's take a rest and go out for a tea.

Mr. Robert : Sounds great.

Mr. Park : There is a great place down the street if you don't mind walking a bit.

Mr. Robert : Of course not.
(Suddenly, it starts raining heavily) Look out the window.
It's pouring right now.

Mr. Park : Gee, then why don't we go another coffee shop in this building?

Mr. Robert : Yes, OK. Let's do that.

해석

Mr. Park : 오전 내내 여기에만 있었네요. 좀 쉬기로 하고 커피 마시러 가는 게 어떻겠습니까?

Mr. Robert : 좋은 생각입니다.

Mr. Park : 좀 걷는 게 괜찮으시다면 이 거리 아래쪽에 괜찮은 곳이 있습니다.

Mr. Robert : 걷는 것도 괜찮습니다.
(갑자기 폭우가 내리기 시작한다) 창문 밖을 한번 보세요.
비가 많이 오는데요.

Mr. Park : 저런, 그러면 이 빌딩 안에 있는 다른 커피점으로 가시는 건 어떻습니까?

Mr. Robert : 예, 괜찮습니다. 그렇게 하시죠.

3. 배웅

(1) 방문을 마치기 위한 표현

I'm afraid I'll have to go, otherwise I'll miss my train.
죄송하지만 이제 가봐야겠습니다. 그렇지 않으면 기차를 놓칠 겁니다.

I should be thinking about going.
이만 가보는 게 좋겠습니다.

OK. I'd better be off.
알겠습니다. 이만 가보는 게 좋겠습니다.

(2) 방문객의 방문에 대한 평가와 응답

A : It's been great working with you.
B : The same for me.
A : 함께 일하게 되어 좋았습니다.
B : 저도 마찬가지입니다.

A : We've had a wonderful time.
B : I'm glad you found it interesting.
A : 정말 좋은 시간이었습니다.
B : 즐거우셨다니 기쁩니다.

A : Everything was great.
B : I'm pleased you enjoyed it.
A : 모든 게 정말 좋았습니다.
B : 좋아하셨다니 기쁩니다.

(3) 차기 만남을 위한 표현과 연락처 관련 표현

① 다음 번 만남을 위한 표현

I hope we'll see you again soon.
곧 다시 뵙게 되길 바랍니다.

I'm sure we'll be seeing each other again very soon.
조만간 서로 다시 만날 것을 믿습니다.

I look forward to seeing you next week.
다음 주에 다시 뵙게 되길 기대하겠습니다.

(Let's) Keep in touch.
계속 연락합시다.

Give me a call next time you are in Seoul.
다음번에 서울에 오시게 되시면 연락 주십시오.

② 연락처 관련 표현들

Do you have my phone number?
제 전화번호 아십니까?

I don't have a business card on me right now.
지금 명함을 갖고 있질 않네요.

Can I give you my office and e-mail address?
제가 제 사무실 주소와 이메일 주소를 알려드려도 될까요?

Let me give you my e-mail address.
제 이메일 주소를 알려드리겠습니다.

(4) 실전회화

방문객이 업무를 마치고 돌아가는 장면이다. 방문을 마치고 돌아가야 할 때, 오고 가는 대화내용들이다. 방문에 대한 평가와 차기 만남을 위한 연락처를 문의하기 위한 표현들을 확인할 수 있다.

회화

Peter : Look at the time! I'd better leave right now or I'll miss my flight at 4:00 p.m.

Ms. Lee : It's been a pleasure working with you over this week, sir.

Peter : I learned a lot while I was here. I think this business trip was really useful. I appreciate everything you've done for me.

Ms. Lee : I'm sure we'll be seeing each other again very soon. You have my business card. Give me a call next time you are in Daegu.

Peter : Thank you. Let's keep in touch.

Ms. Lee : Have a safe journey.

해석

Peter : 이런 시간이 벌써 이렇게 됐군요. 지금 가는 게 좋겠습니다. 아니면 4시 비행기를 놓치겠습니다.

Ms. Lee : 이번 주에 함께 일하게 되어 즐거웠습니다.

Peter : 여기 있는 동안 많은 것을 얻었습니다. 이번 방문은 정말 유익했다고 생각합니다. 저에게 해 주신 모든 것에 대해 감사를 드립니다.

Ms. Lee : 조만간 곧 다시 뵙게 되리라 믿습니다. 명함을 갖고 계시니 대구에 다음번에 오시면 연락주시기 바랍니다.

Peter : 감사합니다. 계속 연락하기로 하죠.

Ms. Lee : 안전한 여정되십시오.

4. 상사 부재 시의 응대

(1) 상사가 부재중인 경우

Would you please have a seat and wait for a moment?
앉아서 잠시 기다려 주시겠습니까?

Would you prefer to wait here, or come back later?
여기에서 기다리시겠습니까? 아니면 나중에 다시 들르시겠습니까?

He's away at the moment, but he'll be back in five minutes.
잠깐 자리를 비우셨습니다만 5분 안으로 곧 돌아오실 겁니다.

I am sorry. I've kept you waiting.
기다리시게 해서 죄송합니다.

I'm sorry, but he's out of the office on business. He will be back next Friday.
죄송합니다만 지금 출장 중이신데요. 다음 주 금요일에 돌아오십니다.

I am sorry He is in a meeting.
죄송하지만 그는 지금 회의 중입니다.

I am sorry that He is gone for a day.
죄송하지만 그는 지금 외출 중입니다.

I am sorry but He is on a business trip to (장소).
그는 지금 (장소)로 출장 중입니다.

He just stepped out for lunch.
점심하러 잠깐 나가셨어요.

He is away on business.
그는 업무상 부재중입니다.

He will be back in an hour.
한 시간 후에 돌아오십니다.

He is out of the office all day today.
오늘 하루 종일 외근이십니다.

He just left for the day.
방금 퇴근하셨어요.

He just stepped out with his clients.
지금 잠시 고객들과 나가셨습니다.

He's out sick today.
오늘 아파서 결근하셨습니다.

(2) 부재중 메시지 받기

Would you like to leave a message of some specificity?
특별히 전할 메시지가 있으신가요?

I'll make sure he gets the message as soon as she gets here.
돌아오시는 대로 그렇게 전해 드리겠습니다.

May I take a message?
메시지를 남기시겠습니까?

section 3 일정에 따른 예약

1. 교통수단 예약

(1) 기차

I'm calling for some information about trains to Busan.
부산으로 가는 열차에 대한 정보를 얻고자 전화했습니다.

Are there any trains leaving this morning?
오늘 아침 출발하는 열차 있습니까?

How many trains are there this afternoon?
오늘 오후 편 열차가 있습니까?

I'd like to reserve a sleeper to London.
런던행 침대차를 예약하고 싶습니다.

I would like a ticket to London.
런던행 기차표 주세요.

How long is the delay?
얼마나 연착되나요?

(2) 실전회화(항공편)

▶ 회화

Reservations clerk : Southern Airways, good morning. May I help you?
Mary Park : Yes, do you have any flights to Newyork next Tuesday afternoon?
Reservations clerk : One moment, please.
　　　　　　　　　　　Yes. There's a flight at 16:45 and one at 18:00.
Mary Park : That's fine. Could you tell me how much a return flight costs?
　　　　　　I'll be staying three weeks.

Reservations clerk : Economy, business class or first class ticket?

Mary Park : Economy, please.

Reservations clerk : That would be $900.

Mary Park : OK. Could I make a reservation?

Reservations clerk : Certainly. Which flight would you like?

Mary Park : The 16:45, please.

Reservations clerk : Could I have your name, please?

Mary Park : My name is Mary Park, that's M-A-R-Y P-A-R-K.

Reservations clerk : How would you like to pay, Ms. Park?

Mary Park : Can I pay at the check-in desk when I pick up my ticket?

Reservations clerk : Yes, but you will have to confirm this reservation at least two hours before departure time.

Mary Park : I see.

Reservations clerk : Now you have been booked, Ms. Park. The flight leaves at 16:45, and your arrival in Newyork will be at 9:25 a.m., local time. The flight number is SA 476.

Mary Park : Thank you.

해석

예약직원 : Southern Airways입니다. 안녕하십니까? 무엇을 도와드릴까요?

Mary Park : 예, 다음 주 화요일 오후 뉴욕으로 가는 항공편이 있나요?

예약직원 : 잠시만 기다려 주세요.
예, 16:45시 편과 18:00시 편이 있습니다.

Mary Park : 좋습니다. 왕복 항공 요금이 얼마인지 알려주시겠어요? 전 3주 머물 예정입니다.

예약지원 : 이코노미, 비즈니스 클래스 아니면 퍼스트클래스 항공권 말씀이십니까?

Mary Park : 이코노미로요.

예약직원 : 900불입니다.

Mary Park : 예, 그럼 예약이 가능합니까?

예약직원 : 물론입니다. 어느 항공편을 원하시죠?

Mary Park : 16:45 비행기로 해 주세요.

예약직원 : 성함을 알려주시겠습니까?

Mary Park : 제 이름은 Mary Park입니다. M-A-R-Y P-A-R-K입니다.

예약직원 : 결제는 어떻게 하시겠습니까?

Mary Park : 발권 시 탑승수속 데스크에서 결제해도 될까요?

예약직원 : 예, 하지만 적어도 출발 시간 2시간 전에 확약하셔야 합니다.

Mary Park : 알겠습니다.

예약직원 : 이제 예약이 됐습니다. 귀하의 항공편은 16:45에 떠나며 뉴욕에는 현지 시각으로 9:25에 도착합니다. 항공편 번호는 SA 476입니다.

Mary Park : 감사합니다.

기출PLUS

2. 식당·호텔 예약

기출 2019. 5. 12. 비서 2급

Which of the followings is the least appropriate expression for the blank?

┌─ 보기 ─

A : Do you have a reservation?

B : No, I don't, but do you have a room for tonight?

A : Yes. A single room or a double room?

B : A single room, please. Well, do you have any rooms with a wonderful night view of this city?

A : Room 723 has a beautiful view of the city.

B : (   )

① Could you let me know what the daily rate is?

② How many nights will you stay?

③ How much will that cost?

④ What's the rate per night?

해설 ① 일일 요금이 얼마인지 알려주시 겠습니까?
② 당신은 몇 박을 머무를 것입니까?
③ 비용은 얼마입니까?
④ 그 비용은 얼마입니까?
「A : 예약 하셨나요?
B : 아뇨, 하지만 오늘 밤에 방이 있습니까?
A : 예. 싱글룸 또는 더블룸 어떤 것을 원하시나요?
B : 싱글룸으로 주세요. 이 도시의 멋진 야경을 볼 수 있는 방이 있습니까?
A : 723호실은 도시의 아름다운 전망을 제공합니다.」

(1) 식당 예약하기

식당을 예약할 때, 식당 측에서는 보통 인원 혹은 테이블 수, 시간, 예약자 성함, 금연석, 창가석 등을 묻게 된다.

When is that for?
언제로 예약해 드릴까요?

Can I have your name, please?
예약하시는 분 성함 좀 알려주시겠습니까?

How many people is that for?
몇 분이나 오시죠?

Is that smoking or non-smoking?
금연석을 원하시는지요?

What time is that for exactly?
정확히 몇 시에 예약해드릴까요?

(2) 호텔 예약하기

호텔을 예약할 때, 호텔 측에서 보통 성함(Name), 묵는 날수(Number of nights, Dates), 객실 종류(Type of room), 신용카드 종류 및 번호(Credit card), 카드유효기간(Card expiry date), 연락처(Contact number)를 묻게 된다.

Sillon Hotel, May I help you / How may I help you?
Sillon 호텔입니다. 무엇을 도와 드릴까요?

How many nights is that for?
며칠 동안 묵으실 거죠?

When is that for exactly?
날짜가 정확히 언제이십니까?

Is that a single or a double room?
싱글 룸을 원하십니까 아니면 더블 룸을 원하십니까?

Can I take / have the card number?
카드번호를 알려주시겠습니까?

Can I take / have a contact number?
연락처를 알려주시겠습니까?

< 정답 ②

(3) 실전회화

① 호텔 예약하기

▶ 회화

Receptionist : Good afternoon, Sillon Hotel. May I help you?

Ms. Lee : Yes. I'd like to book a room, please.

Receptionist : Certainly. When is that for?

Ms. Lee : May the 3rd.

Receptionist : How long will you be staying?

Ms. Lee : Three nights.

Receptionist : What kind of room would you like?

Ms. Lee : Single, please. I'd appreciate it if you could give me a room with a view over the river.

Receptionist : Certainly. I'll just check what we have available. Yes, we have a room on the 10th floor with a really great view.

Ms. Lee : Fine. How much is the charge per night?

Receptionist : Would you like breakfast?

Ms. Lee : No, thanks.

Receptionist : It's Sixty four euro per night excluding VAT.

Ms. Lee : That's fine.

Receptionist : Who's the booking for, please?

Ms. Lee : Ms. Lee, that's L-E-E.

Receptionist : Okay, let me make sure I got that : Ms. Lee. Single for May the 3rd, 4th and 5th. Is that correct?

Ms. Lee : It's correct. Thank you.

Receptionist : Let me give you your confirmation number. It's P050305. I'll repeat that P050305. Thank you for choosing Sillion Hotel and have a nice day. Goodbye.

Ms. Lee : Goodbye.

▶ 해석

접수원 : 안녕하세요. Sillon 호텔입니다. 무엇을 도와드릴까요?

Ms. Lee : 방을 하나 예약하고 싶은데요.

접수원 : 예, 언제 필요하시죠?

Ms. Lee : 5월 3일요.

접수원 : 얼마나 머무르시죠?

Ms. Lee : 3박 4일요.

기출PLUS

접수원 : 객실 타입은요?

Ms. Lee : 싱글 룸으로요. 가능하면 강가가 보이는 방으로 예약해주시면 감사하겠습니다.

접수원 : 물론이죠. 제가 한 번 가능한지 알아볼게요. 예, 10층에 풍경이 좋은 방이 하나 있네요.

Ms. Lee : 좋네요. 숙박 요금이 얼마죠?

접수원 : 조식도 드시겠어요?

Ms. Lee : 아니요.

접수원 : 부가세 포함해서 1박에 64유로입니다.

Ms. Lee : 괜찮습니다.

접수원 : 예약하시는 분 성함 좀 알려주시겠습니까?

Ms. Lee : Ms. Lee, L-E-E입니다

접수원 : 그럼, 예약하신 사항 다시 확인해드리겠습니다. Ms. Lee, 싱글 룸 5월 3일, 4일, 5일 사용하시는 겁니다. 맞습니까?

Ms. Lee : 예, 감사합니다.

접수원 : 예약확인번호를 드리겠습니다. P050305입니다. 다시 한 번 말씀드리겠습니다. P050305입니다. Sillion을 선택해 주서서 감사합니다. 좋은 하루 보내세요. 감사합니다.

Ms. Lee : 안녕히 계세요.

② 식당 예약하기

▶ 회화

Restaurant : Hello, Ian's Restaurant. How may I help you?

Ms. Choi : I'd like to book a table please.

Restaurant : Certainly. When is that for?

Ms. Choi : Wednesday 9th.

Restaurant : Can I have your name, please?

Ms. Choi : Ms. Choi.

Restaurant : Can you spell that?

Ms. Choi : C-H-O-I.

Restaurant : How many people is that for?

Ms. Choi : A table for three.

Restaurant : Is that smoking or non-smoking?

Ms. Choi : Non-smoking, please.

Restaurant : What time if that for exactly?

Ms. Choi : Seven o'clock.

Restaurant : Fine. So that's a table for three on Wednesday 9th at seven o'clock. Is there anything else?

Ms. Choi : No. That's everything thanks.

Restaurant : We look forward to seeing you then. Good bye.

해석

접수원 : 여보세요. Ian's Restaurant입니다. 무엇을 도와 드릴까요?

Ms. Choi : 테이블을 예약하고 싶습니다.

접수원 : 그러세요. 날짜가 언제죠?

Ms. Choi : 9일, 수요일입니다.

접수원 : 성함을 말씀해 주시겠습니까?

Ms. Choi : Ms. Choi입니다.

접수원 : 철자가 어떻게 되시죠?

Ms. Choi : C-H-O-I입니다.

접수원 : 몇 명이나 오십니까?

Ms. Choi : 3명을 위한 테이블 하나를 부탁합니다.

접수원 : 흡연석 또는 금연석을 원하십니까?

Ms. Choi : 금연석으로 부탁합니다.

접수원 : 시간은 정확히 언제입니까?

Ms. Choi : 7시입니다.

접수원 : 알겠습니다. 9일 수요일 7시, 3분을 위한 테이블을 원하셨습니다. 또 필요하신 거 없으십니까?

Ms. Choi : 아니요. 감사합니다.

접수원 : 그럼, 그때 뵙기를 기대하겠습니다. 안녕히 계십시오.

3. 해외호텔, 항공 예약관련 지식

(1) 해외호텔 예약

① 손님

I'd like to make reservations.
예약하려고 합니다.

I'd like to book a room for this weekend please.
이번 주말에 객실 하나를 예약하고 싶습니다.

I'd like to reserve a room for next Saturday.
다음 주 토요일에 묵을 방을 예약하고 싶습니다.

I'd like to make a reservation for a twin double, please.
1인용 침대 둘 있는 방으로 예약을 하고 싶습니다.

Could you give me information on your room rates, please?
객실 요금에 대해 좀 알려주시겠어요?

How much do you charge for a single, please?
1인용 객실 요금이 얼마죠?

How much for a night?
일박에 얼마입니까?

Does it include the service charge and tax?
서비스료와 세금을 포함한 것입니까?

Do you have any rooms available?
빈 방이 있습니까?

I'll be staying for the weekend.
주말 동안 묵을 겁니다.

Can I stay one more night?
하루 더 묵을 수 있을까요?

I'd like to stay two more days.
이틀 더 묵고 싶은데요.

Is there anything cheaper?
좀 더 싼 방은 없습니까?

Is breakfast included?
요금은 아침 식사 포함입니까?

I want a room with a nice view.
전망이 좋은 방으로 부탁합니다.

I'd like a room for one.
싱글 침대 방으로 부탁합니다.

② 점원

Room 520 is vacant.
520호실이 비어 있습니다.

How many rooms would you like?
방이 몇 개나 필요하세요?

How long will you be staying?
얼마 동안 이곳에 묵으실 겁니까?

How many nights will you be staying?
며칠 밤이나 묵으실 건가요?

How many in your party?
일행이 모두 몇 분이세요?

May I have your name, please?
성함을 알려 주시겠어요?

What kind of room would you like, sir?
어떤 방이 필요합니까?

(2) 항공 예약

① 승객

I would like to make a reservation for a flight please?
항공권 예약을 하고 싶습니다.

Round Trip, please./ One way, please.
왕복으로 부탁합니다. / 편도로 부탁합니다.

Departing from Seoul and arriving at Los Angeles - LAX airport.
서울에서 출발해서 로스엔젤러스 LAX공항 도착이요.

Departure date is Jun 3 and the return date is Jun 10.
출발은 6월 3일 그리고 돌아오는 날짜는 6월 10일이요.

Return date has not yet been fixed.
돌아오는 날짜는 아직 미정입니다.

Economy class for one, please.
이코노미석 한 명이요.

What is the price difference between economy class and business class?
이코노미석이랑 비즈니스석의 가격 차이가 얼마나 나죠?

Do you have anything more affordable?
더 저렴한 표가 있나요?

I will take the lower price one.
저렴한 것으로 하겠습니다.

I would like to pre-order my in-flight meals.
미리 기내식을 구입하고 싶습니다.

② 상담원

Is this a round trip or multi destination trip?
왕복인가요? 여러 도시를 가는 여행인가요?

City of departure and arrival please?
출발지와 도착지는요?

What class are you looking for?
클래스 좌석은요?

How many passenger?
몇 명이죠?

The flight is fully booked./ There are no available seats.
만석입니다.

It is a non-refundable ticket.
환불이 불가한 표입니다.

We will send you the itinerary and the e-ticket shortly.
항공 전자티켓과 일정을 곧 보내드리겠습니다.

기출**PLUS**

03. 비서 영어회화 업무 **399**

4. 일정관리

(1) 스케줄링

A : I'd like to explain to you today's plant tour briefly.

B : That's good. Please go ahead.

A : We go to our Ilsan Plant by car. It takes about 30 minutes from here. We are scheduled to be back here in Seoul by 4:00 this afternoon.

B : I see.

A : Mr. Kang will be meeting us there. He will be the one who will show us around.

A : 오늘 공장 견학 일정에 대해 간략히 설명해 드리고자 합니다.

B : 좋은 생각이군. 어서 하세요.

A : 차량을 이용해 일산 공장으로 가게 됩니다. 여기서 약 30분 정도 소요됩니다. 오늘 오후 4시까지 여기 서울로 돌아오는 것으로 일정이 잡혀 있습니다.

B : 알겠어요.

A : 거기서는 Mr. kang이 저희를 만날 겁니다. 그 사람이 우리를 오늘 안내할 사람 중의 한 사람입니다.

(2) 일정표 관리

Mr. Frank : Ms. Davis. Please check the itinerary for my business trip next week.

Ms. Davis : Yes, you arrive next Wednesday in San Francisco and have two dinner appointments on the next day and Friday. Returning flight is on Saturday evening.

Mr. Frank : Please let me know each of the two dinner appointments through e-mail the previous day

Ms. Davis : Sure.

Mr. Frank : Ms. Davis 다음 주 출장 일정 좀 확인해 주세요.

Ms. Davis : 예, 다음 주 수요일에 샌프란시스코에 도착하셔서 그 다음날과 금요일에 2건의 저녁약속이 있으십니다. 돌아오는 항공편은 토요일 저녁입니다.

Mr. Frank : 약속 바로 전날 이메일로 저녁 약속을 상기시켜 주세요.

Ms. Davis : 물론입니다.

section 4 지시와 보고

1. 지시받기

Linda : Mr. Baker, AVA traveling send a letter of invitation to you.
Baker : Oh, when is it?
Linda : It's next Friday.
Baker : And time?
Linda : It's 6 o'clock.
Baker : Could you check the schedule on that day?
Linda : Of course.

Linda : AVA 여행사에서 Mr. Baker께 초청장을 보냈습니다.
Baker : 아, 언제죠?
Linda : 다음 주 금요일입니다.
Baker : 시간은요?
Linda : 6시입니다.
Baker : 그 날 일정표 좀 확인해 주겠어요?
Linda : 물론입니다.

2. 보고하기

Parker : Hello, Ms. Linda. Is there any callings during business trip?
Linda : Yes, Mr. Burns called to you and left a message for you.
Parker : What is it about?
Linda : Mr. Burns wanted to make sure the meeting with you tomorrow, and
         asked you to call him back.
Parker : I see. I will call him right now. Thank you.

Parker : 안녕하세요, Ms. Linda. 출장 동안 걸려 온 전화가 없었나요?
Linda : 예, 어제 Mr. Burns가 전화하셔서 메시지를 하나 남기셨습니다.
Parker : 무엇에 관한 거죠?
Linda : Mr. Burns는 내일 모임에 관해 확인하고 싶어 하셨고 돌아오시면 전화를 달라
         고 하셨습니다.
Parker : 알겠습니다. 지금 전화할게요. 고마워요.

2020년 11월 8일 비서 1급

1 Choose the one which does NOT correctly explain the abbreviations.

① MOU : Merging of United

② IT : Information Technology

③ CV : Curriculum Vitae

④ M&A : Merger and Acquisition

 Point

① MOU(양해각서) : Memorandum of Understanding

2020년 11월 8일 비서 1급

2 What is INCORRECT about the following envelope?

XYZ CORPORATION 12 Broadway Tulsa, OK 74102 CONFIDENTIAL	stamp

SPECIAL DELIVERY

Mr. Charles Lockwood

Marketing Director

Sharpie Electronics Company

1255 Portland Place

Boulder, CO 80302

① 수신인은 마케팅 이사인 Charles Lockwood이다.

② 이 서신은 빠른우편으로 배송되었다.

③ 이 서신의 내용은 인비이므로 Lockwood가 직접 개봉해야 한다.

④ 이 서신의 발송지는 미국 Oregon주이다.

 Point

④ 좌측 상단에 있는 내용이 발송인에 해당한다. 이 서신의 발송지는 미국 Oklahoma(OK)주이다.

Answer 1.① 2.④

3 **What is the LEAST correct information about the below fax?**

FAX from : Jefferey Duncan

        ICN Co. ESH Singapore

        Tel. +65 6426 7823

        Fax +65 6426 7824

\# of Pages : 1 including this page

DATE : May 2, 2020

FAX to : Kevin Meier of ABC company +81 3 5277 061

MESSAGE

Dear Mr. Meier:

Thank you for your fax. Most of all, we apologize for the delay in shipping your order.

We normally keep to our delivery dates, but in this case our suppliers shipped to us late. Your order will be shipped today, and the date of delivery will be May 11.

We are very sorry for the inconvenience, and will make every effort to prevent a recurrence.

---

① ICN Co. has had a business with ABC company.

② Kevin Meier is expected to get the ordered goods on May 2.

③ The main purpose of this fax is to apologize for the delay and inform the delivery date.

④ Kevin Meier must have sent a fax to ask for the shipment of his order.

 Point

    ② 5월 2일은 물건이 발송된 날짜이고 배송 날짜는 5월 11일이다.

「친애하는 Mr. Meier

팩스를 보내주셔서 감사합니다. 무엇보다도 귀하의 주문품 발송이 지연된 점 사과드립니다.

우리는 보통 납기일을 지키지만, 이 경우에는 공급업체가 늦게 우리에게 배송했습니다. 고객님의 주문품은 오늘 발송되며, 배송 날짜는 5월 11일입니다.

불편을 끼쳐드려 대단히 죄송하며 재발 방지를 위해 최선을 다하겠습니다.」

Answer 3.②

4 Which is NOT true according to the following Mr. Smith's itinerary?

<u>WEDNESDAY, MAY 6</u>

01:30 p.m.   Leave Chicago/O'Hare Field
                American Airlines Flight No. 836
                Nonstop

05:10 p.m.   Arrive Boston/Logan Int.
                Hotel Transportation Provided
                Phone : 617-267-9314
                Hotel : Revere Square Hotel, 9135 Revere Square
                Dates : May 6 and 7
                Confirmation No. 156J92CD (by Joan)
                Guaranteed Arrival
                    Note. Upon arrival, contact Tom Kennedy regarding conference presentation.

<u>THURSDAY, MAY 7</u>

10:00 a.m.   Presentation to National Pharmaceutical Sales Conference, Decker Hall, Revere Square Hotel
11:45 a.m.   Luncheon w/ John Blake, new accountant, Pullman Room, Revere Square Hotel
04:00 p.m.   Meeting w/ all regional sales managers, Hall B, Revere Square Hotel
07:30 p.m.   Conference Banquet, Diamond Hall, Revere Square Hotel

<u>FRIDAY, MAY 8</u>

10:00 a.m.   Leave Boston/Logan Int.
                American Airlines Flight No. 462
                Nonstop

---

① 스미스씨는 2박 일정으로 Revere Square 호텔을 예약하였다.
② 호텔 예약과 관련하여 문제가 발생했을 경우는 Joan과 연락하면 된다.
③ 연회는 저녁 7시 30분에 Pullman Room에서 개최될 예정이다.
④ 스미스씨는 수요일 오후 1시 30분 시카고 오헤어 공항을 떠나는 일정이다.

🔈⟨Point⟩
　③ 연회(Conference Banquet)는 저녁 7시 30분에 Revere Square Hotel의 Diamond Hall에서 개최될 예정이다.

Answer　4.③

5 **Fill in the blanks with the BEST ones.**

A : Intercontinental Hotel. How may I direct your call?

B : Reservations, please.

A : Just a moment, please.

C : Reservations. How may I help you?

B : I'd like to make a reservation. Do you have a double room available from the 15th of March through the 17th?

C : Yes, we have. Your room _____ from March 15th to 17th. May I have your credit card number _____ your reservation?

---

① is booked − to guarantee

② booked − to confirm

③ is booked − for reconfirming

④ booked − for making

Point

① 예약이 되는 것이므로 수동형 써야 하며, 신용카드 번호는 예약을 보증하기 위한 것이므로 'to guarantee'가 들어가는 것이 적절하다.

「A : Intercontinental 호텔입니다. 전화를 어디로 연결해 드릴까요?

B : 예약실로 연결해 주세요.

A : 잠시만 기다려 주세요.

C : 예약실입니다. 무엇을 도와드릴까요?

B : 예약을 하고 싶은데요. 3월 15일부터 17일까지 사용 가능한 더블룸이 있나요?

C : 네, 있습니다. 3월 15일부터 17일까지 예약되었습니다. 예약을 보증하기 위해 신용카드 번호를 알려주시겠습니까?」

Answer 5.①

6 **Which English sentence is LEAST proper for the given Korean meaning?**

① 이사회에 정성어린 축하를 전해주시기 바랍니다.

→ Please pass on our kindest wishes to the board of directors.

② 귀사의 주요 고객 중 한 분인 Mr. Anderson 씨에게 귀사에 대해 들었습니다.

→ I've heard about your company from Mr. Anderson, one of your major clients.

③ 용도에 맞게 쓰시라고 전자 상품권을 발행해 드렸습니다.

→ An electronic voucher has issued for your use.

④ 귀하가 우리 대리점에서 겪으신 불편에 대해 알고 염려가 되었습니다.

→ We were concerned to learn that you have experienced an inconvenience in our agency.

③ has issued → has been issued

7 **Choose the MOST appropriate expression.**

> A : Miss Jung, (a)이사회가 몇 시로 예정되어 있죠?
> B : (b)9일, 금요일 오후 1시입니다.

① (a) when is the board meeting scheduled?

(b) On the 9th, Friday at 1:00 p.m.

② (a) when is the board meeting scheduling?

(b) On Friday, the 9th at 1:00 p.m.

③ (a) when does the board meeting scheduling?

(b) In the 9th, Friday at 1:00 p.m.

④ (a) when has the board meeting been scheduled?

(b) By Friday, the 9th at 1:00 p.m.

(a) 예정되어 있다 → is ~ scheduled

(b) 날짜 앞에 전치사 'on' → On the 9th

Answer 6.③ 7.①

8 **According to the followings, which is LEAST true?**

S : Mr. Chang. Can I come in and fill you in on your schedule for today?

B : Well, I looked it through before I left home this morning, but come in Ms. Lee. It doesn't harm to double check, does it?

S : Not at all sir. Actually, Mr. Trevor of the finance department dropped by yesterday after you left for home. He wanted to see you to discuss funding for the next year's project.

B : I can see him now.

S : Well. Mr. Trevor has a department meeting at the moment. He will come to see you at 11:00. Mr. Chang, you don't have anything scheduled from 11 until noon.

B : 11 o'clock is good. Let me know when he is here. Anything else?

S : You are scheduled to go to the 5th Annual Meeting for Seoul SME Executives Association.

B : What time is the meeting and where should I go?

S : It is at 6:00 p.m. at the ABC Hotel. Because it's rush hour, I suggest your leaving at least an hour earlier.

B : OK. Thank you. Ms. Lee.

---

① Mr. Chang will leave for ABC Hotel around 5 o'clock.

② Mr. Trevor wanted to see Mr. Chang yesterday, but hecouldn't.

③ Mr. Chang already looked through today's schedule thismorning.

④ Ms. Lee is Mr. Trevor's secretary.

📢 **Point**

④ Ms. Lee는 is Mr. Chang의 비서이다.

「S : Mr. Chang. 제가 들어가서 오늘 스케줄에 대해 말씀드려도 될까요?

B : 음, 오늘 아침에 집을 나서기 전에 훑어봤지만, 들어오세요 Ms. Lee. 다시 한 번 확인해도 나쁘지 않죠?

S : 물론입니다. 실은, 어제 당신이 집으로 떠난 후 재무부의 Mr. Trevor가 들렀었습니다. 그는 내년 프로젝트를 위한 자금에 대해 논의하려고 당신을 만나고 싶어했습니다.

B : 나는 지금 그를 만날 수 있어요.

S : 글쎄요. Mr. Trevor는 지금 부서 회의가 있습니다. 그는 11시에 당신을 만나러 올 것입니다. Mr. Chang, 11시부터 정오까지는 일정이 없습니다.

B : 11시 좋아요. 그가 여기에 오면 알려주세요. 또 다른 건 없습니까?

S : 제5차 서울중소기업경영자총협회 연차총회에 참석하실 예정이십니다.

B : 회의가 몇 시에 있고 어디로 가야 하나요?

S : ABC 호텔에서 오후 6시입니다. 퇴근 시간이기 때문에 적어도 한 시간 일찍 떠나시길 권합니다.

B : 네. 감사합니다. Ms. Lee.」

Answer 8.④

9 What kind of letter is this?

Mr. Benjamin Button
HR Director
New Bridge Finance, Ltd.

Dear Mr. Button:

It is my great pleasure to write for Stacy Truman for the opening position in your company.

During the past three years that Ms. Truman was with us, I have come to know her as a hard-working, diligent and optimistic person with tremendous initiative. She began as a part-time secretary in Finance division but quickly demonstrated her potential and was promoted to executive secretary within a year's time.

Though I will be disappointed to see her go, I also know that Ms. Truman's ambition should not be held back. I'm sure she will make a valuable asset to any company.

Sincerely,
Richard Branson
Richard Branson,
Executive Vice President

① Condolence Letter   ② Congratulatory Letter
③ Resignation Letter   ④ Recommendation Letter

 Point

　자신의 회사에서 비서로 근무하던 Ms. Truman이 이직하게 된 회사의 인사부로 보내는 추천편지이다.

「Mr. Button님께
귀사에서 직책을 맡게 된 Stacy Truman을 위해 편지를 쓰게 되어 매우 기쁩니다.
Ms. Truman이 우리와 함께했던 지난 3년 동안, 저는 그녀가 엄청난 진취성을 지닌 성실하고 근면하며 낙천적인 사람인 것을 알게 되었습니다. 그녀는 재무 부서에서 시간제 비서로 시작했지만, 그녀의 잠재력을 재빨리 입증하였고 1년 만에 수석비서로 승진했습니다.
그녀가 가는 것을 보면 실망하겠지만, Ms. Truman의 야망이 억제되어서는 안 된다는 것도 알고 있습니다. 저는 그녀가 어떤 회사에서든 소중한 자산이 될 거라고 확신합니다.」
① 문상편지 ② 축하편지 ③ 사직서 ④ 추천편지

Answer 9.④

10 Choose one pair of dialogue which does NOT match each other.

① A : It's a little bit early for dinner but would you like to have something?
　B : Why don't we have a sandwich?
② A : Do I have any meetings tomorrow?
　B : I'll let you know the schedule for tomorrow.
③ A : Do you have any particular brand of car in mind?
　B : No, but I'm looking for a compact car.
④ A : Is there some sort of a landmark you can tell me about?
　B : You can take a taxi, but it's within walking distance.

🔊 **Point**
　① A : 저녁 식사하기에는 좀 이르지만 뭐 좀 드실래요?
　　B : 샌드위치를 먹는 게 어때요?
　② A : 내일 회의가 있나요?
　　B : 내일 일정을 알려드릴게요.
　③ A : 마음에 두고 있는 특별한 브랜드의 차가 있나요?
　　B : 아뇨, 하지만 소형차를 찾고 있어요.
　④ A : 제게 말해 줄 만한 랜드마크 같은 게 있나요?
　　B : 택시를 타시면 되는데, 걸어서 갈 수 있는 거리에 있어요.

11 Which is the LEAST correct match?

① CFO : Chief Financial Officer
② COD : Cash on Delivery
③ BCC : Blind Carbon Copy
④ N/A : Not Alone

🔊 **Point**
　④ N/A : Not Applicable(해당 없음), Not Available(이용할 수 없음)

Answer 10.④ 11.④

12 Which is the BEST word(s) for each blank?

• Is the message ⓐ_____? Will the other person be able to read it?

• The telephone call was in ⓑ_____ to our airline reservation.

• Did you complete and return the ⓒ_____ we sent you recently?

• We will be able to ⓓ_____ at least ten more guests at the banquet.

---

① ⓐ legible   ⓑ regarding
   ⓒ question   ⓓ accommodate

② ⓐ legible   ⓑ regard
   ⓒ questionnaire   ⓓ accommodate

③ ⓐ vague   ⓑ regarding
   ⓒ question   ⓓ accommodate

④ ⓐ vague   ⓑ regard
   ⓒ questionnaire   ⓓ accommodate

🔊 **(Point)**

• 메시지를 <u>읽을 수 있습니까</u>? 상대방이 읽을 수 있을까요?
• 전화 통화는 우리의 항공 예약<u>에 대한</u> 것이었습니다.
• 최근에 보내드린 <u>설문지</u>를 작성해서 반송하셨습니까?
• 연회에 최소 10명의 손님을 더 <u>수용</u>할 수 있을 것입니다.

---

13 Choose the one which has MOST UNGRAMMATICAL part.

① 지원자들은 그 일자리에 필요한 자격요건을 갖추어야 한다.
   → Candidates should meet the qualifications for the job.

② 신입사원들은 일주일 동안 교육을 받을 것이다.
   → New employees will receive training for a week.

③ 전 직원은 월요일마다 회의에 참석한다.
   → All staff members attends a meeting for Monday.

④ 방문객은 접수원에게 신분증을 제시해야 한다.
   → Visitors have to show the receptionist an identification card.

Answer   12.②   13.③

(Point)

③ attends → attend : 주어가 복수이므로 's'를 붙이지 않는다.

2020년 11월 8일 비서 2급

14 Below is the email from hotel A regarding the conference preparation. Which is LEAST correct according to the email?

> There is no problem for us to assign you a number of meeting rooms that you indicate you would need. Enclosed is a brochure which has all the meeting rooms. You can see that our large convention ballroom can be subdivided into three meeting rooms. In addition, we have five meeting rooms on the same level as the ballroom. If necessary, we can provide meeting rooms (which are smaller in size) on a lower level of our facility. We also have a few audio-visual aids to supply when you require for the meeting rooms.

① 이 이메일에는 A호텔의 모든 회의실에 대한 안내 책자가 동봉되어 있다.
② A호텔의 대 연회장은 3개의 회의실로 재구성될 수 있다.
③ A호텔은 연회장과 같은 층에 5개의 회의실을 이미 갖추고 있다.
④ A호텔은 모든 회의실에 시청각 기자재를 갖추고 있다.

(Point)

「귀하께서 필요하신 회의실을 여러 개 지정하는 데는 문제가 없습니다. 모든 회의실이 있는 안내 책자를 동봉합니다. 우리의 대 연회장은 세 개의 회의실로 세분될 수 있습니다. 게다가, 우리는 연회장과 같은 층에 5개의 회의실이 있습니다. 필요한 경우, 시설 하층에 회의실(더 작은 크기)을 제공할 수 있습니다. 또한 회의실에서 필요한 경우 몇 가지 시청각 자료를 제공합니다.」

Answer 14.④

15 Which is the LEAST correct about the below invitation card?

Ambassador Christopher D. Johnson and Mrs. Johnson
request the pleasure of the company of:
<u>*Mr. Cho Soo-Min*</u>
for a Dinner at the Residence
Friday 17 November 2020 at 19:00.
(dinner served at 19:30)

Ambassador's Residence   *Dress : Business Suit w/o tie*
Address……

---

① 저녁식사는 대사관저에서 진행된다.
② 식사는 오후 7시 30분부터 시작된다.
③ Mr. Cho가 행사장소에 도착하여야 하는 시간은 오후 7시이다.
④ 드레스코드는 예의를 갖춘 정장차림이다.

🔊 Point

④ w/o는 with out의 약어이다. 따라서 드레스코드는 타이가 없는 비즈니스 수트로, 예의를 갖춘 정장차림은 아니다.

16 Fill in the blanks with the BEST words.

A : Good afternoon. May I help you?
B : Yes, I have an appointment with Ms. Woods at 3 o'clock.
A : Are you Mr. Radford of Comtech Industries?
B : Yes, that's right.
A : You are right ___ time. Would you please have a seat?
   I'll _____ Ms. Woods that you are here.

---

① at - say
③ on - tell

② in - tell to
④ by - report

Answer 15.④ 16.③

Point

「A : 안녕하세요. 무엇을 도와드릴까요?
B : 네, Ms. Woods와 3시에 약속이 있어요.
A : Comtech Industries의 Mr. Radford입니까?
B : 네, 맞아요.
A : 제시간에 오셨네요. 앉으시겠어요? Ms. Woods께 당신이 오셨다고 말씀드릴게요.」

2020년 11월 8일 비서 2급

17 Which is LEAST correct about the elements of envelope?

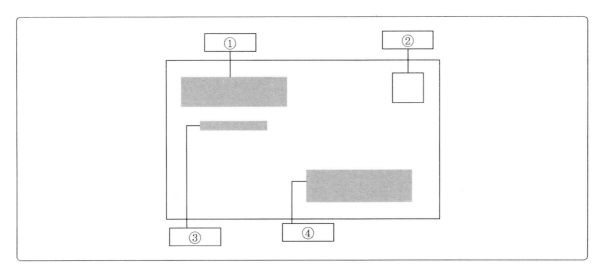

① ① return address   ② ② stamp
③ ③ postal code   ④ ④ mail address

Point

③ 우편번호는 보내는 주소, 받는 주소와 함께 쓴다.

 Answer 17.③

18 According to the conversation, which of the following is MOST correct?

A : Pacific Airlines. May I help you?

B : I'd like to book a business-class seat for the 3rd of March flight from Seoul to Shanghai.

A : Two flights are available : one at 11:00 in the morning and the other 1:30 in the afternoon.

B : I'd like to book a morning flight. Can you tell me what time it arrives in Shanghai?

A : The arrival time is 11:00 a.m. the local time. Do you want to reserve a return flight?

B : Yes, I want an open-ended return ticket. Can I have a window seat away from toilet?

A : Let me see... Yes, A-30 window seat is booked for you. Can I have your name and phone number, please?

B : My name is Michael Chang and my cell phone number is 000-0000-0000.

A : Thank you, Mr. Chang. Your reservation number is Ar224876z.

B : Could you tell me what the baggage allowance is?

A : You can check in one baggage up to 30kgs at no cost. US$10 will be added by 1kg if you carry more than 30kgs.

---

① Mr. Chang은 3월 3일 오후 비행기를 탈 것이다.

② Mr. Chang은 편도 비행기편을 예약했다.

③ Mr. Chang은 상해발 인천행 귀국날짜는 결정하지 않았다.

④ Mr. Chang은 2개의 수화물을 30kg까지 무료로 체크인할 수 있다.

🔊 (Point)

③ open-ended return ticket은 향후에 돌아오는 일정을 조정 가능한 티켓이다.

「A : 퍼시픽 항공입니다. 무엇을 도와드릴까요?
B : 3월 3일 서울에서 상하이로 가는 비행기로 비즈니스석 좌석을 예약하고 싶은데요.
A : 오전 11시에 한 편, 오후 1시 30분에 한 편씩 두 편이 가능합니다.
B : 아침 비행기를 예약하고 싶어요. 상하이에 몇 시에 도착하는지 알 수 있을까요?
A : 도착 시간은 현지시간으로 오전 11시입니다. 돌아오는 항공편을 예약하시겠습니까?
B : 네, 저는 향후 조정이 가능한 돌아오는 티켓을 원합니다. 화장실에서 멀리 떨어진 창가쪽 좌석이 있나요?
A : 어디 볼게요... 네, A-30 창가 자리로 예약되어 있습니다. 성함과 전화번호를 알려주시겠습니까?
B : 제 이름은 Michael Chang이고 제 휴대폰 번호는 000-0000-0000입니다.
A : Chang 선생님, 감사합니다. 예약번호는 Ar224876z입니다.
B : 수하물 허용량이 얼마인지 알려주시겠어요?
A : 수하물은 1개 30kg까지 무료로 부칠 수 있어요. 30kg 이상을 원할 경우 1kg당 US$10이 추가됩니다.」

Answer. 18.③

19 Which of the followings is the MOST appropriate expression in common?

> A: "How do you spell your last name?"
> B: "It's Iverson. I–V–E–R–S–O–N. Did you get it?"
> A: "You said V _____ Victor or B _____ Bravo?"
> B: "V _____ Victor."

① as   ② of

③ for   ④ in as

 Point

단어에 들어간 철자 하나를 말하고자 할 때는 'for'를 쓴다.

「A: 성의 철자가 어떻게 되세요?
B: Iverson입니다. I–V–E–R–S–O–N, 확인하셨나요?
A: Victor의 V, Bravo의 B 중 뭐라고 하셨죠?
B: Victor의 V입니다.」

20 Fill in the blanks with the BEST word(s).

> Chris: Could you give Sam a message for me when he gets in? Ready?
> Secretary: _____.
> Chris: His sister Myra is arriving tonight, but I'm tied up at work.
> Secretary: _____? Could you spell her name for me?

① Take. – Tied?   ② Go ahead. – Excuse me?

③ Go. – What?   ④ Set. – Go ahead?

Point

「Chris: Sam이 들어오면 제 메시지를 전해 주시겠어요? 준비됐나요?
Secretary: 말씀하세요.
Chris: 그의 여동생 Myra가 오늘 밤에 도착하는데, 저는 일이 너무 바빠요.
Secretary: 죄송합니다만? 그녀의 이름 철자를 불러 주시겠어요?」

Answer   19.③   20.②

1 According to the context, which of the following is NOT appropriate to replace the underlined ⓐ refreshments?

> Boss : Could you please reserve a conference room for next Monday? I need to arrange a division supervisors meeting at 3:00 p.m.
> Secretary : Yes, sir.
> Boss : This is the list of the people who should be there and the agenda for the meeting. Arrange some ⓐrefreshments for the break as well.
> Secretary : I understand.

① beverage
③ stationery
② snacks
④ cookies

> **TIPS!**
> refreshment : 간식, 다과 as well : 또한 supervisor : 지휘자, 관리자, 감독자 stationery : 문구류
> 「사장 : 다음 주 월요일에 회의실 좀 예약해주겠어요? 3시에 부서 책임자들과 회의를 준비해야 합니다.
> 비서 : 네, 알겠습니다.
> 사장 : 이건 회의의 안건과 반드시 참석해야 하는 사람들의 명단입니다. 또한 쉬는 시간을 위해 약간의 다과도 준비해주세요.
> 비서 : 알겠습니다.」

※ 다음 대화를 읽고 물음에 알맞은 답을 고르시오. 【2~3】

> Secretary : Good afternoon. May I help you?
> Mr. Wang : Yes, my name is John Wang. I believe I have an appointment with Mr. Park at 10.
> Secretary : Oh, yes, Mr. Wang. <u>Mr. Park is expecting you.</u>
> ⓐ _____

> **TIPS!**
> 「비서 : 안녕하세요? 무엇을 도와드릴까요?
> Mr. Wang : 예, 제 이름은 John Wang입니다. Mr. Park과 10시에 약속이 있습니다.
> 비서 : 아! 예, Mr. Wang. Mr. Park께서 기다리고 계십니다.
>   안으로 들어가십시오.」

Answer 1.③

2 다음 중 약속되어 있는 손님이 방문했을 때의 대화에서 밑줄 친 부분과 같은 내용의 문장은?

① Mr. Park is waiting for you.

② Mr. Park is going to e-mail to you.

③ Mr. Park is canceling your appointment.

④ Mr. Park is postponing your appointment.

 TIPS!

expect는 '기대하다'라는 의미뿐만 아니라, '기다리다'라는 의미도 갖는 동사로 주어진 대화에서 expect는 문맥상 '기다리다'라는 의미로 쓰이고 있음을 알 수 있다. 따라서 보기 중 ①이 같은 내용의 문장이다.

② Mr. Park께서 당신께 이메일을 보내실 겁니다.

③ Mr. Park께서 당신과의 약속을 취소하셨습니다.

④ Mr. Park께서 당신과의 약속을 연기했습니다.

3 다음 중 ⓐ에 들어갈 표현으로 가장 적합한 것은?

① Please go right in.

② Take care.

③ Make yourself at home.

④ Help yourself.

TIPS!

② 조심하십시오.

③ 편히 쉬세요.

④ 마음껏 드십시오.

Answer 2.① 3.①

Secretary : Good morning, sir? May I help you?

Chris Jones : Good morning. My name is Chris Jones.

　　　　　　　I'm here for the 10 o'clock job interview with Mr. Peterson.

Secretary : ⓐ_____

　　　　　　　I'll let Mr. Peterson know that you are here.

Chris Jones : Thank you.

Secretary : By the way, did you bring your ⓑ_____?

Chris Jones : Of course.

> **TIPS!**
> 「비서 : 안녕하세요. 무엇을 도와드릴까요?
> Chris Jones : 안녕하세요. 제 이름은 Chris Jones입니다. 10시에 Mr. Peterson과 취업인터뷰가 있어 여기에 왔습니다.
> 비서 : (잠시만 기다려주세요.) Mr. Peterson에게 여기에 오셨다고 전하겠습니다.
> Chris Jones : 감사합니다.
> 비서 : 그런데, 이력서를 가져 오셨습니까?
> Chris Jones : 예, 물론입니다.」

4 대화 내용상 밑줄 친 ⓐ에 적합하지 않은 것은?

① Please wait here for a moment, Mr. Jones.

② You must be Mr. Jones.

③ Please have a seat, Mr. Jones.

④ Nice to meet you, Mr. Jones.

> **TIPS!**
> ② 이전 대화문에서 자신이 Chris Jones라고 이미 밝혔으므로, '당신은 Mr. Jones임에 틀림없다'라는 말은 문맥에 맞지 않는다.

Answer 4.②

5 대화 내용상 밑줄 친 ⓑ에 적합하지 않은 것은?

① resume   ② invitation letter
③ recommendation letter   ④ reference letter

 TIPS!

② Mr. Jones는 'Job Interview' 때문에 방문하였으므로, 그것과 관련 없는 것을 고른다. 초대장(invitation letter)은 취업인터뷰와 상관이 없다.

6 According to the message below, why does Mr. Scott want Peter to call back?

TO : Peter Lee
DATE : Tue. Oct 25   TIME : 14 : 30
While You Were Out...
    Mr. James Scott
    of Sun Flower Inc.
PHONE (02) 1588-1588

Telephoned	√	Returned Your Call	
Will Call Again		Came To See You	
Please Call	√	Wants To See You	

Message :
Urgent √√
Mr. Scott called about the board meeting that is scheduled for tomorrow.
He asks that you call him back immediately because the topic of your committee has been changed.
TAKEN BY : Marry Anderson

① to arrange board meeting   ② to notify schedule change
③ to inform topic change   ④ to contact committee members

TIPS!

immediately : 즉시, 급히   notify : 알리다, 통보하다
메시지의 'He asks that ~ topic of your committee has been changed'라는 문장을 통해 이사회의 회의주제가 변경되었기 때문이라는 것을 알 수 있다.
① 이사회 회의를 준비하려고 ② 일정변경을 알리려고
③ 주제변경을 알려주려고   ④ 이사회 회원들에게 연락하려고

Answer 5.② 6.③

7 According to the conversation below, which of the following is the best word for both blank ⓐ and ⓑ ?

> Stacy : Mr. Harrison's office. How can I help you?
> Tom : I'd like to change my appointment.
> Stacy : When is your _____ⓐ_____?
> Tom : It's at three.
> Stacy : And when would you like your new _____ⓑ_____?
> Tom : Could you make it at four?

① appointment at   ② arrival

③ addition   ④ confirmation

8 다음 밑줄 친 부분에 가장 알맞은 단어는 무엇인가?

> He is not _____ to come to the phone right now.

① positive   ② absent

③ late   ④ available

Answer 7.① 8.④

9 According to the context, which of the following is the most appropriate for the underlined blank?

> A : Excuse me. I'm here for the press conference for the launch of new software. Where should I go?
> B : I'm sorry but I'm new here, too. Please go to the reception desk and ask where the _____ department is. They will tell you where to go.

① Management department
② Public Relations
③ Human Resources
④ Purchasing

TIPS!

① 관리부서   ③ 인사예서   ④ 구매부서

「A : 실례합니다. 새 소프트웨어 런칭을 위한 기자회견 때문에 왔는데요, 어디로 가야 하나요?
B : 죄송하지만 저도 이곳이 처음입니다. 접수데스크에 가셔서 홍보부서가 어디 있는지를 물어보세요, 거기서 어디로 가야하는지 알려줄 거예요.」

10 전화를 해 달라고 요청하는 표현으로 다음 중 가장 적절하지 않은 것은?

① Could you have her call me?
② Could you tell her to give me a call?
③ Could you transfer my call to her?
④ Could you get her to phone me?

TIPS!

③ "그녀에게 제 전화를 연결해 주시겠어요?"라는 표현이다.

Boss : Did yon reconfirm the flight to Beijing next week?

Secretary : Yes, I did. Anything else?

Boss : Please ⓐ_____ a pick-up service for me at the airport to the hotel.

Secretary : The Beijing office will take care of it.

Boss : OK. What about the ⓑ_____ in Beijing?

Secretary : I've reserved a double room at Plaza Hotel near the Beijing office.

> **TIPS!**
>
> 「상사: 다음 주 베이징행 항공편을 재확인 했나요?
> 비서: 예, 그렇습니다. 다른 것은요?
> 상사: 공항에서 호텔까지 픽업 서비스를 준비해 주세요.
> 비서: 베이징 호텔에서 준비할 예정입니다.
> 상사: 알겠습니다. 베이징에 숙소는 어떻습니까?
> 비서: 베이징 사무실 근처의 플라자 호텔에 더블 룸을 예약해 놓았습니다.」

11　위 대화의 내용상 밑줄 친 ⓐ에 적합하지 않은 것은?

① arrange　　　　　　　　② reserve

③ prepare　　　　　　　　④ indicate

> **TIPS!**
>
> ①②③ 준비하다
> ④ 지시하다, 표시하다

Answer　11.④

12 위 대화의 내용상 밑줄 친 ⓑ에 가장 적합한 것은?

① transportation
② accommodation
③ entertainment
④ communication

> **TIPS!**
>
> 다음 문장에서 호텔에 관해 언급하고 있으므로 숙박에 대해 묻는 표현을 나타내도록 빈칸을 채워 넣어야 한다.

13 다음 메시지의 내용과 다른 것은?

MEMO

- Message for : James
- Name of caller : Gerry R. Collins
- Telephone No. : 02 2661 3918
- Please call back : ☑
- Urgent : ☐
- Message : He'd like to give a brochure about Management seminar next week.
---

① Gerry R. Collins left this message.
② This message is for James.
③ Gerry didn't want James to call him back.
④ Gerry left his telephone No.

> **TIPS!**
>
> 위의 전화메시지는 Gerry R. Collins가 James에게 남긴 것으로 다음 주의 경영세미나에 관한 브로슈어를 주고
> 자 전화했다는 것을 알 수 있다. 또한 Gerry는 자신의 전화번호를 남겼으며, 'Please call back' 박스난에 체크
> 가 된 것으로 볼 때, James가 자신에게 전화해 줄 것을 부탁했다는 것도 알 수 있다.
> ① Gerry R. Collins가 이 메시지를 남겼다.
> ② 이 메시지는 James를 위한 것이다.
> ③ Gerry씨는 James가 다시 전화해 줄 것을 원하지 않았다.
> ④ Gerry는 자신의 전화번호를 남겼다.

Answer 12.② 13.③

※ 다음 전화 메모를 읽고 물음에 답하시오.　【14~15】

To : John Palmer

Date : 10/22/07　Time : 10:00 a.m.

WHILE YOU WERE OUT

Robert Burns of Sky office furnitue Co., Ltd.

Phone : (032) 467 – 4321 215

　　　　Area Code Number Extension

please call	☑
will call again	☐
Rush	☐

MESSAGE : The order will be delivered next Tuesday.

Grace Lee secretary

14 Who made the phone call?

① Grace Lee　　　　　　　② John Palmer

③ Robert Burns　　　　　　④ Unknown

⚡TIPS!
위의 메모는 John Palmer의 비서인 Grace Lee가 Robert Burns가 남긴 메시지를 메모한 것이다.

15 The phone call was made in order to _____.

① arrange a meeting　　　　② ask questions

③ place an order　　　　　　④ confirm the delivery

⚡TIPS!
메모의 마지막에 Robert Burns가 남긴 메시지를 보고 답을 찾는다. 메시지에서 Robert Burns는 주문이 다음 주 화요일에 도착할 것이라고 했다. 즉, Robert Burns는 배송을 확인해 주고자 전화한 것임을 알 수 있다.
① 모임을 준비하기 위해　② 질의하기 위해　③ 주문하기 위해

Answer 14.③　15.④

※ 다음 대화를 읽고 물음에 알맞은 답을 고르시오. 【16~17】

Agent : AVA Airlines. Can I help you?

Daniel : Hello. I'd like to reconfirm my flight, please.

Agent : May I have ⓐ_____ and ⓑ_____, please?

Daniel : My name is Daniel Adams and my flight number is 256.

Agent : When are you leaving?

Daniel : On May 11th.

Agent : And your destination?

Daniel : Seoul.

Agent : Hold the line, please. All right. Your seat is confirmed, Mr. Adams. You'll be arriving in Seoul at 4 o'clock p.m. local time.

Daniel : Thank you. Can I pick up my ticket when I check in?

Agent : Yes, but please check in at least one hour before departure time.

> **◆ TIPS!**
>
> 「대리인 : AVA 항공사입니다. 무엇을 도와드릴까요?
> Daniel : 안녕하세요. 제 항공편의 예약을 재확인하고 싶습니다.
> 대리인 : 성함과 항공편 번호를 알려주시겠습니까?
> Daniel : 제 이름은 Daniel Adams이고 항공편 번호는 256입니다.
> 대리인 : 언제 떠나시죠?
> Daniel : 5월 11일입니다.
> 대리인 : 목적지는요?
> Daniel : 서울입니다.
> 대리인 : 잠시만 기다려 주세요. 예, 좌석이 확인됐습니다. 서울에는 현지 시각으로 오후 4시에 도착예정입니다.
> Daniel : 감사합니다. 탑승 수속 시 발권을 해도 될까요?
> 대리인 : 예, 하지만 적어도 출발 시간 1시간 전에 수속을 해주십시오.」

16 위의 밑줄 친 ⓐ와 ⓑ에 들어갈 말이 순서대로 알맞게 짝지어진 것은?

① name – time

② name – destination

③ name – phone number

④ name – flight number

> **◆ TIPS!**
>
> 다음 문장에서 Adams가 자신의 이름과 항공편 번호를 알려 주고 있으므로, 항공사 직원이 이름(name)과 항공편 번호(flight number)를 물었음을 알 수 있다.

Answer 16.④

17 위의 전화대화 내용과 일치하는 것은 무엇인가?

① Adams's flight was canceled.

② Adams's flight was delayed due to the bad weather.

③ Adams will departure from Seoul on May 11th.

④ Adams will arrive in Seoul at 4 o'clock p.m. local time.

 TIPS!

① Adams의 항공편은 취소되었다.
② Adams의 항공편은 기상악화로 연기되었다.
③ Adams는 5월 11일 서울로부터 출발할 것이다.
④ Adams는 서울에 현지 시각으로 오후 4시에 도착할 것이다.

18 When exactly is the dinner reservation for Mr. Jenkins at Hugos Restaurant?

> A : Good afternoon, Hugos Restaurant. May I help you?
> B : Yes, I'd like to make a reservation for dinner next Monday.
> A : Let me see. I'm sorry, we are fully booked on next Monday.
> B : Then, how about the next day?
> A : One moment, please. OK. I'll reserve a table for you the next day. How many people will be there?
> B : 4 people.
> A : OK. May I have your name, please?
> B : It is Jenkins.

① Next Monday　　　　　　　　② Next Tuesday
③ Next Wednesday　　　　　　④ Next Thursday

 TIPS!

다음 주 월요일로 예약을 하려 했으나 예약이 차서(fully booked) 다음 날로 하기로 하였다.

「A : 안녕하십니까? 휴고 레스토랑입니다. 무엇을 도와드릴까요?
B : 예, 다음 주 저녁식사 예약을 하고 싶습니다.
A : 잠시 만요. 죄송하지만, 다음 주 월요일은 모두 예약이 꽉 차 있습니다.
B : 그럼, 다음날은요?
A : 잠시 만요. 괜찮습니다. 다음날 한 테이블을 예약하겠습니다. 몇 명이나 오시죠?
B : 4명입니다.
A : 그럼, 성함을 말씀해 주시겠습니까?
B : Jenkins입니다.」

Answer 17.④ 18.②

※ 다음 글을 읽고 물음에 답시오.   【19~21】

Sam : OK, ⓐ Let's get down to business. First, I'd like to welcome everybody to today's meeting. Peter send his apologies for his ⓑ _____ from today's meeting. He is on a business trip. The objective of our meeting today is to brainstorming ideas for more effective sales techniques. That is our target this afternoon. I have a few ideas I'd like to share first, and then we will go around the table and hear other ideas from each person here today. We'll try to keep to ten minutes for the discussion of each idea. That way the meeting won't run too long. And I've asked Linda to take minutes for the meeting. So, as background I'd just like to take you through the standard sales techniques in our department.

TIPS!

「샘 : 자, 이제 시작하시죠. 우선, 오늘 모임에 오신 여러분을 환영합니다. Peter는 오늘 모임에 참석할 수 없다고 사과를 전했습니다. 그는 출장 중입니다. 오늘 모임의 목적은 더 효율적인 판매기법에 관한 아이디어를 브레인스토밍 하는 것입니다. 우선 제가 나누고 싶은 몇 가지 아이디어가 있으며, 그리고 난 뒤 테이블에 둘러 앉아 여기 각 사람의 의견을 들을 겁니다. 각각의 아이디어에 대해 10분의 시간을 지키도록 노력할 겁니다. 이 방식은 회의를 길게 하지 않을 겁니다. 그리고 Linda에게 회의를 위해 시간을 요청했습니다. 그럼, 배경으로서 우리 부서의 기준 판매기법을 알려드리고자 합니다.」

19 다음 중 밑줄 친 ⓐ와 같은 의미로 사용될 수 없는 것은?

① Let's start.
② Let's begin.
③ Let's call it a day.
④ Shall we make a start?

TIPS!

ⓐ는 회의를 시작하며 쓰는 표현으로 '(일, 회의 등을) 시작하다'라는 의미이다. ③은 일과를 마칠 때 쓰는 표현으로 '오늘 이만 끝냅시다'라는 뜻이다.

Answer 19.③

20 ⓑ에 들어갈 알맞은 단어는?

① mistake

② absence

③ laziness

④ celebration

 TIPS!

다음 문장에서 피터는 현재 출장 중임을 알 수 있다. 즉, Peter는 출장으로 인해 회의에 부재(absence)할 수밖에 없음에 대해 사과를 표했다는 것이다.

① 실수 ③ 게으름 ④ 축하

21 위의 모임의 목적은 무엇인가?

① to welcome everybody

② to introduce Linda to everybody

③ to lay off some employees

④ to brainstorming better sales techniques

 TIPS!

Sam은 글 중간에서 오늘 모임의 목적이 더 효율적인 판매기법에 관한 아이디어를 브레인스토밍 하는 것이라고 밝히고 있다.

① 모두를 환영하기 위해

② Linda를 모두에게 소개하기 위해

③ 몇몇 직원을 해고하기 위해

MEMO

To : All Staff

From : Robert Burns

Re : Staff meeting

This is just to remind everyone about the ⓐ_____ for Monday's meeting. The meeting will be a combination of briefing and ⓑ_____ session. Please come prepared to propose ideas for reorganizing the office ! And remember that we want to maintain a ⓒ_____ atmosphere in the meeting. We don't criticize any ideas you share. All staff members are expected to attend meeting !

🔹 TIPS!

「메모
To : 간부 전원
From : Robert Burns
Re : 간부회의에 관해
이것은 월요일 회의 안건에 관해 모두에게 알리고자 함입니다. 회의는 브리핑과 브레인스토밍을 함께 할 예정입니다. 사무실 재편성에 관해 제안할 아이디어를 준비하여 오시기 바랍니다. 회의는 긍정적인 분위기를 유지할 것임을 기억하십시오. 우리는 여러분이 제안한 의견에 대해 전혀 비판하지 않습니다. 모든 직원들이 회의에 참석할 것을 기대합니다.」

22 위의 밑줄 친 ⓐ에 가장 알맞은 단어로 옳은 것은?

① idea
② proposal
③ decision
④ agenda

🔹 TIPS!

agenda : 의제

23 ⓑ에 들어갈 말로 알맞은 것은?

① to brainstorm

② brainstorming

③ to be brainstormed

④ to have been brainstormed

💡 **TIPS!**

and는 등위접속사이므로 앞의 briefing과 같이 동명사형이 와야 한다.

24 ⓒ에 들어갈 단어로 가장 알맞은 것은?

① negative   ② urgent

③ speedy   ④ positive

💡 **TIPS!**

다음 문장에서 참석자들이 나누는 의견을 비판하지 않을 거라는 것에서 회의의 분위기(atmosphere)가 긍정적일 거라는 것을 알 수 있다.
① 부정적인 ② 긴급한 ③ 신속한

25 일반적으로 공식적인 비즈니스 서신에서 사용하는 Salutation과 Complementary Closing이 적절하게 연결된 것은?

① John — Faithfully yours

② Dear Diane Landers — Sincerely yours

③ Dear Sir or Madam — Best wishes

④ Dear Dr. Norton — Faithfully yours

💡 **TIPS!**

Faithfully yours, faithfully, best regard, best wishes는 모두 서로 잘 아는 이에게 쓰는 표현이다.

Answer 23.② 24.④ 25.②

※ 다음의 표와 이메일 메시지를 보고 물음에 답하시오.   【26~30】

Weekly Report

Name : David Finch

Title : HR manager

Week : 9/10~17

Task Name	Start Date	Finish Date	Remarks	Total Hours
Employee evaluations	9/11	9/14	Three had a poor performance record	9.5
New recruit seminar	9/12	9/13	two were absent	10
Staffing new department	9/14	9/17	Put off—still looking for four members	8.5
Training	9/10	9/11	Will conduct more sessions due to absences	14
Admin	9/10	9/17	Changed the work schedules to accommodate new staff	17.5

To : David Finch

From : Madan Ganghadar

Subject : Your weekly report

Hi Daivid,

I looked over your weekly report and it seems like you've had a difficult week. Thanks very much for all your hard work. I would like to clarify a few things on the report.

The reason why there were a couple of absences from the seminar is that two of the new recruits changed their mind and accepted positions elsewhere. Janice didn't have time to update the new attendance list for you before the seminar. I'm sorry for the inconvenience it may have caused.

As far as the new department is concerned, we decided to put that on hold for a while. So please don't put any more effort into finding staff.

And finally, I would like to meet with you to discuss what kind of disciplinary action we should take in regards to the three employees who have turned out poor performance records. I would like to meet you Wednesday after 3:00 if you have time.

Please let me know by tomorrow morning at the latest.

Regards,

Madan.

「주간 보고

이름 : David Finch

직위 : 인사부장

주간 : 9/10~17

업무명칭	시작 일자	종료 일자	의견	Total Hours
직원평가	9/11	9/14	3명의 업무수행기록이 형편없음	9.5
신입사원 세미나	9/12	9/13	2명이 불참	10
새 부서 인원선발	9/14	9/17	연기 – 아직 4명의 인원을 물색중	8.5
훈련	9/10	9/11	불참으로 인해 기간이 더 필요함	14
행정	9/10	9/17	새 직원을 수용하기 위해 일정을 변경함	17.5

수신 : 데이비드 핀치

발신 : Madan Ganghadar

제목 : 주간 보고서

안녕하세요, Daivid

당신의 주간 보고서를 보고 당신이 정말 힘든 한주간을 보낸 것 같다고 생각했습니다. 당신의 모든 노고에 감사를 드립니다. 당신의 보고서에 대해 몇 가지 명백히 설명하고자 합니다.

세미나에 2명이 불참한 이유는 신입사원들 중 2명이 마음을 바꿔 다른 직장 행을 받아들였기 때문입니다. Janice는 세미나 전에 당신을 위해 새로운 참석자 명단을 갱신할 시간이 없었습니다. 일어났을지도 모를 불편함에 대해 죄송합니다.

새로운 부서에 관하여는, 우리는 당분간 중지하기로 결정했습니다. 그러니 새로운 구성원을 찾기 위해 노력하지 마십시오. 낮은 업무 수행기록으로 판명된 3명의 직원과 관련해 우리가 취해야 할 징계방안에 대해 논의하고자 당신을 만났으면 합니다. 시간이 있으시다면 수요일 3시 이후에 당신을 만났으면 합니다.

늦어도 내일 아침까지 저에게 알려주십시오.

Madan 드림.」

26 What did Mr. Ganghadar apologize to Mr. Finch for?

① For not preventing the employee absences.

② For causing a possible problem.

③ For not having enough time to write up a new schedule.

④ For not clarifying the report earlier.

prevent : (~를 / ~가 ~하는 것을) 막다, 예방·방지하다   clarify : 명확하게 하다, 분명히 말하다.

Mr. Ganghadar는 참석자 명단을 업데이트 하지 않아, 초래했을지 모른 불편함에 대해 죄송하다고 말하고 있다.

① 직원의 불참을 막지 못해서

③ 새로운 일정을 게시할 충분한 시간이 없어서

④ 보고서를 좀 더 일찍 명확히 하지 않아서

Answer 26.②

27 Why were there employee absence at the seminar?

① Two of the employees changed their schedules.

② A couple of the new recruits were ill.

③ Two of the employees changed their mind about the seminar.

④ A couple of the employees took other jobs.

 TIPS!

Mr. Ganghadar는 신입사원 2명의 불참에 대해서 그들이 마음을 바꿔 다른 직장으로 가는 것을 결정했기 때문이라고 밝히고 있다.

① 2명은 일정을 변경했기 때문에

② 신입사원들 중 2명은 아팠기 때문에

③ 2명의 직원이 세미나에 대해 자신들의 마음을 바꿨기 때문에

28 Why did Mr. Finch change the work schedules?

① He needed to create hours for the new staff.

② He needed to find the new staff hotel accommodations.

③ He needed to make time for more training sessions.

④ He needed to fire some employees.

TIPS!

주간보고서의 마지막 항목에 답이 나와 있다. 즉, 새 직원들을 수용하기 위해 업무일정을 변경했다.

② 새로운 직원들에게 호텔 자리를 찾아 주기 위해

③ 더 많은 훈련기간을 위한 시간을 마련하기 위해

④ 몇몇 직원들을 해고하기 위해

Answer 27.④ 28.①

29 Why does Mr. Ganghadar want to meet with Mr. Finch?

① He wants to talk about what to do about disciplinary managers.

② He wants to talk about what to do about the company's poor perfor- mance.

③ He wants to talk about what to do about the employees who don't work well.

④ He wants to talk about what to do about employees who are acting strange.

30 When would Mr. Ganghadar like to hear from Mr. Finch?

① Wednesday at 3 : 00

② The next day before noon

③ Tomorrow afternoon

④ Wednesday morning

31 다음 중 영문레터의 구성요소에 대한 설명으로 옳지 않은 것은?

① Inside Address : sender's address that goes inside the letter

② Letterhead : a letter sheet contains logo and general contact information of the company of the sender

③ Reference Initial : initial of the person's name who typed the letter

④ Enclosure : something that is being sent with the letter

Answer 29.③ 30.② 31.①

※ Read the following conversation and answer the questions. 【32~33】

Kim : _____ⓐ_____?

Brown : Yes, I have an appointment with Mr. Kennedy at 3.

Kim : OK, are you Mr. Brown, manager of Pine Hotel?

Brown : Yes, I am.

Kim : I see, Mr. Brown. I'll _____ⓑ_____ Mr. Kennedy that you are here.

  Would you please _____ⓒ_____ a seat over there for a moment, please?

Brown : Thank you very much .

> **TIPS!**
>
> 「Kim : 어서 오십시오. 무엇을 도와드릴까요?
> Brown : 네, 3시에 Kennedy씨와 약속이 있습니다.
> Kim : 네, Pine호텔 매니저 Brown씨가 맞나요?
> Brown : 네, 접니다.
> Kim : 알겠어요, Mr. Brown씨. Kennedy씨에게 오신 것을 말씀드릴게요. 잠시만 앉아서 기다려주시겠어요?
> Brown : 감사합니다.」

32 Choose the most appropriate sentence for the blank ⓐ.

① Good afternoon. How may I help you, sir?

② Hi, is there something I can do for you, ma'am?

③ Hello, what can I do for you, ma'am?

④ Good afternoon. Is everything all right, sir?

> **TIPS!**
>
> ① 어서 오십시오. 무엇을 도와드릴까요?
> ② 안녕하세요, 제가 도와드릴 일이 있나요, 손님?
> ③ 안녕하세요, 제가 무엇을 도와드릴까요, 손님?
> ④ 어서 오십시오. 뭐 필요하신 것 없으세요?

Answer 32.①

33 Choose the most appropriate set for the blank ⓑ and ⓒ.

	ⓑ	ⓒ			ⓑ	ⓒ
①	speak	take		②	ask	make
③	tell	have		④	talk	sit

> **TIPS!**
> have a seat : 앉다, 착석하다
> tell은 정보의 전달에 의미초점을 맞춘다. 즉 "어떤 내용을 누구에게 알려주다"의 의미이다.

34 다음은 편지의 수신인 주소이다. 순서대로 바르게 나열한 것은?

ⓐ Ms. Younghee Kim   ⓑ Sales Manager
ⓒ JOA Company   ⓓ 214 Unni–dong
ⓔ Jongro–gu, Seoul

① ⓐⓑⓒⓓⓔ   ② ⓐⓔⓒⓐⓑ
③ ⓓⓔⓐⓑⓒ   ④ ⓐⓑⓓⓔⓒ

> **TIPS!**
> 영문편지에서는 자신의 이름, 직책, 현재 주소(번지, 동 / 구 / 시, 우편번호)의 순서로 쓴다.

35 다음 중 부서명에 대한 영문이 올바르지 않은 것은?

① 총무부 : General Affairs Department
② 경리부 : Accounting Department
③ 기획실 : Planning Department
④ 홍보부 : Personnel Department

> **TIPS!**
> ㉠ 인사부 : Personnel Department
> ㉡ 홍보부 : Publicity Department

Answer 33.③ 34.① 35.④

36 Which of the following is correct?

To : S. Bailey

Date : June 11, 2012

Time : 09 : 50

While You Were Out

Mr. David Baker (Smart Telecom)

Phone (0671) 811–5673

Message : The order will be delivered next Tuesday.

Kimberly Yoon
(secretary)

---

① Kimberly Yoon was absent when the phone rang.

② S. Bailey made the phone call when Mr. David Baker was out of the office.

③ David Baker will get the delivery next Thursday.

④ S. Bailey took the message.

> **TIPS!**
> ① Kimberly Yoon은 전화가 왔을 때 부재중이었다.
> ② Mr. David Baker가 사무실을 비웠을 때 S. Bailey가 전화를 걸었다.
> ③ David Baker는 다음 주 목요일에 물건을 받을 것이다.
> ④ S. Bailey가 메시지를 받았다.

37 What is the purpose of the following passage?

I am writing in connection with my order FS100 which arrived this morning. The product I received was below the standard I expected. Please replace the faulty goods as soon as possible. I hope that you will deal with this problem promptly.

---

① To complain

② To apologize

③ To advice

④ To collect

> **TIPS!**
> ① 불만 ② 사과 ③ 충고 ④ 수집
> 「오늘 아침에 도착한 제 주문 FS100과 관련하여 적으려 합니다. 제가 받은 제품은 제가 기대하던 기준 이하였습니다. 가능한 빨리 불량 상품을 교체해 주세요. 이 문제를 즉시 처리해 주길 바랍니다.」

Answer 36.④ 37.①

38 다음 중 약어가 바르게 연결되지 않은 것은?

① cc : carbon copy

② enc : enclosure

③ wpm : word print machine

④ ps : postscript

> **TIPS!**
> ③ 'wpm'은 'words per minute'의 약자이다.

39 다음 중 알파벳과 세계 공통 알파벳 코드가 잘못 짝지어진 것은?

① Z – ZOO

② T – TANGO

③ I – INDIA

④ P – PAPA

> **TIPS!**
> ① Z – ZULU

40 다음 중 '전화 잘못 거셨습니다.'의 표현으로 밑줄 친 곳에 들어갈 말로 적절하지 않은 것은?

A : I'm sorry.
B : You must _____ .

① have misdialed.

② have the wrong number.

③ be mistaken

④ be out of date

> **TIPS!**
> ④ 'be out of date'는 '시대에 뒤떨어진'이라는 뜻이다.

Answer 38.③ 39.① 40.④

M & M Co., Inc.

주소

Phone : (212) 556－1234 / Fax : (212) 556－7389 / mandmco@finance.com

April 5, 2015

Fax Message :

To : Sales Dept, Daehan trading Corporation

Fax : +82 － 2 － 570 － 2122

Phone : (823) 570 － 1234

Date : March 23, 2015

Total : 1page

Dear Sir or Madam :

Order 232

Payment on the above order is now overdue. We would be grateful if you could send us your check without delay.

Sincerely,

David Smith

David Smith

Export Manager

「M & M Co., Inc.

East 55 Lexington Avenue, Manhattan, New York, NY 10050

전화 : (212) 556 − 1234 / 팩스 : (212) 556 − 7389 / mandmco@finance.com

2015년 4월 5일

팩스 메시지 :

받는 사람 : 대한무역회사 영업부
팩스 : +82 − 2 − 570 − 2122
전화번호 : (823) 570 − 1234
날짜 : 2015년 3월 23일
합계 : 1페이지

담당자께 :

주문번호 232
이전 주문에 대한 지불이 지금 연체 중입니다. 지연 없이 조속한 시일 내에 수표를 보내주시면 감사하겠습니다.

진심을 담아,
David Smith

수출부장
David Smith

---

41 위의 내용의 팩스가 제대로 전달이 되지 않은 경우 수신인은 어디로 전화연락을 해야하는가?

① 212 − 556 − 1234   ② 82 − 2 − 570 − 2122
③ 212 − 556 − 7389   ④ 823 − 570 − 1234

①의 전화번호가 발신인의 전화번호이다.

Answer 41.①

42 위의 팩스에서 밑줄 친 주소란에 올바른 순서로 주소를 넣은 것은?.

① NY 10050, East 55, Manhattan, Lexington Avenue, New York,

② East 55 Lexington Avenue, Manhattan, New York, NY 10050

③ New York, Manhattan, East 55 Lexington Avenue, NY 10050

④ NY 10050, East 55, Lexington Avenue, New York, Manhattan

> **TIPS!**
>
> ② 주소는 번지, 거리, 도시, 주, 우편번호순이다.

43 위의 팩스의 내용으로 알맞은 것은?

① 기한 내에 결제를 지체 없이 해주셔서 감사합니다.

② 기한이 지나도 아직 물건이 오지 않았으므로 빨리 확인바랍니다.

③ 주문에 대한 결제 기한이 지났으므로 수표를 조속히 보내주길 바랍니다.

④ 결제액이 주문보다 많이 왔으므로 조속히 처리방법을 알려주십시오.

> **TIPS!**
>
> 팩스내용은 주문에 대한 결제 기한이 지났으므로 수표를 조속히 보내주길 바란다는 것이다.

44 다음 중 상업서신 중 반드시 들어가지 않아도 되는 요소는 무엇인가?

① complimentary closing

② subject

③ inside address

④ salutation

> **TIPS!**
>
> ② 'subject'는 선택적 요소이다.
> ① 편지의 맺음말
> ③ 우편물 내부에 적는 주소
> ④ 인사말

Answer 42.② 43.③ 44.②

45 다음의 전화 표현 중 나머지 것과 다른 것은?

① Just a moment, please.

② Hold on, please.

③ Hold the line, please.

④ I'll put you through.

💡 **TIPS!**

①②③ 잠시만 기다려 주십시오.

④ 전화 연결해 드리겠습니다.

46 다음 밑줄 친 부분에 들어갈 내용으로 가장 옳은 것은?

A : Would you do me a favor?

B : Of course, what can I do for you?

A : Could you _____ a taxi for me?

B : Sure. Where do you want to go?

A : I have to go back to the hotel at 4 o'clock.

B : Okay. I'll call a taxi for you at 3 : 00.

A : Thank you for your help.

B : You're welcome.

① arrange

② confirm

③ manage

④ hold

💡 **TIPS!**

「A : 부탁 하나만 들어줄래요?

B : 물론이죠. 무엇을 도와드릴까요?

A : 제가 탈 택시 좀 예약해주시겠어요?

B : 네. 어디로 가시길 원하시나요?

A : 4시에 호텔로 돌아가야 합니다.

B : 네. 3시에 당신을 위한 택시를 부를게요.

A : 도와줘서 고마워요.

B : 천만에요.」

① 'Could you arrange a taxi for me?'로 '제가 탈 택시 좀 예약해주시겠어요?'의 뜻이 되어야 한다.

Answer 45.④ 46.①

47 다음 대화를 읽고 ⓐ와 ⓑ의 우리말 표현을 적절한 것끼리 묶여져 있는 것을 고르면?

> A : Good morning. May I help you?
> B : Yes, I'm looking for ⓐ<u>기획부</u>. I was told that it's on this floor.
> A : I'm sorry, but the ⓐ<u>기획부</u> recently moved to ⓑ<u>2층</u>.
> B : Oh, I see. Is there any stairs nearby?
> A : Yes, just around the corner, sir.
> B : Thank you.
> A : You're welcome.

① Marketing Department – the 2rd floor

② Planning Department – the 2nd floor

③ Sales Department – the 2th floor

④ General Affairs Department – the 2st floor

💡 **TIPS!**

「A : 안녕하세요. 무엇을 도와드릴까요?
B : 네, 저는 <u>기획부</u>를 찾고 있어요. 이 층에 있다고 들었는데요.
A : 죄송합니다만 기획부는 최근에 <u>2층</u>으로 옮겼어요.
B : 알겠습니다. 가까이에 계단이 있나요?
A : 네. 모퉁이를 도시면 있습니다.
B : 감사합니다.
A : 천만에요.」
① 제조판매부 ③ 영업부 ④ 총무부

48 다음의 용어와 설명이 가장 잘 연결된 것은?

① Confidential – 기밀

② Personnel – 친전

③ Registered – 등기

④ Special Delivery – 속달

💡 **TIPS!**

② 'Personnel'은 '인사(人事)'를 뜻한다. '친전'은 'Personal'이다.

HANLEY

INTEROFFICE MEMORANDUM

TO : Lottie G. Wolfe, Vice President

FROM : Hugh C. Garfunkle

Date : April 16, 2015

SUBJECT : Public Affairs Meeting

This note will confirm that the Public Affairs Meeting will be held on Monday, April 30, at 9 a.m. in the Purchasing Conference Room. Agenda is as follows :

(1) New－product Publicity

(2) Chamber of Commerce Awards Ceremony

(3) Corporate Challenge Marathon

Please notify Ms. Maggie Young if you cannot attend.

---

49 누가 이 메모를 작성하였는가?

① Hugh C. Garfunkle

② Lottie G. Wolfe

③ Ms. Maggie Young

④ Public Affairs Manager

 TIPS!

「HANLEY 사내연락문
받는 사람 : 부원장 Lottie G. Wolfe
보내는 사람 : Hugh C. Garfunkle
날짜 : 2015년 4월 16일
주제 : 공무 미팅
이 공지는 구매회의실에서 4월 30일 월요일 오전 9시에 열리는 공무 회의를 확인시켜줄 것입니다. 의제는 다음과 같습니다 :
(1) 새로운 제품의 홍보
(2) 상공회의소 시상식
(3) 기업 도전 마라톤
만약 당신이 참석할 수 없다면 Ms. Maggie에게 알려주시기 바랍니다.」
① 'From'에 'Hugh C. Garfunkle'라는 이름이 있음으로 이 메모를 작성해서 보냈음을 알 수 있다.

Answer. 49.①

50 이 회의에 참석할 수 없을 경우 어떻게 해야 하는가?

① Ms. Maggie Young에게 연락한다.

② Mr. Hugh C. Garfunkle에게 연락한다.

③ Chamber of Commerce로 직접 연락한다.

④ Lottie G. Wolfe에게 연락한다.

 TIPS!

① 'Please notify Ms. Maggie Young if you cannot attend.'로 인해 'Ms. Maggie Young'에게 연락해야함을 알 수 있다.

Answer 50.①

PART

04

사무정보관리

01 문서작성
02 문서관리
03 정보관리
04 최근기출문제
05 출제예상문제

01 문서작성

기출PLUS

기출 2019. 5. 12. 비서 2급

다음 문서가 속한 문서의 유형은?

┌ 보기 ┐
안내문, 게시문, 업무 협조문,
조회문, 회람문, 통지문
└────┘

① 지시 문서   ② 보고 문서
③ 연락 문서   ④ 기록 문서

해설 문서의 유형

유형	종류
지시문서	명령서, 지지서, 통지서, 기획서 등
보고문서	업무보고서, 출장보고서, 조사보고서, 영업보고서
연락문서	안내문, 게시문, 업무 연락서, 업무 협조문, 조회문, 회람문
기록문서	회의록, 인사 기록 카드 장표 등
기타문서	상사의 연설문, 발표 문서 등

section 1 문서작성의 기본

1. 문서의 형식·구성요소

(1) 사내 문서의 서식

① 지시 문서 … 명령서, 지시서, 통지서, 기획서, 상신서 등

② 보고 문서 … 일계표, 출장 보고서, 조사 보고서 등

③ 연락 문서 … 업무 연락서, 조회 문서, 회답 문서, 통지서 등

④ 기록 문서 … 의사록, 인사 기록 카드, 장표 등

⑤ 기타 문서 … 상사의 연설문, 발표 문서 등

POINT 통지서는 그 내용에 따라 지시 문서 또는 연락 문서의 성격을 가질 수 있다.

(2) 사외 문서의 서식

① 의사 전달 외에 회사의 이미지와도 직결되므로 일정한 형식을 갖춘 성의가 담겨져 있는 문서로 작성되어야 한다.

② 일정한 형식, 문서의 내용을 나타내는 제목, 발신인, 문서 번호 등을 반드시 기입해야 한다.

③ 주문서, 조회서, 청구서, 의뢰서, 통지문, 사과문 등이 있다.

2. 문서의 종류

(1) 목적에 의한 분류

① 공문서 … 행정기관 또는 공무원이 그 직무상 작성하거나 접수한 문서를 말한다.

② 사문서 … 개인이 사적인 목적을 위하여 작성한 문서를 말한다.

❮ 정답 ③

(2) 수신 대상에 의한 분류

① **사내 문서** … 기업이나 정부 기관 내에서, 혹은 본점과 지점 사이에서 여러 가지의 업무 연락이나 정보 전달을 목적으로 조직 내부에서 작성하는 문서를 말한다.

    ㉠ **장부** : 거래상의 정보 내용을 계속해서 기입할 수 있도록 빈 칸이 준비된 장표로 각종의 대장, 처리부, 명부, 회계 장부 등이 있다.

    ㉡ **전표** : 빈 칸에 정보를 기입하여 한 장씩 따로 떼어서 사용하도록 되어 있다. 전표에는 납품서, 청구서와 같이 외부에까지 유통되는 것과 입금·출금 전표, 대체 전표, 입고·출고 전표, 매입·매출 전표 등과 같이 내부에서만 쓰이는 것이 있다.

    ㉢ **표** : 여러 가지 정보를 한눈에 볼 수 있도록 일정한 기준에 따라 집계한 정산표, 월계표, 재무제표 및 통계표 등이 있고, 이외에 여러 가지 사무용 카드, 기안 용지, 지출 결의서, 부전지, 메모지 등이 있다.

② **사외 문서** … 다른 기업 혹은 다른 조직과 주고받는 문서를 의미하고, 의뢰, 초대, 통지, 조회, 독촉 등의 형식을 취하는 문서이다.

③ **전자문서** … 컴퓨터 또는 정보처리 장치로 작성되거나 저장되는 문서를 말한다. 전산망을 활용하여 작성·시행 또는 접수되는 문서 이외에 전자우편이나 인터넷을 통한 기록물 등이 전자문서에 포함된다.

(3) 처리 단계에 의한 분류

① 접수문서 - 배포문서 - 기안문서 - 합의문서 - 완결문서 - 시행문서

    ㉠ **접수문서** : 외부로부터 처리된 문서

    ㉡ **배포문서** : 문서처리과에서 접수된 문서를 해당 업무부서로 배포하는 문서

    ㉢ **기안문서** : 결재권자의 결재를 얻기 위해 기안 서식에 따라 초안한 문서

    ㉣ **합의문서** : 기안문서 중 그 내용과 관계되는 다른 부서의 협조를 얻기 위해 합의하는 문서

    ㉤ **완결문서** : 기안문이 결재되어 완결된 문서

    ㉥ **시행문서** : 기안문서의 내용을 시행하기 위하여 작성된 문서

② 이첩문서 - 공람문서 - 보관문서 - 보존문서 - 폐기문서

    ㉠ **이첩문서** : 관계된 다른 부서로 다시 알리기 위해 기안된 문서

    ㉡ **공람문서** : 배포문서 중 별도의 처리절차 없이 단순히 상급자에게 보고 또는 열람을 하는 문서

    ㉢ **보관문서** : 일처리가 끝난 완결문서로 보관하는 문서

    ㉣ **보존문서** : 자료로서 가치가 있어 일정기간 보존을 하는 문서

    ㉤ **폐기문서** : 자료가치가 상실된 문서로 폐기처분되는 문서

기출PLUS

기출 2020. 5. 10. 비서 2급

다음 [보기]에서 문서에 대한 설명이 잘못된 것끼리 나타낸 것은?

─ 보기 ─

가) 이첩문서 : 배포 받은 문서중 소관업무가 아닌 경우 소관 부서로 넘기는 문서

나) 공람문서 : 배포 문서 중 별도의 처리 절차 없이 상급자에게 결재를 받고자 하는 문서

다) 보관문서 : 일처리가 진행 중인 과정에서 보관하는 문서

라) 보존문서 : 자료로서 가치가 있어 일정 기간 보존을 하는 문서

마) 폐기문서 : 자료 가치가 상실된 문서로서 폐기 처분되는 문서

① 가), 나), 다), 라), 마)
② 가), 나), 다)
③ 나), 다)
④ 다), 라)

해설 나) 공람문서 : 배포문서 중 별도의 처리 절차 없이 단순히 상급자에게 보고 또는 열람하는 문서
다) 보관문서 : 일처리가 끝나 완결되어 보관하는 문서

〈정답 ③

③ 미처리문서 – 미완결문서

　㉠ 미처리문서 : 접수문서나 배포문서로 어떠한 처리도 하지 않은 문서

　㉡ 미완결문서 : 기안문서로 결재에 이르지 않았거나 결재 받고도 시행되지 않은 문서

3. 공문서의 작성

(1) 기안문

① 기안문은 특정 안건에 관한 사항에 대해 기관의 의사를 결정하기 위하여 작성되며, 결재를 통해 성립되는 문서이다.

② 기안문 작성법

　㉠ 기안의 근거를 밝히고 시작한다.

　㉡ 사업이나 활동의 목적과 방향, 실행 방법 등이 명확하게 드러나야 한다.

　㉢ 관련자가 그 내용을 쉽고 정확하게 숙지할 수 있도록 필요한 정보를 일목요연하게 기입한다.

(2) 보도 자료

① 보도 자료는 국민에게 널리 알려야 할 특정한 정책이나 사업 내용을 언론 매체에서 쉽게 보도할 수 있도록 정리한 문서를 말한다.

② 보도 자료 작성법

　㉠ 쉽고 친근한 어휘를 사용하여 적절한 길이의 문장으로 쓴다.

　㉡ 내용은 객관성과 신뢰성, 공정성 등을 고려하여 작성하여야 하고 인용한 자료는 정확한 출처를 밝힌다.

　㉢ 적절한 양의 정보를 제공하여야 하고 시각적 편의를 고려하여 구성하여야 한다.

(3) 내부 문서

① 내부 문서는 내부적으로 업무 계획 수립, 현안 업무 보고, 관련 사항 검토, 처리 방침 결정 등을 하기 위하여 작성하는 문서를 말한다.

② 내부 문서 작성법

　㉠ 단락을 구조적이고 계층적으로 구성한다.

　㉡ 제목에 본문의 핵심적인 내용을 드러내는 용어를 사용하여 문서의 성격을 쉽게 파악할 수 있도록 한다.

ⓒ 추상적이고 일반적인 표현보다 구체적이고 개별적인 표현을 사용한다.

(4) 공고문

① 공고문은 특정한 사안이나 정책을 널리 알리는 문서이다.

② 공고문 작성법

   ⓐ 공고하고자 하는 사안을 명료하게 설명한다.

   ⓑ 시행 주체와 시행 내용이 분명하게 드러낸다.

   ⓒ 간결하면서 정확한 표현을 사용한다.

4. 문서의 결재

문서의 결재는 문서에 작성된 사안에 대하여 기관의 의사를 결정할 권한을 가진 사람, 즉 결재권자가 직접 그 의사를 결정하는 행위를 의미한다.

(1) 정규 결재

기안자로부터 최고 결재권자까지 정상적인 절차를 거쳐 하는 결재를 말한다. 기관장의 직위를 간략히 직위란에 표시하고 결재란에 서명 날짜와 함께 서명한다.

(2) 전결

전결은 업무의 내용에 따라서 결재 권한을 위임받은 사람이 행하는 결재를 말한다. 전결권자는 그 직무를 수행하기 위하여 필요한 권한을 가지며 책임 또한 전결권자가 진다.

(3) 대결

대결은 결재할 수 있는 사람이 휴가, 출장 등의 사유로 결재할 수 없을 때에는 그 직무를 대리하는 사람이 대신하는 결재이다. 대결한 문서 중 사안이 중요한 경우 사후에 보고하여야 한다.

(4) 후결

결재권자가 부재중이거나 사정으로 인해 결재를 할 수 없을 때 최종 결재권자의 차하위자의 결재로서 우선 시행하게 하고 사후에 최종 결재권자의 결재를 받는 조건부 대결을 말한다.

기출PLUS

기출 2019. 5. 12. 비서 2급

다음 중 공문서 작성 시 표기가 가장 올바르게 된 것은?

① 2019. 1. 1(월)

② 10만 톤

③ 2,134만 5천원

④ 원장 : 홍길동

해설 ① 2019. 1. 1. (월)
③ 숫자는 아라비아 숫자를 사용한다.
④ 원장: 홍길동

< 정답 ②

5. 문장부호의 기능과 사용법

(1) 마침표(.)

① 서술, 명령, 청유 등을 나타내는 문장의 끝에 쓴다.

② 아라비아 숫자만으로 연월일을 표시할 때 쓴다.

③ 특정한 의미가 있는 날을 표시할 때 월과 일을 나타내는 아라비아 숫자 사이에 쓴다.

④ 장, 절, 항 등을 표시하는 문자나 숫자 다음에 쓴다.

(2) 물음표(?)

① 의문문이나 의문을 나타내는 어구의 끝에 쓴다.

② 특정한 어구의 내용에 대하여 의심, 빈정거림 등을 표시할 때, 또는 적절한 말을 쓰기 어려울 때 소괄호 안에 쓴다.

③ 모르거나 불확실한 내용임을 나타낼 때 쓴다.

(3) 느낌표(!)

① 감탄문이나 감탄사의 끝에 쓴다.

② 특별히 강한 느낌을 나타내는 어구, 평서문, 명령문, 청유문에 쓴다.

③ 물음의 말로 놀람이나 항의의 뜻을 나타내는 경우에 쓴다.

④ 감정을 넣어 대답하거나 다른 사람을 부를 때 쓴다.

(4) 쉼표(,)

① 같은 자격의 어구를 열거할 때 그 사이에 쓴다.

② 짝을 지어 구별할 때 쓴다.

③ 이웃하는 수를 개략적으로 나타낼 때 쓴다.

④ 열거의 순서를 나타내는 어구 다음에 쓴다.

⑤ 문장의 연결 관계를 분명히 하고자 할 때 절과 절 사이에 쓴다.

⑥ 같은 말이 되풀이되는 것을 피하기 위하여 일정한 부분을 줄여서 열거할 때 쓴다.

⑦ 부르거나 대답하는 말 뒤에 쓴다.

⑧ 한 문장 안에서 앞말을 '곧', '다시 말해' 등과 같은 어구로 다시 설명할 때 앞말 다음에 쓴다.

⑨ 문장 앞부분에서 조사 없이 쓰인 제시어나 주제어의 뒤에 쓴다.

⑩ 한 문장에 같은 의미의 어구가 반복될 때 앞에 오는 어구 다음에 쓴다.

⑪ 도치문에서 도치된 어구들 사이에 쓴다.

⑫ 바로 다음 말과 직접적인 관계에 있지 않음을 나타낼 때 쓴다.

⑬ 문장 중간에 끼어든 어구의 앞뒤에 쓴다.

⑭ 특별한 효과를 위해 끊어 읽는 곳을 나타낼 때 쓴다.

⑮ 짧게 더듬는 말을 표시할 때 쓴다.

(5) 가운뎃점(·)

① 열거할 어구들을 일정한 기준으로 묶어서 나타낼 때 쓴다.

② 짝을 이루는 어구들 사이에 쓴다.

③ 공통 성분을 줄여서 하나의 어구로 묶을 때 쓴다.

(6) 쌍점(:)

① 표제 다음에 해당 항목을 들거나 설명을 붙일 때 쓴다.

② 희곡 등에서 대화 내용을 제시할 때 말하는 이와 말한 내용 사이에 쓴다.

③ 시와 분, 장과 절 등을 구별할 때 쓴다.

④ 의존명사 '대'가 쓰일 자리에 쓴다.

(7) 빗금(/)

① 대비되는 두 개 이상의 어구를 묶어 나타낼 때 그 사이에 쓴다.

② 기준 단위당 수량을 표시할 때 해당 수량과 기준 단위 사이에 쓴다.

③ 시의 행이 바뀌는 부분임을 나타낼 때 쓴다.

기출PLUS

기출 2017. 11. 12. 비서 1급

다음 공문서 작성 방법이 올바르게 연결된 것을 모두 고른 것은?

― 보기 ―
㉠ 서기 2017. 8. 10.
㉡ 2017. 8. 10.
㉢ 오후 5:30
㉣ 17:30
㉤ 금123,450원(금일십이만삼천사 백오십원)

① ㉠, ㉣, ㉤
② ㉡, ㉢, ㉤
③ ㉠, ㉢, ㉤
④ ㉡, ㉣, ㉤

해설 ㉠ 2017. 8. 10.(목)
㉢ 시각은 24시각제에 따라 숫자로 표시한다.→17: 30

❮ 정답 ④

기출PLUS

기출 2017. 11. 12. 비서 1급

다음은 문장부호의 사용법이다. 이 사용법에 맞는 문장은?

── 보기 ──

- 겹낫표(『』)와 겹화살괄호(≪ ≫)는 책의 제목이나 신문 이름 등을 나타낼 때 쓴다.
- 홑낫표(「」)와 홑화살괄호(〈 〉)는 소제목, 그림이나 노래와 같은 예술 작품의 제목, 상호, 법률, 규정 등을 나타낼 때 쓴다.

① 사무실 밖에 해와 달이라고 쓴 간판을 달았다.
② ≪한강≫은 사진집 〈아름다운 땅〉에 실린 작품이다.
③ 이 곡은 베르디가 작곡한 「축배의 노래」이다.
④ 이 그림은 피카소의 ≪아비뇽의 아가씨들≫이다.

해설 노래의 제목은 홑낫표나 홑화살괄호를 사용하므로 바람직하게 쓰였다.
① 사무실 밖에 「해와 달」이라고 쓴 간판을 달았다.
② 〈한강〉은 사진집 ≪아름다운 땅≫에 실린 작품이다.
④ 이 그림은 피카소의 〈아비뇽의 아가씨들〉이다.

< 정답 ③

(8) **큰따옴표(" ")**

① 글 가운데에서 직접 대화를 표시할 때 쓴다.

② 말이나 글을 직접 인용할 때 쓴다.

(9) **작은따옴표(' ')**

① 인용한 말 안에 있는 인용한 말을 나타낼 때 쓴다.

② 마음속으로 한 말을 적을 때 쓴다.

(10) **소괄호(( ))**

① 주석이나 보충적인 내용을 덧붙일 때 쓴다.

② 우리말 표기와 원어 표기를 아울러 보일 때 쓴다.

③ 생략할 수 있는 요소임을 나타낼 때 쓴다.

④ 희곡 등 대화를 적은 글에서 동작이나 분위기, 상태를 드러낼 때 쓴다.

⑤ 내용이 들어갈 자리임을 나타낼 때 쓴다.

⑥ 항목의 순서나 종류를 나타내는 숫자나 문자 등에 쓴다.

(11) **중괄호({ })**

① 같은 범주에 속하는 여러 요소를 세로로 묶어서 보일 때 쓴다.

② 열거된 항목 중 어느 하나가 자유롭게 선택될 수 있음을 보일 때 쓴다.

(12) **대괄호([ ])**

① 괄호 안에 또 괄호를 쓸 필요가 있을 때 바깥쪽의 괄호로 쓴다.

② 고유어에 대응하는 한자어를 함께 보일 때 쓴다.

③ 원문에 대한 이해를 돕기 위해 설명이나 논평 등을 덧붙일 때 쓴다.

(13) **겹낫표(『 』)와 겹화살괄호(≪ ≫)**

책의 제목이나 신문 이름 등을 나타낼 때 쓴다.

⑭ **홑낫표(「 」)와 홑화살괄호(〈 〉)**

소제목, 그림이나 노래와 같은 예술 작품의 제목, 상호, 법률, 규정 등을 나타낼 때 쓴다.

⑮ **줄표(―)**

제목 다음에 표시하는 부제의 앞뒤에 쓴다.

⑯ **붙임표(-)**

① 차례대로 이어지는 내용을 하나로 묶어 열거할 때 각 어구 사이에 쓴다.

② 두 개 이상의 어구가 밀접한 관련이 있음을 나타내고자 할 때 쓴다.

⑰ **물결표(~)**

기간이나 거리 또는 범위를 나타낼 때 쓴다.

⑱ **드러냄표(˙)와 밑줄(____)**

문장 내용 중에서 주의가 미쳐야 할 곳이나 중요한 부분을 특별히 드러내 보일 때 쓴다.

⑲ **숨김표(O, X)**

① 금기어나 공공연히 쓰기 어려운 비속어임을 나타낼 때, 그 글자의 수효만큼 쓴다.

② 비밀을 유지해야 하거나 밝힐 수 없는 사항임을 나타낼 때 쓴다.

⑳ **빠짐표(□)**

① 옛 비문이나 문헌 등에서 글자가 분명하지 않을 때 그 글자의 수효만큼 쓴다.

② 글자가 들어가야 할 자리를 나타낼 때 쓴다.

㉑ **줄임표(……)**

① 할 말을 줄였을 때 쓴다.

② 말이 없음을 나타낼 때 쓴다.

③ 문장이나 글의 일부를 생략할 때 쓴다.

④ 머뭇거림을 보일 때 쓴다.

기출PLUS

기출 2018. 11. 11. 비서 1급

다음 중 외래어 표기법에 따라 올바르게 표기된 것으로 묶인 것은?

① 팜플렛, 리더십, 까페
② 리더쉽, 악세서리, 타블렛
③ 악세사리, 리플렛, 팸플릿
④ 카페, 리더십, 리플릿

해설 팜플렛 → 팸플릿, 까페 → 카페, 리더쉽 → 리더십 악세서리 · 악세사리 → 액세서리, 타블렛 → 태블릿, 리플렛 → 리플릿

기출 2019. 11. 10. 비서 2급

문장부호별 주요 용법 관련 설명이 틀린 것은?

① 제목이나 표어가 문장 형식으로 되어 있더라도 마침표, 물음표, 느낌표 등을 쓰지 않는 것이 원칙이다.
② '2019년 10월 27일'은 마침표를 활용하여 '2019. 10. 27.'과 같이 나타낼 수 있다.
③ 줄임표는 앞말에 붙여 쓰는 것이 원칙이지만, 문장이나 글의 일부를 생략함을 보일 때에는 줄임표의 앞뒤를 띄어 쓴다.
④ 줄임표를 사용할 때에는 가운데 여섯 점뿐만 아니라 가운데 세 점을 찍는 것은 가능하지만, 아래 여섯 점, 아래 세 점을 찍는 것은 허용하지 않는다.

해설 ④ 줄임표를 사용할 때에는 가운데 여섯 점을 찍는 것이 원칙이나, 아래 여섯 점, 가운데 세 점, 아래 세 점을 찍어서 나타낼 수 있다.

◀ 정답 ④, ④

6. 한글 맞춤법

(1) 총칙

① 한글 맞춤법은 표준어를 소리대로 적되, 어법에 맞도록 함을 원칙으로 한다.

② 문장의 각 단어는 띄어 씀을 원칙으로 한다.

③ 외래어는 '외래어 표기법'에 따라 적는다.

(2) 자모

한글 자모의 수는 스물넉 자로 하고, 그 순서와 이름은 다음과 같이 정한다.

ㄱ(기역)	ㄴ(니은)	ㄷ(디귿)	ㄹ(리을)	ㅁ(미음)
ㅂ(비읍)	ㅅ(시옷)	ㅇ(이응)	ㅈ(지읒)	ㅊ(치읓)
ㅋ(키읔)	ㅌ(티읕)	ㅍ(피읖)	ㅎ(히읗)	
ㅏ(아)	ㅑ(야)	ㅓ(어)	ㅕ(여)	ㅗ(오)
ㅛ(요)	ㅜ(우)	ㅠ(유)	ㅡ(으)	ㅣ(이)

[붙임] 위의 자모로써 적을 수 없는 소리는 두 개 이상의 자모를 어울러서 적되, 그 순서와 이름은 다음과 같이 정한다.

ㄲ(쌍기역)	ㄸ(쌍디귿)	ㅃ(쌍비읍)	ㅆ(쌍시옷)	ㅉ(쌍지읒)	
ㅐ(애)	ㅒ(얘)	ㅔ(에)	ㅖ(예)	ㅘ(와)	ㅙ(왜)
ㅚ(외)	ㅝ(워)	ㅞ(웨)	ㅟ(위)	ㅢ(의)	

[붙임] 사전에 올릴 적의 자모 순서는 다음과 같이 정한다.

자음	ㄱ ㄲ ㄴ ㄷ ㄸ ㄹ ㅁ ㅂ ㅃ ㅅ ㅆ ㅇ ㅈ ㅉ ㅊ ㅋ ㅌ ㅍ ㅎ
모음	ㅏ ㅐ ㅑ ㅒ ㅓ ㅔ ㅕ ㅖ ㅗ ㅘ ㅙ ㅚ ㅛ ㅜ ㅝ ㅞ ㅟ ㅠ ㅡ ㅢ ㅣ

(3) 소리에 관한 것

① 한 단어 안에서 뚜렷한 까닭 없이 나는 된소리는 다음 음절의 첫소리를 된소리로 적는다.

㉠ 두 모음 사이에서 나는 된소리

소쩍새	어깨	오빠	으뜸	아끼다
기쁘다	깨끗하다	어떠하다	해쓱하다	가끔
거꾸로	부썩	어찌	이따금	

㉡ 'ㄴ, ㄹ, ㅁ, ㅇ' 받침 뒤에서 나는 된소리

산뜻하다	잔뜩	살짝	훨씬
담뿍	움찔	몽땅	엉뚱하다

다만, 'ㄱ, ㅂ' 받침 뒤에서 나는 된소리는, 같은 음절이나 비슷한 음절이 겹쳐 나는 경우가 아니면 된소리로 적지 아니한다.

국수	깍두기	딱지	색시
싹둑(~싹둑)	법석	갑자기	몹시

② 'ㄷ, ㅌ' 받침 뒤에 종속적 관계를 가진 '－ 이(－)'나 '－ 히 －'가 올 적에는, 그 'ㄷ, ㅌ'이 'ㅈ, ㅊ'으로 소리나더라도 'ㄷ, ㅌ'으로 적는다. (ㄱ을 취하고, ㄴ을 버림)

ㄱ	ㄴ	ㄱ	ㄴ
맏이	마지	핥이다	할치다
해돋이	해도지	걷히다	거치다
굳이	구지	닫히다	다치다
같이	가치	묻히다	무치다
끝이	끄치		

③ 'ㄷ' 소리로 나는 받침 중에서 'ㄷ'으로 적을 근거가 없는 것은 'ㅅ'으로 적는다.

덧저고리	돗자리	엇셈	웃어른	핫옷	무릇	사뭇
얼핏	자칫하면	뭇[衆]	옛	첫	헛	

④ '계, 례, 몌, 폐, 혜'의 'ㅖ'는 'ㅔ'로 소리나는 경우가 있더라도 'ㅖ'로 적는다.
(ㄱ을 취하고, ㄴ을 버림)

ㄱ	ㄴ	ㄱ	ㄴ
계수(桂樹)	게수	혜택(惠澤)	헤택
사례(射禮)	사레	계집	게집
연몌(連袂)	연메	핑계	핑게
폐품(廢品)	페품		

다만, 다음 말은 본음대로 적는다.

게송(偈頌)	게시판(揭示板)	휴게실(休憩室)

⑤ '의'나, 자음을 첫소리로 가지고 있는 음절의 'ㅢ'는 'ㅣ'로 소리나는 경우가 있더라도 'ㅢ'로 적는다. (ㄱ을 취하고, ㄴ을 버림)

ㄱ	ㄴ
의의(意義)	의이
본의(本義)	본이
무늬[紋]	무니
보늬	보니
오늬	오니
하늬바람	하니바람
늴리리	닐리리
닁큼	닝큼
띄어쓰기	띠어쓰기
씌어	씨어
틔어	티어
희망(希望)	히망
희다	히다
유희(遊戱)	유히

⑥ 한자음 '녀, 뇨, 뉴, 니'가 단어 첫머리에 올 적에는, 두음 법칙에 따라 '여, 요, 유, 이'로 적는다. (ㄱ을 취하고, ㄴ을 버림)

ㄱ	ㄴ	ㄱ	ㄴ
여자(女子)	녀자	유대(紐帶)	뉴대
연세(年歲)	년세	이토(泥土)	니토
요소(尿素)	뇨소	익명(匿名)	닉명

다만, 다음과 같은 의존 명사에서는 '냐, 녀 음을 인정한다.

냥(兩)	냥쭝(兩 -)	년(年) (몇 년)

[붙임 1] 단어의 첫머리 이외의 경우에는 본음대로 적는다.

남녀(男女)	당뇨(糖尿)	결뉴(結紐)	은닉(隱匿)

[붙임 2] 접두사처럼 쓰이는 한자가 붙어서 된 말이나 합성어에서, 뒷말의 첫소리가 'ㄴ' 소리로 나더라도 두음 법칙에 따라 적는다.

신여성(新女性)	공염불(空念佛)	남존여비(男尊女卑)

[붙임 3] 둘 이상의 단어로 이루어진 고유 명사를 붙여 쓰는 경우에도 [붙임 2]에 준하여 적는다.

한국여자대학	대한요소비료회사

⑦ 한자음 '랴, 려, 례, 료, 류, 리'가 단어의 첫머리에 올 적에는, 두음 법칙에 따라 '야, 여, 예, 요, 유, 이'로 적는다.(ㄱ을 취하고, ㄴ을 버림)

ㄱ	ㄴ	ㄱ	ㄴ
양심(良心)	량심	용궁(龍宮)	룡궁
역사(歷史)	력사	유행(流行)	류행
예의(禮儀)	례의	이발(理髮)	리발

다만, 다음과 같은 의존 명사는 본음대로 적는다.

리(里) : 몇 리냐?
리(理) : 그럴 리가 없다.

[붙임 1] 단어의 첫머리 이외의 경우에는 본음대로 적는다.

개량(改良)	선량(善良)	수력(水力)	협력(協力)
사례(謝禮)	혼례(婚禮)	와룡(臥龍)	쌍룡(雙龍)
하류(下流)	급류(急流)	도리(道理)	진리(眞理)

다음 중 밑줄 친 부분의 한글 맞춤법이 잘못 표기된 것을 고르시오.

① 왠지 가슴이 두근거린다.
② 착한 사람이 돼라.
③ 비서로서 나의 위치
④ 출석율을 살펴보면

해설 받침이 있는 말 다음에는 '률'로 적고 'ㄴ'받침이나 모음 뒤에서는 '율'로 적는다. 출석율→출석률

다만, 모음이나 'ㄴ' 받침 뒤에 이어지는 '렬, 률'은 '열, 율'로 적는다.(ㄱ을 취하고 ㄴ을 버림)

ㄱ	ㄴ
나열(羅列)	나렬
치열(齒列)	치렬
비열(卑劣)	비렬
분열(分裂)	분렬
선열(先烈)	선렬
진열(陳列)	진렬
규율(規律)	규렬
비율(比率)	비률
실패율(失敗率)	실패률
선율(旋律)	선률
전율(戰慄)	전률
백분율(百分率)	백분률

[붙임 2] 외자로 된 이름을 성에 붙여 쓸 경우에도 본음대로 적을 수 있다.

신립(申砬)	최린(崔麟)	채륜(蔡倫)	하륜(河崙)

[붙임 3] 준말에서 본음으로 소리나는 것은 본음대로 적는다.

국련(국제연합)	대한교련(대한교육연합회)

[붙임 4] 접두사처럼 쓰이는 한자가 붙어서 된 말이나 합성어에서, 뒷말의 첫소리가 'ㄴ' 또는 'ㄹ' 소리로 나더라도 두음 법칙에 따라 적는다.

역이용(逆利用)	연이율(年利率)	열역학(熱力學)	해외여행(海外旅行)

[붙임 5] 둘 이상의 단어로 이루어진 고유 명사를 붙여 쓰는 경우나 십진법에 따라 쓰는 수(數)도 위에 준하여 적는다.

서울여관	신흥이발관	육천육백육십육(六千六百六十六)

<정답 ④

⑧ 한자음 '라, 래, 로, 뢰, 루, 르'가 단어의 첫머리에 올 적에는, 두음 법칙에 따라 '나, 내, 노, 뇌, 누, 느'로 적는다.(ㄱ을 취하고, ㄴ을 버림)

ㄱ	ㄴ	ㄱ	ㄴ
낙원(樂園)	락원	뇌성(雷聲)	뢰성
내일(來日)	래일	누각(樓閣)	루각
노인(老人)	로인	능묘(陵墓)	릉묘

[붙임 1] 단어의 첫머리 이외의 경우에는 본음대로 적는다.

쾌락(快樂)	극락(極樂)	거래(去來)	왕래(往來)
부로(父老)	연로(年老)	지뢰(地雷)	낙뢰(落雷)
고루(高樓)	광한루(廣寒樓)	동구릉(東九陵)	가정란(家庭欄)

[붙임 2] 접두사처럼 쓰이는 한자가 붙어서 된 단어는 뒷말을 두음 법칙에 따라 적는다.

내내월(來來月)	상노인(上老人)	중노동(重勞動)	비논리적(非論理的)

⑨ 한 단어 안에서 같은 음절이나 비슷한 음절이 겹쳐 나는 부분은 같은 글자로 적는다.(ㄱ을 취하고, ㄴ을 버림)

ㄱ	ㄴ	ㄱ	ㄴ
딱딱	딱닥	꼿꼿하다	꼿곳하다
쌕쌕	쌕색	놀놀하다	놀롤하다
씩씩	씩식	눅눅하다	눙눅하다
똑딱똑딱	똑닥똑닥	밋밋하다	민밋하다
쓱싹쓱싹	쓱삭쓱삭	싹싹하다	싹삭하다
연연불망(戀戀不忘)	연련불망	쌉쌀하다	쌉살하다
유유상종(類類相從)	유류상종	씁쓸하다	씁슬하다
누누이(屢屢 -)	누루이	짭짤하다	짭잘하다

(4) 형태에 관한 것

① 체언은 조사와 구별하여 적는다.

떡이	떡을	떡에	떡도	떡만
손이	손을	손에	손도	손만
팔이	팔을	팔에	팔도	팔만
밤이	밤을	밤에	밤도	밤만
집이	집을	집에	집도	집만
옷이	옷을	옷에	옷도	옷만
콩이	콩을	콩에	콩도	콩만
낮이	낮을	낮에	낮도	낮만
꽃이	꽃을	꽃에	꽃도	꽃만
밭이	밭을	밭에	밭도	밭만
앞이	앞을	앞에	앞도	앞만
밖이	밖을	밖에	밖도	밖만
넋이	넋을	넋에	넋도	넋만
흙이	흙을	흙에	흙도	흙만
삶이	삶을	삶에	삶도	삶만
여덟이	여덟을	여덟에	여덟도	여덟만
곬이	곬을	곬에	곬도	곬만
값이	값을	값에	값도	값만

② 용언의 어간과 어미는 구별하여 적는다.

먹다	먹고	먹어	먹으니
신다	신고	신어	신으니
믿다	믿고	믿어	믿으니
울다	울고	울어	(우니)
넘다	넘고	넘어	넘으니
입다	입고	입어	입으니
웃다	웃고	웃어	웃으니
찾다	찾고	찾아	찾으니
좇다	좇고	좇아	좇으니
같다	같고	같아	같으니
높다	높고	높아	높으니
좋다	좋고	좋아	좋으니
깎다	깎고	깎아	깎으니
앉다	앉고	앉아	앉으니
많다	많고	많아	많으니
늙다	늙고	늙어	늙으니
젊다	젊고	젊어	젊으니
넓다	넓고	넓어	넓으니
훑다	훑고	훑어	훑으니
읊다	읊고	읊어	읊으니
옳다	옳고	옳아	옳으니
없다	없고	없어	없으니
있다	있고	있어	있으니

[붙임 1] 두 개의 용언이 어울려 한 개의 용언이 될 적에, 앞말의 본뜻이 유지되고 있는 것은 그 원형을 밝히어 적고, 그 본뜻에서 멀어진 것은 밝히어 적지 아니한다.

㉠ 앞말의 본뜻이 유지되고 있는 것

넘어지다	늘어나다	늘어지다	돌아가다
되짚어가다	들어가다	떨어지다	벌어지다
엎어지다	접어들다	틀어지다	흩어지다

㉡ 본뜻에서 멀어진 것

드러나다	사라지다	쓰러지다

[붙임 2] 종결형에서 사용되는 어미 '—오'는 '요'로 소리나는 경우가 있더라도 그 원형을 밝혀 '오'로 적는다.(ㄱ을 취하고, ㄴ을 버림)

ㄱ	ㄴ
이것은 책이오.	이것은 책이요.
이리로 오시오.	이리로 오시요.
이것은 책이 아니오.	이것은 책이 아니요.

[붙임 3] 연결형에서 사용되는 '이요'는 '이요'로 적는다.(ㄱ을 취하고, ㄴ을 버림.)

ㄱ	ㄴ
이것은 책이요, 저것은 붓이요, 또 저것은 먹이다.	이것은 책이오, 저것은 붓이오, 또 저것은 먹이다.

③ 어간의 끝음절 모음이 'ㅏ, ㅗ'일 때에는 어미를 '—야로 적고, 그 밖의 모음일 때에는 '—어로 적는다.

㉠ '—야로 적는 경우

나아	나아도	나아서
막아	막아도	막아서
얇아	얇아도	얇아서
돌아	돌아도	돌아서
보아	보아도	보아서

㉡ '—어로 적는 경우

개어	개어도	개어서
겪어	겪어도	겪어서
되어	되어도	되어서
베어	베어도	베어서
쉬어	쉬어도	쉬어서
저어	저어도	저어서
주어	주어도	주어서
피어	피어도	피어서
희어	희어도	희어서

④ 어미 뒤에 덧붙는 조사 '요'는 '요'로 적는다.

읽어	읽어요
참으리	참으리요
좋지	좋지요

⑤ 다음과 같은 용언들은 어미가 바뀔 경우, 그 어간이나 어미가 원칙에 벗어나면 벗어나는 대로 적는다.

㉠ 어간의 끝 'ㄹ'이 줄어질 적

갈다 : 가니	간	갑니다	가시다	가오
놀다 : 노니	논	놉니다	노시다	노오
불다 : 부니	분	붑니다	부시다	부오
둥글다 : 둥그니	둥근	둥급니다	둥그시다	둥그오
어질다 : 어지니	어진	어집니다	어지시다	어지오

[붙임] 다음과 같은 말에서도 'ㄹ'이 준 대로 적는다.

마지못하다	마지않다
(하)다마다	(하)자마자
(하)지 마라	(하)지 마(아)

㉡ 어간의 끝 'ㅅ'이 줄어질 적

긋다 : 그어	그으니	그었다
낫다 : 나아	나으니	나았다
잇다 : 이어	이으니	이었다
짓다 : 지어	지으니	지었다

㉢ 어간의 끝 'ㅎ'이 줄어질 적

그렇다 : 그러니	그럴	그러면	그러오
까맣다 : 까마니	까말	까마면	까마오
동그랗다 : 동그라니	동그랄	동그라면	동그라오
퍼렇다 : 퍼러니	퍼럴	퍼러면	퍼러오
하얗다 : 하야니	하얄	하야면	하야오

㉣ 어간의 끝 'ㅜ, ㅡ'가 줄어질 적

푸다 :	퍼	펐다
뜨다 :	떠	떴다
끄다 :	꺼	껐다
크다 :	커	컸다
담그다 :	담가	담갔다
고프다 :	고파	고팠다
따르다 :	따라	따랐다
바쁘다 :	바빠	바빴다

기출PLUS

ⓜ 어간의 끝 'ㄷ'이 'ㄹ'로 바뀔 적

걷다[步] :	걸어	걸으니	걸었다
듣다[聽] :	들어	들으니	들었다
묻다[問] :	물어	물으니	물었다
싣다[載] :	실어	실으니	실었다

ⓗ 어간의 끝 'ㅂ'이 'ㅜ'로 바뀔 적

깁다 :	기워	기우니	기웠다
굽다[炙] :	구워	구우니	구웠다
가깝다 :	가까워	가까우니	가까웠다
괴롭다 :	괴로워	괴로우니	괴로웠다
맵다 :	매워	매우니	매웠다
무겁다 :	무거워	무거우니	무거웠다
밉다 :	미워	미우니	미웠다
쉽다 :	쉬워	쉬우니	쉬웠다

다만, '돕−, 곱−'과 같은 단음절 어간에 어미 '−아'가 결합되어 '와'로 소리나는 것은 '−와'로 적는다.

돕다[助] :	도와	도와서	도와도	도왔다
곱다[麗] :	고와	고와서	고와도	고왔다

ⓐ '하다'의 활용에서 어미 '−아'가 '−여'로 바뀔 적

하다 :	하여	하여서	하여도	하여라	하였다

ⓞ 어간의 끝음절 '르' 뒤에 오는 어미 '−어'가 '−러'로 바뀔 적

이르다[至] :	이르러	이르렀다
노르다 :	노르러	노르렀다
누르다 :	누르러	누르렀다
푸르다 :	푸르러	푸르렀다

ⓩ 어간의 끝음절 '르'의 'ㅡ'가 줄고, 그 뒤에 오는 어미 'ㅡ아/ㅡ어'가 'ㅡ라/ㅡ러'로 바뀔 적

가르다 :	갈라	갈랐다
부르다 :	불러	불렀다
거르다 :	걸러	걸렀다
오르다 :	올라	올랐다
구르다 :	굴러	굴렀다
이르다 :	일러	일렀다
벼르다 :	별러	별렀다
지르다 :	질러	질렀다

⑥ 어간에 'ㅡ이'나 'ㅡ음/ㅡㅁ'이 붙어서 명사로 된 것과 'ㅡ이'나 'ㅡ히'가 붙어서 부사로 된 것은 그 어간의 원형을 밝히어 적는다.

㉠ 'ㅡ이'가 붙어서 명사로 된 것

길이	깊이	높이	다듬이	땀받이	달맞이
먹이	미닫이	벌이	벼훑이	살림살이	쇠붙이

㉡ 'ㅡ음/ㅡㅁ'이 붙어서 명사로 된 것

걸음	묶음	믿음	얼음	엮음	울음
웃음	졸음	죽음	앎	만듦	

㉢ 'ㅡ히'가 붙어서 부사로 된 것

밝히	익히	작히

다만, 어간에 'ㅡ이'나 'ㅡ음'이 붙어서 명사로 바뀐 것이라도 그 어간의 뜻과 멀어진 것은 원형을 밝히어 적지 아니한다.

굽도리	다리[髢]	목거리(목병)	무녀리
코끼리	거름(비료)	고름[膿]	노름(도박)

[붙임] 어간에 'ㅡ이'나 'ㅡ음' 이외의 모음으로 시작된 접미사가 붙어서 다른 품사로 바뀐 것은 그 어간의 원형을 밝히어 적지 아니한다.

㉠ 명사로 바뀐 것

귀머거리	까마귀	너머	뜨더귀	마감	마개
마중	무덤	비렁뱅이	쓰레기	올가미	주검

기출 2018. 5. 13. 비서 1급

한국상공(주)의 대표이사 비서인 이나영씨는 거래처 대표이사가 새로 취임하여 축하장 초안을 작성하고 있다. 다음 축하장에서 밑줄 친 부분의 맞춤법이 바르지 않은 것끼리 묶인 것은?

┌ 보기 ┐
귀사의 무궁한 번영과 발전을 기원합니다.
이번에 대표이사로 새로 취임하심을 진심으로 기쁘게 생각하며 ⓐ축하드립니다. 이는 탁월한 식견과 그동안의 부단한 노력에 따른 결과라 생각합니다. 앞으로도 저희 한국상공(주)와 ⓑ원활한 협력 관계를 ⓒ공고이 해 나가게 되기를 기대하며, 우선 서면으로 축하 인사를 대신합니다. ⓓ아무쪼록 건강하시기 바랍니다.

① ⓐ, ⓑ   ② ⓑ, ⓒ
③ ⓑ, ⓓ   ④ ⓒ, ⓓ

해설 ⓑ 원활한 ⓒ 공고히

❮ 정답 ②

     ⓒ 부사로 바뀐 것

거뭇거뭇	너무	도로	뜨덤뜨덤	바투
불긋불긋	비로소	오긋오긋	자주	차마

     ⓓ 조사로 바뀌어 뜻이 달라진 것

나마	부터	조차

⑦ 명사 뒤에 '-이'가 붙어서 된 말은 그 명사의 원형을 밝히어 적는다.

거뭇거뭇	너무	도로	뜨덤뜨덤	바투
불긋불긋	비로소	오긋오긋	자주	차마

     ⓐ 부사로 된 것

곳곳이	낱낱이	몫몫이	살살이	앞앞이	집집이

     ⓑ 명사로 된 것

곰배팔이	바둑이	삼발이	애꾸눈이	육손이	절뚝발이/절름발이

[붙임] '-이' 이외의 모음으로 시작된 접미사가 붙어서 된 말은 그 명사의 원형을 밝히어 적지 아니한다.

꼬락서니	끄트머리	모가치	바가지	바깥	사타구니
싸라기	이파리	지붕	지푸라기	짜개	

⑧ 명사나 혹은 용언의 어간 뒤에 자음으로 시작된 접미사가 붙어서 된 말은 그 명사나 어간의 원형을 밝히어 적는다.

     ⓐ 명사 뒤에 자음으로 시작된 접미사가 붙어서 된 것

값지다	홑지다	넋두리	빛깔	옆댕이	잎사귀

     ⓑ 어간 뒤에 자음으로 시작된 접미사가 붙어서 된 것

낚시	늙정이	덮개	뜯게질	갉작갉작하다
갉작거리다	적거리다	뜯적뜯적하다	굵다랗다	굵직하다
깊숙하다	넓적하다	높다랗다	늙수그레하다	얽죽얽죽하다

ⓒ 다만, 다음과 같은 말은 소리대로 적는다.

ⓐ **겹받침의 끝소리가 드러나지 아니하는 것**

할짝거리다	널따랗다	널찍하다	말끔하다
말쑥하다	말짱하다	실쭉하다	실큼하다
얄따랗다	얄팍하다	짤따랗다	짤막하다
실컷			

ⓑ **어원이 분명하지 아니하거나 본뜻에서 멀어진 것**

넙치	올무	골막하다	납작하다

⑨ 용언의 어간에 다음과 같은 접미사들이 붙어서 이루어진 말들은 그 어간을 밝히어 적는다.

㉠ '－기－, －리－, －이－, －히, －구－, －우－, －추－, －으키－, －이키－, －애－'가 붙는 것

맡기다	옮기다	웃기다	쫓기다
뚫리다	울리다	낚이다	쌓이다
핥이다	굳히다	굽히다	넓히다
앉히다	얽히다	잡히다	돋구다
솟구다	돋우다	갖추다	곧추다
맞추다	일으키다	돌이키다	없애다

다만, '－이－, －히－, －우－'가 붙어서 된 말이라도 본뜻에서 멀어진 것은 소리대로 적는다.

도리다(칼로 ~)	드리다(용돈을 ~)	고치다	바치다(세금을 ~)
부치다(편지를 ~)	거두다	미루다	이루다

㉡ '－치－, －뜨리－, －트리－'가 붙는 것

놓치다	덮치다	떠받치다
받치다	밭치다	부딪치다
뻗치다	엎치다	부딪뜨리다/부딪트리다
쏟뜨리다/쏟트리다	젖뜨리다/젖트리다	찢뜨리다/찢트리다
흩뜨리다/흩트리다		

[붙임] '－업－, －읍－, －브－'가 붙어서 된 말은 소리대로 적는다

미덥다	우습다	미쁘다

⑩ ' – 하다'나 ' – 거리다'가 붙는 어근에 ' – 이'가 붙어서 명사가 된 것은 그 원형을 밝히어 적는다.(ㄱ을 취하고, ㄴ을 버림)

ㄱ	ㄴ	ㄱ	ㄴ
깔쭉이	깔쭈기	살살이	살사리
꿀꿀이	꿀꾸리	쌕쌕이	쌕쌔기
눈깜짝이	눈깜짜기	오뚝이	오뚜기
더펄이	더퍼리	코납작이	코납자기
배불뚝이	배불뚜기	푸석이	푸서기
삐죽이	삐주기	홀쭉이	홀쭈기

[붙임] ' – 하다'나 ' – 거리다'가 붙을 수 없는 어근에 ' – 이'나 또는 다른 모음으로 시작되는 접미사가 붙어서 명사가 된 것은 그 원형을 밝히어 적지 아니한다.

개구리	귀뚜라미	기러기	깍두기
꽹과리	날라리	누더기	동그라미
두드러기	딱따구리	매미	부스러기
뻐꾸기	얼루기	칼싹두기	

⑪ ' – 거리다'가 붙을 수 있는 시늉말 어근에 ' – 이다'가 붙어서 된 용언은 그 어근을 밝히어 적는다.(ㄱ을 취하고, ㄴ을 버림)

ㄱ	ㄴ	ㄱ	ㄴ
깜짝이다	깜짜기다	속삭이다	속사기다
꾸벅이다	꾸버기다	숙덕이다	숙더기다
끄덕이다	끄더기다	울먹이다	울머기다
뒤척이다	뒤처기다	움직이다	움지기다
들먹이다	들머기다	지껄이다	지꺼리다
망설이다	망서리다	퍼덕이다	퍼더기다
번득이다	번드기다	허덕이다	허더기다
번쩍이다	번쩌기다	헐떡이다	헐떠기다

⑫ ' – 하다'가 붙는 어근에 ' – 히'나 ' – 이'가 붙어서 부사가 되거나, 부사에 ' – 이'가 붙어서 뜻을 더하는 경우에는 그 어근이나 부사의 원형을 밝히어 적는다.

㉠ ' – 하다'가 붙는 어근에 ' – 히'나 ' – 이'가 붙는 경우

급히	꾸준히	도저히	딱히	어렴풋이	깨끗이

[붙임] ' – 하다'가 붙지 않는 경우에는 소리대로 적는다.

갑자기	반드시(꼭)	슬며시

ⓛ 부사에 ' – 이'가 붙어서 역시 부사가 되는 경우

곰곰이	더욱이	생긋이	오뚝이	일찍이	해죽이

⑬ ' – 하다'나 ' – 없다'가 붙어서 된 용언은 그 ' – 하다'나 ' – 없다'를 밝히어 적는다.

ㄱ ' – 하다'가 붙어서 용언이 된 것

딱하다	숱하다	착하다	텁텁하다	푹하다

ㄴ ' – 없다'가 붙어서 용언이 된 것

부질없다	상없다	시름없다	열없다	하염없다

⑭ 둘 이상의 단어가 어울리거나 접두사가 붙어서 이루어진 말은 각각 그 원형을 밝히어 적는다.

국말이	꺾꽂이	꽃잎	끝장	물난리
밑천	부엌일	싫증	옷안	웃옷
젖몸살	첫아들	칼날	팥알	헛웃음
홀아비	홑몸	흙내	값없다	겉늙다
굶주리다	낮잡다	맞먹다	받내다	벋놓다
빗나가다	빛나다	새파랗다	샛노랗다	시꺼멓다
싯누렇다	엇나가다	엎누르다	엿듣다	옻오르다
짓이기다	헛되다			

[붙임 1] 어원은 분명하나 소리만 특이하게 변한 것은 변한 대로 적는다.

할아버지	할아범

[붙임 2] 어원이 분명하지 아니한 것은 원형을 밝히어 적지 아니한다.

골병	골탕	끌탕	며칠
아재비	오라비	업신여기다	부리나케

[붙임 3] '이[齒, 虱]'가 합성어나 이에 준하는 말에서 '니' 또는 '리'로 소리날 때에는 '니'로 적는다.

간니	덧니	사랑니	송곳니
앞니	어금니	윗니	젖니
톱니	틀니	가랑니	머릿니

⑮ 끝소리가 'ㄹ'인 말과 딴 말이 어울릴 적에 'ㄹ' 소리가 나지 아니하는 것은 아니 나는 대로 적는다.

다달이(달 – 달 – 이)	따님(딸 – 님)	마되(말 – 되)	마소(말 – 소)
무자위(물 – 자위)	바느질(바늘 – 질)	부나비(불 – 나비)	부삽(불 – 삽)
부손(불 – 손)	소나무(솔 – 나무)	싸전(쌀 – 전)	여닫이(열 – 닫이)
우짖다(울 – 짖다)	화살(활 – 살)		

⑯ 끝소리가 'ㄹ'인 말과 딴 말이 어울릴 적에 'ㄹ' 소리가 'ㄷ' 소리로 나는 것은 'ㄷ'으로 적는다.

반짇고리(바느질~)	사흗날(사흘~)	삼짇날(삼질~)	섣달(설~)
숟가락(술~)	이튿날(이틀~)	잗주름(잘~)	푿소(풀~)
섣부르다(설~)	잗다듬다(잘~)	잗다랗다(잘~)	

⑰ 사이시옷은 다음과 같은 경우에 받치어 적는다.

  ㉠ 순 우리말로 된 합성어로서 앞말이 모음으로 끝난 경우

    ⓐ 뒷말의 첫소리가 된소리로 나는 것

고랫재	귓밥	나룻배	나뭇가지	냇가
댓가지	뒷갈망	맷돌	머릿기름	모깃불
못자리	바닷가	뱃길	가리	부싯돌
선짓국	쇳조각	아랫집	우렁잇속	잇자국
잿더미	조갯살	찻집	쳇바퀴	킷값
핏대	햇볕	혓바늘		

    ⓑ 뒷말의 첫소리 'ㄴ, ㅁ' 앞에서 'ㄴ' 소리가 덧나는 것

멧나물	아랫니	텃마당	아랫마을	뒷머리
잇몸	깻묵	냇물	빗물	

    ⓒ 뒷말의 첫소리 모음 앞에서 'ㄴㄴ' 소리가 덧나는 것

도리깻열	뒷윷	두렛일	뒷일	뒷입맛
베갯잇	욧잇	깻잎	나뭇잎	댓잎

ⓛ 순 우리말과 한자어로 된 합성어로서 앞말이 모음으로 끝난 경우

   ⓐ 뒷말의 첫소리가 된소리로 나는 것

귓병	머릿방	뱃병	봇둑	사잣밥
샛강	아랫방	자릿세	전셋집	찻잔
찻종	촛국	콧병	탯줄	텃세
핏기	햇수	횟가루	횟배	

   ⓑ 뒷말의 첫소리 'ㄴ, ㅁ' 앞에서 'ㄴ' 소리가 덧나는 것

곗날	제삿날	훗날	툇마루	양칫물

   ⓒ 뒷말의 첫소리 모음 앞에서 'ㄴㄴ' 소리가 덧나는 것

가욋일	사삿일	예삿일	훗일

ⓒ 두 음절로 된 다음 한자어

곳간(庫間)	셋방(貰房)	숫자(數字)
찻간(車間)	툇간(退間)	횟수(回數)

⑱ 두 말이 어울릴 적에 'ㅂ' 소리나 'ㅎ' 소리가 덧나는 것은 소리대로 적는다.

  ⓛ 'ㅂ' 소리가 덧나는 것

댑싸리(대ㅂ싸리)	멥쌀(메ㅂ쌀)	볍씨(벼ㅂ씨)	입때(이ㅂ때)
입쌀(이ㅂ쌀)	접때(저ㅂ때)	좁쌀(조ㅂ쌀)	햅쌀(해ㅂ쌀)

  ⓛ 'ㅎ' 소리가 덧나는 것

머리카락(머리ㅎ가락)	살코기(살ㅎ고기)	수캐(수ㅎ개)	수컷(수ㅎ것)
수탉(수ㅎ닭)	안팎(안ㅎ밖)	암캐(암ㅎ개)	암컷(암ㅎ것)
암탉(암ㅎ닭)			

⑲ 단어의 끝모음이 줄어지고 자음만 남은 것은 그 앞의 음절에 받침으로 적는다.

본말	준말
기러기야	기럭아
어제그저께	엊그저께
어제저녁	엊저녁
가지고, 가지지	갖고, 갖지
디디고, 디디지	딛고, 딛지

⑳ 체언과 조사가 어울려 줄어지는 경우에는 준 대로 적는다.

본말	준말
그것은	그건
그것이	그게
그것으로	그걸로
나는	난
나를	날
너는	넌
너를	널
무엇을	뭣을/무얼/뭘
무엇이	뭣이/무에

㉑ 모음 'ㅏ, ㅓ'로 끝난 어간에 '−아/−어, −았−/−었−'이 어울릴 적에는 준 대로 적는다.

본말	준말	본말	준말
가아	가	가았다	갔다
나아	나	나았다	났다
타아	타	타았다	탔다
서어	서	서었다	섰다
켜어	켜	켜었다	켰다
펴어	펴	펴었다	폈다

[붙임 1] 'ㅐ, ㅔ' 뒤에 '−어, −었−'이 어울려 줄 적에는 준 대로 적는다.

본말	준말	본말	준말
개어	개	개었다	갰다
내어	내	내었다	냈다
베어	베	베었다	벴다
세어	세	세었다	셌다

[붙임 2] '하여'가 한 음절로 줄어서 '해'로 될 적에는 준 대로 적는다.

본말	준말	본말	준말
하여	해	하였다	했다
더하여	더해	더하였다	더했다
흔하여	흔해	흔하였다	흔했다

㉒ 모음 'ㅗ, ㅜ'로 끝난 어간에 '-아/-어, -았-/-었-'이 어울려 'ㅘ/ㅝ, 왔/웠'으로 될 적 에는 준 대로 적는다.

본말	준말	본말	준말
꼬아	꽈	꼬았다	꽜다
보아	봐	보았다	봤다
쏘아	쏴	쏘았다	쐈다
두어	둬	두었다	뒀다
쑤어	쒀	쑤었다	쒔다
주어	줘	주었다	줬다

[붙임 1] '놓아'가 '놔'로 줄 적에는 준 대로 적는다.

[붙임 2] 'ㅚ' 뒤에 '-어, -었-'이 어울려 'ㅙ, 쎘'으로 될 적에도 준 대로 적는다.

본말	준말	본말	준말
괴어	괘	괴었다	괬다
되어	돼	되었다	됐다
뵈어	봬	뵈었다	뵀다
쇠어	쇄	쇠었다	쇘다
쐬어	쐐	쐬었다	쐤다

㉓ 'ㅣ' 뒤에 '-어'가 와서 'ㅕ'로 줄 적에는 준 대로 적는다.

본말	준말	본말	준말
가지어	가져	가지었다	가졌다
견디어	견뎌	견디었다	견뎠다
다니어	다녀	다니었다	다녔다
막히어	막혀	막히었다	막혔다
버티어	버텨	버티었다	버텼다
치이어	치여	치이었다	치였다

㉔ 'ㅏ, ㅕ, ㅗ, ㅜ, ㅡ'로 끝난 어간에 '-이-'가 와서 각각 'ㅐ, ㅖ, ㅚ, ㅟ, ㅢ'로 줄 적에는 준 대로 적는다.

본말	준말	본말	준말
싸이다	쌔다	누이다	뉘다
펴이다	폐다	뜨이다	띄다
보이다	뵈다	쓰이다	씌다

㉕ 'ㅏ, ㅗ, ㅜ, ㅡ' 뒤에 '-이어'가 어울려 줄어질 적에는 준 대로 적는다.

본말	준말	본말	준말
싸이어	쌔어 싸여	뜨이어	띄어
보이어	뵈어 보여	쓰이어	씌어 쓰여
쏘이어	쐬어 쏘여	트이어	틔어 트여
누이어	뉘어 누여		

㉖ 어미 '-지' 뒤에 '않-'이 어울려 '-잖-'이 될 적과 '-하지' 뒤에 '않-'이 어울려 '-찮-'이 될 적에는 준 대로 적는다.

본말	준말	본말	준말
그렇지 않은	그렇잖은	만만하지 않다	만만찮다
적지 않은	적잖은	변변하지 않다	변변찮다

㉗ 어간의 끝음절 '하'의 'ㅏ'가 줄고 'ㅎ'이 다음 음절의 첫소리와 어울려 거센소리로 될 적에는 거센소리로 적는다.

본말	준말	본말	준말
간편하게	간편케	다정하다	다정타
연구하도록	연구토록	정결하다	정결타
가하다	가타	흔하다	흔타

[붙임 1] 'ㅎ'이 어간의 끝소리로 굳어진 것은 받침으로 적는다.

않다	않고	않지	않든지
그렇다	그렇고	그렇지	그렇든지
아무렇다	아무렇고	아무렇지	아무렇든지
어떻다	어떻고	어떻지	어떻든지
이렇다	이렇고	이렇지	이렇든지
저렇다	저렇고	저렇지	저렇든지

[붙임 2] 어간의 끝음절 '하'가 아주 줄 적에는 준 대로 적는다.

본말	준말
거북하지	거북지
생각하건대	생각건대
생각하다 못해	생각다 못해
깨끗하지 않다	깨끗지 않다
넉넉하지 않다	넉넉지 않다
못하지 않다	못지않다
섭섭하지 않다	섭섭지 않다
익숙하지 않다	익숙지 않다

[붙임 3] 다음과 같은 부사는 소리대로 적는다.

결단코	결코	기필코	무심코
아무튼	요컨대	정녕코	필연코
하마터면	하여튼	한사코	

(5) 띄어쓰기

① 조사는 그 앞말에 붙여 쓴다.

꽃이	꽃마저	꽃밖에	꽃에서부터
꽃으로만	꽃이나마	꽃이다	꽃입니다
꽃처럼	어디까지나	거기도	멀리는
웃고만			

② 의존 명사는 띄어 쓴다.

아는 것이 힘이다.	나도 할 수 있다.
먹을 만큼 먹어라.	아는 이를 만났다.
네가 뜻한 바를 알겠다.	그가 떠난 지가 오래다.

③ 단위를 나타내는 명사는 띄어 쓴다.

한 개	차 한 대	금 서 돈	소 한 마리
옷 한 벌	열 살	조기 한 손	연필 한 자루
버선 한 죽	집 한 채	신 두 켤레	북어 한 쾌

기출PLUS

기출 2019. 5. 12. 비서 1급

다음 중 띄어쓰기가 잘못된 것을 모두 고르시오.

┌ 보기 ┐

상사 : ㉠김철수 이사는 ㉡대한 고등학교를 나왔나?

비서 : 아닙니다. ㉢서울 대학교 사범 대학 부속 고등학교를 나오셨습니다. 부장님, 이번에 ㉣얼마 짜리로 이 사님 감사패를 제작할까요?

상사 : 저번 달에 제작한 ㉤감사 패 만큼 예산을 책정 해보지.

① ㉡, ㉢ ② ㉢, ㉣, ㉤
③ ㉣, ㉤ ④ ㉠, ㉢, ㉣

해설 ㉣ 얼마 짜리→얼마짜리, '짜리'는 접미사이므로 붙여 쓴다.
㉤ 감사패 만큼→감사패만큼, '대로, 만큼, 뿐'은 앞에 체언이 붙으면 조사가 된다. 조사는 모두 붙여 쓴다.

< 정답 ③

다만, 순서를 나타내는 경우나 숫자와 어울리어 쓰이는 경우에는 붙여 쓸 수 있다.

두시 삼십분 오초	제일과	삼학년	육층
1446년 10월 9일	2대대	16동 502호	제1실습실
80원	10개	7미터	

④ 수를 적을 적에는 '만(萬)' 단위로 띄어 쓴다.

십이억 삼천사백오십육만 칠천팔백구십팔	12억 3456만 7898

⑤ 두 말을 이어 주거나 열거할 적에 쓰이는 다음의 말들은 띄어 쓴다.

국장 겸 과장	열 내지 스물	청군 대 백군	책상, 걸상 등이 있다
이사장 및 이사들	사과, 배, 귤 등등	사과, 배 등속	부산, 광주 등지

⑥ 단음절로 된 단어가 연이어 나타날 적에는 붙여 쓸 수 있다.

그때 그곳	좀더 큰것	이말 저말	한잎 두잎

⑦ 보조 용언은 띄어 씀을 원칙으로 하되, 경우에 따라 붙여 씀도 허용한다.(ㄱ을 원칙으로 하고, ㄴ을 허용함)

ㄱ	ㄴ
불이 꺼져 간다.	불이 꺼져간다.
내 힘으로 막아 낸다.	내 힘으로 막아낸다.
어머니를 도와 드린다.	어머니를 도와드린다.
그릇을 깨뜨려 버렸다.	그릇을 깨뜨려버렸다.
비가 올 듯하다.	비가 올듯하다.
그 일은 할 만하다.	그 일은 할만하다.
일이 될 법하다.	일이 될법하다.
비가 올 성싶다.	비가 올성싶다.
잘 아는 척한다.	잘 아는척한다.

다만, 앞말에 조사가 붙거나 앞말이 합성 동사인 경우, 그리고 중간에 조사가 들어갈 적에는 그 뒤에 오는 보조 용언은 띄어 쓴다.

잘도 놀아만 나는구나!	책을 읽어도 보고…….
네가 덤벼들어 보아라.	강물에 떠내려가 버렸다.
그가 올 듯도 하다.	

⑧ 성과 이름, 성과 호 등은 붙여 쓰고, 이에 덧붙는 호칭어, 관직명 등은 띄어 쓴다.

김양수(金良洙)	서화담(徐花潭)	채영신 씨
최치원 선생	박동식 박사	충무공 이순신 장군

다만, 성과 이름, 성과 호를 분명히 구분할 필요가 있을 경우에는 띄어 쓸 수 있다.

남궁억/남궁 억	독고준/독고 준	황보지봉(皇甫芝峰)/황보 지봉

⑨ 성명 이외의 고유 명사는 단어별로 띄어 씀을 원칙으로 하되, 단위별로 띄어 쓸 수 있다.(ㄱ을 원칙으로 하고, ㄴ을 허용함)

ㄱ	ㄴ
대한 중학교	대한중학교
한국 대학교 사범 대학	한국대학교 사범대학

⑩ 전문 용어는 단어별로 띄어 씀을 원칙으로 하되, 붙여 쓸 수 있다.(ㄱ을 원칙으로 하고, ㄴ을 허용함)

ㄱ	ㄴ
만성 골수성 백혈병	만성골수성백혈병
중거리 탄도 유도탄	중거리탄도유도탄

(6) 그 밖의 것

① 부사의 끝음절이 분명히 '이'로만 나는 것은 ' - 이'로 적고, '히'로만 나거나 '이' 나 '히'로 나는 것은 ' - 히'로 적는다.

　㉠ '이'로만 나는 것

가붓이	깨끗이	나붓이	느긋이	둥긋이
따뜻이	반듯이	버젓이	산뜻이	의젓이
가까이	고이	날카로이	대수로이	번거로이
많이	적이	헛되이	겹겹이	번번이
일일이	집집이	틈틈이		

　㉡ '히'로만 나는 것

극히	급히	딱히	속히	작히
족히	특히	엄격히	정확히	

ⓒ '이, 히'로 나는 것

솔직히	가만히	간편히	나른히	무단히
각별히	소홀히	쓸쓸히	정결히	과감히
꼼꼼히	심히	열심히	급급히	답답히
섭섭히	공평히	능히	당당히	분명히
상당히	조용히	간소히	고요히	도저히

② 한자어에서 본음으로도 나고 속음으로도 나는 것은 각각 그 소리에 따라 적는다.

본음으로 나는 것	속음으로 나는 것
승낙(承諾)	수락(受諾), 쾌락(快諾), 허락(許諾)
만난(萬難)	곤란(困難), 논란(論難)
안녕(安寧)	의령(宜寧), 회령(會寧)
분노(忿怒)	대로(大怒), 희로애락(喜怒哀樂)
토론(討論)	의논(議論)
오륙십(五六十)	오뉴월, 유월(六月)
목재(木材)	모과(木瓜)
십일(十日)	시방정토(十方淨土), 시왕(十王), 시월(十月)
팔일(八日)	초파일(初八日)

③ 다음과 같은 어미는 예사소리로 적는다. (ㄱ을 취하고, ㄴ을 버림)

ㄱ	ㄴ
– (으)ㄹ거나	– (으)ㄹ꺼나
– (으)ㄹ걸	– (으)ㄹ껄
– (으)ㄹ게	– (으)ㄹ께
– (으)ㄹ세	– (으)ㄹ쎄
– (으)ㄹ세라	– (으)ㄹ쎄라
– (으)ㄹ수록	– (으)ㄹ쑤록
– (으)ㄹ시	– (으)ㄹ씨
– (으)ㄹ지	– (으)ㄹ찌
– (으)ㄹ지니라	– (으)ㄹ찌니라
– (으)ㄹ지라도	– (으)ㄹ찌라도
– (으)ㄹ지어다	– (으)ㄹ찌어다
– (으)ㄹ지언정	– (으)ㄹ찌언정

– (으)ㄹ진대	– (으)ㄹ찐대
– (으)ㄹ진저	– (으)ㄹ찐저
– 올시다	– 올씨다

다만, 의문을 나타내는 다음 어미들은 된소리로 적는다.

– (으)ㄹ까?	– (으)ㄹ꼬?	– (스)ㅂ니까?
– (으)리까?	– (으)ㄹ쏘냐?	

④ 다음과 같은 접미사는 된소리로 적는다.(ㄱ을 취하고, ㄴ을 버림)

ㄱ	ㄴ	ㄱ	ㄴ
심부름꾼	심부름군	귀때기	귓대기
익살꾼	익살군	볼때기	볼대기
일꾼	일군	판자때기	판잣대기
장꾼	장군	뒤꿈치	뒷굼치
장난꾼	장난군	팔꿈치	팔굼치
지게꾼	지겟군	이마빼기	이맛배기
때깔	땟깔	코빼기	콧배기
빛깔	빛갈	객쩍다	객적다
성깔	성갈	겸연쩍다	겸연적다

⑤ 두 가지로 구별하여 적던 다음 말들은 한 가지로 적는다.(ㄱ을 취하고, ㄴ을 버림)

ㄱ	ㄱ
맞추다(입을 맞춘다. 양복을 맞춘다.)	마추다
뻗치다(다리를 뻗친다. 멀리 뻗친다.)	뻐치다

⑥ ' – 더라, – 던'과 ' – 든지'는 다음과 같이 적는다.

㉠ 지난 일을 나타내는 어미는 ' – 더라, – 던'으로 적는다.(ㄱ을 취하고, ㄴ을 버림)

ㄱ	ㄴ
지난 겨울은 몹시 춥더라.	지난 겨울은 몹시 춥드라.
깊던 물이 얕아졌다.	깊든 물이 얕아졌다.
그렇게 좋던가?	그렇게 좋든가?
그 사람 말 잘하던데!	그 사람 말 잘하든데!
얼마나 놀랐던지 몰라.	얼마나 놀랐든지 몰라.

ⓛ 물건이나 일의 내용을 가리지 아니하는 뜻을 나타내는 조사와 어미는 '(-) 든지'로 적는다.(ㄱ을 취하고, ㄴ을 버림)

ㄱ	ㄴ
배든지 사과든지 마음대로 먹어라.	배던지 사과던지 마음대로 먹어라.
가든지 오든지 마음대로 해라.	가던지 오던지 마음대로 해라.

⑦ 다음 말들은 각각 구별하여 적는다.

가름	둘로 가름.
갈음	새 책상으로 갈음하였다.
거름	풀을 썩인 거름.
걸음	빠른 걸음.
거치다	영월을 거쳐 왔다.
걷히다	외상값이 잘 걷힌다.
걷잡다	걷잡을 수 없는 상태.
겉잡다	겉잡아서 이틀 걸릴 일.
그러므로 (그러니까)	그는 부지런하다. 그러므로 잘 산다.
그럼으로(써) (그렇게 하는 것으로)	그는 열심히 공부한다. 그럼으로(써) 은혜에 보답한다.
노름	노름판이 벌어졌다.
놀음(놀이)	즐거운 놀음.
느리다	진도가 너무 느리다.
늘이다	고무줄을 늘인다.
늘리다	수출량을 더 늘린다.
다리다	옷을 다린다.
달이다	약을 달인다.
다치다	부주의로 손을 다쳤다.
닫히다	문이 저절로 닫혔다.
닫치다	문을 힘껏 닫쳤다.
마치다	벌써 일을 마쳤다.
맞히다	여러 문제를 더 맞혔다.
목거리	목거리가 덧났다.
목걸이	금 목걸이, 은 목걸이.

바치다	나라를 위해 목숨을 바쳤다.
받치다	우산을 받치고 간다. 책받침을 받친다.
받히다	쇠뿔에 받혔다.
밭치다	술을 체에 밭친다.
반드시	약속은 반드시 지켜라.
반듯이	고개를 반듯이 들어라.
부딪치다	차와 차가 마주 부딪쳤다.
부딪히다	마차가 화물차에 부딪혔다.
부치다	힘이 부치는 일이다. 편지를 부친다. 논밭을 부친다. 빈대떡을 부친다. 식목일에 부치는 글. 회의에 부치는 안건. 인쇄에 부치는 원고. 삼촌 집에 숙식을 부친다.
붙이다	우표를 붙인다. 책상을 벽에 붙였다. 흥정을 붙인다. 불을 붙인다. 감시원을 붙인다. 조건을 붙인다. 취미를 붙인다. 별명을 붙인다.
시키다	일을 시킨다.
식히다	끓인 물을 식힌다.
아름	세 아름 되는 둘레.
알음	전부터 알음이 있는 사이.
앎	앎이 힘이다.
안치다	밥을 안친다.
앉히다	윗자리에 앉힌다.
어름	두 물건의 어름에서 일어난 현상.
얼음	얼음이 얼었다.
이따가	이따가 오너라.
있다가	돈은 있다가도 없다.

기출PLUS

다음 밑줄 친 부분의 한글 맞춤법이 맞는 것은?

① 둘이 흥정을 <u>부친다</u>.
② 너는 성격이 <u>야멸치다</u>.
③ 광고 비용을 <u>주린다</u>.
④ 선생님<u>으로써</u> 자격이 없다.

> **해설** ① 부치다→붙이다: '붙다(겨루는 일 따위가 서로 어울려 시작되다)'의 사동
> ③ 주린다→줄인다: '줄다(수나 분량이 본디보다 적어지다)'의 사동
> ④ 로써→로서: 지위나 신분 또는 자격을 나타내는 격 조사

다음 중 밑줄 친 부분의 맞춤법이 가장 적절하지 않은 것은?

① <u>시민으로써</u> 당연한 행동입니다.
② 은퇴한 상무님이 이번에 <u>아틀리에</u>를 여셨어.
③ <u>왠지</u> 오늘 기분이 좋아.
④ 이 조각품은 <u>희한하게</u> 생겼다.

> **해설** ① '(으)로써는 수단, 방법, 도구를 나타낼 때 쓰이는 조사이며, '(으)로서는 신분, 자격, 지위, 관계 따위를 나타내는 조사이다. 따라서 '시민으로서'라고 써야 한다.

저리다	다친 다리가 저린다.
절이다	김장 배추를 절인다.
조리다	생선을 조린다. 통조림, 병조림.
졸이다	마음을 졸인다.
주리다	여러 날을 주렸다.
줄이다	비용을 줄인다.
하노라고	하노라고 한 것이 이 모양이다.
하느라고	공부하느라고 밤을 새웠다.
– 느니보다(어미)	나를 찾아오느니보다 집에 있거라.
– 는 이보다(의존 명사)	오는 이가 가는 이보다 많다.
– (으)리만큼(어미)	나를 미워하리만큼 그에게 잘못한 일이 없다.
– (으)ㄹ 이만큼(의존 명사)	찬성할 이도 반대할 이만큼이나 많을 것이다.
– (으)러(목적)	공부하러 간다.
– (으)려(의도)	서울 가려 한다.
(으)로서(자격)	사람으로서 그럴 수는 없다.
(으)로써(수단)	닭으로써 꿩을 대신했다.
– (으)므로(어미)	그가 나를 믿으므로 나도 그를 믿는다.
(– ㅁ, – 음)으로(써)(조사)	그는 믿음으로(써) 산 보람을 느꼈다.

section 2 각종문서 작성

1. 의례문서 작성

(1) 의례문서 작성 시 일반적인 주의사항

① 품격 있는 문장을 사용하면서도 어렵고 난해한 한자어 표현은 피한다.

② 형식을 존중하고 예의를 갖춘다.

③ 의례문서는 보내는 시기가 중요하므로 적절한 때를 놓치지 않도록 한다.

④ 정성과 예의를 갖추어서 올바른 높임법을 사용한다.

(2) 안내장 작성

① 통지문의 성격이 강하므로 용건이나 목적을 명확하게 작성한다.

② 행사 내용이나 장소, 일시 등은 상대방이 이해하기 쉽도록 '다음'란을 만들어서 기입하는 것이 효과적이다.

③ 안내장 본문의 내용은 용건이나 목적을 간단하게 기재하고, 자세한 설명이 필요한 경우에는 별첨한다.

④ 참가 신청을 하기 위한 방법을 반드시 기재하여야 한다.

⑤ 참가비 등이 있는 경우에 금액을 안내한다.

(3) 초대장 작성

① 예의를 갖추어 겸손하고 정중한 표현을 한다.

② "바쁘신 중에서 꼭 참석하시어 자리를 빛내 주시길 바란다." 등의 형식적인 문구가 요구된다.

③ 초대장은 외부에 홍보하는 효과도 함께 있으므로 디자인에도 신경을 쓴다.

(4) 축하장 작성

① 진심 어린 축하를 느낄 수 있도록 정중하고 격식을 갖추어야 한다.

② 형식에 치우치기보다는 진솔한 표현을 쓰는 것이 좋으며, 개인에게 보낼 때에는 친근한 표현을 사용하는 것도 허용된다.

③ 축하의 시점이 너무 늦지 않게 신속하게 작성해서 보내는 것이 좋다.

(5) 감사장 작성

① 겸손하고 정중하게 서식에 맞추어 작성한다.

② 상대방의 성의와 관심, 열정에 감사드리는 내용을 작성하여야 한다.

③ 금액이나 물품 등에 대한 언급은 자세하게 하지 않는다.

④ 읽은 사람이 정성과 믿음을 느낄 수 있도록 작성한다.

2. 업무문서 및 거래문서의 작성

거래문서는 기업 간의 업무 관계로 주고받은 문서를 말한다. 비서실의 업무에는 거래문서보다 의례문서를 더 많이 활용한다. 거래문서의 예로는 거래계약서, 견적의뢰서, 주문서, 견적서, 청구서 등이 있다.

3. 이메일 작성

(1) 효과적인 이메일 작성 시 주의 사항

① 효과성 … 구두, 종이 문서, 이메일 중 이메일로 보내는 것이 가장 효과적인지에 대해서 점검한다.

② 시기성 … 이메일 발송은 실시간으로 되지만, 상대방이 언제 확인할지는 알 수 없으므로 급한 문서인 경우에는 발송 후에 메일을 확인하도록 연락을 하는 것이 좋다.

③ 내용구성 … 이메일을 작성할 때에는 보낸 목적과 의도를 상대방이 명확하게 파악할 수 있도록 제목과 내용을 구성하여야 한다.

(2) 이메일의 제목 및 내용 작성

① 제목 설정 시 유의 사항
  ㉠ 주요 메시지를 제목으로 설정한다.
  ㉡ 구체적이면서도 너무 길지 않게 작성한다.
  ㉢ 수신인이 메시지를 쉽게 이해하고 상기할 수 있도록 작성한다.
  ㉣ 글머리 기호를 활용하여 메일 내용의 중요한 요청 사항이 돋보이게 작성하다.

② 내용 작성 시 주의 사항
  ㉠ 도입부에는 상대방의 이름과 직급을 지칭한다.

ⓛ 내용은 간단하면서도 명료하게 작성하며, 복잡한 내용이 있는 경우 첨부 파일을 통해서 충분한 정보 전달이 되도록 한다.

ⓒ 만연체의 문장을 지양한다.

ⓔ 빨간색, 밑줄, 진한 글자의 사용은 꼭 필요한 경우에만 사용하는 것이 좋다.

ⓜ 업무상 메일이라도 마지막에 부드러운 근황 인사로 끝인사를 하는 것이 좋다.

ⓗ 보낸 사람이 누구인지 명확하게 확인할 수 있도록 발신자명은 실명으로 작성하며, 본문의 끝부분에 '서명' 기능을 이용하여 보내는 사람의 소속, 직위, 연락처 등을 등록하여 사용한다.

③ **파일 첨부하기** … 텍스트로만 전달하기 힘든 내용이거나 복잡한 사항이 있는 경우에 파일을 첨부하는 것이 효과적이다. 첨부파일이 있는 경우에는 발송하기 전에 반드시 해당 파일을 첨부하였는지 확인한다.

4. 기타 문서 작성(편지병합, 라벨작성 등)

(1) 편지병합(mail merge)

전자우편에서 동일한 편지 내용을 여러 사람에게 보낼 수 있는 기능으로, 여러 개의 파일로부터 데이터를 병합해 전자우편을 발송할 수도 있어 편지병합이라고 부른다.

(2) 라벨작성(한글 프로그램 기준)

① [도구 – 라벨 – 라벨 문서 만들기 – 라벨 문서 꾸러미]에서 필요한 라벨 용지를 선택해 사용한다.

② 직접 라벨 용지를 만들기 위해서는 [라벨 문서 꾸러미]에서 '기타 라벨 용지' 목록을 선택한 후 '라벨 용지 만들기' 아이콘(＋)을 누르고 용지 여백, 이름표 크기, 이름표 개수, 이름표 여백, 용지 종류를 설정한다.

ⓖ 용지 여백 : 용지의 위쪽과 아래쪽 여백을 입력하거나 증감 단추로 여백을 설정한다.

ⓛ 이름표 크기 : 라벨 이름표의 폭과 길이를 입력하거나 증감 단추로 여백을 설정한다. 각각의 라벨 이름표는 모두 같은 크기를 가진다.

ⓒ 이름표 개수 : 선택한 '용지 종류'에 몇 개의 라벨 이름표를 넣을 것인지, 라벨 이름표의 칸 수(가로)와 줄 수(세로) 개수를 각각 지정한다.

ⓔ 이름표 여백 : 라벨 이름표의 칸과 칸 사이의 여백(상하 여백)과 줄과 줄 사이의 여백(좌우 여백)을 지정한다.

ⓜ 용지 종류 : 쪽(페이지) 정돈의 기준이 되는 라벨 용지의 크기를 선택한다.

문서관리

section 1 문서관리

1. 문서관리 원칙

(1) 문서의 보관

① 의의 … 문서를 처리·완결한 일자가 속한 연도의 말일까지 처리과에서 문서를 보관하는 것을 뜻한다.

② 문서보관의 방법

  ㉠ 집중식 : 문서 전달 부서에서 모든 파일을 보관·관리하는 방식이다.

  ㉡ 분산식 : 해당 부서가 파일링한 문서를 직접 보관·관리하는 방식이다.

  ㉢ 절충식 : 일반 문서는 각 부서별로 분산 관리하고, 중요 문서·영구 보존 문서 등은 주관 부서에서 집중 관리하는 방식이다.

(2) 문서의 보존

① 보존기간

  ㉠ 공문서의 보존기간은 영구, 10년, 5년, 3년, 1년, 6개월(영구, 준영구, 20년, 10년, 5년, 3년, 1년)로 구분할 수 있다.

  ㉡ 문서의 보존기간 기산일은 당해 문서를 완결한 날이 속한 해의 다음 해 1월 1일이다.

② 보존원칙

  ㉠ 부서, 보존기간, 생산년도 등으로 보존함을 원칙으로 한다.

  ㉡ 문서의 변질, 충해, 화재 등의 방지에 유념한다.

(3) 문서의 폐기

① 원칙

  ㉠ 폐기대상문서에는 폐기인을 찍어야 한다.

  ㉡ 폐기문서는 특별한 사유가 있는 경우를 제외하고는 소각하지 않고 재생, 활용할 수 있다.

② 폐기방법

    ㉠ 소각 : 비밀로 취급되는 문서 또는 일반 문서를 잘게 잘라서 소각하는 방법이다.

    ㉡ 절단 : 문서 절단기를 이용하여 3mm 정도의 크기로 자르는 방법이다.

    ㉢ 매각 : 오래된 잡지와 신문 같은 간행물들은 매각처리를 한다.

(4) 문서관리의 기본원칙

① 표준화 … 문서양식, 처리규정, 표현방법 등을 표준화한다.

② 신속화 … 문서의 처리를 빠르게 할 수 있도록 하여야 한다.

③ 경제성 … 인건비와 사무관리비를 절감할 수 있도록 분산관리보다는 집중관리를 강구해야 한다.

④ 용이성 … 문서를 쉽게 작성한다.

⑤ 자동화 … 문서의 작성 및 처리를 자동화한다.

⑥ 전문화 … 담당자를 지정하여 전문성을 높인다.

⑦ 간소화 … 문서의 처리와 작성 및 취급이 쉽고 간편하여야 한다.

⑧ 정확화 … 해석상 표현이 애매하거나 과장된 문구를 피하여 명료하게 하여야 한다.

2. 목적·수신대장·처리단계에 따른 문서의 종류 및 분류

(1) 목적에 따른 문서의 종류

① 공문서 … 행정기관 또는 공무원이 그 직무상 작성하거나 접수한 문서를 말한다.

② 사문서 … 개인이 사적인 목적을 위하여 작성한 문서를 말한다.

(2) 수신대상에 따른 문서의 종류

① 대내문서(사내문서) … 조직의 내부에서 오고가는 문서를 말한다.

② 대외문서(사외문서) … 단체 및 다른 행정기관 간에 오고가는 문서를 말한다.

(3) 처리단계에 따른 문서의 종류

① 시행문서 … 초안문의 결재가 완료된 다음 규정된 서식에 의하여 작성된 문서를 말한다.

② 완결문서 … 처리가 완료된 문서를 말한다.

기출 2020. 5. 10. 비서 1급

다음 중 문서관리의 원칙과 설명이 적절하게 연결되지 않은 것은?

① 표준화 : 누가, 언제 처리하더라도 같은 방법이 적용될 수 있도록 문서 관리 시스템을 표준화시킴으로써 원하는 문서를 신속하게 처리할 수 있다.

② 간소화 : 중복되는 것이나 불필요한 것을 없애고 원본이 명확하게 정리되어 있는데도 불필요한 복사본을 가지고 있지 않도록 한다.

③ 전문화 : 문서 사무의 숙련도를 높이고 문서 사무의 능률을 증대시킬 수 있다.

④ 자동화 : 필요한 문서를 신속하게 찾을 수 있다. 문서가 보관된 서류함이나 서랍의 위치를 누구나 쉽게 알 수 있도록 소재를 명시해 둔다.

해설 ④ 신속화와 관련된 설명이다. 자동화는 문서의 작성 및 처리를 자동화하는 것으로, 정확성을 도모하기 위해서는 자동화가 전제되는 것이 좋다.

❮ 정답 ④

기출PLUS

기출 2019. 11. 10. 비서 2급

명함 관리에 관한 설명으로 가장 적절하지 않은 것은?

① 명함이 많지 않을 경우 이름을 기준으로 분류하면 편리하다.

② 많은 명함을 보관할 때는 명함첩을 사용하면 추가 시 편리하다.

③ 명함 관리 DB를 이용하면 메일머지 사용이나 라벨을 출력하기 편리하다.

④ 직위나 소속 등이 변경되면 새 명함으로 교환해 정리하고 예전 명함은 폐기한다.

해설 ② 많은 명함을 보관할 때는 명함 관리어플이나 프로그램을 사용하면 편리하다.

기출 2018. 5. 13. 비서 2급

다음 중 명함 어플리케이션의 사용법이 가장 올바르지 않은 것은?

① 비서 본인이 사용하기 편리한 명함 어플리케이션을 핸드폰에 다운로드 받는다.

② 명함 어플리케이션에 저장한 후 종이 명함은 폐기한다.

③ 상사의 핸드폰에도 동일한 명함 어플리케이션을 다운로드 받아 연동시킨다.

④ 명함 어플리케이션의 비용 지불은 사내 비용 담당자와 상의한다.

해설 ② 명함 어플리케이션에 저장한 후라도 혹시 모를 상황에 대비하여 종이 명함도 별도로 정리하여 보관한다.

‹정답 ②, ②

③ 보관문서 … 완결된 문서로서 보관되어질 문서이다.

④ 보존문서 … 자료의 가치를 마치고 보존을 필요로 하는 문서이다.

⑤ 폐기문서 … 보존기간이 종료되어 문서의 가치가 상실되어 폐기 · 처분되는 문서이다.

3. 명함관리방법

(1) 명함 정리

① 크게 주제별로 정리한 후 다시 가나다순으로 정리한다.

② 각각의 주제 밑으로 다시 가나다 순으로 정리한다.

③ 명함은 저장 프로그램에 입력해 두면 연락처 데이터베이스가 자연스럽게 형성된다.

④ 명함을 스캔하여 폰에 저장해둔다.

(2) 명함을 줄 때

① 상의에서 꺼내며 아랫사람이 손윗사람에게 먼저 건네는 것이 예의이다. 소개의 경우는 소개 받은 사람부터 먼저 건넨다. 방문한 곳에서는 상대방보다 먼저 명함을 건네도록 한다.

② 명함은 선 자세로 교환하는 것이 예의이고, 테이블 위에 놓고서 손으로 밀거나 서류 봉투 위에 놓아서 건네는 것은 좋지 않다.

③ 명함을 내밀 때는 정중하게 인사를 하고 나서 "○○회사의 ☆☆☆이라고 합니다."라고 회사명과 이름을 밝히면서 두 손으로 건네도록 한다. 사내에서 내방객을 맞이할 경우는 이름만 말해도 된다.

④ 명함은 왼손을 받쳐서 오른손으로 건네되 자기의 성명이 상대방 쪽에서 보아 바르게 보이게끔 한다.

⑤ 상사와 함께 명함을 건넬 때는 상사가 건넨 다음에 건네도록 한다.

⑥ 상대가 두 사람 이상일 때에는 윗사람에게 먼저 준다.

⑦ 상사의 대리로 타사를 방문하는 경우 대개는 상사로부터 명함을 받아서 가게 되지만, 자신의 명함도 주고 오는 것이 좋다.

⑧ 한쪽 손으로는 자기의 명함을 주면서 한쪽 손으로는 상대의 명함을 받는 동시 교환은 부득이한 경우가 아니면 실례이다. 만일 상대가 먼저 명함을 주면 그것을 받은 다음에 자기의 명함을 준다.

(3) 명함을 받을 때

① 상대의 명함을 받으면 반드시 자기의 명함을 주어야 한다. 만일 명함이 없으면 "죄송합니다. 마침 명함이 없는데 다른 종이에 적어드려도 되겠습니까?"라고 사과를 겸해 의견을 묻고, 상대가 원하면 적어준다. 단, 이쪽의 명함을 받은 상대가 명함이 없다고 하면 특별한 경우가 아니면 다른 종이에 적어 달라고 청하지 않는다.

② 상대에게 받은 명함은 공손히 받쳐 들고 상세히 살핀 다음 그 자리에서 보고, 읽기 어려운 글자가 있을 때에는 바로 물어본다. 대화 중 상대방의 이름을 잊었다고 해서 주머니에 집어 넣은 명함을 되꺼내 보는 것은 결례이므로 명함을 받으면 그 자리에서 상대방의 부서, 직위, 성명 등을 반드시 확인하여 대화 중에 실수가 없도록 하여야 한다. 그 다음 정중하게 상의 윗주머니에 넣는다. 상대가 보는 앞에서 즉시 명함꽂이에 꽂는다던가 아무데나 방치하면 실례가 된다.

③ 명함을 건넬 때와 마찬가지로 받을 때도 일어선 채로 두 손으로 받는다. 이 때 "반갑습니다."라고 한 마디 덧붙이는 것이 좋다.

④ 여러 명의 상대와 명함을 교환하는 경우에도 상대가 한 사람인 경우와 마찬가지로 한 사람 한 사람씩 명함을 건네고 받는다. 이 때는 상대를 혼동하지 않기 위해 받은 명함을 상대가 앉은 위치에 따라 나란히 늘어놓아도 실례가 되지 않는다.

(4) 명함 보관

① 초면에 인사를 나누었을 때에는 만난 일시, 용건, 소개자, 화제중의 특징, 인상착의 등을 뒷면에 메모하여 다음 만남 기회에 활용하도록 한다. 상대방 앞에서 바로 메모하는 것은 결례이다.

② 자신의 명함이나 상대방의 명함은 별도의 명함 보관첩을 만들어 깔끔히 보관한다.

기출PLUS

기출 2020. 11. 8. 비서 2급

다음 명함관리 방법 중 올바른 방법을 모두 고르시오.

┌ 보기 ┐

가. 스마트폰으로 관리할 명함을 촬영해 명함관리 앱에 등록해 관리한다.

나. 리멤버, 캠카드 등이 대표적인 명함 관리 어플이다.

다. 명함의 이름, 소속회사, 직책, 전화번호, 이메일 등과 같은 관리 항목은 데이터베이스 필드마다 구별, 입력하여 관리한다.

라. 명함을 정리할 때는 이름이나 회사명을 기준으로 정리하며 명함이 많지 않을 때는 이름으로 정리하는 것이 효율적이다.

① 가, 나, 다, 라
② 가, 나, 다
③ 가, 나
④ 가, 나, 라

해설 제시된 가~라 모두 명함관리를 위한 올바른 방법이다.

〈정답 ①

4. 문서 수·발신 처리방법

(1) 문서 원칙 및 접수

① 문서처리의 원칙
- ㉠ 즉시처리의 원칙: 문서는 효율적인 업무수행을 위해서 즉시 처리하는 것이 바람직하다.
- ㉡ 책임처리의 원칙: 문서는 여러 단계를 거쳐 처리되므로 각자의 직무 범위 내에서 책임을 가지고 신속·정확하게 처리해야 한다.
- ㉢ 법령 적합 처리의 원칙: 문서는 법령의 규정에 따라 일정한 형식 요건을 갖추어야 하며 법령을 위반하지 않도록 하여야 한다.

② 문서의 접수
- ㉠ 문서의 접수는 담당부서에서 일원적으로 접수하여야 한다.
- ㉡ 접수된 문서는 그 접수일시 및 번호를 기재한다.
- ㉢ 문서처리 담당자는 열람할 수 있는 자의 범위를 정하여 그 문서를 확인하다.
  - ⓐ 열람할 권한을 가진 비서의 경우 문서를 확인하고 중요도에 따라 처리한다.
  - ⓑ 열람한 권한을 가지지 않은 비서의 경우 상사에게 문서를 전달한다.
- ㉣ 정보통신망을 이용하여 접수된 문서 또한 상기 문서처리요령과 같다.
- ㉤ 당직 근무자가 문서를 받은 경우 다음날 근무시작 후에 문서과로 인계한다.

(2) 문서 처리

① 수신문서의 처리
- ㉠ 상사 개인에게 온 편지나 사적인 우편은 개봉하지 않고 상사에게 직접 전달한다.
- ㉡ 은행, 증권 기타 회사에서 온 우편 등은 개봉 여부를 지시에 따라 처리한다.
- ㉢ 우편의 중요도에 따라 긴급우편, 중요서신 등은 상사에게 받는 즉시 전달한다.
- ㉣ 광고나 기타의 일상적인 우편은 내용을 확인하여 폐기한다.
- ㉤ 상사의 부재 시 우편에 메모를 첨부하여 중요도에 따라 분류하여 상사의 책상에 놓아두거나 문서함에 놓아둔다.
- ㉥ 다음과 같은 경우 내용물과 함께 봉투도 보관한다.
  - ⓐ 편지에 발신인 성명과 주소가 없는 경우
  - ⓑ 봉투의 주소와 편지의 주소가 서로 다를 경우
  - ⓒ 서류봉투를 법적 증거로 이용할 필요가 있는 경우
  - ⓓ 편지에 적힌 날짜와 봉투에 찍힌 소인 날짜와 차이가 많은 경우

POINT 수신 용어

　　　⊙ 친전(親展) : 몸소 펴서 보라는 의미이다.

　　　ⓛ 좌하(座下) : 편지에서 상대방 이름 밑에 쓰는 높임말이다.

　　　ⓒ 본제입납(本第入納) : 자기 집으로 편지할 때 편지 겉봉에 자기 이름을 쓰고
　　　　　그 밑에 쓰는 말이다.

　　　ⓔ Personal 혹은 Personal and confidential : 수신자 이외 다른 사람이 편지를
　　　　　뜯어보아서는 안 된다는 의미이다.

② 발신문서의 처리

　　⊙ 발신문서는 전자파일로 보관하되 복사본을 만들어 놓아야 한다.

　　ⓛ 중요문서를 전달하는 경우에는 수령인이나 인수자의 서명을 받는다.

　　ⓒ 외부로 문서를 발송할 경우 문서 담당부서에서 일괄 발송하거나 비서가 한다.

　　ⓔ 외부로 발송할 경우 다음과 같은 점에 유의한다.

　　　ⓐ 문서의 수신인 주소가 정확한지 확인한다.

　　　ⓑ 첨부서류가 정확히 들어갔는지 확인한다.

　　　ⓒ 특별우편물은 봉투에 따로 표기를 한다.

　　　ⓓ 중요한 우편물의 경우 비시가 직접 발송하고 따로 기록해둔다.

5. 우편관련 업무

(1) 수신된 우편물처리

① 개봉

　　⊙ 수신 우편물은 즉시 개봉을 한다. 이 때 편지는 페이퍼 나이프를 이용하여
　　　주의해서 개봉한다.

　　ⓛ 상사 개인에게 온 편지나 재정관련 우편물, 그리고 봉투에 친전, 사신 등의
　　　표시가 있는 우편물은 개봉하지 않고 전달한다. 실수로 개봉했을 때는 테이
　　　프로 다시 봉하고 '죄송합니다. 실수로 개봉하였습니다.'라는 메모를 붙여 전
　　　달한다.

　　ⓒ 우편물 개봉 시 동봉물이 남아 있는지 확인을 해야 한다. 그리고 편지내용
　　　에는 동봉물이 있다고 기재되어 있는데 동봉물이 첨부되지 않은 경우 '동봉
　　　물이 첨부되지 않았으며 상대방에게 다시 요청한다'는 메모를 해당 우편물에
　　　붙여 상사에게 전달한다.

② 접수일부인

　　⊙ 수신 우편물은 도착날짜가 매우 중요하다.

　　ⓛ 공문서는 문서 주관부에서 접수일자와 시간을 기록하지만, 공문서가 아닌
　　　경우에는 서류의 여백에 접수일부인을 찍어서 후일 참고하도록 한다.

기출PLUS

기출 2015. 11. 22. 비서 1급

다음의 발신문서 처리 방법 중 가장 적절하지 않은 것은?

① 모든 문서는 전자파일로 저장하고 복사본도 반드시 보관한다.

② 비밀을 요하는 문서는 봉투에 넣어서 직접 전달한다.

③ 중요우편물의 발신부를 만들어 기록해 둔다.

④ 특별 우편물에는 친전이라고 쓰고 반드시 봉한다.

해설 ① 모든 문서는 전자파일로 저장하고, 업무상 필요한 경우에는 관련 부분의 사본을 만들어 보존하고 등록할 수 있다.

〈정답 ①

③ 읽기

  ㉠ 우편물을 읽으면서 면담이나 회의 일시 그리고 마감기일 등을 일정표에 표시한다.

  ㉡ 우편물 내용 중 숫자, 일시 등이 정확한지 확인한다.

  ㉢ 우편물을 읽어보고 관련 서류가 필요할 것으로 예상되면 미리 그 서류를 찾아 우편물 뒤에 첨부한다.

  ㉣ 우편물의 내용을 충분히 이해한 후 부여된 권한 내에서 적절한 업무 처리를 한다.

  ㉤ 기밀 서류를 보게 되더라도 발설해서는 안 된다.

④ 전달

  ㉠ 상사에게 드릴 때는 우편물 목록을 만들어 우편물의 맨 위에 놓는다. 상사가 우편물 리스트만 보고도 어떤 우편물이 왔는지, 어떤 내용인지를 한 눈에 파악할 수 있도록 한다.

  ㉡ 긴급서신, 중요서신, 개봉하지 않은 서신, 크기가 작은 우편물을 위에 놓고 신문이나 정기간행물, 크기가 큰 우편물 등을 밑에 놓는다.

⑤ 상사 부재중의 우편물 처리 … 상사가 출장 등의 이유로 사무실을 비우게 될 경우 비서는 수신된 우편물을 종류에 따라 분류하고 그에 적절한 처리를 한다.

(2) 봉투의 처리

수신된 우편물의 봉투는 하루 정도 보관한 후 폐기하지만, 다음의 경우는 보관해야 한다.

① 편지 속에 발신인 주소와 봉투의 주소가 다를 때

② 편지 속에 발신인 성명과 주소가 없을 때

③ 첨부되어야 할 동봉물이 보이지 않을 때

④ 편지봉투에 찍힌 소인 날짜와 편지 안에 찍힌 발신 날짜 간에 차이가 날 때

⑤ 잘못 배달된 편지가 회송되어 우리 쪽의 회신이 늦어진 이유가 될 때

⑥ 봉투에 수신인 회사 주소가 잘못 적혀 있을 때

⑦ 발신인 주소가 변경되었을 때

⑧ 소인이 찍힌 입찰이나 계약서 등 서류 봉투를 법적 증거로 이용할 수 있을 때

기출 2019. 5. 12. 비서 2급

우편물의 봉투를 내용물과 함께 보관해야 할 사례로 가장 적절 하지 않은 것은?

① 겉봉에 찍힌 소인 날짜와 편지 안의 찍힌 날짜가 동일함을 증명하기 위할 때

② 첨부되어 있어야 할 동봉물이 보이지 않을 때

③ 소인이 찍힌 입찰이나 계약서 등의 서류 봉투를 법적 증거로 이용할 필요가 있을 때

④ 잘못 배달된 편지가 반송되어 회신이 늦어지는 이유가 될 때

해설 우편물의 봉투를 내용물과 함께 보관해야 할 사례
  ㉠ 입찰서류나 계약서 등의 봉투 소인이 법적 증거로 이용 시
  ㉡ 편지 속의 발신인 주소와 봉투의 주소가 다를 때
  ㉢ 편지 속에 발신인의 성명과 주소가 없을 때
  ㉣ 첨부되어야 할 동봉물이 없을 때
  ㉤ 편지봉투에 찍힌 소인 날짜와 편지 안에 찍힌 발신 날짜가 다를 때
  ㉥ 주소 변경, 수취인 부재 등의 이유로 편지가 회송돼 우리 쪽의 회신이 늦어진 이유가 될 때
  ㉦ 봉투에 수신인 주소가 잘못 적혀 있을 때
  ㉧ 발신인 주소 변경 시

◀정답 ①

(3) 발신 우편물의 처리

① 발신하는 모든 문서는 전자 파일로 저장하고 복사본을 만들어 보관한다.

② 비밀을 요하는 문서는 항상 봉투에 넣어서 봉한 후 전달하도록 하고, 이때 수령인이나 인수자의 서명을 받는다.

③ 유의사항

 ㉠ 봉투의 수신인과 내용물의 수신인 동일한지 확인한다.

 ㉡ 동봉물이 있는 경우 첨부되었는지 확인하여 동봉물이 다른 봉투에 들어가는 일이 없도록 한다.

 ㉢ 친전, 속달, 등기 등이 표시된 우편물은 일반 우편물과 구별되도록 하고, '친전' 우편물은 확실하게 봉해야 한다.

 ㉣ 초대장같이 행사의 참석을 요청하는 내용이거나 마감기한, 통보일자 등 시간적 제약이 있는 내용을 담고 있는 문서는 시간적 여유를 충분히 두고 발송한다.

6. 문서 정리 방법

(1) 문서 정리 순서

① 검사 … 문서 처리가 완료되어 정리해도 되는 문서인지 확인한다. 확인이 완료되면 문서 정리인을 날인하고 담당 취급자의 날인과 처리 날짜를 기입한다.

② 주제 결정 … 문서를 어떤 주제로 정리할 것인가를 결정하는 과정이다. 문서의 내용이 전문성이 높아 비서가 주제를 정하기 어려울 때는 그 업무의 담당자에게 문의하여 결정한다.

③ 주제 표시 … 문서의 제목으로 정한 주제 또는 낱말에 표시하는 단계이다. 붉은 색으로 밑줄을 긋는 것이 원칙이지만, 동그라미를 치는 형식으로 표시하기도 한다.

④ 상호 참조 표시(cross-referencing) … 내용이나 문서 특성상 두 개 이상의 주제나 항목에 해당하는 경우 두 개 이상의 제목으로 요청될 가능성을 고려하여 상호 참조 표시를 한다. 원본 문서는 주된 주제의 제목에 보관하고 상대적으로 관계가 적은 쪽 폴더에는 상호 참조표나 사본을 넣어 둔다.

⑤ 분류 및 정리 … 문서를 주제와 내용에 따라서 분류하여 서류철에 편철한 후 서류철을 가나다순 또는 번호순으로 정리한다.

기출**PLUS**

기출 2019. 5. 12. 비서 1급

다음 우편서비스 중에서 기본적으로 등기 취급되는 것에 해당하지 않는 것은?

① 국내특급우편
② 민원우편
③ e - 그린우편
④ 배달증명

해설 ③ e - 그린우편은 인터넷에서 고객이 작성한 문서를 우편물로 제작하여 받는 분에게 배달해 드리는 것으로 접수일 3일 후부터 40일까지 선택 가능하다.

〈 정답 ③

(2) 문서 정리 방법

① 가나다식(알파벳순) 정리 방법
  - ㉠ **명칭별 분류** : 거래자나 거래 회사의 이름에 따라서 이름의 첫머리 글자를 기준으로 가나다순 또는 알파벳순으로 분류한다.
  - ㉡ **주제별 분류** : 문서의 내용으로 주제를 결정하고 이 주제를 바탕으로 문서를 가나다순으로 분류하는 방법이다.
  - ㉢ **지역별 분류** : 거래처의 지역이나 범위에 따라서 분류한 후 가나다순으로 정리하는 방법이다.

② **번호식 문서 정리 방법** … 파일의 제목으로 글자 대신 번호를 기입하여 번호순으로 정리하는 방식이다.

③ 기타 정리 방법
  - ㉠ **혼합식 분류** : 주제별, 명칭별, 형식별로 혼합하여 분류하고 정리하는 방식이다.
  - ㉡ **형식별 분류** : 문서를 형식에 따라서 분류하는 방법이다.
  - ㉢ **표제별 분류** : 문서의 표제에 따라 분류해서 정리하는 방법이다.
  - ㉣ **프로젝트별 분류** : 프로젝트 진행과정에서 작성된 모든 문서를 하나의 파일로 정리하는 방법이다.

(3) 문서 보관 및 폐기

① 문서의 보관 및 이관
  - ㉠ **보관** : 일정 기간 문서를 처리한 부서 내의 문서 보관함에 넣어 보관하는 것을 말한다.
  - ㉡ **이관** : 이용 가치가 낮아진 보관 문서를 보존 단계로 옮기는 것을 말한다.

② 문서의 보존
  - ㉠ 이관된 문서는 보존 문서 기록 대장에 등록한 후 문서의 보존 기간에 따라서 문서 전담부서에서 폐기할 때까지 문서 보존함이나 보존 장소에 유지 · 관리한다.

ⓛ 문서 종류별 보존 기간

보존 기간	문서의 종류
영구 보존	• 회사의 존속에 관련된 서류 예 정관, 사규 등 • 주주 총회, 이사회, 임원에 관한 중요 문서 예 이사회, 주주 총회 회의록 등 • 회사의 재산, 권리, 의무에 관한 문서 예 토지, 건물 관계 중요 문서 등 • 효력이 영속되는 문서 예 임대차 계약, 합자 투자 계약서 등 • 임원 및 종업원의 입사 관련 주요 서류 예 이력서, 사원 명부, 보증서 등 • 법령이나 조직 규정에 의해 영구 보존해야 할 문서
10년 보존	• 월차 결산 서류 • 주주 명의 변경서 • 회계 증빙서류 • 법령이나 조직 규정에 의해 10년간 보존해야 할 문서
3~5년 보존	• 세금 관련 주요 서류 • 수출입 관련 서류 • 인사 관련 금전적 지출에 관한 서류 • 문서 수발신 서류 • 시장 조사, 홍보 등 기획 관련 일반 서류 등 • 법령이나 조직 규정에 의해 3년간 또는 5년간 보존해야 할 문서
6개월 ~1년 보존	• 왕복 문서통지 서류 관계 • 일일 명령, 월간계획, 보고 등 경미한 사안의 문서 • 통상적인 품의, 기안, 보고 문서 • 법령이나 조직 규정에 의해 6개월~1년 보존해야 할 문서 처리
수시 폐기	• 참고용 보고서, 회람, 통지 등 • 원본이 있는 문서의 사본 • 수정본 발행으로 보존 가치가 없는 자료, 법령, 도서 • 연도가 지난 정기 간행 자료 등

③ **문서의 폐기** … 보존문서는 더 이상 활용 가치가 없으면 폐기하여 문서 보존 공간을 확보하고 문서 활용의 효율성을 높인다. 보존 기간이 경과된 문서는 보존 여부를 다시 한 번 검토한 후에 폐기한다.

다음 중 전자문서에 대한 설명이 적절하지 못한 것을 모두 고르시오.

┌─ 보기 ─────────────
가. 전자 문서의 보존 기한은 종이 문서의 보존기한과 동일하게 적용한다.
나. 컴퓨터 파일상의 전자문서를 출력하거나 복사할 경우라도 전자문서 출력대장 또는 복사대장에 기록을 남긴다.
다. 전자 문서의 보존기간이 10년 이상의 장기보존일 경우 스캔하여 이미지 파일로 변환하여 보존한다.
라. 전자 문서의 폐기는 재포맷하거나 덮어쓰기를 통해 파괴한다.
└───────────────────

① 가, 라
② 나, 다, 라
③ 다
④ 가, 나, 다, 라

해설 ③ 전자 문서의 보존기간이 10년 이상인 전자기록물에 대해서는 문서보존포맷 및 장기보존포맷으로 변환하여 관리하여야 한다.

---

section **2** 전자문서관리

1. 전자문서의 종류 및 정리방법

(1) 전자문서의 특징

① 컴퓨터 등 정보처리능력을 가진 장치에 의하여 전자적인 형태로 작성, 송·수신 또는 저장된 문서를 말한다.

② 전자서명(전자이미지 서명)에 의해 문서로 성립한다.

③ 수신자의 컴퓨터에 파일로 등록된 때부터 효력 발생한다.

④ 전자문서를 본문의 규정에 따라 수정할 수 없을 경우 수정한 내용대로 재작성하여 시행한다.

(2) 전자문서의 종류

① 이동형 파일 형식(Portable File Formats) … 모든 문서형식은 전자적인 출력을 통하여 변환되는 특별한 프로그램을 이용하여 Adobe PDF, SGML, or Encapsulated PostScript와 같은 일반적인 이동식 자료 형식 파일로 변환할 수 있다.

② 순수 글자 파일(Pure Text Files) … 가장 단순한 형태는 형식정보를 포함하지 않고, 어떤 문서편집기나 컴퓨터 편집기에서도 생성, 보기, 관리가 가능한 ASCII(or ANSI)이다.

③ 그림 파일(Graphical Files) … 그림 파일은 비트맵이나 벡터로 되어 있다. 비트맵인 TIFF, PCX, JPEG, GIF나 벡터인 CGM, WMF가 있다.

④ 복합 문서(Complex Documents) … 하나의 문서에 다른 출처의 문서를 연결하여 구성된 문서이다.

⑤ 혼합 문서(Compound Documents) … 각각이 편집이 가능한 구성 요소들이 내장된 문서이다.

⑥ 원자료(Raw Data) … 구조적인 기록을 가진 파일이나 데이터베이스이다. 가장 단순한 형태는 고정된 기록 양식이나 분리 문자로 구분된 다양한 형태(CSV, TSV)의 단순한 글자 파일이다.

(3) 전자문서의 정리방법

① 전자문서는 기능별, 보존기간별로 분류하되, 완결 일자 순으로 최근 문서가 아래에 오도록 한다.

② 컴퓨터 파일로 보존하거나 출력하여 보존한다.

③ 보존기간이 20년 이상인 전자문서는 컴퓨터 파일과 장기보존이 가능한 용지에 출력한 출력물을 함께 보존한다.

④ 출력하거나 복사할 경우 전자문서출력, 복사대장을 정리하고 처리과장의 확인을 받아야 한다.

2. 종이문서를 전자문서화 방법

(1) 전자화 작업의뢰서의 작성 및 전달

보관자가 전자화작업을 제3자에게 위탁하는 경우에 보관자는 전자화 작업 이전에 전자화 작업의뢰서를 작성하여 대상문서와 함께 전자화책임자에게 전달하여야 한다.

(2) 대상문서의 사전검사 및 처리

① 전자화작성자는 전자화 작업에 앞서서 대상문서에 대하여 다음 각 호의 사항을 검사 및 처리하여야 한다.
  ㉠ 구김 또는 접힘 여부
  ㉡ 첨부문서나 의미 있는 문서단위 중 대상문서 일부의 누락 여부
  ㉢ 첨부의 문서가 있거나 여러 면으로 구성된 대상문서는 함께 처리되어야 하며, 전자화하는 동안이나 이후에도 적절한 순서를 유지

② 검사 또는 처리는 전자화작성자가 아닌 자가 수행하게 할 수 있다. 이 경우 검사 또는 처리를 수행하는 자는 전자화작성자로 본다.

(3) 전자화 환경설정

전자화책임자 또는 전자화작성자는 전자화 작업에 앞서 이미지 환경설정을 위하여 대상문서의 종류에 따라 명도, 농도, 색상, 해상도 및 계조 등에 대해서 환경설정을 하여야 한다.

기출PLUS

기출 2020. 5. 10. 비서 1급

전자문서 관리에 대한 설명으로 틀린 것은?

① 파일명이 문서 내용을 충분히 반영하여 파일명만으로도 충분히 문서 내용을 유추할 수 있는지 확인한다.

② 전자 문서의 경우, 종이 문서와 동일하게 두 가지 이상의 주제별 정리를 이용할 경우 cross-reference를 반드시 표시해 두어야 한다.

③ 조직의 업무 분류 체계를 근거로 하여 문서의 종류, 보안등급에 따라 접근에 대한 권한을 부여하여 분류한다.

④ 진행 중인 문서의 경우, 문서의 진행 처리 단계에 따라서 문서의 파일명을 변경하거나 변경된 폴더로 이동시켜서 정리·보관한다.

해설 ② cross-reference(상호참조)는 중복되거나 관련 있는 내용이나 문서에 대하여 [상호참조]를 삽입해 줌으로써 해당 내용이나 문서를 서로 참조할 수 있도록 하는 기능이다.

❮정답 ②

(4) 작업형태의 기록

전자화문서관리규정에서 규정되지 않은 일반적인 방식이 아닌 특수한 형태의 전자화작업이 수행되는 경우에는 그 작업 형태 등을 전자화기록부에 기록하여야 한다.

(5) 전자화 절차

전자화문서관리규정에는 대상문서의 유형(단면·양면, 흑백·컬러 등)에 따라 각각의 전자화 절차가 마련되어 있어야 하며, 동 규정에서 정한 절차에 따라 전자화작업이 수행되어야 한다.

(6) 전자화공정

① 전자화공정은 분산형공정과 집중형공정으로 나뉜다.

② 전자화공정상 정해진 전자화관계자의 역할은 서로 겸할 수 없다. 다만, 분산형공정의 경우에는 전자화책임자는 전자화검사자의 역할을 겸할 수 있다.

(7) 분산형공정의 절차 및 역할

① 전자화작성자는 전자화를 시작하기 전에 작업환경, 전자화정보시스템의 환경설정 등을 점검하고, 전자화책임자는 이의 점검여부를 확인한다.

② 전자화작성자는 전자화문서관리규정 및 업무매뉴얼에 따라 전자화문서를 작성하고 해당사항을 전자화기록부에 기록한다.

③ 전자화검사자는 생성 및 작성된 전자화문서의 이상 유무를 확인하고 검사에 불합격한 전자화문서에 대해서는 그 조치사항을 이행하여야 한다.

④ 전자화검사자는 정해진 기준의 준수여부 및 대상문서와 전자화문서간의 동일성을 확인한다.

⑤ 전자화책임자는 전자화 작업을 관리하고 작업 이력에 대한 감사기록을 점검 및 확인한다.

(8) 집중형공정의 절차 및 역할

① 전자화작성자는 대상문서를 검사하여 이상여부를 확인한다.

② 전자화작성자는 전자화를 시작하기 전에 작업환경, 전자화정보시스템의 환경설정 등을 점검하고 전자화책임자는 이의 점검여부를 확인한다.

③ 전자화작성자는 전자화문서관리규정 및 업무매뉴얼에 따라 전자화문서를 작성하고 해당사항을 전자화기록부에 기록한다.

④ 전자화검사자는 생성 및 작성된 전자화문서의 이상 유무를 확인하고 검사에 불합격한 전자화문서에 대해서는 그 조치사항을 이행하여야 한다.

⑤ 전자화검사자는 정해진 기준의 준수 여부 및 대상문서와 전자화문서간의 동일성을 확인한다.

⑥ 전자화책임자는 전자화 작업을 관리하고 작업 이력에 대한 감사기록을 점검 및 확인하며, 안정적인 전자화검사를 위해 내용검사의 경우 전자화검사자의 1인 평균 검사량이 7,000(매/일)을 초과하지 않도록 유의하여 관리하여야 한다.

(9) 내용검사

① 전자화검사자는 대상문서와 전자화문서의 내용 일치여부 및 이미지의 누락·중복여부를 검사하여야 하며, 이 경우 검사는 전수검사 또는 표본검사의 방법에 의한다.

② ①의 검사에 대해서는 전자화문서관리규정 및 업무매뉴얼에 그 세부검사내용, 방법, 절차 및 표본검사의 수행방식 등을 명확히 규정하여야 한다.

(10) 품질검사

① 전자화검사자는 전자화문서의 품질 확인을 위하여 다음 각 호의 사항들을 검사하여야 하며, 이 경우 검사는 전수검사의 방법에 의한다.
   ㉠ 전자화문서의 해상도, 채도 및 농도 등의 육안 판독 가능 여부
   ㉡ 총체적인 가독성

② ①의 검사는 검사 프로그램 등에 의하여 자동화된 절차의 수행으로 갈음할 수 있으며, 그 방법 및 절차는 전자화문서관리규정에 규정하여야 한다.

(11) 검사의 불합격 사유
검사에서 전자화검사자는 다음 각 호의 사유가 있는 경우에는 해당 전자화문서를 불합격 처리하고 해당 전자화작성자에게 통보하여야 한다.

① 누락된 면이 있는 경우

② 같은 면이 여러 번 생성된 경우

③ 같은 면이 동일한 농도로 한 번에 생성되지 않은 경우

④ 이미지가 선명하지 않은 경우

⑤ 이미지가 잘린 경우

⑥ 이미지가 바르지 않고 비틀린 경우

기출PLUS

⑦ 이미지가 접힌 경우

⑧ 그 밖에 전자화에 있어 문제점이 있다고 판단되는 경우

⑿ 검사 불합격시 조치사항

① 전수검사에서 전자화검사자가 해당 전자화문서를 불합격 처리하여 통보하면 전자화작성자는 당해 전자화문서를 임의로 편집하거나 수정하지 못하며 이를 다시 작성하여야 한다.

② 표본검사에서 불합격 처리되면, 전자화검사자는 표본이 추출된 모집단에 대하여 전수검사를 시행하고, 검사결과에 따른 조치는 ①의 예에 따른다.

3. 저장매체에 대한 이해

기출 2019. 11. 10. 비서 2급

다음 중 광디스크에 해당하는 것은?

① 플래시메모리
② 블루레이
③ SD카드
④ SSD

해설 광디스크의 종류: CD, DVD, 블루레이 디스크

분류 기준		
용도	주 기억 장치	RAM, ROM
	보조 기억 장치	자기 디스크, 광학 디스크 등
물리적 저장 방식	자기	자기 테이프, 플로피 디스크, 하드 디스크, 집드라이브, 재즈 드라이브 등
	광학	CD, DVD, BDA
	반도체	RAM, ROM, 플래시 메모리
정원 공급에 따른 데이터 유지 여부	휘발성	RAM, ROM 기반의 SSD
	비휘발성	ROM, 보조 기억 장치
접근 방식	순차 접근	자기 테이프
	직접 접근	디스크, 플래시 메모리 등

기출 2018. 5. 13. 비서 1급

다음 설명에 해당하는 저장매체로 가장 적절한 것은?

보기
• 다시쓰기가 안되고, 읽기만 가능한 기억장치
• 전원이 공급되지 않아도 내용이 사라지지 않는 비휘발성 메모리

① ROM
② 광디스크
③ RAM
④ 플래시메모리

해설 ROM(Read Only Memory)은 한 번 기록한 데이터를 빠른 속도로 읽을 수 있지만 다시 기록할 수는 없는 메모리로, 전원이 끊어져도 정보가 없어지지 않는 비휘발성(non-volatile) 메모리이다.

① ROM … ROM은 읽기만 가능한 기억장치로 전원이 공급되지 않아도 내용이 사라지지 않는 비휘발성 메모리이다.

② RAM … RAM은 자유롭게 데이터를 읽고, 쓸 수 있는 기억장치로 전원이 공급되지 않으면 기억하고 있는 데이터가 사라지므로 휘발성 메모리로도 불린다.

③ USB … 크기가 작고 휴대가 편리하며 비교적 저렴하여 전 세계적으로 널리 쓰이고 있다.

④ 플래시 메모리 … 전기적으로 데이터를 지우고 재기록이 가능한 비휘발성 기억장치이다.

정답 ②, ①

⑤ SSD … 플래쉬 메모리의 장점을 활용하여 하드 디스크 드라이브(HDD)와 동일한 형태로 개발된 대용량 플래시 메모리이다.

⑥ 플로피 디스크 … 3.5인치 크기의 디스크 형태를 플로피 디스크라 한다.

⑦ 하드 디스크 … 현재 컴퓨터에서 가장 널리 쓰이며, 중요한 역할을 하는 비휘발성 저장장치이다.

⑧ CD-ROM … CD-ROM은 기존의 음성 정보 저장을 위해 개발된 CD(Compact Disc)의 발전된 형태로 모든 형태의 디지털 정보를 기록한다.

⑨ DVD-ROM … DVD는 12cm(또는 8cm)의 알루미늄 원형 판에 플라스틱 막이 코팅되어 데이터가 기록되는 저장매체이다.

4. 전자문서 시스템

(1) 전자 문서 관리시스템(EDMS ; Electronic Document Management System)

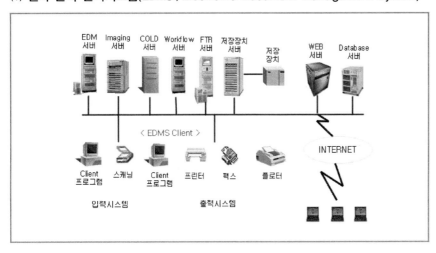

① 정의

　㉠ EDMS는 업무의 효율화를 위해 문서와 자료를 작성부터 폐기에 이르기까지 전주기에 걸쳐 일관성 있게 전자적으로 통합 관리하기 위한 시스템이다.

　㉡ EDMS는 각종 전자 문서의 등록, 관리, 저장, 조회, 송수신 등을 지원하는 시스템이다.

② 내용

　㉠ 네트워크상의 텍스트나 그래픽이미지, 영상 등 모든 문서를 작성하기 위한 자원을 작성부터 폐기까지 통합 관리해주는 문서관리 소프트웨어이다.

　㉡ 신속한 검색 및 효율적 활용 등을 통한 생산성 극대화와 기존의 문서 보관 장소의 혁신적인 절감으로 효율적 사무환경 조성이 가능하다.

③ EDMS 구성단위 시스템

　　㉠ 조직적 방법으로 수집된 각종 자료를 수집·저장·유지시켜 주는 레포지토리(Repository) 역할을 담당하는 문서관리(EDM ; Electronic Document Management)시스템

　　㉡ 기업 내 기간시스템(ERP, GroupWare 등)과 e-Mail 등에서 사용자가 찾고자 하는 문서 및 컨텐츠를 검색하는 전문검색시스템

　　㉢ 주기적으로 생성되는 기록물, 보고서 등을 관리하는 COLD(Computer Output to Laser Disk - Enterprise Report Management)시스템

④ 장점

　　㉠ 같은 내용을 서로 다른 장소에 저장함에 따라 나타날 수 있는 데이터 간의 모순이나 불일치를 해결할 수 있으며 이를 통해 데이터의 일관성을 유지할 수 있다.

　　㉡ 중앙에서 데이터를 통제함으로써 정보, 문서형식 등의 표준화가 가능하다.

　　㉢ 데이터를 통합하여 이용할 수 있게 구성함으로써 데이터의 중복을 사전에 배제할 수 있다.

　　㉣ 같은 내용의 데이터를 한 번만 저장하고도 데이터를 공통으로 사용할 수 있다.

⑤ 단점

　　㉠ 수행·처리속도가 느리다.

　　㉡ 검색이 제한적으로 가능하다.

(2) 전자 데이터 교환(EDI ; Electronic Data Interchange)

① 정의

　　㉠ 종이가 필요 없는 거래가 실현된다.

　　㉡ 표준화된 기업 간 거래서식을 컴퓨터 간 통신으로 교환하는 것을 말한다.

② 장점

　　㉠ 거래절차의 간소화

　　㉡ 데이터의 표준화

　　㉢ 거래비용의 감소

　　㉣ 거래의 실시간적 활용으로 필요시 즉각적 대응 가능

③ 단점

　　㉠ 접속되는 정보에 관한 보완, 통제 문제

　　㉡ 최초로 문서를 표준화하는데 많은 시간과 비용소요

　　㉢ 비표준화된 정보의 교환 불가능

(3) 전자 문서 시스템 이용자 지침

① 목적
  ㉠ 문서의 유통 및 관리체계를 정보화하여 행정능률을 향상시킨다.
  ㉡ 전자문서유통 활성화를 위한 전자 문서 시스템의 올바른 이용법을 전달한다.

② 각 기관의 전자 문서 유통 이용자별 조치사항
  ㉠ 총무과 문서 접수 담당 : 문서담당과
    ⓐ 하루 2회 이상 문서 도착확인
    ⓑ 문서도착 시 처리방법
      • 타 부서로 전자배부가 가능할 때 : 전자배부
      • 타 부서로 전자배부가 불가능할 때 : 출력하여 배부
  ㉡ 일반사용자 : 기안자 및 결재자
    ⓐ 전자결재 가능한 모든 문서에 대해 전자결재 실시
    ⓑ 전자 유통 문서는 신규양식을 사용하여 작성 : 해당 전자 문서 시스템 공급업체에서 제공
    ⓒ 문서작성 시 유의사항
      • 다른 기관과 문서호환을 위해서 '문자 위주'로 작성
      • 복잡하고 큰 사이즈의 표 등은 가능한 한 사용자제
      • 특정 문서작성기에만 있는 기능은 사용자제
        - 글자체는 바탕, 바탕체, 굴림체, 돋움, 돋움체, 궁서, 궁서체 등만 사용
        - 특수문자도 전각기호(일반, 로마자, 선/단위, 원, 괄호), 일본어, 한자(제1수준)만 사용
      • 한 문단은 같은 속성(포인트, 이탤릭, 언더라인 등)의 글자들로 구성
      • 글자모양, 문단모양, 문단정렬, 편집용지 등 문서의 모양을 꾸미기 위한 기능은 사용자제
      • 전자문서는 첨부물을 포함해서 3Mbyte 이내로 작성

      > **POINT** 다른 기종 시스템 간 문서호환을 위하여 채택한 정부표준(XML)은 내용중심의 표준으로, 문서의 모양을 꾸미기 위한 워드프로세서의 특수한 기능은 호환이 안됨.

③ 수신처 지정 시 유의사항
  ㉠ 전자문서 작성 시(혹은 시행하기에 앞서) 당해 공문을 처리할 부서(참조기관)를 모르는 경우 해당기관명을 선택(클릭)하여 발송(수신기관명으로 발송한 문서는 총무과에서 수신하여 담당과로 배부)
  ㉡ 전자문서 작성 시(혹은 시행하기에 앞서) 당해 공문을 처리할 부서(참조기관)를 알고 있는 경우 조직도에서 담당부서를 선택(클릭)하여 발송
  ㉢ 당해 공문을 처리할 부서를 알고 있더라도, 조직도에서 담당부서를 선택할 수 없는 경우 조직도에서 해당기관명을 선택(클릭)하여 발송

기출PLUS

기출 2019. 11. 10. 비서 2급

다음 중 전자결재 시스템의 특징으로 가장 적절하지 않은 것은?

① 문서의 등록번호는 자동으로 지정된다.

② 문서 검토 중에 의견을 첨부할 수 있다.

③ 결재 경로를 지정해두면 중간에 변경이 불가능하다.

④ 결재 상황을 조회해볼 수 있다.

해설 ③ 결재경로를 최대한 간편하게 지정하고 양식별로 문서의 결재 및 경로를 지정해 반복 사용할 수 있으며 관리자가 회사의 결재양식을 자유로이 세팅이 가능하며 다양한 형식의 결재 방식을 지원한다.

POINT 수신가능 부서 구별방법 … 수신처 지정 시 시각적으로 구별됨

    ㉠ 검정색 글씨로 표시된 부서 → 수신 가능

    ㉡ 밝은 회색 글씨로 표시된 부서 → 수신 불가능

       (수신 불가능 부서라도 하위부서는 수신가능할 수 있음)

④ 문서 심사·발송자 … 각 처리과

  ㉠ 접수 : 수신기관 문서접수자가 접수처리(상황 종료)

  ㉡ 도착 또는 수신(수신처 컴퓨터에는 도착했으나, 접수자가 미 접수) : 2일 후에도 '도착' 또는 '수신'일 경우 수신기관에 전화연락

  ㉢ 미도착 또는 미수신(전자문서가 정보통신망을 통하여 전송중) : 1일(24시간) 후에도 '미도착' 또는 '미수신'일 경우 정부전자문서유통지원센터로 연락

  ㉣ 실패(전자문서 전송 실패) : 실패이유를 확인해 보고 적절한 조치를 하되, 의문사항은 정부전자문서유통관리센터로 연락

⑤ 문서 접수자 … 각 처리과

  ㉠ 하루 1회 이상 문서 도착확인

  ㉡ 접수처리

POINT 전자문서접수 처리 시 유의사항 … 각 부서 전자문서접수 담당자들은 전자문서 수신시 반드시 시스템적으로 접수처리 할 것

  ㉠ 전자적 선람 혹은 배부가 곤란한 경우에도 시스템적으로 접수 처리한 후 출력하여 선람 혹은 배부해야 함

  ㉡ 그렇지 않은 경우, 발신자 시스템 목록에는 '수신'상태로 남아있음('수신'→'접수' 상태로 전환되어야 발신자가 안심)

    • 수신(도착) : 수신처 컴퓨터에는 도착했으나, 접수자가 미접수

    • 접수 : 수신기관 문서접수자가 접수처리

5. 전자결재시스템(1급)

(1) 전자결재시스템 특징

① 업무에 대한 공유

② 보안에 대한 안전성 확보

③ 다양한 메뉴를 통한 업무 효율 극대화

④ 시군구 자원봉사센터 양식에 맞추어 개발 보급

⑤ 문서번호 자동생성 기능

⑥ 시스템이 설치된 곳에서만 운영

⑦ 업무의 속도 진행을 한눈으로 볼 수 있음

정답 ③

⑧ 직원간의 업무 협의 가능

⑨ 공간의 제약을 받지 않음

⑩ 한 화면에서 작업자가 편리하게 업무 진행

⑪ 맞춤형으로 보급

(2) 프로그램 화면

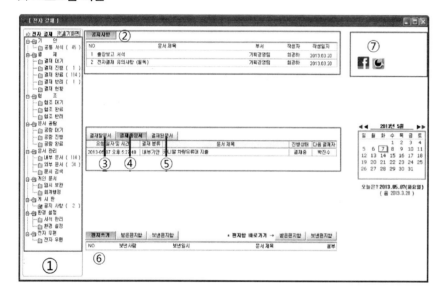

① 작업할 메뉴

② 직원 전달사항 공지

③ 본인이 결재할 문서 리스트

④ 본인이 작성하여 올린 문서 중 결재중인 문서

⑤ 본인이 작성하여 올린 문서 중 결재 완결된 문서

⑥ 직원간 정보교류

⑦ 홈페이지, 페이스북 등 바로가기

기출PLUS

기출 2020. 5. 10. 비서 1급

전자결재시스템의 특징으로 볼 수 없는 것은?

① 전자결재시스템을 통해 시간적, 공간적 제약성을 극복할 수 있으나, 여러 사람이 동시에 내용을 열람하는 것은 불가능하다.

② 결재권자가 출장 중이라도 평소와 같은 통상적인 업무 수행이 가능하다.

③ 경영 의사결정 사이클을 단축하는 효과를 지닌다.

④ 결재 과정을 단축시키고 직접 접촉에 의한 업무 수행의 제한점을 극복할 수 있다.

해설 ① 전자결재시스템은 시간적, 공간적 제약성 극복은 물론, 여러 사람이 동시에 내용을 열람하는 것도 가능하다.

❮정답 ①

(3) 전자문서결재 기능

① 공지사항

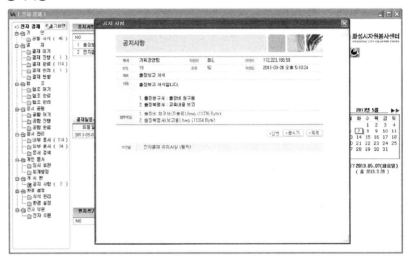

② 공통서식 … 기안을 할 때 사전에 등록하여 필요한 기안 문서를 사용하는 서식

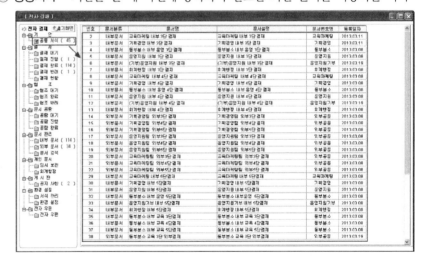

③ 작업 메뉴 설명

```
✧전 자 결 재  ★홈기화면
├─ 기       안
│  └─📁 공통 서식 ( 45 )
├─ 결       재
│  ├─📁 결재 대기
│  ├─📁 결재 진행 ( 1 )
│  ├─📁 결재 완료 ( 114 )
│  ├─📁 결재 반려 ( 1 )
│  └─📁 결재 현황
├─ 협       조
│  ├─📁 협조 대기
│  ├─📁 협조 완료
│  └─📁 협조 반려
├─ 문서 공람
│  ├─📁 공람 대기
│  ├─📁 공람 진행
│  └─📁 공람 완료
├─ 문서 관리
│  ├─📁 내부 문서 ( 114 )
│  ├─📁 외부 문서 ( 34 )
│  └─📁 문서 검색
├─ 개인 문서
│  ├─📁 임시 보관
│  └─📁 회계행정
├─ 게 시 판
│  └─📁 공지 사항 ( 2 )
├─ 환경 설정
│  ├─📁 서식 관리
│  └─📁 환경 설정
└─ 전자 우편
   └─📁 전자 우편
```

㉠ 결재

  ⓐ **결재대기** : 본인이 결재해야 할 대기문서

  ⓑ **결재진행** : 본인이 올린 결재문서 진행사항

  ⓒ **결재완료** : 본인이 올린 결재문서 완료현황

  ⓓ **결재반려** : 본인이 올린 결재문서 중 반려현황

  ⓔ **결재현황** : 본인이 결재문서를 결재한 현황

㉡ 협조

  ⓐ **협조대기** : 협조권자가 협조해야 할 대기문서

  ⓑ **협조완료** : 협조권자가 협조한 문서현황

  ⓒ **협조반려** : 협조권자가 협조문서를 반려한 현황

㉢ 문서공람

  ⓐ **공람대기** : 결재된 문서 중 공람해야 할 대기문서

  ⓑ **공람진행** : 공람해야 할 문서가 공람대상자 중 공람여부현황

  ⓒ **공람완료** : 공람해야 할 문서가 공람대상자 모두 공람한 문서

㉣ 문서관리

  ⓐ **내부문서** : 최종 결재권자가 내부문서로 결재가 완료된 문서

  ⓑ **외부문서** : 최종 결재권자가 외부문서로 결재가 완료된 문서

  ⓒ **문서검색** : 내부, 외부 문서 검색기능

㉤ 환경설정

  ⓐ **서식관리** : 공통서식 문서를 업로드하는 곳

  ⓑ **환경설정** : 문서번호, 대결자 등 지정하는 곳

기출PLUS

④ 기안문 작성

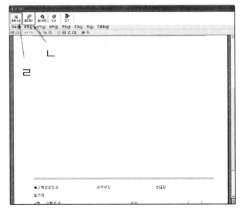 

㉠ 공통서식에서 기안할 문서를 선택한 후 결재할 전자문서를 작성완료한다.

㉡ 결재정보를 선택한다.

㉢ 문서정보 입력, 결재선 선택, 파일 등 업로드 후 저장한다.

㉣ 결재요청을 선택한다.

⑤ 결재 할 문서

㉠ 결재할 문서를 선택하면 전자문서가 표기된다.

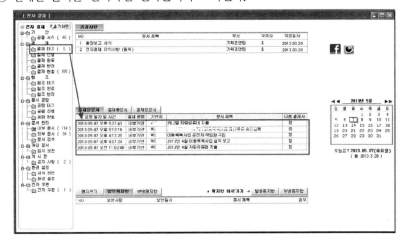

ⓛ 결재를 선택하면 결재완료, 결재 후 결재권자 직인이 표기된다.

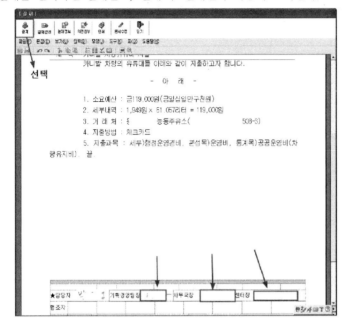

⑥ 결재 완료된 문서 ··· 최종 결재권자가 결재가 되면 문서번호가 자동생성된다.

03 정보관리

기출PLUS

section 1 정보분석 및 활용

1. 정보수집 및 검색방법

(1) 정보 선별 능력의 의의

① 수 많은 정보 속에서 자신에게 필요한 정보를 찾아내어 활용할 수 있는 능력을 말한다.

② 비서는 자신에게 필요한 정보가 아닌 상사에게 필요한 정보를 선별해야 하므로 상사의 기호와 성격에 맞는 정보 선별 능력이 필요하다.

(2) 정보원의 종류

① 문자정보 … 인쇄매체를 통한 활자형 정보, 학회지, 논문집, 도서

② 영상정보 … 뉴스, 다큐멘터리, 기타 정보 프로그램

③ 전자정보 … 인터넷

(3) 정보원천의 종류와 특성

① 1차 자료 … 학술잡지, 논문, 보고서, 도서, 회의자료

② 2차 자료
  ㉠ 1차 자료를 효과적으로 찾아내기 위한 자료 : 목록, 색인
  ㉡ 1차 자료에 포함되어 있는 정보를 압축 정리해 놓은 자료 : 백과사전, 데이터집

(4) 스크랩

① 정보수집의 의의
  ㉠ 정보화 사회에서는 정보의 원천이 어디에 존재하는지 아는 것이 중요하다.
  ㉡ 수집한 정보를 바탕으로 정보를 분석, 가공하여 활용한다.
  ㉢ 정보수집, 즉 스크랩의 유형은 일반적으로 인터넷, 신문, 잡지 등이 있다.

② 인터넷 정보검색

　㉠ 인터넷 정보검색의 의의

　　ⓐ 적은 시간에 많은 효율을 얻기 위해서 인터넷 정보검색이 유리하다.

　　ⓑ 비서 업무상 필요한 광범위한 정보를 찾기 쉽다.

　　ⓒ 복잡한 양식 없이 빠르게 정보를 전달할 수 있다.

　　ⓓ 실시간적인 정보를 활용할 수 있다.

　㉡ 비서가 알아야 할 인터넷 정보

　　ⓐ 기업 관련 정보

　　　• 주가

　　　• 환율

　　　• 기업 관련 기사「경쟁업체기사, 제품(상품)관련기사 등」

　　　• 기업과 관련된 CEO, 임원, 상사 등의 정보

　　ⓑ 출장 관련 정보

　　　• 교통편(항공기, 철도, 선박 등) 스케줄 조회 및 예약

　　　• 출장지 정보(현지 이슈, 관습, 불편사항, 주의사항 등)

　　　• 환경정보(정치, 경제, 사회, 날씨 등)

　　ⓒ 기타

　　　• 예약업무

　　　• 인터넷뱅킹(법인카드, 당좌예금거래 등)

　㉢ 인터넷 정보의 유의사항

　　ⓐ 인터넷 상의 정보는 그 신뢰성에 있어서 다른 정보 검색보다 떨어지는 것이 많다.

　　ⓑ 방대한 자료 중 가장 필요한 자료를 찾는 데 시간이 걸린다.

　　ⓒ 저작권 문제가 야기되기 쉽다.

③ 신문 스크랩

　㉠ 신문 스크랩의 의의

　　ⓐ 매일 새롭게 정제된 정보를 얻을 수 있다.

　　ⓑ 비서는 신문 내에서 필요한 정보만 수집하면 된다.

　㉡ 스크랩의 분류

　　ⓐ 시사, 경제, 경영정보

　　　• 최신 시사정보

　　　• 경제동향, 주가, 환율, 콜금리변동

　　ⓑ 정부정책 및 법령정보

　　　• 정부정책의 변화에 관한 정보

　　　• 기업과 관련된 최근 제정 또는 개정되는 법령

　　　• 조세 관련 정보(법인세, 소득세, 양도세 등)

　　ⓒ 인물정보 : 승진, 경조사, 부음

기출PLUS

기출 2015. 5. 17. 비서 2급

김 비서는 정보과잉 시대에 신문스크랩을 통해 정보력을 향상시키고자 한다. 신문을 통해 정보의 가치측정, 정보 가공, 의제설정 및 창출을 학습하기 위함이다. 정보력을 높이는 신문 스크랩 방법으로 가장 옳지 않은 것은?

① 스크랩 기사의 내용상 깊이와 필요성을 검토한다.
② 스크랩의 목적에 적합한지 검토한다.
③ 인터넷 정보는 정확성에 대한 신뢰도가 낮은 편이므로 여러 신문을 함께 분석한다.
④ 특정 사회현상에 대한 일반화, 과장, 편파보도, 오보를 우선적으로 모은다.

해설 ④ 일부 특수한 사회, 문화현상을 마치 일반화된 사실로 과장하고 확대할 수가 있거나 이해관계에 있는 경우 일방, 편파 보도 시비의 우려가 있으므로 유의하면서 스크랩해야 한다.

ⓓ 상사개인정보
• 발표나 기획서 관련 기사
• 기자회견, 잡지투고

ⓒ 스크랩 시 유의사항
ⓐ 출처와 날짜를 반드시 기입한다.
ⓑ 기사가 확실한지 확인해본다.
ⓒ 신문은 적어도 2 ~ 3종 정도 선별하여 구독한다.
ⓓ 부지런한 것도 중요하지만 효율적으로 시간을 써야 한다.
ⓔ 분류, 정리하는 시간을 최소화해야 한다.

④ 잡지 스크랩
㉠ 잡지는 특정 주제에 대한 내용을 정기적으로 발행하는 간행물이다.
㉡ 신문보다 좀 더 깊이 있거나 분량이 많은 것이 일반적이다.

2. 인터넷 활용 일반

(1) 컴퓨터의 이해 및 활용

① 정의 … 컴퓨터는 기억장치에 담긴 명령어들에 의해 조작되며, 주어진 자료를 입력받아 정해진 과정에 따라 처리하여 그 결과를 생산하고 저장할 수 있도록 해주는 전자장치를 의미한다.

② 기능
㉠ 입력기능 : 자료를 처리하기 위해서 필요한 자료를 받아들이는 기능이다.
㉡ 기억기능 : 처리대상으로 입력된 자료와 처리결과로 출력된 정보를 기억하는 기능이다.
㉢ 연산기능 : 주기억장치에 저장되어 있는 자료들에 대하여 산술 및 논리연산을 행하는 기능이다.
㉣ 제어기능 : 주기억장치에 저장되어 있는 명령을 해독하여 필요한 장치에 신호를 보내어 자료처리가 이루어지도록 하는 기능이다.
㉤ 출력기능 : 정보를 활용할 수 있도록 나타내 주는 기능이다.

POINT 통신기능
㉠ 통신기능은 위와 같은 5가지 기본 기능을 보완하는 기능으로서, 자료와 정보 또는 처리방법 등을 외부에 전달하거나 전달받도록 해 준다. 예컨대, 처리할 자료를 다른 컴퓨터로부터 입력받을 수도 있고, 다른 컴퓨터에서 자료를 처리하게 할 수도 있으며, 처리된 정보를 외부의 여러 컴퓨터로 전달하고 저장할 수 있도록 해 준다.
㉡ 통신기능은 컴퓨터의 기능을 크게 확장시켜 줄 수 있기 때문에 정보사회에서는 컴퓨터를 이용한 정보통신이 일반화되어 그 중요성이 한층 높아졌다.

정답 ④

③ 특징

　㉠ **신속성** : 컴퓨터의 처리속도는 상상할 수 없을 정도로 빠르다. 보통 1초당 수억 번의 작업을 수행할 수 있다.

　㉡ **신뢰성** : 컴퓨터는 게으름을 피우거나 변덕을 부리지 않는다. 일을 처리하는 데 있어서 실수가 거의 없으며 신뢰도가 높은 결과를 산출한다.

　㉢ **정확성** : 사용방법과 자료의 오류가 없는 한 컴퓨터의 처리결과는 정확하다.

　㉣ **대용량성** : 작은 기억장치 하나에 방대한 양을 저장할 수 있다.

　　ⓐ KB(Kilo Byte) : $2^{10} \fallingdotseq 10^{3}$byte

　　ⓑ MB(Mega Byte) : $2^{20} \fallingdotseq 10^{6}$byte

　　ⓒ GB(Giga Byte) : $2^{30} \fallingdotseq 10^{9}$byte

　　ⓓ TB(Tela Byte) : $2^{40} \fallingdotseq 10^{12}$byte

　㉤ **공유성** : 통신망으로 연결된 컴퓨터는 시간과 공간의 제약을 초월하여 전 세계의 정보를 많은 사람들이 서로 공유하게 해 준다.

　㉥ **범용성** : 컴퓨터는 다양한 분야의 작업에 사용할 수 있다.

　㉦ **경제성** : 노동력, 시간, 비용 등 여러 면에서 경제적 이익을 가져다준다.

　㉧ **호환성** : 특정 컴퓨터에서 사용한 프로그램이나 데이터를 다른 컴퓨터에서 사용해도 같은 결과를 얻을 수 있다.

④ 운영체제

　㉠ **운영체제의 개념**

　　ⓐ 운영체제는 컴퓨터와 인간의 중간에서 연결을 해주는 역할을 하는 프로그램이다.

　　ⓑ 컴퓨터가 원활하게 운영될 수 있도록 도와주는 프로그램이다.

　㉡ **운영체제의 역할**

　　ⓐ CPU 스케줄링 관리

　　ⓑ 프로세스 생성 및 실행

　　ⓒ 인터럽트 관리

　　POINT 인터럽트 … CPU가 하던 일을 멈추고 다른 작업을 하도록 하는 신호를 말한다.

⑤ WINDOW

　㉠ **파일과 폴더**

　　ⓐ 파일은 프로그램이나 데이터를 구성하는 기본 단위이다.

　　ⓑ 디스크에 바이트 단위로 저장되며 각각의 파일은 이름이 부여된다.

　㉡ **파일의 종류**

　　ⓐ txt : 텍스트파일

　　ⓑ hwp : 한글파일

　　ⓒ dll : 시스템 동적 라이브러리파일

ⓓ sys : 시스템파일

ⓔ exe : 응용프로그램 실행파일

ⓕ jpg : 그림압축파일 확장자

ⓖ gif : 그림압축파일 확장자

ⓗ bmp : 비트맵이미지

ⓘ psd : 포토샵 이미지

ⓙ com : DOS용 실행파일

ⓚ bat : 배치파일

ⓛ lnk : 윈도우 바로가기파일

ⓜ inf : 드라이버 정보파일

ⓝ reg : 레지스트리파일

ⓞ drv : 윈도우 드라이버파일

ⓟ htm : 인터넷 HTML파일

ⓠ pdf : 어도비(아크로뱃리더) 문서파일

ⓡ doc : 마이크로소프트 문서파일

ⓢ avi : 동영상 압축파일

ⓣ mp3 : 음악파일

ⓒ **파일의 압축**

  ⓐ 원래 파일의 크기를 줄여 자료의 유통속도를 개선하고 저장을 용이하게 한다.

  ⓑ **파일 압축의 확장자**

    • zip

    • arj

    • rar

ⓔ **사용자 인터페이스**

  ⓐ 대부분의 운영체제는 GUI(Graphical User Interfaces)라는 사용자 인터페이스를 채택하고 있다.

  ⓑ GUI는 다음과 같은 요소로 구성된다.

    • 메뉴 : 메뉴는 보통 상위 메뉴와 하위 메뉴의 계층적 구조를 갖는다.

    • 메시지 상자 : 특정 기능의 수행 결과, 오류 등 특정 정보를 알려주는 역할을 한다.

    • 대화상자 : 필요한 정보를 입력받거나 옵션을 지정할 때 사용하는 기능이다.

    • 창(window) : 기본 창과 보조 창으로 나눌 수 있다.

⑥ **시스템 소프트웨어**

  ㉠ **정의**

    ⓐ 시스템 소프트웨어는 컴퓨터를 작동시키고 효율적으로 사용하기 위한 프로그램으로서 사용자들이 컴퓨터를 보다 편리하게 이용할 수 있도록 도와준다.

ⓑ 컴퓨터 사용자는 하드웨어의 구조나 특성을 몰라도 시스템 소프트웨어의 사용방법만 알면 컴퓨터를 이용할 수 있다.

ⓛ 운영체제 : 운영체제(OS ; Operating System)는 컴퓨터 시스템의 하드웨어와 소프트웨어의 자원을 효율적으로 운영하고 관리하며, 사용자가 컴퓨터를 쉽고 편리하게 이용할 수 있도록 컴퓨터와 사용자 간에 중계역할을 한다.

ⓐ **구성**

• 감독 프로그램 : 컴퓨터 시스템의 모든 동작과 상태를 관리하고 감독하는 프로그램이다.

• 작업관리 프로그램 : 어떤 작업을 한 후 다른 작업을 처리하기 위한 스케줄링과 시스템의 자원할당 등을 담당하는 프로그램이다.

• 데이터관리 프로그램 : 컴퓨터 시스템에서 취급하는 파일과 데이터를 관리하는 프로그램이다.

POINT 운영체제
   ㉠ 제어 프로그램 : 감독 프로그램, 데이터관리 프로그램, 작업관리 프로그램
   ㉡ 처리 프로그램 : 언어번역 프로그램, 서비스 프로그램

ⓑ **기능**

• 장치를 진단하고 작업을 준비한다.

• 자료를 입력하고 출력한다.

• 정보를 읽고 보존한다.

• 프로그램을 관리하고 실행한다.

• 사용자의 명령을 실행한다.

ⓒ **종류** : 대표적인 운영체제로는 윈도우(Windows), 리눅스(Linux), 도스(DOS ; Disk Operating System) 등이 있다. 이 밖에 워크스테이션이나 중·대형 컴퓨터에서 사용하는 유닉스(Unix)와 제닉스(Zenix) 등이 있다.

POINT 운영체제의 프로그램 처리방식의 종류
   ㉠ 일괄처리(Batch Processing) : 작업을 묶어서 순서대로 처리한다.
   ㉡ 멀티프로그래밍(Multi Programming) : 동시에 2개 이상의 프로그램을 주기억장치에 올려놓고 실행함으로써 CPU의 유휴시간을 감소시키는 처리방식이다.
   ㉢ 실시간 시스템(Real Time System) : 외부에서 입력된 데이터를 즉시 처리하여 결과를 출력하는 방식이다. 빠른 입출력장치가 필요하고 여러 데이터가 입력되는 경우 우선순위에 따라 처리된다.
   ㉣ 시분할 시스템(Time Sharing System) : 여러 개의 프로그램을 미세한 시간으로 분배하여 순서대로 처리함으로써 사용자들은 자신만이 컴퓨터를 사용하고 있는 것으로 여긴다.
   ㉤ 분산처리 시스템(Distributed Processing System) : 여러 대의 컴퓨터를 연결하여 작업과 자원을 분산시켜 처리하는 방식으로 사용자는 처리과정을 알지 못한다.

엑셀 프로그램을 이용하여 데이터를 관리하고 있다. 다음 중 엑셀의 데이터 관리 기능 활용이 가장 적절하지 않은 것은?

① 조건에 맞는 자료만을 화면상에 보이게 하기 위해서 필터 기능을 이용하였다.
② 부분합을 구하기 위해서 부분합을 구할 기준으로 정렬을 먼저 하였다.
③ 데이터베이스 기능 활용을 위해 셀을 병합하여 유사한 항목은 묶어서 관리하였다.
④ 부분합 기능을 이용하여 부분별 합계뿐만 아니라 평균도 산출하였다.

해설 ③ 데이터베이스 기능을 활용하기 위해서는 데이터베이스를 구성하는 레코드와 필드가 필요하다. 셀 병합은 데이터베이스 기능 활용에 적절하지 않다.

〈 정답 ③

ⓒ 언어번역 프로그램
  ⓐ 개념 : 컴퓨터가 발명된 초기에는 모든 프로그램이 1과 0으로 쓰인 2진수로만 이루어졌는데, 이와 같은 프로그래밍 언어를 기계어라고 한다. 기계어 프로그램은 컴퓨터는 이해하기 쉬우나 사용자가 다루기는 어렵다. 따라서 사용자가 이해하기 쉬운 언어로 프로그램을 작성하고, 이것을 기계어로 번역해 주는 프로그램이 만들어졌는데, 이러한 프로그램을 언어번역 프로그램이라고 한다.
  ⓑ 구성
    • 어셈블러 : 어셈블리 언어로 작성된 프로그램을 기계어로 번역하여 목적 프로그램을 생성한다.
    • 컴파일러 : 고급언어로 된 원시 프로그램을 번역하여 기계어로 된 목적 프로그램을 생성하며, −C, C++, FORTRAN 등의 대부분의 언어는 컴파일러가 필요하다.
    • 인터프리터 : 원시 프로그램의 한 문장을 읽고 곧이어 그 문장을 수행하는 프로그램으로, 목적 프로그램이 없고 프로그램의 수행속도가 늦으며 BASIC, Prolog 등의 인터프리터가 필요하다.

ⓔ 유틸리티 프로그램
  ⓐ 유틸리티 프로그램은 사용자가 컴퓨터를 편리하게 사용할 수 있도록 도와주는 시스템 소프트웨어로서, 운영체제의 기능을 보완해 준다.
  ⓑ 윈도우 운영체제에서는 파일관리 프로그램과 메모리관리 프로그램, 시스템관리 프로그램, 바이러스 예방과 치료 프로그램, 파일압축 및 해제 프로그램 등 많은 유틸리티 프로그램들을 사용하고 있다.

⑦ 응용 소프트웨어
  ㉠ 개념 : 응용 소프트웨어는 어떤 목적을 달성하기 위해서 만들어진 프로그램이다. 그 대부분을 소프트웨어 업체에서 여러 가지 일을 효율적으로 처리할 수 있는 프로그램들을 미리 만들어 제공하며, 사용자는 목적에 맞는 것을 골라 사용한다.
  ㉡ 워드프로세서
    ⓐ 워드프로세서와 워드프로세싱 : 개인용 컴퓨터를 이용하여 문서의 입력, 수정, 편집, 검색 및 인쇄 작업 등을 수행하는 프로그램을 워드프로세서(Word-Processor)라고 하고, 워드프로세서를 이용한 문서처리에 관련된 작업을 워드프로세싱(Word-Processing)이라고 한다.
    ⓑ 워드프로세서의 효용 : 각종 문서양식을 만들어 기억장치에 기억시킨 다음 필요할 때마다 꺼내서 간단하게 편집할 뿐만 아니라 복사, 개체삽입, 이동, 삭제 및 인쇄 등의 기능을 이용하여 업무에 효율적으로 이용할 수 있도록 개발한 문서편집용 프로그램이다.

ⓒ 특징
- 문서를 작성할 때 수정과 삽입이 간편하므로 신속하게 작성할 수 있다.
- 작성된 문서의 보존, 보안, 검색, 재활용 등이 쉽다.
- 문서의 체계화로 사무의 생산성을 기할 수 있다.
- 같은 문서를 여러 개 만들 수 있다.

ⓒ 엑셀(Excel : 스프레드시트)
ⓐ 개념 : 행과 열이 만나 생기는 사각형 모양의 셀을 통해서 입력, 수치계산, 자료검색 등을 처리하고 분석하여 활용할 수 있는 프로그램이다.

ⓑ 용도
- 성적처리 및 회계장부 작성에 이용된다.
- 데이터베이스를 이용한 통계분석이 용이하다.
- 매크로를 이용한 효율적 업무처리가 가능하다.
- 차트와 그래프를 이용한 재무 분석에 활용된다.
- 가계부와 같은 개인자료 관리 분야에 이용된다.

ⓒ 기능
- 자동계산, 수치계산 기능
- 문서작성, 표작성 기능
- 정렬, 차트작성, 그래프 표현 기능
- 데이터베이스 기능

ⓔ 프레젠테이션 소프트웨어
ⓐ 발표 자료를 작성하고 발표하는 데 이용되는 소프트웨어이다.
ⓑ 도표나 그래프를 이용한 다양한 방식의 발표를 진행할 수 있다.
ⓒ 여러 장의 슬라이드를 각각 작성하여 전체를 이루는 형식을 취한다.
ⓓ 종류로는 파워포인트, 프리랜스, 클라리스임팩트 등이 있다.

ⓜ 기타 응용 소프트웨어
ⓐ 자료관리 프로그램
- 자료검색과 수정이 쉽고 처리속도가 빨라 많은 자료를 효율적으로 관리할 수 있도록 도움을 주는 프로그램이다.
- 데이터베이스관리 프로그램이라고도 하며 오라클, DB2, 사이베이스, MS 액세스, MS-SQL 등이 있다.

ⓑ 통계프로그램
- SPSS(Statistical Package for the Social Sciences)
- SPSS는 데이터입력, 데이터관리, 데이터집계 및 통계분석(Statistical Analysis)을 목적으로 일반 사용자가 쉽게 이용할 수 있도록 개발된 종합 소프트웨어 패키지이다.
- 오늘날에는 사회과학과 자연과학 등 거의 모든 학문분야에 있어서의 통계 분석뿐만 아니라 일반회사나 은행, 증권회사 등의 금융기관에 자료의 정리 및 보고서 작성 등의 기능을 수행하고 있다.

기출 2020. 11. 8. 비서 1급

프레젠테이션을 위한 올바른 슬라이드 작성 방법으로 가장 적절하지 않은 것은?

① 프레젠테이션 슬라이드는 기본적으로 시각 자료이며 텍스트와 그림을 전달내용에 맞추어 적절하게 구성하는 활동이 중요하다.

② 프레젠테이션 슬라이드는 서론, 본론, 결론의 단계성보다는 도형과 그림 중심으로 시각화하는 것이 중요하다.

③ 시각 자료의 양은 발표 분량이나 시간을 고려하여 결정되어야 하며 효과적으로 배치하여야 한다.

④ 프레젠테이션을 구성하는 주제, 내용, 시각자료 등은 논리적 연관관계가 치밀해야 한다.

해설 ② 프레젠테이션 슬라이드는 서론, 본론, 결론의 단계성을 중심으로 하되, 도형과 그림의 효과적인 시각화를 통해 내용을 잘 전달할 수 있도록 구성하는 것이 좋다.

❮정답 ②

– 빈도분석, 기술통계량, 교차분석에서부터 다변량 분석인 판별분석, 군집분석, 요인분석 및 다차원척도법, 로짓분석 등과 같은 복잡한 프로그램 등도 비교적 쉽게 결과들을 얻을 수 있다.

– 현재 SPSS는 대형컴퓨터에서 사용하는 SPSS/X와 Microsoft Windows에서 사용 가능한 Windows용 SPSS 등이 발표되어 있다.

• SAS(Statistical Analysis System)

– 원자료를 직접 이용할 수 있으며 여러 가지 형태로 변환 또는 처리가 용이하다.

– 자료의 정렬, 결합, 분류, 수정, 검색, 입력 등이 편리하다.

– 보고서 작성을 위한 그래프(차트, 지도, 3차원그래프)와 통계표 작성이 용이하다.

• SAS, SPSS 외 기타 통계프로그램으로는 BMDP, CATS 등이 있다.

ⓒ 그래픽 프로그램

• 그림이나 설계도면을 편리하게 그릴 수 있도록 해 준다.

• 윈도우의 그림판, 페인트샵, 포토샵, 일러스트 등이 있다.

ⓓ 가사용 응용 소프트웨어

• 가정에서 이루어지는 일상생활에 도움을 주기 위한 프로그램이다.

• 건강관리 프로그램, 영양관리 프로그램, 집안꾸미기 프로그램, 정원관리 프로그램, 가계부관리 프로그램 등이 있다.

ⓔ 오락용 응용 소프트웨어

• 개인의 취미생활을 즐기고 여가를 즐겁게 활용할 수 있도록 도와주는 프로그램이다.

• 음악연주 및 작곡 프로그램, 노래 부르기 프로그램, 바둑 프로그램, 여러 가지 게임 프로그램 등이 있다.

ⓕ 특수 업무용 응용 소프트웨어

• 개인이나 단체의 특수목적을 달성하기 위한 프로그램으로써, 병원, 역, 항공사, 은행, 출판사, 설계사무실 등에서 사용된다.

• 환자관리 프로그램, 기차표 예매관리 프로그램, 예금관리 프로그램, 전자출판 프로그램, 설계 프로그램 등이 있다.

ⓖ 교육용 응용 소프트웨어

• 학생들의 학습을 도와주기 위한 프로그램이다.

• 학생 혼자서 자신의 능력에 따라 학습할 수 있도록 도와주는 컴퓨터 등이 있다.

POINT CAI(Computer Aided Instruction) … 컴퓨터 보조수업 프로그램을 말한다.

⑧ 하드웨어

 ㉠ CPU(중앙처리장치)

  ⓐ CPU는 제어장치와 연산장치, 레지스터 등으로 구성되어 있다.

  ⓑ 각종 정보들에 대한 연산과 명령을 내리는 핵심적인 부분이다.

 ㉡ 기억장치

  ⓐ 주기억장치

   • RAM과 ROM으로 구별된다.

   • RAM은 SRAM과 DRAM으로 구별된다.

   • RAM은 데이터와 명령어를 보관하고 읽고 쓰는 것이 가능한 메모리이다.

   • RAM은 휘발성 반도체로 전원이 꺼지면 저장된 데이터도 함께 지워진다.

   • ROM은 RAM과 달리 비휘발성으로 전원이 끊어져도 데이터가 지워지지 않는다.

  ⓑ 보조기억장치

   • 주기억장치는 고속이지만 저장용량이 적고 가격이 비싸다.

   • 보조기억장치는 주로 자료를 저장하기 위한 목적으로 사용된다.

   • 보조기억장치의 종류로는 자기디스크, 자기코어, 자기드럼, 광디스크 등이 있다.

 ㉢ 입력장치

  ⓐ 입력장치의 종류로는 키보드, 마우스, 스캐너, 터치스크린 등이 있다.

  ⓑ 터치스크린은 은행의 ATM기기에서 많이 사용된다.

 ㉣ 출력장치

  ⓐ LCD 모니터 : 전자파가 많이 발생하지 않고 전기도 적게 소모된다.

  ⓑ 프린터

   • 도트 프린터 : 가격이 저렴하고 유지비가 적게 들며 잉크리본을 두드리는 충격식 인쇄방식이다.

   • 잉크젯 프린터 : 가는 노즐을 이용하는 비충격식 인쇄방식이다.

   • 레이저 프린터 : 가격이 고가이지만 속도가 빠른 비충격식 인쇄방식이다.

 ㉤ 주변장치

  ⓐ 주변장치의 종류로는 그래픽카드, 사운드카드, 모뎀 등이 있다.

  ⓑ 그래픽카드 : 영상신호를 모니터로 전송하여 영상을 표시해주는 기기이다.

  ⓒ 사운드카드 : 소리의 입·출력을 담당하는 기기이다.

  ⓓ 모뎀

   • 모뎀은 변조기와 복조기의 합성용어이다.

   • 디지털 신호를 아날로그 신호로 변조하는 역할을 하는 장치이다.

  POINT DSU(Digital Service Unit) … 디지털 신호를 변조하지 않고 디지털 전송로를 이용하여 고속의 데이터 전송에 사용되는 장치이다.

(2) 인터넷

① 정의

　㉠ 인터넷은 여러 통신망들이 합쳐져 만들어진 망들의 합(Network)이라고 할 수 있다.

　㉡ 인터넷이라는 거대한 통신망을 통해 멀리 떨어져 있는 컴퓨터에 접속(Telnet)하여 자기의 컴퓨터처럼 사용할 수 있고, 인터넷상에 있는 중요한 여러 가지 공개된 파일들을 전송(FTP)받고 정보를 검색(Search)할 수 있으며, 다른 나라에 있는 사람과 대화(IRC)도 할 수 있다.

　㉢ 곳곳에 있는 사람들과도 서로의 의견을 나눌 수 있으며(Usenet) 통신을 통해 전자우편(E-mail)을 주고받을 수 있다.

　㉣ 인터넷은 각각의 다른 위치에 떨어져 있는 여러 가지 다른 컴퓨터와 연결을 하기 위해서 특별한 규약(Protocol ; TCP/IP)을 사용하기 때문에 인터넷상에 연결하려는 곳이 다른 기종의 컴퓨터를 사용하더라도 서로 통신이 가능하게 된다.

② 우리나라 인터넷의 역사

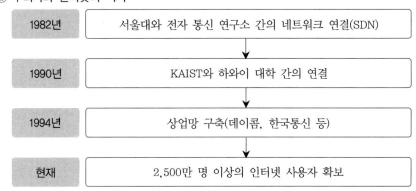

1982년	서울대와 전자 통신 연구소 간의 네트워크 연결(SDN)
1990년	KAIST와 하와이 대학 간의 연결
1994년	상업망 구축(데이콤, 한국통신 등)
현재	2,500만 명 이상의 인터넷 사용자 확보

③ 프로토콜(Protocol) … 네트워크상에서 어떠한 형식으로 데이터를 주고받을 것인가에 대해서 약속한 규약이다.

④ TCP/IP

　㉠ TCP/IP의 개념

　　ⓐ 인터넷 동작의 중심이 되는 프로토콜로 인터넷 프로토콜 중에서 TCP와 IP 프로토콜의 합성어로, 오늘날 가장 널리 사용되고 있다.

　　ⓑ TCP는 데이터의 흐름을 관리하고 데이터가 정확한지 확인하는 역할을 하며, IP는 데이터를 네트워크를 통해 한 장소에서 다른 장소로 옮기는 역할을 한다.

POINT 3가지 구성요소

     ㉠ 프로세스(Process) : 가장 기본적인 entity로 호스트에서 수행한다.

     ㉡ 호스트(Host) : OSI 모델의 station에 해당하며, 다중 프로세스를 지원한다.

     ㉢ 네트워크 : 호스트 간의 통신을 위해 필요하다. 호스트 간의 통신은 네트워크를 거쳐 이루어진다.

  ⓛ 인터넷 프로토콜의 4계층

    ⓐ **링크계층** : 데이터링크계층, 네트워크 인터페이스계층 등을 포함한 계층이다.

    ⓑ **네트워크계층** : 네트워크에서 패킷을 이동시키기 위해서 호스트 간의 데이터 이동경로를 구하는 계층(IP, ICMP, IGMP)이다.

    ⓒ **전달계층** : 호스트 간의 데이터 흐름을 가능하게 하는 계층(TCP, UDP)이다.

    ⓓ **응용계층** : 사용자에게 각종 서비스를 제공하기 위한 계층으로 E-mail 전송을 위한 SMTP, 파일전송과 관련된 FTP, 원격컴퓨터 접속을 위한 TELNET, 웹 서비스를 위한 HTTP 등이 있다.

  ⓒ TCP/IP의 동작

    ⓐ 서브네트워크, 다중네트워크에서 전체를 구성하는 한 요소로 존재하는 네트워크이다.

    ⓑ 토큰링과 같은 네트워크접속 프로토콜을 이용하여 서브네트워크에 연결한다.

    ⓒ 이 프로토콜은 한 호스트에서 같은 서브네트워크에 있는 다른 호스트로 데이터를 보내거나 다른 서브네트워크에 있는 호스트의 경우 라우터로 데이터 전달을 가능하게 한다.

⑤ 인터네트워킹(Internetworking)

  ㉠ **개념** : 개개의 LAN을 연결하여 WAN, 또는 WAN에서 더 큰 WAN으로 연결시키는 이론이나 기술을 뜻한다. 인터네트워킹은 매우 복잡한데, 그것은 대체적으로 다른 프로토콜을 사용하여 네트워크를 연결시키기 때문이다.

  ㉡ 인터네트워킹의 필요성

    ⓐ 다른 컴퓨터들에 있는 자원에 접근할 필요가 있기 때문이다.

    ⓑ 단일네트워크로 모두를 결합하는 것은 불가능하므로, 다른 네트워크들을 상호 연결할 필요성이 존재한다.

    ⓒ 사용자에게 상호 연결된 네트워크의 집합은 하나의 커다란 네트워크로 보인다.

  ㉢ 인터네트워킹의 원리

    ⓐ 인터네트워킹의 요구사항

     • 적어도 물리적이고 링크를 제어하는 연결이 필요하기 때문에 네트워크 간의 링크를 제공한다.

     • 서로 다른 네트워크상의 프로세스 간에 정보의 경로배정과 전달에 대한 것을 제공한다.

- 여러 종류의 네트워크들과 게이트웨이의 사용에 대한 트랙을 보존하며, 상태정보를 유지하고 요금 서비스를 제공한다.
- 임의로 구성된 네트워크들의 네트워크를 이루는 구조에 수정이 필요하지 않은 방법을 통하여 위에 설명되어 있는 서비스를 제공하며, 이것은 인터네트워킹 설비가 네트워크들 사이에서 다소의 차이점을 조정해야 한다는 것을 의미한다.

ⓑ **구조적 접근방법**

- 연결모드 동작(가상회선 방식)
- 여러 IS들을 경유하여 DTE A와 DTE B 사이에 논리적인 네트워크 연결 성립
- 라우터가 인터네트워킹을 제공(경로선택)
- 연결·접속이 없는 서브네트워크의 허용 필요
- 비연결모드 동작(데이타그램 방식)
- 브리지 접근

ⓔ **연동장비**

ⓐ **리피터(Repeater)**: 전송매체상에 흐르는 신호를 증폭하여 중계하는 장치로 전기적·광학적 신호를 대상으로 하므로 서로 다른 구조의 네트워크에 사용할 수 없다. OSI 1계층(물리계층)에서 동작한다.

ⓑ **브리지(Bridge)**: 서로 비슷한 MAC 프로토콜을 사용하는 LAN 사이를 연결한다. 혼잡한 네트워크 수송량을 분리하기 위해 사용되며, OSI 2계층(데이터링크계층)에서 사용한다.

ⓒ **라우터(Router)**: 프로토콜의 전환이 없거나 프로토콜이 다른 세 개 이상의 네트워크를 연결하여 데이터 전달통로를 제공해주는 Host LAN을 WAN에 접속시킬 때 유용한 장비이다. OSI 3계층(네트워크계층)에서 동작한다.

ⓓ **게이트웨이(Gateway)**: 두 개의 완전히 다른 프로토콜 구조를 가지는 7계층 사이를 결합하는 데 사용한다. 즉, 서로 다른 LAN 사이, 동일 LAN상의 서로 다른 프로토콜을 가지는 기기들 사이, LAN과 다른 구조를 갖는 장거리 통신망 사이를 연결하는 장비이다.

⑥ **인터넷의 주소체계**

㉠ IP Address: 인터넷에 연결된 컴퓨터를 숫자로 표현한 주소이며, 도메인 주소와 달리 숫자를 사용하여 실질적으로 컴퓨터가 인식하게 되는 주소이다. 이는 반드시 한 컴퓨터에 하나의 주소만 가져야 한다.

ⓐ **관리 및 할당 기관**: NIC

ⓑ **지역별 NIC**

- InterNIC: 미국
- APNIC: 아시아, 태평양
- RIPE: 유럽

- KRNIC : 한국
- JPNIC : 일본

POINT ㉠ 인터넷은 IP(Internet Protocol) 주소체계를 따른다.
㉡ IP address의 범위 및 등록 가능한 호스트 수를 나타낸다.
㉢ 도메인 네임(Domain Name) : 영문으로 표현된 인터넷 IP 주소로, 계층적 구조이다.

ⓒ 국가코드 : 미국을 제외한 모든 국가들은 최상위 도메인에 국가코드를 사용한다.

국가코드	국가	국가코드	국가
kr	대한민국	at	오스트리아
jp	일본	uk	영국
br	브라질	hk	홍콩
ca	캐나다		

ⓓ 기관의 성격 : 기관의 성격에 따른 분류를 위해 사용한다. 미국에서는 국가코드 없이 세 개의 문자를, 국가코드를 사용하는 국가에서는 두 개의 문자를 사용하는 것이 일반적이다. 우리나라도 요즘은 도메인 네임을 만들 때 .co.kr 대신 .com을 많이 사용한다.

성격	일반이름	국가코드가 없을 때
회사	co(company)	com
교육	ac(academy)	edu(education)
정부	go(government)	gov(government)
연구	re(research)	
법인	or(organization)	org(organization)
군사		mil(military)
네트워크	nm, ne(network)	net(network)

㉡ DNS(Domain Name System) : 인터넷에 연결된 특정컴퓨터의 도메인 네임을 IP Address로 바꾸어 주거나 또는 그 반대의 작업을 처리해주는 시스템이다.

㉢ 인터넷 관련 조직
ⓐ 국외
- ISOC(Internet Society) : 인터넷 운영의 통일성과 표준유지를 위해 1983년 조직하였으며, 인터넷의 최종적인 일을 담당한다.
- NIC(Network Information Center) : IP 주소의 할당, 네트워크와 도메인 이름의 등록, 국가별로 분산하는 일을 한다.

기출 2017. 11. 12. 비서 2급

다음 중 도메인 네임에 대한 설명이 잘못된 것을 모두 고르시오.

┌ 보기 ┐
가. com : 상업 회사, 기관
나. org : 비영리기관
다. net : 연구기관
라. mil : 군사기관
마. or : 정부기관

① 나, 다, 라   ② 다, 마
③ 다, 라, 마   ④ 나, 라, 마

해설 다. net : 네트워크 관련기관(국제 도메인)
마. or : 비영리 법인(국내 도메인)

＜정답 ②

- IAB(Internet Architecture Board) : 인터넷의 구조발전에 관련된 기술적이고 정책적인 문제를 다루는 위원회로, RFC 문서의 출판과정을 관리(IETF가 실제적인 관리)하고 IETF의 활동을 검토한다.
- IETF(Internet Engineering Task Force) : 누구나 가입이 가능하다. 10개의 분야로 나누어지며 이 분야 안에 다양한 워킹그룹(필요에 의한 조직)들이 있다.
- IRTF(Internet Research Task Force) : 컴퓨터 통신망에 대한 연구 또는 기술개발 등을 위한 조직으로 주로 이론적인 관점의 연구조직이다.

ⓑ 국내
- KNC(Korea Networking Council) : 한국전산망협의회로 전산망 간의 상호 연동 및 조정을 한다.
- ANC(Academic Network Council) : 학술전산망 협의회이다.
- KRNIC(Korea Network Center) : 한국망정보센터로 국내 IP 주소 할당, 도메인 등록망 정비 관리 등을 한다.
- CERT-Korea(Computer Emergency Response Team) : 전산관련 보안위원회

▶POINT 국내 3대 비영리망 … 교육전산망(KREN), 정부공공기관인터넷(KOSINet), 연구망(KREONET)

⑦ 인터넷 서비스
ⓐ URL(Uniform Resource Locator) : WWW 정보의 주소지정방식으로 WWW의 기본이 된다. 이 통신규약을 이용하여 WWW는 하이퍼텍스트 문서뿐만 아니라 FTP, Gopher, Usenet 등 인터넷에 존재하는 어떠한 형태의 정보라도 가져올 수 있다.

▶POINT URL 형식 … 프로토콜 : //도메인 네임[: 포트번호] / 경로명 / 파일명

ⓑ Proxy Server
ⓐ 보안기능 : 방화벽 내의 클라이언트와 외부와의 연결기능을 한다.
ⓑ 데이터 캐시기능 : 브라우저에서 Proxy Server를 지정하면 접속하려는 서버에서 직접 데이터를 가져오지 않고 프록시 서버에 저장된 데이터를 가져오기 때문에 속도가 빠르고 네트워크 부하를 줄인다.
ⓒ WWW(World Wide Web) : 분산 멀티미디어 하이퍼 시스템으로, 인터넷에 존재하는 각종 형태의 문서 및 데이터를 통합적으로 연결하여 사용한다.
ⓓ 원격접속(Telnet)
ⓐ 특징 : 특정지역 사용자와 타 지역의 컴퓨터를 온라인으로 연결하는 서비스로 사용자, ID(계정)가 있어야 하나 guest 자격으로 login이 가능하다.

ⓑ 텔넷(Telnet)으로 이용 가능한 인터넷 자원 : Database, Gopher, Archie, Wais, WWW, bbs, IRC, MUD 등이 있다.

ⓜ FTP(File Transfer Protocol)

　ⓐ Anonymous FTP : 익명 FTP 또는 공개 FTP 사이트로, 누구나 접속이 가능하다.

　ⓑ Mirror site : 유명한 Anonymous FTP 사이트의 디렉터리 및 파일을 복사한 목록을 가진 FTP 사이트로, 보통 이용자의 분산이 주목적이다.

　ⓒ Anonymous FTP 접속

　　• login : anonymous 또는 ftp

　　• password : E-mail address

　　• Browser 이용접속 : login ID, password 생략

　ⓓ 아키(Archie) : 인터넷의 여러 기능 중 FTP를 이용하면 파일을 전송받을 수 있다. 그러나 파일의 이름은 알고 있지만 그 파일이 있는 위치를 모를 경우가 있다. 이때 파일의 소재를 찾아주는 프로그램이 아키이다.

ⓗ 전자우편(E-mail)

　ⓐ 기본적으로 7bits ASCII 메시지를 교환한다.

　ⓑ 전송규약 : RFC 822 규약 7bit ASCII(헤드, 본문)

　ⓒ MIME(Multipurpose Internet Mail Extensions)

　　• MIME은 인터넷 전자메일을 통하여 여러 다른 종류의 파일들을 전송가능하게 하기 위해 개발된 것이다(보통의 텍스트 데이터 이외의 확장코드, 화상, 음성 등을 인터넷 메일로 보내기 위한 방법).

　　• MIME 프로토콜은 인터넷 통신에서 여러 포맷의 문서를 전송하기 위해 사용된다.

　　• 이 프로토콜은 원래 문서내용의 포맷과 컴퓨터상에 나타나는 문서포맷간의 관계를 설정하는 것으로 복잡한 파일포맷을 관리한다.

　　• MIME을 사용하는 응용 프로그램은 전송된 문서의 내용을 처리하기 위해 필요한 소프트웨어의 유형을 설정한다.

　　• 적절한 보조 프로그램 설정을 하고 소프트웨어의 도움을 받으려면 넷스케이프는 자동적으로 여러 가지의 포맷으로 전송되는 내용과 접속할 수 있도록 필요한 업무를 수행한다.

　ⓓ E-mail 프로토콜

　　• SMTP(Simple Mail Transfer Protocol) : 전자우편 송신을 담당하는 프로토콜로, 인터넷 메일 호스트 사이에 메시지를 주고받기 위해 사용하는 하위 레벨 프로토콜로 메일 메시지를 ASCII파일로 한정한다.

　　• POP(Post Office Protocol) : 전자우편 수신담당, 즉 사용자가 쉘 계정이 있는 호스트에 직접 접속하여 메일을 읽지 않고 자신의 PC에서 바로 유도라나 넷스케이프 메일을 이용하여 자신의 메일을 다운로드 받아서 보여주는 것을 정의한 프로토콜이다.

기출PLUS

기출 2015. 5. 17. 비서 1급

전자우편에 관한 항목으로 나머지 것과 성격이 다른 하나는?

① POP3　　② BCC

③ MIME　　④ IMAP

해설 ② BCC(Blind Carbon Copy)는 숨은 참조를 말한다.
①③④ 메일을 수신하는 프로토콜의 종류이다.

❮정답 ②

POINT POP3(Post Office Protocol 3) … PC상에서 유도라 또는 넷스케이프 메일과 같은 윈도우용 메일 프로그램을 이용해서 메일을 사용 가능하도록 해주는 프로토콜이다.

ⓐ 유즈넷(Usenet) : 인터넷상의 토론그룹으로 세계 각지의 사람들이 모여 각자 관심사별로 뉴스그룹을 만들어 이야기를 나누고 자료를 공개해 나누는 가상 토론공간이다.

ⓞ 대화 : Talk, IRC(세계 사람들이 모여서 대화할 수 있는 가상공간)

    ⓐ Channel(대화방) : 각 주제별로 나누어진 대화공간

    ⓑ Topic

      • 각 채널에서 다루어지는 주제

      • Talk : 1대1 대화

ⓩ Gopher, Veronica

    ⓐ Gopher : 디렉터리와 메뉴(Tree)방식으로 정보를 쉽게 검색한다. Anonymous FTP 사이트와 연결된다.

    ⓑ 메뉴이동방식으로 정보 검색어를 별도로 외울 필요가 없다. 다만, 정보의 위치 · 종류를 자세히 알아야 한다.

    ⓒ Veronica : Gopher 전체의 각종 자료와 디렉터리를 대상으로 검색한다.

ⓩ Wais : 네트워크상의 분산된 데이터베이스를 대상으로 자료를 색인(Index)화한 정보검색 서비스이다.

    ⓐ 프로토콜 : Z39.50(도서관 자료검색 표준)

    ⓑ Client/Server 구조

    ⓒ directory-of-servers : Wais에서 각 데이터베이스, 즉 서버에 관한 정보를 소유한 데이터베이스이다.

POINT MBONE … 인터넷상에서 화상회의와 같이 여러 참가자가 있고, 이들간에 오디오나 비디오같은 멀티미디어 데이터를 전송하는 애플리케이션을 가동하기 위해 만들어진 '가상 네트워크' 혹은 '시범 네트워크'이다.

(3) HTML

① 개념

    ⊙ HTML(HyperText Markup Language) : 하이퍼텍스트 문서의 형태를 만들기 위해 태그(TAG) 등을 이용하여 명령을 주는 언어이다. HTML은 하이퍼텍스트 문서의 내부적인 형식을 규정하는 역할을 한다.

    ⓛ 하이퍼텍스트(HyperText) : 특정 데이터 항목이 다른 문서와 링크관계를 가지고 있는 문서를 말한다.

    ⓒ 태그(TAG) : HTML 문서를 작성하기 위해서 쓰는 일종의 약속(명령어)이다.

② HTML의 기본구성

> 〈HTML〉
>> 〈HEAD〉〈TITLE〉 문서 제목 〈/TITLE〉〈/HEAD〉
>> 〈BODY〉실제로 표시되는 문서의 내용〈/BODY〉
> 〈/HTML〉

㉠ 〈HTML〉: HTML 언어로 작성되었다는 것을 나타내 준다.

㉡ 〈HEAD〉: HEADING의 준말로 웹 브라우저의 머리말 부분을 의미하는 태그이다. 문서의 제목이나 특징, 제작자의 정보 등 문서에 관한 정보를 나타내는 곳이다.

㉢ 〈TITLE〉: 웹 브라우저의 제목 표시줄에 기록할 내용을 기술하는 태그이다. 제목 표시줄은 웹 브라우저 전체로 보면 머리말에 해당되는 부분이므로 이 태그는 〈HEAD〉 태그 안에 기술되어야 한다. 주로 홈페이지를 알리는 말이나 환영인사 등이 들어가고, 즐겨찾기에 추가할 때 제목으로 나타나며, 웹 검색엔진이 자동으로 웹을 검색할 때 TITLE 부분을 검색하며 없으면 UNTITLE로 출력한다.

㉣ 〈BODY〉: 이 태그 안에 서술한 내용이 브라우저에 표시되는 문서가 된다.

> **POINT** 프레임 … 홈페이지로 사용하는 화면을 원하는 크기로 영역을 분할하여 화면을 좀더 효율적으로 사용하게 한다.

③ HTML 태그의 종류

㉠ 문자모양 지정

ⓐ 〈Hn〉…〈/Hn〉: 주로 글자크기를 조절할 때 사용하는 태그로, n은 1에서 6 사이의 수치가 사용된다. 1은 가장 큰 글자, 6은 가장 작은 글자를 나타낸다.

ⓑ 〈FONT〉…〈/FONT〉: 일반적으로 사용하는 글자를 나타내는 태그로 SIZE는 1부터 7까지 사용하는데, 기본값은 3이고 그 중 7이 가장 큰 글자를 나타낸다.

ⓒ 〈HR〉…〈/HR〉: Horizontal의 약자로 수평선을 그릴 때 사용한다. 위치와 길이, 굵기의 조정이 가능하다.

> **POINT** 글자모양변경 태그
>> ㉠ 〈B〉(Bold): 굵은 문자모양으로 변경
>> ㉡ 〈I〉(Italic): 이탤릭 문자모양으로 변경
>> ㉢ 〈U〉(Under Line): 밑줄이 있는 문자모양으로 변경
>> ㉣ 〈S〉(Strike): 가운데 취소 줄이 있는 문자모양으로 변경

㉡ 줄 바꿈과 문단 구분

ⓐ 〈BR〉: Breaking의 약자로 줄을 바꾸는 역할을 하는 태그이다. 문장 끝에 〈BR〉를 쓰면 Enter를 친 것과 같다.

　　　ⓑ 〈P〉: Paragraph의 약자로 문단을 나누는 역할을 하는 태그이다. 이 태그는 〈BR〉을 두 번 연속해 친 것과 같은 효과가 나타나며, 여러 번 기술해도 한 번밖에 인식하지 못한다.

　　　ⓒ 〈PRE〉…〈/PRE〉: Preformatted text의 약자로 태그 안의 문장을 그대로 인식하여 표현해주는 태그이다. 공백을 포함한 문장을 직접 나타내고자 할 때 많이 사용한다.

　　　ⓓ 〈NOBR〉…〈/NOBR〉: 창크기에 의한 워드랩(자동 줄 바꿈)이 되지 않고 한 줄에 나타나도록 하는 태그이다.

　　ⓒ 이미지 삽입

　　　ⓐ 〈IMG SRC="이미지 파일명" Option〉

　　　ⓑ 이미지를 표시하기 위한 기본 태그이다. SRC는 Source의 의미로 입력한 파일명에 해당하는 이미지를 표시한다. 홈페이지가 표시할 수 있는 이미지는 GIF형식이나 JPEG형식이다.

(4) JAVA

① 자바의 유래

　　㉠ 자바는 WWW이 개발되기 시작하였던 1991년 선 마이크로시스템즈(Sun Micro-systems)의 제임스 고슬링(James Gosling)에 의해 단순하고 버그가 없는 가전 전자제품 프로그램을 만드는 것을 목적으로 개발되기 시작하였으며, 1993년 고슬링은 핫자바를 개발하였다.

　　㉡ 자바 애플릿은 인터넷의 클라이언트에서 실행되는 프로그램을 작성하는 데 사용될 뿐만 아니라 자바 스크립트의 모체가 되었다. 서버 프로그래밍에 서블릿과 JSP 등이 널리 사용되고 있어서 자바언어의 중요성은 더욱 증대되고 있다.

POINT 핫자바(Hot Java) … 자바 애플릿(Java Applet)을 구현한 최초의 웹 브라우저

② 자바의 종류

　　㉠ **자바 애플릿(Java Applet)**: 월드 와이드 웹에서 브라우저를 통해 실행할 수 있는 프로그램이다.

　　㉡ **자바 애플리케이션(Java Application)**: 브라우저 없이 독립적으로 실행될 수 있는 프로그램이다.

　　㉢ 자바언어는 우리가 보통 사용하고 있는 C나 C++ 언어처럼 에디터를 통해 소스를 편집하고 자바 컴파일러를 통해 실행파일을 만들게 된다.

　　㉣ 자바로 만든 실행파일은 프로그램을 실행시키는 하드웨어와 운영체제에 관계없이 실행될 수 있기 위해 '바이트 코드(Byte Code)'라는 포맷을 사용하고 있다.

③ 자바의 특징

　㉠ 단순성

　　ⓐ C++에서 잘 사용되지 않거나 모호하고 좋지 않은 기능들은 제외시키고 단순화시켜 작고 간단하게 프로그래밍하고 쉽게 디버깅할 수 있다.

　　ⓑ 구문이 단순하다.

　㉡ 객체지향 언어 : C++에서처럼 전역변수와 독립함수가 존재하지 않고 오직 객체만 존재하고 있다.

　㉢ 독립성

　　ⓐ 구조가 독립적이고 이식성이 높아 다양한 하드웨어와 운영체제 환경에서 실행될 수 있다.

　　ⓑ 자바로 작성된 프로그램은 윈도우, 매킨토시, 유닉스 등 자바코드를 실행할 수 있는 자바가상머신(JVM)만 있으면 자바코드를 변경할 필요 없이 실행할 수 있다.

　㉣ 안정성

　　ⓐ 컴파일 시에 엄격한 데이터 형을 검사함으로써 프로그램 실행 시 발생할 수 있는 비정상적인 상황 등을 미리 막을 수 있다.

　　ⓑ 시스템의 힙(Heap)이나 스택(Stack) 등의 메모리에 접근할 수 없기 때문에 바이러스로부터 안전하게 보호될 수 있다.

　　ⓒ 공용키 암호화 방법으로 사용자를 식별하기 때문에 해커들로부터 암호와 같은 중요한 정보들을 보호할 수 있다.

　㉤ 활용성 : 웹에서의 구현이 용이하다.

(5) 기타 인터넷 언어

① CGI

　㉠ WWW 서비스 서버와 프로그램 간의 인터페이스로 사용자가 브라우저를 통해 서버로 보낸 데이터를 서버에서 작동 중인 데이터 처리 프로그램에 전달하고, 프로그램에서 처리된 데이터를 다시 서버로 되돌려 보낸다.

　㉡ 방명록이나 게시판 등을 작성할 때 이용한다.

　㉢ Perl 언어가 일반적으로 쓰이며 실행파일을 생성할 수 있는 어떤 언어라도 사용 가능하다.

② ASP

　㉠ WWW 애플리케이션을 실현하는 기술이다.

　㉡ 웹 서버상에서 스크립트 언어 등을 실행시켜 그 결과를 하이퍼텍스트 생성 언어로 생성한다.

기출PLUS

기출 2018. 5. 13. 비서 1급

다음 중 인터넷 검색 및 관련 용어에 대한 설명이 가장 잘못된 것은?

① 키워드 검색 방식은 찾고자 하는 데이터와 관련된 핵심적인 단어를 키워드로 입력해 데이터를 찾는 방식이다.
② 통합형 검색 방식은 인터넷에 있는 웹 문서들을 주제별 또는 계층별로 정리하여 데이터를 찾는 방식이다.
③ 컴퓨터의 쿠키 파일에는 사용자가 웹사이트에 접속했던 기록들이 담겨 있다.
④ 로그파일은 컴퓨터 시스템의 모든 사용 내역을 기록하고 있는 파일이다.

해설 ② 주제별 검색 상식에 대한 설명이다.

(6) 인터넷 접속

① 전용선 접속
- ㉠ LAN으로 연결되어 학교나 회사 등에서 인터넷을 접속하는 방법이다.
- ㉡ 속도가 빠르나 유지비용이 많이 든다.

② Dial-up 접속 … 전화선을 통한 인터넷 접속으로 모뎀이 필요하다.
- ㉠ SLIP/PPP 접속
- ㉡ UNIX Shell 접속 : 호스트의 UNIX Shell을 제한적인 범위 내에서 직접 이용

③ ISDN(Integrated Services Digital Network)
- ㉠ 데이터, 음성, 비디오 등의 정보를 디지털 회선에 통합하여 제공하는 서비스이다.
- ㉡ 모뎀을 이용하는 것보다 속도가 빠르다.
- ㉢ 인터넷을 하면서도 전화나 팩스 등을 사용할 수 있다.

④ ADSL(Asymmetric Digital Subscriber Line) … 전화 회선을 통해 높은 주파수 대역으로 디지털 정보를 전송하는 방식이다.

⑤ 케이블망 … 케이블 모뎀을 이용하여 케이블 TV망을 통해서 빠른 속도로 데이터 전송을 한다.

(7) 인터넷 검색

① 검색엔진의 개념
- ㉠ 인터넷의 자료를 쉽게 찾을 수 있도록 도와주는 소프트웨어나 웹사이트를 말한다.
- ㉡ 인터넷상에 무수히 존재하는 정보의 수집, 저장을 통해 사용자가 원하는 정보를 찾을 수 있도록 해주는 데이터베이스 관리 시스템이다.
- ㉢ 정보에 대한 연결정보만을 보유하여 제공한다는 점에서 고전적 검색과 다르다.

② 검색엔진의 형태
- ㉠ 로봇에이전트형 검색엔진
  - ⓐ 검색엔진이 로봇, 스파이더, 크롤러 등으로 불리는 정보수집 프로그램인 로봇에이전트를 이용하여 인터넷상의 웹페이지 정보를 미리 수집하여 정해진 어휘체계에 따라 분류, 저장해 놓은 검색엔진이다.
  - ⓑ 능동적이고 자동적인 정보수집으로 인하여 데이터베이스가 크고 자료의 양도 방대하다. 장점으로는 몇 개의 키워드만으로도 원하는 정보를 찾을 수 있다는 것이다.

정답 ②

ⓛ 디렉터리형 검색엔진
  ⓐ 인위적으로 웹페이지의 정보들을 분류하여 정보를 제공하는 검색엔진을 말한다.
  ⓑ 로봇 에이전트형 검색엔진에 비하여 정보의 양은 적으나 정보 자체는 인간의 판단에 의하여 분류하므로 고급 정보를 제공할 수 있다.
  ⓒ 결과를 얻기 위해 다양한 분류 과정을 거쳐야 한다는 것이 단점이다.

ⓒ 메타 검색엔진
  ⓐ 다른 검색엔진의 데이터베이스를 이용하여 정보검색을 하는 검색엔진이다.
  ⓑ 기술적으로 내부에 다른 검색엔진을 활용하는데 주어진 검색식을 다른 검색엔진에서 찾아본 뒤 그 결과를 받아 가공하는 엔진이다.
  ⓒ 다양한 정보를 검색할 수 있는 반면 시간이 길다는 것이 단점이다.

ⓔ 최근 검색엔진의 추세
  ⓐ 최근 검색엔진들은 세 가지 형식 즉 로봇에이전트. 디렉토리, 메타를 모두 조합하여 결과를 알려주는 방식으로 가고 있는 추세이다.
  ⓑ 최근에는 기존 검색엔진과 다르게 다양한 정보를 검색할 수는 없지만 전문성이 월등한 전문정보 검색엔진도 등장하였다.

③ 검색엔진별 내용 및 특징
  ㄱ 구글(http://www.google.co.kr/)

  ⓐ 1998년 래리 페이지(Larry Page)와 세르게이 브린(Sergey Brin)이 공동으로 창업하였다.
  ⓑ 구글은 한국 시장에는 2000년 9월 12일부터 한글 서비스를 제공하기 시작했으며 이후 2003년 구글 툴바를 한글화하여 출시한 이후, 구글어스, 구글 데스크탑 등을 연이어 한글화하였다.
  ⓒ 전문지식을 찾을 때에는 유리하나 상대적으로 인터넷 포털 기능 서비스는 부족하다.

기출PLUS

기출 2018. 5. 13. 비서 1급

다음 중 메타 검색엔진의 장점으로 가장 적절하지 않은 것은?

① 각 검색 엔진마다 다른 사용자의 입력형태를 하나로 통일함으로써 초보자가 쉽게 이용할 수 있다.
② 여러 검색 엔진을 동시에 구동시킴으로써 각 검색 엔진을 하나씩 구동시키는 것에 비해 효율적인 검색이 될 수 있다.
③ 구체적 검색어를 잡아내기 어려운 검색이나, 해당 분야에 대한 지식이 없을 경우 가장 사용하기 용이한 검색엔진이다.
④ 하나의 검색 엔진 이용 시에 놓칠 수 있는 정보를 여러 검색엔진을 통하므로 좀 더 광범위한 검색이 가능하다.

해설 메타 검색엔진은 자체적으로 데이터베이스를 보유하는 것이 아니라 다른 검색엔진들을 통해 검색한 정보를 보여주는 검색엔진이다. ①②④의 장점이 있지만, 해당 분야에 대한 지식이 없거나 구체적인 검색어가 없을 경우 사용하기 부적절하다.

◀ 정답 ③

ⓛ 네이버(http://www.naver.com)

ⓐ 삼성SDS 사내벤처 "네이버 포트"에서 개발한 인터넷 전문 검색엔진으로서 1998년 6월 국내 최초 멀티미디어 검색 서비스로 시작하였다.

ⓑ 자연어 검색 기능을 제공하는 키워드형 검색 엔진이다.

ⓒ 지식iN 서비스의 경우 디비딕에서 먼저 서비스하였지만 네이버가 성공을 시켰다.

(8) 인터넷 윤리

① 정보통신 윤리강령

㉠ 우리는 정보통신 기술의 발달로 시간과 공간을 넘어서 세계가 하나 된 시대에 살고 있다. 정보통신 기술은 우리의 생활을 편리하게 하고 창조적 지식정보의 창출을 도와 새로운 가능성과 밝은 미래를 열어주고 있다.

㉡ 우리는 그동안 다함께 뜻을 모으고 힘을 기울여 정보통신 강국으로 우뚝 서게 되었다. 하지만 그 위상에 걸맞지 않게 우리 사회에는 불건전 정보유통, 사이버 명예훼손, 개인정보 침해, 인터넷 중독 등 정보 역기능 현상이 나타나고 있다. 최고의 정보통신 인프라와 함께 건전한 정보이용 문화가 확립될 때에 비로소 세계를 선도하는 진정한 정보통신 강국이 될 것이다.

㉢ 우리 모두는 지식정보사회의 주인으로서 인류의 행복과 높은 이상이 실현되는 사회를 만들어 나가야 할 사명이 있다.

㉣ 우리는 정보를 제공하고 이용할 때에 서로의 인권을 존중하고 법과 질서를 준수함으로써 타인에 대한 배려가 넘치는 따뜻한 디지털 공동체를 만들어 나가야 한다. 또한 개인의 사생활과 지적재산권은 보호하고 유용한 정보는 함께 가꾸고 나누는 건전한 정보 이용 문화를 확산해 나가야 한다.

㉤ 우리는 궁극적으로 모두의 행복과 자유, 평등을 추구하며 인류가 정보통신기술의 혜택을 고루 누릴 수 있도록 정보통신윤리를 지켜 나가야 한다는 데 뜻을 모으고 이 뜻이 실현되도록 성실하게 노력할 것을 다짐한다.

ⓐ 우리는 타인의 자유와 권리를 존중한다.

ⓑ 우리는 바른 언어를 사용하고 예절을 지킨다.

ⓒ 우리는 건전하고 유익한 정보를 제공하고 올바르게 이용한다.

ⓓ 우리는 청소년의 성장과 발전에 도움이 되도록 노력한다.

ⓔ 우리 모두는 따뜻한 디지털 세상을 만들기 위하여 서로 협력한다.

② 네티즌 윤리강령

    ㉠ 네티즌 기본 정신

        ⓐ 사이버 공간의 주체는 인간이다.

        ⓑ 사이버 공간은 공동체의 공간이다.

        ⓒ 사이버 공간은 누구에게나 평등하며 열린 공간이다.

        ⓓ 사이버 공간은 네티즌 스스로 건전하게 가꾸어 나간다.

    ㉡ 행동강령

        ⓐ 우리는 타인의 인권과 사생활을 존중하고 보호한다.

        ⓑ 우리는 건전한 정보를 제공하고 올바르게 사용한다.

        ⓒ 우리는 불건전한 정보를 배격하며 유포하지 않는다.

        ⓓ 우리는 타인의 정보를 보호하며, 자신의 정보도 철저히 관리한다.

        ⓔ 우리는 비속어나 욕설 사용을 자제하고, 바른 언어를 사용한다.

        ⓕ 우리는 실명으로 활동하며, 자신의 ID로 행한 행동에 책임을 진다.

        ⓖ 우리는 바이러스 유포나 해킹 등 불법적인 행동을 하지 않는다.

        ⓗ 우리는 타인의 지적재산권을 보호하고 존중한다.

        ⓘ 우리는 사이버 공간에 대한 자율적 감시와 비판활동에 적극 참여한다.

        ⓙ 우리는 네티즌 윤리강령 실천을 통해 건전한 네티즌 문화를 조성한다.

3. 정보 선별 능력

(1) 정보의 뜻과 중요성

① **데이터(Data)** … 현실 세계로부터 관찰, 측정을 통하여 수집된 사실(fact)이나 값(value)으로 정리되지 않은 자료(수치 또는 문자)를 말한다.

② **정보(Information)** … 어떤 기준에 의해 정리되고 기록된 자료로서 의사결정을 위해 데이터를 처리 가공한 결과이다.

③ **정보처리** … 데이터의 수집, 처리 및 가공 등 컴퓨터가 수행하는 일련의 과정으로 데이터를 처리하여 정보를 만들어낸다(P : 정보처리, D : 데이터, I : 정보→ P(D)=I).

(2) 정보의 기능과 가치

① **기능** … 다른 재화나 용역의 생산, 유통, 판매활동이 효율적으로 이루어질 수 있도록 촉매역할을 담당한다.

② **자원으로서의 정보의 가치** … 생산된 후에도 소비에 의하여 고갈되지 않는 자원이다.

③ 정보가치의 증대 ··· 농경사회(토지) → 공업사회(공산품) → 정보사회(정보)

> **POINT** 정보의 가치
> ㉠ 적시성(필요한 시기, 장소)
> ㉡ 적합성, 정확성, 신뢰성(정보 이용자가 원하는 형태로 진실한 내용의 정보)
> ㉢ 독점성(새로운 최신의 것으로 독점적일 때 그 가치가 더욱 높다)
> ㉣ 경제성(적은 비용으로 정보의 이용 및 활용)
> ㉤ 기타
> • 사용성
> • 누적효과성(결합 가공되어 새로운 정보생성)
> • 결과지향성(좋은 정보라도 좋은 결과를 얻지 못하면 정보로서 무가치)
> ㉥ 정보는 사용자로 하여금 필요한 시기, 장소, 형태에 맞고 정확한 내용이어야 그 효과가 높음

(3) 정보의 이용

① 정보화의 단계
  ㉠ **계획단계** : 현 문제점을 분석하여 정보의 내용, 범위, 획득방법 등을 결정한다.
  ㉡ **실행단계** : 문제점 해결에 필요한 정보를 생산한다.
  ㉢ **평가단계** : 생산된 정보의 효용가치와 문제해결, 계속성과 보완성을 검토한다.

② 정보의 이용분야
  ㉠ **기업에서의 이용** : 원재료의 구입, 제품의 제조, 판매량의 예측, 자금조달계획을 수립하여 합리적인 기업경영을 한다.
    ⓐ **구매활동** : 경제적·합리적인 정보
    ⓑ **제조활동** : 생산성 향상을 위한 정보
    ⓒ **재무활동** : 소요자금 예측, 조달방법
    ⓓ **판매활동** : 제품의 판매량 증가를 위한 정보(판매활동은 구매, 제조, 재무 등에 영향을 미침)

> **POINT** 경영정보는 여러 활동정보가 상호 유기적 결합, 상호 보완적인 역할을 담당하는 종합정보시스템이어야 한다.

  ㉡ **정부에서의 이용** : 매우 다양하며 대량의 정보가 필요하다. 정부 예산편성, 사회복지, 대민봉사, 국방, 경제개발, 국제개발, 국제무역 등 각종 행정업무 수행을 위한 경제정보, 국방정보, 사회정보, 교육정보 등을 종합적으로 이용한다.
  ㉢ **가정에서의 이용** : 일상생활정보 및 경제, 사회, 문화, 과학정보 등으로 확대되고 있다. 가정은 소비자 기호에 대한 정보를 기업에 제공하고 국가정책수립에 필요한 정보를 제공하는 생산자의 역할을 수행하기도 한다.

ⓔ **기타 분야에서의 이용** : 이와 같이 기업, 정부, 가정은 정보의 이용자인 동시에 생산자(서로 다른 분야, 조직, 기관에 제공하는)이다.

    ⓐ **과학 분야** : 수학, 항공, 공학, 토목·건축학, 화학, 해양학, 의료, 반도체 등 과학정보가 또 다른 과학정보를 생산하여 정부나 가정에서 유용하게 이용할 수 있다.

    ⓑ **기술 분야** : 생산성 향상, 과학자, 연구원에 의해 생산된 과학정보를 데이터로 이용(기술정보)할 수 있다.

> **POINT** 정보의 가공처리도구 … 컴퓨터 + 전달도구(통신) = 정보의 가치 극대화

(4) 정보산업의 종류와 발달

① 정보산업의 의의

  ⓐ **개념** : 정보산업이란 정보의 생산·가공·축적·유통·판매 등 활동을 위한 산업과 그에 필요한 여러 장치를 제조하는 산업이다.

  ⓑ **정보산업의 특징**

    ⓐ 정보산업은 하드웨어, 소프트웨어, 정보통신 부문으로 나누어져 있다.

    ⓑ 지식, 정보에 관계된 산업이 중심이다.

    ⓒ **제4차 산업** : 정보를 수집·가공·처리하여 산업사회 발전에 적용·활용하여 생산성과 능률을 높여준다.

② 정보산업의 분류

  ⓐ **하드웨어(H/W) 부문**

    ⓐ 컴퓨터 및 통신기기의 제조산업, 컴퓨터 구성(입·출력, 기억, 중앙처리) 장치와 정보통신기기(모뎀, 교환대)

    ⓑ 고도의 기술이 요구되고, 높은 부가가치가 창출된다.

  ⓑ **소프트웨어(S/W) 부문**

    ⓐ 소프트웨어 개발사업, 정보의 가공처리사업 및 정보서비스업, 회계 관리, 고객관리, 재고관리, 문서작성 프로그램 개발, 전산화 자문업, 데이터베이스 구축·공급 등이 있다.

    ⓑ H / W보다 상대적으로 발전이 늦은 분야이나 앞으로 많은 발전이 있을 것이다.

  ⓒ **정보통신 부문** : 정보의 전달, 하드웨어 및 소프트웨어의 공동 활용을 도모하는 산업이다.

    ⓐ **컴퓨터의 기능** : 신속·정확한 정보획득

    ⓑ **정보통신의 기능** : 시간·공간을 초월한 정보제공

    ⓒ **정보획득의 용이** : 비용절감, 정보이용 효과의 증대

    ⓓ **기간통신 사업자** : 한국통신, 데이콤 등

    ⓔ 부가통신 사업자 : 많은 기업들이 참여[전자우편(E-mail), 전자정보교환, 메시지교환, 예약서비스, 영상회의 등 다양한 서비스 제공]

    ⓕ 데이터베이스업 : 산업체, 연구소, 학교 등에서 필요한 과학, 기술, 경제정보 제공

    ⓖ 광통신(광섬유와 레이저 기술 이용), 위성통신

③ **정보산업의 발달** … 정보산업 분야의 기술혁신(정보처리기술, 통신기술)을 통하여 정보의 고급화, 다양화, 고도화를 실현하였다.

    ㉠ 컴퓨터의 이용확대(5A) : 개인자동화(Personal Automation), 가정자동화(Home Automation), 공장자동화(Factory Automation), 사무자동화(Office Automation), 사회자동화(Social Automation)

    ㉡ 인간 중심의 정보화 사회 실현 : 시간적 여유가 생기면서 인간 중심의 산업으로 바뀌고, 사회의 구조가 바뀌고 있다.

    ㉢ 효과적 생산 활동, 지역 간 격차 해소

        ⓐ 컴퓨터 이용기술 : 중앙집중식 → 지방 분산화

        ⓑ 종합정보통신망 : 정보공유, 효과적 생산활동, 지역 간 격차 해소

    ㉣ 정보산업이 고도로 발달하여 타 업종과 상호연계, 교류를 통해 발전한다.

    ㉤ 다품종 소량생산시대가 된다.

    ㉥ 기술, 지식집약적 산업이 활기(S/W 산업 등)를 띤다.

    ㉦ 산업의 공간 및 입지조건이 바뀐다.

    ㉧ 인구가 대도시 집중에서 지방 분산화 된다.

    ㉨ 기타 환경의 개선, 교육·문화활동이 변화되고, 환경오염문제 해결 등에 기여한다.

(5) 정보사회에 대한 이해

① **정보사회의 개념** … 정보사회란 컴퓨터와 정보통신이 결합하여 정보의 수집·가공·유통능력이 획기적으로 증대되면서, 정보의 가치가 산업사회에서의 물질이나 에너지 못지않게 중요시되는 사회이다.

② **정보사회의 특징** … 자동화 현상, 정보의 상호교류 활발(네트워크, 통신망), 전문성 중심사회로 변화한다.

    ㉠ 자동화사회 : 단순 반복적인 노동을 줄이고, 사람들이 보다 창조적인 업무에 종사할 수 있게 된 사회를 말한다.

        ⓐ 사무자동화(OA ; Office Automation) : 각종 정보기기를 도입하여 단순 반복적인 업무를 신속 정확하게 처리하여 창의적 업무에 시간투자를 할 수 있게 한다.

POINT 경영정보시스템(MIS ; Management Information System) … 경영정보를 수집, 분석하여 기업 경영자가 신속하고 합리적인 경영방침을 수립할 수 있도록 도와주는 시스템이다.

ⓑ 공장자동화(FA ; Factory Automation) : 생산자동화(제품의 설계, 조립, 가동, 동정제어)와 유통체계의 합리화(공장과 기업 내의 각 부서 및 관련 기업들이 정보통신으로 연결되어 제품의 주문, 생산, 공급, 재고관리 등)가 가능하며, 제조원가 절감, 비용절감, 원재료의 효율적 관리 등의 이점이 있다.

ⓒ 가정자동화(HA ; Home Automation) : 생활, 문화정보의 수집, 승차권 예약, 항공기 예약, 재택근무가 가능하다.

ⓛ 네트워크사회

ⓐ 산업사회 : 상품운반을 위한 철도, 항만, 도로 등 기반설비가 중요하다.

ⓑ 정보사회 : 재화생산을 위한 준비, 유통정보 등이 중요하다.

ⓒ 네트워크사회 : 상품가격이 공개되어, 어디에서나 상품을 구입할 수 있고, 상품선택의 폭이 넓다. 특정인이 독점하기보다 교류와 공유를 통해 필요한 사람에게 개방된다. Network의 기반시설 비중이 크다.

ⓒ 전문성 중심의 사회 : 조직 중심의 사회에서 전문성 중심의 사회로 변화하고 있다(정보의 상호교류, 재택근무 가능).

③ 정보사회의 전망

㉠ 긍정적 측면

ⓐ Mass Media[TV, 신문, 방송, 음반 등 (획일적)]에서 New Media(개인적, 쌍방향적)]로 바뀔 것이다.

ⓑ 의료, 문화·예술, 과학 등 모든 분야에 활성화되어 풍요롭고 윤택한 생활을 할 수 있다.

ⓒ 반복적·기계적인 일로부터 해방된다.

㉡ 부정적 측면

ⓐ 새로운 공학적 기술지식 습득에 따른 정신적·심리적 부담이 늘어난다.

ⓑ 사적 권리의 침해(사적 정보누출, 정보의 악용)가 우려된다.

ⓒ 비인간화, 컴퓨터 범죄, 윤리문제 등이 야기될 수 있다.

4. 그래프와 도표 읽기 및 작성

(1) 그래프

① 그래프의 개요 … 수량의 크기나 수량의 형태 변화를 비교하여 알기 쉽게 나타낸 것이다.

② 그래프 소프트웨어

㉠ 하버드 그래픽스(Harvard graphics)

㉡ 파워포인트(Power point)

㉢ 맥 페인트(Mac point)

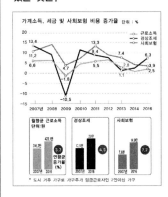

다음은 스마트폰 앱 등을 매개로 수입을 올리는 플랫폼 경제 종사자의 수입에 관한 그래프이다. 해당 그래프를 통해서 알 수 있는 내용으로 가장 적절하지 않은 것은?

주요 플랫폼경제 종사자 얼마나 버나

① 택시운전자의 월 평균 수입이 그래프에 언급된 다른 직종 종사자 중 가장 높다.
② 퀵서비스는 월 평균 수입액은 가장 적지만, 플랫폼으로 인한 수입액은 가장 많다.
③ 음식배달은 스마트폰 앱을 통해서 경제활동을 하는 건수가 전체건수 대비 78.9%이다.
④ 택시운전자가 플랫폼으로 인한 수입이 가장 적다.

해설 ③ 78.9%는 총수입 대비 플랫폼을 통한 수입의 비중이다.

③ 그래프의 특징

㉠ 한눈에 대략적인 내용을 파악할 수 있는 것이 특징이다.
㉡ 데이터의 변화 추세를 파악하여 상관관계를 알 수 있다.
㉢ 가시적으로 구체적인 판단을 내릴 수 있다.

(2) 그래프의 종류와 작성

① 막대그래프

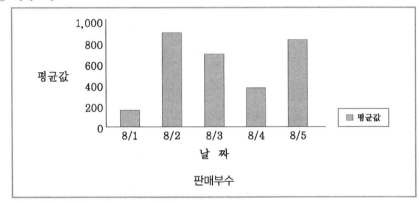

㉠ 수량의 상대적 크기를 측정하고자 할 때 흔히 사용된다.
㉡ 시간의 변화를 나타내는데는 적합하지 않다.

② 꺾은선 그래프

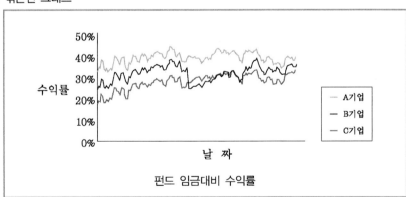

㉠ 꺾은선 그래프는 시간의 흐름에 따른 변화량을 명확히 파악할 수 있다.
㉡ 작성이 간단하고 한눈에 알기 쉬운 이점이 있다.

정답 ③

③ 원그래프

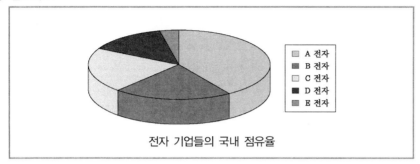

전자 기업들의 국내 점유율

㉠ 원그래프는 원 전체를 100%로 보고 각 부분의 비율을 부채꼴 면적으로 표현한 것이다.

㉡ 원그래프는 전체와 부분, 부분과 부분의 비율을 볼 때 사용한다.

㉢ 원그래프를 만들 경우 항목은 일반적으로 시계방향에 따라 크기순으로 배열한다.

④ 띠그래프

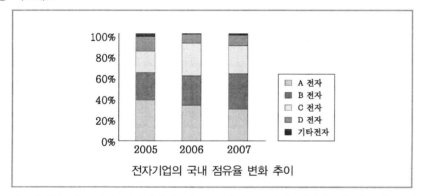

전자기업의 국내 점유율 변화 추이

㉠ 전체를 가느다란 직사각형의 띠로 나타내고, 띠의 면적을 각 항목의 구성비율에 따라 구분한다.

㉡ 띠그래프는 시간의 경과에 따른 구성비율의 변화를 쉽게 볼 수 있도록 해주는 그래프이다.

㉢ 원그래프의 데이터에 각 연도별 데이터를 추가한 것이다.

기출PLUS

⑤ 레이더차트

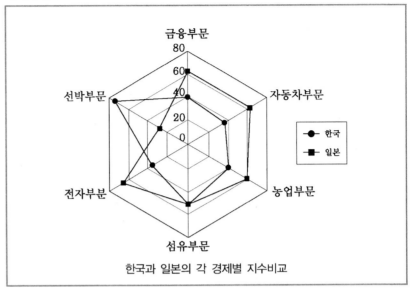

한국과 일본의 각 경제별 지수비교

ㄱ 레이더차트는 평가항목이 여러 개일 경우 사용한다.

ㄴ 항목 수에 따라 원을 같은 간격으로 나누고, 그 선 위에 점을 찍고 그 점을 이어 항목별 균형을 한눈에 볼 수 있도록 해주는 그래프이다.

ㄷ 위 그래프는 한국과 일본의 각 경제별 지수를 비교한 것으로 각 부문별로 100%를 둘로 나누어 작성된 것이다.

⑥ 그래프의 작성절차

ㄱ 그래프로 무엇을 나타내고 싶은지 그 목적을 명확히 하는 것이 중요하다.

ㄴ 목적에 관계된 각종 데이터를 모아 평균값, 편차, 비율 등을 계산한다.

ㄷ 제목은 결정할 때는 다음과 같은 점에 유의한다.

　ⓐ 제목의 위치는 그림 아래 한가운데로 한다.

　ⓑ 보는 사람의 흥미와 관심을 끌도록 한다.

　ⓒ 간결하고 알기 쉽게 표현한다.

ㄹ 목적에 맞고 대상자가 알기 쉬운 그래프를 선정한다.

ㅁ 그래프를 작성한다.

⑦ 그래프 작성 시 유의점

ㄱ **목적의 명확성**: 무엇을 얘기하고 무엇을 알고자 하는지, 그래프의 작성 목적을 명확히 하는 것이 우선이다.

ㄴ **압축하여 표현**: 목적에 맞는 포인트를 정하고 중요한 부분을 부각하여 가장 적절한 그래프로 그것을 표현하여야 한다.

ㄷ 간결성: 그래프를 그릴 때 문장은 간결해야 한다. 편안하게 제시하기만 해도 상대가 이해할 수 있도록 하기 위해서 단순하고 명료하게 작성해야 한다.

    ② 필요사항 기입 : 그래프를 작성하면 주제, 작성일, 작성자 이름 등 필요사항을 빠짐없이 기입한다.

⑧ 그래프 보는 법

    ㉠ 전체를 먼저 살펴본 후 세세한 부분을 검토한다. 특별히 큰 것 또는 작은 것은 없는지, 차이는 어느 정도인지 확인한다.

    ㉡ 데이터 상호 간의 비율이나 관련성을 살펴본다.

    ㉢ 기준값이라든가 규격값, 목표값 등이 있을 경우 이를 충족시키고 있는지 확인한다.

5. 프리젠테이션 자료구성

(1) 프레젠테이션의 개요

① 정의 … 청중에게 시각적 효과를 사용하여 메시지를 전달하는 쌍방향 커뮤니케이션이다.

② 목적 … 문제제기를 통해 청중에게 해결책을 제시, 청중의 행동변화를 이끌어내는 것이다.

③ 고려사항

    ㉠ 시간설계 : 정해진 시간 안에 조리 있게 프레젠테이션을 진행하는 것이 중요하다.

    ㉡ 환경조사 : 프레젠테이션이 진행될 장소나 장비상황을 점검한다.

    ㉢ 패턴구성 : 결론→본론→결론의 구성으로 진행한다.

    ㉣ 제한적 키워드 : 강조하고자 하는 키워드를 3~4개로 제한한다.

    ㉤ 니즈(Needs)의 파악 : 고객의 니즈를 파악하고 그 니즈에 맞게 구성한다.

    ㉥ 이미지사용 : 적절한 이미지나 그래프를 사용하여 되도록 비주얼한 프레젠테이션이 될 수 있도록 구성한다.

    ㉦ 인터넷의 활용 : 자신이 준비한 자료에 집착하지 말고 더 나은 정보나 자료가 있으면 과감히 새로운 것으로 바꾸도록 한다.

    ㉧ Q&A : 질문 리스트를 만들어 보고 미리 답변을 준비해 둔다.

기출PLUS

기출 2020. 5. 10. 비서 1급

프레젠테이션 과정은 발표 내용결정, 자료작성, 발표준비, 프레젠테이션 단계의 4단계로 구분할 수 있다. 보기 중 나머지와 단계가 다른 하나를 고르시오.

① 프레젠테이션의 목적 및 전략 설정 과정
② 프레젠테이션 스토리 설정 과정
③ 수신인에 대한 정보 수집 및 분석 과정
④ 청중이 이해하기 쉽게 일상적인 것과 비교할 수 있는 수치 제시 과정

해설 ①②③은 발표 내용결정 단계, ④는 자료작성 단계에 해당한다.

기출 2020. 5. 10. 비서 2급

프레젠테이션 전개 단계가 나머지와 다른 하나를 고르시오.

① 주의유도, 분위기 조성, 동기부여
② 중요 내용 요약 및 강조
③ 핵심 내용 소개
④ 발표 과정 소개

해설 ①③④은 서론, ②는 결론 단계에 해당한다.

❮정답 ④, ②

(2) 프레젠테이션의 진행

① 프레젠테이션 진행순서
  ㉠ 서론
    ⓐ 효과적인 서론
    • 일화를 언급한다.
    • 인용구를 언급한다.
    • 설명하고자 하는 주제를 간략히 설명한다.
    • 발표하는 사람이 누구인지 간략히 말한다.
    • 청중들이 친밀감을 느낄 수 있는 말을 한다.
    • 필요 시 청중들에게 얼마나 알고 있는지를 질문한다.
    • 궁금증을 유발하는 하는 그림으로 시작한다.
    • 그 주제가 청중들과 관련이 있는지를 설명한다.
    • 요점을 간략히 설명한다.
    • 어떤 순서로 얼마동안 말해나갈 것인지를 말한다.
    ⓑ 유의사항
    • 나가자마자 바로 시작하지 않는다.
    • 잠시 기다리고 청중을 바라본다.
    • 청중이 주목하면 말한다.
    • 장황한 서론을 삼간다.
    • 준비가 부족했다는 말을 하지 않는다.
    • 청중들의 듣고 싶은 점이 명확하게 드러나 있지 않다면 질문하여 알아낸다.
  ㉡ 본론
    ⓐ 효과적인 본론
    • 말하고자 하는 것을 하나씩 순서대로 말한다.
    • 요점을 충분히 설명하고, 중요한 내용은 반복 설명한다.
    • 시청각 보조자료, 시범 등을 통해 청중들의 시선, 관심을 계속 집중하게 한다.
    • 실례, 구체적인 통계 숫자 등을 제시하여 쉽게 이해하게 한다.
    • 가능한 한 청중들을 참여시킨다.
    • 청중들이 이해하기 쉬운 용어를 사용한다.
    • 다음 주제로 넘어갈 때 분명하게 한다.
    ⓑ 유의사항
    • 불필요한 말을 삼가한다.
    • 청중의 반응을 고려해야 한다.
  ㉢ 결론
    ⓐ 효과적인 결론
    • 발표한 것의 요점을 요약한다.
    • 제시했던 주제로 요약하여 언급한다.
    • 그 주제에 대해 이해하는지, 충분한 설명이 되었는지 질문한다.

ⓑ 유의사항
　　　• 엉뚱한 결론을 내지 않도록 한다.
　　　• 진행될수록 더 큰 감동을 주어야 한다.
　　　• 결론에서 새로운 정보언급은 피하는 것이 좋다.
　ⓔ 맺음말
　　ⓐ 효과적인 맺음말의 유형
　　　• 유명한 사람의 말이나 문학작품 인용을 인용한다.
　　　• 요점을 요약한다.
　　　• 재치 있는 이야기나 농담으로 마무리를 한다.
　　ⓑ 유의사항
　　　• 상투적으로 맺는 것을 조심한다.
　　　• 맥없이 끝내는 것에 유의한다.
　　　• 청중이 떠나기 전에 정리하는 것은 피하는 것이 좋다.

② 프레젠테이션의 기술
　㉠ ESS 이용
　　ⓐ Expensive : 가치 있게 하라.
　　ⓑ Simple : 간략하게 요약하여 한다.
　　ⓒ Short : 짧게 20 ~ 30분 정도로 한다.
　㉡ 내용이 아무리 좋아도 전달하는 방법이 좋지 않으면 성공할 수 없다.
　㉢ 단조로운 톤의 발표는 청중의 집중력을 흐리기 쉽다.
　㉣ 청중과 눈을 보며 발표하는 것이 무엇보다 중요하다.
　㉤ 발표는 어디까지나 인간과 인간의 커뮤니케이션으로 마음과 마음의 접촉이
　　기 때문에 청중을 하나의 집단으로 보아서는 안 된다.
　㉥ 열정적인 모습을 보여라.
　㉦ EOB 활용
　　ⓐ Example : 예를 이용하는 것이 좋다.
　　ⓑ Outline : 간략히 핵심을 정리하는 것이 좋다.
　　ⓒ Benefit : 이익이 무엇인지 전달한다.
　㉧ 꾸준히 발표 연습을 한다.
　㉨ 객관적 근거나 증거물로 설득하라.

③ 프레젠테이션의 실패원인
　㉠ 주제가 불명확하다.
　㉡ 일방적인 정보 전달자가 된다.
　㉢ 시간 분배가 제대로 되지 않는다.
　㉣ 설명이 명확하지 못하고 부족하다.

기출 2019. 11. 10. 비서 2급

프레젠테이션에서 모든 슬라이드에 동일한 글꼴과 이미지를 포함할 때 사용하는 것은?

① 슬라이드 디자인
② 슬라이드 스타일
③ 슬라이드 마스터
④ 슬라이드 디자인 아이디어

> 해설 ③ 모든 슬라이드에 같은 글꼴 및 이미지를 포함하려면 슬라이드 마스터라는 한 위치에서 이러한 변경 내용을 수행하면 모든 슬라이드에 적용된다.

기출 2017. 11. 12. 비서 2급

다음 중 프레젠테이션 프로그램의 용도와 가장 거리가 먼 것은?

① 슬라이드 쇼 형식으로 대상자에게 정보를 보여준다.
② 문자와 그림 정보를 편집하거나 배치하여 대상자에게 전달한다.
③ 컴퓨터로 작성된 화면을 빔 프로젝터와 연결하여 대상자에게 보여준다.
④ 함수와 데이터베이스 기능을 활용하여 분석한 자료를 대상자에게 보여준다.

> 해설 프레젠테이션 프로그램은 개인용 컴퓨터나 멀티미디어 작업이 가능한 기타 멀티미디어 기기를 이용하여 각종 정보를 여러 가지 효율적인 형태로 상대방에게 전달하기 위한 프로그램으로 문서작성은 가능하지만 함수와 데이터베이스 기능은 지원하지 않는다.

◀ 정답 ③, ④

ⓜ 글자만 읽는 경우가 많다.

ⓑ 눈 맞춤을 제대로 하지 않는다.

ⓢ 보충설명이 없다.

ⓞ 전문용어를 많이 사용한다.

ⓩ 질의응답에 미숙하다.

6. 각종 매체의 특성과 활용

(1) 정보자원의 종류

인쇄자료	도서	• 일반도서 • 참고도서(사전, 연감, 지리정보원, 색인초록지)
	비도서	• 연속간행물(신문, 잡지, 연간물) • 소책자, 단매물(회화, 판화, 사진, 지도, 악보) • 회의자료 • 학위논문
비인쇄자료	마이크로자료	마이크로 필름
	시청각자료	• 시각자료(슬라이드, 영화, 비디오테이프) • 청각자료(음반, 오디오테이프, CD) • 실물 또는 모형자료(지구의, 표본, 게임)
	CD-ROM DB	• 서지정보용 CD-ROM • 원문정보용 CD-ROM
	온라인DB	• 서지 데이터베이스 • 전문 데이터베이스
	WWW 정보자원	• 전자정보(웹사이트정보) • E-BOOK
	기타	• 필사자료(파피루스, 고문서) • 점자도서(braille book) • 각사자료(양피지, 점토판)

(2) 인쇄자료

① 도서
  ㉠ 고유한 표제를 지니면서 독립적으로 간행된 도서
  ㉡ 종이에 인쇄한 49페이지 이상(표지 제외)의 분량을 가진 비정기적 간행물

② 신문 … 사회에 대한 보도의 사명을 갖고 일정기간에 따라서 발행하는 정기간행물

③ 연속간행물
  ㉠ 하나의 표제(제목) 아래 종간을 예정하지 않고, 권차와 연월차에 따라 계속 간행되는 출판물
  ㉡ 나오는 시기에 따라 월간(매 월), 주간(매 주), 격월간(연 6회), 계간(연 2회), 연간(연 1회)으로 구분

④ 참고도서
  ㉠ 전체 내용을 처음부터 끝까지 읽기보다는 특정 사항의 정보나 지식, 자료를 얻기 위한 도서
  ㉡ 특성 : 간단 · 명료하면서도 종합적인 지식과 정보를 제공, 쉽게 찾아볼 수 있도록 다양한 형태의 색인을 갖추고 있다. 따라서 교수학습 과정에 있어서 특정 사항에 대한 의문점이나 이와 관련된 기본 정보를 신속, 정확하게 획득할 수 있다.

(3) 비인쇄자료

① 녹음자료 … 필사된 악보, 인쇄된 악보, 녹음자료

② 시청각자료 … 비디오, 녹화자료, 슬라이드, 그림, 도면, OHP, 영화

③ 입체자료나 실물 … 모형, 조각품 등과 이들의 복제품

④ 지도 … 낱장지도, 구체, 지도책

⑤ WWW 정보자원 … 인터넷 가상 공간에서 접근, 검색, 이용할 수 있는 모든 정보와 데이터베이스

⑥ E-Book … 종이 대신 디지털 파일로 글을 읽는 차세대 서적으로 전자책

다음 중 데이터베이스관리시스템의 특징으로 가장 적절하지 않은 것은?

① 데이터 중복의 최소화
② 구축 비용 절감
③ 데이터의 무결성 유지
④ 데이터 공유 가능

해설 데이터베이스의 장점
⊙ 데이터 중복 최소화
ⓒ 데이터 공유
ⓒ 일관성, 무결성, 보안성 유지
ⓔ 최신의 데이터 유지
ⓜ 데이터의 표준화 가능
ⓗ 데이터의 논리적, 물리적 독립성
ⓢ 용이한 데이터 접근
ⓞ 데이터 저장 공간 절약

7. 컴퓨터 데이터베이스 지식

(1) 데이터베이스관리의 개념

① 의사결정을 위하여 필요한 각종 정보의 수집·처리·전달·저장을 합리적으로 하기 위한 체계적인 시책을 말한다.

② 정보가 의사결정에 도움이 되기 위해서는 정확성·신속성·적시성·대량성 등의 조건이 충족되어야 한다. 그러기 위해서는 우선 수집의 시스템이 완비되어야 하며, 그것이 처리·전달·저장의 각 시스템과 유기적으로 결합되어 있지 않으면 이루어질 수 없다.

③ 정보과학의 발달과 응용, 컴퓨터에 의한 정보의 처리·전달·저장의 응용 등과 함께 사무 관리와는 별도로 정보관리라는 말을 사용하고 있다.

(2) 데이터베이스 관리자의 임무

① 데이터베이스 관리자는 조직의 모든 데이터를 대상으로 전반적으로 종합적인 관리 전략을 수립하여야 한다.

② 데이터베이스 관리자는 컴퓨터 시스템뿐만 아니라 수작업에서 사용되는 데이터 전체의 통합과 일관성의 책임을 가져야 한다.

(3) 데이터베이스 관리의 목적

① 데이터 공유와 가용성

② 데이터의 일관성과 무결성

③ 데이터 보호와 개인정보보호

④ 데이터 사용 범위와 특성

(4) 데이터베이스 관리 절차

① 사용자 데이터베이스 요구사항을 수집한다.

② 데이터베이스 설계 및 모델화를 실시한다.

③ 문서와 이용에 관한 규정을 만든다.

④ 데이터베이스 응용프로그램의 설계·코딩 및 테스트를 실시한다.

⑤ 데이터베이스 소프트웨어를 선택한다.

〈정답 ②

⑥ 데이터베이스 보안과 무결성을 확인한다.

⑦ 데이터베이스 백업과 복구에 대한 대안을 마련한다.

⑧ 사용자 훈련을 실시한다.

(5) 데이터베이스의 유지·보수 관리

① 정보데이터는 수시로 변경될 수 있고 오류가 발생할 가능성이 있기 때문에 이를 방지하기 위하여 항상 신경을 써야 한다.

② 데이터의 오류는 업무에 영향을 끼치고 속도를 느리게 하므로 지속적인 유지과정이 중요하다.

③ 데이터의 오류를 방지하기 위해서는 주기적으로 데이터 및 응용프로그램을 백업해 두어야 한다.

④ 백업을 할 경우 백업에 사용할 장치 및 수단에 대하여 적절성을 확인하여야 하며, 안전하게 백업하여 보관하여야 한다.

⑤ 데이터베이스 시스템에 대한 접근 통제 및 하드웨어·소프트웨어에 대한 물리적 보호를 하여야 한다.

⑥ 백업은 인위적인 실수 및 하드웨어 상의 문제, 소프트웨어의 문제로 인한 오류를 방지하기 위하여 반드시 거쳐야 한다.

⑦ 백업은 복구시간까지 감안하여 계획하고, 주기적으로 백업 파일이 제대로 복원되는지에 대한 테스트도 주기적으로 실시하여야 한다.

⑧ 정기적인 유지·관리는 원활하고 성공적인 데이터베이스 운영을 위하여 필수적이며, 데이터손실 방지, 데이터의 일관성 유지, 데이터와 인덱스 간의 불일치를 막아주어 데이터 무결성을 확인하고 데이터의 단편화를 막아 정기적으로 인덱스를 갱신하는 것이 필요하다.

(6) 데이터베이스 관리

① 보안상 중요한 프로그램의 경우 최신 패치로 업데이트를 할 수 있도록 운영체제에 자동 업데이트 기능을 설정하는 것이 좋다.

② 사용 소프트웨어 내 보안 및 프라이버시 보호 기능을 수행하는 것이 좋다.

③ 데이터 관련 컴퓨터 사용 시 온라인으로 전자메일에 대한 바이러스, 스팸, 필터 등을 제공하는 인터넷 서비스를 선택하거나 동일한 기능의 전자우편 서비스를 사용하는 것이 좋다.

④ 온라인 사용 시 정보가 담긴 컴퓨터를 보호하기 위하여 방화벽을 이용하여야 한다.

⑤ 안티 바이러스 소프트웨어를 설치하도록 하고 출처가 알 수 없는 실행파일은 설치하거나 다운로드 하지 않도록 한다.

⑥ 기밀 유지가 필요한 중요 데이터는 암호화를 설정하는 것도 좋은 방법이다.

⑦ 주변 사람들이나 동료에게 데이터베이스의 보안에 대한 경각심을 항상 숙지시켜주도록 한다.

8. 정보 분석 및 이해

(1) 빅데이터

① 빅데이터는 기존 데이터보다 너무 방대하여 기존의 방법이나 도구로 수집, 저장, 분석 등이 어려운 정형 및 비정형 데이터들을 의미한다.

② 빅데이터의 특징

㉠ 크기(Volume) : 대규모 크기

㉡ 다양성(Variety) : 비표준 형식의 광범위한 범위

㉢ 속도(Velocity) : 신속하고 효율적으로 분석 · 처리

③ 빅데이터 분석 … 대량의 데이터로부터 숨겨진 패턴과 파악하여 알려지지 않은 정보를 찾아내기 위한 과정을 말한다.

(2) 데이터 분석에 활용되는 기법

① **통계적 분석** … 전통적인 분석법으로 주로 수치형 데이터에 대한 확률을 기반으로 어떤 현상을 추정 · 예측하는 분석기법이다. 기술통계량, 상관분석, 분산분석 등이 통계적 분석에 해당한다.

② **데이터 마이닝** … 대용량 데이터로부터 패턴인식, 인공지능, 고급 통계분석 기법 등을 이용해 데이터 간의 상호 관련성을 추출하는 기법이다.

③ **텍스트 마이닝** … 텍스트 기반의 데이터로부터 새로운 정보를 발견하기 위하여 정보 검색, 추출, 체계화, 분석을 포함하는 텍스트 프로세싱 과정이다.

④ **소셜 네트워크 분석** … 소셜 미디어상에 산재하는 대용량의 정보를 언어분석 기반으로 추출하고, 시간의 경과에 따라 변화하는 과정일 모니터링하여 향후 추이를 분석하는 방법이다.

section 2 | 보안관리

1. 정보보안 관리

(1) 컴퓨터 보안

① 보안의 정의 … 보안(Security)이란 각종 정보 및 자원을 고의 또는 실수로 불법적인 노출, 변조, 파괴하는 것으로부터 보호하는 것을 의미한다. 보안의 특성으로는 비밀성, 가용성, 무결성이 있다.

　㉠ 비밀성: 비인가된 사용자는 정보를 확인할 수 없는 것을 말한다.

　㉡ 가용성: 자원을 계속해서 사용할 수 있는 특성을 말한다.

　㉢ 무결성: 의도하지 않은 방법으로 정보가 변형·파괴되지 않는 것을 말한다.

② 보안기술의 분류

구분	목적	보안기술
데이터 보안	컴퓨터 시스템 속에 있는 정보를 보호하는 것	암호화
시스템 보안	컴퓨터 시스템의 운용체계, 서버 등의 허점을 통해 해커들이 침입하는 것을 방지하는 것	침입차단 침입탐지
네트워크 보안	네트워크에서 정보를 전달할 때 중간에 가로채거나, 수정하는 등의 해킹 위험으로부터 정보를 보호하는 것	웹 보안 암호화 침입탐지

　㉠ 암호화

　　ⓐ 데이터에 암호화 알고리즘을 섞어 그 알고리즘 없이는 암호를 해독할 수 없도록 하는 기술이다.

　　ⓑ 보통의 메시지를 그냥 보아서는 이해할 수 없는 암호문으로 변환시키는 조작을 암호화라고 한다.

　㉡ 웹 보안

　　ⓐ 웹 보안에 있어서 클라이언트 인증, 웹 서버 인증, 웹 서버에 있는 문서정보에 대한 접근제어, 서버와 클라이언트 사이에 일어나는 Transaction 데이터의 인증, 무결성, 기밀성 등이 요구된다.

　　ⓑ 웹 보안 기술에는 Kerberos, PGP(Pretty Good Privacy), SSL 등이 있다.

　　　• Kerberos : DES 같은 암호화 기법을 기반으로 해서 보안정도가 높다.

　　　• PGP : 전자우편 보안으로 광범위하게 사용되는 비밀보장 프로그램이다.

　　　• SSL : 넷스케이프사에서 개발한 것으로 HTTP뿐만 아니라 다른 틀에도 적용 될 수 있는 장점이 있지만 디지털 서명 기능을 제공하지 못하는 단점도 있다.

기출PLUS

기출 2020. 11. 8. 비서 1급

다음 중 사이버 보안위협 내용으로 옳은 것을 모두 고르시오.

┌ 보기 ┐
㉮ 지능형 공격과 결합한 랜섬웨어 공격의 증가
㉯ 가상화폐 관련 서비스와 금전이익을 노리는 공격 증가
㉰ 보안에 취약한 IoT 기기를 악용한 범죄
㉱ 사회적 이슈 관련 대규모 사이버 공격 위협
㉲ 불특정 다수를 대상으로 한 스피어피싱의 증가

① ㉮ – ㉯ – ㉲
② ㉮ – ㉯ – ㉰ – ㉲
③ ㉮ – ㉯ – ㉰ – ㉱
④ ㉯ – ㉰ – ㉱

해설 ㉲ 스피어피싱(spear phishing)은 특정한 개인이나 회사를 대상으로 한 피싱 공격을 말한다. 공격자가 공격 성공률을 높이기 위해 사전에 공격 대상에 대한 정보를 수집하고 이를 분석하여 피싱 공격을 수행한다.

＜ 정답 ③

기출 2019. 5. 12. 비서 1급

다음의 상황을 대비하기 위하여 김 비서가 이행할 수 있는 방법으로 가장 부적절한 것은?

┌ 보기 ┐

컨퍼런스에서 발표를 맡게 된 김비서는 발표자료를 조금 수정도 할 겸 리허설 시간보다 일찍 행사장에 도착했다. 이 행사장은 발표 자료를 발표자 포디엄에 직접 USB를 꽂아 연결할 수 있도록 되어 있어 그 자리에서 수월하게 자료 수정도 마칠 수 있었다. 무사히 발표를 마치고 사무실로 복귀한 김비서는 업무용 노트북에 USB에 저장해온 발표자료 최종본을 옮겨 놓았다. 그런데 며칠 뒤 사내 보안 팀에서 연락이 왔다. 김비서의 컴퓨터를 통해 사내에 악성코드가 확산했다는 것이다.

① 외부 컴퓨터에서 사용했던 이동식 저장매체를 사무실에서 사용할 경우 바이러스 검사를 실시한다.

② 이동식 저장매체의 자동 실행 기능을 비활성화하여 자동으로 USB가 시스템에 연결되는 것을 예방한다.

③ 편리한 USB 사용을 위하여 USB 자동실행 기능을 평상시에 켜 둔다.

④ 노트북의 USB 드라이브 자동 검사 기능을 활성화해 둔다.

해설 ③ 보안에 취약한 행동이다. 비서는 자신이 다루는 정보가 외부에 누출되지 않도록 각별히 보안에 신경 써야 한다.

ⓒ **침입차단**
  ⓐ 방화벽이라고도 불리는데 네트워크 사이에 접근을 제어하는 시스템이나 그 집합을 말한다.
  ⓑ 침입차단기술에서 방화벽을 구축하는데 사용되는 접근법으로 패킷 필터링과 프락시 서비스 두 가지가 있다.

ⓓ **침입탐지**
  ⓐ 무결성, 가용성, 비밀성을 저해하는 행위를 실시간으로 탐지하는 시스템이다.
  ⓑ 침입탐지시스템은 모니터링 대상에 따라 호스트 기반과 네트워크 기반으로 나뉜다.

ⓜ **전자서명**
  ⓐ 문서 또는 메시지를 보낸 사람의 신원이 진짜임을 증명하기 위해 사용된다.
  ⓑ 전달된 문서·메시지의 내용이 변조되지 않았음을 보증하기 위해 사용된다.
  ⓒ 전자서명의 등록기관에 서명 사용자의 신원에 관한 정보가 유지되므로 공급업자의 주소지를 추적하는데 도움을 줄 수 있다.

③ **컴퓨터 바이러스의 전염경로**
  ㉠ E-mail의 첨부파일
  ㉡ 네트워크 공유
  ㉢ 인터넷 서핑
  ㉣ 디스크 및 CD의 복사
  ㉤ 프로그램의 다운

(2) 보안수칙

① 출처가 불분명한 메일이나 첨부파일은 열지 않고 삭제하도록 한다.

② PC에 백신프로그램 및 방화벽을 설치하여 보안 위협에 대비해야 한다.

③ 로그인 계정의 비밀번호는 영문 숫자 등의 조합으로 6자리 이상 설정한다.

④ 최신 윈도우 보안 패치를 모두 설치한다.

⑤ 수상한 사이트는 방문하지 말아야 한다.

⑥ 출처를 알 수 없는 불법 복제 프로그램은 사용하지 않는다.

⑦ 메신저나 P2P프로그램으로 자료 교환 시 백신 프로그램으로 검사 후 이용한다.

〈 정답 ③

2. 기밀문서에 대한 보안원칙

① 중요한 서류나 메모의 원본 또는 사본은 문서 세단기를 이용하여 파기한다.

② 회사 내부에서 이루어진 결정 사항도 공식화되기 전에 먼저 발설하지 않도록 한다.

③ 회사 내 친한 동료나 다른 부서의 사람들에게 기밀을 말하지 않는다.

④ 컴퓨터 화면에 중요한 내용이 있는 상태에서 자리를 비우지 않도록 한다.

⑤ 서류함, 컴퓨터 등의 보안을 철저히 한다.

⑥ 기밀문서나 대외비 문서의 취급 규정을 준수한다.

⑦ 이면지를 이용할 경우 이면지에 있는 내용을 확인한 후 사용하도록 한다.

⑧ 중요한 서류는 회사 밖으로 나가지 않도록 한다.

⑨ 회사 밖에서 회사나 상사와 관련된 이야기를 큰 소리로 하지 않는다.

⑩ 외부 사람이 회사나 상사의 근황에 대해 필요 이상으로 자세히 물을 때는 주의한다.

3. 컴퓨터 정보보안 지식

(1) 컴퓨터 정보보안 지식

① 데이터 보호 방법

 ㉠ 주기적으로 주요 데이터를 백업해둔다.

 ㉡ 로그인 암호를 설정하여 관리한다.

 ㉢ USB 관리법을 숙지하고 관리한다.

 ㉣ 갑작스런 정전으로 정보손실을 막을 수 있도록 비상전원공급장치를 마련한다.

 ㉤ 전압장애 등으로부터 컴퓨터를 보호하기 위해 멀티탭 등의 사용에 주의한다.

 ㉥ 컴퓨터 잠금장치와 같은 도난방지용 장치를 활용한다.

 ㉦ 비밀번호는 주기적으로 변경하여 관리한다.

② 컴퓨터 관리

 ㉠ 컴퓨터 비밀번호는 본인만 알도록 항상 설정해두고 주기적으로 변경한다.

 ㉡ 중요한 파일은 USB나 외장하드 같은 이동식 저장 장치를 이용한다.

 ㉢ 부득이하게 컴퓨터에 저장해야 할 때는 문서를 암호화하고 파일명은 자기만 알도록 변경한다.

 ㉣ 상사와 관련된 파일을 작성할 경우에는 대인용 노트북으로 작성한다.

다음 중 랜섬웨어에 대한 설명으로 가장 부적절한 것은?

① 컴퓨터가 랜섬웨어에 감염되면 저장된 문서파일을 열 수 없다.

② 랜섬웨어란 시스템을 잠그거나 데이터를 암호화해 사용할 수 없도록 만든 뒤, 이를 인질로 금전을 요구하는 악성 프로그램이다.

③ 랜섬웨어에 대비하기 위해서 중요한 파일은 데이터 백업이 필요하다.

④ 랜섬웨어는 스마트폰에는 영향을 미치지 않으므로 중요한 파일은 스마트폰에 저장한다.

해설 ④ 아직까지는 스마트폰을 공격하는 랜섬웨어 사례가 매우 드물지만, 스마트폰도 언제든지 랜섬웨어의 공격 대상이 될 수 있다.

< 정답 ④

기출PLUS

기출 2019. 11. 10. 비서 2급

다음 중 컴퓨터 바이러스 예방을 위한 조치로서 가장 적절하지 않은 것은?

① 인터넷 브라우저의 팝업차단을 해제한다.
② 백신프로그램을 설치하고 주기적으로 업데이트한다.
③ 공유폴더는 가급적 최소화 하되, 부득이 만들어야 할 때에는 암호화한다.
④ 발신자가 불명확한 사람이 보낸 이메일은 열어보지 않는다.

해설 ① 팝업창을 이용해 광고를 띄우거나 악성코드를 넣어 바이러스에 감염되게 하는 용도로도 사용되기 때문에 팝업차단을 해야 한다.

ⓜ 주기적으로 주요 데이터를 백업해하고 포맷한다.
ⓗ 보안 프로그램을 설치하고 외부 해킹에 항상 대비한다.

(2) 컴퓨터 바이러스 진단 · 방지법

① 컴퓨터 바이러스 진단
　ㄱ 컴퓨터가 정상보다 느리게 작동한다.
　ㄴ 컴퓨터가 자주 멈추거나 반응이 없다.
　ㄷ 몇 분마다 컴퓨터가 정지하고 다시 시작한다.
　ㄹ 컴퓨터가 저절로 다시 시작한 다음 정상적으로 작동하지 않는다.
　ㅁ 컴퓨터의 응용 프로그램이 올바로 실행되지 않는다.
　ㅂ 디스크나 디스크 드라이버에 접근할 수 없다.
　ㅅ 제대로 출력할 수 없다.
　ㅇ 이상한 오류 메시지가 나타난다.
　ㅈ 메뉴와 대화박스가 변형된다.

② 바이러스 방지법
　ㄱ Office의 기본 보안 설정을 사용한다.
　ㄴ 중요한 최신 업데이트와 보안 패치로 컴퓨터를 업데이트한다.
　ㄷ 바이러스 백신 소프트웨어를 설치 및 실행한다.
　ㄹ 바이러스 감염 여부 확인한다.
　ㅁ 신뢰할 수 있는 사이트의 파일만 다운로드한다.
　ㅂ 정품 CD만 사용하여 설치한다.
　ㅅ 정기적으로 데이터 백업한다.
　ㅇ 의심스러운 전자 메일 메시지나 파일 열지 않는다.

정답 ①

section 3 사무정보기기

1. 사무정보기기 사용법

(1) 실물화상기(실물환등기)

① 실물화상기란 각종의 실물화상을 입력받아 주변기기에 영상을 전송하는 기기로써 다양한 기능과 함께 많은 용도로 사용되고 있다.

② 기본적인 용도는 대상물이나 프린트 물을 TV와 연결하여 크게 보여주는 것이다.

③ 동영상을 캡쳐한 후 저장하여 강의 자료로 활용되고 있다.

④ 영상회의를 하거나 일반기업체의 회의나 강의 또는 사내 방송실과 같은 곳에서 유용하게 사용될 수 있다.

⑤ 3차원 스캐너 역할까지 수행하는 실물화상기를 이용한다면 회의용 장비 이외에 편집장비로도 활용할 수 있는 첨단기기이다.

(2) 프로젝터

① **프로젝터의 개념** … 프로젝터는 영상을 만들어 내는 영상기기와 연결하여 화면을 스크린에 투사하여 주는 영상기기이다.

② LCD프로젝터와 DLP프로젝터 비교

  ㉠ 프로젝터에는 LCD프로젝터와 DLP프로젝터가 있다.

  ㉡ 구입용도에 따라 적절한 기기를 선택하여야 한다.

  ㉢ LCD 프로젝터는 PC와 호환성이 우수하며 가격이 비교적 저렴하다.

  ㉣ DLP 프로젝터는 단편구조를 사용하여 제품을 소형화하는데 유리하다.

구분	LCD	DLP
색감	원색에 가깝다.	원색과 색감의 차이가 존재
램프수명	사용시간에 따라 밝기가 감소	끝나는 시점까지 밝기가 유지
선명도	300 : 1 ~ 800 : 1	1500 : 1 ~ 2000 : 1(LCD보다 우월)
내구성	상대적으로 약함	상대적으로 강함
용도	프레젠테이션용	영상물상영용

기출PLUS

기출 2015. 11. 22. 비서 1급

경기전자 모바일사업본부장 비서로 일하고 있는 장채은 비서는 제품 발표회 준비를 앞두고 회의장에서 다양한 종류의 휴대폰 모형을 직접 보여주면서 프레젠테이션을 진행할 때 사용할 기자재를 선정하고 있다. 다음 중 가장 적합한 기자재는 무엇인가?

① 빔 프로젝터
② OHP
③ 실물화상기
④ 3D 프린터

해설 ③ 상부에 카메라를 장착하여 하부에 놓인 종이나 실물의 모습을 연결된 TV, 프로젝터, PC 등으로 영상을 출력해주는 기기를 말한다.

① 빛을 이용하여 슬라이드나 동영상 이미지 등을 스크린에 비추는 장치이다.

② 슬라이드에 인쇄되어 있는 문서의 화상을 확대시켜 사용자 뒤에 있는 화면에 투영시키는 장치이다.

④ 입력한 도면을 바탕으로 3차원의 입체 물품을 만들어내는 기계이다.

〈 정답 ③

기출 2019. 5. 12. 비서 1급

사무정보기기 및 사무용 SW를 다음과 같이 사용하고 있다. 이 중 가장 적절하게 활용을 하고 있는 비서는?

① 김비서는 상사가 180도 펼쳐지는 상태의 제본을 선호하기 때문에 열제본기를 주로 사용한다.

② 백비서는 상사의 컬러로 된 PPT 자료가 잘 구현되도록 실물화상기를 셋팅했다.

③ 황비서는 각종 자료를 한곳에서 정리하고 관리하며, 공유도 하기 위해서 에버노트 앱을 이용하였다.

④ 윤비서는 상사의 업무일정 관리를 원활하게 하기 위해서 리멤버 앱을 사용하였다.

해설 ① 열제본기를 사용하면 일반 제본 형태가 된다.
② 실물화상기보다는 빔프로젝터를 사용하는 것이 효과적이다.
④ 리멤버 앱은 명함 관리 앱이다.

기출 2019. 5. 12. 비서 1급

다음은 사무정보기기의 구분에 따른 종류를 나열한 것이다. 구분에 부적합한 사무기기가 포함된 것은?

① 정보 처리 기기 : PC, 노트북, 스마트폰

② 정보 전송 기기 : 전화기, 스캐너, 팩스, 화상 회의 시스템

③ 정보 저장 기기 : 외장하드, USB, CD – ROM

④ 통신 서비스 : LAN, VAN, 인터넷, 인트라넷

해설 ② 스캐너는 정보 처리 기기에 해당한다.

〈정답 ③, ②

⑩ 밝기에 따른 사용 장소

장소	밝기
커튼이 설치된 소형 회의실	1,000 ANSI Lumens 이하
커튼이 설치된 중형 회의실	1,000 ~ 2,000 ANSI Lumens
커튼이 설치된 중/대형 회의실	2,000 ~ 3,000 ANSI Lumens
커튼없이 사용가능 중/대형 회의실	3,000 ~ 5,000 ANSI Lumens
외부조도와 상관없이 사용가능	5,000 ANSI Lumens 이상

(3) 오버헤드프로젝터(Over Head Projector ; OHP)

① OHP의 개념 … 강의나 회의에 사용되는 것으로 실행자의 머리 뒤편의 스크린에 영상을 제시할 수 있는 기기이다.

② OHP의 특징
  ㉠ 밝은 장소에서도 사용이 가능하다.
  ㉡ 자료를 제작하거나 제시하기가 간편하다.
  ㉢ 제시중인 자료에 직접 쓰거나 지울 수 있다.
  ㉣ 의도적으로 교재를 겹쳐서 표현하거나 단순화할 수 있다.
  ㉤ 피발표자에게 직접 참가할 기회를 줄 수 있다.

(4) 팩시밀리

① 개념 … 문서 등을 전기적 신호로 변환하여 전송하는 장치로 흔히 팩스라고 불린다.

② 기능 … 자동수신기능, 선별수신기능, 용지자동절단기능, 자동복사기능, 자동송신기능

(5) 전자칠판

① 간단히 판서한 내용을 프린트하거나 이메일에 첨부하여 보내줄 수도 있다.

② 디지털 이미지 처리와 다양한 이미지구현을 할 수 있다.

③ USB 인터페이스를 이용하여 칠판의 데이터를 쉽게 이동시킬 수 있다.

(6) 스캐너

① 사진이나 그림 등을 데이터화하여 컴퓨터와 같은 매체에서 사용할 수 있도록 하는 기기이다.

② 최근에 스캐너의 용도가 점점 특정화되어 명함스캐너나 바코드스캐너 등도 있다.

(7) 스크린

① 스크린의 종류 … 벽걸이형 스크린, 고정형 액자스크린, 이동형 삼각대·유압식 스크린

② 스크린은 너무 큰 화면일 경우 눈의 피로와 집중력을 떨어뜨리므로 적정한 크기와 거리를 설정하는 것이 중요하다.

2. 애플리케이션 사용법

(1) 애플리케이션의 정의

① 스마트폰 애플리케이션(Application)이란 스마트폰 내에서 활용할 수 있는 응용 프로그램을 말하는데, 간단하게 줄여서 어플 또는 앱(App) 등으로 불리기도 한다.

② 게임, 지도, 음악, 금융, 스포츠, 맛집, 날씨 어플리케이션 등 수만 개 이상이 개발되어 유료 또는 무료로 이용되고 있다.

(2) 애플리케이션 설치

① Play 스토어를 누른다. (IOS의 경우는 App store)

② 원하는 애플리케이션을 검색한 후 설치 버튼을 누른다.

(3) 애플리케이션 삭제

불필요한 애플리케이션을 꾹 누른 후 아래에 뜨는 창에서 설치삭제 버튼을 눌러
삭제한다.

3. 컴퓨터와 스마트 모바일기기 특성과 활용

(1) 컴퓨터의 특성과 활용법

① 컴퓨터의 특성
- ㉠ 마이크로프로세서를 탑재하여 만든 컴퓨터를 말하는데, 보통 마이크로컴퓨터(microcomputer) 또는 데스크톱 컴퓨터(desktop computer)라고 부른다.
- ㉡ 개인용 컴퓨터는 1인용 컴퓨터지만, 기본 성능은 물론 네트워크의 연결 성능도 좋아 대부분의 업무를 처리할 수 있다.

② 컴퓨터의 활용
- ㉠ 과학기술 분야
  - ⓐ 클라우딩 컴퓨팅 : 사용자가 자신의 컴퓨터에 저장해둔 자료와 소프트웨어를 중앙 시스템인 대형 컴퓨터에 저장해두고, 원격에서 인터넷으로 접속하여 작업을 수행하는 컴퓨팅 환경이다.
  - ⓑ 항공우주 : 항공우주 분야에서는 항공우주와 관련한 각종 실험에서 발사체를 정교하게 제어하기 위해 컴퓨터를 이용하고, 통신시스템 실험에도 신뢰성과 정확성을 높이고 신속한 시스템 개발을 위해 컴퓨터를 이용한다.
  - ⓒ 이동통신 : 일반적으로 통신시스템에 필요한 소프트웨어를 개발하고 시험할 때도 컴퓨터가 활용된다.
- ㉡ 산업 분야
  - ⓐ 지능로봇 : 디지털 가전과 바이오 기술의 획기적인 발전은 지능로봇의 발전 가능성을 높이는 한편, 국내에서는 정부 차원에서 로봇 산업을 신성장동력 산업으로 선정하여 지원하고 있다.
  - ⓑ 스마트 가전 및 디스플레이 : 스마트 가전과 플렉서블 디스플레이의 설계 및 제조에는 컴퓨터의 핵심 응용 기술이 사용된다.
  - ⓒ 해양 · 조선 IT : 조선 및 해양 분야에 IT가 접목되어 활발히 연구가 진행되고 있는 분야는 통신 및 레이더 기술 분야로, e-네비게이션에 연관된 선박 내의 항해 장치 네트워크 기술이 개발 중에 있다.
  - ⓓ 공정관리 : 공정관리 분야에서 컴퓨터는 공장의 공정 프로세스와, 제품 생산을 위한 공장 기계의 제어에 필수적으로 활용된다.
- ㉢ 의료 분야 : 병원에서 컴퓨터는 MRI 촬영, 초음파 검사, 레이저 수술 등을 할 때 사용되며 환자의 진료 정보를 관리할 때도 사용된다. 또한 가상현실 기술을 이용하여 의사가 환자를 수술하기 전에 미리 연습할 수도 있다.
- ㉣ 금융 분야 : 금융 분야에서 컴퓨터는 고객 예금의 입출금 업무, 여신 업무, 쇼핑몰을 이용한 전자상거래 및 상품 정보 검색에 사용된다.

기출PLUS

기출 2019. 5. 12. 비서 2급

다음 중 스마트 디바이스의 활용에 대한 설명이 가장 적절하지 않은 것은?

① PDA는 한손으로 휴대할 수 있는 크기에 정보처리기능과 무선통신기능으로 통합한 휴대용 단말기로 팜톱으로 불리며 스마트폰의 전신이다.
② 태블릿 PC는 노트북의 장점에 터치스크린 기능이 결합된 방식의 디바이스이다.
③ 스마트폰은 안드로이드 운영체제 방식과 iOS 운영 체제 방식의 2가지로만 양분되어 있다.
④ 스마트폰에 회의 관련 애플리케이션인 에버노트나 리모트미팅 등을 활용하면 업무 수행에 도움이 된다.

해설 ③ 스마트폰에서 볼 수 있는 운영체제로는 노키아의 심비안, 구글의 안드로이드, 애플의 iOS, RIM의 블랙베리 OS, 마이크로소프트의 윈도우 폰, 리눅스, HP의 웹OS, 삼성의 바다, 노키아의 마에모, 미고 등이 있다.

정답 ③

ⓜ 교육 분야 : 컴퓨터는 각급 학교의 교과과정 운영에 필수적으로 활용된다. 컴퓨터를 이용하면 굳이 학교에 가지 않더라도 인터넷을 통해 강의를 수강할 수 있으며, 강의 자료를 게시판에 올려 공유할 수도 있다. 이밖에 교육행정 분야에도 활용되어 수업 관리, 성적 관리, 생활기록부 작성, 교육비 납입, 각종 증명서 발급 등 다양하게 사용된다.

(2) 모바일 기기의 특성과 활용

① **모바일 컴퓨팅(mobile computing)** … 휴대형 컴퓨터, 디지털 무선통신장치, 스마트폰 등의 모바일 기기를 사용하여, 언제 어디서나 이동하면서도 자유롭게 컴퓨터 업무와 네트워크에 접속할 수 있는 환경의 이동식 컴퓨팅을 말한다.

② **스마트폰**
　㉠ 모바일 컴퓨터의 일종으로, 휴대전화에다 인터넷과 정보검색 등 컴퓨터 지원 기능을 추가한 지능형(intelligent) 단말기를 말한다.
　㉡ 스마트폰과 일반 휴대폰의 두드러진 차이점은 스마트폰은 자체 운영체제(OS)가 있고, 인터넷을 손쉽게 할 수 있으며, 다양한 어플리케이션을 다운로드 받아서 활용할 수 있다는 점이다. 스마트폰은 무선인터넷을 이용하여 인터넷에 직접 접속할 수 있을 뿐만 아니라 여러 가지 브라우징 프로그램을 이용하여 다양한 방법으로 접속할 수 있다는 점 등이다.
　㉢ 스마트폰의 단점으로는 보안에 취약하다는 점이다. 해킹을 당하거나 분실했을 경우 정보들이 노출되기 쉽고, 범죄에 악용될 여지도 있다.

③ **태블릿 PC(Tablet PC)**
　㉠ 통상 7~10인치 화면의 터치스크린으로 작동되는, 크기가 작고 휴대가 간편한 소형의 컴퓨터라고 할 수 있는데, 키보드나 마우스 대신 손가락 또는 터치펜으로 간편하게 작동시킬 수 있는 특징을 가지고 있다.
　㉡ 태블릿 PC는 일반적으로 스마트폰보다 화면이 다소 크며, PC처럼 사용할 때마다 부팅하는 것이 아니라 휴대폰과 같이 대부분 켜놓고 사용하므로 인터넷 등을 빠르게 이용할 수 있다는 장점이 있다.
　㉢ 태블릿 PC는 노트북보다 크기가 작고 휴대하기에 편리하다는 점과 통화 기능까지 갖추고 있기 때문에 최근 들어 상당히 높은 인기를 누리고 있다. 그러나 복잡한 업무나 그래픽, 워드프로세싱, 프로그램 작업 등의 업무에는 불편한 단점을 가지고 있다.

2020년 11월 8일 비서 1급

1 다음은 공문서 작성 시 항목(1., 2., 3., 4., …)을 구분하여 작성하는 방법이다. 항목 작성 시 표시위치와 띄어쓰기에 관한 설명이 가장 적절하지 않은 것은?

① 첫째 항목기호는 왼쪽 처음부터 띄어쓰기 없이 왼쪽 기본선에서 시작한다.

② 하위 항목부터는 상위 항목 위치에서 오른쪽으로 2타씩 옮겨 시작한다.

③ 항목이 한줄 이상인 경우에는 항목 기호(1., 2., 3., 4., …)위치에 맞추어 정렬한다.

④ 항목이 하나만 있는 경우 항목기호를 부여하지 아니한다.

📢 **Point**

③ 항목이 한 줄 이상인 경우에는 둘째 줄부터 항목 내용의 첫 글자에 맞추어 정렬한다.

예 1. 동해물과 백두산이 마르고 닳도록 하느님이 보우하사 우리나라 만세. 무궁화 삼천리 화려 강산. 대한 사람 대한으로 길이 보전하세.

2020년 11월 8일 비서 1급

2 다음 중 문서의 종류에 대한 설명이 가장 적절하지 못한 것은?

① 공문서 중 비치문서는 민원인이 행정 기관에 허가, 인가, 그 밖의 처분 등 특정한 행위를 요구하는 문서와 그에 대한 처리 문서를 뜻한다.

② 비서실에서는 거래 문서보다 초대장, 행사 안내문, 인사장, 축하장, 감사장 등과 같은 문서의 비중이 높은 편이다.

③ 전자 문서 시스템, 사무용 소프트웨어 뿐 아니라 홈페이지 게시 등과 같이 작성되는 문서도 전자 문서에 속한다.

④ 문서 작성 소프트웨어에 의해 작성되었다고 하더라도 인쇄되어 종이의 형태로 유통된다면 종이 문서라고 할 수 있다.

📢 **Point**

① 민원문서에 대한 설명이다. 비치문서는 행정기관이 일정한 사항을 기록하여 행정기관 내부에 비치해 두고 업무에 활용하는 대장, 카드 등의 문서를 말한다.

Answer 1.③ 2.①

3 다음 중 문장부호의 사용이 가장 올바르지 않은 것은?

① ≪영산강≫은 사진집 〈아름다운 우리나라〉에 실린 작품이다.

② 이번 회의에는 두 명[이혜정(실장), 박철용(과장)]만 빼고 모두 참석했습니다.

③ 내일 오전까지 보고서를 제출할 것.

④ "설마 네가 그럴 줄은…." 라고 경수가 탄식했다.

📢 **Point**

① 겹화살괄호와 홑화살괄호가 반대로 쓰였다. 겹화살괄호는 책의 제목이나 신문 이름을 나타낼 때, 홑화살괄호는 소제목이나 그림, 노래 등의 작품 제목 등을 나타낼 때 쓴다.

4 다음과 같이 감사장을 작성하고 있다. 아래에서 메일머지의 데이터를 이용해서 작성하는 것이 더 효율적인 것이 모두 포함된 것은?

(가) 상공에너지 (나) 대표이사 (다) 김채용 귀하

안녕하십니까?

지난 (라) 9월 10일 개최된 (마) 4차산업 도래로 인한 사회 변혁 포럼에 참석해주셔서 진심으로 감사의 말씀 드립니다. 이번 포럼에서 강연해 주신 (바) "빅데이터의 기업활용 성공 사례" 덕분에 포럼이 더욱 성황리에 마무리되었습니다. 회의 중에 불편한 점이 있으셨다면 양해해 주시기 바랍니다.

일일이 찾아 뵙고 인사드리는 것이 도리이오나 서면으로 대신함을 양해해 주시기 바랍니다. 앞으로도 더 좋은 자리에서 다시 뵙게 되기를 바라며, 항상 건강과 행운이 함께 하시길 바랍니다.

(사) 2020. 9. 15.

(아) 한국상공포럼 대표 (자) 김준하

① (나), (다), (바), (사)

② (라), (마), (아), (자)

③ (가), (나), (다), (바)

④ (가), (나), (다), (마)

📢 **Point**

메일머지는 동일한 내용의 이메일을 여러 사람에게 보낼 수 있는 기능으로, 같은 내용의 이메일을 받는 사람의 이름, 직책, 소속 등만 달리하여 여러 사람에게 보낼 때 효율적으로 활용할 수 있다. 주어진 자료에서는 (바)의 강연제목도 받는 사람에 따라 달라져야 하므로 (바)도 포함된다.

Answer 3.① 4.③

5 다음은 상사가 해외 출장 후 박 비서에게 전달한 명함이다. 정리순서대로 올바르게 나열한 것을 고르시오.

> (가) Stephen Lee   (나) Dr. Stephanie Leigh
>
> (다) Kimberley, Charles   (라) Mr. Charlie Kimberly, CAP
>
> (마) Eugene Maslow, Jr.   (바) Eric-Charles Maslow, ph.D

① (나) - (바) - (마) - (다) - (라) - (가)

② (다) - (라) - (가) - (나) - (바) - (마)

③ (라) - (바) - (마) - (다) - (나) - (가)

④ (다) - (라) - (나) - (가) - (마) - (바)

 Point

영문명함은 먼저 '성'을 기준으로 하여 알파벳순으로 정리하고, 성이 동일할 경우 '이름'의 알파벳순으로 정리한다.

6 다음 보기를 읽고 최문영 비서가 문서를 효율적으로 관리하기 위해 1차적으로 어떤 문서 정리방법을 이용하는 것이 가장 적절한 지 고르시오.

> 최문영 비서가 입사한 회사는 축산 가공 식품 회사이다. 전국에 걸쳐 지역별로 이백여 개의 공급처에서 소와 돼지의 고기를 납품받아 햄이나 소시지 등으로 제품으로 가공하고 있다. 전국의 납품업체에서는 하루에도 수십 건씩 관련 문서가 팩스로 수발신되고 있다.

① 거래 회사명으로 명칭별 분류법

② 거래 회사 전화번호로 번호식 문서정리방법

③ 부서별로 주제별 문서정리방법

④ 거래 회사 지역별로 명칭별 분류법

 Point

전국의 납품업체와 거래하고 있으므로, 지역을 기준으로 명칭별 분류법을 이용하는 것이 가장 적절하다.

Answer   5.② 6.④

7 공공기관의 전자문서에 대한 설명이 가장 적절하지 않은 것은?

① 전자이미지서명이란 기안자·검토자·협조자·결재권자 또는 발신명의인이 전자문서상에 전자적인 이미지 형태로 된 자기의 성명을 표시하는 것을 말한다.

② 전자문자서명이란 기안자·검토자·협조자·결재권자 또는 발신명의인이 전자문서상에 자동 생성된 자기의 성명을 전자적인문자 형태로 표시하는 것을 말한다.

③ 전자문서는 업무관리시스템 또는 전자문서시스템에서 전자문자서명을 하면 시행문이 된다.

④ 전자문서의 경우에는 수신자가 관리하거나 지정한 전자적 시스템에 입력됨으로써 그 효력을 발생하는 도달주의를 원칙으로 한다.

 Point

　③ 전자문서는 업무관리시스템이나 전자문서시스템에서 전자문자서명을 하고 발신 처리하면 시행문이 된다.

8 다음 그래프는 한중 교역량 추이와 중국 입국자 및 한국 관광수지 변화를 보여주는 그래프이다. 이 그래프를 통하여 알 수 있는 내용 중 가장 올바른 정보는?

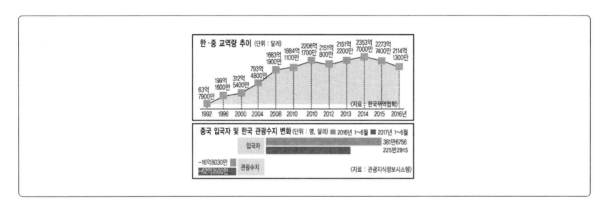

① 한·중 교역 규모는 2016년 2114억 1300만 달러로 1992년 교역 규모 대비 33배 축소되었다.

② 관광지식정보시스템 자료에 따르면 한·중 교역 규모가 가장 컸던 때는 2014년이었다.

③ 2017년 상반기 방한 중국인은 225만 2915명으로 전년 동기대비 증가했다.

④ 관광수지 적자폭도 2017년 상반기에 전년 동기 16억 8030만 달러에서 62억 3500만 달러로 커졌다.

 Point

　① 2016년 한·중 교역량은 2,114억 1,300만 달러로 1992년 교역량 대비 33배 증가하였다.

　② 한·중 교역량 추위는 '한국무역협회'의 자료이다.

　③ 2017년 상반기 방한 중국인은 225만 2,915명으로 2016년 동기대비 감소했다.

Answer 7.③ 8.④

9 다음은 USB 인터페이스에 대한 설명이다. 가장 적절하지 못한 것은?

① USB 2.0에 비해 USB 3.0 버전은 빠른 데이터 전송이 가능하다.

② USB 인터페이스는 전원이 켜진 상태에서도 장치를 연결하거나 분리, 혹은 교환이 가능한 간편한 사용법이 특징이다.

③ USB 3.0 버전은 USB 2.0 버전과 구별하기 위해 보라색 포트사용을 권장하고 있다.

④ 별도의 소프트웨어 설치 없이도 상당수의 USB 장치(키보드, 마우스, 웹캠, USB 메모리, 외장하드 등)들을 간단히 사용할 수 있다.

 Point

③ USB 3.0 버전은 USB 2.0 버전과 구별하기 위해 파란색 포트 사용을 권장하고 있다.

10 우편봉투 작성 시 사용한 경칭의 예시가 맞는 것을 모두 고르시오.

(가) 대한비서협회장 귀중	(나) 대표이사 김철수 님
(다) 이소민 귀하	(라) ㈜정석컴퓨터 귀중
(마) 회원 제위	

① (가), (나), (다), (라), (마)

② (나), (다), (라), (마)

③ (가), (라), (마)

④ (다), (마)

Point

(가) '귀중(貴中)'은 편지나 물품 따위를 받을 단체나 기관의 이름 아래에 쓰는 높임말이다. 대한비서협회장 '귀하(貴下)'로 쓰는 것이 적절하다.

Answer 9.③ 10.②

2020년 11월 8일 비서 2급

11 다음 중 문서철의 쪽 번호 표시가 가장 적절하지 않은 것은?

① 해당 문서철의 우측 하단에 첫 쪽부터 시작하여 일련번호로 쪽수 부여 및 표기한다.

② 표지와 색인목록은 쪽수 부여 및 표기 대상에서 제외한다.

③ 동일한 문서철을 2권 이상으로 나누어 편철한 경우라도, 2권 이하의 문서철별 쪽수는 새 번호로 시작한다.

④ 연필로 먼저 표시한 후 기록물 정리가 끝나면 잉크 등으로 표시한다.

> 🔊 **Point**
>
> ③ 동일한 문서철을 2권 이상으로 나누어 편철한 경우, 2권 이하의 문서철별 쪽수는 앞 권에 이어서 표기한다.

2020년 11월 8일 비서 2급

12 상공무역의 최주혁 비서는 회사의 사옥준공식 안내장을 작성했다. 안내장마다 수신인에 따라 본문 내용 중 수신인, 직위, 부서명, 회사명을 다르게 하여 보내는 방법은?

① 라벨링　　　　　　　　　　　② 편지병합

③ 하이퍼링크　　　　　　　　　④ 매크로

> 🔊 **Point**
>
> 편지병합(메일머지)은 동일한 내용의 이메일을 여러 사람에게 보낼 수 있는 기능으로, 같은 내용의 이메일을 받는 사람의 이름, 직책, 소속 등만 달리하여 여러 사람에게 보낼 때 효율적으로 활용할 수 있다.

2020년 11월 8일 비서 2급

13 다음과 같이 감사편지를 작성하는 업무를 하고 있다. 이 중 가장 적절하지 않은 경우는?

① 강 비서는 상사가 출장지에서 돌아온 다음날 출장지에서신세를 진 사람에게 감사편지를 보냈다.

② 윤 비서는 행사 참가자에게 참석해주신 덕분에 행사가 잘 마무리되었음을 감사하는 내용으로 보냈다.

③ 최 비서는 경조행사에 보내주신 경조금 금액을 정확하게 언급하면서 감사의 뜻을 전했다.

④ 정 비서는 행사시에 약간의 실수가 있었던 사항에 대한 사과의 말을 함께 기재해서 감사장을 완성하였다.

> 🔊 **Point**
>
> ③ 경조금 금액을 언급하는 것은 오히려 실례가 될 수 있다. 진심으로 감사한다는 마음을 담아 인사를 전달하는 것으로 충분하다.

Answer 11.③ 12.② 13.③

2020년 11월 8일 비서 2급

14 다음 중 종류가 동일한 앱끼리 묶이지 않은 것은?

① 조르테, 구글캘린더

② 원드라이브, 에버노트

③ 맵피, 아틀란

④ 라인, 카카오톡

> 📢 Point
>
> ② 원드라이브는 웹을 기반으로한 파일공유 서비스를 제공하는 앱이고, 에버노트는 노트에 사운드와 이미지를 포함하거나, 자료의 동기화가 가능한 서비스를 제공하는 프로그램이다.
>
> ① 일정관리
>
> ③ 네비게이션
>
> ④ 메신저

2020년 11월 8일 비서 2급

15 다음 중 비서의 정보 보안 방법이 적절하지 않은 것을 모두 고르시오.

> 가. 비서는 상사가 선호하는 정보 보안 방식으로 보안 업무를 한다.
> 나. 비서는 조직의 중요 기밀 정보의 접근 권한과 범위에 대해 사내 규정을 우선 기준으로 삼는다.
> 다. 비서는 컴퓨터 바이러스에 대비해 최소 2개 이상의 백신 프로그램을 사용하도록 한다.
> 라. 비서는 조직과 상사의 비밀 정보에 대한 외부 요청이 있을 경우, 요청 이행 후 즉시 상사에게 보고한다.

① 나, 다   ② 나, 다, 라

③ 다, 라   ④ 다

> 📢 Point
>
> 다. 백신 프로그램을 2개 이상 사용할 필요는 없다.
>
> 라. 조직과 상사의 비밀 정보에 대한 외부 요청이 있을 경우, 우선적으로 상사에게 보고해야 한다.

Answer 14.② 15.③

16 다음 중 행정기관의 공문서의 접수에 관한 내용이 가장 적절하지 않은 것은?

① 전자문서시스템에서는 문서등록번호나 접수번호가 자동으로 표시되며 시스템 오류의 경우라도 수기로 표시하지 않는다.

② 행정상 공문서는 행정기관 또는 공무원이 직무상 작성하고 처리한 문서 외에 행정기관이 접수한 문서도 포함된다.

③ 문서과는 행정기관내의 공문서 분류·배부·수발업무지원 및 보존 등 문서에 관한 사무를 주관하는 과를 뜻한다.

④ 처리과는 문서의 수발 및 업무 처리를 주관하는 과로서 행정기관 내에 설치된 각 과를 말한다.

> **◀Point**
> ① 전자문서시스템이 오류가 발생할 경우 수기로 표시할 수 있다.

17 프레젠테이션을 작성할 때 고려해야 할 사항과 가장 거리가 먼 것은?

① 프레젠테이션의 목적이 설득인지, 정보제공인지, 오락기능인지 등을 파악한다.

② 여러 장의 자료를 준비할 때는 가급적 각 장마다 형식을 통일한다.

③ 'One page, One message' 원칙을 지킨다.

④ 한 장에 되도록 많은 그림과 글을 채워 넣어 청중의 관심을 불러일으킨다.

> **◀Point**
> ④ 슬라이드 한 장에 하나의 메시지만을 넣어 한눈에 알아보기 쉽게 작성한다. 한 장에 너무 많은 그림과 글이 들어갈 경우 가독성이 떨어진다.

18 다음 중 컴퓨터 바이러스를 예방하기 위한 비서의 행동으로 가장 적절하지 않은 것은?

① 김 비서는 인터넷에서 다운 받은 파일은 반드시 바이러스검사를 수행한 후 사용한다.

② 박 비서는 USB메모리 자동실행을 활성화하였다.

③ 이 비서는 바이러스 예방 프로그램을 램(RAM)에 상주시켜 바이러스 감염을 예방한다.

④ 황 비서는 최신 버전의 백신 프로그램을 사용하여 주기적으로 검사를 한다.

> **◀Point**
> ② USB메모리 자동실행을 활성화할 경우 바이러스에 대해 사전에 확인하고 차단하기가 어렵다.

Answer 16.① 17.④ 18.②

19 다음 기사에 관한 내용으로 가장 적절하지 않은 것은?

'제10회 스마트금융 콘퍼런스'가 27일 서울 여의도 전경련회관에서 열렸다. 〈중략〉 10회를 맞이해 업권별 오피니언 리더가 대거 참석했다. 분산신원확인(DID)부터 간편결제, 블록체인, 보안, 제로페이, 오픈뱅킹 등 미래 디지털 금융을 한눈에 조망할 수 있는 다채로운 프로그램이 이어졌다. 특히 급변하는 핀테크 시장에서 어떻게 적응하고, 생존해야 하는지 심도 있는 대안이 제시됐다. 사업자 간 협업과 건전한 생태계 조성에 힘을 보태는 데도 합의했다. 〈중략〉

유○○ 금융감독원 수석부원장은 "금융혁신에 따른 새로운 리스크에 대해 선제적으로 관리할 수 있는 감독 체계를 마련하겠다."고 밝혔다. 이어 "오픈뱅킹 서비스가 본격 시행되면 핀테크 기업의 경우 종합적인 금융플랫폼 구축이 가능해지는 등지급결제 시장 혁신이 더욱 촉발 될 것"이라면서 "혁신이 단순기술 도입 등 실험적 도전에 그치지 않고, 사회 전체에 변화를 촉발할 수 있도록 제도적 지원을 다하겠다."고 축사를 통해 밝혔다. 〈중략〉

가장 먼저 키노트에 나선 오○○ A텔레콤 유닛장(전무)은 "개인 주권 디지털 지갑이 모든 신분 증명 체계를 바꾸는 혁신생태계가 곧 도래한다."고 말했다. B전자는 물론 이동통신사, 금융 등 증명서 기반 서비스가 이제는 DID 하나로 간소화되는 디지털 혁신 시대가 열린다고 부연했다.

두 번째 연사로 나선 김○○ 금융보안원장은 "금융당국과 핀테크 보안 종합대책을 수립 중"이라며 "핀테크 기업도 오픈뱅킹서비스를 시작하는 만큼, 보안에 대한 철저한 대비가 필요하다"고 강조했다. 금융권 전반에 클라우드 도입이 가속화 될 것으로 예상되면서, 클라우드 안정성 확보도 중요한 과제라고 설명했다.

이○○ C카드 상해법인장은 중국 지불결제 시장을 조망하면서 "한국도 지불결제 산업이 리드하는 금융 생태계를 만들어 경쟁력을 강화해야 한다."고 지적했다. 특히 해외 시장 진출 확대와 글로벌 지불결제 사업자와의 제휴를 강화해야 한다고 밝혔다. 국가간 장벽이 허물어지고 있는 만큼 기술과 표준 장벽 해체도가속화 될 것이라고 경고했다.

이○○ D은행 IT그룹 대표는 "이제 은행이 독자생존하는 시대는 지났다."며 "디지털 혁신과 사업 협업 체계를 갖춰 은행의 구조적인 문제점을 해결해야 생존할 수 있다."고 말했다. 〈후략〉

〈전자신문, 2019. 11. 27.〉

---

① 이번 행사는 미래 디지털 금융을 조망하고, 핀테크 시장에서 적응과 생존에 대한 의견이 제시되었다.

② 증명서 기반 서비스가 이제는 분산신원확인으로 간소화될 것이라고 예측하였다.

③ 핀테크 기업에서도 오픈뱅킹 서비스를 제공하게 되어 보안이 더욱 중요해졌다.

④ 보안을 위해 제휴와 협업보다는 독자적인 혁신과 사업추진을 통해 생존전략을 수립해야 한다.

📢 **Point**

④ 기사 마지막 부분에서 '독자생존하는 시대는 지났다'며 '사업 협업 체계'를 갖출 것을 강조하고 있다.

Answer 19.④

20 김은정 비서는 전산 회계 시스템에서 출장비 회계 처리 업무를 수행하고 있다. 다음 중 가장 적절하지 않은 것은?

① 출장 전 회사에서 현금 400,000원을 가지급하였고, 여비 정산 후 여비 부족액은 개인이 부담한다.

② 지출 내역 중 주차비, 주유비, 식비, 교통비는 여비 교통비로 처리한다.

③ 거래처에 대한 선물비용은 접대비로 처리한다.

④ 시내 여비 교통비와 같이 증빙이 없는 경비는 회사 내부 품의서나 여비지출결의서 등을 작성하여 결재받아 증빙으로 사용할 수 있다.

 Point

    ① 여비 정산 후 부족액은 회사가 부담해야 한다.

Answer 20.①

1 다음 공문서 작성법에 관한 설명 중 가장 적절하지 않은 것은?

① 직인을 생략하는 경우에는 발신명의 왼쪽에 "직인생략" 표시를 한다.

② 정규결재는 기안 작성으로부터 최고결재권자까지 정상적인 절차를 거치는 결재이다.

③ 기안문 수정 시 수정할 글자 중앙에 가로로 두선을 그어 수정 · 삭제하고 수정한 사람이 해당 부분에 서명 또는 날인한다.

④ 시행문과 기안문의 양식이 통합되어 시행문을 복사해서 직인을 찍은 것이 시행문이다.

> **TIPS!**
> 발신명의 오른쪽에 표시해야 한다.

2 다음 중 기밀 정보 보안을 위한 행동 중 가장 적절하지 않은 것은?

① 상사가 보고난 후의 전화메모를 보안유지를 위해 문서 세단기를 이용해서 파기하였다.

② 주말에 집에서 밀린 업무를 처리하고자 서류를 이중 봉투에 넣어서 가지고 나왔다.

③ 컴퓨터 모니터의 화면보호기에 암호를 지정해두어서 자리를 비운 뒤 2분이 지나면 실행되게 하였다.

④ 복사기 사용 후에는 원본을 두고 오지 않았는지 두 번 이상 확인하였다.

> **TIPS!**
> 회사 외부로 문서를 가지고 나와서는 안 된다.

Answer 1.① 2.②

3 다음 중 문서 파일링의 절차 중 ㉠과 ㉡에 들어갈 단계를 순서대로 나타낸 것은?

(㉠) → indexing → (㉡) → cross referencing → sorting & storing

① inspecting – ordering

② guiding – coding

③ guiding – ordering

④ inspecting – coding

◆ TIPS! --
문서 파일링의 절차
㉠ 검사(inspecting)
㉡ 주제결정(indexing)
㉢ 주제표시(coding)
㉣ 상호참조표시(cross referencing)
㉤ 분류 및 저장(sorting & storing)

4 다음의 각 사람들의 문서를 파일링하려고 한다. 올바른 순서는 무엇인가?

㉠ 심철수

㉡ 심수봉

㉢ 심지희

㉣ 심주희

㉤ 심수연

① ㉡ – ㉤ – ㉢ – ㉣ – ㉠

② ㉡ – ㉤ – ㉣ – ㉢ – ㉠

③ ㉡ – ㉤ – ㉣ – ㉠ – ㉢

④ ㉡ – ㉤ – ㉢ – ㉠ – ㉣

◆ TIPS! --
가나다순으로 정리해야 하므로 ㉡ – ㉤ – ㉣ – ㉢ – ㉠이 된다.

5 다음 중 전자문서의 결재 절차를 옳게 나열한 것을 고르시오.

> ㈎ 문서 도착의 통보
> ㈐ 결재 라인의 지정
> ㈑ 문서의 자동 전송 및 결재 조회
> ㈒ 결재 완료의 통보
> ㈏ 결재 서명
> ㈓ 문서의 회수 및 처리
> ㈔ 문서 수정

① ㈎ - ㈏ - ㈐ - ㈓ - ㈑ - ㈔ - ㈒
② ㈎ - ㈐ - ㈏ - ㈑ - ㈓ - ㈔ - ㈒
③ ㈎ - ㈏ - ㈐ - ㈓ - ㈔ - ㈒ - ㈑
④ ㈎ - ㈐ - ㈔ - ㈏ - ㈓ - ㈒ - ㈑

> **⚡ TIPS!**
> ㈎ **문서 도착의 통보** : 전자문서는 종이에 인쇄된 문서가 아니기 때문에 문서 도착을 통보하는 알림을 통해 확인된다.
> ㈐ **결재 라인의 지정** : 전자문서도 결재 라인을 지정하여 결재순위를 정한다.
> ㈏ **결재 서명** : 결재 라인을 따라 전자화된 문서에 서명을 한다.
> ㈑ **문서의 자동 전송 및 결재 조회** : 서명된 문서는 자동으로 기안자에게 전송되며 기안자는 결재 상태를 확인할 수 있다.
> ㈓ **문서의 회수 및 처리** : 기안자는 결재된 문서를 회수하여 처리한다.
> ㈔ **문서 수정** : 필요한 경우 문서를 수정한다.
> ㈒ **결재 완료의 통보** : 결재가 완료되었음을 통보한다.

6 기존의 광파일 문서관리 기능은 좀 더 고도화시킨 것으로 전자문서 발생에서 소멸까지 문서의 전 라이프사이클을 통합 관리하는 시스템은?

① CALS(Commerce At Light Speed)
② EDI(Electronic Data Interchange)
③ EC(Electronic Commerce)
④ EDMS(Electronic Data Management System)

> **⚡ TIPS!**
> 전자문서관리시스템(EDMS : Electronic Document Management System)
> ㉠ EDMS는 업무의 효율화를 위해 문서와 자료를 작성부터 폐기에 이르기까지 전주기에 걸쳐 일관성 있게 전자적으로 통합 관리하기 위한 시스템이다.
> ㉡ EDMS는 각종 전자 문서의 등록, 관리, 저장, 조회, 송수신 등을 지원하는 시스템이다.

Answer 5.② 6.④

7 다음의 보기에서 설명하는 용어는 구체적으로 무엇인가?

> 유명한 금융기관이나 공신력 있는 업체의 이름을 사칭한 메일을 보내 수신자들의 민감한 개인정보 및 금융정보를 요구하고 이를 이용, 범죄 수단으로 악용하는 행위

① 스팸메일

② 피싱메일

③ 벌크메일

④ 정크메일

 TIPS!

피싱(Phishing) … 금융기관이나 온라인 쇼핑몰에서 보낸 것처럼 가장하여 거짓 이메일을 보내 메일 수신자에게 메일에 링크된 가짜 사이트에 접속하게 한 다음 수신자가 개인정보(기타 금융정보)를 입력하게 하여 개인정보를 수집해 범죄 등에 이용하는 것을 말한다.

8 최근 개인정보보호에 대한 중요성이 대두되고 있다. 개인정보를 보호하기 위한 방법으로 적절한 것끼리 짝지어진 것은 무엇인가?

> ⓐ 중요한 데이터는 나만 사용할 수 있는 내 컴퓨터 하드 드라이브에 백업해 둔다.
> ⓑ 갑작스런 정전으로 인한 손실을 보전하기 위해 비상전원공급장치를 준비한다.
> ⓒ 백신을 항상 업데이트하며, 주기적으로 검사한다.
> ⓓ USB 드라이브에 도난방지용 암호를 설정하고 수시로 바꾼다.
> ⓔ 비밀번호 변경 시 혼돈을 방지하기 위해 2∼3개의 비밀번호를 주기적으로 번갈아 쓴다.
> ⓕ 전압이 불안정해질 수 있으므로 멀티탭은 사용하지 않는다.

① ⓐⓑⓒ

② ⓑⓒⓓ

③ ⓐⓒⓔ

④ ⓑⓒⓕ

TIPS!

ⓐ 중요한 자료는 하드 드라이브에 백업해 두는 것보다 외장하드에 백업 또는 암호화하여 보관하는 것이 개인정보를 보호하는데 효과적이다.
ⓔ 비밀번호를 번갈아 사용하는 것보다는 새로운 번호를 설정하는 것이 개인정보를 보호할 수 있다.
ⓕ 최근에 멀티탭은 전원 콘센트에 접지 단자가 달린 멀티탭이 대부분인데, 접지뿐 아니라 서지 차단 기능이 있는 통합형 멀티탭은 전자파를 차단하고, 낙뢰로부터 기기를 보호할 수 있으며 과부하, 누전 방지 보호가 내장돼 전원의 불안을 오히려 해결해 준다.

Answer 7.② 8.②

9 비서는 상사와 관련된 사람들에 대한 정보를 데이터베이스로 만들어 두고 메일이나 연하장 등을 발송할 때 이 자료를 사용할 수 있다. 다음 중 메일머지(편지병합) 시 사용 가능한 데이터 파일은 무엇인가?

① Outlook 주소록, *.dbf

② *.ppt, *.pdf

③ Outlook 주소록, *.ppt

④ *.dbf, *.pdf

> **TIPS!**
> 메일머지의 데이터 파일로 사용가능한 항목
> ㉠ 한글문서로 작성해 놓은 데이터 파일
> ㉡ DBF(데이터베이스 파일)
> ㉢ 윈도우즈(주소록)

10 다음 중 밑줄 친 표현이 올바르지 않은 것은?

① 이 안건을 이번 오전 회의에 <u>부치는</u> 것이 좋습니다.

② 2015년 상반기 프로젝트는 진행이 <u>느려서</u> 차질이 발생하고 있습니다.

③ 시장의 매출 현황이 좋으니 수출량을 더 <u>늘이는</u> 것이 좋겠습니다.

④ 이것으로써 치사를 <u>갈음합니다</u>.

> **TIPS!**
> ③ 늘이는→늘리는, '늘이다'는 '(무엇을) 본디보다 더 길게 하다'의 뜻이므로,'늘게 하다'의 뜻을 갖는 '늘리다'를 사용해야 한다.

11 민국자동차 대표이사를 상사로 모시고 있는 박 비서가 상사 앞으로 수신된 우편물을 처리하는 방법으로 가장 적절하지 않은 것은?

① 두 달 뒤에 개최되는 해외 모터쇼 참가 초청장을 개봉 · 확인 후 상사에게 전달하였다.

② 업무용 대형 승용자동차를 다량 구매하고자 하는 상사 고향 후배의 이메일 메시지를 영업부서에 전달하였다.

③ 자동차 관련 잡지 15종을 개봉하여 상사용 응접실에 비치하였다.

④ 소비자보호원에서 보내 온 SUV 차량에 대한 자동변속기 무상 수리 요청공문을 담당부서에 전달하였다.

> **TIPS!**
> ② 상사의 고향 후배에게서 온 메시지이므로 우선적으로 상사에게 보고한 후 상사의 지시에 따라 전달하는 것이 절차이다.

> **Answer** 9.① 10.③ 11.②

12 다음은 기안문의 결재 종류에 대한 설명이다. 바르게 설명되지 않은 것은?

① 결재권자가 출장, 휴가 등으로 장기간 부재중일 때 긴급한 문서 결재를 위해 그 직무를 대행할 수 있는 사람이 행하는 결재를 대결(代決)이라고 한다.

② 업무처리의 신속화와 능률화를 위해 결재권을 위임시켜 결재권을 가진 사람이 대신 결재하는 것을 전결(專決)이라고 한다.

③ 결재권자가 특별한 사정으로 결재할 수 없을 때 최종 결재권자의 차하위자의 결재로 먼저 시행한 후 사후에 최종 결재권자의 결재를 받는 조건부 결재를 선결(先決)이라고 한다.

④ 기안자로부터 최고결재권자까지 정상적인 절차를 거쳐 결재하는 것을 정규결재라고 한다.

>  **TIPS!**
>
> 설명은 후결(後決)에 대한 것으로 선결은 기관의 의사를 결정할 권한이 있는 사람(기관장)이 외부에서 온 공문을 접수한 뒤, 그 공문의 내용을 집행하기 위하여 최초로 결재를 하는 것을 말한다.

13 다음 중 비서가 신문이나 잡지에서 정보검색 및 스크랩하는 방법으로 가장 바람직하지 않은 것은?

① 상사가 신문을 본 후 밑줄이 그어져 있거나 스크랩표시가 되어 있는 기사를 잘라서 스크랩하였다.

② 잡지기사 중 자료로서 가치가 있는 내용은 메모하거나 페이지를 복사하여 보관하였다.

③ 중요한 다른 일이 많더라도 신문을 꼼꼼하게 읽고 스크랩하는 것을 먼저 처리하였다.

④ 효과적인 정보수집을 위하여 정보요구와 정보수집 목표에 적합한 신문 2~3종을 선별하여 스크랩하였다.

> **TIPS!**
>
> ③ 업무의 우선순위를 정하여 업무를 처리해야 한다. 신문 스크랩은 하루 중 언제라도 할 수 있는 일이므로 우선순위를 낮게 설정하는 것이 좋다.

14 도메인 네임(domain name)과 그 성격을 짝지은 것으로 옳지 않은 것은?

① com – 회사나 상업목적의 기관　　　　② edu – 교육기관

③ gov – 군사기관　　　　④ net – 네트워크 관리 컴퓨터

> **TIPS!**
>
> ③ gov는 군사기관이 아닌 정부기관으로 군사기관은 mil이다.

Answer 12.③ 13.③ 14.③

15 다음 중 지역별 분류법에 대한 설명으로 가장 옳지 않은 것은?

① 판매 회사가 판매품과 고객과의 관계를 지역별로 파악하고자 할 때 사용될 수 있다.

② 지역별 분류법은 지역명을 기준으로 문서를 분류하므로 잡건의 처리가 어렵다.

③ 다양한 문서의 처리가 가능하나 반드시 장소를 알아야 정리가 가능하다.

④ 문서를 지역에 따라 분류한 후 다시 가나다순으로 배열하는 방법을 사용한다.

 **TIPS!**

지역별 분류법은 장소에 따른 문서의 집합이 가능하고 직접적인 정리와 참조가 가능하다.

16 다음 중 인터넷에서 원하는 정보의 위치를 표기하는 표준 주소체계는?

① DNS   ② URL

③ IP Address   ④ Domain

 TIPS!

URL(Uniform Resource Locator) … WWW 정보의 주소지정방식으로 WWW의 기본이 된다. 이 통신규약을 이용하여 WWW은 하이퍼텍스트 문서뿐만 아니라 FTP, Gopher, Usenet 등 인터넷에 존재하는 어떠한 형태의 정보라도 가져올 수 있다.

17 인터넷 정보에 대한 설명으로 옳지 않은 것은?

① 실시간적 정보 획득이 어렵다.

② 방대한 자료 중에 가장 필요한 자료를 찾는데 시간이 걸린다.

③ 저작권 문제를 야기하기 쉽다.

④ 그 신뢰성에 있어서 다른 정보 검색보다 떨어지는 것이 많다.

TIPS!

① 인터넷이 다른 매체에 비해 정보수집이 용이한 이유 중 하나는 실시간으로 정보를 획득할 수 있기 때문이다.

Answer 15.② 16.② 17.①

18 다음 중 상사에게 보고할 때 비서의 태도로 가장 적절하지 않은 것은?

① 긴급하거나 기밀 사항인 경우 직접 구두로 보고한다.
② 지시받은 사항에 대해 원인, 경과, 결과 순으로 상세하게 보고한다.
③ 보고서 작성 시 도표, 그래프 등의 시각적 자료를 적절히 활용한다.
④ 업무가 바쁜 상사를 위해 문장은 되도록 짧고 간결하게 작성한다.

 TIPS!

보고시에는 결과를 먼저 보고하고 과정이나 경과사항을 상세하게 보고해야 한다.

19 보기 중 라벨 작업에 관한 설명이 가장 올바르지 않은 것은?

① 한글 파일을 데이터 파일로 만들어 쓸 수 있다.
② 발신자의 주소레이블을 페이지 전체에 반복하여 인쇄할 수 있다.
③ MS outlook 주소록에 등록한 자료를 데이터 파일로 쓸 수 있다.
④ 프로그램에 라벨 모델명이 등록되어 있어야만 사용할 수 있다.

 TIPS!

라벨 모델명 등록과 상관없이 직접 라벨의 용지를 선택하거나 크기를 만드는 등 문서를 만들 수 있다.

20 다음 보기의 설명에 해당되는 검색엔진은 무엇인가?

> 자체 데이터베이스를 구축하지 않고 검색엔진에 입력된 키워드를 가지고 여러 개의 검색엔진을 검색하여 자료를 가공 정리하여 검색된 결과만을 사용자의 화면에 보여준다.

① 메타 검색엔진　　　　　　　　② 로봇 검색엔진
③ 단어별 검색엔진　　　　　　　④ 하이브리드 검색엔진

 TIPS!

메타 검색엔진
㉠ 다른 검색엔진의 데이터베이스를 이용하여 정보 검색을 하는 검색엔진이다.
㉡ 기술적으로 내부에 다른 검색엔진을 활용하는데 주어진 검색식을 다른 검색엔진에서 찾아본 뒤 그 결과를 받아 가공하는 엔진이다.

Answer　18.②　19.④　20.①

21 우리 회사 회장님의 인터뷰기사가 신문에 실리게 되었다. 신문사로부터 회장님의 인물사진을 전송해달라는 요청을 받았다. 정비서는 가지고 있던 회장님의 사진을 스캔하여 디지털 파일로 보내려고 한다. 적절하지 않은 파일 형식은?

① jpg
② gif
③ png
④ psd

> **TIPS!**
> gif 파일은 256색만을 사용하기 때문에 사진보다는 작은 아이콘이나 그림에 많이 사용된다.

22 스마트폰에서 활용할 보안수칙으로 적절하지 않은 것은?

① 스마트폰의 데이터를 백업을 주기적으로 받아둔다.
② 스마트폰에서 인터넷에 연결 시 이메일이나 문자 메시지에 있는 URL은 안전하다.
③ ID, 패스워드 등을 스마트폰에 자동 저장 설정하지 않는다.
④ 스마트폰의 암호 설정을 이용해서 다른 사용자의 접근을 차단한다.

> **TIPS!**
> 이메일이나 문자 메시지를 통해 전달된 URL 역시 검증되지 않은 주소이므로 주의할 필요성이 있다.

23 인터넷상의 여러 사이트를 돌아다니다가 기억해 놓고 싶은 사이트를 보관하여 나중에 리스트에서 선택만 하면 바로 접속할 수 있게 하는 기능은?

① 북마크
② 브리지
③ 하이퍼링크
④ 미러 사이트

> **TIPS!**
> ② 다른 종류의 케이블을 연결, 패킷의 목적지 주소를 읽어 데이터가 LAN의 외부로 가야할지 내부로 가야할지를 결정하고, 혼잡한 네트워크 수송량을 분리하는 것
> ③ 하이퍼텍스트 문서 중 반전되어 있는 단어로 URL에 의해서 다른 문서로 지정해 놓은 것
> ④ 거울이 되는 사이트로, 좋은 프로그램과 자료가 있는 사이트의 공개 자료를 다른 호스트에 복사해 두는 것

Answer 21.② 22.② 23.①

24 여성들의 사회진출이 활발해지면서 각 기업의 신입사원 채용에서도 여성의 비율이 크게 늘어나고 있다. 상사가 올해 채용된 전체 신입사원 중 여성 비율이 어느 정도인지 알고 싶어 한다. 표와 그래프를 이용하여 상사에게 설명하고자 하는 경우 사용할 수 있는 가장 적합한 그래프는?

① 원그래프　　　　　　　　　　　　② 선그래프
③ 영역그래프　　　　　　　　　　　④ 분산그래프

 TIPS!

원그래프는 전체 100%에서 알고자 하는 요소가 차지하는 비중을 효과적으로 표현할 수 있는 그래프이다.

25 최비서는 액세스 프로그램으로 명함관리를 하고 있다. 다음 중 설정이 가장 적절하지 않은 것은?

① 명함내용 중에 사람이름을 개인 고유의 정보를 찾는 기본키로 설정하였다.
② 명함내용 중에 영문이름, 한글이름, 영문직위, 한글직위, 영문회사명, 한글회사명, 핸드폰, 직통번호, 주소, 우편번호로 필드를 구성하였다.
③ 전화번호는 잘못된 입력을 방지하기 위해서 입력마스크를 설정하여 입력하였다.
④ 메모필드를 삽입하고 어떠한 일로 우리 회사와 관계되었는지를 메모하는 난을 만들었다.

TIPS!

사람이름은 같은 이름이 존재하는 경우가 많기 때문에 개인 고유 정보를 찾는 기본키로 설정할 경우 정확성이 떨어지게 된다.

26 다음 정비서가 신문을 활용하여 정보를 얻는 방법 중 가장 적절하지 못한 것은?

① 신문은 당일에 보고 스크랩한 후 버리고, 새로운 기사로 항상 업데이트 한다.
② 중요한 부분을 찾아내기 위해 대략적으로 훑어 읽고 있다.
③ 신문 광고부분도 중요한 정보 소스가 될 수 있다고 생각하여 주의 깊게 읽는다.
④ 기사를 읽다가 궁금한 일이 있을 경우 신문사에 문의를 한다.

TIPS!

신문을 스크랩할 때에는 당일 신문이 아니라 그 다음날 스크랩해야 하며 상사가 신문을 보기 전에 미리 스크랩 하는 것은 절대로 해서는 안 된다.

Answer 24.① 25.① 26.①

27 전달하고자 하는 메시지의 내용을 가장 효과적으로 전달할 수 있는 그래프의 종류가 가장 바람직하게 짝지어진 것은?

① 1월부터 5월까지 인건비의 증감추이를 살펴보기 위하여 꺾은선 그래프를 이용하였다.

② 우리나라 10개 은행의 매출액 증가율을 비교해보기 위하여 점그래프를 이용하였다.

③ 설문조사 결과 각 문항 답변에 대한 빈도를 살펴보기 위하여 원그래프를 이용하였다.

④ 해당 산업분야에서 우리 회사의 매출액 점유율을 비교하기 위하여 가로막대그래프를 이용하였다.

> **TIPS!**
> ① 시간의 흐름의 따른 변화량을 표현하기에 가장 적합한 그래프는 꺾은 선 그래프이다.

28 다음에 설명하는 그래프의 종류는 무엇인가?

> (가) 시간의 흐름에 따른 변화량을 파악할 수 있다.
> (나) 작성이 간단하고 한눈에 알기 쉬운 장점이 있다.
> (다) 가로, 세로축을 긋고 눈금을 매긴다.
> (라) 2종류 이상의 데이터를 기입할 때는 선이나 점의 종류를 달리하여 구분한다.

① 꺾은선 그래프   ② 레이더 차트

③ 막대 그래프   ④ 띠 그래프

> **TIPS!**
> ② 평가항목이 여러 개일 경우 사용한다. 항목 수에 따라 원을 같은 간격으로 나누고 그 선 위에 점을 찍은 뒤 그 점을 이어서 항목별 균형을 한눈에 볼 수 있도록 해준다.
> ③ 양의 크기를 막대의 길이로 표현한 것으로 수량의 상대적 크기 비교에 주로 사용된다.
> ④ 전체를 직사각형의 띠로 나타내고 띠의 면적을 각 항목의 구성 비율에 따라 구분하는 그래프로 시간의 경과에 다른 구성비율의 변화를 쉽게 볼 수 있게 해준다.

Answer 27.① 28.①

29 효과적인 프레젠테이션의 기술로 옳지 않은 것은?

① 가치 있게, 짧게, 간략하게 한다.

② 이해할 수 있도록 천천히 상세히 설명한다.

③ 청중과 눈을 마주치며 말한다.

④ 예를 들어 설명한다.

 TIPS!

② 특정 청중을 상대하는 것이 아니기 때문에 가능한 짧게 그리고 간략하게 해야 한다. 너무 상세한 설명은 전체 청중에게 지루함을 줄 수 있다.

30 다음의 그래프에 대한 설명으로 가장 적절하지 않은 것은?

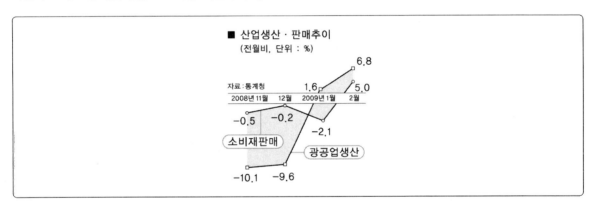

① 전월대비 광공업생산이 두 달 연속 급격하게 증가하였다.

② 통계청이 발표한 자료에 따르면 실물지표가 호전되고 있다.

③ 전월대비 소비재판매가 두 달 연속 증가하였다.

④ 2009년 1월 소비재판매는 전월대비 하락하였다.

 TIPS!

③ 전월대비 소비재판매는 증가, 감소, 증가하였다.

Answer 29.② 30.③

31 다음의 그래프에 대한 설명으로 가장 적절하지 않은 것은?

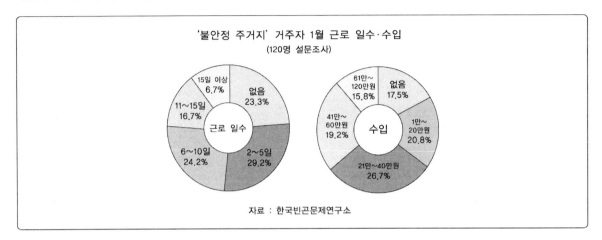

① 조사 대상자의 노동일수는 2 ~ 5일이 가장 많았다.
② 단 하루도 일하지 못한 사람이 23.3%이다.
③ 1월 한 달간 소득은 21만 ~ 40만 원이 26.7%로 가장 많았다.
④ 전혀 소득이 없는 사람이 23.3%나 된다.

TIPS!
④ 전혀 소득이 없는 사람은 17.5%이다.

32 다음 중 문장부호의 기능과 사용법으로 적절하지 않은 것은?

① 물음표(?)는 의문문이나 의문을 나타내는 어구의 끝에 쓴다.
② 가운뎃점(·) 은 열거할 어구들을 일정한 기준으로 묶어서 나타낼 때 쓴다.
③ 쉼표(,)는 아라비아 숫자만으로 연월일을 표시할 때 쓴다.
④ 큰따옴표(" ")는 글 가운데에서 직접 대화를 표시할 때 쓴다.

TIPS!
③ 마침표(.) 아라비아 숫자만으로 연월일을 표시할 때 쓴다.

33 다음 중 표준어에 해당하지 않는 것은?

① 법석   ② 닐리리

③ 곰곰이   ④ 홀쭈기

> **TIPS!**
>
> ④ '홀쭉이'가 표준어이다. ' – 하다'나 ' – 거리다'가 붙는 어근에 ' – 이'가 붙어서 명사가 된 것은 그 원형을 밝히
> 어 적는다.

34 박비서는 우편물이 도착하여 우편물처리업무를 하였다. 다음 중 적절하지 않은 것은?

① 편지내용에는 동봉물이 있다고 하였으나 봉투에는 동봉물이 첨부되지 않아 그대로 상사에게 전달하였다.

② 우편물을 읽어보고 관련 서류가 필요할 것으로 예상되어 미리 그 서류를 찾아 우편물 뒤에 첨부하였다.

③ 우편물을 읽으면서 면담이나 회의 일시 그리고 마감기일 등을 일정표에 표시해두었다.

④ 상사 개인에게 온 편지나 재정관련 우편물, 그리고 봉투에 친전, 사신 등의 표시가 있는 우편물은 개봉하지
    않고 전달하였다.

> **TIPS!**
>
> ① 편지내용에는 동봉물이 있다고 기재되어 있는데 동봉물이 첨부되지 않은 경우 '동봉물이 첨부되지 않았으며
> 상대방에게 다시 요청한다'는 메모를 해당 우편물에 붙여 상사에게 전달한다.

35 다음 중 행정자료에 해당하지 않는 것은?

① 법규문서   ② 공고문서

③ 비치문서   ④ 전문서적

> **TIPS!**
>
> 행정자료에는 대내외문서, 법규문서, 지시문서, 경고문서, 공고문서, 비치문서가 있다.

Answer 33.④ 34.① 35.④

36 다음 중 띄어쓰기가 옳지 않은 것은?

① 아침 식사를 주세요.

② 이번 무역 거래는 200 여 만$입니다.

③ 정말 헷갈리게 하다.

④ 라일락은 꽃이 예쁠뿐더러 향기도 좋다.

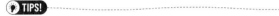

② 이번 무역 거래는 200 여 만$입니다. → 이번 무역 거래는 200여만$입니다.

37 다음 명함 정리 방법 중 잘못된 방법은?

① 명함을 받은 즉시 그 자리에서 받은 일시와 그 사람의 특징, 상황 등을 메모하여 둔다.

② 주소, 연락처, 직함, 회사명 등이 바뀐 명함은 즉시 폐기한다.

③ 명함의 분류 방법에는 성명을 기준으로 한 분류 방법과 회사명을 기준으로 한 분류 방법이 있다.

④ 명함 정리 용구 중 명함첩은 끼워 넣고 빼기가 불편하나 한 눈에 여러 장의 명함을 파악할 수 있고 명함을 교환하기가 쉬운 장점이 있다.

TIPS!

명함의 뒷면에 받은 일시와 그 사람의 특징, 상황 등을 메모하여 두는 것은 맞으나 준 사람의 앞에서 즉시 하지는 않는다.

38 수신된 우편물의 봉투를 보관해야 하는 경우로 적절하지 않은 것은?

① 첨부되어야 할 동봉물이 보이지 않을 때

② 봉투에 친전, 사신 등의 표시가 있는 때

③ 편지봉투에 찍힌 소인 날짜와 편지 안에 찍힌 발신 날짜 간에 차이가 날 때

④ 편지 속에 발신인 주소와 봉투의 주소가 다를 때

> **TIPS!**
>
> 수신된 우편물의 봉투는 하루 정도 보관한 후 폐기하지만, 다음의 경우는 보관해야 한다.
> ㉠ 편지 속에 발신인 주소와 봉투의 주소가 다를 때
> ㉡ 편지 속에 발신인 성명과 주소가 없을 때
> ㉢ 첨부되어야 할 동봉물이 보이지 않을 때
> ㉣ 편지봉투에 찍힌 소인 날짜와 편지 안에 찍힌 발신 날짜 간에 차이가 날 때
> ㉤ 잘못 배달된 편지가 회송되어 우리 쪽의 회신이 늦어진 이유가 될 때
> ㉥ 봉투에 수신인 회사 주소가 잘못 적혀 있을 때
> ㉦ 발신인 주소가 변경되었을 때
> ㉧ 소인이 찍힌 입찰이나 계약서 등 서류 봉투를 법적 증거로 이용할 수 있을 때

39 다음의 내용을 통해 작성할 수 있는 그래프의 종류는 무엇인가?

> ㈎ 데이터를 수집하여 시트를 이용하여 정리한다.
> ㈏ 전체를 100%로 보고 각 부분의 비율을 부채꼴 면적으로 표현하여 그린다.
> ㈐ 전체와 부분, 부분과 부분의 비율을 볼 때 주로 사용한다.

① 막대그래프   ② 꺾은선 그래프

③ 원 그래프   ④ 띠 그래프

> **TIPS!**
>
> ③ 원 그래프는 원 전체를 100%로 보고 각 부분의 비율을 원의 부채꼴 면적으로 표현한 그림이다. 전체와 부분, 부분과 부분의 비율을 볼 때 사용한다. 일반적으로 시계방향에 따라 크기순으로 배열한다. 예를 들면 앙케트에서 모은 데이터의 분류, 불량품 원인별 분류 등의 경우에 이용하면 효과적이다.

Answer 38.② 39.③

40 다음 중 효과적인 프레젠테이션 준비 시 가장 옳지 않은 것은?

① 언어적 표현뿐만 아니라 비언어적 표현과 색상 등도 발표에 사용하며 되도록 과장된 제스처를 통해 청중의 이해를 돕도록 한다.

② 필요 없는 흥분과 당황을 자제하고 항상 느긋하고 명료하게 말한다.

③ 가능한 한 많은 자료와 정보를 다양한 방법으로 제시한다.

④ 컴퓨터와 연결하여 프레젠테이션을 준비할 경우 프로그램이나 장치의 호환성을 미리 점검해둔다.

> **TIPS!**
> ① 지나친 제스처는 오히려 효과적인 프레젠테이션에 방해가 된다.

41 다음 중 성격이 다른 용어는?

① 친전(親展)　　　　　　　　　　② 사신(私信)

③ Confidential　　　　　　　　　④ R.S.V.P.

> **TIPS!**
> ①②③ 우편물 지정 수신자외의 사람은 개봉하지 말라는 표시이다.
> ④ 초청장 등에 기재되어 참석 여부를 알려달라는 불어의 약자이다.

42 아래 문서를 가나다순으로 지역별 분류 후 회사명별로 파일링 하려고 한다. 올바른 순서로 나열된 것은?

(가) 경기도 과천(금강 전자)	(나) 경기도 안양(한라 건설)
(다) 충청남도 청양(고추나라)	(라) 경기도 부천(한테크)

① (다) – (가) – (나) – (라)　　　② (다) – (가) – (라) – (나)

③ (가) – (나) – (다) – (라)　　　④ (가) – (라) – (나) – (다)

> **TIPS!**
> ④ 가나다식 문서정리 방법은 거래처의 상호별, 대표자별, 지역별, 장소별로 분류하여 정리하는 방법이다. 지역별 문서정리 방법은 먼저 장소에 따라서, 다음은 명칭 혹은 항목에 따라서 가나다순, 혹은 알파벳순으로 배열하는 방법이며 장소적 구분이 전제되는 거래에 적합한 문서정리 방법이다.

Answer 40.① 41.④ 42.④

43 다음 전자문서의 관리에 관한 설명이 옳지 않은 것은?

① 전자 문서에 포함된 자료가 사후적으로 열람될 수 있어야 한다.

② 전자문서가 작성, 송신, 수신시의 형태 또는 그와 같이 재현될 수 있는 형태로 보존 되어야 한다.

③ 전자문서의 저장매체 중 자기테이프는 읽고 쓰는데 시간이 적게 걸리므로 자주 쓰는 데이터를 보관할 때 자주 사용된다.

④ 전자 문서 보관시 작성자, 송신자 및 송신, 수신 일시에 관한 사항을 포함하는 경우 그 부분도 보존되어야 한다.

⊙ TIPS!
③ 전자 문서의 저장 매체는 자기테이프, 자기디스크, 광디스크가 있는데 자기테이프는 주로 중형이나 대형 컴퓨터에 많이 쓰이며 자주 쓰이지 않는 많은 양의 데이터를 영구적으로 보관할 때 저장하기에 적합한 매체이다. 백업용 자료를 저장하기에 아주 경제적인 장점이 있으나, 테이프를 사용하여 읽고 쓰는데 시간이 많이 걸려 처리 속도가 아주 늦다는 단점이 있다.

44 정보의 보안관리를 위한 컴퓨터 이용 방법이 옳지 않은 것은?

① 잊어버릴 수 있으므로 비밀번호는 변경하지 않는다.

② 사외에서의 컴퓨터 사용 시에는 사내에서보다 보안에 대한 의식이 더 강화될 필요가 있다.

③ 백신프로그램 사이트에 접속하여 최근 유포된 새로운 바이러스에 대한 정보를 확인한다.

④ 주기적으로 중요한 데이터를 백업해둔다.

⊙ TIPS!
① 지속적인 비밀번호의 변경관리는 정보의 보안관리를 위해 필요하다.

Answer 43.③ 44.①

45 다음 두 회사의 재무제표를 비교하여 도표 및 그래프를 작성하여 사장님께 보고 드려야 한다. 이때 가장 유용한 소프트웨어는 다음 중 어느 것인가?

[A회사]

대차대조표 [단위 : 억원]

항목	2005.06.30	2004.12.31	2003.12.31	2002.12.31	2001.12.31
현금및현금등가물	5,611.2	6,168.0	8,752.4	7,030.7	4,214.1
유가증권	232.2	46.1	5.9	3.7	0.4
매출채권	4,545.1	4,673.4	5,650.4	5,843.4	5,498.8
당좌자산(계)	12,817.9	13,122.4	16,330.8	15,072.5	12,583.3
재고자산(계)	4,368.4	4,020.9	3,557.1	2,262.5	2,223.5
유동자산(계)	17,186.4	17,143.3	19,888.0	17,335.1	14,806.9
투자자산(계)	16,907.5	16,429.1	14,460.9	12,575.3	11,821.8
유형자산(계)	67,872.1	61,969.7	58,643.1	58,585.3	57,238.6
무형자산(계)	1,402.3	2,150.1	2,100.8	1,988.7	1,991.0
고정자산(계)	118,506.0	120,064.5	121,263.6	120,758.3	118,938.5
자산총계	135,692.4	137,207.9	141,151.6	138,093.5	133,745.5

손익계산서(누적) [단위 : 억원]

항목	2001.12.31	2002.12.31	2003.12.31	2004.12.31	2005.06.30
매출액	56,705.6	62,497.0	61,771.5	72,108.5	34,818.8
매출원가	46,341.0	46,995.6	47,636.5	55,419.2	27,479.1
매출총이익	10,364.5	15,501.3	14,134.9	16,689.3	7,339.7
판매비와관리비	11,207.0	10,933.1	11,020.9	12,849.0	5,957.5
영업이익	-842.4	4,568.2	3,114.0	3,840.3	1,382.2
영업외수익	3,914.8	7,245.9	2,389.6	9,120.3	1,966.0
영업외비용	9,981.3	6,857.5	7,492.8	6,191.2	2,688.6
경상이익	-6,908.9	4,956.6	-1,999.1	6,769.4	659.5
특별이익	0.9	79.6	42.2	-	12.7
특별손실	0.1	8.8	12.2	-	-
법인세차감전순이익	-6,908.0	5,027.5	-1,959.1	6,769.4	672.2
법인세등	217.8	204.0	452.0	1,902.6	503.8
당기순이익	-7,125.9	4,823.5	-2,411.1	4,866.8	168.4

[B회사]

대차대조표 [단위 : 억원]

항목	2005.06.30	2004.12.31	2003.12.31	2002.12.31	2001.12.31
현금및현금등가물	498.3	586.6	274.6	446.9	470.2
유가증권	9.9	9.3	0.0	3.3	0.0
매출채권	45.1	58.2	13.5	2,416.6	2,462.9
당좌자산(계)	3,901.3	4,703.6	4,883.8	6,061.9	6,967.5
재고자산(계)	451.1	504.1	535.5	601.2	635.0
유동자산(계)	4,352.5	5,207.7	5,419.4	6,663.2	7,602.6
투자자산(계)	10,554.1	8,058.8	8,895.2	6,929.6	5,633.4
유형자산(계)	27,173.1	25,583.0	24,074.9	23,949.3	23,204.4
무형자산(계)	130.4	115.0	103.5	92.0	86.4
고정자산(계)	37,857.7	33,756.9	33,073.8	30,971.1	28,924.3
자산총계	42,210.2	38,964.7	38,493.2	37,634.3	36,527.0

손익계산서(누적) [단위 : 억원]

항목	2001.12.31	2002.12.31	2003.12.31	2004.12.31	2005.06.30
매출액	22,181.3	25,736.4	25,061.2	29,921.1	14,770.1
매출원가	17,494.0	19,353.3	20,211.4	23,365.3	12,065.6
매출총이익	4,687.2	6,383.1	4,849.8	6,555.8	2,704.5
판매비와관리비	3,997.1	4,409.7	4,516.7	5,133.0	2,578.0
영업이익	690.0	1,973.4	333.0	1,422.7	126.4
영업외수익	2,138.8	3,656.5	2,103.4	3,591.5	1,254.5
영업외비용	5,699.7	3,788.1	2,657.8	2,213.6	1,094.3
경상이익	-2,870.8	1,841.8	-221.4	2,800.6	286.5
특별이익	-	-	-	-	-
특별손실	-	-	-	-	-
법인세차감전순이익	-2,870.8	1,841.8	-221.4	2,800.6	286.5
법인세등	1,126.2	91.2	160.9	119.8	52.9
당기순이익	-3,997.1	1,750.6	-382.3	2,680.7	233.6

① 파워포인트
② 엑세스
③ 엑셀
④ 아웃룩

 **TIPS!**

③ 엑셀의 주 기능인 표계산과 데이터 관리 기능, 그래픽 기능과 차트 지원 기능, 함수 및 데이터 분석 기능을 이용하여 재무제표의 비교 분석과 각종 도표, 그래프가 포함된 문서를 작성할 수 있다.

Answer 45.③

46 다음 정보 활용 방법 중 스크랩하기의 옳지 않은 방법은?

① 상사의 관심사를 관련 업종기사, 주가동향, 해당기업기사, 인물동정 등으로 구분하여 신문에 표시하거나 스크랩한다.

② 신문 스크랩은 영구적으로 보관해야 하므로 따로 공간을 마련하여 보관한다.

③ 모은 자료는 주제별로 간지를 사용하거나 색포스트잇 등으로 구분하여 배치한다.

④ 자료원에 대한 설명과 내용에 대한 간단한 요약을 적거나 형광펜으로 표시하여 관련된 설명을 기록해 둔다.

> **TIPS!**
> ② 신문 스크랩은 1주일 혹은 한 달 주기로 적절히 폐기하여 공간을 낭비하지 않는다.

47 회사에서 전자우편(이메일)을 관리하기 위한 효과적인 방법과 거리가 먼 것은?

① 회사 메일 주소와 개인 메일 주소는 따로 구분하여 사용한다.

② 정기적인 수신함 정리를 통해 중요한 메일을 놓치지 않도록 관리한다.

③ 스팸메일로 분류된 메일은 즉시 모두 삭제한다.

④ 웹사이트 가입 시에는 가능하면 회사 메일주소를 이용하지 않는다.

> **TIPS!**
> ③ 특정 단어로 인해 중요한 메일이 스팸메일로 분류될 수도 있으므로 삭제하기 전에 확인하는 절차가 필요하다.

48 대부분의 회사에서는 문서를 정리할 때 문서 보존 기관을 미리 정하여 규정에 따라 처리한다. 일반적으로 문서 보존 기관은 1년, 5년, 10년, 영구보존의 4단계로 나누어 문서의 종류에 따라 구분하여 보존된다. 다음 중 영구 보존해야할 문서가 아닌 것은?

① 정관

② 일보, 월보 관계

③ 주주 총회 관계

④ 등기, 특허관계

> **TIPS!**
> 영구보존문서의 종류로는 정관, 중요 계약관계 서류, 등기, 특허관계, 품의서, 주주 총회 관계 등이 있으며 일보, 월보 관계 서류는 6개월~1개월 보존 문서에 속한다.

Answer 46.② 47.③ 48.②

49 다음 중 그래프 자료의 해석이 옳지 않은 것은?

① 그래프 자료를 볼 때는 우선 개별적이고 부분적인 모습부터 살펴본 후 전체를 본다.
② 데이터 상호간의 비율이나 관련성을 살펴본다.
③ 작성된 그래프에 수치적 오류가 있는지를 점검한다.
④ 규격값이라든가 기준값, 목푯값 등이 있을 경우 이를 충족시키고 있는지 확인한다.

① 그래프 자료를 볼 때는 우선 전체를 본다.

50 기안문의 일부이다. 맞춤법 및 어법에 틀린 부분을 고친 내용 중 옳지 않은 것은?

---

1. 다음과 같이 변경된 고객 응대법을 공지합니다.
   가. 고객에게 항상 미소 띈 얼굴로 대합시다.
   나. 고객은 항상 존중받고 싶은 바램을 가지고 있다는 걸 잊지 맙시다.
   다. 고객에게 장소를 안내할 때는 손가락으로 가르치지 맙시다.
   라. 00은행 직원으로서 자부심을 가지고 일합시다.

---

① 띈 – 띤
② 바램 – 바람
③ 가르치지 – 가리키지
④ 로서 – 로써

④ 어떤 지위나 신분, 자격을 나타낼 때는 '~로서', '도구, 수단, 재료'를 나타낼 때는 '~을 가지고'의 뜻을 가진 '~로써'로 쓴다.

서원각 교재와 함께하는 STEP

공무원 학습방법

01 파워특강

공무원 시험을 처음 시작할 때
파워특강으로 핵심이론 파악

02 기출문제 정복하기

기본개념 학습을 했다면
과목별 기출문제 회독하기

03 전과목 총정리

전 과목을 한 권으로 압축한
전과목 총정리로 개념 완성

04 전면돌파 면접

필기합격!
면접 준비는 실제 나온 문제를
기반으로 준비하기

서원각과 함께하는
공무원 합격을 위한
공부법

05 인적성검사 준비하기

중요도가 점점 올라가는
인적성검사, 출제 유형 파악하기

제공도서 : 소방, 교육공무직

• 교재와 함께 병행하는 학습 step3 •

1step 회독하기

최소 3번 이상의
회독으로 문항을 분석

2step 오답노트

☑ YES
☐ NO

틀린 문제 알고 가자!

3step 백지노트

오늘 공부한 내용,
빈 백지에 써보면서 암기

다양한 정보와
이벤트를 확인하세요!

서원각 블로그에서 제공하는 용어를 보면서 알아두면 유용한 시사, 경제, 금융 등 다양한 주제의 용어를 공부해보세요. 또한 블로그를 통해서 진행하는 이벤트를 통해서 다양한 혜택을 받아보세요.

최신상식용어

최신 상식을 사진과 함께 읽어보세요.

시험정보

최근 시험정보를 확인해보세요.

도서이벤트

다양한 교재이벤트에 참여해서 혜택을 받아보세요.

1 상식 톡톡   **최신 상식용어 제공!**

알아두면 좋은 최신 용어를 학습해보세요. 매주 올라오는 용어를 보면서 다양한 용어 학습!

2 학습자료실   **학습 PDF 무료제공**

일부 교재에 보다 풍부한 학습자료를 제공합니다. 홈페이지에서 다양한 학습자료를 확인해보세요.

3 도서상담   **교재 관련 상담게시판**

서원각 교재로 학습하면서 궁금하셨던 점을 물어보세요.

QR코드 찍으시면
서원각 홈페이지(www.goseowon.com)에 빠르게 접속할 수 있습니다.